한국 사회언어학 연구 30년의
성과와 과제

사회언어학
총서2

한국 사회언어학 연구 30년의 성과와 과제

강현석·강윤희·김규현·김해연·박동근·박용한·박은하·

백경숙·서경희·손희연·양명희·이정복·장선미·조태린 지음

글로벌콘텐츠

책머리에

이 책은 한국사회언어학회의 창립 30주년을 맞이해서 국내 사회언어학 연구의 그동안 성과를 정리, 반성하고 또 미래를 전망해 보고자 하는 의도로 기획되었다. 사회언어학의 하위 분야를 열하나로 구분하고 열네 명의 저자가 참여하여 집필과 편집 작업을 함께 하였다. 2019년 4월부터 작업이 시작되어 총 7회의 전체 집필진 회의를 통해서 집필 범위, 집필 양식과 용어 통일 작업이 이루어졌으며, 세 차례에 걸쳐서 원고의 수정과 검토 작업을 진행했다.

공동 저작이란 여러 가지 면에서 쉽지 않은 과정이지만 모두 협심하여 조화롭고 원활하게 작업이 이루어졌으며, 다소 미흡한 점도 물론 있겠지만 원래 목표했던 소기의 목적은 이루었다고 생각된다. 전대미문의 역병이 횡행하는 어려운 시기임에도 아낌없는 열정과 헌신을 보여 주신 모든 집필자 선생님께 심심한 감사를 드린다. 또한 처음 이 책을 기획하고 집필 제안을 해 주신 백경숙 선생님과 편집 과정에서 많은 일을 맡아 힘써 주신 이정복 선생님께 특별한 고마움을 전한다. 그리고 편집위원회 위원으로 참여해서 애써주신 서경희, 박용한 선생님께도 감사의 말씀을 드린다.

한국사회언어학 연구의 지난 30년을 결산하는 이 책은 특히 사회언어학의 각 하위 분야를 전공하려는 후학들에게 기존 연구 성과와 향후 과제를 제시해 주는 가치 있는 참조 자료가 될 것이라고 믿어 의심치 않는다. 또한 각 분야의 기존 사회언어학 연구자들이 향후 연구 주제를 탐색하고 발굴하는 데도 많은 도움이 될 것이라고 믿는다. 더불어, 이 책이 한국 사회언어학의 저변을 확장함과 동시에 국내 사회언어학을 외국에 알리고, 외국과의 활발한 교류와 국제적 연구 성과 도출을 촉진하는 토대로도 기능할 수 있기를 기대해 본다.

　1장을 제외한 이 책의 각 장은 집필 후 최근에 학술지에 게재한 것을 바탕으로 수정 보완한 것임을 밝힌다. 게재 당시의 제목과 게재지 정보는 다음과 같다.

2장: 강현석(2020), 〈국내 언어 변이와 변화 연구의 성과와 과제〉, ≪언어학≫ 88, 51~90, (사)한국언어학회.

3장: 백경숙·박은하(2020), 〈국내 언어와 성 연구의 주요 성과와 향후 전망〉, ≪사회언어학≫ 28(4), 95~130.

4장: 이정복(2020), 〈호칭의 사회언어학적 연구 검토〉, ≪사회언어학≫ 28(3), 279~309.

5장: 김해연(2020), 〈한국 사회언어학에서의 담화분석 연구〉, ≪사회언어학≫ 28(4), 1~28. 등 (5장에서 추가 표시함)

6장: 김규현·서경희(2020), 〈국내 대화분석 연구 개관〉, ≪사회언어학≫ 28(3), 95~138.

7장: 박동근(2020), 〈매체 언어 연구의 성과와 과제: ≪사회언어학≫ 수록 논문을 중심으로〉, ≪사회언어학≫ 28(4), 29~69.

8장: 강윤희(2020), 〈한국 언어인류학 연구의 성과와 전망〉, ≪사회언어학≫ 28(3), 57~93.

9장: 양명희(2020), 〈언어태도에 대한 사회언어학적 연구의 성과와 과제〉, ≪사회언어학≫ 28(4), 131~154.

10장: 박용한(2020), 〈언어 접촉에 대한 사회언어학 연구의 성과와 과제〉, ≪사회언어학≫ 28(3), 173~202.

11장: 조태린(2020), 〈언어 정책 및 계획의 연구 동향과 주요 논의〉, ≪사회언어학≫ 28(3), 349~394.

12장: 손희연·장선미(2020), 〈사회언어학적 접근으로 본 언어 교육 연구〉, ≪사회언어학≫ 28(3), 203~244.

끝으로 사회언어학 총서 1권에 이어 이 책을 출판해 주신 글로벌콘텐츠 출판사의 홍정표 사장님과 멋지게 편집해 주신 편집부의 여러 선생님들께도 깊은 감사의 말씀을 전한다.

한국 사회언어학의 지속적 발전을 기원하며,
2020년 12월 하순

(전체 저자들을 대신하여) 강현석 씀

발간사

　한국사회언어학회가 또 한 권의 책을 선보입니다. 본서 ≪한국 사회언어학 연구 30년의 성과와 과제≫(2021)는 본 학회가 창립 30주년을 맞이하여 출간하는 사회언어학 총서 제2권으로서, 학회 창립 이후 일찍이 파솔드(R. Fasold)의 ≪Sociolinguistics of Language≫를 번역한 ≪사회언어학≫(1994)와 본빌레인(N. Bonvillain)의 ≪Language, Culture and Communication≫을 번역한 ≪문화와 의사소통의 사회언어학≫(2002)이라는 두 권의 역서에 이어, ≪사회언어학 사전≫(2012), 총서 제1권이자 2015년 '세종도서 학술부문 우수도서'로 선정되기도 했던 ≪언어, 사회 그리고 문화≫(2014)라는 두 권의 저서에 이은 세 번째 학술서입니다.

　이 저서는 지난 30년간의 한국의 사회언어학 연구의 내용과 결과를 분석·개괄하고 그 성과를 평가하고 있을 뿐 아니라 이를 바탕으로 후속 연구의 발판을 마련하고 방향을 제시하고 있다는 점에서 적지 않은 의의를 지닐 것으로 봅니다. 이 책이 지난 30년간의 국내의 연구 성과에 초점을 맞추고 있기는 하지만 동시에 각 연구 주제별로 현대 사회언어학의 형성 이전 시기의 연구 태동과 이후의 전개에 대해서도 간략하게 개괄을 하는 유익한 구성으로서 연구자들에게 큰 도움을 드릴 것으로 기대합니다. 또한 이 저서의 내용은 '2020 한국사회언어학회 창립 30주년 기념 가을 국제학술대회'에서 각 장별로 발표되어 한국 사회언어학 연구의 면모와 성과를 대내외에 알리는 역할도 했습니다. 이로써 '사회적 행위로서의 언어', '언어의 사용'(language in use)의 문제에 대한 다양한 연구와 학술 활동을 목적으로 하는 본 학회가 그 본연의 임무를 다시 한번 수행하게 되었습니다.

이 저서에 대한 제 기획 의도는 우연히도 학회 창립 30주년을 맞는 시기에 수행하게 된 회장의 직책에 따른 의무감에서 비롯된 바가 없지 않았으나, 그보다는 국내의 사회언어학 연구의 성과를 한번은 점검하고 알리는 작업이 절실하다는 오랫동안의 바람에서 비롯된 바가 더 컸습니다. 이 생각에 감사하게도 그간 오랜 세월 본 학회에서 중추적 역할을 수행해 오신 14분의 집필자님들이 적극 호응을 해 오셨고, 본 저서가 비록 현대 사회언어학 연구의 전 분야를 망라한 것은 아니지만 국내 연구의 주요 분야를 총 11개로 구분하고 여러 집필자님들의 헌신과 노력이 결실을 맺어 실질적으로는 불과 1년 반 남짓의 기간에 이 저서가 빛을 보게 되었습니다. 집필자 여러분들께 이 자리를 빌려 진심으로 감사의 말씀을 올립니다. 이 과정에서 특히, 편집 위원장이신 단국대 강현석 교수님의 총괄과 지도, 그리고 대구대 이정복 교수님의 철저하고 세심한 점검과 편집 그리고 윤문의 노력이 무한한 추진 동력이 되었던 것은 두말할 나위가 없습니다. 또한 우리 학회와 오랫동안 인연을 맺어 오시고 현재 섭외이사로도 활동 중이신 글로벌콘텐츠 출판사의 홍정표 대표님께서 총서 1권에 이어서 이번에도 흔쾌히 출판을 자청해 주셨습니다. 감사합니다.

그 어느 때보다 급속히 다변화되는 현대의 사회 문화적 배경과 맥락은 우리 사회언어학도들에게 참으로 무한한 연구의 주제를 던지고 있습니다. 막상 집필을 완수하고 나니 우리 사회언어학의 연구 성과가 이제는 매우 다양한 주제에 걸쳐 상당한 성과를 내고 있음이 확인되었고 연구의 전망 역시 매우 밝다는 사실에 적이 보람을 느낍니다. 모쪼록 이 책의 한 장(章)

한 장이 많은 동료 연구자들과 후학들에게 유용하고 소중한 길잡이가 되어 우리 한국의 사회언어학 연구가 활짝 꽃피울 수 있는 밑거름이 되길 소망하며, 10년, 20년 후의 성과를 벌써 예측해 보는 즐거운 상상을 시작해 봅니다.

　감사합니다.

2020년 12월 하순
한국사회언어학회 회장

백경숙

차 례

제1장

서장

강현석

현실 사회와의 밀접성 때문에 언어학의 여러 하위 분야 중에서도 가장 흥미로운 분야 중 하나로 생각되는 사회언어학은 짧지 않은 연구 전통과 역사를 갖는다. 이는 국내 사회언어학도 마찬가지이며 그동안 언어와 사회와 문화에 관련된 다양한 주제에 대해서 적지 않은 흥미로운 연구가 이루어졌다고 생각된다. 이 책은 한국사회언어학회 창립 후 지난 30년간에 국내 학자에 의해 이루어진 연구를 중심으로 그동안의 학문적 성과를 소개·논의하고 각 하위 분야별로 앞으로 수행해야 할 과제를 제시하는 것을 목표로 기획되었다. 이 서장은 이 책의 전반적 개요와 더불어 국내 사회언어학의 발전 과정과 향후 과제를 제시해 보고자 한다. 구체적으로 1절에서는 국내 사회언어학의 발전 과정과 추이를 한국사회언어학회 결성 이전의 연구와 그 이후의 연구로 나누어 논의한다. 그리고 2절에서는 이 책의 구성과 주요 내용을 각 장별로 소개하고, 이어서 3절에서는 현재 관찰되는 국내외의 사회·경제적 변화가 초래하는 국내에서의 언어와 언어 사용의 변용을 바탕으로 앞으로 특히 요구된다고 판단되는 국내 사회언어학 연구의 향후 과제를 제언해 보고자 한다.

1. 한국 사회언어학의 발전 과정

1.1. 한국사회언어학회 결성 이전의 사회언어학적 연구들

해외에서 사회언어학적 연구가 시작된 시점을 추적하기가 어려운 것처럼 국내에서도 사회언어학적 관점에서 이루어진 연구의 시작점을 파악하는 것은 쉬운 일이 아니다. 해외에서 사회언어학의 기원을 고대 인도 언어학자인 파니니(Pāṇini)의 일부 연구, 19세기 말~20세기 초의 일부 방언학, 문화인류학, 사회학적 연구들로 돌리듯이, 국내에서도 오래전부터 사회언어학적 관심과 시각을 보이는 연구들은 있었다고 생각된다.

왕한석(2008)은 국내 학자들이 한국어에 대한 사회언어학적 연구, 즉 사회적 요인들과 관련하여 본격적으로 언어 사용 및 언어 변이를 기술하고 분석한 연구를 시작한 시기를 1970년대로 제언하고 있다. 그렇지만 앞서 언급한 대로 사회언어학적 관심과 시각을 보이는 사회언어학의 전조적 연구들은 그 이전에도 관찰된다(장태진 1966, 국립국어원 2004 참조). 따라서 여기서는 한국에서 본격적으로 사회언어학적 연구가 시작된 1970년대 이후의 연구에 대한 소개와 논의는 왕한석(2008)과 신혜경(H. K. Shinn 1990)으로 미루고, 1930년대에서 1960년대에 이르는 연구들 중 사회언어학적 시각과 함축을 보이는 저작들을 간략히 소개하도록 하겠다[1].

일제 강점기였던 1930년대에는 조선어학회를 중심으로 당시 조선어의 표준화, 즉 표준어 문제, 한글 맞춤법과 표준 어휘 제정이 현안으로 부각되었다. 이러한 인식하에서 쓰여진 저작 중에는 이희승(1932)와 정인섭(1935)가 있는데, 이 두 연구는 조선어의 표준어가 없던 당시에 표준어의 개념, 의의와 제정 필요성을 지적하고 표준어 제정의 언어적, 사회적 기준을 또한 논의하고 있다. 특히 후자는 구미와 아시아 여러 나라의 표준어 운동과 제정 사례도 소개한다. 따라서 두 연구는 거시 사회언어학의 언어 계획적 시각을 보인다고 할 수 있다. 1930년대와 1940년대에는 신어(이희승 1933), 은어(문세영 1936 등), 외래어(이희승 1941 등)에 대한 여러 글들이 발표되었는데 이들은 거의 어휘 중심적 성격을 띠며 사회언어학적 관심은 상대적으로 미미하다고 생각된다.

1950년대의 저작 중 사회언어학적 시각을 보이는 대표적 연구들은 다음과 같다. 먼저 은어와 속어에 대한 연구들이 눈에 띄는데, 김민수(1953), 강신항(1957), 이숭녕(1957)이 그들이다. 김민수(1953)은 거지말(걸인(乞人)어)을 수집하여 품사적, 어형/어원적, 의미적 분석을 시도하는데, 은어의 언어사회학적 배경과 기능도 논의한다는 점에서 의의가 있다.[2] 강신항(1957)은 군대, 특히 공군에서 많이 사용되는 비속어를 수집하여 분석한 연구인데, 군대에서 비속어가 특별히 잘 발생하는 사회 집단적 배경과 요인을 분석·제시하며, 또한 군대 비속어를 대상별로 그리고 형성 방식 유형별로 분석한다. 이숭녕(1957)은 설악산 산삼 채취인의 은어를 백담사 주지인 제보자로부터 수집하고 이를 오구라 신페이(小倉進平)의 북한 지역 산삼 채취인 은어에 대한 두 선행 연구의 결과와 비교하여 분석하며, 또한 산삼 채취에 관한 은어는 은폐를 주목적으로 하는 일반적 은어 유형과는 달리 일반어를 부정(不淨)한 것으로 금기시하는 산신 숭배 신앙에서 유래하여 생성되었다고 제언한다.

김형규(1955)는 〈국어에 나타난 사회성〉이라는 글에서 한국어의 변화는 사회적 요인에 의해 추동된 것이 많다고 제언하며, 특히 한자어 차용의 시작과 전파 과정 그리고 한국어의 여러 어휘 변화와 음운 변화가 사회적 동기에서 비롯된다고 주장한다. 이용주(1959)는 완곡어법에 관한 연구인데, 완곡어를 금기어와 대비해서 논의하고, 완곡어의 종류를 원시 신앙, 성(性)·배설물, 죽음, 병, (하급) 직업 등과 관계된 유형들로 분류하며, 완곡어를 '[원만한 사회적 관계를 위해서 사용되는] 귀에 거슬리지 않고 예(禮)를 실(失)함이 없는 말'로 정의하면서 완곡어의 발생 배경과 사회적 사용 동기를 또한 논의하고 있다.[3]

1960년대에 진입하면 대체로 이전 시기보다 조금 더 심도 있는 연구들이 관찰된다. 허웅(1961)은 현대 국어의 경어법을 개괄한 후, 문헌에 나타난 15세기의 국어 경어 체계를 자료 제시와 함께 주체 존대, 객체 존대, 상대 존대로 나누어 공시적으로 분석하고, 이 시기부터 현대에 이르는 경어법의 통시적 변화도 논의한다. 김용숙(1962)는 조선 후기에 사용된 궁중어를 ≪계축일기≫, ≪한중록≫ 등의 문헌과 생존 궁인들의 고증 자료를 바탕으로 논의한다. 궁중호칭어, 특수어, 경어법을 주 분석 대상으로 하는데, 특히 경어체 사용을 화·청자의 신분과 공적, 사적 상황에 따라 세분하고 각 상황에 따른 (문헌) 발화 자료를 제시하면서 논의하였다는 점에서 사회언어학적 의의가 있다.

이 시기의 친족 호칭어에 대한 연구는 최재석(1963)과 강신항(1967)이 있다. 사회학자인 최재석(1963)은 서울, 경기, 충남, 강원에 소재한 가정의 성원들과 전국의 고등학생 20명으로부터 얻은 친족 호칭어 자료를 분석해서 한국어 친족어의 특성과 그에 반영된 한국 친족 조직의 성격을 논의한다. 친족어 자료 분석 결과, 한국은 다른 국가들보다 세대와 연령을 특히 중시하고, 부계 친족을 모계 친족보다 더 우위에 두며, 여성의 지위가 상대적으로 낮은 점이 친족 호칭에 드러난다고 제언한다. 강신항(1967)은 전국 방언의 소수 화자의 제보와 문헌 조사를 토대로 가족 호칭어를 분석하였는데, 각 방언별 가족 호칭어를 호칭 대상 가족 성원별(예: 큰아버지, 며느리 등)로 비교하고 있으며, 가족 호칭어의 고어 자료(유창돈 1964)와 비교하여 방언에 따라 어떤 어형 변화가 이루어졌는가도 제시하고 있다.

최학근(1963)은 서울 방언의 개념과 형성 과정 그리고 이 방언의 언어 변화를 분석한 연구이다. 서울 방언은 백제어와 고구려어라는 부여 계통 언어들을 기층어로 하고 신라어를 상층어로 해서 형성되었다고 규정하며, 사회 계층적으로는 궁정 언어와 귀족 계층 언어는 거의 소실되고, 중류 계층 언어가 서울 방언의 주류를 이룬다고 제언한다. 서울 방언에 일부 잔존하는 하류 계층 언어의 특질로는 비어의 잦은 사용, 종결 어미 '-ㅂ쇼'(예: (어서) 옵쇼, (제가) 헐깝쇼?)와 '-ㅂ죠'(예: 그렷습죠)의 사용, 첨가형(예: 그래설라면(〈-그래서), '알겠습니다요'(〈-알겠습니다)의 사용 등을 제시한다. 유창돈(1966)은 한글이 창제된 15세기 이후 1960년대까지 한글 문헌에 사용된 여성 지칭 어휘들과 여성 관련 어휘들을 조사하고 논의하였다. 이 연구는 국내 최초의 여성어에 대한 고찰이라는 점에서 의의가 있다.

1960년대에도 은어에 관한 연구가 관찰되는데 장태진(1963)과 황패강(1964)가 대표적이다. 장태진(1963)은 전국 23곳의 교도소와 소년원의 수용자로부터 얻은 설문 조사 자료를 바탕으로 절도와 관계된 은어를 분석한다. 이 연구는 절도 관계 은어를 대상으로 수용 시설 소재지의 지리적 위치에 따른 차이 분석, 조어론적/형태론적 분석, 표현의 지시 대상 등에 따른 분석을 행하고 있다. 황패강(1964)는 서울 한 여고의 약 1,400명 학생들을 대상으로 설문지 조사 방식을 통해 이들이 사용하는 은어를 연구한다. 이 연구는 여고생들이 사용하는 은어의 지시 대상, 의미적 성격, 조어 방법, 그리고 은어의 품사를 분석하였다. 학생들은 외모와 성(性)에 대한 은어를 특히 많이 사용하였고, 은어 사용에는 풍자성(청춘복덕방(←교회)), 비유성(바지씨(←남자)), 위장성(박호순(←순호박)) 등이 관찰되었으며, 은어의 품사로는 명사가 약 94%로 나타나서 절대적 비율을 보였다. 이 연구는 은어의 의미는 고정적이지 않으며, 은어가 폭넓게 쓰이게 되면 은어로서의 기능이 약화되어 일반 단어로 변환된다는 것을 또한 지적하고 있다.

위에서 살펴본 바를 통해서 현대적 사회언어학 연구가 본격화하는 1970년대 이전에도 한국어를 대상으로 한 연구 중에는 사회언어학적 시각과 함축을 보이는 연구들이 존재하였음을 알 수 있다. 물론 이들 연구 내에 포함된 사회언어학적 분석과 논의의 비중은 논문마다 차이가 있음을 부언한다. 1930년대부터 1960년대에 이르는 이들 연구의 주제로는 은어/속어/특수어4), 호칭어와 경어법, 친족 명칭, 방언과 표준어, 금기어와 완곡어법, 여성어 등을 포괄하고 있으며, 앞서 언급했듯이 60년대의 연구 중에 심도 있는 사회언어학적 탐구가 상대적으로 높은 비율로 관찰되었다.

한국에서 사회언어학적 연구가 본격적으로 시작되는 1970년대부터 1980년대까지의 주요 연구들의 구체적 논의와 평가는 이 시기 사회언어학 연구를 개관한 바 있는 왕한석(2008)과 신혜경(H. K. Shinn 1990)에 미루기로 한다. 왕한석(2008)은 이 시기 한국어에 대한 사회언어학 연구를 연구자들의 교육적 배경을 바탕으로 국어학 전통, 언어학 전통, 인류학 전통의 연구로 분류하고, 특히 1970년대에서 1980년대 초에 나온 연구들의 중심적인 연구 주제는 호칭어와 경어법 영역이었다고 관찰하고 있다.

신혜경(H. K. Shinn 1990)은 ≪International Journal of the Sociology of Language≫의 한국 사회언어학 특집호5)에 실린 한국 사회언어학 연구 개관 논문이다. 신혜경(H. K. Shinn 1990)도 왕한석(2008)과 유사하게 한국에서 사회언어학은 1960년대 후반에 시작되었지만 새로운 연구 방법과 관점에 바탕을 둔 본격적 사회언어학은 1970년대 중반에 시작되었다고 제언한다. 1970년대부터 1980년대 말에 이르는 한국어에 대한 사회언어학적 탐구는 호칭어와 경어법에 관한 연구들, 그리고 (국어학자들을 중심으로) 언어 정화, 한글 전용 문제, 한국어 로마자 표기, 남북 언어 이질화 문제 같은 언어 정책과 관계되는 연구들이 상당한 비중으로 발견되고, 비중은 높지 않지만 언어와 성, (사회언어학적) 방언학, 언어 변이, 이중 언어 사용, 언어 태도, 담화 및 대중 매체 언어 등에 관한 연구도 관찰된다고 제시하였다.

1.2. 한국사회언어학회 결성 이후의 연구들

한국사회언어학회는 사회언어학에 관심을 가진 언어학, 영어학, 국어학, 인류학을 교육 배경으로 한 학자들에 의해 1990년에 결성되었으며, 사회언어학 연구회와 학술대회 그리고 학술지라는 본격적 토론의 장이 마련되면서 한국에서 사회언어학 연구가 더 발전할 수 있는 계기가 되었다. 이 시기에는 그동안 국내에서 한국어를 중심으로 연구를 진행해 온 학자들과 국외에서 사회언어학. 언어인류학을 전공하고 돌아온 학자들의 연구가 어우러져서 사회언어학 연구가 양적으로 또 질적으로 한 단계 더 발전하게 되었다.

김해연(2010)은 학회지인 ≪사회언어학≫에 창간호부터 학회 창립 20주년인 2010년까지 게재된 연구들을 사회언어학의 하위 분야별로 분류해서 이 기간에 이루어진 국내 사회언어학의 연구 추세를 분석하고 각 논문의 내용을 개관한 바 있다. 김해연(2010)이 제시한 이 기간 동안 학회지에 게재된 연구들의 하위 분야별 비율은 〈표 1〉과 같다. 사회언어학 하위 분류의 기준은 학자마다 다소 다를 수 있지만, 이 표에 따르면 이 시기에 ≪사회언어학≫에 게재된 논문 중에는 대화 분석/담화 분석 연구와 경어법/호칭어에 관한 연구가 가장 높은 비율로 나타났으며, 사회언어학적 함축을 포함한 외국어 교육 연구, 언어 태도, 언어 정책, 언어와 성, 사회문화, 인터넷 통신 언어/광고 언어에 관한 연구도 적지 않은 비율로 관찰되었다.

〈표 1〉 1990년대~2000년대에 ≪사회언어학≫에 게재된 논문의 주제별 분류
(김해연 2010: 294)[6]

대화 분석/담화 분석	65	18%
경어법/호칭어	40	11%
사회언어학과 외국어 교육	29	8%
언어 태도/의식, 행동, 사용	23	6%
언어 정책	20	6%
언어와 성	19	5%
사회문화	17	5%
인터넷 통신 언어/광고 언어	17	5%
사회언어학의 일반적 소개	12	3%
이중-다중 언어/피진·크리올	12	3%
언어 접촉/차용	12	3%
문화간 의사소통	10	3%
지역/사회 방언	8	2%
새터민/조선족/남북 언어	7	2%
기타/서평/이론 언어학	75	21%
총합계	366편	

김해연(2010)은 특히 1990년대에 들어와서 실제 대화 자료에 근거한 대화 분석/담화 분석 연구가 본격화되었으며, 또한 언어 교육 분야에서 의사소통 능력이 중시되고 주목받으면서 언어 교육과 사회언어학의 접합 분야 연구가 대두되었다고 하며, 1990년대 말에는 언어와 성 분야에 관한 연구가 본격화되고, 2000년대에 들어와서는 인터넷 사용 인구의 급증과 스마트폰의 등장으로 통신 언어에 대한 연구가 활발히 이루어지기 시작했다고

제언하였다.

국내 사회언어학 연구의 최근 동향을 탐색하기 위해서 필자는 2010년 대에 학회지에 게재된 연구들을 〈표 1〉의 기준을 다소 수정하여 분류해 보았다. 먼저 '지역/사회 방언'과 '사회문화'를 '언어 변이와 변화/방언학'과 '언어인류학/문화'라는 좀 더 일반적으로 사용되는 범주로 바꾸어 보았고, '인터넷 통신 언어/광고 언어'는 각각 독립 범주로 하고 여기에 '신문·방송 언어'를 새로운 범주로 추가하였다. '사회언어학과 외국어 교육'은 조금 더 포괄적인 '사회언어학과 언어 교육'으로 대체하였고, '언어 접촉/차용'과 '이중-다중 언어/피진·크리올'은 크게 보아 모두 '언어 접촉'의 하위 분야로 간주될 수 있는 것들이어서 '언어 접촉/이중·다중 언어'7)로 통합하였다. 그리고 특정 연구가 두 개 하위 분야의 중복 영역에서 이루어지는 경우는 양 분야에 공히 속하는 것으로 분류하였다. 이러한 분류에 따른 분석의 결과는 〈표 2〉와 같다.

〈표 2〉 2010년대에 ≪사회언어학≫에 게재된 논문의 주제별 분류8)

대화 분석/담화 분석	59	18%
사회언어학과 언어 교육	34	10%
언어 변이와 변화/방언학	24	7%
경어법/호칭어	21	6%
신문 방송 언어	21	6%
언어인류학/문화	20	6%
인터넷 통신 언어	18	5%
언어 정책	15	5%
언어 태도/의식	12	4%
광고 언어	11	4%
언어 접촉/이중-다중 언어	11	4%
새터민/이주민 언어/북한 언어	10	3%
문화간 의사소통	9	3%
언어와 성	8	2%
사회언어학의 일반적 소개	8	2%
기타	47	14%
총합계	328(275편)	100%

학회지에 실린 연구들이 국내 사회언어학의 추세를 반영한다고 가정할 때 〈표 2〉는 1990년대~2000년대와 마찬가지로 대화 분석/담화 분석 분야의 연구가 가장 많고 언어 교육과 관계된 연구 역시 상당한 비중을 여전히 차지하고 있다는 것을 보여 준다. 특히 후자는 1970~80년대는 물론이고 1990년대~2000년대와 비교할 때보다도 연구 비중이 높아졌는데, 이는 영어를 중심으로 한 외국어 교육 분야만이 아니라 국내외에서 증대된 한국어 교육에 대한 관심에서 비롯된다고 판단된다.

언어 교육 분야 외에 1990년대~2000년대보다 비중이 높아진 분야는 인터넷 통신 언어, 광고 언어, 언어 변이와 변화를 들 수 있다. 인터넷 통신 언어 연구의 비중 증가는 이전 시기보다 우리 사회에 더욱 보편화되고 일상화된 통신 언어의 사용을 반영하고 있고, 광고 언어 역시 전통적 광고 매체만이 아니라 인터넷 매체를 포함한 광고 매체의 증대 및 다양한 상품/서비스 광고에 대한 관심 확대에 기인한다고 판단된다. 언어 변이와 변화는 최근 사회 음성학 등의 더 정교한 분석 도구와 통계 방법론을 활용한 젊은 학자들의 연구가 증가하는 추세이다. 반대로 국내 연구에서 상대적 비중이 다소 낮아진 분야는 경어법/호칭어, 언어와 성, 언어 접촉/이중-다중 언어를 들 수 있다. 하지만 이들은 여전히 해외만이 아니라 국내에서도 사회언어학의 중요 하위 분야로서 탐구되고 있다.

요약하면, 국내 사회언어학적 연구는 1930~50년대의 표준어 문제, 은어, 비속어, 특수어, 완곡어 등의 문제로 시작해서, 1960년대부터는 위 주제와 더불어 호칭/지칭어, 경어법, 방언/표준어 등의 연구가 비중 있게 나타났으며, 1970년대와 1980년대에는 경어법/호칭어와 한국어 표준화 및 표준 규정 관련 언어 정책적 연구들이 두드러졌지만 성별어, 언어 변이, 언어 태도, 담화 및 대중 매체 언어도 점차 연구 대상으로 부각되었다고 할 수 있다. 한국사회언어학회가 결성된 1990년대와 2000년대 이후에는 사회언어학의 더욱 다양한 하위 분야와 주제에 대한 연구가 이루어졌으며, 특히 2010년대 이후에는 대화 분석/담화 분석과 언어 교육(특히 교수·학습이나 교재 등을 주제로 한) 관련 사회언어학적 연구가 높은 비율로 이루어지고 있는 가운데 언어 변이와 변화, 경어법/호칭어, 신문 방송 언어, 언어인류학, 인터넷 통신 언어 등의 분야에서도 연구가 활발히 이루어지고 있다.

2. 이 책의 구성과 내용

이 책은 앞서 언급했듯이 국내 사회언어학 제 분야에서 이루어진 연구 성과를 소개하고 논의하는 것이 주목적이며, 따라서 서장 이후 2장부터 12장까지는 각 하위 분야별 연구 성과와 그동안의 연구 경향 그리고 앞으로의 전망과 과제를 다룬다. 각 장의 내용을 간략히 소개하면 다음과 같다.

먼저 2장(강현석)은 언어 변이와 변화에 관한 지난 연구 성과를 논의하고 국내 변이 연구에서 수행되어야 할 앞으로의 연구 과제를 제안하고 있다. 필자는 먼저 해외 언어 변이와 변화 연구가 발전해 온 과정과 변이 연구의 일반적 성격 및 특징을 소개하고 이를 바탕으로 국내 학자들이 이룬 연구 성과들을 조명하고 있다. 연구 성과들은 박사학위 논문과 학술지 논문으로 구분하여 소개하는데, 그동안 작성된 학위 논문은 일부 영어와 스페인어를 대상으로 한 극소수 연구를 제외하고는 대다수가 한국어에 대한 연구였으며 또한 대부분 음성·음운 변이와 변화에 초점이 맞추어져 있음을 보인다. 일반 연구 논문은 크게 음성·음운 변이, 형태·통사 변이, 어휘 변이로 분류하여 논의하는데, 그중 가장 높은 비중을 차지하는 음성·음운 변이는 모음 변이, 자음 변이, 억양(intonation) 변이로 세분하여 논의하고 있다.

한국어 변이 연구의 대상 방언에 대한 분석에 따르면 서울·경기 방언과 더불어, 전라, 경상, 충청, 평안 방언 등에 대한 연구가 이루어졌음을 보이며, 연구 방법론적인 관점에서 기존 연구들을 분석한 결과에 따르면, 현지 조사, 사회언어학 면담, 설문지 조사 외에도 사회음성학적 방법(안미애 2012; K. W. Moon 2017 외), 전자 말뭉치 분석(김혜숙 2010, 2014 외), 인식 실험(조용준 2017 외), 불특정 다수 조사(채서영 2001) 등의 방법론이 사용되었음을 또한 제시한다. 필자는 향후 변이 연구의 방향에 대해서도 논의하는

데, 한국어 변이 연구의 심화 그리고 정교화와 더불어 한국어 이외의 언어에 대한 연구 필요성을 제언하였고, 또한 한국어의 언어 층위별(음성·음운, 형태·통사, 어휘 변이)로 필요하다고 생각되는 연구 주제들을 소개하고 통신 언어에서 관찰되는 변이 역시 흥미로운 결과를 보일 수 있는 잠재적 과제로 제시하고 있다.

3장(백경숙·박은하)은 성(gender)과 언어 사용의 문제를 탐구한 131편의 국내 연구 저작들을 논의하고 있다. 이 장에서 필자들은 먼저 현대 사회언어학의 언어와 성 연구의 발전 과정을 소개하고, 그 주된 연구 분야를 (1) 성이 주요 요인으로 기능하는 '언어 변이 연구', (2) 음운, 형태, 통사, 어휘, 담화 층위에서 성 선호성을 보이는 소리, 어형, 표현 및 대화 스타일을 기술하는 '성별 발화어 연구', (3) 양성에 대한 지칭, 표현 및 기술에 관심을 두는 '성별 대상어 연구'로 대별하였다. 저자들은 이 분류를 기반으로 한국어 및 외국어를 대상으로 하는 언어와 성 연구들을 소개하고 논의한 후, 향후 연구에 대한 방향과 시사점을 또한 제시하고 있다. 이 장은 국내 언어와 성 연구가 비록 주제나 방법론의 범위에서 해외 연구들만큼 아직 포괄적이지는 않지만 최근에 적지 않은 성과를 거두고 있음을 보여 주고 있다.

언어와 성을 연구하는 국내 학자들의 향후 과제로는 연구자들이 현실 사회에서의 성에 대한 다양한 쟁점들에 항상 깨어 있을 것, 사회학이나 인류학, 문학, 교육학 등의 인접 학문에서의 성(gender) 주제에 대한 연구 성과나 이론의 전개를 잘 파악할 것, 여성어 기술에 집중하여 자칫 여성어의 유표성을 인정하고 재생산하는 듯한 결과를 초래하기보다는 진정한 성 평등을 지향하는 균형 있는 시각으로 문제에 접근할 것 등을 제안하고 있다. 또한 이 장은 국내에서 거의 연구가 이루어지지 않은 성 소수자의 언어 사용 및 특성에 대한 연구의 필요성도 제시하고 있으며, 성차별적 표현에 대한 실천적 대안 및 제도적 대응 방안에 대한 연구도 더 필요하다고 제언하고 있다.

4장(이정복)은 한국의 사회언어학 연구에서 다루어진 호칭과 경어법의 연구 결과를 분석하여 연구의 흐름과 특징을 살펴본 후 주요 성과를 몇 가지 하위 유형으로 나누어 정리하고 있다. 호칭 연구의 경우 '두루 높임 호칭어', '직위 호칭어', '가족 호칭어', '기타 호칭어', '종합적 연구', '외국어 호칭'으로 나누어 주요 연구 성과를 검토한다. 호칭의 사회언어학적 연구는 1990년대 이후 본격화되었는데, 초기 연구가 가족 호칭어에 집중되었다면 이후 직위 호칭어와 인터넷 공간에서의 호칭 사용에 대한 다양한 관심이 나타났고, 다른 언어와의 비교 연구도 범위가 넓어지고 있다고 이 장은 분석한다. 경어법 연구는 '경어법 요소와 기능, 사회적 요인', '경어법 체계와 말 단계', '경어법의 쓰임', '경어법의 변화', '경어법과 공손', '종합적 연구', '외국어 경어법'으로 나누어 성과들을 검토한다.

1970년대 중후반부터 시작된 한국어 경어법의 사회언어학적 연구는 1990년대 이후 주제와 연구 대상, 자료가 다양해지고 연구 성과도 풍부해졌음을 필자는 밝히고 있다. 이러한 사회언어학적 연구를 통해 형태 중심 연구의 한계를 넘어 호칭과 경어법에 대한 깊이 있는 이해가 가능해졌으며, 사회적 맥락에서 이루어지는 호칭과 경어법의 쓰임을 밝히고, 그들의 사용에 작용하는 화자들의 의도와 전략, 갈등 양상까지 파악하게 되었다고 평가한다. 다만, 아직도 관련 연구자 수가 적어 특정한 주제를 두고 활발하게 토론과 대화를 벌이는 연속적 연구가 드문 점, 사회언어학 연구 성과가 제대로 참조되지 않은 연구가 늘고 있는 점, 통계적 분석에서 나아가 그 배경과 의미까지 살펴보는 연구가 많이 나와야 한다는 점, 사회 변화에 맞는 용법과 체계가 무엇인지 제시함으로써 시대에 맞지 않는 불합리한 호칭과 경어법 때문에 어려움을 겪는 화자들에게 도움이 되는 실용적 연구도 필요하다는 점을 문제점 겸 과제로 제시하고 있다.

5장(김해연)은 사회언어학에서의 담화 분석을 다루는데, '언어와 사회'의 관계를 밝히기 위해 수행된 담화 분석적 접근법의 종류와 담화 분석 이론들의 가정과 방법에 대해 전반적으로 소개한 다음, 한국의 사회언어학계에서 수행해 온 연구들을 분야별, 주제별로 분류하여 논의하고 있다. 필자는 사회 현상과 문화를 설명하기 위해 문화 인류학에서 언어 분석의 한 방법으로서 담화 분석에 대한 관심이 시작되어 사회언어학의 한 분야로 자리잡았음을 밝힌 후, 사회언어학에서의 담화 분석적 접근법으로 상호작용 사회언어학 (interactional sociolinguistics), 구어/의사소통의 민족지학(ethnography of speaking/communication), 변이 분석(variation analysis), 대화 분석(conversation analysis), 비판적 담화 분석(critical discourse analysis)을 들고 이들 이론들의 연구 주제와 방법 등을 소개한다.

다음으로 필자는 국내 학계에서 사회언어학적 접근법에 따라 수행된 연구들을 (1) 기능주의적 담화 분석과 담화 표지에 대한 연구, (2) 대화 분석과 상호작용 언어학적 연구, (3) 언론 담화와 비판적 담화 분석 연구, (4) 연설, 광고 텍스트 분석, (5) 컴퓨터 통신 언어 연구, (6) 상호작용 사회언어학적 연구, 코퍼스 언어학적 연구와 기타 연구로 나누어 논의하고 있다. 이러한 논의를 통해, 국내 사회언어학계에서는 담화 표지에 대한 연구, 대화 분석과 상호작용적 관점의 연구, 언론 담화를 분석 대상으로 하는 비판적 담화 분석적 관점의 연구들이 많이 수행되었으며, 최근에는 통신 언어 담화, 제도 담화, 교육 담화 등의 분야에 대한 관심과 연구들이 나타나고 있음을 보여 주고 있다.

6장(김규현·서경희)은 원래 사회학 분야에서 출발한 대화 분석(conversation analysis)이 국내 사회언어학계에 수용되어 정착하고 발전해 온 모습을 연구 주제별 및 시기별로 나누어 소개하고 주요 성과들을 논의하고 있다. 연구 주제별로는 문법 관행(grammatical practices), 상호작용 관행(interactional practices), '응용' 대화 분석('applied' conversation analysis)의 범주로 나누어 국내 대화 분석 학자들의 연구 내용과 연구 동향을 살펴보고 있고, 시기적으로는 1990년대부터 2000년대 중반, 2000년대 후반, 2010년부터 2019년에 이르는 세 시기로 나누어, 각 시기별로 관찰되는 대화 분석 연구의 범주별 연구 경향과 추이를 살펴보고 있다.

필자들은 특히 2000년대 중반부터 다양한 '상호작용 관행' 및 '응용 대화 분석' 범주로 분류되는 논문들이 크게 증가했음을 보이고, 이 시점부터 대화 분석 연구가 한층 더 활성화되기 시작했다고 관찰한다. 또한 '문법 관행' 범주의 논문들은 이전에 다루었던 주제를 다시 재조명하면서 한층 더 심화한 분석을 수행하고 있음을 지적한다. 이 장은 이러한 연구 동향에 비추어서 국내 대화 분석 분야가 안고 있는 향후 주요 과제들이 무엇인지도 살펴보고, 오디오 자료 위주의 분석에서 나아가 해외 추세에 맞춘 비디오 영상 자료를 활용한 연구의 확대와 해외학자들과의 교류를 통한 비교 언어학적 대화 분석 연구 등 앞으로 나아가야 할 방향에 대한 제언을 하고 있다.

7장(박동근)은 ≪사회언어학≫ 창간호부터 최근까지 게재된 매체 언어에 관한 연구를 '신문 언어', '방송 언어', '통신 언어'로 하위 구분한 뒤, 연구 사적인 관점에서 흐름과 성과를 논의한다. 먼저 필자는 매체 언어 유형 중 통신 언어가 가장 늦게 시작된 연구 주제임에도 불구하고 그동안 연구가 가장 활발히 이루어졌다고 분석하며, 이어 각 매체마다 세부 연구 주제와 접근 방법을 분석하여 연구의 큰 흐름과 특징을 살피고 개별 논문의 연구 내용을 논의한다.

필자는 신문 언어 연구의 분석 대상은 대체로 '사설'과 '기사'로 구분되며, 이는 다시 기사 '본문'에 대한 연구와 '제목'에 대한 연구로 나누어 대별할 수 있음을 관찰하며, 다른 장르의 텍스트 연구에 비해 제목에 관심이 높은 것이 특징임을 밝힌다. 또한 방송 언어 연구는 뉴스와 토론 프로그램을 대상으로 한 것이 대부분이며, 신문 언어 연구와 마찬가지로 담화 분석적 접근이 가장 많았음을 보인다. 통신 언어 연구는 '채팅'과 '게시판'을 대상으로 한 연구가 활발하게 이루어졌는데, '게시판(BBS)→블로그→SNS와 채팅→문자메시지→메신저' 등으로 플랫폼이 바뀌면서 연구 영역도 확대되었지만, 형태 변용 등 탈규범적 언어 사용에 대한 관심에서 출발한 통신 언어 연구의 내용과 초점은 지금까지 크게 바뀌지 않았다고 관찰한다. 장의 마지막 부분에서 필자는 연구 내용을 종합하여 문제점을 검토하고 향후 과제를 제안한다. 특히 최근 이용이 증가하고 있는 유튜브나 '게임' 중에 사용하는 실시간 음성 언어 사용에 대한 연구는 아직 미미하다고 관찰하며, 신문, 방송, 통신으로 3분되는 매체 언어는 궁극적으로 '인터넷 매체'로 통합될 것으로 예측하면서, 이에 따라 앞으로 매체 언어 연구는 '언어 통합'의 관점에서 접근할 필요가 있다고 제안하고 있다.

8장(강윤희)은 국내 언어인류학의 연구 성과를 이 분야의 주요 연구 주제와 접근법으로 구분하여 검토하고 있다. 우선 언어와 문화의 관계를 다루는 언어 민속지 연구와 민족 과학(ethnoscience), 그리고 언어사회화 연구의 성과를 살펴보고, 다음으로는 언어와 사회관계의 연결을 주로 탐구하는 의사소통의 민족지학의 연구 성과를 논의한다. 또한 2000년대 이후 비교적 최근에 활발히 진행된 연구 성과로 농담, 말놀이, 의례 언어 등의 다양한 언어 예술(verbal art) 장르에 대한 연구들을 검토하고, 나아가 역시 비교적 최근의 연구에 활발히 도입되어 논의되기 시작한 언어 이데올로기, 언어와 전지구화(globalization), 그리고 기호 인류학(semiotic anthropology)적 접근을 논의하고 있다.

이러한 기존 연구의 검토를 통해, 한국의 언어인류학 연구는 기술적 분석에 초점을 맞추었던 실증주의적 연구 경향에서 시작하여 점차로 언어 사용과 이를 매개하는 이데올로기 또는 메타 담론의 문제를 논의하는 것으로 발전하고 있음을 이 장은 보여 주고 있다. 하지만 필자는 한국의 언어인류학 연구는 이제까지 발달되어 온 다양한 접근법 또는 패러다임 중 어느 하나가 다른 하나를 교체하면서 발전되었다기보다는, 기존의 연구에 새로운 연구 주제나 개념이 하나씩 덧붙여지고 중첩되는 구조로 진행되었음을 강조한다. 따라서 앞으로 한국의 언어인류학은 기존 연구의 접근법을 이어가되, 그동안 당연시되던 개념과 범주들에 대하여 새롭게 질문하는, 보다 비판적이고 성찰적인 연구를 수행할 것이라고 전망하고 있다.

9장(양명희)은 언어 의식과 태도에 대해 국내에서 이루어진 연구들의 성과를 몇 개의 주제로 나누어 살펴보고 있다. 이중/다중 언어 사회가 다수인 서양 국가들의 다양한 주제의 언어 태도 연구와는 달리, 한국은 오랫동안 단일 언어 사회였기 때문에 이중 언어 사용에 대한 태도 연구는 드물었으며, 지역 변이어인 방언과 표준어, 그리고 모어와 외국어에 대한 태도 연구가 언어 정책과 관련하여 1980년대부터 시작되었다고 필자는 관찰한다. 또한 국내의 언어의식과 태도에 대한 연구를 (1) 방언과 표준어, 모어, 외국어(일본어, 영어) 등 언어 자체에 대한 언어 태도, (2) 언어 변이와 언어 태도,

(3) 문자, 외래어, 경어, 인명, 광고 등 언어 사용과 관련한 언어 태도, (4) 재일 동포, 조선족, 고려인 등 소수 집단의 언어 태도에 대한 연구로 구분하여 논의하고 있다.

필자는 언어 태도에 대한 연구는 언어 변이나 변화뿐 아니라 언어 공동체의 형성과 변화, 언어 선택과 언어 재생과 쇠퇴 등 다양한 사회언어학적 현상을 예측하고 설명해 줄 수 있기 때문에 점차 연구 결과도 많아지고 주제도 다양화하고 있지만, 국가 단위의 대규모 연구와 설문 조사 중심의 양적 연구가 주를 이루어, 조사된 결과를 질적으로 설명하거나 해석하는 데 있어서는 한계를 보이고 있다고 제언한다. 또한 광고나 상품명, 정치적 언어 사용에 따른 언어 태도 연구가 서양에 비해 많지 않은데 언어와 사회 간의 관련성을 통찰한다는 점에서 이에 대한 연구가 좀 더 활발해져야 한다고 지적하고 있다. 다문화 사회에 진입한 한국에서 이민자나 소수자 집단에 대한 언어 태도 연구 역시 언어 선택과 언어 쇠퇴의 측면에서 여러 관점에서 연구되어야 할 주제이며, 재외 동포를 비롯한 북한 이탈 주민, 결혼 이주 여성 등 소수자의 언어 태도에 대한 연구 역시 다양한 관점에서 진행되어야 할 필요가 있다고 필자는 제시한다.

10장(박용한)은 국내 학자들이 그동안 언어 접촉에 관해 수행한 연구 성과를 논의하고 향후 연구자들이 이 분야에서 관심을 갖고 수행할 수 있는 연구 주제를 또한 제안한다. 이 장은 먼저 접촉 언어학(contact linguistics)의 개념을 소개한 후, 접촉 언어학의 주 연구 영역인 피진어와 크리올어, 이중 언어 사용, 양층어 상황, 언어 접촉 이후의 다양한 상황들(언어 유지, 언어 교체, 언어 사멸), 코드 전환(code-switching), 외래어 차용 등과 같은 언어 접촉 연구의 기본적 개념들을 설명하고 그 이론적 배경을 논의한다. 또한 한국 사회언어학회 학회지에 게재된 논문들을 중심으로 해서, 국내에서 수행된 언어 접촉에 대한 주요 연구 성과를 네 유형, 즉 국외에서 발생한 외국어 간의 언어 접촉, 국외에서 발생한 한국어와 외국어 간의 언어 접촉, 국내에서 발생한 한국어와 외국어 간의 언어 접촉, 그리고 국내에서 발생한 한국어의 방언 간 접촉으로 분류하여 논의하고 있다.

국내 사회언어학계의 언어 접촉 관련 연구 성과는 다른 분야에 비해 상대적으로 적으며, 초창기의 연구들은 유럽과 아프리카, 태평양 및 대서양의 적도 지역 등에서 발생하고 있는 언어 접촉의 문제들을 국내 학계에 소개하는 수준에 머물렀지만, 이러한 연구 성과는 이후에 재외 동포의 한국어 및 외국어 사용과 관련된 문제 그리고 국내에서 발생하고 있는 한국어와 외국어 간의 다양한 언어 접촉 문제들을 연구하는 데 있어 밑거름이 되었다고 필자는 설명한다. 또한 지난 세기말부터 결혼 이민자와 이주 노동자가 급격히 유입되면서, 앞으로는 국내에서도 한국어와 외국어 간에 다양한 언어 접촉 현상이 발생할 것으로 예상하고 있다. 필자는 한국의 사회언어학은 앞으로 다문화 가정의 이중 언어 사용, 한국어 화자들의 한국어와 외국어 간의 코드 전환, 외래어 차용 실태, 표준어와 방언 간의 방언 접촉 문제 등을 보다 체계적이고 적극적으로 연구해야 할 필요가 있다고 제시한다.

11장(조태린)은 연구사적 관점에서 언어 정책 및 계획의 문제에 대해 그동안 국내에서 이루어진 연구의 동향을 정리하고 주요 논의를 분석하고 있다. 이를 위해 필자는 먼저 관련 학술지 논문에 대한 전수 조사를 통해 분야별, 발간 시기별, 관련 국가/지역별 거시적 연구 동향과 주제별 미시적 연구 동향에 대해서 양적 분석을 하고, 이어서 언어 정책 및 계획의 문제를 다룬 대표적 연구와 최근 연구를 중심으로 해서 관련 국가/지역별 주요 논의를 연구 분야와 주제를 고려하면서 질적으로 분석한다.

이 장의 주요 결과를 요약하면, (1) 연구 분야의 측면에서 그간의 연구는 언어 자료 정책 및 계획 분야에 집중되어 있고 언어 지위 정책 및 계획 분야의 비율은 그 절반에도 미치지 못하며, 이러한 편중 현상은 한국 관련 연구에서 더욱 심하다는 점, (2) 연구 주제의 측면에서도 그간의 연구는 언어 자료 정책 및 계획 분야와 관련되는 주제로 집중되어 있다는 점, (3) 언어 정책 및 계획에 관한 연구는 2000년대 이후 다른 어떤 학문 분야에 못지않게 급격한 증가세를 보인다는 점, (4) 관련 국가/지역의 측면에서 한국 관련 연구의 비율이 압도적으로 높지만, 외국 관련 연구 중에서 한국과의 관련성이나 한국에 대한 영향력의 측면에서 가장 거리가 있는 유럽 관련 연구, 특히 서유럽 관련 연구의 비율이 가장 높다는 점, (5) 전통적으로 많은 연구가 이루어진 분야와 주제에서는 2000년대 이후로 논의의 대상이 다양해지거나 구체화하는 모습이 확인되지만, 필요성과 중요성에 비해 아직 연구가 미흡한 분야와 주제에서는 논의의 대상이 한정되거나 편중되어 있는 경우가 많다는 점, 이상 다섯을 필자는 제시하고 있다. 위와 같은 분석 결과를 바탕으로 필자는 이들의 시사점을 논의하고 언어 정책 및 계획 연구의 향후 과제를 제안하고 있다.

12장(손희연·장선미)은 사회언어학회 학회지에 게재되었던 논문들을 주 대상으로 하여 사회언어학의 개념, 대상, 관점을 수용하거나 활용한 언어교육 연구들의 현황과 성과를 검토하고 있다. 국어 교육, 한국어 교육, 영어 교육, 그 외 외국어 교육, 이 네 범주의 언어 교육 연구 분야에서 사회언어학적 접근을 취한 연구들을 소개하고 논의한다. 이 장은 먼저 국어 교육 분야에서는 언어의 사회적 기능을 중시하는 언어관을 전제로 어휘 중심의 '변이어 교육'이나 대화 중심의 '사회적 대화(담화 실행) 교육'에 대한 연구 성과들이 주로 이루어졌으며, 한국어 교육 분야는 '학습자 언어의 사회문화적 속성', '교육 내용이나 관점, 환경적 특성에 대한 담화 중심적 접근', '교육의 실태와 제도, 정책 문제' 등에 대한 연구 고찰들을 주요한 연구 성과로 논의한다. 국어 교육보다 한국어 교육 분야에서 사회언어학적 접근의 양상이 더 다양하며 최근에는 양적인 성과도 두드러짐을 필자들은 보여 주고 있다.

외국어 교육 중 질적, 양적으로 비중이 높은 영어 교육 분야는 '학습자와 교사 및 교실', '교과서 및 교육 제도와 정책', '평가'의 측면에서 사회언어학적 접근을 시도한 연구들을 검토한다. 특히 '교사 언어와 학습자 언어의 기술', '교실에서의 사회언어학적 소통', '학습 및 소통 전략', '학습 동기', '언어 정체성' 등의 주제에서 많은 연구가 이루어졌으며, 이들 연구에서 습득과 학습에 관한 심리 언어학적 논점이나 사회문화적 소통과 학습의 효과, 교육 환경 문제 등이 지속적으로 논의되었다고 필자들은 분석한다. 마지막으로 한국사회언어학 학회지에는 영어 외의 외국어에 관한 논문들이 다수 게재되었으나 대부분은 중국어와 일본어에 편중되어 있고, 그 외 외국어의 교육 관련 주제를 다룬 연구는 아주 소수에 불과하다는 점을 지적하며, 다양한 외국어를 대상으로 한 교육의 문제들이 사회언어학적 시각에서 논의되어야 함을 제언하고 있다.

3. 국내 사회언어학 연구의 새로운 과제들과 전망

앞에서 살펴본 바와 같이 국내 사회언어학은 사회언어학적 관심과 함축을 띤 연구들이 관찰되는 1930년대부터 1960년대에 이르는 사회언어학의 전조적 연구 시기를 거쳐, 1970년대부터 현대적 의미의 사회언어학 연구가 시작되었으며, 1990년 한국사회언어학회의 창립과 더불어 연구가 더 심화되고 연구 주제가 다양화되었다고 할 수 있다.

왕한석(2008)은 2008년 저술 당시를 한국의 사회언어학 연구가 '본격적' 시작의 단계에 있다고 제언한 바 있는데, 지금의 한국 사회언어학은 그 당시보다 연구의 양과 질에서 상당 부분 향상이 이루어졌다고 생각된다.[9] 만족할 정도는 아니겠지만, 학자들의 국내 연구 성과도 한층 풍부해졌고 심층화되었으며, 국제 학술지 게재와 국제 학술대회에서의 발표 및 인지도에 있어서도 한 단계 발전했다고 판단된다.

사회언어학의 연구 주제는 늘 새롭게 생성되고 또 변화하기 마련인데, 그 이유는 언어는 사회의 반영이어서 사회의 변화는 사회 구성원의 언어와 언어 사용에 항상 변화를 초래하기 때문이다. 필자는 한국 사회가 이전 시대 및 시기와 마찬가지로 많은 변화를 겪고 있으며, 이들 변화는 한국 사회의 언어 사용에 변용을 일으키면서, 국내 사회언어학계에 기존 연구 문제에 더하여 새로운 과제들을 제시하고 있다고 제언하고자 한다.

한국 사회에서 현재 관찰되는 언어 문제와 관련된 두드러진 변화로는 (1) 이주 노동자, 결혼 이민자, 외국 유학생의 증가로 인한 국내 외국인 인구 비율의 증대 현상, (2) 인구의 수도권 집중화와 상당수의 북한 이탈자 및 중국 동포 유입, (3) 여권 신장을 포함한 사회 구성원 간의 평등 의식 증진, (4) 인터넷과 통신 기술 발전으로 인한 디지털 문화의 발달, (5) 국제 사회에서의 중국의 부상 및 강대국 간 권력 구조 개편으로 인한 국내 영향력 변화, 이 다섯 가지를 들 수 있으며 이들은 모두 한국 사회의 언어와 언어 사용의 양상을 변화시키고 있다.

먼저 한국 사회는 전통적 단일 민족 사회에서 지금은 약하게나마 다민족 사회의 성격을 띠기 시작한 것으로 보인다. 2020년 현재 한국에 체류 중인 외국인 수는 250만(전체 인구의 약 4.8%)을 넘어섰고, 이는 OECD가 규정하는 다문화 다인종 국가의 기준인 전체 인구의 5%에 근접하는 수치이다. 2000년과 2010년의 체류 외국인 수가 각각 약 50만, 약 125만이었던 점을 감안하면, 한국 사회의 다문화화는 상당한 속도로 진행되고 있다고 할 수 있다. 세계 최저 수준의 심각한 출산율 저하로 앞으로 예상되는 이주 노동자, 외국인 취업자/이민의 대폭 증가를 감안하면 한국 사회의 다문화화는 지금보다 심화될 것이며 2040년에는 외국인 인구 비율이 7%에 이를 전망이다. 특히 한국 사회에 뿌리를 두게 될 결혼 이민자와 이주 노동자를 포함한 장기 체류자의 비중이 약 70%에 이르는 등 한국 사회의 다문화화는 다양한 언어 간의 언어 접촉을 초래하게 되고, 특히 이주·이민자와 그 후속 세대의 한국어 학습 문제(왕한석 2007; 민정호·전한성 2014; 오하은 2016 참조)와 이들의 계승어(heritage language)의 보존, 교육 및 활용(박재익 2017 참조) 등에 대한 지속적 사회언어학적, 언어 정책적 연구를 요구한다고 사료된다.

한국의 수도권 집중 문제는 오랜 기간 계속된 사회 현상이며 한국 사회와 문화의 위계적 속성이 그 원인 중 하나로 생각된다. 수도권이란 서울, 경기, 인천 지역을 지칭하며 전국 면적의 약 12%를 차지하는데, 1970년에 약 28%였던 수도권의 인구는 1990년에는 약 43%가 되었고, 2020년에 들어서는 50%를 넘어 수도권 인구가 비수도권 인구를 추월하게 되었으며, 앞으로도 수도권 집중화 현상은 지속될 것으로 예측되고 있다. 인구의 수도권 집중과 더불어 나타나는 언어 현상은 다양한 방언 간의 접촉 그리고 표준어의 영향력 강화로 인한 지역 방언의 표준어 동화 현상(강희숙 2015; 배혜진 2019 참조) 및 방언 교체(dialect shift) 현상이다. 특히 제주 방언/제주어의 경우는 젊은 세대들의 습득률이 현저히 떨어져서 방언 교체 현상이 나타나고 있으며 언어 사멸의 위험이 있다는 주장(김미진 2020 참조)이 제기되고 있다10). 여기에 추가적으로 북한 이탈 주민과 조선족, 즉 중국 동포의 유입으로 남한 방언들과의 새로운 방언 접촉 현상(강진웅 2017; 임경화 2018; 이 책 10장 참조)이 이루어지고 있다. 이러한 다양한 방언 접촉 현상과 그 결과는 국내 사회언어학계에 새로운 도전과 연구 기회를 동시에 제공하고 있다.

앞에서 언급했던 한국 문화의 위계적 특징은 과거보다는 약화되고 있으며, 한국 사회는 상대적으로 수평적이고 평등적 사회로 변화하고 있다. 점차 예전에는 당연시하던 갑질 행위, 차별 행위에 대한 사회적 인식이 바뀌고 있으며, 이들을 더 이상 용인하지 않으려는 사회적 분위기가 조성되고 있다. 차별 행위에는 여러 유형이 있지만, 특히 성차별이 완화되어 가고 있어서 만족스러운 단계는 아니지만 여권 신장 현상이 뚜렷이 관찰되며, 이에 따른 호칭어, 경어법, 성차별적 표현의 사용에서 변화(조태린 2011) 및 변화 개선책(이필영·김태경 2018; 이현희·박미영 2018)에 대한 연구들에 일부 반영되고 있지만 더 다양하고 심층적 탐구가 요구된다. 다른 소수자 집단에 대한 인식도 개선되고 있는데, 장애 차별(임영철 2009), 지역 차별(이정복 2013), 직업 차별(이정복 2010; 박은하 2019) 등에 대한 연구는 아직 소수이며, 구미에서는 적지 않게 이루어지고 있는 성 소수자의 언어 특성에 대한 연구도 백경숙·박은하(이 책 3장)의 지적과 같이 필요한 단계에 들어섰다고 생각된다.

인터넷과 전자 통신 기술의 발전은 우리의 언어생활을 상당히 변화시켰다. 글을 직업적으로 쓰지 않는 일반인 중 상당수는 요즘 전화 문자, 인스턴트 메신저, SNS 같은 전자 통신 문자 언어(통신 언어)를 사용하는 빈도가 일반 문어를 쓰는 경우보다 더 많을 정도이다. 국내에서 통신 언어는 1980~90년대 이메일과 PC 통신에서 처음 쓰이기 시작했는데, 2000년대 후반 스마트폰이 등장하고 비슷한 시기에 카카오톡, 라인 등 여러 메신저 프로그램과 SNS(페이스북, 트위터, 인스타그램 등)가 개발되면서 통신 언어의 사용과 전파가 본격적으로 이루어지게 되었다. 크리스털(D. Crystal 2001, 2004)은 통신 언어를 구어, 문어, 수화에 이어 새롭게 태어난 '혁신적 언어 사용 매체'라고 제언한 바 있으며, 이정복(2012)는 21세기를 '[통신 언어라는] 입말체 글말의 대부흥기'로 지칭하고 있다. 통신 언어는 전화 문자 언어, 메신저 언어, SNS 언어, 전자 편지 언어, 블로그 언어 등 여러 하위 유형이 있으며, 앞서 소절 1.2에서 지적했듯이 특히 2010년 이후에 적지 않은 연구 성과가 있었다(자세한 내용은 이 책의 7장; 이정복 2012, 2017 참조). 하지만 통신 언어는 고정되어 있지 않고 새로운 기술 개발과 환경 고안에 따라 공통점과 차이점이 공존하는 다양한 통신 언어 유형이 계속 생성되고 있으며, 이에 따라 새로운 언어 유형의 특성에 대한 탐구 및 하위 언어 유형 간 비교 연구가 지속적으로 요구된다(박동근은 7장에서 유튜브나 실시간 게임에서 사용되는 음성 언어로의 연구 확대 필요성을 지적하고 있다). 또한 한국어와 외국어 통신 언어 간의 유사성과 차이에 대해서는 아직 연구 공백이 발견되며 앞으로의 과제로 생각된다.

국가의 사회·문화적 변화는 국내 요인만이 아니라 국제 사회에서의 변화가 초래하기도 한다. 각국의 현재와 미래의 경제 성장(률)과 인구 증감은 각국 국민이 사용하는 언어들의 국제적 위상과 위세에 영향을 준다. 이에 따라 세계 주요 언어의 위상은 현재도 변하고 있는데, 20세기에 절대적 위치를 점유하던 영어의 위상은 21세기에 들어서는 정점을 지나 특히 중국어(H. S. Kang 2017)와 스페인어의 도전을 받고 있으며, 이외에도 힌디/우르드어, 아랍어 등의 부상 또한 예상되고 있다. 그라돌(Graddol 2006)은 20~30년 후에는 영어가 유일한 통용어가 아니라, 각 지역별로 중국어, 스페인어, 힌디/우르드어, 아랍어가 영어와 더불어 과점적 지위를 점유할 것이라고 예상하고 있다.

이러한 강대 언어 간에 관찰되는 국제적 위상 변화는 국가의 주요 언어 정책 중 하나인 외국어 교육 정책에 영향을 준다(Cenoz & Gorter 2012; H. S. Kang 2020). 각국은 자국의 경제·문화적 이익과 발전을 위해 많은 외국어

중 하나에서 셋 정도의 언어를 선택하여 공교육을 통해 자국 학생들이 학습하도록 하는데,11) 이 선택은 국가의 미래에 중요한 의미를 지니며 정확한 사회경제학적, 인구학적 예측 통계를 바탕으로 한 언어 위상과 사회·경제적 효용에 대한 내실 있는 사회언어학적/언어 정책적 연구가 요구된다는 것은 재론할 필요가 없다. 이러한 연구는 또한 그동안 경제 성장과 문화 발전으로 격상된 한국어의 위상을 유지하고 더 고양하는 데도 꼭 필요하다고 생각된다(강현석 2015 참조).12)

마지막으로 이 책은 사회언어학의 하위 분야를 12장으로 나누어 그동안 국내 학자들이 이룬 연구 성과들을 소개·논의하고 향후 더 탐구되어야 할 연구 주제 및 연구 방향에 대한 제언을 담고 있다. 이 책은 그동안 국내에서 이루어진 연구 성과는 가능한 한 모두 소개하고 논의하는 것을 목표로 하였지만, 지면 부족이나 집필진의 간과 혹은 다른 이유로 인해 포함되지 못한 연구들도 있다는 것을 밝힌다.

또한 이 책에서 비중 있게 논의되지 않았지만 이미 해외 사회언어학의 주요 연구 영역으로 활발히 연구되는 탐구 대상 중에는 세계 영어(world Englishes/global Englishes)와 언어 경관(linguistic landscape)13)이 있다. 세계 영어는 1980년대, 언어 경관은 2000년대부터 사회언어학자들에 의해 연구되어 왔는데 각각 고유한 국제 학술 저널(들)14)이 발행되고 있다. 두 분야의 국내 연구는 숫자는 많지 않지만, 세계 영어는 싱가포르의 언어 정책과 영어 특질을 개관한 송경숙(2005), 극동 3국의 세계 영어 연구 현황을 소개한 심영숙(2014) 등이, 언어 경관은 안양권 역세권의 영어 간판 사용 비율을 분석한 심재형(2017), 구로구 가리봉동의 공공 표지판 언어를 언어 권리(language rights)와 관련하여 연구한 김유리(Y. R. Kim 2020) 등이 있다. 앞으로 이들 분야에서도 국내 학자들의 흥미롭고 심도 있는 많은 연구가 수행되기를 기대한다.

주석

1) 아래 논의는 필자의 (완전하지 못한) 개략적 조사를 바탕으로 하며, 장태진(1966)이 많은 참고가 되었음을 밝힌다.

2) 김민수(1953: 97)은 은어가 "봉쇄적 비밀집단(소(小)사회)의 특색으로서 타인에게 이해되어서는 안 되는 꺼리는 말이 요구되는 데서 발생한다"고 규정한다. 또한 김민수(1953)은 장태진(1965, 1966)과 같이 '사회언어학'이라는 표현 대신 '언어사회학'(93쪽)이라는 표현을 사용하고 있다.

3) 이용주(1959) 외에 금기어와 완곡어법에 대한 연구로는 김성배(1962, 1963)과 문효근(1962, 1963)이 있다. 금기어의 한 유형인 욕설에 대한 연구로는 손진태(1931)이 있다.

4) 이주행(1999)는 1970년대 중반 이전의 사회언어학적 연구들은 주로 은어, 비속어, 궁중 용어 등의 특수어 연구에 집중되었다고 관찰하고 있다.

5) 'Aspects of Korean Sociolinguistics'라는 제목의 한국어에 관한 이 특집호는 하르만과 황적륜 (Haarmann & Hwang 1990)이 편집 책임을 맡았으며, 총 7편의 논문과 1편의 서평이 게재된 바 있다.

6) 이 연구는 엄밀하게 얘기하면 1993년 창간호부터 2010년 1호까지 게재된 논문들을 대상으로 한다. 독자들의 이해 편의를 위해 필자가 표의 일부 표현과 수치를 간략화하였음을 밝힌다.

7) 이중·다중 언어 사용(bilingualism/multilingualism)은 개인 화자 차원일 수도 있고 국가나 지역적 차원일 수도 있으며 그 연구도 협의의 언어 접촉적 관점, 언어 태도/심리적 관점, 언어 정책적 관점 등에서 이루어질 수 있다(Clyne 1997 참조). 이 장에서는 이중·다중 언어는 어떤 경우에도 언어 접촉이 일어난 상황을 전제로 한다는 관점에서 언어 접촉과 함께 분류한다.

8) 구체적으로는 2010년 2호부터 2020년 1호까지 사회언어학회 학회지에 실린 논문들을 대상으로 한다.

9) 참고로 왕한석(2008)은 다음과 같은 연구 주제/영역이 특히 연구 성과가 부족하고 더 많은 연구가 필요하다고 제시하고 있다: 1) 영어 접촉으로 인한 한국어의 변화 양상 연구, 2) 영어의 학습 및 사용에 관한 연구(위상, 기능 포함), 3) 국제결혼 이주 여성, 외국인 근로자, 새터민의 언어 연구/문제/태도 연구, 4) 한국 존댓말의 연구, 5) 한국인들의 언어 태도, 가치관, 언어 이념 문제에 대한 연구, 6) 한국어 의사소통 능력의 습득/언어 사회화에 대한 연구.

10) 유네스코는 2010년 이래로 제주어를 사멸 위기의 최고 단계인 '심각한 사멸 위기에 있는'(crticially endangered) 언어로 규정했고 지금도 그렇게 분류하고 있다. 다행히 유네스코의 규정 이후 도(道)와 민간 차원에서 제주어 재생 운동이 진행되고 있지만 결과는 예견할 수 없다.

11) 외국어 교육 정책은 경제, 과학 기술, 문화에서의 국가 경쟁력을 높이는 국가적으로 중요한 과제이며, 특히 초·중고등학교 교육 과정에서 어떤 외국어를 선택해서 학생들에게 교육할 것인지를 결정하는 판단과 의사 결정에는 많은 연구가 필요하다.

12) 한국어의 위상이 계속 유지될지에 대해, 강현석(2015)는 앞으로 예상되는 상당폭의 국내 인구 감소와 경제 성장률 하락을 감안하면 낙관적이지 않다고 제언하고 있다.

13) 언어 경관은 복수의 언어가 사용되는 언어 사회에서 사용되는 각 언어가 어떻게 특정 지역이나 구역에서 시각적으로 표출되고 나타나는가를 연구하는 사회언어학의 비교적 새로운 하위 분야

이다.

14) 세계 영어의 대표적 학술 저널은 'English Worldwide, World Englishes, English Today'가 있으며, 최근 활발하게 연구되고 있는 언어 경관의 학술 저널은 'Linguistic Landscape: An International Journal'이다. 세계 영어는 '국제 세계 영어 학회'(International Association of World Englishes)라는 독자적 학회도 구성되어 있다.

참고문헌

강신항(1957), 〈군대비속어에 대하여〉, ≪일석이희승선생송수기념논총≫, 50~77. 일조각.

강신항(1967), 〈현대국어의 가족 명칭에 대하여〉, ≪대동문화연구≫ 4, 75~117, 성균관대학교 대동문화연구원.

강진웅(2017), 〈남북한의 언어통합: 북한이탈주민의 언어 사용 실태를 중심으로〉, ≪교육문화연구≫ 23(2), 345~364, 인하대학교 교육연구소.

강현석(2015), 〈한국어의 국제적 위상 변화와 국가 정책적 과제〉, ≪사회언어학≫ 23(3), 31~71, 한국사회언어학회.

강희숙(2015), 〈한국어 방언 접촉의 양상에 대한 사회언어학적 분석: 전남방언 어휘의 표준어화를 중심으로〉, ≪어문논총≫ 64, 9~36, 한국문학언어학회.

국립국어원(2004), 〈사회언어학 연구 논저 목록〉, ≪주요 국가의 사회언어학 연구 동향≫, 181~233, 국립국어원.

김미진(2020), 〈제주 방언의 특징과 보존 방안〉, ≪인문학 연구≫ 28, 87~115, 제주대학교 인문과학연구소.

김민수(1953), 〈은어(변말) 시고〉, ≪국어국문학≫ 6, 9~13. 국어국문학회.

김성배(1962), 〈한국 금기어고(상)〉, ≪국어국문학≫ 25, 219~234, 국어국문학회.

김성배(1963), 〈한국 금기어고(하)〉, ≪국어국문학≫ 26, 239~268, 국어국문학회.

김용숙(1962), 〈이조후기 궁중어연구〉, ≪향토서울≫ 13, 121~201, 서울특별시 사편찬위원회.

김해연(2010), 〈한국 사회언어학 연구 개관: '사회언어학' 게재 논문을 중심으로〉, ≪사회언어학≫ 18(2), 287~347. 한국사회언어학회.

김형규(1955), 〈국어에 나타난 사회성〉, ≪한글≫ 110, 21~26, 한글학회.

김혜숙(2010), 〈사회적 변인간 상호작용에 따른 영어 부가의문문 사용에 관한 연구〉, ≪사회언어학≫ 18(1), 31~52, 한국사회언어학회.

김혜숙(2014), 〈성별에 따른 기능별 영어 부가의문문 사용에 대한 코퍼스 기반 연구〉, ≪사회언어학≫ 22(3), 1~23, 한국사회언어학회.

문세영(1936), 〈변말〉, ≪한글≫ 4(6), 84~85, 한글학회.

문효근(1962), 〈한국의 금기어〉, ≪인문과학≫ 8, 1~24, 연세대학교.

문효근(1963), 〈한국의 금기어(속)〉, 《인문과학》 9, 33~53, 연세대학교.

민정호·전한성(2014), 〈다문화 가정 학습자의 개별성을 고려한 한국어교육의 실천 방향 탐색〉, 《한국언어문화학》 11(3), 93~119, 국제한국언어문화학회.

박은하(2019), 〈직업 차별적 언어 사용과 인식에 대한 말뭉치 용례 연구〉, 《사회언어학》 27(4), 89~116, 한국사회언어학회.

박재익(2017), 〈다문화가정 자녀의 한국어, 계승어, 영어 학습상황에서의 계승어 교육의 필요성과 지원 방안〉, 《언어학연구》 42, 337~367, 한국중원언어학회.

배혜진(2019), 〈부산지역 대학생들의 어휘 표준어화와 언어 태도〉, 《어문학》 144, 85~114, 한국어문학회.

손진태(1931), 〈조선 욕설고〉, 《신생》 4(1), 11~15, 신생사.

송경숙(2005), 〈싱가포르의 언어 정책 및 영어 특징〉, 《사회언어학》 13(1), 83~105, 한국사회언어학회.

심영숙(2014), 〈한국, 중국, 일본의 세계영어 연구 경향 분석〉, 《사회언어학》 22(3), 89~113, 한국사회언어학회.

심재형(2017), 〈언어 경관과 상권 유동 인구 간의 상관관계: 경기도 안양권(안양, 군포, 의왕) 사례를 중심으로〉, 25(1), 85~117, 한국사회언어학회.

안미애(2012), 《대구 지역어의 모음체계에 대한 사회음성학적 연구》, 경북대학교 박사학위 논문.

오하은(2016), 〈한국 다문화 사회의 한국어교육 정책 제안: 독일과 호주의 언어교육 정책과의 비교를 중심으로〉, 《한글》 311, 305~336, 한글학회.

왕한석(2007), 《또 다른 한국어》, 교문사.

왕한석(2008), 〈한국의 사회언어학〉, 왕한석 엮음, 《한국어와 한국사회》, 1~37, 교문사.

유창돈(1964), 〈이조어사전〉, 연세대학교 출판부.

유창돈(1966), 〈여성어의 역사적 고찰〉, 《아세아여성연구》 5, 37~72, 숙명여자대학교 아세아여성연구소.

이숭녕(1957), 〈은어고: 설악산 산삼채취인의 은어를 중심으로 하여〉, 《일석이희승선생송수기념논총》, 467~492. 일조각.

이용주(1959), 〈완곡어법 소고〉, 《국어교육》 2, 33~45, 한국어교육연구회.

이정복(2010), 〈한국 직업 이름의 위계와 차별〉, 《우리말글》 49, 1~36, 우리말글학회.

이정복(2012), 〈스마트폰 시대의 통신 언어 특징과 연구 과제〉, 《사회언어학》

20(1), 177~211, 한국사회언어학회.

이정복(2013), 〈사회적 소통망(SNS)의 지역 차별 표현〉, 《어문학》 120, 55~83, 한국어문학회.

이정복(2017), 《사회적 소통망(SNS)의 언어문화 연구》, 소통.

이필영·김태경(2018), 〈가정에서의 호칭어·지칭어 사용 실태와 문제점〉, 《사회언어학》 26(1), 277~309, 한국사회언어학회.

이주행(1999), 〈한국 사회계층별 언어 특성에 관한 연구〉, 《사회언어학》 7, 51~76, 한국사회언어학회.

이현희·박미영(2018), 〈《표준 언어 예절》(2011)로 본 언어 예절 연구 방향: '가정에서의 호칭, 지칭'을 중심으로〉, 《사회언어학》 26(3), 201~233, 한국사회언어학회.

이희승(1932), 〈표준어에 대하야〉, 《조선어문》 3, 1~5, 조선어학회.

이희승(1933), 〈신어남조문제〉, 《조선어문》 6, 16~24, 조선어학회.

이희승(1941), 〈외래어 이야기〉, 《춘추》 2(3), 258~273, 조선춘추사.

임경화(2018), 〈국내 비한국계 코리언들의 언어현실과 언어적 공공성: 국내 중국 조선족의 사례를 중심으로〉, 《통일 인문학》 73, 113~144, 건국대학교 인문학연구원.

임영철(2009), 〈장애인 차별어에 대한 태도 및 언어 배려의식〉, 《사회언어학》 17(2), 137~155, 한국사회언어학회.

장태진(1963), 〈은어연구: 절도를 뜻하는 범죄인 은어에 대하여〉, 《무애 양주동선생 화탄기념논문집》, 485~506, 동국대학교.

장태진(1965), 〈언어사회학의 성립 및 그 발달과 그 국어사회학적 연구 경향에 대하여(상)〉, 《어문학논총》 6, 46~76, 조선대학교 국어국문학연구소.

장태진(1966), 〈언어사회학의 성립 및 그 발달과 그 국어사회학적 연구 경향에 대하여(하)〉, 《어문학논총》 7, 72~87, 조선대학교 국어국문학연구소.

정인섭(1935), 〈표준어 문제〉, 《한글》 3(7), 379~385, 한글학회.

조용준(2017), 〈해라체 의문형 어미 '-냐'와 '-니'의 사회적 지표성에 대한 연구〉, 《사회언어학》 25(3), 259~297, 한국사회언어학회.

조태린(2011), 〈부부간 호칭어 및 높임법 사용의 양성 불평등 측면〉, 《사회언어학》 19(1), 159~186, 한국사회언어학회.

채서영(2001), 〈우리말 2인칭 대명사 〈너 복수형〉에 나타난 변화와 영어 방언의 〈you 복수형〉 변이현상〉, 《사회언어학》 9(1), 179~192, 한국사회언어학회.

최재석(1963), 〈한국인의 친족호칭과 친족조직〉, ≪아세아연구≫ 6(2), 65~101, 고려대학교 아세아문제연구소.

최학근(1963), 〈서울방언권의 형성과 서울방언에 대해서〉, ≪향토서울≫ 19, 39~75, 서울특별시사편찬위원회.

허웅(1961), 〈서기 15세기 국어의 "존대법"과 그 변천〉, ≪한글≫ 128, 133~190, 한글학회.

황패강(1964), 〈여학생의 은어〉, ≪국어교육≫ 9, 145~154, 한국국어교육연구회.

Cenoz, J. & Gorter, D. (2012). Language policy in education: Additional languages. In B. Spolsky (ed.), *The Cambridge Handbook of Language Policy*, 301~320. Cambridge: Cambridge University Press.

Clyne, M. (1997). Multilingualism. F. Coulmas (ed.), *The Handbook of Sociolinguistics*. 301~314. New York: Blackwell.

Graddol, D. (2006). *English Next*. British Council.

Haarmann, H. & Hwang, J. R. (eds.). (1990). *Aspects of Korean Sociolinguistics. Journal of the Sociology of Language* 82.

Kang, H. S. (2017). Is English being challenged by Mandarin in South Korea?: A report on recent educational and social trends involving the two languages. *English Today* 33(4), 1~7.

Kang, H. S. (2020). Changes in English language policy in Kim Jong-un's North Korea: A prelude to reconciliation? *English Today* 36(1), 30~36.

Moon, K. W. (2017). *Phrase Final Position as a Site of Social Meaning: Phonetic Variation among Young Seoul Women*. Doctoral dissertation, Stanford University, Stanford, California.

Shinn, H. K. (1990). A survey of sociolinguistic studies in Korea. *International Journal of the Sociology of Language* 82, 7~23.

Kim, Y. R. (2020). About multiculturalism and language rights: A linguistic landscape of governmental public signs in Garibong-Dong, Seoul. *The Sociolinguistic Journal of Korea* 28(2), 95~126.

제2장

언어 변이와 변화

강현석

언어 변이와 변화(language variation and change: LVC) 연구는 미시 사회언어학의 한 분야로서 라보브(W. Labov)가 자신의 석사학위 논문을 위해 수행한 마서스 비녀드(Martha's Vineyard) 섬 언어 연구(Labov 1963)가 그 기원이 된다고 일반적으로 생각된다. 이 분야는 라보브가 주도적으로 연구 방법론을 개발하고 발전시킨 분야여서 라보브 사회언어학(Labovian sociolinguistics)이라고도 불리며, 변이 사회언어학(variationist sociolinguistics), 변이 이론(variation theory), 계량사회언어학(quantitative sociolinguistics) 등의 별칭이 있다.

이 장에서는 먼저 1절에서 해외에서의 언어 변이와 변화 연구의 성격과 발전 과정을 논의하고, 이를 바탕으로 2절에서는 국내에서 언어 변이와 변화 분야에서 이루어진 연구 성과들을 소개·논의하고, 3절에서는 전체 요약과 앞으로의 과제를 제시하도록 하겠다.

1. 언어 변이와 변화 연구의 성격 및 발전

1.1. 해외 언어 변이와 변화 연구의 성격 및 발전 과정

언어의 변이와 변화에 대한 학문적 관심은 언어학의 역사와 함께한다고 할 수 있겠지만 전통적으로 지역적 변이를 연구 대상으로 하는 방언학과 언어의 통시적 변화에 초점을 맞추는 역사언어학에서 관련 연구가 이루어졌다. 하지만 현대적 의미의 언어 변이와 변화 연구는 이 두 분야와는 연구적 관점과 방법론이 상당 부분 다르다고 할 수 있다. 라보브는 사회적 요인에 의한 언어 변화를 인정한 구조주의 역사 언어학자들인 메이예(A. Meillet)와 마르티네(A. Martinet), 그리고 역사 사회언어학자이며 자신의 석박사 논문 지도 교수이기도 한 바인라이히(U. Weinreich) 등의 영향을 받아 변이 사회언어학 분야를 개척하고 발전시켰다.

언어 변이와 변화 분야는 사회언어학의 한 분야이지만 다음과 같은 특성을 갖는다는 점에서 타 하위 분야와 구별된다.

먼저 변이 사회언어학은 공시적 언어 변이와 더불어 진행 중인 언어 변화도 주 연구 대상으로 한다. 구조주의적 연구 전통에서는 공시적 연구와 통시적 연구를 엄격히 구분(Saussure 1916)하고 언어 변화는 관찰할 수 없는 것이라는 입장(Bloomfield 1933)을 취했지만, 변이 사회언어학에서는 진행 중인 언어 변화의 경우 관찰이 가능하고, 공시적인 언어 변이와 진행 중인 언어 변화를 세대 간의 언어 사용 차, 즉 의사 시간(apparent time; Labov 1963)이라는 방법론을 통해서 동시에 연구할 수 있다는 입장[1]을 취하고 있다.

둘째는 언어 변이와 변화 분야는 사회언어학 제 분야 중에서 언어의 내적 구조 및 체계에 가장 많은 관심을 갖고 있다는 점이다. 라보브는 기본적으로 자신의 연구를 사회학적 혹은 인류학적 연구라기보다는 언어학 연구로 생각하였고 이론 언어학의 약점을 보완하고 언어 변이의 사회적 의미와 중요성을 기존 언어 연구에 통합하는 더 완전한 언어학을 추구하였다. 따라서 언어 변이 연구에는 사회적 요인만이 아니라 변이 현상에 영향을 주는 언어 내부적 제약이 거의 항상 논의되고 탐구된다. 다시 말해 언어 변이와 변화 연구는 언어 체계/구조와 사회적 구조 모두에 관심을 갖는다고 할 수 있다(Guy 1993).

변이 사회언어학의 또 다른 특징은 계량사회언어학이란 별칭이 보여 주듯이 사회언어학 변수의 변이형들이 사용되는 빈도를 통계적으로 분석하는 양적 연구를 기본 연구 방법으로 한다는 것이다. 언어 능력(linguistic competence), 문법 능력(grammatical competence)에 주 관심을 두고 실제 언어 행위는 언어 수행으로 간주하며 언어학의 고유한 기술 대상이 아니라고 주장하는 촘스키 언어학(Chomsky 1965)과는 달리, 사회적 의미를 표현하는 변이적 언어 사용은 언어 능력 혹은 의사소통 능력(communicative competence)의 일부이며 언어학 기술 대상의 중요 부분이라는 입장을 변이 사회언어학은 취한다. 언어공동체에서의 사회언어학적 변이는 무작위적인 것이 아니라 체계성을 띤다고 하며, 화자가 자신의 사회적 속성과 발화의 언어적, 사회적 맥락에 따라 보이는 변이적 언어 사용도 언어 능력의 중요한 반영이라는 이론적 입장을 견지한다(Cedergren & Sankoff 1974). 그리고 언어 변이의 분석 시 변이에 영향을 주는 언어 내적, 언어 외적 요인들의 통계적 유의미성과 영향 강도를 다중 변인 분석(multivariate analysis)[2]을 포함한 여러 통계 기법으로 계량적으로 분석하는 것이 변이 사회언어학의 주요 연구 방법이다.

언어 변이와 변화 연구의 발전 과정은 세 단계로 나누는 것이 일반적이다(Eckert 2012; Bayley 2013). 에커트(Eckert)는 이 세 발전 단계를 지칭하여 '변이 연구의 세 물결'(three waves of variation study)이라는 표현을 쓰고 있는데 베일리(2013), 워도와 풀러(Wardaugh & Fuller 2015)를 비롯한 변이 사회언어학의 여러 학자들이 이 분류를 받아들이고 있다.

먼저 변이 연구의 첫 번째 물결은 라보브(1966)의 뉴욕시 영어 연구에서 시작되는데 대체로 연구의 규모가 크고 많은 화자/제보자를 대상으로 하며 계층, 성별, 연령대 같은 큰 사회적 범주와 언어 변이형 간의 상관관계를 점검하는 것을 목적으로 한다. 이 범주에 속하는 연구들로는 미국 디트로이트 흑인 영어의 음운과 문법 변수를 연구한 울프램(Wolfram 1969), 앨라배마주 애니스톤 영어의 문법적 변이를 연구한 피긴(Feagin 1979), 영국 노리치(Norwich) 영어의 음운 변수 16개를 점검한 트럿길(Trudgill 1974), 스코틀랜드 글라스고 영어의 5가지 음운 변수를 연구한 매콜리(Macaulay 1977)이 대표적이다. 그중에서도 라보브(1966)의 뉴욕시 영어 연구는 변이와 변화 연구의 방법론을 확립했다고 할 수 있는데, 특히 현지 조사 방법, 진행 중인 언어 변화의 연구 방법, 표집(sampling) 방법 및 절차, 사회언어학 인터뷰의 방법론적 모델을 제공했다고 할 수 있다.

라보브의 연구 방법론은 미국과 영국만이 아니라 다른 국가와 언어에도 적용되어 변이 연구가 이루어졌다. 파나마시 스페인어와 테헤란 페르시아어의 변이를 각각 연구한 세더그렌(Cedergren 1973)과 모다레시(Modaressi 1978), 그리고 가이아나(Guyana) 케인워크의 크리올 영어의 언어 변이를 점검한 릭포드(Rickford 1987) 등이 영미 지역 외 국가를 대상으로 한 변이 연구 초기의 대표적 연구들이다.

첫 번째 물결의 변이 연구들이 대도시 주민 같은 대규모의 모집단(population)들을 대상으로 사회 계층, 성별, 연령대와 변이형들과의 상관관계를 연구해서 중요한 학문적 성과를 이루었지만, 농어촌 같은 사회 계층이 불분명한 지역도 존재할 뿐만 아니라 계층, 성별, 연령대 외의 다른 지역 특유(local) 요인이 언어 변이에 중요한 영향을 미칠 수 있다는 것도 점차 밝혀졌다. 따라서 많은 제보자와의 비교적 짧은 시간에 이루어지는 사회언어학 면담을 위주로 한 연구보다는 참여자 관찰(participant observation)과 오랜 현지 조사를 통해 이루어지는 민족지적 방법론을 사용하는 좀 더 심층적 연구들이 등장하였는데, 이를 변이 연구의 두 번째 물결이라고 한다.

변이 연구의 두 번째 물결은 밀로이(L. Milroy 1980)에서 시작되었다고 일반적으로 생각된다. 밀로이(1980)은 북아일랜드 벨파스트에서 참여자 관찰이란 민족지적 현지 조사 방법으로 주민 대부분이 노동자 계층에 속하는 세 지역 사회의 언어를 연구하는데, 분석 도구로 문화 인류학자들이 개발한 사회 연계망 접근법(social network approach)을 사용한다. 이 세 지역의 주민들은 각각 사회 계층에서는 비교적 균일하지만 다른 지역과 마찬가지로 지역 내 사회 연계망에 밀접하게 통합된 성원들과 그렇지 않은 성원들로 나눌 수 있었는데, 이 둘은 언어 사용에 있어서 다른 행태를 보였다. 밀로이(1980)은 8개의 사회언어학 변수를 점검하였는데, 사회 연계망 지수가 높은 성원은 이 지역의 지역어 변이형을 높은 빈도로 사용한 반면 그렇지 않은 성원은 표준어 변이형의 사용 비율이 상대적으로 높았다. 따라서 이 연구는 같은 계층 내에서도 계층 내부의 하부 구조(local structure)에 따라 언어 행태에 있어 유의미한 차이가 존재한다는 것을 밝혔다고 할 수 있다. 밀로이에 이어 변이 연구에서 사회 연계망 접근법을 활용한 대표적 연구들로는 도시 지역으로 이주한 브라질 포르투갈어 카이피라 방언 화자들의 언어 변이를 분석한 보르토니-리카르도(Bortoni-Ricardo 1985), 디트로이트 도심 속의 흑인 지역 영어를 분석한 에드워즈(Edwards 1986), 오스트리아의 알프스 지역 그로스도르프 마을의 독일어 방언에 나타난 변이를 연구한 리피-그린(Lippi-Green 1989) 등을 예로 들 수 있다.

디트로이트 교외에 소재한 벨텐 고등학교에 재학 중인 청소년들의 언어 변이를 연구한 에커트(1989)는 두 번째 물결의 대표적 변이 연구 중 하나이다. 벨텐 고등학교 학생들은 작스(Jocks) 그룹, 번아웃스(Burn-outs) 그룹, 그리고 이 두 그룹 중 어디에도 속하지 않은 중간 그룹으로 자신들을 분류했는데, 작스 그룹은 중산층, 번아웃스 그룹은 노동자 계층의 자녀가 많았지만, 이 두 구분이 서로 일치하는 것은 아니었다. 이 세 그룹은 언어 행태에 있어서 차이를 보였는데, 특히 '북부 도시 모음 연쇄 변화'(northern cities vowel shift)로 인한 모음 변이에 있어서, 번아웃스 그룹은 가장 진전된 개신형을 세 그룹 중 가장 높은 비율로 사용한 반면 작스 그룹은 상대적으로 가장 보수적인 변이형의 비율이 높았다. 특히 여학생들의 경우 그 차이가 심했는데, 이는 남학생들이 운동이나 다른 과외 활동 등으로 자신들의 그룹 정체성을 표현할 수 있는 다른 수단들이 있는 데 반해 여학생들은 자신들의 언어를 정체성 표현의 주요 수단으로 활용하기 때문이라고 에커트(1989)는 해석하였다. 이 연구 역시 전통적 사회 계층보다는 실행공동체

(community of practice; Eckert 1989)[3]라고 불리는 학교 내의 소그룹이 언어 변이를 더 잘 설명할 수 있음을 보였다는 점에서 두 번째 물결 변이 연구의 대표적 연구 중 하나라고 할 수 있다.

변이 연구의 두 번째 물결은 첫 번째 물결의 주 관심 대상이었던 사회 계층, 성별, 연령대 같은 단위가 큰 사회적 범주보다는 사회 연계망이나 실행 공동체 같은 좀 더 작은 사회적 범주에 속하는 성원들의 언어 변이에 초점을 맞추면서 더 세밀한 분석을 가능하게 하였으나, 사회언어학 변수의 변이형들 의미는 아직 사회적 범주와 밀접하게 연관되고 고정적인 것으로 분석되었다고 할 수 있다. 하지만 캠벨-키블러(Campbell-Kibler 2007), 포데스바(Podesva 2007), 장(Zhang 2005) 등의 세 번째 물결의 연구에서는 화자의 변이형 사용은 자신이 속한 사회적 범주의 영향을 물론 받지만 변이형들의 사회적 의미는 고정적인 것이 아니라 화자가 대화 맥락에 따라 변화시킬 수 있는 동적인 의미, 즉 서로 연관된 여러 의미를 가질 수 있다는 점이 강조되었다.

에커트(2008)은 이렇게 연관된 변이형의 여러 의미가 사회언어학 변수의 지시 장(indexical field)을 이룬다고 하였으며 화자는 대화 상대자, 대화 맥락에 따라 화자의 여러 정체성 중 하나를 사회언어학 변수의 특정 변이형을 선택해 사용함으로써 표현한다고 보았다. 예를 들어 마서스 비녀드 섬의 어부들이 사용하는 이중 모음 변이형 [əy]와 [əw]는 대화 맥락에 따라 자신이 그 섬에 대해서는 가장 잘 안다는 권위를 표시하는 기능을 할 수도 있고, 자신이 그 섬에 대해 충직하고(loyal) 애정이 있다는 의미를 표시할 수도 있으며, 지역 내 관광업과 외부 관광객에 대한 반감을 표현하는 기능을 할 수도 있다는 것이다. 영어권에서 가장 많이 연구된 사회언어학 변수 중 하나인 (ing)을 실험적인 방법을 사용하여 연구한 캠벨-키블러(2007) 역시 이 변수의 두 변이형([ɪn], [ɪŋ]; 예) goin' vs going)의 의미가 단일하고 고정된 것이 아니라 여러 관련된 의미로 구성된 지시 장을 이루고 있다고 제안한다. [ɪŋ]형은 '학식 있는, 격식적인, 말투가 분명한, 허식적인' 등의 의미를 표현하는 데 반해 [ɪn]형은 '학식이 부족한, 편안한, 말투가 불분명한, 진솔한' 등의 의미를 나타낼 수 있다고 제언하였다.

따라서 세 번째 물결의 변이 연구들에 따르면, 화자는 자신이 소속된 사회 범주와 밀접히 연결된 변이형의 의미를 수동적으로 표현하는 것이 아니라 자신이 나타내고자 하는 정체성에 부합하는 변이형과 그 변이형의 사회적 의미를 선택해서 능동적으로 표현한다는 것이다. 청자와 상호작용을 하면서 맥락에 따라 그때그때 나타내고자 하는 사회적 의미를 표현하는 이러한 행위를 에커트(2008)은 스타일 실행(stylistic practice; Bucholtz & Hall 2005도 참조)이라고 지칭하였다.4) 이러한 언어를 통한 스타일 실행은 옷, 장신구, 머리 모양, 몸짓 같은 인간이 선택할 수 있는 스타일 표현의 수단 중 중요한 일부라고 제안된다. 이처럼 세 번째 물결의 변이 연구들에서는 화자의 주체적 언어 스타일 실행, 화자의 맥락에 따른 가변적인 정체성, 변이형들의 동적인 사회적 의미 등이 중요한 개념으로 등장한다.

베일리(2013)은 에커트가 제안한 변이 연구의 세 물결은 연대순으로 나타났다기보다는 변이 연구들이 지향하는 연구 초점의 대체적 변화 추세를 반영한다고 제안하며, 실제로 미국 전역에 거주하는 762명과의 전화 인터뷰 녹음 자료를 바탕으로 미국 방언들의 모음 변이와 변화를 점검하고 이를 바탕으로 미국의 방언 지도를 제작한 라보브, 애시와 보버그(Labov, Ash & Boberg 2006) 같은 중요한 대규모 연구가 여전히 행해지고 있음을 강조하였다. 베일리(2013)은 또한 변이 사회언어학의 연구 방법론이 제2언어 학습의 산물인 중간 언어(interlanguage)와 수화, 그리고 크리올 언어 같은 관계 연구 영역에도 효과적으로 도입되어 사용되고 있다는 것을 보였다.

1.2. 국내 학자5)의 언어 변이와 변화 연구

국내에서의 언어 변이와 변화 연구는 그 개념을 어떻게 정의하느냐에 따라 포함되는 범위가 다를 수 있다. 개념을 넓히면 전통적 방언학도 지역 변이를 기술하는 것이므로 이 분야에 포함될 수 있으며, 한국어의 통시적 변화를 연구 대상으로 하는 국어사적 연구들도 이 분야에 해당될 것이다. 하지만 본 연구는 해외 연구에 있어서와 마찬가지로 언어 변이와 변화라는 개념을 변이 사회언어학 혹은 계량사회언어학으로 그 범위를 좁혀서 논의하고자 한다.

이 개념에 따르면 국내 학자에 의한 계량사회언어학 연구는 크게 두 부류로 나눌 수 있다. 한 부류는 해외에서 계량사회언어학자의 지도를 받아 변이 이론을 토대로 박사 논문을 쓰고 귀국 후 이 분야의 후속 연구를 수행한 학자들의 연구들이다. 또 다른 부류는 국내에서 방언학적 혹은 역사 국어학적 연구 배경을 가진 학자의 지도를 받아 변이 사회언어학의 방법론을 통합한 박사 논문을 쓰고 변이 연구를 수행하는 학자들이 행한 연구이다.

이 장에서는 이 두 부류의 연구를 중심으로 한국인 학자들이 국내외에서 행한 변이와 변화 연구를 다음 절에서 고찰해 보고자 한다.

2. 국내 연구의 주요 연구 성과들

이 절은 그동안 국내 학자들이 수행한 언어 변이와 변화 관련 연구를 박사학위 논문과 학술지 논문으로 나누어서 소개하고 논의한다. 먼저 박사 논문은 편의상 해외에서 작성된 것과 국내에서 작성된 것으로 구분하고, 학술지 논문은 연구 대상을 음성·음운, 형태·통사, 어휘 분야로 나누어 논의한다.6)7)

2.1. 박사학위 논문

2.1.1. 해외에서 작성된 박사학위 논문

국내 학자에 의한 본격적인 언어 변이 연구는 안정근(J. K. Ahn 1987)에서 시작된다고 볼 수 있다. 이 연구는 전주 지역 제보자들과의 사회언어학 면담 자료를 바탕으로 한국어에서 통시적, 공시적으로 활발하게 나타나는 움라우트(Umlaut, 전설모음화; 예: 호랑이→호랭이) 현상의 사회적 변이를 탐구한다. 이 연구는 이 음운 현상이 일어날 수 있는 40개의 단어를 선별해서 사회언어학 면담에서 화자들이 이들 단어를 발화하도록 유도하여 얻은 자료로 각 화자의 움라우트 점수(umlaut score)를 추출하였고, 사회적 요인이 움라우트 현상에 미치는 영향을 분석하기 위해 제보자들을 연령대에 따라 여섯 그룹, 사회 계층에 따라 네 그룹, 그리고 두 성별 그룹(남녀)으로 나누어 점검하였다. 분석 과정에서의 통계 기법으로는 다중 회귀 분석 기법의 하나인 공통성 분석(commonality test), 피어슨 상관 계수 분석, 분산 분석 등이 활용되었다. 연구 결과 움라우트 현상은 연령대가 낮을수록 또한 사회 계층이 높을수록 그 빈도가 감소하고, 또한 남성보다 여성 화자가 움라우트 형식을 덜 사용하는 것으로 분석되었다. 안정근(1987)은 전주 지역어의 음운 특성 중 하나로 여겨지는 움라우트 현상이 이 지역에서 감소하는 언어 변화를 겪고 있으며, 이 음운 현상의 변이에는 지역적 요인만이 아니라 여러 사회적 요인이 복합적으로 관여함을 강조하고 있다.

홍연숙(Y. S. Hong 1988)은 서울 방언에서 나타나는 세 가지 유형의 음운 변이 현상을 연구한다. 첫째는 모음 /æ/(애)와 /e/(에)의 변별이 상실되는 합류(merging)에 따른 변이(예: 게→게~개)이고, 둘째는 외래어의 어두에 나타나는 유음의 [l, r, n]으로의 변이적 실현(예: 라이터(l)~라이터(r)~나이터(n))이며, 셋째는 음절말 자음군의 음성적 실현(자음군 단순화)에 나타나는 변이(예: 넓다~넙따~널따)였다. 이 연구는 60명의 서울 방언 화자를 연령대별, 사회 계층별, 성별로 나누어 세 가지 변이 현상을 탐구하였다. /æ/(애)와 /e/(에) 합류의 경우, 젊은 화자들은 /æ/를 /e/와 동일하게 발화하고[8] 또한 인식하는 경향이 강했던 반면, 비교적 연령대가 높은 화자들은 이 둘을 발화와 지각에서 좀 더 높은 비율로 구별하였다. 어두 유음의 음성적 실현에는 연령대, 성별, 사회 계층이 모두 영향을 주는 것으로 분석되었다. 연령이 적을수록, 사회 계층이 높을수록 [l]을 상대적으로 높은 비율로 발화했으며, 여성보다는 남성의 [l] 사용 비율이 높았다.[9] 음절말 자음군 실현은 사회적 요인보다는 거의 언어 내적 요인에 기인하였으며, 이 관찰을 바탕으로 홍연숙(1988)은 자음군 탈락 원리(cluster reduction principle)라는 규칙을 제안하는데, 서울 방언에서 관찰되는 변이 현상은 학교에서 가르치는 규범 문법과 이 규칙 간의 충돌에 기인한다고 주장하였다.

채서영(S. Y. Chae 1995)는 서울 방언에서 관찰되는 [o](오)~[u](우) 변이를 심층적으로 분석한다. 48명의 서울 방언 화자의 발화 자료와 기존 /o/ →/u/의 통시 변화 자료를 바탕으로 구속 형태소인 '-고, -도, -로'(예: 영희도~영희두)와 '사촌, 장고, 사돈'(예: 사촌~사춘) 같은 몇몇 명사에서 현재 관찰되는 [o]~[u] 변이의 언어 내외적 제약을 점검하고 이 변이의 공시적, 통시적 성격을 밝히려고 시도한다. 이 연구에서 [o]~[u] 변이에 유의미한 영향을 주는 언어적 제약은 발견되지 않았고 발화 스타일과 나이, 성별, 사회 계층이 중요한 요인으로 분석되었다. 채서영(1995)는 공시적인 [o]~[u]의 변이는 19세기에 활발히 이루어졌던 /o/→/u/ 변화(예: 갈고리〉갈구리, 기둥〉기둥)가 음운·형태론적 이유로 구속 형태소와 한자어에 뒤늦게 나타나고 있다고 주장하며, 젊은 세대와 여성 화자 그리고 하류 계층 화자들이 이 변화를 선도하고 있다고 제안한다. 이 연구는 골드바브(Goldvarb)라는 다중 변인 분석 프로그램을 통계 분석에 활용하며, 페르시아어, 프랑스어, 포르투갈어에서 나타나는 유사한 음운 변이와 변화를 함께 논의하면서 연구 논지를 강화한다. /o/→/u/의 변화와 홍연숙(1988)이 분석한 /æ/→/e/ 변화는 적용의 범위와, 어휘적 전파 기제, 그리고 언중의 모음 차이 지각에서 상당한 상이성을 보이는데, 두 변화를 이들 관점에서 심층적으로 비교하는 연구도 필요해 보인다.

강현석(H. S. Kang 1997)은 한국어 서울 방언의 활음과 중모음 체계에서 관찰되는 음운 변이를 탐구한다. 이 연구가 점검하는 사회언어학 변수는 활음 /w/ 탈락(예: 사과~사가), 모음 'e' 앞에서 이루어지는 /y/ 탈락(예: 도예~도에), 그리고 이중 모음인 /ɨ/(의)의 단모음화 변이(예: 의심~으심)이다. 총 56명에게서 얻은 사회언어학 면담 발화와 25명에게서 수집한 동료 그룹 발화(peer group speech)를 연구 자료로 하고, 제보자들을 세 사회 계층 그룹, 세 연령대 그룹, 남녀로 나누어 위 세 사회언어학 변수를 분석한다. 이 연구는 라보브의 변이 이론 모델, 최적성 음운 이론, 그리고 오하라(Ohala)의 음성학적 음성 변화 설명 모델을 이론적 바탕으로 해서 수행된다. 이 연구는 /w/ 탈락의 경우 선행 자음의 조음점과 음절 위치10)가 중요한 언어적 제약이 되며 언어 외적 제약으로는 사회 계층과 발화 스타일이 영향을 미침을 보였으며, /y/ 탈락의 경우는 언어적 제약으로는 선행 자음의 유무와 음절 위치, 언어 외적 제약으로는 화자의 연령대와 발화 스타일이 중요한 제약으로 작용함을 보였다. 그리고 이중 모음 /ɨi/는 어두 음절을 제외하고는 거의 완전히 단모음화되었음을 보였고, 음절 위치에 따라 다른 음운 변화11)가 이루어지고 있다고 제안하였다. 이 연구는 통계 처리에 있어서 다중 회귀분석 프로그램인 골드바브를 활용하며, 연구 결과를 바탕으로 그 사회언어학적, 음성학적, 음운론적 함축을 논의하고, 또한 서울 방언의 현재 중모음 체계와 미래에 예상되는 체계를 제시한다.

이희경(H. K. Lee 2000)은 필라델피아에 거주하는 한인 동포들의 영어에 나타나는 음운과 어휘 변이를 연구한다. 이 연구에서 다룬 음운 변이 하나는 영국 영어를 제외한 거의 모든 영어 변종에서 나타나는 /t/ 설탄음화('t' flapping; 예: water[t~ɾ])였고, 또 다른 하나는 미국 여러 지역에서 관찰되지만 필라델피아에서는 다른 지역과는 변이 양태가 다소 다르게 나타나는 단모음 /æ/의 긴장음화(short a tensing; 예: hang[æ~eɪ])였다. 그리고 어휘 변이로는 필라델피아 한인들의 영어에서 나타나는 담화 표지 'you know', 'like', 'I mean'의 사용 양태를 분석하였다. 전체 101명 동포와의 직접 인터뷰 혹은 전화 인터뷰를 통해서 연구 자료를 수집하였으며, 이들 동포들은 이민 1세대, 1.5세대, 2세대로 구분되었고, 성별, 미국 입국 나이, 현재 나이, 직업, 제보자가 받은 영어 교육의 유형 등의 언어 외적 변수도 분석 시 고려되었다. /t/ 설탄음화의 경우 미국 입국 나이가 가장 중요한 언어 외적 요인으로 분석되었으며, 담화 표지 사용의 경우 이민 세대와 현재 연령이 중요한 요인으로 분석되었다. 1.5세대와 2세대는 1세대보다 상대적으로 담화 표지를 더 높은 빈도로 사용하였고 담화 표지 중 'like'를 가장 많이 사용한 반면, 1세대의 연령대가 높은 층은 'you know'를 가장 많이 사용하였다. 이 연구는 /t/ 설탄음화의 통계 분석을 위하여 '골드바브 2'를 활용하였다. 이 연구의 특징은 미국 영어의 모어 화자들이 한인 동포의 읽기 표본을 듣고 이들이 모어 화자인지, 어느 정도 모어 화자같이 들리는지, 그리고 어떤 민족적 배경(ethnic background)[12]을 갖는지를 판단하게 하는 인지 실험을 포함한다는 점과 한인 동포들의 영어 사용에 나타나는 변이를 언어 학습의 관점에서도 분석하였다는 데 있다.

문규원(K. W. Moon 2017)은 고객 서비스 콜센터에서 근무하는 세 명의 젊은 여성 화자의 발화 자료[13]를 바탕으로 억양구(intonation phase; Jun 1993) 말에서 나타나는 모음 [o](오)~[u](우)의 음운 변이와 여성스러움과 애교 표시와 관련된 LHL% 경계 음조의 변이 양상을 연구한다. 먼저 이 연구는 한국어에 있어서 억양구 말 위치는 발화의 다른 위치와 비교해서 발화자가 의도하는 사회적, 화용적 의미가 잘 드러나는 위치라는 것을 보인 후, 세 여성 화자가 발화하는 구속 형태소 '-고, -도, -로'에 나타나는 (o) 변이를 탐구한다. 통계 소프트웨어 R을 활용한 다중 회귀 분석 결과, (o)의 변이형의 모음 길이와 발화 유형(각주 13 참조)이 [o]~[u] 변이에 중요한 영향을 미친다고 분석되었는데, 모음의 길이가 길어질수록 [o] 변이형이 많이 쓰였고, 발화 유형에서는 고객과의 대화는 [o] 변이형이 그리고 친한 사람들과의 대화에서는 [u] 변이형이 많이 관찰되었다. 문규원(2017)은 [u]가 '친근', '친밀', '자상함' 등 같은 서로 연관된 지표적 의미(indexical meaning)를 가질 수 있으나, 이러한 의미는 화·청자 관계를 포함한 여러 발화 맥락적 요소 그리고 (o)의 모음 길이나 경계 음조 종류 같은 음향·운율적 요소에 의해 결정된다고 주장하였다. 이 연구는 또한 경계 음조 LHL%은 '비격식, 친밀, 애교, 덜 지성적, 아이 같은, 여성적인' 등의 사회적 의미를 가질 수 있지만, 이러한 의미 역시 발화 맥락과 모음 길이, 피치 범위(pitch range) 같은 음향적 특질과 상호작용하면서 발현된다고 제언하였다. 문규원(2017)은 앞서 소개한 변이 연구의 세 번째 물결로 분류될 수 있는 연구로, 음향·운율적 분석만이 아니라 '대응쌍 위장 실험'(matched pair guise test)을 활용한 지각 실험도 이루어졌으며, 억양(intonation)의 구성 요소인 경계 음조를 사회언어학 변수의 하나로 분석하였다는 특성도 지닌다.

권수현(S. H. Kwon 2018a)는 강현석(1997)이 점검했던 서울 방언에서의 /w/ 탈락 변이 현상을 20년이 지난 시점에서 다시 탐구하고 새롭게 관찰된 변이 양태의 변화를 방언 접촉적 관점과 조음 음성학적 관점에서 설명하려는 시도이다. 48명의 서울 방언 화자로부터 수집한 사회언어학 면담 자료와 음성학 도구14)를 활용해서 얻은 [w] 조음 시 이루어지는 입술과 혀 근육의 움직임 분석 자료가 이 연구의 토대가 된다. 통계 프로그램 R을 활용하여 (w)의 사용례를 다중 회귀 분석 기법으로 분석한 결과, 20년 전에 비해 자음 후행 /w/ 탈락(post-consonantal /w/ deletion; 예: 장관→장간)은 감소하고 비 자음 후행 /w/ 탈락(non-postconsonantal /w/ deletion; 예: 유원지→유언지)은 상당히 증가했으며, 'w'의 선행음이 /w/ 탈락에 영향을 주는 정도도 유의미하게 감소했다는 결과를 이 연구는 제시한다. 권수현(2018a)는 서울 방언에서의 /w/ 탈락이라는 변이 과정은 그동안 타 방언 화자의 급격한 서울 유입과 이로 인한 격심한 방언 접촉으로 변이의 제약과 성격이 재구조화(restructured) 되었다고 제안한다. 특히 기존에는 양순 자음과 원순 모음이 선행할 때 같은 순음(입술소리)인 /w/ 탈락(예: 뭐죠→머죠, 구원→구언)이 높은 비율로 관찰되었지만 지금의 젊은 화자들은 그렇지 않다는 결과를 제시하며, 그 이유는 이 연령대의 화자들에게는 두 순음이 연속적으로 나타나는 경우에도 두 입술의 움직임이 중복되어 나타나는 것이 최소화되기 때문이라고 주장한다. 이 연구는 음성 도구를 사용하여 수집한 조음 음성학적 자료를 한국어 변이 연구에 처음 도입하여 사용했다는 점과 선행 연구의 분석 자료를 활용하여 통시적 비교 연구를 하였다는 점에서 의미를 지닌다.

김경래(K. L. Kim 2018)은 페루의 중부 안데스 지역에 위치하고 있는 뚜뻬 구(區)에서 사용되는 페루 스페인 방언의 분절음 중에서 자음 /ʎ/, /ɾ/, /r/, 음절말 /s/와 모음 /a/, /e/, /i/, /o/, /u/의 변이를 점검한다.15) 이들 자모음의 변이를 연구하기 위해 세 연령대로 구분된 30명(남녀 15명씩)의 스페인어와 원주민어 이중 언어 화자들과의 사회언어학 면담을 통해 수집한 발화 자료를 분석하였다. 독립 변수로 다양한 언어 내적인 요인과 함께 화자의 성, 연령, 교육 수준, 사회 연계망 응집도, 원주민어 사용 정도, 페루 해안 도시 거주 기간과 같은 사회적 요인이 고려되었고, 이 요인들의 영향도를 골드바브 프로그램을 사용하여 분석하였다. 도출된 연구 결과를 보면. 설측 구개음 /ʎ/의 변이음으로는 설측음과 비설측음이 각각 52.6%와 47.4%의 비율로 두 변이음이 비슷한 빈도로 사용되었으며, 탄설음 /ɾ/의 변이음으로 가장 많이 사용된 것은 탄설음 [ɾ](71.4%)이었고 이어서 접근음 [ɹ](22.8%)과 치찰음화된 마찰음 [z](3.4%) 순이었다. 전동음 /r/의 변이음은 접근음 [ɹ], 전동음 [r], 마찰음 [z]의 빈도 순으로 사용되었고, 사용 비율은 각각 44.8%, 33.6%, 21.6%이었다. 음절말에 나타나는 /s/의 변이음은 치찰음 [s]가 21.6%, 기식음 [h]가 12.6% 그리고 생략형 ø가 17.6%로 사용되었다. 골드바브 프로그램을 사용하여 다중 회귀 분석을 실시한 결과 각각의 변수들에 대한 독립 변수들의 영향도는 다르게 나타나서, 설측 구개음 /ʎ/ 변이의 경우 언어적 요인보다는 사회적 요인(나이, 해안 거주 시간 등)이 변이를 설명하는 데 더 중심적 역할을 하는 것으로 나타났고, /ɾ/과 /r/의 마찰 변이음 [z]의 사용은 언어적 요인과 사회적 요인을 동시에 고려하여야 하는 것으로 나타났으며, 음절말 /s/ 변이는 사회적 요인보다는 언어적 요인이 더 설명력이 높은 것으로 나타났다. 모음 관련 변수들은 음성 분석 프로그램인 프라트를 사용해서 발화된 모음들의 제1, 제2 포먼트 값을 측정한 후 분산 분석을 실시한 결과, 일부 여성 노인의 발화에서 언어 접촉으로 인해 /e/와 /u/가 불안정하게 나타났으며, 특히 거의 일생을 뚜뻬구 내에서 지내고 토착어의 사용이 능숙한 화자일수록 그러한 경향이 두드러지게 나타났다. 이 연구는 국내 학자가 한국어와 영어가 아닌 언어에 나타난 변이와 변화를 분석한 유일한 박사 논문이라는 데 의미가 있다.

2.1.2. 국내에서 작성된 박사학위 논문

이미재(1989)는 국내에서 사회언어학적 변이를 계량적으로 탐구한 최초의 박사학위 논문이다. 이 연구는 화성군의 농촌 지역인 봉담면 덕리 주민의 언어 자료를 바탕으로 하며, 분석된 사회언어학 변수는 '의' 단모음화(예: 의자~으자), '애/에' 합류, 'ㄴ' 첨가 현상(예: 늦여름→는녀름, 색연필→생년필), 음장(예: 밤(栗)[pa:m], 밤(夜)[pam]), 어두 경음화 현상(예: 가시~까시) 등이다. 제보자들을 계층적으로는 (농촌 지역의 특성을 반영하여) 중류층, 중하류층, 하류층으로, 연령대는 청(소)년층, 장년층, 중년층, 노년층으로, 그리고 여기에 성별 구분을 더 하여 총 88명의 제보자들로부터 언어 자료를 수집하였다. 발화 스타일로는 단어 읽기, 문장 읽기, 구절 읽기, 대답 유도 질문에 대한 답변, 평상적 면접 대화의 다섯 가지 발화 스타일을 구별하여 녹취하였다. '의'의 이중 모음 실현은 이 지역의 가장 상위 계층인 중류층에서 상대적으로 높게 나타났으며, 철자 발화(spelling pronunciation)로 인해서 읽기 발화에서 또한 높은 비율로 관찰되었다. 소유격 조사 '의'는 다른 '의'와는 다른 변이 양태를 나타내며 '에~의'의 변이를 보였다. '에/애'의 변별은 청(소)년층을 제외한 모든 연령대에서 여전히 가능하며 여성이 남성보다 두 모음을 좀 더 잘 변별하는 것으로 분석되었다. 'ㄴ' 첨가와 어두 경음화 현상은 가장 젊은 연령대인 청(소)년층과 장년층에서 더 높은 빈도로 발견되었으며, 또한 제보자들의 (상대적으로 자유로운) 평상적 면접 대화에서 더 높은 비율로 관찰되었다. 음장의 경우는 장년층 이하의 젊은 연령층에서는 모음 장단의 변별이 잘 이루어지지 않는 것으로 분석되었고, 한자어보다는 고유어 단어에서 좀 더 정확한 음장의 변별을 보였다. 이 연구는 국내에서 수행된 변이 분야의 최초 박사학위 논문이라는 점에서 의의를 갖지만 변이의 언어 내적 제약 분석과 통계 수치 보고에 있어서 다소 아쉬운 점이 있다.

박경래(1993)은 충주 방언의 모음 관련 변이와 변화를 탐구한 연구이다. 이 논문이 다룬 사회언어학 변수는 음장, '외/위' 이중 모음화, '에/애' 합류, 이중 모음 '의/여' 단모음화(예: 의심~으심, 벼~베), 'w계 이중 모음'의 단모음화(예: 과자~가자), 그리고 움라우트(예: 고기~게기)이다. 총 80명의 충주 방언 화자와의 사회언어학 면담을 통해 얻은 자료를 바탕으로 위 사회언어학 변수들에 대한 분석이 이루어진다. 80명의 제보자는 연령대, 성별, 교육 수준을 고려하여 선택되었으며, 발화 스타일은 일상적 말투, 격식적 말투, 단어 목록 읽기, 구절 읽기의 네 가지 유형이 제보자로부터 수집되었다. 연구 결과 음장의 경우, 음운적 변별은 60대 이상이어야 이루어지지만 음성적 차이는 30대 이상의 화자들부터 보이는 것으로 분석되었다. '의/여' 단모음화의 경우 나이가 많을수록 더 높은 비율의 단모음화가 관찰된 반면, 'w계 이중 모음'의 단모음화의 경우는 나이가 어릴수록 단모음화 비율이 높게 나타났는데, 제보자의 교육 수준과 단모음화는 역비례 관계를 보여서 교육 수준이 높을수록 단모음화 비율이 낮은 것으로 분석되었다. 움라우트의 경우는 60세를 분기점으로 해서 세대별 차이가 분명히 드러났는데, 나이가 많을수록 이 음운 현상이 높은 비율로 관찰되었으며, 형태소 내부에서 그리고 자유로운 말투에서 더 활발하게 나타나는 것으로 분석되었다. '외/위'는 50대 이하에서는 이중 모음화 한 것으로, '에/애'의 경우는 40대 이하에서는 합류한 것으로 분석되었으며, 두 경우 모두 남녀 간 성차는 보이지 않았다. 박경래(1993)은 이러한 결과를 바탕으로 충주 방언의 경우 60세 이상에서는 10모음 체계, 50대에서는 8모음 체계, 40대 이하에서는 7모음 체계를 보인다고 주장하였다. 이 연구는 일관되게 모음에 관한 변이를 점검해서 그 결과를 바탕으로 충주 방언의 전반적 모음 체계에 대한 함축을 논의할 수 있는 장점을 지닌다.

강희숙(1994)는 전남 장흥 방언에서 관찰되는 다섯 유형의 음운 변이 현상, 즉 자음군 단순화, 유기음화, 불규칙 활용, 움라우트, 체언 어간말 자음의 마찰음화를 분석한다. 40명의 제보자로부터 발화 자료를 수집하였는데, 제보자들을 연령대로는 청(소)년층, 장년층, 중년층, 노년층으로, 사회 계층으로는 중상류층, 중류층, 중하류층, 하류층으로, 또 남녀 성별로 구분하여 자료를 분석하였다. 자음군 단순화와 불규칙 활용의 경우, 나이가 어릴수록 그리고 사회 계층이 높을수록 이 지역 방언 특유의 어간 재구조화 형16)(예: '닭/talk/→닥/tak/', '듣다→들으다'로 기저형이 바뀌는 현상)의 비율이 낮게 나타났다. 이 지역 방언에서 나타나는 유기음화의 저지 현상(예: '육학년→유각년(~유칵년)', '못하다→모다다(~모타다)')은 복합어 경계 이상의 단위에서 관찰되었다. 젊은 세대의 경우에는 다른 연령대보다 표준어 형인 유기음화 형의 비율이 높게 나타났다. 체언 어간말 자음의 마찰음화(예: 밭은→바슨, 젖이→저시)의 경우도 비슷해서 대체로 젊은 세대일수록 표준어 형 사용(예: 밭은→바튼, 젖이→저지) 비율이 상대적으로 높았다. 움라우트의 경우는 언어적 제약이 분명히 드러났는데, 용언에서보다 체언에서, 그리고 모음 '오, 우, 으'보다 '아, 어(예: 아지랭이(←아지랑이), 멕히다(←먹히다))'에서 움라우트 형이 더 높은 비율로 관찰되었다. 움라우트 현상 역시 강희숙(1994)이 점검한 다른 사회언어학 변수에서와 마찬가지로 장흥 방언형이 젊은 층과 중상류층에서 상대적으로 낮은 빈도로 나타났다. 이 연구는 각 변이 현상의 통시적, 공시적 배경을 상세히 분석하고 변이의 언어적 제약을 정확히 기술한다는 데 강점이 있으며, 다소 아쉬운 점은 설문지와 설문 내용이 첨부되어 있지 않아 자료 수집 방법을 정확히 파악하는 데 어려움이 있다는 데 있다.

　김규남(1998)은 전북 정읍 정해 마을 주민의 지역 언어에 나타나는 언어 변이와 변화를 연구한다. 총 46명의 40대~80대까지의 제보자로부터 면담 발화와 일상적 발화 자료를 수집하여 두 유형의 형태·어휘 변수와 여섯 유형의 음운 변수를 분석하였다. 형태·어휘 변수로는 '-제, -디' 등의 방언형 어미와 이들에 대응되는 표준어의 '-지, -데'와의 변이(예: 맞제~맞지, 그런디~그런데) 그리고 방언형 표현 '-잔혀'와 표준어에서 유입된 '-잖아'('-지 않아'의 축약형)의 변이를 분석하였고, 음운 변수로는 'ㄱ, ㅎ' 구개음화(예: 기름→지름, 형→성)와 유기음화(예: 못하다→모타다~모다다), 이중 모음 '여' 단모음화(예: 별→벨), 그리고 모음 '위'와 '외'의 음성적 실현 변이와 'ㅍ, ㄱ, ㅎ'을 후행하는 '요'의 변이(요~외[ö])를 조사하였다. 분석된 사회언어학 변수들은 특히 연령대 변이와 성별 변이를 보였다. 분석 대상 언어 변수 중 '-제, -디'와 유기음화는 40~50대에서도 방언형이 여전히 사용된 반면, '요'의 방언형인 '외[ö]'(예: 효(孝)[hyo]~[hö])는 40대 이하의 화자들에 있어서는 관찰되지 않았다. 모음 외[ö]와 위[ü]의 변이형인 (이 지역에서 특이하게 관찰되는) '에'(예: 죄(罪)[ce])와 '이'(예: 쥐[ci])는 50, 60대 여성 화자들이 주로 사용하였으며, 40대 화자들의 경우는 대체로 외[ö]와 위[ü]가 또 다른 변이형인 이중 모음 '웨'[we]와 '위[wi]'로 발화된다고 보고하였다. 그리고 '-잖아'의 경우 40대 여성의 발화에 두드러지게 나타나서, 외[ö]와 위[ü]와 같이 연령대 변이와 성별 변이가 동시에 관찰되었다. 이 연구의 특장점은 정해 마을에 존재하는 여섯 개의 사회 연계망을 파악하여 이 사회 연계망을 언어 분석의 도구로도 활용하였다는 점과 변이형들의 사용 비율과 함께 각 제보자의 변이형 사례(토큰) 수를 구체적으로 보고한 점이다.

오새내(2006)은 2003년에 국립국어원이 수도권에서 태어나고 성장한 349명의 화자로부터 수집한 발화 자료를 바탕으로 세 유형의 형태 음운적 변이 현상17), 즉 어중 경음화(예: 봄소식~봄쏘식, 교과서~교꽈서), 'ㄴ' 삽입 (예: 솜이불~솜니불, 막일~망닐), 한자어 내부 'ㄴㄹ' 연쇄의 발음(예: 선릉(설릉~선능), 광안리(광알리~광안니))을 연구한다. 349명의 제보자는 성별, 교육 수준별, 연령대별로 구분되었으며, 제보자들의 문장 읽기 자료와 면접자의 질문에 대한 답으로 유도된 단어형 발화를 바탕으로 이들 변이 현상을 분석하였다. 어중 경음화의 경우 고유어 단어 64개와 한자어 단어 38개에 대한 발화 자료를 분석하였는데, 남녀 간 차이는 관찰되지 않았고 세대 간 차이와 교육 수준별 차이가 발견되었다. 특히 연령대가 낮을수록 어중 경음화의 비율이 증가되었다. 35개의 고유어 단어와 26개의 한자어 단어 발화를 분석 대상으로 한 'ㄴ' 삽입의 경우, 고유어보다는 한자어에서, 단모음 앞보다는 이중 모음 앞에서, 3음절 이상 단어보다는 1, 2음절 단어에서 더 활발히 일어나는 것으로 분석되었다. 'ㄴ' 삽입의 사회적 제약은 어중 경음화와는 반대로 젊은 세대일수록 그리고 고학력일수록 'ㄴ' 삽입이 감소하였다. 이 연구 결과를 바탕으로 오새내(2006)은 어중 경음화와 'ㄴ' 삽입은 현재 진행 중인 언어 변화의 성격을 갖는다고 제언하였다. 20개 단어의 발화를 분석 대상으로 한 한자어 내부의 'ㄴㄹ' 연쇄, 즉 음절말 'ㄴ'과 음절초 'ㄹ'의 발음은 어휘별 특성에 따라 'ㄹㄹ' 혹은 'ㄴㄴ'으로 실현되었으며, 이 형태 음운적 변이를 제약하는 뚜렷한 사회적 요인은 발견되지 않았다. 이 연구는 연구자가 직접 발화 자료를 수집하지는 않았지만, 교차 분석과 카이 스퀘어 검정을 활용해서 이전 국내 박사학위 연구보다 통계 기법에서 진일보한 면이 있고, 각 어휘별로 변이형 실현에 관한 구체적 통계 수치를 제공하였다는 장점을 지닌다.

홍미주(2011)은 43명의 제보자로부터 수집한 자료를 바탕으로 대구 방언에서 관찰되는 10가지 (형태) 음운 변수를 탐구한다. 발화 자료는 면담 발화와 문장 읽기 발화 두 종류를 수집하였고, 여기에 설문지를 통해 제보자가 자기 보고(self-report)한 평소 발음형과 각 변수의 여러 변이 발음형에 대한 제보자의 태도를 분석하였다. 연구자는 10가지 사회언어학 변수를 이분하여 연구 결과를 보고하는데, 첫째 유형은 진행 중인 언어 변화와 관련 있는 여섯 변수로서 어간말 자음(ㅌ, ㅊ, ㅈ, ㅅ)의 발음(예: 밭이(바치~바시)), '오→우' 상승(예: 나도~나두), 'ㄴ' 삽입(예: 큰일~큰닐), 움라우트 현상(예: 먹이다~멕이다), '여' 변이(예: 경제~겡제~깅제), '에' 변이(예: 베다~비다)이고, 둘째 유형인 안정적 변이(stable variation)를 보이는 변수는 'ㄱ, ㅎ' 구개음화(예: 기름→지름, 흉→슝~슝), 자음군 탈락 변이(예: 몫이(목시~목이)), 그리고 어중, 어두 경음화 현상(예: 김밥(김밥~김빱), 조금(조금~쪼금))이었다. 언어 변화와 관련 있는 변수들은 세대 차를 보이는 것들로서, 특히 중부 방언과의 접촉에서 도입된 '오→우' 상승의 '우'형과 어간말 자음의 'ㅅ' 발음형(예: 밭이→바시, 꽃이→꼬시)의 사용 비율은 젊은 세대일수록 높게 나타난 데 반하여, 움라우트 현상의 움라우트형(예: 호랭이(←호랑이)), '여' 변이의 [에]형(예: 겡제(←경제)), '에' 변이의 [이]형(예: 비다(←베다))은 모두 낙인형으로서 젊은 세대일수록 사용 비율이 감소했다. 홍미주(2011)은 분석된 10가지 변수에 관한 연구 결과를 바탕으로 대구 언어 사회의 평가가 긍정적인 개신형은 여성의 사용 비율이 남성에 비해 높고 여성이 언어 변화를 선도하지만, 낙인형인 경우에는 여성이 사용을 더 억제한다는 일반화를 시도한다.

사회언어학의 연구 문제를 음성학적 도구와 분석 방법을 사용해서 탐구하는 하위 분야를 사회음성학이라고 하는데, 안미애(2012)는 국내에서는 처음으로 사회음성학 분야에서 작성된 변이와 변화 관련 박사 논문으로 생각된다. 이 연구는 대구 방언의 모음 체계에 나타나는 변이와 변화를 각 모음의 제1, 제2 포먼트의 주파수 수치와 모음들이 구축하는 모음 공간(vowel space)을 분석해서 점검하였다. 이 연구의 제보자/피실험자로는 20대에서 60대에 이르는 53명의 여성 화자가 참여했으며, 이들로부터 자유 발화18), 단어 읽기, 단일 음절 읽기라는 세 스타일의 발화를 수집하여, 제보자들의 모음 체계를 분석하였다. 이 연구는 제보자의 연령대와 이들의 발화 스타일을 모음 변이에 대한 주된 변인으로 하여 분석하였다. 분석 결과 제보자들은 읽기 발화와 자유 발화의 억양구 초에서는 대체로 '아, 에, 이, 오, 우, 어, 으'의 7모음 체계를 보였다. 하지만 일반적으로 음운적인 변별이 약화되는 자유 발화의 억양구 중간과 말에서는, 20~40대와 50~60대가 '어, 으'의 구분에서 차이를 보여 50~60대 제보자들은 이 두 모음을 변별하지 않고 발화하는 것으로 분석되었다. 위 결과는 전통 방언학 분야에서 이루어진 선행 연구들의 주장, 즉 대구·경북 방언 화자들은 '어, 으' 모음을 구분하지 않는다는 제언과는 뚜렷한 차이가 있으며, 안미애(2012)는 이러한 언어 변화가 중부 방언과의 활발한 방언 접촉에 기인한다고 제안한다. 이 연구는 또한 발화 스타일에 따라 제1, 제2 포먼트의 값이 차이가 난다고 제시하였는데, 특히 읽기 발화와 비교할 때 자유 발화는 상대적으로 빠른 발화 속도와 덜 세심한 조음 때문에 다소 축소된 조음 영역을 보인다고 보고하였다.

이 절에서 살펴본 바와 같이 그동안 한국인 학자에 의해 국내외에서 작성된 박사학위 논문들은 거의 대부분 한국어에 관한 연구였으며, 일부 어휘·형태적 변수가 분석된 것을 제외하고는 대부분 음운 변이와 변화에 초점이 맞추어져 있었다. 또한 해외 박사 논문들과 국내 박사 논문을 비교해 보면, 대체적으로 통계 기법과 사회언어학 이론적 관점에서는 전자가, 한국어의 통시·공시적 자료의 이해도, 충실성, 정확성에서는 후자가 앞서 있다고 할 수 있다.

2.2. 학술지 논문

2.2.1. 음성·음운 변이와 변화 연구

앞서 박사학위를 위해 수행된 연구들의 예에서 보았듯이 국내 변이 사회언어학 연구는 주로 음성·음운 분야에서 이루어졌다. 학술지 논문의 형태로 발표된 연구들의 경우도 음성·음운 분야의 연구 비중이 가장 높다. 음성·음운 분야의 변이 연구는 크게 모음에 관한 변이, 자음에 관한 변이, 그리고 억양(intonation)에 관한 변이 연구로 나누어 볼 수 있다.

(1) 모음 변이 연구

모음 변이 중 가장 많은 연구가 이루어진 사회언어학 변수는 채서영(S. Y. Chae 1995)와 문규원(K. W. Moon 2017)의 연구 대상이기도 했던 모음 '오~우'의 변이로 생각되며, 홍미주(2013), 강희숙(2014), 이소영(S. Y. Yi 2017) 등의 연구가 있다. 홍미주(2013)은 대구 방언 화자 30명의 발화 자료를 바탕으로 이 지역어에서 나타나는 '오~우' 변이의 양태를 분석한다. 자료는 세 연령대로 구분된 남녀 제보자들과의 사회언어학 면담을 통해 수집되었고, 설문지를 통해서 이들의 서울 방언, 대구 방언, 그리고 '오'와 '우' 변이형에 대한 언어 태도도 분석되었다. 분석 결과 노년층보다는 청년층이, 남성보다는 여성이 더 높은 비율로 '우' 변이형을 사용하는 것으로 나타났으며, 특히 서울 방언과 '우' 변이형에 가장 호의적인 청년층 여성 화자들이 가장 높은 비율로 이 변이형을 사용하는 것으로 분석되었다. 이 연구는 언어 태도와 음운 변이의 연관성을 분석하며, 또한 '오~우' 변이는 이 지역어에서 진행 중인 음운 변화의 초기 단계를 반영한다고 제안한다. 강희숙(2014)는 서울 출신 작가들이 1920~30년대에 쓴 소설과 1970~2010년대 시기에 쓴 소설들을 대상으로 '오→우' 변화가 이들 소설의 작중 인물 간 대화 언어에 반영되어 있는가라는 관점에서 분석하고, 표준어 규정/정책이 소설에서의 '우' 변이형 사용에 중요한 영향을 끼쳤다고 주장한다. 이 연구는 서울 방언에서 '오→우' 변화가 먼저 비어두 위치의 어휘 형태소(예: 고초→고추)에서 일어나고, 이어서 비어두 위치의 문법 형태소(예: 나도→나두)로, 그리고 후에 어두 위치의 어휘 형태소(예: 골목→굴목)로 확장되었다고 관찰한 후, 첫 단계의 변화는 표준어 규정에 반영된 데 반하여, 둘째와 세 번째 단계의 변화는 표준 어형으로 인정받지 못한 것이 1970년대 이후 출판된 소설에서 비어두 위치의 문법 형태소와 어두 위치 어휘 형태소에서 '우' 변이형이 점차 감소하는 이유가 되었다고 제언한다. 이소영(2017)은 서울 방언의 문법 형태소에 나타나는 '오~우' 변이를 채서영(1995)의 연구가 이루어진 20년 후의 시점에서 사회음성학적 방법으로 다시 점검한다. 45명의 서울 방언 화자를 사회 계층, 연령대, 남녀로 구분하고, 이들 제보자와의 사회언어학 면담 대화와 제보자에게 역할을 주고 이끌어 낸 이야기(elicited narrative) 자료를 바탕으로 현재 서울 방언의 '오~우' 변이는 진행 중인 음운 변화가 아니라 연령대 변이(age grading)의 양태를 보인다고 주장하며,19) 또한 격식적인 맥락보다 자유로운 발화 맥락에서 '우'가 더 높은 비율로 실현되는 말투/발화 스타일에 따른 변이를 보인다고 제언한다.

이중 모음의 단모음화와 이와 관련된 활음 탈락에 관한 연구로는 박경래(1989), 홍연숙(1994), 배혜진(2012), 강현석·이장희(2006), 강현석(H. S. Kang 1998a, 1998b) 등이 있다. 박경래(1989)는 괴산 지역어에서의 이중 모음의 단모음화를 122명의 제보자의 발화 자료를 바탕으로 이 음운 변이에 영향을 주는 사회적 변인을 점검하며 연구한다. 이 연구는 제보자들로부터 일상적 말투, 격식적 말투, 문장 읽기, 단어 읽기의 발화 자료를 수집하여 이 변이 현상을 분석하였다. 대체로 연령이 감소할수록, 학력이 높아질수록, 또 말투가 격식적일수록 단모음화 비율이 감소하였다. 성별 요인은 학력 요인과 교호 작용(interaction)을 보였는데, 학력이 남성보다 상대적으로 낮은 장년/노년층 여성 화자들은 남성 화자보다 단모음화 비율이 높았지만, 학력 수준이 남성 제보자와 비슷한 청년층 여성 화자들은 남성 화자들에 비해 오히려 낮은 단모음화 비율을 보였다. 홍연숙(1994)는 21명의 서울, 경상, 전라 방언 화자에게 중모음이 다수 포함된 이야기(narrative)와 단어 목록을 읽게 한 자료를 토대로 한국어의 단모음화를 분석한다. 분석 결과, 경상 방언 화자, 전라 방언 화자, 서울 방언 화자의 순으로 높은 단모음화 비율을 보였으며, 이야기 읽기 발화가 (상대적으로 더 격식적인) 단어 읽기 발화보다 조금 더 높은 비율의 단모음화가 나타났다. 대구 지역어에서는 이중 모음 'ᅱ[wi]'가 'ㅣ'나 'ㅜ'로 단모음화하는 현상이 발견되는데, 배혜진(2012)는 이 음운 변이 현상을 분석한다. 대구 지역에서 60명의 제보자를 대상으로 'ᅱ' 단모음화가 나타날 수 있는 32개의 단어(방언 자료집에 수록된 14개 단어가 포함됨)를 선정한 후 사회언어학 면담을 통해 제보자들의 발화형을 기록·수집하였다. 분석 결과 이중 모음 'ᅱ'의 단모음화는 젊은 세대일수록 감소하는 것으로 나타났는데, 노년층의 경우는 모음 'ㅣ'(51%)와 더불어 모음 'ㅜ'(37%)로의 실현도 높은 비율을 보인 반면, 중년층은 모음 'ㅣ'(59%)에 이어 이중 모음 'ᅱ'(24%)로의 실현 비율이 높은 것으로 나타났으며, 청년층은 이중 모음형 실현 비율이 좀 더 높아져서 'ㅣ'(55%), 'ᅱ'(36%)'의 음성 실현을 보였다. 단모음화에는 어휘적 제약과 더불어 선행 자음 유무, 선행 자음 유형, 음절 위치(어두, 비어두)도 언어 내적 제약으로 기능하는 것으로 나타났다.

강현석(1998a)와 강현석(1998b)는 각각 서울 방언에서의 활음 /w/와 /y/의 탈락(즉 단모음화)을 점검한다. 두 연구 모두 56명의 서울 방언 화자로부터 얻은 사회언어학 면담 발화와 25명에게서 수집한 동료 그룹(peer group) 발화를 바탕으로 두 활음의 변이적 탈락 현상을 분석하는데, 전자의 경우는 선행 자음이 양순음인 경우(봐라→바라, 뭐야→머야)에 가장 활발히 /w/가 탈락되고, 후자의 경우는 여러 모음 중 '에' 앞에서만 /y/가 탈락된다고 보고한다. 이 두 연구는 이러한 탈락 현상이 OCP(Obligatory Contour Principle)라는 언어 내적 제약을 준수하기 위해서 일어난다는 음운론적 설명을 시도한다. 또한 활음이 나타나는 단어 내의 음절 위치(어두/비어두 위치 여부)도 언어 내적 제약으로 중요한 영향을 미친다는 것을 보이고, 언어 외적 제약으로는 화자의 사회 계층과 발화 스타일이 두 활음 탈락 현상의 중요한 제약으로 기능함을 또한 보인다.

　'오~우' 변이와 이중 모음의 단모음화 외의 모음 변이와 변화 연구로 강희숙(1992가), 박경래(1994), 권수현(S. H. Kwon 2018b) 등이 있다. 강희숙(1992가)는 음장 방언의 하나로 분류되는 (전남) 광주 방언에 나타나는 음장 변이를 탐구한다. 청(소)년층, 장년층, 중년층, 노년층의 네 연령대에 속하는 각 10명씩(남 5, 여 5)의 제보자로부터 평상적 말투, 문장 읽기 말투와 단어 읽기 말투의 자료를 수집하여 음장의 연령대, 성별, 말투/발화 스타일에 따른 변이를 분석한다. 분석 결과 중부 방언과는 다르게 이 지역어에서는 세대별, 남녀별 큰 차이 없이 아직 음장 구별이 잘 이루어지는 것으로 나타났다. 박경래(1994)는 충주 방언에서의 움라우트 현상을 점검한다. 80명의 제보자를 연령대별(10대~80대), 성별, 학력별로 구분하고, 네 유형의 말투(일상적 말투, 격식적 말투, 단어 읽기, 문장 읽기) 자료를 수집하여 분석한다. 움라우트 현상이 나타날 수 있는 24개 단어(예: 고기~게기)를 특히 분석 대상으로 하였는데, 대체로 연령이 많을수록, 학력이 낮을수록, 말투가 자유로울수록 움라우트 형이 더 높은 비율로 관찰되었다. 제보자들의 서울말과 충주 방언에 대한 언어 태도도 점검되었는데, 대체로 젊은 층일수록 서울말에 대해 더 호감을 더 보였으며, 이 또한 움라우트 현상이 충주 지역에서 점차 감소하는 데 일조한다고 박경래(1994)는 분석하였다.

　권수현(2018b)는 성인 화자도 미성년 화자처럼 타지역으로 이주하였을 때 그 지역 방언(제2 방언)을 적절히 습득할 수 있느냐 하는 문제를 유명 언어학자 촘스키(Chomsky)의 언어 자료를 바탕으로 점검한다(촘스키는 필라델피아에서 태어나고 성장했으며 27살에 대학 교수직을 위해 보스턴으로 이주한 후 이 도시에서 계속 거주한다). 이 연구는 필라델피아와 보스턴 지역어의 모음에서의 차이인, 1) /ɑ/와 /ɔ/의 조음 위치, 2) /æ/ 상승의 변이 양태, 3) /o/의 조음 위치를 촘스키의 1970년과 2009년 강연 발화를 토대로 사회음성학적 방법을 사용하여 분석한다. 분석 결과 촘스키의 /ɑ/와 /ɔ/의 조음 위치는 두 모음을 뚜렷이 구별하는 필라델피아 방언과 /ɑ/ 와 /ɔ/가 합류한 보스턴 방언의 중간적 위치를 보였으며, /æ/는 비음 앞에서만 상승하는 보스턴 방언과 유사한 변이 양태를, 그리고 /o/ 역시 약간의 전설화(fronting)가 나타나는 보스턴 방언과 비슷한 조음 위치를 보였다. 다만 촘스키의 모음 변이 양태는 완전한 보스턴 방언과는 차이가 있고 근접하는 모습으로만 나타나서, 권수현(2018b)는 자신의 연구 결과가 성인 화자도 제2 방언 습득이 가능하지만 완전한 학습은 어려울 수 있다는 함축을 갖는다고 제시한다.

(2) 자음 변이 연구

한국어 자음 변이에 대한 연구는 모음에 비해 상대적으로 수가 적다. 선행 연구들이 점검한 자음 변이 연구의 주제 중 하나는 체언 어간말 자음 /ㅈ, ㅊ, ㅌ/이 모음으로 시작하는 격조사 앞에서 보이는 자음 실현 변이인데, 강희숙(1992나), 홍미주(2003, 2015)와 같은 연구 성과가 있다. 전라남도의 동부 지역 방언에서는 체언 어간말 자음으로 'ㅈ, ㅊ, ㅌ'을 대체로 유지(예: 낮이→나지, 밭을→바틀)하고 있는 반면, 전남 중서부 지역 방언에서는 'ㅈ, ㅊ, ㅌ'이 'ㅅ'으로 실현(예: 낮이→나시, 밭을→바슬)되는, 즉 마찰음화하는 비율이 상대적으로 높다는 선행 연구들(서상준 1984 등)의 결과를, 강희숙(1992나)는 전라남도 동·서부 지역에 각각 위치한 광양과 광주에 거주하는 화자들의 발화 자료를 바탕으로 점검한다. 분석 결과 선행 연구의 제언대로 광주 지역 화자들은 광양 지역 화자들보다 'ㅅ'형을 사용하는 비율이 상당히 높은 것으로 나타났지만, 젊은 연령층일수록 광주 지역에서는 표준 발음형20)의 사용 비율이, 광양 지역에서는 'ㅅ'형의 사용 비율이 다른 연령대에 비해서 높게 나타났다. 경북 방언에서는 서울 방언이나 전라 방언과는 달리 체언 어간말 자음 /ㅊ, ㅌ/의 'ㅅ' 실현, 즉 마찰음화 비율이 미미한데, 홍미주(2003)은 대구 화자 33인의 발화 자료를 바탕으로 이 음운 변이 과정을 분석한다. 연령대별 분석 결과 대구 지역에서는 젊은 세대일수록 /ㅊ, ㅌ/의 'ㅅ' 실현 비율이 높게 나타났다. 또한 /ㅌ/보다는 /ㅊ/의 'ㅅ' 실현 비율(예: 밭을→바슬, 낮을→나슬)이 모든 세대에서 약 3배 정도 높게 나타났는데, 이 분석 결과에 대해 홍미주(2003)은 /ㅌ/이 마찰음화되기 위해서는 /ㅌ/→ㅊ→ㅅ의 단계(예: 밭을→바츨→바슬), 즉 'ㅌ→ㅊ'의 중간 변화를 거쳐야 비로소 마찰음화가 가능하기 때문이라고 제언한다. 홍미주(2015)는 1930년대에 간행된 ≪조선무쌍신식요리제법≫이라는 서울말 문헌과 ≪영남삼강록≫이라는 영남 방언으로 쓰인 문헌을 바탕으로 당시 두 방언에서의 체언 어간말 /ㅊ, ㅌ/의 실현 양상을 점검한다. 예상대로 'ㅅ' 실현은 ≪영남삼강록≫보다 ≪조선무쌍신식요리제법≫에서 높게 나타났으며, 후자에서도 /ㅌ/보다는 /ㅊ/에서 더 높은 비율의 'ㅅ' 마찰음화가 관찰되어 현재의 대구·경북 방언의 변이 양상을 그대로 나타내었다. 또한 위세 연구는 공히 후행하는 격조사의 유형(주격, 대격, 처격)과 어휘적 특성21)도 체언 어간말 /ㅊ, ㅌ/의 실현 변이에 중요한 제약으로 기능함을 보여 주었다.

한국어 자음 변이의 또 다른 연구 주제는 어두 경음화 현상인데, 이미재(2002), 배혜진·이혁화(2010), 홍미주(2014) 등의 연구가 이루어졌다. 이미재(2002)는 화성군 봉담면 주민의 발화 자료를 바탕으로 10개 어휘(족집게, 고추, 상놈, 곱추 외)의 어두 경음화 현상을 점검한다. 연구 결과 남성 화자가 여성 화자보다 어두 경음화의 비율이 높았고, 읽기 발화보다 평상적 말투에서, 그리고 다른 연령대보다 청소년층이 더 높은 비율의 어두 경음화를 보였다. 배혜진·이혁화(2010)과 홍미주(2014)는 중부 방언에 비해 어두 경음화가 더 활발한 것으로 알려진 대구 지역어를 대상으로 한 연구이다. 배혜진·이혁화(2010)은 체언, 용언, 외래어로 구성된 어휘 30개를 조사 대상으로 해서 연구를 수행하였는데, 청소년층에서 어두 경음화가 가장 활발히 이루어지는 것은 이미재(2002)와 동일하였지만, 이 연구와는 반대로 여성 화자들이 남성 화자들보다 어두 경음화 비율이 더 높은 것으로 분석되었다. 홍미주(2014)는 대구 지역 화자 30인을 제보자로 하고 용언 10개(볶다, 두껍다, 굽다, 자르다 외)를 조사 대상 단어로 하여 이 지역의 어두 경음화를 점검하였으며, 분석된 연구 결과를 화자들의 언어 태도와 연관하여 논의하였다. 제보자들의 어두 경음화 자료 분석 결과, 위의 두 선행 연구와는 달리 남녀 성차와 연령대 차이는 관찰되지 않았으며, 대상 어휘의 약 70% 정도에서 어두 경음화가 이루어지는 것으로 보고하였다. 홍미주(2014)는 이 지역에서의 높은 비율의 어두 경음화는 대구 지역어와 어두 경음화에 긍정적인 인식을 보이는 이 지역 화자들의 언어 태도에서 상당 부분 비롯된다고 제언한다.

남북한의 표준어는 두음 법칙 적용에 차이가 있어서 어두 'ㄹ'과 'ㄴ'을 발음하는 것(예: 로동당(노동당), 녀자(여자))이 북한에서 표준 발음으로 규정되어 있는데, 정성희·신하영(2017)은 북한 아나운서의 뉴스 발화 자료를 바탕으로 어두 'ㄹ'과 'ㄴ'이 뉴스 방송에서 실제로 어떻게 음성적으로 실현되는지를 분석하였다. 분석 결과 어두 'ㄹ'과 'ㄴ'은 각각 84%와 47%의 표면 실현을 보여 북한의 어문 규정을 그대로 준수하지는 않았지만, 서양 외래어를 제외하고는 이들이 나타나지 않는 남한의 표준어와는 커다란 차이를 보였다. 정성희·신하영(2017)은 이러한 차이가 남북한의 언어 정책의 차이에서 비롯된다고 제안하였다. 하지만 채서영(2008)은 영어 외래어의 영향으로 최근 남한의 표준어에서도 어두 유음 사용을 금지하는 두음 법칙이 약화되고 있다고 제언한다. 이 연구는 인명과 신조어에서 관찰되는 어두 유음의 사용과 언중들의 이에 대한 언어 태도를 분석하는데, 인명의 분석 결과 여성과 젊은 층 그리고 연예인의 이름(예: 강리라, 이란희, 류미오 등)에서 어두 유음으로 시작하는 성과 이름이 더 높은 빈도로 나타났으며, 언어 태도 분석 결과에서도 여성이 어두 유음 이름을 더 긍정적으로 평가하고 세련된 것으로 판단하였다고 보고하였다. 채서영(2008)은 이러한 현상이 영어의 위세가 반영된 것으로 판단하였으며, 현재 언어 접촉으로 인해 어두 유음에 관한 음운 변화가 일어나고 있고 앞으로도 한국어에서 어두 유음의 사용은 더 늘어날 것으로 분석하였다.

(3) 억양 변이 연구

모음과 자음에 대한 변이 연구 외에 한국어의 억양(intonation)에 대한 변이 연구로 강현석(H. S. Kang 2002)와 문규원(K. W. Moon 2018)이 있다. 두 연구 모두 억양의 여러 요소 중 사회·화용적 의미의 상당 부분을 표현한다고 제안되는 경계 음조(boundary tone)에 초점을 맞춘다. 강현석(2002)는 토크쇼 남녀 사회자의 발화 자료와 남녀 각 3인의 대화 낭독 발화를 바탕으로 여성이 복합 경계 음조(complex tone)를 남성보다 많이 사용한다는 크리스털(Crystal 1971)의 주장을 점검한다. 분석 결과 두 자료에서 모두 한국인 여성 화자들은 남성 화자들보다 두 배 이상의 비율로 ML%, LM%, LML% 같은 복합 경계 음조를 사용하였다. 강현석(2002)는 이 관찰된 성차는 복합 경계 음조들(예: ML%, LM%)이 단순 음조들(예: L%, M%)보다 표현하는 방식이 덜 직접적이고 좀 더 부드러운 억양적 표현인 데 기인한다고 제언한다. 문규원(2018)은 '우리 결혼했어요'라는 텔레비전 프로그램에 출연한 여성 출연자들의 발화 자료를 토대로 젊은 여성 화자들이 많이 사용하는 복합 경계 음조 LHL%의 유형, 사용 빈도, 표현 가능 의미를 분석한다. 분석된 자료에서 이 경계 음조(LHL%)는 인터뷰 대화보다는 가상적 배우자와의 사적 대화에서 많이 관찰되었으며, 기본적인 기능은 억양구(intonation phrase)[22] 간을 부드럽게 이어주는 것이지만, 발화 맥락과 억양 곡선(intonation contour)의 굴곡 정도에 따라 사회·화용적 의미로 애교, 흥분, 부정, 성냄 등의 의미를 나타낼 수 있다고 제언하였다.

2.2.2. 형태·통사적 변이와 변화 연구

그동안 이루어진 형태·통사적 변이 연구는 크게 한국어에 관한 연구와 영어를 대상으로 한 연구로 나뉜다. 먼저 한국어에 관한 연구는 용언의 어미와 어간에 대한 변이 연구가 주를 이룬다. 용언의 어미 변이에 관한 연구 중 청자 경어법에 관련된 연구로는 강현석(2011), 장경우(2013), 최윤지(2018), 강현석·김민지(2018)을 들 수 있다.

강현석(2011)은 영화와 텔레비전 드라마의 대본 자료를 바탕으로 합쇼체와 해요체의 변이 양상을 다중 변인 분석 프로그램인 바브럴(Varbrul)을 활용하여 분석한다. 이 연구는 화자의 성별과 더불어 다양한 외적 요인들

(발화 장면의 공식성, 화자와 청자의 친밀 정도, 화자의 연령대)과 내적 요인들(발화문의 문형, 발화의 의례성)을 청자 경어법에 관여하는 사회언어학적 변인으로 가정하고 분석하였다. 그 결과 모든 변인들은 합쇼체와 해요체 간의 변이에 통계적으로 유의미한 영향을 주며 특히 화자의 성, 발화의 의례성, 발화 장면의 공식성, 그리고 발화문의 문형이 상대적으로 높은 강도를 보이는 것으로 분석되었다. 강현석·김민지(2018)은 카카오톡 단체 대화방의 자료를 바탕으로 경어체 종결 어미, 특히 합쇼체와 해요체의 변이 양태를 바브럴과 LVS(Language Variation Suite; Scrivener, Diaz-Campos & Orozco 2016)를 활용하여 분석한다. 이 연구는 강현석(2011)에서 발견했던 변이형들보다 훨씬 많은 변이형(해요체 변이형 12개, 합쇼체 변이형 6개)을 카카오톡 대화 자료에서 발견하며, 여성 화자들은 해요체 변이형, 비음 첨음형(용, 욤, 당 등), 모음 연장형(요오, 다아아, 다앙)을 남성 화자들보다 높은 비율로 사용한다고 분석되었다. 이 연구는 카카오톡 자료에서 습죠체, 한다요체, 하셈/하삼체 등 구어 자료에서는 관찰되지 않는 종결 어미도 사용됨을 보고한다. 최윤지(2018)은 연구자가 직접 구축한 텔레비전 뉴스 자료의 말뭉치를 바탕으로 합쇼체와 해요체의 변이를 연구한다. 이 연구는 변인으로 화자의 성별, 화자의 뉴스에서의 역할(앵커, 기자), 기사 종류(앵커와의 대화, 뉴스 보도)로 설정하고 자료 분석을 하였다. 분석 결과 여성 화자가 남성 화자보다, 앵커가 기자보다, 대화체가 순수 뉴스 보도보다 더 높은 비율의 해요체를 사용하였으며, 뉴스 자료에서의 종결 어미로는 전체적으로 합쇼체가 해요체의 약 10배에 이르는 압도적 비율로 사용되는 것으로 분석되었다. 장경우(2013)은 전통 인형극 꼭두각시놀음의 채록본 자료를 바탕으로 주인공 부부(박첨지와 꼭두각시)의 대사와 창을 분석해서 1930년대부터 최근에 이르는 청자 경어법의 변화를 파악하려는 시도이다. 분석 결과, 특히 하오체 사용의 뚜렷한 감소가 관찰되었는데, 꼭두각시가 남편에게 발화하는 대사와 창에는 원래 존대 의미가 강했던 하오체가 언어 변화에 의해 존대 의미가 점차 감소하면서 대체형으로 해요체와 합쇼체 어미의 사용이 증가하는 추세가 발견되었다.

용언의 어미에 관한 다른 유형의 변이 연구로는 강희숙(1999), 조용준(2017), 조용준·하지희(2016) 등이 있다. 강희숙(1999)와 조용준(2017)은 해라체 의문형 어미 '-냐'와 '-니'의 사용 변이에 관한 연구이다. 강희숙(1999)는 의문형 어미 '-냐'는 전남 방언형, '-니'는 서울 방언형으로 규정한 후, 광주광역시 지역 화자 120명을 대상으로 해서 이 두 어미의 출현 변이를 점검한다. '-니'의 평균 실현율은 약 18%로 나타났으며, 대체적으로 남성 화자보다는 여성 화자가, 그리고 젊은 연령대의 화자가 '-니'를 상대적으로 높은 비율로 발화하는 것으로 분석되었다. 조용준(2017)은 '-냐'와 '-니' 이 두 변이형 사용에 대한 인식 실험 자료와 카카오톡 대화 자료를 바탕으로 연구가 이루어진다. 이 연구는 이 두 어미의 출현 변이에 화자 성별 요인과 청자 성별 요인이 유의미한 영향을 주는지에 초점을 맞추었는데, 두 요인 모두 '-냐'와 '-니'의 변이를 제약하는 것으로 분석되었다. '-냐'는 상대적으로 남성 화자가 여성 화자보다 많이 사용하고, 여성 화자인 경우에는 남성이 청자인 경우 상대적으로 높은 빈도로 사용하는 것으로 나타났다. 이 연구는 '-니'는 '-냐'와 같은 해라체 어미이지만 '-냐'보다는 존대 정도가 높다고 제안하며, 여성들은 상대방의 체면(face)을 좀 더 존중하고 또한 배려하기 때문에 전자를 후자보다 선호하여 사용한다고 분석한다. 조용준·하지희(2016)은 한국어에서 감탄/의외성 표지로 사용되는 '-구나, -네, -다'의 세대 간, 성별 간 변이를 인식 실험과 카카오톡 대화 자료 분석을 통해서 점검한다. 분석 결과 유의미한 성차는 발견되지 않았고, 노년층에서는 '-구나'와 '-네'가 비슷한 빈도로 관찰된 반면, 청년층에서는 '-구나' 사용의 빈도가 아주 제한적이고 '-네'와 '-다'가 높은 비율로 사용되었다. 조용준·하지희(2016)은 이 세대 간 차이를 진행 중인 언어 변화로 볼 수 있다고 제안하며, '-구나'와 '-네'의 경우는 의외성을 기본 의미로, '-다'는 의외성을 부차적 의미로 갖는다고 주장한다. 조용준(2017)과 조용준·하지희(2016)은 국내 변이 연구에 인식 실험을 연구 방법론으로 도입·사용하였다는 점과 다양한 통계 기법을 활용하였다는 점에서 의미가 있다.

용언의 어간 형태에 나타나는 변이를 분석한 연구로는 이미재(1990)이 있다. 이 연구는 화성군 봉담면 덕리 주민의 발화에서 발견되는 '하다' 동사의 어간 이형태 '하-'와 '해-'의 사회언어학적 변이 현상을 탐구한다. 이 지역어에서는 특이하게 '하고~해고'(예: 너 그거 하고(~해고) 바로 이리로 와), '하니~해니', '하면~해면' 등에서 관찰되는 '하-'와 '해-'의 형태 변이가 나타나는데, 이미재(1990)은 연령적으로는 60세 이하23)이면서 지역 애착이 강하고 자신의 정체성을 이 고장에 두는 화자들이 주로 '해-' 변이형을 사용한다는 것을 밝혔다.

학술지 논문 중 영어에 나타나는 변이 현상을 탐구한 선행 연구는 모두 통사적 변이를 분석한 것이다. 김혜숙(2010, 2014)는 영국인의 부가 의문문 사용에 나타나는 변이를 분석한 것이고, 강현석(2008)은 한국인 영어 사용자/학습자의 관계사 사용에서 관찰되는 변이를 분석한 것이다.

김혜숙(2010)은 영국 영어의 구어와 문어를 편찬한 말뭉치인 ICE-GB를 분석해서 여성 화자가 남성 화자보다 부가 의문문을 더 높은 빈도로 사용한다는 레이코프(Lakoff 1975)의 주장을 점검한다. 분석 결과 여성이 남성보다 높은 빈도로 부가 의문문을 사용하지만 이 성차는 다른 변인과의 교호 작용을 보였다. 즉 45세 미만 여성들만이 남성 화자보다 많은 부가 의문문을 사용했고, 여성 중에서도 학력 수준이 낮은 여성에게서 이 차이가 두드러졌으며, 또한 공적인 상황이 아닌 사적인 상황에서만 여성이 남성보다 부가 의문문을 많이 사용하는 것으로 분석되었다. 김혜숙(2014)는 같은 코퍼스 자료를 이용하여 여성은 상대방의 발화를 유도하는 촉진적(facilitative) 부가 의문문을, 남성은 정보를 확인하는 정보적(informational) 부가 의문문을 많이 사용한다는 홈스(Holmes 1995)의 (뉴질랜드 영어 자료를 토대로 한) 주장을 점검하려는 시도이다. 전체 560개의 사용례를 바탕으로 분석한 결과, 영국 영어 자료의 경우 홈스의 주장을 지지하지 않았다. 남성, 여성 모두 네 가지 부가 의문문 유형 중 정보적 부가 의문문을 가장 많이 사용하였고 촉진적 부가 의문문이 뒤를 이었으며, 연령대 및 학력별 차이는 보이지 않았다. 강현석(2008)은 학술지의 영어 논문 자료와 대학생의 영작 자료를 바탕으로 한국인 영어 사용자/학습자의 관계사 사용 변이를 탐구한다. 관계사의 격/기능, 선행사의 인칭성/비인칭성, 선행사와 관계사의 인접성, 관계절의 길이를 독립 변수로 하고 wh어(who, which 등), that, ø (생략)을 종속 변수로 해서 바브럴 분석을 행한다. 연구 결과 한국인 영어 자료는 미국 영어보다 wh어의 사용 비중이 훨씬 높아서 영국 영어에 가까운 결과를 보였는데, 이 결과를 강현석(2008)은 한국의 학교 교육에서 가르치는 학교 문법/규범 문법의 영향에 기인한다고 제안한다. 또한 이 연구는 한국인 영어 사용자의 영어 숙련도가 높아질수록 영어 모어 화자의 관계사 사용에서 관찰되는 변이 양태와 유사해지는 결과를 보인다고 보고한다.

2.2.3. 어휘 변이와 변화 연구

어휘 변이에 관한 연구 역시 음성·음운 변이 연구에 비하면 수효가 적다. 한국어 어휘 변이 연구의 주요 주제 중 하나는 응답어 '예'와 '네'의 사용에 나타나는 변이 현상이며 김혜숙(2009), 강현석(2009), 강현석·김민지(2017) 등의 연구가 이루어졌다. 김혜숙(2009)는 570명의 대학생이 수업 시간의 출석 점검 시 대답으로 사용한 '예'와 '네' 의 사용례와 세 명의 소설가(공지영, 김탁환, 박현욱)가 저술한 소설의 대화 부분에서 등장인물이 사용하는 '예'와 '네'의 사용례를 바탕으로 이 담화 표지 사용에 나타나는 성차를 분석한다. 출석 점검에 대한 대답 자료 분석 결과, 김혜숙(2009)는 여학생은 절대적으로 '네'를 선호해서 사용하고 남학생은 상대적으로 '예'를 선호하지만 전반적으로 성차는 줄어들고 있다고 보고한다. 또한 후자인 소설 대화 자료에서도 여성 인물이 남성 인물보다 '네'를 상대적으로 더 사용하는 양상을 보인다는 결과를 이 연구는 제시한다.

강현석(2009)는 텔레비전의 토론 프로그램(백분토론) 7회분의 실제 대화 자료와 12편의 영화 속에서 사용된 준구어 자료를 토대로 '예'와 '네'의 사용 양상을 점검하였다. 연구자는 연구 자료의 사용례를 '예'와 '네'의 담화 기능, 화자의 성별, 나이, 방언, 화자-청자의 연령 관계 등을 잠재적 변인으로 해서 통계 분석에서 점검하였는데, 이 중 특히 화자의 성별과 화자-

청자 간의 연령 관계가 '예'와 '네'의 변이적 사용에 통계적으로 유의미한 차이를 주는 것으로 분석되었다. 즉 여성 화자들이 '네'를 더 선호하고, 자신보다 손위의 청자에게 '네'를 더 자주 사용하는 것으로 나타났다. 이 연구는 또한 '예'의 변이형으로 '에'가 상당한 빈도(전체 사용례의 약 9.1%)로 사용된다는 것을 밝혔으며, 개인어적 변이를 분석해서 같은 성별이더라도 성별 집단 내에 폭넓은 내부 변이 양태를 보인다는 것을 보고하였다. 강현석·김민지(2017)은 전자 통신 언어인 카카오톡 대화 자료를 바탕으로 '예'와 '네'의 변이를 연구한다. LVS(Language Variation Suite) 통계 패키지로 1,754개의 사용례를 분석한 결과 총 17개의 변이형('예' 변이형 2개, '네' 변이형 15개)이 발견되었고, '네' 변이형들이 자료에서 절대적 비율(90%)을 차지하여, 강현석(2009)의 (준)구어 자료와는 완전히 다른 변이 양상을 보였다. '예' 변이형들은 사용 비율은 낮았으나 상대적으로 남성 화자와 중·노년층 화자가 더 높은 비율로 사용하는 것으로 분석되었다. 강현석·김민지(2017)은 카카오톡 대화와 (준)구어 자료 분석 결과에서의 차이는 전자 통신 언어가 새로움과 참신성을 추구하고 문자 매체에 의해 제약되는 감정 표현과 어감을 다양한 어형과 변형으로 극복하려고 하기 때문이라고 제안한다.

한국어 2인칭 대명사의 어형 변이에 대한 연구로는 채서영(1997, 2001)이 있다. 채서영(1997)은 사회언어학 면담, 소설, 대중가요의 가사를 연구 자료로 해서 2인칭 대명사로 비교적 새롭게 등장한 '니'의 출현 원인과 사용 변이를 분석한다. 이 연구는 먼저 '니'가 주격(예: 네가~니가)과 소유격(예: 네 책~니 책)의 단·복수형에서만 '네'와의 변이가 이루어지는 것을 보이고, '니'의 사용이 근래에 점점 더 증가 추세에 있다고 제안한다. '니'가 쓰이게 된 동기로는 모음 상승을 주 동기로 분석한다. 즉 구어에서 '네' 대신 '니'가 주 변이형으로 사용되는 것은 '애→에' 모음 상승으로 인해 '내'와 '네'가 변별이 안된다는 점을 주요인으로 분석하였으며, '너희(들)'에서 '니(들)'이란 새로운 형태가 만들어지는 과정 역시 '어→으' 모음 상승을 중요한 요인으로 규정하여, '너희(들)→너이(들)→느이(들)→늬들→니들'의 도출 과정을 제시하고 있다. 채서영(2001)은 2인칭 대명사 '너'의 복수형으로 어떠한 변이형이 사용되고 세대별 변이는 어떠한가를 분석한 연구이다. 방법론으로 '불특정 다수 조사'(rapid and anonymous survey) 기법을 사용하여 102명으로부터 2인칭 대명사 복수형의 발화를 유도하여 수집한 자료를 분석한 결과, 연령이 높을수록 '느'형(느이들, 느네들, 느이, 느네) 사용 비율이 높고, 연령이 낮을수록 '니'형(니들, 니네, 니네들)을 많이 사용하는 것으로 분석되었다.

이정복(2007)은 기본적 의미는 동일하지만 어근이 한자어인 '감사하다'와 고유어인 '고맙다' 간의 사용 변이를 전자 말뭉치에서 수집한 사용례들을 바탕으로 분석한다. 이 두 표현이 어떤 청자 경어법 말 단계(speech level)의 문장에서 사용되는지 그리고 어떤 호칭어들과 함께 사용되는지를 점검한 결과, '감사하다'는 90% 이상의 절대적 비율로 하십시오체와 사용되는 반면, '고맙다'는 하십시오체에서 해라체에 이르는 다양한 말 단계에서 쓰이는 것으로 분석되었으며 사용 빈도도 '감사하다'의 두 배에 이르는 것으로 나타났다. 또한 이정복(2007)은 '감사하다'는 힘이 우위인 청자에게, '고맙다'는 심리적 거리가 가까운 대상에게 상대적으로 높은 빈도로 사용된다고 분석하였고, 두 표현이 보이는 사용자 영역의 차이는 한자어/고유어 차이, 역사적 쓰임의 선후, 전통적 사용자 계층의 차이에 기인한다고 제안한다.

조태린(2018)과 홍미주(2019)는 한국어 호칭어에서 관찰되는 변이와 변화를 주제로 한 연구이다. 조태린(2018)은 대학교수 간 사용되는 호칭어들을 백 명의 교수들이 참여한 온라인 설문 결과 자료를 바탕으로 변이 연구의 방법론을 도입해서 분석한다. 변이형은 '교수(님), 선생(님), 박사(님), 샘/쌤'으로 설정하고, 잠재적 사회적 변수로는 '발화자의 학문 계열, 연령대, 성별'과 '수신자의 소속, 보직 여부(보직자, 비보직자)', '발화자-수신자 간의 연령 관계와 성별 관계(동성, 이성)', 그리고 '발화 상황(교수 회의, 전화 통화)'으로 상정하여 사용 변이 양태를 점검한다. 분석 결과 호칭어 사용에 가장 큰 영향을 미치는 요인은 발화자의 학문 계열로 나타났는데, 인문 계열, 사회 계열, 자연 계열, 공학 계열 순으로 '선생(님)'이라는 호칭어를 높은 비율로 사용했으며, '교수(님)'은 그 반대의 순서를 보였다. 그 외에 유의미한 영향을 미치는 요인으로 분석된 것은 발화자-수신자의 친소 관계와 수신자의 보직 여부로 나타났으며, 발화자의 연령대와 발화 상황은 이 연구에서는 통계적으로 유의미한 영향을 주지 않는 것으로 분석되었다. 홍미주(2019)는 연인 간/부부간에 상호 호칭어로 사용되는 '자기'를 언중들이 일반적인 이인칭 대명사로 사용 맥락을 확장하여 사용24)하는 변화 양상을 분석한다. 이 연구는 대구 지역 화자들을 대상으로 이 확장된 '자기'의 사용과 인식에 대한 온라인 설문을 하고 그 결과를 점검한다. 분석 결과로 발견된 것은 1) 확장된 '자기'의 가장 전형적 사용 맥락은 여성 화자가 동년배나 자신보다 연소한 청자에게 사용하는 것이며, 2) 여성이 일반적으로 더 높은 빈도로 사용하지만 남성도 사용하며, 3) 연소자가 연장자에게 사용하는 것은 드물고 일반적으로 적절치 않은 것으로 인식되며, 4) 확장된 '자기'의 사용과 적합성에 대한 인식은 여성이 더 수용성을 보여 남녀 간에 차이가 있다는 것이다. 홍미주(2019)는 연인 간 호칭어에서 유래된 '자기'가 일반적 이인칭 대명사로 확장되어 사용되는 이 언어 변화는 사용 빈도와 수용성 인식에서 여성이 주도한다고 또한 제언한다.

이진석(J. S. Lee 2018)은 영어에서 한국어의 어휘로 차용된 '애플리케이션, 어플리케이션, 앱, 어플'의 차용 과정과 이들 차용어의 사용 변이를 분석한다. 이 연구는 네 표현 중 표준 어형인 '애플리케이션'과 '앱'은 각각 'application'과 'application'의 절삭형(clipped form)인 'app'에서 유래했다는 것을 보이고, 비표준 어형인 '어플리케이션'은 '어플라이 (apply)'의 어두 부분 발음에 기반한 잘못된 유추(false analogy)에서 도출된 것25)으로, '어플'은 '어플리케이션'의 절삭형으로 분석하였다. 또한 현재 신문과 잡지에서는 표준 어형인 '앱'과 '애플리케이션'이 널리 쓰이지만, 네이버 검색어로는 '앱'이 가장 많이 쓰이고 이어서 비표준 어형인 '어플/어플리케이션'이 '애플리케이션'보다 사용 빈도가 높다고 보고하였다. 이진석(2018)은 외국어 차용 과정에서는 발음 변이와 복수의 차용 과정 등의 이유로 어휘 변이가 나타나기 쉬우며, 절삭형을 포함한 차용어의 생략(abbreviation)

어형도 변이의 한 요인이 된다고 제언한다.

3. 앞으로의 과제

이 장에서는 먼저 변이 이론의 성격과 발전 과정을 소개한 후 그동안 한국인 학자들이 수행한 대표적 변이와 변화 연구를 박사학위 논문과 학술지 논문으로 구분하여 소개하고 논의하였다.

앞서 본 바와 같이 그동안 국내에서 이루어진 연구는 음성·음운에 관한 연구의 비율이 다른 하위 분야, 즉 형태·통사나 어휘 변이보다 훨씬 높았고 연구의 주류를 이루었다. 대상 언어 관점에서 보면, 일부 영어와 스페인어에 관한 연구가 있었지만 한국어에 대한 연구가 대부분을 차지하였다. 한국어 변이 연구의 대상 방언을 보면, 표준 방언인 서울·경기 방언과 더불어, 전라, 경상, 충청, 평안 방언 등에 대한 연구가 이루어졌다. 방법론적인 관점에서 보면, 전통적인 연구 방법론인 현지 조사, 사회언어학 면담, 설문지 조사와 더불어 사회음성학적 방법(안미애 2012; Moon 2017 외), 전자 말뭉치 분석(김혜숙 2010, 2014 외), 인식 실험(조용준 2017 외), 불특정 다수 조사(채서영 2001) 등의 방법론이 사용되었다.

국내 학자들의 변이 연구의 대부분은 아직은 국제적 수준과는 다소 거리가 있는 것으로 보인다. 국어학을 학문적 배경으로 한 학자들의 경우는 계량사회언어학이라고도 불리는 변이 연구에서 요구되는 통계 분석 역량이 충분치 않은 경우들이 관찰되며, 영어학을 훈련 배경으로 한 학자들은 한국어에 대한 연구를 수행하면서도 그에 대한 역사·배경적 지식이 만족스럽지 않은 사례들이 발견된다. 이러한 관점에서 아직 국내 변이학자들의 지속적 노력이 요구된다고 하겠다. 또한 그동안 거의 이루어지지 못한 한국어와 영어 이외의 언어에 대한 변이 연구도 해당 언어 전공학자들에 의해 더 수행되어야 할 것으로 판단된다.[26]

필자의 주관적 관점에서 국내 변이학자들의 공통 연구 대상인 한국어에 관해 앞으로 더 탐구되어야 할 주제 몇 가지를 제시해 보면 다음과 같다.

먼저 음운 변수로서는, 경상 방언과 전라 방언에서의 이중 모음 '의'와 '예'의 음성적 실현에 대한 변이 연구를 들 수 있다. 이 두 방언에서는 두 모음이 표준 방언과는 상당히 다른 변화(김영송 1982; 김소영 2009)를 겪었고 또한 현재 서울·경기 방언과는 다른 변이 양태를 보이는 것으로 알려져 있는데, 특히 세대 간, 성별 간 변이에서 흥미로운 분석 결과가 도출되리라 생각된다.

형태·통사 변수로는, 영어의 복수 접미사 '-(e)s'와 달리 한국어에서 수의적으로 사용되는 복수 접미사 '-들'의 사용 변이를 들 수 있다. 이 변수는 다양한 언어 내적, 맥락적 제약이 '사용'({들})과 '비사용'({ø})이라는 두 변이형의 출현을 제약할 것으로 판단된다. 또한 성별어적 차이를 보인다고 제안(민현식 1997)되지만 아직 정확한 변이 양태가 점검되지 않은 '-(으)셔요/-(으)세요'와 표준어 규정(문화체육관광부 2017)에 의해 복수 표준어로 인정되는 '-이어요(-여요)/-이에요(-예요)'의 변이도 비교적 큰 규모의 자료를 바탕으로 변이에 관여하는 사회적 제약을 점검할 필요가 있다고 생각된다.

어휘적 변수로는, [+존대]의 맥락에서 사용되는 '예'와 '네'에 대응해서 [-존대]의 맥락에 사용되는 '응'과 '어'의 변이 양태 분석 역시 흥미로운 주제로 생각된다.

이 외에도 통신 언어는 참신성 추구와 구어와 문어의 중간적 성격으로 인해 일반 구어나 문어보다 변이의 양상이 더 복잡하고 다양(강현석·김민지 2017, 2018)한데, 그동안 기존 변이 연구가 다루었던 변수들의 변이 양상이 통신 언어에서는 어떻게 나타나는지도 훌륭한 연구의 대상으로 사료된다.

변이와 변화 연구는 사회언어학의 가장 중심적 하위 분야 중 하나라고 할 수 있다. 앞으로 이 분야에서 더 심도 있고 흥미로운 연구가 많이 이루어져 국내 사회언어학을 더욱 발전시키는 데 공헌할 수 있기를 기대해 본다.

주석

1) 물론 의사 시간 방법론은 역사적 기록, 선행 연구의 관찰이나 분석 결과, 제보자들의 인식 같은 다른 증거에 의해 보강되어야 한다.
2) 다중 변인 분석이란 변이형의 실현에 영향을 주는 요인 혹은 제약이 하나가 아니라 여럿이라고 판단되는 경우에 사용되는 통계 기법이다.
3) 실행공동체란 레이브와 웽어(Lave & Wenger 1991)이 제안한 개념으로 취미, 직업, 기술, 관심사 등을 공유하는 집단을 지칭한다. 이 공동체의 성원들은 서로 협력하면서 지식과 경험을 공유한다.
4) 세 번째 물결의 변이 연구들에서 사용되는 스타일(style)이란 용어는 '자신의 발화에 기울이는 주의의 정도'(Labov 1972)라는 기존의 의미와는 다르며 '화자가 대화 상대자와 대화 맥락에 따라 표현하고자 하는 자신의 정체성을 반영하는 변이형과 의미의 선택'(Eckert 2008 참조)이라는 의미를 갖는다.
5) 한국인 학자 중에는 변이 사회언어학을 주 전공하고 외국 대학이나 연구 기관에 재직 중인 학자가 아직 없는 것으로 생각된다. 따라서 국내 학자 혹은 한국인 학자라는 표현이 둘 다 사용 가능하다.
6) 편의상의 이유 외에 여기서 해외와 국내에서 작성된 박사 논문을 나누어 논의하는 다른 이유는 전자와 후자는 대부분 각각 영어학과 국어학을 전공한 학자들에 의해 작성이 되었고 또한 이들의 학문적 배경과 훈련 과정에 차이가 있어서 연구 방법론에서도 차이를 보이는 경우가 많기 때문이다.
7) 이 장에서 다루는 해외 박사학위 논문은 김경래(K. L. Kim 2018)을 제외하면 모두 미국에서 작성되었으며 학술지 논문은 한국사회언어학회의 학회지인 ≪사회언어학≫에 게재된 논문들의 비중이 크다. 지면과 연구자 역량의 부족으로 언어 변이와 변화를 주제로 한 연구를 다 다루지 못한 점을 밝힌다.
8) 이 연구는 남성 화자 넷의 발화 자료를 바탕으로 서울 방언 단모음들의 음성적 실현을 음향 음성학적으로 분석해서 두 모음의 합류 여부를 점검하는데, 이는 음향 음성학적 도구의 활용을 한국어 변이 연구에 도입하였다는 점에서 의미가 있다.
9) 어두 유음 실현의 경우 외래어의 원래 유음이 /l/인지 /r/인지가 영향을 미칠 수 있는데 이 요인은 홍연숙(1988)에서 고려되지 않았다.
10) /w/ 탈락의 경우 어두 음절인 '과자'에서보다 비어두 음절인 '사과'에서, /y/ 탈락의 경우도 어두 음절인 '예술'보다 비어두 음절인 '도예'에서 활음 탈락이 훨씬 높은 빈도로 관찰된다고 강현석 (1997)은 제시하고 있다.
11) 어두 음절에서는 '의→으'로의 변화가 진행되고 있고, 비어두 음절에서는 '의→이' 변화가 거의 완성 단계에 와 있다고 하며, 예외적으로 소유격 조사 '의'는 비어두 음절에 나타나지만 '의→에'로의 또 다른 변화가 완성 단계에 있다고 제안한다.
12) 표본을 읽은 화자가 '백인, 아시아인, 흑인, 히스패닉' 중 누구인지를 피실험자에게 묻는 질문이 포함되어 있다.

13) 세 여성으로부터 수집된 발화는 세 가지 유형인데, 연구자와의 사회언어학 면담 대화, 고객과의 전화 대화, (세 여성이) 각자 녹음한 개인적으로 친한 사람(들)과의 대화이다.

14) 에코B 초음파 머신(EchoB portable ultrasound machine), 비디오 촬영 장치, AAA(Articulate Assistant Advanced) 프로그램 등이 사용되었다.

15) 쿠스코(Cuzco)와 푸노(Puno) 등 주로 페루 남부 지역을 중심으로 안데스 스페인 방언이 연구되었으나 아이마라어의 한 방언이 유지되는 뚜뻬(Tupe)에서 사용되는 스페인어는 전혀 연구되지 않았다.

16) 이 지역 방언에서는 노년층의 경우 '닭에, 닭을'이 모두 '닥에' '닥을'로 실현되는 경우가 많았고, '듣다', '듣고' 대신 '들으다', '들으고'로 발화되는 비율이 상대적으로 높아서, 강희숙(1994)는 이들 화자의 경우는 어간이 '닭' 대신 '닥'으로 '듣' 대신 '들으'로 재구조화한 것으로 볼 수 있다고 제안한다.

17) 형태 음운적 변이란 이 변이 현상을 설명하기 위해서는 음운론적 제약만이 아니라 형태·어휘적 제약도 함께 고려해야 하는 변이를 지칭한다.

18) 자유 발화에서 추출된 모음은 각 모음이 억양구(intonation phrase) 초, 억양구 중간, 억양구 말에 나타나는 경우를 구분하여 각각 제1, 제2 포먼트의 수치를 측정하였다.

19) 직장에서 은퇴한 노년층이 가장 높은 비율의 '우'를 발화하고 직장에서 가장 활발히 활동 중인 중년층이 가장 낮은 비율의 '우'를 사용하며, 청년층이 중간적 행태를 보인다는 것이 이소영(2017)의 언어 시장(linguistic marketplace) 개념에 바탕을 둔 주장의 주요 논거가 된다.

20) 표준 발음법(문교부 1988)이 규정한 표준 발음형은 /ㅌ/이 주격 조사 앞에 쓰이는 경우(밭이→바치)를 제외하고는 /ㅈ, ㅊ, ㅌ/의 원래 음가를 유지하는 형태(예: 낮이→나지, 숯을→수츨, 밭을→바틀)이다.

21) 체언 어간말 /ㅈ, ㅊ, ㅌ/의 실현은 각 어휘별로 다소 다르게 나타났다. 또한 복합어(예: 할미꽃(이))가 단일어(예: 꽃(이))보다 'ㅅ' 마찰음화의 실현에 더 용이한 환경으로 분석되었다.

22) 한국어의 억양 구조는 악센트구(accentual phrase)와 악센트구 하나 이상으로 구성되는 억양구(intonation phrase)로 이루어져 있다(Jun 2005).

23) 60세를 넘는 연령대에서는 오히려 '하-'와 '허-'의 변이가 발견되었다고 이미재(1990)은 보고한다.

24) 이러한 예는 다음과 같다: (상당히 가까운 관계의 동료 교수가) "장 교수, 자기는 그거 어떻게 생각해?" (직장 상사인 주 과장이) "유 대리, 그 회사 일은 자기가 좀 맡아 줘."

25) 가능한 다른 시각은 미국 영어와는 달리 영국 영어에서는 'application'의 표준 발음이 '어플리케이션'인 점이 이 어형을 차용해서 사용하는 한 요인일 수 있다는 것이다.

26) 이 관점에서 최근에 페루 스페인어의 변이 현상을 분석한 김경래의 연구(K. L. Kim 2018, 김경래 2019)는 의미를 갖는다.

참고문헌

강현석(2008), 〈한국인의 영어 논문과 작문에 나타나는 관계사 사용의 변이〉, 《사회언어학》,16(2), 1~28, 한국사회언어학회.

강현석(2009), 〈국어 담화 표지 '예'와 '네'의 사용에 나타나는 변이에 대한 연구〉, 《사회언어학》 17(2), 57~86, 한국사회언어학회.

강현석(2011), 〈해요체-합쇼체의 변이에 대한 계량사회언어학적 연구: 성별어적 차이를 중심으로〉, 《사회언어학》 19(2), 1~22, 한국사회언어학회.

강현석·김민지(2017), 〈인스턴트 메신저 카카오톡의 대화 자료에 나타난 '예'와 '네'의 변이 양상〉, 《사회언어학》 25(3), 1~27, 한국사회언어학회.

강현석·김민지(2018), 〈카카오톡 대화에서의 경어체 종결어미의 변이 양태에 대한 다중변인분석 연구〉, 《사회언어학》 26(1), 1~30, 한국사회언어학회.

강현석·이장희(2006), 〈천안·아산지역어와 대구지역어에 나타나는 w 탈락현상의 비교연구: 대학생 언어를 중심으로〉, 《사회언어학》 14(2), 1~26, 한국사회언어학회.

강희숙(1992가), 〈음장에 관한 사회언어학적 연구〉, 《한국언어문학》 30, 1~22, 한국언어문학회.

강희숙(1992나), 〈국어마찰음화에 대한 연구: 전남방언을 중심으로〉, 《인문과학연구》 14, 37~50, 조선대학교 인문과학연구소.

강희숙(1994), 《음운변이 및 변화에 관한 사회언어학적 연구: 전남 장흥 방언을 중심으로》, 전북대학교 박사학위 논문.

강희숙(1999), 〈언어 변화와 언어 유지의 원리: 의문법 어미 '-니'의 확산을 중심으로〉, 《국어문학》 34, 5~22, 국어문학회.

강희숙(2014), 〈음성 변화에 대한 언어 정책의 간섭과 소설의 언어: 서울말에서의 '오→우' 변화를 중심으로〉, 《사회언어학》 22(1), 1~21, 한국사회언어학회.

김경래(2019), 〈페루 중부 안데스 스페인어의 모음 사이 /d/ 탈락에 대한 빈도 효과 연구〉, 《스페인어문학》 92, 35~56, 한국스페인어문학회.

김규남(1998), 《전북 정읍시 정해 마을 언어사회의 음운 변이 연구》, 전북대학교 박사학위 논문.

김소영(2009), ≪이중모음 /의/의 통시적 변화 연구≫, 서울대학교 석사학위 논문.

김영송(1982), 〈경남 방언〉, 최학근 엮음, ≪국어방언학≫, 319~371, 형설출판사.

김혜숙(2009), 〈성별에 따른 "네"와 "예"의 사용과 변화 양상〉, ≪언어연구≫ 25(1), 85~105, 한국현대언어학회.

김혜숙(2010), 〈사회적 변인간 상호작용에 따른 영어 부가의문문 사용에 관한 연구〉, ≪사회언어학≫ 18(1), 31~52, 한국사회언어학회.

김혜숙(2014), 〈성별에 따른 기능별 영어 부가의문문 사용에 대한 코퍼스 기반 연구〉, ≪사회언어학≫ 22(3), 1~23, 한국사회언어학회.

문교부(1988), ≪표준어 규정≫, 문교부 고시 제88-2호, 문교부.

문화체육관광부(2017), ≪표준어 규정≫, 문화체육관광부 고시 제2017-13호, 문화체육관광부.

민현식(1997), 〈국어 남녀 언어의 사회언어학적 특성 연구〉, ≪사회언어학≫ 5, 530~587, 한국사회언어학회.

박경래(1989), 〈괴산지역어의 사회언어학적 고찰: 이중모음의 단모음화를 중심으로〉, ≪국어국문학≫ 101, 305~336, 국어국문학회.

박경래(1993), ≪충주방언의 음운에 대한 사회언어학적 연구≫, 서울대학교 박사학위 논문.

박경래(1994), 〈충주방언의 움라우트 현상에 대한 사회언어학적 고찰〉, ≪개신어문연구≫ 10, 55~96, 개신어문학회.

배혜진(2012), 〈대구지역 화자들의 모음 'ㅟ' 실현양상에 관한 연구〉, ≪어문학≫ 116, 27~50, 한국어문학회.

배혜진·이혁화(2010), 〈대구 지역 어두경음화의 사회언어학적 고찰〉, ≪민족문화논총≫ 46, 301~329, 영남대학교 민족문화연구소.

서상준(1984), 〈전라남도의 방언분화〉, ≪어학교육≫ 15, 1~18, 전남대 어학연구소.

안미애(2012), ≪대구 지역어의 모음체계에 대한 사회음성학적 연구≫, 경북대학교 박사학위 논문.

오새내(2006), ≪현대 국어의 형태음운론적 변이 현상에 대한 사회언어학적 연구≫, 고려대학교 박사학위 논문.

이미재(1989), ≪언어변화에 관한 사회언어학적 연구: 경기도 화성방언을 중심으로≫, 서울대학교 박사학위 논문.

이미재(1990), 〈사회적 태도와 언어 선택〉, ≪언어학≫ 12, 69~77, 한국언어학회.

이미재(2002), 〈어두 경음화에 관한 사회언어학적 고찰: 언어 변화의 측면에서〉, ≪말소리≫ 특별호 1, 167~178, 대한음성학회.

이정복(2007), 〈감사합니다와 고맙습니다의 사회언어학적 분포〉, 《사회언어학》 15(1), 151~173, 한국사회언어학회.

장경우(2013), 〈꼭두각시놀음에 나타난 청자경어법의 통시적 변이 양상 연구〉, 《사회언어학》 21(1), 215~240, 한국사회언어학회.

정성희·신하영(2017), 〈북한 뉴스의 어두 /ㄹ/과 /ㄴ/의 발음 실현 양상과 언어 정책과의 상관성 연구〉, 《사회언어학》 25(4), 163~184, 한국사회언어학회.

조용준(2017), 〈해라체 의문형 어미 '-냐'와 '-니'의 사회적 지표성에 대한 연구〉, 《사회언어학》 25(3), 259~297, 한국사회언어학회.

조용준·하지희(2016), 〈한국어 의외성 표지 '-구나', '-네', '-다'의 사회언어적 변이 연구〉, 《사회언어학》 24(1), 241~269, 한국사회언어학회.

조태린(2018), 〈대학교수 간 호칭어 사용 양상에 대한 사회언어학적 연구〉, 《사회언어학》 26(3), 235~265, 한국사회언어학회.

채서영(1997), 〈서울말의 모음상승과 2인칭 대명사의 새 형태 '니'〉, 《사회언어학》 5(2), 621~644, 한국사회언어학회.

채서영(2001), 〈우리말 2인칭 대명사 〈너 복수형〉에 나타난 변화와 영어 방언의 〈you 복수형〉 변이현상〉, 《사회언어학》 9(1), 179~192, 한국사회언어학회.

채서영(2008), 〈한국어 유음의 변이와 변화〉, 왕한석 엮음, 《한국어와 한국사회》, 163~183, 교문사.

최윤지(2018), 〈텔레비전 뉴스의 합쇼체와 해요체 사용에 관련된 언어 외적 변인 고찰: 말뭉치의 계량적 분석을 바탕으로〉, 《사회언어학》 26(4), 179~210, 한국사회언어학회.

홍미주(2003), 〈체언 어간말 (ㅊ),(ㅌ)의 실현에 대한 사회언어학적 분석〉, 《사회언어학》 11(1), 215~239, 한국사회언어학회.

홍미주(2011), 《대구 지역어의 음운변이에 대한 사회언어학적 연구》, 경북대학교 박사학위 논문.

홍미주(2013), 〈변항 (오)의 변이형 실현 양상과 언어 태도에 대한 연구〉, 《방언학》 18, 325~367, 한국방언학회.

홍미주(2014), 〈어두경음화의 실현 양상과 언어 태도에 대한 연구〉, 《사회언어학》 22(1), 281~307, 한국사회언어학회.

홍미주(2015), 〈체언 어간말 ㅊ, ㅌ의 변이 양상 연구: 서울방언과 경상방언을 반영하는 문헌을 대상으로〉, 《어문논총》 64, 63~93, 한국문학언어학회.

홍미주(2019), 〈'자기'의 용법 확대와 언어변화 개신자로서의 여성의 역할에 대한 연구〉, ≪사회언어학≫ 27(3), 279~305, 한국사회언어학회.

홍연숙(1994), 〈방송언어에 나타난 단모음화 현상〉, ≪사회언어학≫ 2, 1~20, 한국사회언어학회.

Ahn, J. K. (1987). *The Social Stratification of Umlaut in Korean*. Doctoral dissertation, University of Texas, Austin, Texas.

Bayley, R. (2013). Variationist sociolinguistics. Chapter 1 of R. Bayley, R. Cameron, & C. Lucas (eds.), *The Oxford Handbook of Sociolinguistics*, 11~30. London: Oxford University Press.

Bloomfield, L. (1933). *Language*. New York: Henry Holt and Co.

Bortoni-Ricardo, S. M. (1985). *The Urbanization of Rural Dialect Speakers: A Sociolinguistic Study in Brazil*. Cambridge: Cambridge University Press.

Bucholtz, M. & Hall, K. (2005). Identity and interaction: A sociocultural linguistic approach. *Discourse Studies* 7, 585~614.

Campbell-Kibler, K. (2007). Accent, (ING), and the social logic of listener perceptions. *American Speech* 82(1), 32~64.

Cedergren, H. (1973). *Interplay of Social and Linguistic Factors in Panama*. Doctoral dissertation, Cornell University, Ithaca, New York.

Cedergren, H. & Sankoff, D. (1974). Variable rules: Performance as a statistical reflection of competence. *Language* 50. 333~55.

Chae. S. Y. (1995). *External Constraints on Sound Change: The Raising of /o/ in Seoul Korean*. Doctoral dissertation, University of Pennsylvania, Philadelphia, Pennsylvania.

Chomsky, N. (1965). *Aspects of the Theory of Syntax*. Cambridge, MA: MIT Press.

Crystal, D. (1971). Prosodic and paralinguistic correlates of social categories. In E. Ardener (ed.), *Social Anthropology and Language*, 185~206. London: Tovistock.

Eckert, P. (1989). *Jocks and Burnouts: Social Categories and Identity in the High School*. New York: Teachers College Press.

Eckert, P. (2008). Variation and the indexical field. *Journal of Sociolinguistics* 12(4), 453~476.

Eckert, P. (2012). Three waves of variation study: The emergence of meaning in the study of sociolinguistic variation. *Annual Review of Anthropology* 41, 87~100.

Edwards, V. (1986). *Language in a Black Community*. Clevedon: Multilingual Matters.

Feagin, C. (1979). *Variation and Change in Alabama English: A Sociolinguistic Study of the White Community*. Washington: Georgetown University Press.

Guy, G. (1993). The quantitative analysis of linguistic variation. In D. Preston (ed.), *American Dialect Research*, 223~249. Amsterdam & Philadelphia: John Benjamins.

Holmes, J. (1995). *Women, Men and Politeness*. New York: Longman.

Hong, Y. S. (1988). *A Sociolinguistic Study of Seoul Korean*. Doctoral dissertation, University of Pennsylvania, Philadelphia, Pennsylvania.

Jun, S. A. (1993). *The Phonetics and Phonology of Korean Prosody*. Doctoral dissertation, The Ohio State University, Columbus, Ohio.

Jun, S. A. (2005). Korean intonational phonology and prosodic transcription. In S. Jun (ed.). *Prosodic Typology: The Phonology of Intonation and Phrasing*, 201~229. Oxford: Oxford University Press.

Kang, H. S. (1997). *Phonological Variation in Glides and Diphthongs of Seoul Korean: Its Synchrony and Diachrony*. Doctoral dissertation, The Ohio State University, Columbus, Ohio.

Kang, H. S. (1998a). The deletion of /w/ in Seoul Korean and its implications. *Korean Journal of Linguistics* 23(3), 367~397.

Kang, H. S. (1998b). The deletion of the glide /y/ in Seoul Korean. *Language Research* 34(2), 313~346.

Kang, H. S. (2002). Genderlectal variation in Korean? An empirical sociolinguistic study of utterance-final tones. *Language Research* 38(2), 647~689.

Kim, K. L. (2018). *Castellano de Tupe: Norma Regional y Variación Lingüística*. Tesis Doctoral, Pontificia Universidad Católica del Perú.

Kwon, S. H. (2018a). *The Development of Glide Deletion in Seoul Korean: A Corpus and Articulatory Study*. Doctoral dissertation, University of Pennsylvania, Philadelphia, Pennsylvania.

Kwon, S. H. (2018b). Phonetic and phonological changes of Noam Chomsky: A case study of dialect shift. *American Speech* 93(2), 270~297.

Labov, W. (1963). The social motivation of a sound change. *Word* 19, 273~309.

Labov, W. (1966). *The Social Stratification of English in New York City*. Washington D.C.: The Center for Applied Linguistics.

Labov, W. (1972). *Sociolinguistic Patterns*. Philadelphia: University of Pennsylvania Press.

Labov, W., Ash, S., & Boberg, C. 2006. *The Atlas of North American English. Phonetics, Phonology and Sound Change*. A Multimedia Reference Tool. New York: John Benjamins.

Lakoff, R. (1975). *Language and Woman's Place*. New York: Harper and Row.

Lave, J. & Wenger, E. (1991). *Situated Learning: Legitimate Peripheral Participation*. Cambridge: Cambridge University Press.

Lee, H. K. (2000). *Korean Americans as Speakers of English: The Acquisition of General and Regional Features*. Doctoral dissertation, University of Pennsylvania, Philadelphia, Pennsylvania.

Lee, J. S. (2018). Loanword adaptation triggering lexical variation: The case of *ayphullikheyisyen, ephullikheyisyen, ayp* and *ephul* in Korean. *Sociolinguistic Journal of Korea* 26(4), 91~118.

Lippi-Green, R. (1989). Social network integration and language change in progress in a rural alpine village. *Language in Society* 18, 213~234.

Macaulay, R. (1977). *Language, Social Class, and Education: A Glasgow Study*. Edinburgh: Edinburgh University Press.

Milroy, L. (1980). *Language and Social Networks*. Oxford: Basil Blackwell.

Modaressi, Y. (1978). *A Sociolinguistic Investigation of Modern Persian*. Doctoral dissertation, University of Kansas, Lawrence, Kansas.

Moon, K. W. (2017). *Phrase Final Position as a Site of Social Meaning: Phonetic Variation among Young Seoul Women*. Doctoral dissertation, Stanford University, Stanford, California.

Moon, K. W. (2018). The social meaning of rising-falling tone in a 'reality' TV show. *Sociolinguistic Journal of Korea* 26(3), 89~116.

Podesva, R. (2007). Phonation type as a stylistic variable: The use of falsetto in constructing a persona. *Journal of Sociolinguistics* 11, 478~504.

Rickford, J. (1987). *Dimensions of a Creole Continuum: History, Texts, and Linguistic Analysis of Guyanese Creole*. Stanford, CA: Stanford University Press.

Saussure, F. (1916). *Cours de Linguistique Générale*. Paris: Payot.

Scrivener, O., Diaz-Campos, M., & Frisby, M. (2016). "Language Variation Suite". Retrieved Nov. 16, 2019, from the World Wide Web: https://languagevariationsuite.shinyapps.io/Pages/.

Trudgill, P. (1974). *The Social Differentiation of English in Norwich*. Cambridge: Cambridge University Press.

Wardhaugh, R. & Fuller, J. M. (2015). *An introduction to Sociolinguistics* (7th ed.). New York: Wiley-Blackwell.

Wolfram, W. (1969). *A Linguistic Description of Detroit Negro Speech*. Washington D.C.: The Center for Applied Linguistics.

Yi, S. Y. (2017). Social and stylistic variation in vowel raising in Seoul Korean. *Sociolinguistic Journal of Korea* 25(3), 165~197.

Zhang Q. (2005). A Chinese yuppie in Beijing: Phonological variation and the construction of a new professional identity. *Language in Society* 34, 431~466.

제3장

언어와 성

백경숙·박은하

무릇 대부분의 언어공동체의 남녀 구성원 사이에서는 다소간의 성차(性差)가 발견된다. 생물학적 성(sex)이 아닌 심리적·사회적 정체성을 아우르는 의미에서의 성(gender)은 사회언어학 연구에서 (지리적) 지역, (사회적) 계층이나 연령, 민족, 종교 등과 더불어 언어의 선택과 사용에 가장 강력한 영향을 미치는 요인 가운데 하나다. 이 같은 이유로 성은 언어의 변이와 변화에 주목하는 계량사회언어학(quantitative sociolinguistics)은 물론 여권주의(feminism) 시각과 맞물린 언어 연구에서도 많은 관심을 받아왔으며, 그 주된 연구 분야는 음운으로부터 통사구조 및 어휘 층위를 아우르는 성별 언어 변이, 성 선호적인(sex-preferential) 어휘, 통사 구조 및 대화 스타일을 아우르는 성별 발화어(utterable genderlect), 그리고 각 성에 대한 지칭, 표현 및 기술에 관심을 두는 성별 대상어(objective genderlect)로 대별된다.

이제까지의 연구 결과들을 보면 언어와 성의 상호작용은 매우 다층적이고 다면적이라는 사실을 알 수 있다. 이 장에서는 지난 30년간의 국내의 '언어와 성' 연구를 개괄하고 그 성과를 논하여 향후 연구에 대한 밑거름을 마련한다. 이를 위하여 먼저 1절에서 언어와 성에 대한 연구의 시초 및 성립, 그리고 현대 사회언어학 테두리에서의 연구의 전개 및 발전 과정을 해외 연구 성과 중심으로 개괄하고, 2절에서는 지난 30년간 국내 학자들에 의해 수행된 한국어 대상 언어와 성 연구를, 3절에서는 국내 학자들에 의해 수행된 외국어 대상 언어와 성 연구를 정리 요약한 후, 4절에서는 향후 연구에 대한 방향과 시사점을 제시하도록 한다.

1. 언어와 성 연구의 성격 및 전개

1.1. 언어 사용에서의 성차에 대한 초기 관찰

구미에서 언어와 성에 대한 연구가 본격적으로 시작된 것은 1960년대 이후 사회언어학이라는 학문 분야의 성립과 그 궤를 같이하지만, 화자의 성별에 따른 어형 차이에 대한 최초의 보고는 주로 인류언어학적 관찰에서 비롯되었다. 우선 로셰포르트(Rochefort 1665)에서 레서 안틸레스(Lesser Antilles) 거주 카리브 원주민들 언어에서 제한된 수지만 성별로 고유한 표현이 존재한다고 했던 보고가 있었고, 이후 보고라스(Bogoras 1922), 사피어(Sapir 1929), 그리고 하스(Haas 1944)의 연구에 따르면 시베리아 척치어(Chuckchee)나 미국 캘리포니아주의 야나어(Yana)에서 몇몇 자·모음 관련하여 성별 변이 현상이 관찰되었고, 미국 동남부의 코아사티어(Koasati) 계열의 언어에 있던 발음의 성차가 20세기 중반 무렵에는 쇠퇴하는 경향을 보였다는 사실 등을 알 수 있다(Bonvillain 2002: 217~218 참조).

이밖에 매우 정의적이고 주관적이며 성차별적인 해석이라는 비판을 받기는 했지만 예스페르센(Jespersen 1922)가 '여성'(The Woman)이라는 제하에 한 장(章)을 할애하여 언어 제 층위에 나타나는 여성어의 몇 가지 특질을 기술한 바 있다.

1.2. 변이 연구에서의 언어와 성

이미 잘 알려진 바와 같이 계량사회언어학적 변이 연구의 대표적 초기 연구 중 하나는 라보브(Labov 1966a)의 미국 뉴욕시에서의 모음 뒤의 /r/ 생략 여부에 대한 조사였다. 이 연구는 고급 백화점일수록 직원들이 고용인과 고객들의 위세를 자신의 위세와 동일시하여 표준형인 [r] 발음을 더 하고, 이때 여성 직원들이 남성 직원들보다 약간 더 높은 빈도의 표준 발음을 사용한다는 사실을 밝혀내었다. 이후 수많은 구미의 연구들이(Levin & Crockett 1967; Wolfram 1969; Trudgill 1972; Sankoff 1974; Cheshire 1982 등) '모든 계층과 연령층에서의 여성의 표준형 선호'라는 명제를 지지하였고, 라보브 식의 변이 연구에서 '위세'(prestige)가 중요한 개념으로 자리잡게 되었다.

성별 요인은 특정 어형 사용에 대해서 경우에 따라서는 계층 요인보다도 더 큰 예측력을 발휘하기도 해서(예: 영국 뉴캐슬어폰타인(Newcastle-upon-Tyne) 지역의 [p], [t], [k]의 성문음화된 발음, Milroy 1988에 인용된 L. Rigg의 미발표 연구), 남녀 간의 차이는 동일한 소리의 서로 다른 낙인형 발음에 대한 선호도에서 발견되었다(Schatz 1986). 여성은 또한 상황 맥락에 따른 스타일에 대해서도 남성보다 훨씬 더 민감하게 대응하여 맥락의 격식성 증가와 더불어 표준형 사용의 빈도도 급격히 증가하는 것으로 보고되었다(Trudgill 1972). 영국 노리치(Norwich) 지역에서의 '-ing'의 비표준형 [In]의 계층별, 성별, 스타일별 지표를 분석한 트럿길(1972)의 연구는 표준형 사용에 대한 자기 평가에서도 여성의 위세형 지향성을 밝혀낸 바 있다.

여성의 표준형 지향성에 대해서는 그간 '타인으로부터의 긍정적 평가'를 골자로 하는 다양한 설명이 제시되었다. 즉 여성은 표준형이라는 '드러난 위세'(overt prestige)에 의지해 자신의 지위를 주장한다거나(Labov 1990) 육아를 주로 담당하는 여성들이 지위에 민감한 언어 행위로 자식들의 사회적 상승 기회를 확대하고자 하고(Labov 1966b, 1990) 혹은 여성이 하류층의 언어를 회피하여 '성적 방종'이나 '부도덕함'의 이미지를 피하고자 한다

(Gordon 1997)는 설명 등이다. 한편 남성은 '숨겨진 위세'(covert prestige)를 이용하여 일상어(vernacular)의 사회적 가치인 남성성이나 집단의 유대감을 자유롭게 표현한다는 것이다(Labov 1966b).

그러나 연구가 진행됨에 따라 대규모 언어 제공자 집단을 대상으로 제 사회 변인과 사용 언어 형태 간의 상관관계를 추구하는 계량적 연구 방법은 여러 가지 비판에 직면하게 된다. 언어와 성 연구 관련하여 가장 큰 딜레마는 여성의 표준형 지향성을 반증하는 예들이 속속 발견되었다는 사실과 더불어, 여성의 지위 상승 욕구나 '언어적 불안정성'(linguistic insecurity) 이외의 요인으로 설명이 더 잘 되는 언어 사용 사례1)가 발견되었고(Gal 1978, 1979; Nichols 1983; Bortoni-Ricardo 1985; Bakir 1986; Hill 1987; Ochs 1992 등), 또한 변이에 대한 계량적 연구에서는 표준형을 남성이나 엘리트 집단과 결부시키기도 하고 한편으로는 여성과 결부시키기도 한다는 모순에 더하여, 여권주의 시각에서 보면 여성의 사회 계층을 남편의 사회 경제적 지위에 따라 구분하는 방식(Nichols 1983 참조), 남성의 언어를 규범으로 삼는 연구 설계의 결함(Cameron 1990 참조) 등이 모두 비판의 초점이 되었다. 이는 서로 다른 상황과 맥락에서 서로 다른 처지에 있는 다양한 성향의 화자들의 언어 사용을 성별이라는 하나의 범주로 묶어 일반화하는 설명이 오류일 수 있다는 인식(Eckert & McConell-Ginet 1992; Ochs 1992; Uchida 1992)으로 수렴되면서 언어와 성의 관계에 대한 연구가 좀 더 세밀하고 국소적인 분석과 이를 뒷받침할 개념과 분석틀을 모색하기에 이른다.

이 같은 맥락에서 '갈등'과 '분화' 및 '불평등'을 본질로 하는 사회 계층이론에 대하여 '합의'를 본질로 하는 '사회 연계망'(Milroy & Milroy 1992 참조)을 도입한 일련의 대표적 연구와 논의들(L. Milroy 1980; Milroy & Margrain 1980; J. Milroy 1981; Milroy & Milroy 1992 등)은 '조밀성'(density)과 '다중성'(multiplexity)을 핵심 개념으로 하는 남녀 화자들의 사회 연계망 패턴 분석을 통하여 성별 언어 행위에 대한 더욱 세부적인 설명이 가능하고 설명력이 있다는 사실을 보여 주었다.

1990년대에 들어서면 성별 언어 변이를 사용자의 사회적 좌표나 특질에 기대어 설명하고자 하는 라보브 식의 결정론적(deterministic) 시각에 반하여 성이라는 것이 개인 안에 내재하는 독자적인 현상이 아니라 사회적 상호작용(social interchange) 내의 합의(agreement) (Bohan 1997)라고 보는 사회적 구성주의(social constructionist approach)에 입각한 연구와 주장들이 대거 등장하였는데(Ochs 1992; Gal 1995; Inoue 2002; Cameron 2003 등), 이로써 연구의 초점은 언어 사용자들이 어떤 언어적 실행(linguistic practice)으로써 개별 문화와 공동체가 부여하는 이데올로기를 받아들이거나 협상하거나 혹은 이에 반기를 듦으로써 자신의 성 정체성을 구현해 나가는지의 문제로 대거 이동하게 되었다.

거시적으로 성층화된 사회 계층 이론의 한계를 극복하고자 했던 또 하나의 시도는 레이브와 웽어(Lave & Wenger 1991)이 원래 학습의 사회적 이론의 기초로 제안한 개념인 '실행공동체'(community of practice)를 변이 연구에 도입한 사실이다. '상호 개입'과 '공동 활동' 및 '공동 목록'을 핵심으로 하는 실행공동체 개념의 유용성은 에커트와 맥코넬-지넷(1992)에서 선도적으로 밝혀졌는데, 이 연구는 미국 디트로이트 교외의 한 공립 고등학교 학생들의 사회적 범주 및 자질에 초점을 두고 그들의 제반 언어적, 사회적 실행을 관찰 분석하여 성, 사회 계층, 힘의 상호 구축 양상을 밝혀내었다. 이로써 특정 변이형의 선택은 사용자의 제반 사회적 자질 및 일상적 실행과 공기하며, 이 제반 실행의 특질들이 교내의 사회적 집단을 구성하는 요소라는 점을 지적한 바 있다. 실행공동체 도입에는 양성 집단 내의 변이 현상이 큰 역할을 했는데, 이 개념에 기반한 많은 연구들이(Eckert & McConnell-Ginet 1995; Pujolar i Cos 1997; Bucholtz 1999; Ostermann 2003 등) 성별 언어적 차이란 국지적 공동체에서의 언어 사용자들의 발화 목적과 사회적 관계 협상의 결과이며 언어적 성의 실현은 공동체 간 많은 다양성이 존재한다는 사실을 밝혀내었다.

1.3. 성별 발화어 연구

성별 발화어(성별어) 연구는 어휘나, 통사 구조, 그리고 대화 스타일 등에서 남녀 간의 서로 차이 나는 언어 사용 양상에 초점을 맞추는데, 이는 키의 연구(Key 1975)와 레이코프의 연구(Lakoff 1975)가 당시 여권 운동의 제2물결과 맞물려 큰 반향을 일으키면서 대거 촉발되었다. 흔히 레이코프 가설로 알려져 있는 (적어도 미국 백인 중산층의) 여성어 특질이란 여성 특유의 색채어나 형용사, 온건하거나 지나치게 공손한 표현, 비속어나 농담 삼가기, 빈번한 강조어와 부가 의문문, 빈번한 발화력 약화 기제, 다양한 억양 및 평서문의 상승 어조의 사용으로 요약된다. 당시 레이코프 주장의 핵심은 이 같은 언어적 특질로 말미암아 여성이 독립적이고 주체적인 언어 사용자로서의 지위를 누리기 어렵다는 것이었는데, 이후 다양한 언어를 대상으로 한 수많은 경험적 연구들이 레이코프의 가설을 지지하거나 반박하였고 혹은 좀 더 다면적이고 세밀한 연구의 필요성을 주장하거나 이들 특질의 사회언어학적 의미가 공동체별로 같지 않다는 주장을 하였다. 이후 성별 발화어에 대해서는 다양한 설명 모델이 등장하게 된다.

언어와 성에 대한 이 같은 연구는 강력한 여성 운동과 응용언어학적 전통을 가진 미국과 철저한 성 특수적 언어 구조를 가진 독일에서 특히 활발하였는데(이덕호 1997 참조), 1970년대 '문법성'(Genus)과 '자연성'(Sexus)의 관계에 대한 진술에서 시작한 독일에서의 연구는 1980년대에 이르러서는 성차별 없는 언어 관습을 이루기 위한 다각적 기술을 마련하고, 1990년대부터는 관심의 초점을 언어 철학이나 인지 심리학의 부분으로까지 확장하였다(Hornsheid 2000, 최명원 2002: 539에서 재인용). 한편, 일본어에서는 여성 특유의 종조사[2]나 인칭 대명사, 감탄사 및 경어 등에 이르는 다양한 어휘, 문법 및 어법으로 널리 알려진 여성어에 대한 연구가 여성 해방 운동 이전에도 본래 특수 위상으로서의 '뇨보고토바'(女房詞)[3]나 '유리어'(游里語)[4] 분석이라는 일본어사적 관점에서 독자적으로 진행되어 현재에 이르렀고(임영철 1996 참조), 앞으로는 다양한 기제와 방법으로 전통 여성어가 쇠퇴·소멸함과 동시에 융성하기도 하는 양극화적 촉진이 현저히 전개될 것으로 예측된다고 한다(정혜경 2005 참조).

성별 발화어 중 특히 많은 조명을 받은 언어적 특질은 대화 스타일이다. 우선 성별 발화의 양이 담화의 상황이나 제도성에 기인한다는 연구들(Kramer 1975; Swacker 1975; Edelsky 1981; Sadker & Sadker 1985; Smith-Lovinson & Robinson 1992 등)이 있었고, 특히 남녀 간 대화에서 남성의 침묵에 의한 힘의 행사가 관찰된 연구도 눈에 띈다(Sattel 1983; Defransisco 1998 등). 담화 상황에 따른 부가 의문문의 성별 사용 빈도나, 담화적 기능 및 힘(power)의 작용을 다면적으로 고려한 연구들(Dubois & Crouch 1975; Holmes 1984; Cameron, McCalinden & O'Leary 1989)에 더하여 남성 화자의 빈번한 말 끼어들기나 말 중복에 의한 대화의 주도권 행사에 대한 일련의 연구들(West & Zimmerman 1977, 1983; Woods 1988; West 1998 등)은 태넌(Tannen 1990)이 여러 언어공동체에서 관찰한 바인, 대등하고 협력적인 관계를 추구하는 여성들의 대화 스타일과 이에 반하는 남성들의 경쟁적이고 독립적이며 주도권을 쥐고자 하는 스타일을 예시하였다.

언어 사용에서의 성차에 대해서는 그간 여러 갈래의 설명이 있었다. 여성어의 특질을 여성의 언어적·인지적 피상성에 기인하는 것으로 해석하는 결손 접근법(deficit approach)이 상당히 오래 유지된 시각이었고, 특히 대화 스타일에서의 성차에 대해서는 그것이 기본적으로 남성 중심 및 우위의 사회 구조에서의 힘의 행사에 따른 결과로 보는 지배 접근법(dominance approach)과 서로 다른 양성 집단 속에서의 사회화에 따른 대화 규범(/문화)의 차이로 해석하는 차이 접근법(difference approach)이 팽팽히 맞섰지만, 오늘날에는 이 두 가지 설명 역시 성별어에서의 차이를 단순히 남녀라는 범주에 따른 차이로 과일반화하는 오류일 수 있다는 경험적 연구와 주장들이 등장하면서(Keenan 1974; Nichols 1983; Stanback 1985; Goodwin 1988; Eckert 1989) 남녀의 언어 사용상 특질은 그들의 일상적 실행이나 과업, 국지적 노동 시장과의 관계 등에 좌우되거나 대화의 구체적 상황 맥락과 인종 및 문화의 상호작용 결과일 수 있음이 주장되었다5). 또한 사회 계층 및 성, 그리고 공손성과 같은 화용적 특질의 상호작용마저도 문화적으로 차이를 보일 수 있다거나, 남성어와 여성어라는 구분이 쇠퇴하는 등의 변화도 감지되고 있다.

근래에는 성별 발화어에 대한 좀 더 설명력 있는 해석을 위해서는 과도한 문화적 정형이나 추정적 믿음에서 탈피하여 세밀하고 국지적인 관찰과 기술(記述)이 더욱 더 요구되는 추세로서, 특히 사회적 구성주의 이래, '실행'(practice), '수행성'(performativity), '행동하는 성'(doing gender), '행위'(agency) 및 '자리매김'(positioning) 등의 개념이 많은 연구의 핵심 관심사가 되어 왔다(Butler 1990; Hall 1995; McElhinny 1995; Cameron 1997; Coates 1999; Nakamura 2004; Ehrlich 2006 등). 이와 같은 맥락에서 성 소수자들의 언어 역시 이전의 이성애자 대(對) 동성애자 식의 이분화된 범주적 기술에서 탈피하여, 성 소수자들이 어떻게 상황 맥락에 따라 다양한 언어 자원들을 변화무쌍하게 운용함으로써 자신의 정체성을 구축해 나가는지에 대해서도 더욱 관심을 기울이게 되었다(Hall & O'Donovan 1996; Queen 1997 등).

1.4. 성별 대상어 연구

언어는 언어 사용자의 사고나 감정, 의식 등을 담는 그릇으로서 언어가 각 성별의 화자를 가리키거나 기술하는 표현에서 특정 문화에 고유한 정형이나 인식, 그리고 태도 등이 표출되는 경우가 많다(강현석 외 2014). 이제껏 대다수의 언어공동체가 주로 남성 우위의 문화 모형을 유지한 까닭에 이같은 성별 대상어들이 양성 간 불평등/비대칭 구조를 드러낼 뿐 아니라 여성에 대한 성차별적 요소를 가지고 있다는 보고가 1970년대 이래 주로 구미의 언어 사례를 시작으로 여타 언어에 이르기까지 반복적으로 있었고 (Lakoff 1975; Schulz 1975; Garcia 1977; Nilsen et al 1977; Trömel-Plötz 1978; Yaguello 1978; Pauwels 1998; Hellinger & Bußman 2001 등) 이로써 밝혀진 성차별적 성별 대상어는 성 지칭어, 인칭 대명사, 특히 남성형 총칭, 접두어 및 접미어, 어휘, 직함 및 직명, 관용 표현, 속담 및 유머, 대중 매체에서의 성 정형화 및 성차별적 묘사 등으로 다양하며 언어의 각 층위와 문법 체계를 망라한다.

남녀 양성에 대한 기술에 드러난 이러한 인식은 특히 여권 운동과 맞물리면서 성차별적 언어 사용을 지양하려는 다양한 운동과 노력이 현재까지 진행되어 오고 있는데, 그 중에서도 총칭, 지칭어의 사용이나 직함, 직명과 관련한 논쟁이 두드러졌다. 여권주의 언어학에서의 이러한 주장은 성차별적 언어 사용에 대한 의식의 고취라는 다소 온건한 목적으로부터 총칭적 상황에서의 성 중립적 표현(gender-neutralization)이나 양성 표기(gender-specification/ feminization) 권장 운동, 가장 급진적으로는 푸시(Pusch 1990)으로 대표되듯이 직함의 기본을 여성형으로 삼아야 한다는 전복적 주장에 이르기까지 그 스펙트럼이 다양했고 여러 대안들이 모색되었으나, 결론적으로 이 문제에 대한 해결책은 각 언어의 문법 체계를 포함하는 언어 유형(typology), 대안적 표현의 유무 및 변화의 실행 가능성, 언어의 경제성을 비롯하여 사회 구조 자체의 성 평등화에 기반한 해당 언어공동체 구성원들의 합의에 의존한다는 인식에 이르고 있다.

성차별적 언어 사용을 지양하려는 다양한 노력은 일찍이 1955년도 미국심리학회가 '성 평등적 언어 사용을 위한 지침'(Amercian Psychological Association 1955)을 내놓은 이후 전 세계적으로 수많은 지침서와 안내서가 발간되었고(Burr, Dunn & Farquhar 1973; McGraw-Hill Publishing Co. 1974 등), 정부 기관이나 언론사, 교육 기관, 출판사 등의 사적·공적 영역, 특히 국제기구에서는 성 평등적 언어 사용 정책이 엄격하게 운용되고 있다. 이러한 제반 노력의 결과는 완전하지는 않지만 어느 정도 결실을 맺어 오늘날 눈에 띄는 변화를 감지할 수 있게 되었다.

1.5. 연구 방법

이론적 논의나 문헌 연구를 제외한 경험적 연구를 살펴볼 때, 언어와 성에 대한 연구 방법은 언어 제공자 및 언어 자료의 성격과 선택의 범위, 언어 자료 수집 방법, 언어 자료 이외의 분석 대상, 자료 분석 기법과 관련한 거의 모든 종류의 방법이 사용되어 매우 다면적이고 다학제적 성격을 띤다. 이때 이들 방법이 연구의 목적이나 주제와 체계적인 방식으로 결합하는 양상을 연구에 대한 접근 방법(approach)이라고 본 해링턴 외(Harrington et al. 2008)의 견해에 동의한다면 언어와 성에 대한 접근 방법은 대략 다음과 같이 대별된다.

먼저 화자의 성별에 따른 어형 차이에 대한 최초의 보고는 주로 인류언어학적 관찰과 기술에서 비롯되었음은 이미 언급한 바와 같고, 이것이 현대 민족지학적 기술의 토대를 마련했다. 이후 예스페르센(1922)나 레이코프(1975)는 여성의 일상적 언어에 대한 관찰을 토대로 주관적 성찰과 해석을 제시하였다. 이후 현대 사회언어학의 테두리에서의 본격적인 언어와 성 연구로는 현지 조사를 통한 대규모 언어 표집과 참여자 관찰로부터 면담 기법까지를 포함하는 다양한 언어 자료 수집 방법론을 확립한 변이 연구에서 주로 형성된 계량사회언어학적 접근 방법이 있는데, 이때 분석과 설명은 기본적으로 다양한 독립 변인과 언어 형태 간 통계적 상관관계를 바탕으로 한다. 이에 더하여, 발견되는 성별 언어 사용 양상에 대한 더 나은 설명력을 위해 사회학이나 교육학 등에서 차용한 '사회 연계망'이나 공동체 내에서의 '실행'이라는 개념이 도입되어 언어 자료와 더불어 분석되기도 하였다. 오늘날에는 전산화된 대규모 '말뭉치'(corpus)가 글말은 물론 입말 자료 수집에 힘을 더하고, '다중 변인 분석'을 비롯한 다양한 통계 기법을 활용하여 결과 해석에 신뢰도를 확보하고 있다. 또한 성별에 따르는 특정한 언어 사용 양상이라 주장되는 언어 현상(특히, 성별 대화 스타일)은 대화자 간의 일정 규모의 상호작용을 대상으로 담화/대화 분석이나 상호작용 사회언어학 기법으로 그 진위가 확인이 되기도 한다. 특히, 성에 대한 본질주의적 시각에서 탈피하고자 하는 사회적 구성주의 시각에서는 성 정체성 구축을 주로 텍스트 분석이나 담화 분석, 그리고 대화 분석 방법에 의지하는데, 상황 맥락에 따라 국지적으로 세밀하게 관찰하고 기술하기 위하여 민족지적 분석이 함께 행해지기도 한다. 한편 최근에 이 같은 구성주의적 접근 방법에서의 연구가 많이 진행되고 있는데, 이것은 성별화된 언어 사용 양상에 대한 기존 연구 결과의 관심이나 의문 등에서 출발하였다고 볼 수 있으며 결과적으로는 이들이 상보적 관계를 형성할 수 있음도 입증하고 있는 것이다.

2. 국내 한국어 대상 연구의 주요 성과

이 절에서 개괄하게 되는 '언어와 성'에 관한 한국어 대상 연구는 세 편의 박사학위 논문과[6] ≪사회언어학≫지(誌)에 수록된 논문 18편, 그리고 기타 학술지 게재 논문을 포함하여 총 79편이다. 연구 대상별로 보자면 성별 발화어 연구가 성별 대상어 연구보다 비율이 높다. 성별 발화어 연구는 다시 주로 음운과 형태소 층위의 어형에 초점을 맞추고 계량적 분석으로 접근하는 언어 변이 연구와 형태소나 어휘를 비롯하여 통사 구조 및 담화 층위를 포괄하는 언어 사용 양상에 관심을 두는 성별 대화 스타일 연구로 구분 지을 수 있는데 근래에는 변이에 관한 연구보다는 성별 대화 스타일 연구가 더 활발하게 이루어지고 있다. 특히 최근에는 단순히 성별로 구획 짓는 여성어와 남성어에 관한 확인과 해석보다는 언어 사용의 다면적 측면으로 관심이 확장되는 추세다.

언어와 성 관련 연구는 현대 사회언어학 이론 및 연구의 틀이 국내에 본격적으로 도입된 이래 1990년대 들어서면서 외국에서의 언어와 성 관련 연구를 소개하기 시작하였고 이후 이론적 개괄이나 논의는 물론 다양한 종류의 구어 및 문어 자료, 텍스트 분석, 담화 및 대화 분석을 통한 경험적 연구들이 등장하였다. 그 중에서도 문어 텍스트 자료를 통한 분석이 가장 많다고 하겠다.

'언어와 성'에 대한 국내 학자들의 본격적인 연구는 대부분 지난 30년간 이루어졌다고 볼 수 있다. 물론 그 이전에도 이 주제에 대한 고찰이 전혀 없었던 것은 아니어서 여성 지칭어를 살펴본 유창돈(1966)은 여성어에 대한 최초의 역사적 고찰로 꼽힌다(민현식 1996).

1990년대 이전에 국내 학자에 의한 주목할 만한 연구는 유창돈(1966), 이능우(1971), 그리고 유성곤(1989)가 있는데, 유창돈(1966)과 이능우(1971)은 성별어 중에서 주로 여성어에 관한 연구를 하였다. 유창돈(1966)은 15세기부터 1960년대까지 한국어 문헌에 적힌 여성 관련 어휘를 조사하였다. 일반 여성어를 고유어인 '계집', '갓', '암', '아낙/아낙네', '년'과, 한자어인 '여자/여편'의 어원과 그 쓰임으로 살펴보았다. 족칭 중의 여성어에서는 부부, 부모, 친자, 그리고 삼촌과 조카에 대한 여성어를 살펴보았다. 또한 특수한 신분이나 처지에 있는 여성의 칭호인 특수 여성어로는 '처녀', '홀어미', '과부', '미망인', '첩', '싀앗', '꽃계집', '화냥년', '간나희'를 비롯하여 평어로 쓰이던 말이 비속어처럼 낮추는 말로 사용되는 여성어 '갓나희', '계집', '녀편'을, 그리고 기휘어라고 해서 여성의 성기 관련 어휘들을 고찰했다. 이 연구는 여성을 지칭하는 어휘들을 논의하는 데에 그쳤다는 아쉬움은 있으나 방대한 시기의 자료를 대상으로 조사하였다는 점에서 의의가 크다.

이능우(1971)은 문학 작품에서 관찰되는 여성어를 조사하였으며 세 명의 작가(이광수, 김동인, 이효석)의 작품 총 24편을 분석하였다. 이 연구는 우선 동사 어미에 관하여 논의하였는데, 우리말에 보다 여성적인 것으로 반말 어미들이 있다고 하였다. 그러나 이들 어형은 남성들도 사용한다고 언급하면서 이들이 뉘앙스, 즉 말투나 표현의 차이에서 여성적임을 지적하였다. 이능우(1971)은 일상생활의 제 측면에 대한 남성과 여성의 반응이 달라서 여성어가 남성어와 다른 표현들로 형성되었다고 보고 이에 해당하는 여성어 어휘의 예로 두 가지의 대명사('그이', '애')와 다섯 가지 감탄사 '애개개', '아이고', '에그머니', '어머나', '아이(참)'를 논의하였다.

유성곤(1989)는 사회적 지위와 친소 관계에 따른 남성과 여성의 공손 표현에 대하여 논의하고 있는데, 연구자가 한국어의 사례를 직접 조사하고 분석한 경험적 연구는 아니고 외국에서의 남녀 언어 사용의 차이에 대한 연구를 소개한 논문이다.

2.1. 언어 변이 연구[7]

언어 변이 연구에서 '언어와 성'의 문제는 남성과 여성이 사용하는 언어의 차이가 변이형으로 드러나는 현상을 대상으로 하며, 연구 결과, 성별 요인이 언어 변이 및 변화에 분명히 영향을 미치고 있는 예들이 보고되고 있다. 국내의 언어 변이 연구에서는 남녀의 응답어 변이인 '예'와 '네'의 성별어적 변이 연구가 가장 많았고 다음으로 의문형 종결 어미 '-냐'와 '-니'에 관한 연구가 그 뒤를 이었다. 이외에는 어두에 오는 평음이 경음으로 되는 경우와 다양한 품사 범주에서 나타나는 변항 /오/가 [우]로 바뀌는 경우 등을 대상으로 성별과 관련한 변이 연구가 이루어졌다. 우선 '예'와 '네'의 변이를 연구한 논문으로는 김혜숙(2009), 강현석(2009), 강현석·김민지(2017) 등이 있고 남녀의 의문형 종결 어미인 '-냐'와 '-니'에 대한 연구로는 강희숙(1999), 조용준(2017) 등이 있다.

김혜숙(2009)는 '네'와 '예'의 사용이 성별에 따라 차이가 있는지를 연구하고자 두 가지 종류의 연구 자료를 분석 대상으로 삼아 조사하였다. 그 한 가지 자료는 남녀 대학생을 대상으로 출석을 부를 때 대답하는 '네'와 '예'고, 다른 한 가지는 여성 작가 공지영과 남성 작가 박현우, 김탁환의 작품에 나오는 등장인물의 대답 말이었다. 그 결과, 남학생들은 2002년도에 다수가 '예'를 사용하다가 조사 연도가 바뀌면서 '예'의 사용이 줄고 '네' 사용이 증가한 반면, 여학생들의 대답 말 사용은 조사 연도가 바뀌어도 큰 변화 없이 '네' 사용이 높은 비율로 나타났다고 한다. 그리고 소설에 등장하는 인물들의 대답 말은 작가에 따라 차이는 있으나 출석을 부를 때의 대답 말과 마찬가지로 남성이 '예'를, 여성이 '네'를 더 많이 쓴다고 이 연구는 밝혔다.

강현석(2009)는 텔레비전 토론 프로그램과 영화의 구어 자료를 토대로 '예'와 '네'가 어떻게 사용되고 있는지를 논의하였다. 이 연구는 성별이 '예'와 '네'의 사용에 가장 강한 영향을 미치는 변인임을 분석 결과로 밝혔으며 담화적 의미와 화자-청자 연령 관계도 '예'와 '네'의 선택에 영향을 미치는 것으로 분석·제시하였다. 그리고 자료 유형에 따른 변이에서는 영화보다 더 형식성이 높은 자료라고 생각되는 토크쇼에서 여성적인 표현인 '네'가 더 높은 빈도로 사용되었음을 보고하였다. 강현석·김민지(2017)은 '예'와 '네'의 사용 양태가 카카오톡 대화에서 어떤 변이형들이 발견되고 그 사용 분포는 어떠한지, 화자의 성별과 화자-청자 간 연령 관계 등의 사회적 요인이 중요한 역할을 보이는지 등을 분석하였다. 그 결과, 카카오톡 대화 자료에서도 일반 구어에서와 마찬가지로 성별이 '예'와 '네'의 사용 변이에 가장 중요한 제약임이 이 연구에서 드러났다. 이 연구의 결과를 강현석(2009)에서의 구어 자료와 비교해서, 카카오톡 대화 자료에서는 남성 대화자들은 어느 정도 '예' 변이형들을 사용하지만 여성 대화자들은 대부분이 '네' 변이형들을 사용하는 것으로 나타난 점과 '네'가 중립적 변이형으로 사용되는 점은 이전 연구의 결과와 다소 다르다고 논의하였다. 강현석·김민지(2017)은 '예'와 '네'의 변이적 사용 양태를 구어 자료와 카카오톡 대화 자료를 통해 시간적 간격을 두고 변이형 연구를 진행한 점, 시의적절한 연구 자료를 선택한 점, 그리고 기존 연구와 비교한 결과를 도출해 냈다는 점에서 그 의의가 있다고 하겠다.

강희숙(1999)는 '-니'의 사용을 광주 지역어의 변이 현상으로 보고 이 변이의 분포 양상을 통해 언어 변화의 방식을 파악하고자 하였다. 자료 조사는 면담과 설문 조사에 의해 이루어졌다. '-니' 형태는 연령대로 봤을 때는 30대에 큰 폭으로 확산되어 사용되었고 성별에 따라서는 모든 연령층에서 공통적으로 남성 화자보다 여성 화자들에게서 더 두드러지게 나타나서 의문법 어미의 개신형 '-니'는 여성 화자에 의해 능동적으로 이루어지고 있음을 밝혔다. 조용준(2017)도 '-냐'와 '-니'를 연구하였는데 20대 화자들의 '-냐'와 '-니' 쓰임에 대한 수용성 판단을 통해 그 인식 양상을 고찰하고 카카오톡 자료의 분석을 통해 그 실제 쓰임을 살펴보았다. 여성 화자의 경우 '-니'의 수용성 정도가 높게 나타났으며 카카오톡의 성별에 따른 어미 사용에서도 '-니' 사용만 보면 '여성 대 여성' 대화자 집단에서 가장 높았다. 이것은 '-냐'와 '-니'의 사용에 대한 남녀차인데 조용준(2017)은 특히 여성들의 '-니' 사용은 공손성 실현을 위한 화자의 전략적 선택으로 보고 이를 간접적 지표성—맥락 의존성이 강해 상황에 따라 많이 쓰이기도 하고 그렇지 않기도 하는 확률적 분포를 이루는 특성—으로 제시하였다.

이외에 성별에 따른 언어 변이 연구로, 어두 경음화 연구와 '오'의 변이 연구를 들 수 있다. 이미재(2002)는 경기도의 안동 김씨 양반들과 그 친척들이 사는 지역을 조사 대상으로 삼아 어두 경음화를 언어 변화의 측면에서 조사하였다. 분석 결과에 따르면, 어두 경음화의 경향은 젊은 세대로 갈수록, 여자보다는 남자가 더 적극적으로 일상적 말씨에서 사용하였다. 감정 개입이 심한 단어('상놈'과 '꼽추')와 경음화의 시작 단계에 있는 단어('작다'와 '질기다')에 대한 수용에 있어서 중류층 여성들은 소극적인 반면에 남성들은 이를 적극적으로 수용하여 사용하였다고 보고한다. 그런데 사회적 요인별 어두 경음화에 대한 연구인 배혜진·이혁화(2010)의 분석 결과 중 성별 요인을 보면, 이미재(2002)에서와는 달리 전 세대에 걸쳐 남성보다 여성에게서 어두 경음화에 대한 높은 실현율이 나타났다. 특히 연령대에서도 10~20대에서 높은 비율로 실현됨에 따라 어두 경음화 현상의 개신지 중의 하나인 대구 지역에서는 젊은 여성층을 중심으로 어두 경음화가 활발하게 실현된다고 보았다.

홍미주(2013)은 음운 변이와 언어 태도와의 상관성을 규명하기 위해 변항 /오/를 대상으로 변이형 실현 양상과 그와 관련된 언어 태도를 살펴보았다. 변항 /오/는 변이형 [오]와 [우](예, '별로'와 '별루')로 실현되는데 서울 방언에서는 /오/가 [우]로 실현되는 것이 매우 적극적으로 나타나는 반면에 대구 방언에서는 낮은 빈도로 관찰되었다. 연령별, 성별 변이형 실현 양상을 분석한 결과, 연령이 낮을수록 [우]의 실현이 증가하였고 성별로 살펴보았을 때 여성이 남성보다 [우]의 실현율이 높았다. 이를 언어 태도와 관련지어 살펴보면 젊은층으로 갈수록 /오/를 [우]로 실현하는 것에 대한 긍정적인 태도가 증가하고 남성보다 여성의 태도가 더 긍정적인 것으로 나타났다. 또한 젊은층의 제보자들은 변이형 [우]를 공손 표지로 사용하였다고 한다.

국내의 언어 변이 연구를 살펴본 결과, 응답어 '예'와 '네', 해라체 의문형 어미 '-냐'와 '-니', 그리고 문법 범주별 변이형 '오'와 '우'의 연구에서는 여전히 성별에 따른 언어 변이형이 나타남을 알 수 있다. 그러나 어두 경음화 현상을 분석한 두 연구에서는 성별에 따른 상반된 결과가 나왔으므로 어두 경음화의 변이에서의 성별 요인에 대해서는 향후 더욱 다면적으로 고찰되어야 할 것으로 보인다. 언어 변이 연구는 지리적 요소뿐만 아니라 연령, 사회 계층, 성별 등 사회적 요인과 관련하여 언어 변이에 대한 해석을 이끌어 내는 것이므로 언어 변이가 다양한 요인에 의해 작용할 수 있다. 그럼에도 불구하고 성별이 언어 변이를 일으키는 요인 중의 하나임이 여러 연구를 통해 꾸준히 밝혀지고 있다.

2.2. 성별 대화 스타일 연구

성별 대화 스타일 연구 분야에 속한다고 볼 수 있는 논문들의 주요 분석 대상은 어휘, 화행, 그리고 화법으로, 가장 많은 비중을 차지한 분야는 어휘 사용에 대한 연구이며 다음으로 화법과 화행에 대한 연구가 그 뒤를 잇는다.

장영희(2000)은 텔레비전 드라마의 주요 등장인물 가운데 20대 남녀를 대상으로 이들이 사용하는 어휘 양상을 살펴보고 성별에 따른 차이를 밝히고자 하였다. 분석 결과, 고유어 사용은 남성보다는 여성에게서 상대적으로 빈번하게 나타난 반면에 한자어 사용은 여성보다 남성에게서 더 높은 것으로 드러났다. 여자는 남자보다 말을 짧게 끊어 말하는 경향이 있어서 동사의 사용 비율이 높고 남자는 여자보다 지시어의 사용이 많아서 대명사 사용 비율이 높았다. 부사 사용에 있어서도 여자는 질적인 것을 표현하는 부사('정말', '그냥', '너무', '조금' 등)를, 남자는 양적인 것을 나타내는 정도 부사어('다', '더', '많이', '얼마나')를 즐겨 사용하였다. 감탄사에서는 여자들이 다양한 감탄사를 사용하고 있으며 여자는 가벼운 응대의 표시로, 남자는 긍정의 표시로 각각 '네'와 '그래'를 사용하는 등, 이 연구는 남녀가 선호하는 어휘나 대화 스타일에서 차이가 분명히 있다는 사실을 밝혀 주었다.

김명운(2006)은 근본적으로 '여성적', '남성적'이라는 어휘가 함의하고 있는 조건이 무엇인지를 밝히고자 한 연구다. 이 연구는 소설 지문에서 여성적이거나 남성적이라고 여겨지는 부분을 골라서 작가에 대한 정보 없이 독자에게 보여 주고 '블라인드 테스트'의 형식을 통해 여성성과 남성성을 감지할 수 있는지 확인하여, 주목할 만한 편향적 선택이 있었던 지문에 대한 분석을 시도하였다. 이들 지문에서 성에 따른 선호 어휘의 사용 양상을 살펴본 결과, 어휘 선택의 문제뿐만 아니라 같은 어휘를 선택해도 그 사용 의미의 차이-개별 어휘의 연어 양상에 따라 때로는 남성성을, 때로는 여성성을 드러내는-가 있다는 사실이 밝혀졌다. 김명운(2006)은 이 외에도 여성과 남성의 선호 어휘에 차이가 있는지를 분석하였는데, 여성들이 혐오하는 말이 소설 속에 다양하게 등장하는 데 비해 소설 속에 나오는 남성어는 혐오어뿐만 아니라 선호어도 매우 적게 사용되고 있다고 하였다.

전지은(2014)는 어휘에서 어구 차원까지 종합적으로 분석한 연구로, 세종 구어 말뭉치를 활용하여 공적/사적 상황에 따라 성별뿐만 아니라 연령별로 핵심어와 핵심 어휘 다발(key clusters) 분석을 통해 그 분포 및 특징을 비교하였다. 성별 관련 분석 결과에서 남성과 여성의 발화 차이는 사적인 상황에서 더 잘 드러나며 여성은 비격식적 표현을, 남성은 격식적 표현을 선호하는 것으로 나타났다. 핵심 어휘 다발 분석은 핵심어 분석에 비해 유의미한 차이가 크지 않지만 '-어/아 가지고', '-(으)ㄴ/는 것이다' '-(으)ㄹ 수 있다' 등이 주로 추출되어서 어구 차원의 성별 발화 차이를 다소 알 수 있다고 밝혔다.

기존 성별어의 연구에서 남성은 '합쇼'체, 여성은 '해요'체를 주로 사용한다고 논의(이석규·김선희 1992; 민현식 1997; 박은하 2008)가 되어 오는데, 강현석(2011)은 텔레비전 드라마와 영화 대본을 바탕으로 '해요'체와 '합쇼'체 사용에 나타나는 성차를 분석한 연구다. 연구 결과를 보면, 화자의 성별은 발화의 의례성, 발화 장면, 문형과 더불어 '해요'체와 '합쇼'체의 변이적 사용에 가장 큰 영향을 주는 변인 중의 하나로 분석되었다. 특히 '해요'체 관련 문장 종결 어미와 표현들은 여성 인물이 선호하는 것으로 제시하였다. 이 연구는 청자 대우에 나타나는 성차('합쇼'체와 '해요'체)를 남녀 간 대화 스타일상의 차이에 있어서 문화적 차이에 의한 접근법으로 해석하고 있다.

박석진(2011)은 성별 언어인 '합쇼'체와 '해요'체의 전략적 사용 양상을 드라마 대본을 대상으로 분석하였다. 이 연구는 상황에 따라 남성과 여성 모두 양성의 성별 언어를 사용해서 상황에 따라 여성도 '합쇼'체를, 남성도 '해요'체를 사용한다는 사실을 확인하고, 성별 언어의 규범적 용법과 전략적 용법이 원칙과 예외의 문제가 아니라 모두 언어 전략의 일환임을 성별 언어 발화 상황 요인 분석을 통해 살펴보았다. 이로써 박석진(2011)은 드라마 속 다양한 발화 장면을 통해 '합쇼'체와 '해요'체의 사용이 성별 이외에도 훨씬 다양한 맥락과 발화자들의 전략의 산물이라고 분석하였다.

김규현·서경희(1996)은 우리말 일상 대화에서 남녀 성별 차이에 따라 어떻게 대화 구조가 상이하게 전개되는지를 평가와 이해 확인을 중심으로 대화 분석을 한 연구다. 평가 맥락에서 여성은 대화자에게 협조적으로 반응함으로써 유대감을 조성하는 데에 중점을 두고 정의적으로 조율된 평가를 주고받는 등 대화 양태를 보였다. 이에 비해 남성은 여성보다 이해 확인을 더 자주 하며, 또한 정보적인 차원에서 자신이 이해했음을 상대방에게 보이고자 하는 측면이 있다고 하였다. 이 연구는 영화나 드라마 자료가 아니라 대학생 및 유학생 부부의 실제 대화 자료를 이용한 점과 화행으로 남녀 언어 사용의 차이를 파악하려고 한 초기 연구라는 점에서 의의를 갖는다.

한편 백경숙(K. S. Paik 1998)은 칭찬 및 이에 대한 응답 화행을 포함하는 875건의 자연 발생 한국어 대화 사례를 영어 구어 자료를 대상으로 한 기존 연구들에서의 결과와 비교하여 칭찬 및 응답 화행에 수반된 제 상황 맥락적 요소들의 상호작용을 간문화적으로 비교 분석한 바 있다. 이 연구의 결과에 따르면 칭찬 행위는 두 언어에서 공히 여성 편향적이어서 여성이 남성보다 칭찬을 많이 하고 받기도 하지만, 이 성별 불균형은 한국어에서 훨씬 두드러졌다. 응답 행위 전략 면에서는 영어의 경우 응답이 대화자의 지위나 성별, 그리고 칭찬의 주제에 따라 유의미한 차이를 드러내지만 한 국어의 경우는 화자의 지위 관계를 제외하고는 성별을 포함하는 어떤 변인 에도 반응하지 않았다. 이는 칭찬에 대한 응답의 사회적 공대(恭待, deference) 기능이 영어보다 상대적으로 강한 까닭이라 해석된 바 있다.

이상 살펴본 연구들은 성별 발화어에 대한 경험적 분석을 바탕으로 한 연구들인데 이 외에도 언어와 성을 주제로 한 연구들로는 기존의 연구나 이론을 소개하거나 개괄하고 비평적 논의를 목적으로 한 연구들, 언어 교 육을 위한 응용언어학적 목적을 염두에 둔 분석들, 그리고 언어에 대한 인 식이나 태도 등을 연구한 논문들도 발견된다.

성별 발화어의 연구 중에서 민현식(1996)은 국어에서 성별어에 대한 연 구를 통시적 연구와 공시적 연구로 나누고 국어에서 남녀 성별어에 대한 연구, 특히 여성어에 대한 연구의 역사를 개괄적으로 다루었다. 그리고 공 시적 연구는 여성 집단어 연구, 언어 심리학적 연구, 문법론적 연구, 화용 론적 연구, 종합적 연구로 분류하였다. 민현식(1996)은 또한 성별 언어에 대한 국어학 연구들은 여성어의 특성을 부각시키거나 남녀 언어 차이를 주 로 객관적 관점에서 논의한 까닭에 여성주의적 운동의 영향을 받은 문학 관련 연구들에 비해 성차별에 대한 논의가 덜하다고 밝혔다. 이 연구는 당 시까지의 여성어에 대한 연구사를 매우 종합적이고 개괄적으로 논의하여 참조의 가치가 크다. 우윤식(2002가)는 〈남성과 여성의 언어 행위에 관한 사회언어학적 고찰〉이라는 논문 제목에서 드러나듯이 성별 대화 스타일을 화행으로 살펴보고자 한 연구임을 알 수 있다. 연구의 내용은 주로 홈스의 선행 연구(Holmes 1998, 2000)를 소개하는 데에 치중하였다.

성별 발화어에 나타난 성차를 연구한 논문들은 주로 여성어에 초점을 두 고 논의한 연구들이 대다수인데 연구 대상을 남성의 언어로 설정한 연구도 있다. 윤은경·곽선우(2017)은 한국어 남성 교수자(교원)의 여성어적 특징을 논의하였고 이 특징을 지각하는 데에 있어서 학습자인 청자의 배경, 즉 직 업, 교육 경력, 방언, 성별에 따라 다양한 차이가 있음을 확인하였다. 서혜 영(2017)은 한국어 남성 학습자의 여성어 사용 양상을 분석하였다. 이 두 연구는 한국어 교육학적 측면에서 교원과 학습자의 성별어적 특징을 논의한 것인데 서혜영(2017)은 외국인 남성 화자가 여성어 사용 경향이 높게 나타난 이유로 여성스러운 한국어 교사의 발화의 영향 때문이라고 밝혔다. 그래서 한국어 남성 학습자에게 성별 언어에 대한 교육을 통해 남성 학습자가 말을 할 때 여성스러운 표현들을 남발하지 않도록 해야 함을 주장하였다.

성별어 연구에서는 언중들의 언어 인식 및 태도가 함께 연구되기도 하는데 박은하(2007)과 이진성(2011)이 이에 해당된다. 박은하(2007)은 광고에 나오는 성 차이어를 바탕으로 화자들의 성 차이어에 대한 인식을 논의하였다. 특히 여성어의 특성을 묻는 질문(찬사 보내기, 맞장구치기, 감성 어법)에 대한 응답 결과에서 남학생들은 이들 표현을 여성어가 아닌 남녀 모두의 언어 혹은 남성어로 인식하고 있었는데, 이는 남성 응답자들도 여성어의 특성을 지니는 언어를 사용하고 있기 때문인 것으로 해석되었다. 이진성(2011)은 여성과 남성을 대상으로 한 텔레비전 화장품 광고를 분석해 봄으로써 여성 화장품 광고와 남성 화장품 광고에서의 언어의 차이와 여성을 대상으로 한 텔레비전 광고 담화에서의 여성어의 특징을 밝혔다. 이 연구는 종결형 어미, 설득 전략, 빈도가 높은 어휘, 그리고 광고문에 나타나는 문제적 표현 등을 대상으로 여성 화장품과 남성 화장품의 언어의 차이를 살펴보았다. 이진성(2011)은 여성 화장품과 남성 화장품 광고를 통해 여성과 남성에 대한 언어 태도는 여러 측면에서 차이가 나타나므로 이를 통해 여성과 남성의 가치관의 차이를 엿볼 수 있다고 하였다. 그리고 여성 화장품 광고에서 여성어의 특징이 나타났으며 변화하는 사회의 통념이 광고 전략에 반영된다고 보았다.

매체별로 문어 텍스트를 자료로 삼아 분석한 연구 중에서 박은하(2007)과 이진성(2011)은 텔레비전 광고에 나오는 성별어를 연구하였고 허상희(2017)은 스마트폰 메신저에서 쓰인 텍스트 자료를 분석 대상으로 삼았다. 허상희(2017)은 카카오톡에 나타나는 언어적(통사, 음운 및 표기, 어휘 및 기타) 특징을 바탕으로 성별 차이를 분석하였다. 연구 결과를 보면, 통사적 특징에서 남학생들이 문장을 끊어 쓰는 빈도가 높았고 음운 및 표기적 특징에서는 남학생들이 된소리나 오타 사용이 높게 나타났다. 어휘 및 기타 특징에서는 남학생들이 비속어를, 여학생은 유행어를 상대적으로 더 많이 사용하였고 여학생들은 다양한 유형의 이모티콘을 사용하였다.

언어와 성 관련 연구 중에는 성별 발화어와 성별 대상어를 함께 연구한 논문도 여러 편이 있다. 이 중에서 대표적인 것으로, 이석규·김선희(1992), 민현식(1996, 1997), 박은하(2008), 채춘옥(2009) 등이 있다. 이석규·김선희(1992)는 성별어에 관한 연구를 크게 세 가지로 구분하고, 우선 남성어와 여성어의 차이는 성 선호적 차이에 해당한다고 보고 남성어와 여성어의 일반적 차이점을 음성적, 문법적, 어휘적 차이로 나누어 살펴보았다. 그리고 '남존여비'의 성관(性觀)으로 인해 국어에 남녀 차별이 남아 있을 것으로 보고 언어에 반영된 남녀 차별 현상을 분석하였다. 마지막으로 친화력을 나타내는 간접적 표현과 감정 이입이라는 여성어가 갖는 담화적 특성을 설문조사를 통해 이에 관한 대학생들의 인식도 분석하였다.

민현식(1997)은 국어의 성별 언어를 대상어와 발화어로 분류한 후에 이를 성 차이어의 관점에서 살펴보았다. 또한 발화어에는 성 차이어와 성 차별어의 요소가 혼재되어 있다고 보고 성차별적 표현도 논의하였다. 박은하(2008)은 1980년대, 1990년대, 그리고 2006년이라는 세 가지 시기별로 텔레비전 광고 자료를 수집하여 광고 언어에 나타난 성 차이어와 성 차별어를 연구하였다. 성 차이어의 분석 결과를 보면 여성어의 특징으로 간주되어 온 '해요'체 사용이 여전히 빈번하게 나타난다고 하였다. 한편, 성별 대상어 연구에 속한다고 볼 수 있는 성 차별어를 조사한 결과에서는 광고 언어뿐만 아니라 광고 영상에서도 성별의 역할 규정이 분명하게 나타나서 모든 시기에서 성 역할을 드러내는 차별적 표현이 두드러진다고 밝혔다.

채춘옥(2009)는 연변 지역의 작가들이 쓴 다섯 편의 소설과 한 편의 드라마 극본을 중심으로 남녀 발화어의 음운적 측면, 문법적 측면, 그리고 어휘적 측면으로 나누어 살펴보고 남녀발화어의 성차별적 표현도 분석하였다. 남녀 발화어를 분석한 결과는 기존 연구와는 크게 다르지 않았다. 그런데

문학 작품 속에 남녀 발화어를 통해 1990년대 새 시대를 맞이하여 시대 변화에서 나타나는 여성들의 형상에 대한 남성들의 태도 변화와 새로운 도전을 꿈꾸는 여성들의 모습이 나타난다고 하였다.

2.3. 성별 대상어 연구

국내 성별 대상어 연구는 주로 여성에 대한 지칭이나 표현, 기술, 묘사 등을 연구하면서 남녀의 사회적 불평등 구조로 인한 차별적 언어 현상을 주로 기술하였다. 성별 대상어에 대한 다양한 연구들을 살펴보면 한국어에 나타난 성 이미지를 알 수 있는데, 이에 대한 해석은 앞서 1.3.에서 성별어에 대한 설명으로 소개했던 지배 접근법과 차이 접근법 중, 양성 간 스타일 차이가 기본적으로 남성 우위의 권력 불균형이 존재하는 사회 구조에서 비롯되는 것으로 보는 지배 접근법과 상당 부분 겹친다.

연구 방법론적으로는 다양한 종류의 텍스트 자료 분석, 담화 분석 및 대화 분석이 성별 대상어 분석의 주된 접근 방법이며, 여기에 페미니스트 언어학적 연구 시각이 종종 통합되기도 하였다. 이 소절에서는 성별 대상어에 대해 이루어진 연구들을 주제와 연구 방법 및 분석된 텍스트 자료의 유형을 중심으로 살펴보기로 한다. 분석 자료는 문어 텍스트 자료와 구어 텍스트 자료로 대별된다, 문어 텍스트에는 사전, 속담, 광고, 문학 작품, 잡지, 말뭉치, 인터넷을 비롯한 각종 사이버 공간에서의 텍스트 등, 매체별로 그 종류가 다양한데, 그중에서도 광고, 문학 작품, 인터넷 자료 등이 많이 분석되었다. 구어 텍스트 연구는 방송 구어나 남성과 여성의 실제 대화 등을 자료로 삼은 경우를 말한다.

문어 텍스트를 분석한 연구로는 우선 이정복(2007)이 한국어 사전들을 연구 대상으로 삼아 성차별 언어의 실태를 분석하고 사전 기술에서 성차별이 나타나지 않게 국어사전의 편찬 또는 수정 과정에서 유의해야 할 점을 지적하였다. 조남민(2012)는 조선 시대의 언해류 의학서와 근대 계몽기의 번역 의학서 및 그때 발간된 여성 잡지 등을 통해 여성의 몸과 임신, 출산 관련어들이 조선 시대에는 금기시되었으나 근대 계몽기를 거치면서 이를 객관적인 사실로 인식하게 되었음을 논의하였다. 박동근(2012)는 컴퓨터 매개 의사소통에서 사람과 관련한 범주의 어휘 생성에 주목하여 '사람' 관련 통신 언어 가운데 [X-남], [X-녀]류 어휘의 생성과 사용 양상, 인지도를 분석하였다. 이 연구에서 [X-남]에 비해 [X-녀]의 수가 더 많으며 특히 [X-녀]의 경우 여성 차별적인 성격이 강하다고 밝혔다.

박은하(2018)은 '남자답다/여자답다', '남성스럽다/여성스럽다'의 네 어휘의 사용 양상을 사전과 세종 말뭉치 자료를 통해 분석한 연구이다. 이들 어휘에는 사회적 요인으로서의 성별(남자/남성, 여자/여성)이 포함되어 있어서 먼저 성별 대상어로서 이들 어휘의 의미와 쓰임을 논의하였으며, 이와 더불어 언어 사용자들이 이 어휘들을 어떻게 인식하고 표현하는지도 분석하였다. 남자에게는 '남자답다'가 남자의 속성과 느낌을 충분히 갖추고 있다는 긍정적 표현으로 쓰이고, 여자에게는 '여성스럽다'가 '여자답다'에 대한 완곡한 표현으로 사용되었다고 분석되었다. 인식 분석 결과에 따르면, 언어 사용자들은 이들 어휘를 인식하고 사용함에 있어서 성별로서 구분 짓는 것은 물론이고 정해진 속성과 느낌의 성별 대상어로서 이 네 가지 어휘를 사용한다는 사실을 알 수 있다.

구어 텍스트 연구 가운데 유희재(2017)은 텔레비전의 한 토크쇼인 〈마녀 사냥〉을 대상으로 방송에 참여하는 남성과 여성의 담화를 통해 남녀에 대한 동물 은유를 비판적으로 분석하였으며, 방송 담화에서 사용된 은유가 남성과 여성에 대한 성차별적 이데올로기를 드러내고 있음을 논의하였다. 김형배(2007)도 텔레비전 방송 프로그램에 나온 출연자의 발화를 분석 대상으로 하여 특정 사회 집단 및 개인에게 불공정한 언어 표현을 조사하고 사회적 태도와 인식의 전환을 도모하고자 한 연구이다. 유희재(2017)은 하나의 프로그램을 대상으로 한 반면에 김형배(2007)은 6개 방송 채널(KBS1, KBS2, MBC, SBS, EBS, YTN)의 뉴스, 드라마, 연예·오락·교양 등의 149개 프로그램 714회분의 방송을 연구 대상으로 삼았다. 성 불평등 및 성 정체성 관련한 연구 결과에서 여성에게만 주어지는 명칭, 불필요하게 여성임을 강조, 여성만의 성적 · 신체적 측면을 이용한 표현, 남성 중심의 표현, 동성애 비하, 전통적 성 가치관 반영, 성적 편견 반영, 역차별적 표현, 그리고 특정 성 계층 비하를 지적하였다.

연구 주제별로 보면, 우선 이정복(2010)은 2010년 한국의 인터넷 통신 공간에서 유행하는 여성 비하적 지시 표현의 쓰임과 의미를 파악하고, 그런 표현에 대하여 누리꾼들은 어떤 태도를 갖고 있는지를 분석하였다. 인터넷 공간에서 여성을 비하하고 차별하는 표현들이 활발히 쓰이며, 그것에 대한 남성과 여성 누리꾼들의 태도가 크게 상반된 모습을 보이는 경우도 있음을 밝혔다. 그리고 특정 여성 또는 여성 전체를 비난하고 비하하는 표현들이 많이 쓰임으로써 인터넷 공간에서 남성과 여성 사이의 감정적 대립과 충돌이 쉽게 일어난다고 하였다. 남성들의 여성 비하 표현 사용은 여성들에 대한 인격적 모독이나 언어적 공격, 여성 차별로 인식될 수 있음을 이 논문은 또한 지적하였다. 이 연구는 인터넷 자료를 바탕으로 성 차별어, 특히 여성에 대한 차별 표현을 사례 중심으로 그 쓰임과 의미를 분석하였고 누리꾼들의 이에 대한 언어 태도까지 파악하려고 시도하였다.

박은하(2009나)는 한국 전래 동화를 선정하여 동화 속에 성차별 언어가 어떻게 사용되고 있는지를 분석하였고 그 결과, 동화에 등장하는 남자와 여자가 차별적으로 묘사되고 있음을 보였다. 특히 남자는 직업 중심으로 묘사되는 반면, 여자는 외모를 강조해서 묘사되었다. 또한 전래 동화에서는 여자를 비하하는 표현이나 부정적으로 묘사하는 경우가 많은 반면 동화 속 주인공은 대부분이 남자인 데다가 이들을 통해 나타나는 주제는 용기와 지혜라는 긍정적인 내용이어서, 우리 전래 동화에도 성차별이 있음을 지적하였다. 그러나 실제 유아들은 가정에서 또는 유아 교육 기관에서 다양한 동화를 접하고 있는데, 이 연구는 인터넷 서점에서 많이 판매되고 여러 단체에 의해 추천된 전래 동화에 분석이 한정된 점이 아쉽다. 한편, 전래 동화의 지속적 생명력을 고려해 본다면 문화적 정형의 재생산 내지 성 고정관념의 강화라는 점에서 이들이 큰 역할을 할 것으로 보이므로 향후 다양한 창작 동화에서의 성 이미지도 아울러 고찰하여 미래에 대한 바람직한 방향성을 논의하는 일도 중요해 보인다.

조태린(2011)은 부부간 호칭어와 높임법 사용 양상을 선행 연구와 설문 조사를 통해서 살피면서, 거기서 발견되는 양성 불평등 측면을 분석하고, 그 개선 방안을 평가하는 것을 목적으로 한 연구다. 기존 연구의 실태 조사 결과를 비판적으로 분석했고, 그 분석 결과를 현재 20대인 학생들을 대상으로 실시한 의식 조사 결과와 비교하여 변화의 가능성과 방향을 도출하고자 했다. 조사 당시 20대인 대학생들이 결혼을 하게 되는 시기 즈음에는 부부간에 상호적이고 양성평등적인 호칭어 및 높임법 사용이 현재보다 상당히 증가할 것이라는 결론을 내렸는데 차후 이를 확인해 보는 연구도 기대가 된다.

노미영(2005)는 교사들이 실제 수업 중에 사용한 교사의 언어 속에서 성차별적 요소들이 은연중에 어떻게 사용되는지를 분석하였다. 조사 결과를 토대로 성차별적 언어를 변화시키기 위해서는 교사의 언어 표현을 다음 세 가지를 염두에 두고 사용해야 함을 연구자는 주장하였다. 먼저 교사는 정형화된 사회적 역할을 규정하는 표현을 피해야 하고 비유적 표현 사용 시 일관적이고 공정한 표현을 사용해야 한다. 또한 여성 비하적, 경시적, 적대적 표현들을 피해야 한다고 이 연구는 제안하였다.

성별 대상어를 주제로 다루는 논문 중에는 성별 대상어의 사용 양상 및 사례를 분석한 후에 언어적 성차별을 해소하고 성 평등을 위한 교육 방안을 제시하는 연구들이 있다(송하일 2007; 박다운 2008; 제민경·박진희·박재현 2016 등). 제민경·박진희·박재현(2016)은 다양한 차별적 언어 표현 중에서도 성에 대한 지칭이나 기술과 관련한 표현에 주목하여 이에 대한 공동체 내의 인식 차이를 살피고 이러한 분석 결과를 바탕으로 성차별적 표현에 대한 교육 방향을 제시한 연구다. 연구 결과, 성차별적 표현에 대한 차별성 인식은 일반적으로 여성이 남성에 비해 높게 나타났으며 연령대별로 유의한 차이가 관찰된 항목은 '출가외인', '부엌데기', '영계' 이렇게 세 가지 표현으로 나타났다. 이 연구가 제시하는 교육적 방향은 첫째, 교과서에 학생 교육을 위해 포함하는 성차별적 표현을 더 다양화하고 체계화하여 제시하자는 것이고, 둘째로는 성차별적 표현에 대한 관점이 학생마다 다를 수 있으므로 논쟁을 교육 활동에 포함시키자는 것이다. 송하일(2007)과 박다운(2008) 또한 수업 활용을 위한 교육 방안을 제시하였다.

성별 대상어 연구의 하위 연구 주제로 성별(주로 여성)에 대한 표현 분석을 들 수 있다. 이는 일반적으로 성차별 표현이 나타남을 명시적으로 지적하는 것이 아니라 남녀에 대한 혹은 여성에 대한 표현이 긍정적인 측면이 있든 부정적인 측면이 있든 그 표현을 그대로 기술하는 논문이다. 이러한 연구는 현상을 파악하는 데에 목적을 두는 기술적 연구지만 이해와 수용하는 측면에서 언어 사용자가 이를 단순히 성별어적 표현으로 받아들일 수도 있고 다른 한편으로는 성차별적 표현으로 받아들일 수도 있다. 박은하(2009가)는 사람이 등장하는 속담들을 남성, 여성, 남녀 모두가 나오는 속담으로 분류하고 양성이 속담에서 어떻게 표현되는가를 분석하였다. 다시 말해, 속담에 나오는 등장인물의 성별에 따른 속담의 내용과 주제의 차이 및 성차별적 표현을 분석한 연구이다. 연구 결과, 내용과 주제 면에서 남성 속담에서는 행동, 인물, 일에 대한 내용이, 여성 속담에서는 행동, 마음, 말에 대한 내용이 높은 비중을 차지하였으며, 남녀를 모두 포함하는 속담에서는 행동, 대우, 마음 순의 비중을 보였다. 속담은 주로 경계, 교도, 풍자, 권유 등을 함축하기 때문에 긍정적이거나 중립적 표현보다 부정적 표현이 많았다. 인물 면에서 남성 속담에는 일반 남자, 승려, 도둑, 양반이, 여성 속담에는 일반 여자, 며느리, 아내가 많이 등장하였다. 남녀 속담에는 일반 사람, 아들/딸, 사위/며느리, 과부/홀아비, 남편/아내가 많은 편이었다.

서민정(2008)은 한국어에서 여성을 묘사하거나 기술하는 표현을 모두 묶어 '여성 묘사 표현'이라 하고 이러한 여성 묘사 표현의 특징을 '여성에 대한 언어'의 입장에서 살피고자 한 연구다. 연구 결과, 여성의 외모 표현 어휘는 남성의 외모 표현 어휘에 비해 '곱다', '단아하다', '수수하다', '우아하다', '아름답다', '가냘프다', '보드랍다', '볼륨 있다' 등처럼 형용사 중심으로 외모와 관련하여 자세하고 다양하게 발달하였는데 이것은 여성을 판단할 때 외모를 중심으로 보는 사회상의 반영이라 보았다. 그리고 여성을 묘사하는 표현 중에는 결혼 상태, 가족 관계, 불필요하거나 지나치게 구체적인 외모 기술/묘사 표현 등 사적 정보를 지나치게 부각시키는 표현이 많다고 제시하였다.

성별 대상어에 대한 논의는 언어와 성 관련 연구를 개괄적이고 종합적으로 논의하거나 언어와 성 관련 선행 연구를 소개하거나 평가하는 연구들에서도 이루어지고 있다. 우윤식(2002나)는 페미니즘 언어학 전반을 개관하였고 권영수(2006, 2007)은 페미니즘 언어 비판에 관한 연구를 하였다. 페미니즘 언어 비판에서는 독일어 인지칭 명칭에서 여성을 적대시하는 표현들이 있다고 비판해 왔는데, 권영수(2006)은 이에 대한 페미니즘의 비판 양상과 그 대안에 대한 비평가들의 평가를 살펴본 연구이다. 한편 권영수(2007)은 페미니즘 언어 비판이나 일반 언어 비판의 문제인 '문법성'과 '자연성' 관계 연구에 심리 언어학적 방법을 적용할 수 있음을 보여 주었다.

3. 국내 외국어 대상 연구의 주요 성과

연구 주제로서의 '언어와 성'에 대한 관심은 외국어를 대상으로 한 연구들에서도 발견된다. 연구의 성격은 크게 보면 성별 발화어 및 성별 대상어에 대한 이론적 연구나 언어 기술을 위한 경험적 분석, 혹은 응용언어학적 목적을 표방한 연구들이 행해졌다. 이론적 연구는 언어와 성에 대한 기존 연구 결과나 설명 및 이론에 대한 통시적 혹은 비판적 개괄을 목적으로 하여 해당 언어에서의 언어와 성 연구 결과 및 의미를 국내에 소개하는 역할을 주로 하고 있고, 경험적 연구는 해당 언어의 다양한 자료를 분석, 기술하거나 언어 사용자의 인식 등을 조사하여 궁극적으로는 이론 구축에 기여한다. 그리고 이들 중에는 연구의 원래 목적이 언어와 성의 언어·문화 간 비교 분석에 있거나, 언어 습득, 외국어 교육, 혹은 번역 등을 위한 함의를 도출하고자 하는 응용언어학적 의도를 표방한 경우들도 있다.

외국어를 대상으로 하는 언어와 성 연구에서도 하위 주제는 연구의 성격8)을 막론하고 크게 언어의 각 층위에서 발견되는 성별화된 언어 사용 양상과 성 편향적 혹은 성차별적인 언어 구조 및 표현에 대한 관심이 주를 이룬다. 이들 주제에 따르는 연구 접근 방법을 보자면, 연구 대상어가 외국어니 만큼 해당 언어공동체에서의 대규모 언어 자료를 요하는 계량사회언어학적 변이 연구는 발견되지 않는다. 대신, 연구의 대부분은 다양한 구어 및 문어 자료(자연 담화 및 대화, 소설 등을 비롯한 문학 작품, 속담, 드라마 대본, 온라인 매체상의 대화, 신문 및 잡지의 기사 및 광고, 번역 텍스트, 그리고 대규모 말뭉치 등)를 역시 이들 언어 자료의 채집 및 기록, 담화 완성 테스트, 설문, 인터뷰 등에 이르는 다양한 방법으로 수집하여 분석·기술하는 연구가 대다수를 차지하고 있고, 이때 보통 어형(linguistic form) 사용 빈도나 분포와 같은 기본적 통계 처리가 분석과 해석을 뒷받침하고 있다. 그러나 사회 연계망 분석이나 실행공동체 개념의 차용, 그리고 실제 상황 맥락에 따른 '대화자 간의 상호작용'(talk-in-interaction)에서의 성의 구축 문제에 관심을 갖는 대화 분석이나 세밀한 민족지적 기술은 거의 찾아보기 어렵다. 외국어 대상 연구들은 이처럼 언어와 성에 대한 사회언어학적 접근 방법의 스펙트럼을 온전히 포함하고 있지는 않다. 이 점에서 일찍이 대규모 자연 문어 자료(natural written data)를 바탕으로 연구를 수행한 구학관(H. K. Ku 1994)나, 상호작용적 사회언어학의 틀에 입각한 연구인 송경숙(1996), 자료 및 분석에 대규모 말뭉치와 엄격한 통계적 기법이나 다학제적 해석을 시도한 몇몇 연구들(김혜숙 2010, 2014; 전지은 2011; 자오평옌(2017), 그리고 젠더에 대한 최근의 시각을 반영하여 분석에 '수행성'(performativity) 시각을 더한 모우이(2015)나 본질주의는 물론 구성주의적 시각을 두루 적용하여 언어 자료를 분석하고자 한 최명원(2005) 등의 연구가 눈에 띈다.

언어별 연구 분량으로 보자면 역시 제1외국어인 영어에 대한 연구가 가장 큰 비중을 차지하며, 그 다음이 여성어 연구의 전통이 강한 일본어, 그리고 언어와 성에 대하여 논쟁거리가 많다고 할 수 있는 독일어에 대한 연구다. 이어 급부상하는 국력과 한국과의 관계를 반영하듯 중국어에 대한 소개가 그 뒤를 잇고, 여타 언어로는 러시아어를 비롯하여 태국어, 스페인어, 프랑스어 및 몽골어에서의 언어와 성 연구가 약간씩 발견된다.

3.1. 성별 발화어 연구

3.1.1. 영어

먼저 영어에 대한 이론적 연구로는, 사회언어학 테두리에서의 언어와 성 연구가 그다지 활발하지는 못했던 초창기에 이덕호(1997)이 영어와 독일어에서의 여성어 문제를 중심으로 한 여권주의 언어학(feminist linguistics)의 현황과 과제를 ≪사회언어학≫에 자세히 소개하여 이 분야에 대한 관심을 촉구한 바 있다. 이덕호(1997)은 한국을 비롯한 극동 3국인 일본과 중국에서도 당시까지는 사회언어학 연구로서의 언어와 성에 대한 연구가 초보 단계임을 지적하고 언어학 분야에서의 여권주의 언어학의 성립 과정 및 연구의 동향을 기술하였다. 구체적으로는 '언어와 성', '자연성'과 '문법성', '여성어'와 '남성어', '남녀의 언어와 언어 터부' 등에 관한 개념 정립으로부터 언어와 성에 대한 연구의 두 갈래—규범 인정적이고 현상 파악을 주목적으로 하는 기술적 연구와 언어 사용상의 성차에서 보이는 비대칭성과 차별주의의 파악 및 극복 노력을 추구하는 여권주의 언어학—를 기술하고 언어와 성에 대한 연구 과제를 '언어 계획', '언어 예방', '언어 의사'(language doctor) 및 '언어 평화'라는 4가지 차원으로 논한 후, 궁극적으로 한국사회언어학회가 이를 위한 통합적 기능을 수행하는 구심점이 되어야 한다고 강조하였다. 이덕호(1997)이 미시적 차원에서의 개별 연구의 필요성과 거시적 시각에서의 지속적인 종합의 필요성을 강조했던 대로 이후 국내·외의 많은 연구 결과들을 보면 언어와 성 문제에 대하여 언어 보편성과 개별성이 재확인됨으로써 이 연구가 매우 깊고 폭넓은 이론적 개괄이었음을 알 수 있다. 유재임(1999)는 해외에서의 기존 연구 결과들을 바탕으로 여성어의 용어 및 개념을 정의하고 그 생성 요인을 사회문화적 요인과 심리적 요인으로 구분하여 고찰하는 한편, 영어에 나타나는 여성어의 특징을 어휘, 통사, 발음 및 의미 면에서 논의함으로써 여성어에 관한 연구 결과의 당시 현황을 소개하였다. 이때 여성어에서 발견되는 성 불평등적 요소가 사회에 미칠 수 있는 영향을 논하기 위해서는 성별 대상어의 예를 들고 있는데, 레이코프(1975)에 의거하여 여성어를 성별 발화어 및 대상어 두 가지를 모두 아우르는 개념으로 사용하고 있음을 알 수 있다. 이어 최용선(2001)은 다양한 예시와 더불어 언어와 성에 관한 기존의 주장과 이론을 비평적으로 개관하고 성별 언어 행위에 대한 기존의 세 주장(레이코프 가설 및 태넌(Tannen 1990)에서의 주장)에 대한 설문 조사를 실시하였는데, 그 결과는 이들 주장을 지지하기도 하고 그렇지 않은 경우도 있었다. 이 연구에서 실시된 세 가지의 조사 내용이 실제 언어 행위에 대한 조사가 아니라 각 성의 언어 행위에 대한 영어 원어민의 생각을 묻는 것이었지만 이 연구는 향후 연구의 방향을 제시했다는 의의가 있다. 이화연(2003)은 영어의 다양한 층위에서 발견되는 여성 언어의 특성을 소개하면서 이들이 성 불평등적인 사회 구조를 반영하고 있음을 지적하고, 언어 사회화 과정에서든 외국어 교육의 장에서든 이 같은 성 불평등성에 대한 의식의 고취를 촉구하고 있다. 서경희(2006)은 남성과 여성의 의사소통 방식에 초점을 맞춘 기존 연구 결과를 토대로 레이코프(1975)의 주장을 재조명했는데, 그 결과 여성 특유의 언어 행위로 지적되는 모든 현상이 여성의 타인에 대한 배려로 요약될 수 있다고 결론지었다.

영어에 대한 경험적 연구로는 일찍이 1980년대 중반 미국 대학의 남녀 화장실에서의 방대한 분량의 낙서 1,032개를 수집, 분석한 구학관(1994)가 있다. 저자에 따르면 이 자료는 급히 작성된 동성 간의 글로 된 의사소통이라는 보기 드문 예로서, 저자는 이를 통해 화장실 낙서에서도 기존 주장대로의 성차가 발견되는지, 그리고 구어에는 없으나 문어에는 드러난 성차가 있는지를 분석하고자 하였다. 남성의 낙서가 거의 담고 있지 않은 'love'의 사용이 여성의 낙서에서는 18%에 달했고, 또한 'fuck'의 사용 비율에서도 남녀 차이가 극히 미미하게 나타나지만 분명한 결과는 외설적 의미로서의 'fuck'의 사용에는 적어도 성차가 없었다는 사실과 여성의 낙서에서는 거의 발견되지 않은 두문자 약어나 오행속요(五行俗謠, limerick)는 남성의 낙서에서만 발견되었다는 사실이었다. 이 연구의 의의라면 저자가 남녀 언어의 성차라는 '심층 구조'가 구체적으로 발현되는 표층 구조인 '구어' 및 '문어'를 구별하여 '표층 구조'만을 상정했던 기존의 설명을 반박·보완하고자 한 시도에서 찾을 수 있다.

한편 국내에서 외국어 자연 언어 자료의 수집이 쉽지 않다는 점을 감안해 볼 때 대규모 말뭉치인 ICE-GB(British Component of the International Corpus of English)를 활용한 김혜숙(2010, 2014)와 전지은(2011)은 연구의 신뢰도가 돋보인다. 김혜숙(2010)은 말뭉치에서 추출된 753개의 부가 의문문의 사용과 관계가 있다고 볼 만한 여러 변인인 성별, 연령, 학력 및 사적·공적 상황을 2가지에서 4가지에 이르는 조합으로 묶어서 그 상호작용을 검토하였다. 그 결과, 성별로만 보면 여성이 남성보다 부가 의문문을 많이 사용하며(56.9% 대 43.1%), 연령별로는 40대 중반을 기점으로 그 이후에는 남성이 더 많이, 그리고 학력별로는 고졸자의 경우 여성이 2배 이상의 부가 의문문을 사용하며, 공적인 상황에서는 남성이 여성보다 3배의 사용량을 보인다고 분석하였다. 이와 같이 상황별로 대비되는 남녀의 부가 의문문 사용의 차이를 보면 부가 의문문의 기능적 요인이 혹시 영향을 미치는 것은 아닐지에 대한 의문이 남는데, 후속 연구인 김혜숙(2014)는 남녀 공히 부가 의문문을 '정보적〉촉진적〉도전적〉완화적' 기능의 빈도 순으로 사용하여 남녀 성차가 부가 의문문의 기능적 요인에 기인한 것이 아니라는 것을 보였다. 따라서 김혜숙(2014)는 기존에 여성이 청자 중심의 촉진적 부가 의문문을 사용하고 남성은 화자 중심의 정보적 부가 의문문을 사용한다고 했던 홈스(1984, 1995)나 캐머런 외(Cameron et al. 1989)의 주장이 맞지 않을 수도 있다는 반증 예를 제시했다는 점에서 큰 의의를 갖는다.

전지은(2011)은 영국 영어 말뭉치인 ICE-GB와 BNC(British National Corpus)의 구어 텍스트를 대상으로 성별 어휘 사용을 분석하였다. 이때 핵심어 분석을 위해 품사 정보까지 포함된 품사 핵심어를 추출하여 성별로 두드러지게 나타나는 핵심 품사를 식별했고 핵심어 분석에서는 각 성별 핵심어의 의미적, 맥락적 특성을 세밀하게 검토하여 성별 핵심어의 품사별 의미유형과 장르에 따른 성별 핵심어를 식별하고 분석하였다. 그 결과, 여성 핵심어는 주로 감정과 관련된 어휘들과 이를 수식하는 정도 부사, 이의 수식을 받는 사람/가족, 장소/집 관련 명사가 서로 의미와 맥락 면에서 관련이 있는 반면 남성 핵심어는 주로 수량, 사회, 추상적 개념의 부사, 형용사, 동사, 명사가 서로 연결이 되어 있다고 분석함으로써, BNC만을 대상으로 동일한 주제를 연구한 기존의 관련 연구들의 결과를 다른 방식으로 검증하고 보완해 준다. 이 연구는 박사학위 논문으로서 이 외에도 대상 말뭉치에 대한 참조 말뭉치의 선정, 핵심도 계산, 유의도 및 산포도 설정과 관련하여 매우 체계적이고 객관적인 방법론을 채택하여 연구 결과의 신뢰도를 확보하여 대규모 말뭉치 분석이 정량적 성과에서 나아가 정성적으로도 결과 분석의 타당성을 현격하게 증진시킬 수 있다는 가능성을 재확인시켜 준 가치 있는 연구라고 하겠다.

한편 영어와 한국어에서의 논쟁적 담화 및 컴퓨터 매개 의사소통(CMC: Computer Mediated Communication)이라는 영역에서의 성 역학을 비교·분석한 송경숙(1996, 2003)은 자연 담화 및 가상 공간에서의 담화에 대한 분석을 통해 사회 속에서의 언어와 성의 다차원적이고 복잡한 상호작용에 관한 분석을 시도하였다. 송경숙(1996)은 영어와 한국어에서 화자들이 반대 의사를 모두 직간접적으로 표현하지만 영어에서와 달리 한국어 대화에서는 대립적 입장의 표현 양상과 협상에 대화자들의 성별, 연령, 사회적 위치 등의 다양한 사회적 요소들이 반영된다고 분석하였는데, 대화 참여자들이 대부분 대학원생들이라는 제한점과 비교된 영어 및 한국어 대화의 논쟁 유형이 반드시 일치하지는 않은 상황을 비교하고 있다는 아쉬움이 있음에도 불구하고 남녀의 대화 스타일의 차이를 대화라는 구두 상호작용에서 고찰하고자 한 초기의 연구에 속한다. 이어서 송경숙(2003)에서는 사회적 신분이나 물리적, 청각적 단서들이 부족하다고 볼 수 있는 사이버 공간에서도 도전성으로 함축되는 남성적 가치와 사회적 화합을 지향하는 여성적 가치로부터 발현되는 스타일상의 다양한 성차가 확인된다고 보고하여 기존의 연구에서의 주장(Herring 1994, 2001, 송경숙 2003: 181~182에서 참조)을 지지한 바 있다.

이 외에도 김귀순(2003)은 영어의 긍정적·부정적 공손 기제를 항목별로 분류, 제시함으로써 영어 학습자의 이해를 돕고자 했는데, 예시들은 당시까지 연구 결과를 바탕으로 한 것이어서 현재 시점에서 보면 논란거리가 될 만한 예시도 있으나 영어 교수 자료 마련에 실질적 도움을 주고자 했다는 실용적 의의가 있다. 박덕재(D. J. Park 2005)는 기존 이론에 대한 비판적 개관과 더불어 한국 EFL(English as a Foreign Language) 교실에서의 성 역할 구축 및 교사의 성에 대한 인식의 현주소에 초점을 맞추어 담당 교수 6인에 대한 인터뷰와 설문 조사를 실시한 결과, 이들의 젠더 의식 수준이 높지 않고 성 평등성을 반영하는 교재가 충분하지 않음을 지적한 바 있다. 한편 비교적 최근의 연구인 김정연(J. Y. Kim 2012)는 영어와 한국어를 모어로 하는 집단 및 한국인 영어 학습자 집단의 감사 행위에 대한 교차 비교에서 대화자 간 친소 관계와 성별에 따른 감사 행위의 양상을 분석하였다. 이 연구는 언어 자료가 자연 발화가 아닌 담화 완성 테스트(DCT: Discourse Completion Test)로부터 얻어졌다는 한계는 있으나, 다양한 사회적 상황 상정, 언어 제공자에 대한 후속 인터뷰 및 통계 처리 등, 상당히 엄격하고 체계적인 분석 방법을 통해 신뢰도 있는 결과를 도출하였는데, 모어 집단, 대화자의 성별 및 사안의 부담 정도에 따른 공손 표지의 사용 양상, 감사 행위 수행 전략의 하나로 차용되는 칭찬 행위 및 이에 대한 수용성 인식과 관련된 흥미로운 결과를 보여 주고 있다.

3.1.2. 일본어

일본어의 큰 특징 중의 하나인 남녀 간의 언어 차이는 주로 여성어에 대한 관심을 위주로 전개되어 왔는데, 이론적 개관이나 성별 언어 사용에 대한 기술 및 소개로는 일찍이 임영철(1996)이 있다. 이 연구에서는 일본 여성어의 역사적 변천 및 연구 동향, 그리고 신어(新語)의 수용성에서의 남녀 차를 고찰하였다. 여성어의 특성은 억양, 음운, 종조사, 경어, 인칭 대명사, 호칭, 감탄사, 형용사, 부사, 한자어 사용, 어휘 목록, 비속어, 방언, 의성어, 통어, 단정 표현, 반복 표현, 도치 구문, 요구 표현, 맞장구, 인사, 상투적 표현, 농담, 논의 등을 포함하는 언어의 제 층위 및 형식이 망라하여 소개되었다. 결론적으로 이 연구는 일본 여성어가 상류 계층 여성의 특별한 지위의 표출로 발달하기 시작하였는데 이 같은 전통적 사고는 오늘날 큰 변화를 보이고 있다고 기술했으며, 또한 각지에서 새로이 발생하는 신어에 대해서는 비표준형은 남성이, 표준적 어형은 여성이 보다 빨리 받아들이는 경향이 있다고 개괄하였다. 정혜경(2005)는 여성어의 개념을 재조명하고 여성어 변화를 시대적으로 고찰하는 한편 여성어의 실태와 변화 요인 및 전망을 기술하면서 결론적으로 언어 형식이나 스타일이라는 것이 결국은 개인적, 사회적 상황에 따른 가치관이나 신념과 유관하다고 제시하고 있다. 여성어의 미래에 대해서는 여성어 쇠퇴의 가속화, 남녀 전용어 및 여성 전용어의 양성에 의한 교차 사용 증대, 여성 전용어 사용 장면의 제한 심화라는 세 가지 변화를 예측하고 있다.

실제 언어 자료를 분석한 경험적 연구로는 먼저 오미선(1996)이 있다. 이 연구는 일본에서 널리 사용되고 있는 일본어 사전 3종에서 발견되는 여성어 및 남성어에 대한 인식을 조사하고자 여성어 및 남성어에 대한 해설은 물론 여성어와 남성어로 각각 다루어지고 있는 용례를 채집하여 분석한 결과를 10가지로 요약하고 있다. 성별에 따른 말의 차이에서 여성어가 더욱 유표적으로 취급된다는 사실에 이어 저자는 여성어는 일본어의 현저한 특색의 하나로 지적되고 있긴 하나 여성어의 존재를 부정하는 시각도 발견되고 있다는 사실도 아울러 보고하면서 여성어의 분석을 통해 일본의 문화, 생활 습관 및 인간관계에 대한 인식의 부분이 조명된다고 논의하였다.

한편 이론적 논의와 경험적 연구를 아우른 이정희(2002)는 성별 언어 사용에서의 성차별이 생긴 원인에 대해서는 기존의 연구를 고찰하였으나 자료 분석은 1990년대 일본 방송 드라마 대본 5가지를 대상으로 하였다. 언어 자료에 대한 기술의 엄격성에서 다소 아쉬운 점은 있으나 문말 표현, 인칭 대명사, 경어 및 감정 표현에서의 성차별적 요소를 확인하고 있다. 방극철(2010)은 근대 여성어의 실태를 엿보기 위하여 메이지 30년대 소설인 ≪社會百面相(사회백면상)≫의 회화문에 나타난 각 계층 사람들 간의 대화, 특히 감동사, 간투 조사, 종조사의 사용 등과 같은 정의 표현(情意表現)에서 명확한 성차를 발견하고, 이것이 당시 언문일치 확립 이후 '여성스러움'과 '현모양처'를 강조하는 새로운 젠더 규범이 소설에 반영된 것이라 해석한 바 있다.

언어 기술은 물론 문화 간 의사소통에 대한 이해도와 교육 자료 제고를 위한 대조 분석을 목표로 한 이혜영(2006)은 인칭 대명사, 명령 표현과 의뢰 표현의 문말 표현, 여성 관사와 남성 관사 및 속담이 1990년대 이후 2000년대 한국어와 일본어 문학 작품에서 화자와 청자의 연령, 성별, 친소 관계에 따라 어떻게 나타나는지를 연구하였다. 이 연구는 자료가 소설 속 용례에 국한된 것이긴 해도 박사학위 논문인 만큼 이에 걸맞는 상당량의 언어 자료를 분석한 결과, 양 언어 간의 공통점과 상이점을 밝힌 바 있다. 이어 이혜영(2011)에서는 매우 일본어적인 요소로 간주되는 맞장구 표현 중에서도 'ソウ系'(소-계열)[9] 표현을 텔레비전 드라마 자료로 분석한 결과, 약 40여 종의 변이형을 발견하였으며, 그 사용률에서 여성이 79.3%, 남성이 20.77%를 차지하여 여성의 사용 빈도가 월등히 높다는 사실을 보고하였다. 이혜영(2011)은 또한 이와 더불어 근래에는 맞장구 표현 사용에서의 중성화 현상도 확인하였고 회화의 전략적 요소로서의 맞장구 표현에 대한 교육의 중요성도 강조하였다. 윤호숙(2009)는 한국인 일본어 학습자용 교재를 분석하여 그 실태와 문제점을 짚은 바 있는데, 초·중급 교재에 대명사, 감동사, 종조사를 비롯한 문말 표현 등 남녀 성차에 따른 표현이 상당수 사용되고 있음에도 불구하고 설명은 전혀 뒤따르지 않는다는 문제점을 지적하고 실용적 커뮤니케이션 능력 함양을 위한 보완을 촉구했다. 장혜선(張蕙先 2010)은 한국어의 성별어보다 상대적으로 구별이 큰 일본 성별어가 한국어로 번역된 문학 작품에서의 예들을 통해 자칫 원저자의 의도를 왜곡

할 수도 있는 어려운 문제들의 본질을 기술·예시하고, 이를 극복하기 위한 대안을 모색했다는 의의를 지닌다.

3.1.3. 중국어

국내에서의 중국어에 대한 고찰은 2000년대에 들어서야 소수 발견된다. 이재돈(2002)는 기존 연구를 인용하는 문헌 조사를 통해 음운적 특질에 국한하여 중국의 여성어를 개괄한 바 있다. 이재돈(2002)는 중국어에서의 성차가 어형보다는 음운에서의 차이라 지적하고 '뉘궈옌'(女國音)이라 불리는 북경시 젊은 여성들의 심미 취향이 반영된 구개음의 설첨음화 현상, 합구 영성모(合口 零聲母)의 변화, 모음의 장음화 및 자음의 약화에 의한 응석 말투, 여성어의 억양 및 휴지(pause)를 중심으로 여성어의 특징을 살피고 이들을 여성성에 대한 중국의 전통 윤리, 20세기 중국의 시대적 변화, 보통화(普通話)/북경어에 대한 성별 인식 및 선호도와 관련하여 사회문화적 해석을 제시하였다.

경험적 연구로는 박사학위 논문인 모우이(2015)를 비롯하여 몇 편의 학술 논문이 발견된다. 모우이(2015)는 버틀러(Butler 1990)의 '성 수행성'(gender performativity) 및 '행동하는 성'(doing gender) 이론에 기반하여 한국과 중국에서의 성별 언어 사용 실태를 대조하기 위하여 양국의 대표적인 텔레비전 리얼리티 쇼로부터 구축된 말뭉치를 분석하였다. 그 결과, 성별 언어 사용에서 기존 논의에 부합하는 성별 발화 표지 사용도 있었으나 양성 모두가 성별 발화 표지를 유동적으로 사용하였을 뿐 아니라 양 언어에서 공히 언어 중성화 현상이 발견되었는데, 저자는 이를 성에 대한 변화하는 인식, 가정 및 교육 환경, 그리고 대중 매체의 영향으로 해석하였다. 한편 자오펑옌·윤애경(2017)은 한국인 화자의 한자어 성별 어휘인 '남성/여성'(男性/女性), '남인/여인'(男人/女人), '남자/여자'(男子/女子) 등의 어휘 사용을 분석해 본 결과, 한국어의 성별 어휘와 중국어의 성별 어휘가 반드시 일대일로 대응하지 않는 까닭에 사용상 오류가 나타나며, 이는 크게 언어 간 전이 및 언어 내 전이로 나뉜다고 분석하고 이에 따른 교육 방안을 제시하고 있다.

3.1.4. 독일어와 러시아어

독일어에 대한 여권주의 언어학 관점에서의 쟁점 및 이에 대한 설명은 앞서 언급한 대로 이덕호(1997)이 독일에서의 연구의 현황을 국내에 소개한 바 있다. 최명원(2002)는 독일어는 물론 한국어와 영어의 예를 망라하여 예시하고 언어와 성 연구의 전개 과정과 주요 쟁점들을 비평적으로 개괄하고 있는데, 추가적으로 독일 문학 작품의 한국어 번역에서의 '-하오'체와 '-해요'체를 분석한 경험적 연구 결과도 내놓고 있다. 이어 최명원(2005)에서는 젠더에 대한 본질주의적 시각과 구성주의적 시각에 대해 논하고, 독일 동화와 한국 남녀 아동들의 자연 발화를 통해 언어 습득과 사회화 과정의 언어 입력부로서의 성 전형성과 관련된 표현들이 어떻게 구현되고 있는지 분석하여, 언어 발달과 병행하는 성 정체성 확립 과정에서의 성차별적 사회 현상에 대한 적극적 대안을 모색해 보고자 했다.

한편 성별 발화어 관련 러시아어 연구 예는 이명자(2003)을 들 수 있다. 이 연구는 러시아어 모어 화자의 실제 대화 녹음 자료 및 방송이나 영화 등의 자료에 나타난 음성/음운, 어휘 및 통사적 측면에서의 성별 변별 자질을 분석하였는데, 러시아어에서 성별어에 대한 언어 보편적 특성과 더불어 언어 개별적 특징들이 모두 발견되었다고 한다.

3.2. 성별 대상어 연구

3.2.1. 영어

영어 관련 연구들은 대부분 계도적 목적이나 외국어 교육을 염두에 둔 응용언어학적 목적을 가진 경우가 많다고 하겠다. 영어를 대상으로(김귀순 1999) 혹은 영어 및 독일어를 대상으로(김종수 2004) 언어적 성차별 현실에 대한 기존 여권주의 해외 이론을 소개하여 이에 대한 의식을 고취하고, 영어 작문에서 이를 극복하기 위한 대안을 제시하거나, 여권주의 언어학의 확고한 위상 정립과 효용을 각각 설파한 연구들도 있다. 한편 박승혁(2012)는 미국 영어의 속어에서 여성 및 성관계를 가리키는 말을 고찰하여 여성을 애완동물이나 유희의 대상, 혹은 하찮은 의존적 존재로 인식하는 속어 표현, 남성이 행위의 능동자로 각인되어 있는 영어의 성차별적 표현을 개괄적으로 소개하여 연구의 화용론적 목적과 교육론적 시사점을 두루 던진 바 있다.

경험적 분석 연구로는 일찍이 최용선(1997)이 어휘 배열 순서의 성차별, 유표적 여성 표현, 호칭의 성 불평등에 관련된 기존 연구의 논의를 소개하여 성차별 현실을 확인하거나 기술하였고, 이 외 영어의 총칭적 남성형, 성별 불특정 명사를 받는 대명사, 성별 불특정 선행어 'anyone'을 받는 총칭적 인칭 대명사의 사용 정도, 여성에 대한 부정적 표현으로 인한 성차별에 대해서는 한국과 미국에 체류 중인 영어 모어 남녀 화자 각 20명을 대상으로 이들 표현에 대한 인식이나 선호하는 대안을 묻는 설문 조사를 실시한 바 있다. 언어와 성에 대한 외국어 대상 연구나 소개가 그리 활발하지 않은 시점에 이론적 개괄과 더불어 제한적인 언어 항목이나마 연구에 가용한 언어 제공자를 상대로 경험적 분석 결과를 포함했고 성 평등적 대안을 제시했다는 점에서 계도적 목적을 달성하고 있다.

김혜숙(2008)은 대학생 화자 149명을 대상으로 성 중립적 영어 표현에 대한 학습자의 인식을 조사하여 교육적 함의를 던진 바 있다. 연구된 내용은 'ladies and gentlemen' 및 '신사숙녀 여러분', 'bride and groom' 및 '신랑 신부' 등과 같이 영어와 한국어에서의 남녀를 가리키는 어휘 병렬 쌍에 대한 인지도, 그리고 주로 직종을 나타내는 영어 어휘들에 대한 성 중립성 인식도다. 결과는 영어와 한국어 어휘쌍이 같은 순서인 경우엔 남학생이 여학생보다, 영어와 한국어 순서가 반대인 경우엔 여학생이 더 나은 인지도를 보였고, 직위나 직명에 관해서는 구글에서 발견된 빈도보다도 오히려 학생들이 성 중립적 표현을 더 사용했다고 한다.

이 외에도 최근에는 번역 영역에서의 언어와 성 문제에 대한 관심도 관찰되는데, 이상빈(2017)은 출발 텍스트(source text)와 도착 텍스트(target text)에서의 메시지 변화에 관심을 갖고 국내 수입차 인쇄 광고의 남성 타깃 번역 전략을 고찰하였다. 그 결과, 번역에서 남성 타깃 메시지가 그대로 유지되거나 추가 혹은 강조되기도 하고 아예 젠더 무표적인 메시지로 대체하기도 하며, 다시 쓰기를 통한 언어 기호의 대체하기 등의 전략이 두루 활용된다고 하였다. 김세현(2018)은 최근 영상 텍스트의 대중성을 중시하고 '성차별적'이라는 표현 대신 '젠더 편향적'이라는 용어를 채택하여 젠더 편향적인 자막 번역에 대한 수용자의 인식을 분석하기 위하여 예비 조사를 통해 수정 보완된 집합 대면 조사를 실시하였다. 김세현(2018)은 조사 결과가 자막 번역 시 목표 관객의 성별에 따른 차등화 된 선정적 표현의 사용과 영상 번역가의 높은 젠더 의식 및 텍스트 해독 능력이 요구된다는 함의를 갖는다고 하며, 또한 향후 높임말 등 문법 차원의 젠더 편향적 표현 분석의 필요성도 지적하였다. 이 연구는 젠더 번역 연구의 다 학제성을 부각시키는 가운데 국내의 관련 연구 현황을 개괄하였으며, 여권주의 시각만이 아닌, 양성 모두에 대한 편향성 혹은 차별을 들여다보고자 했다는 점이 특기할 만하다. 번역과 관련한 이 두 연구는 국내·외에서 연구가 아직 부족한 광고 번역이나 젠더 번역을 탐구하고 특정 의사소통 분야에서의 젠더의 유표성이 구체적으로 어떻게 번역되는지를 소개하여 후속 연구의 틀을 마련하였다는 의의를 지닌다.

3.2.2. 독일어

영어 관련 연구 다음으로 가장 관심을 받은 언어는 독일어로서 이들 연구는 대부분 이론적 고찰을 위주로 하고 연구자의 의견이나 대안을 제시하는 내용이다. 신용민(2005)는 언어 속의 성 변별과 페미니즘의 문제를 랑그와 파롤의 관점에서 비평적으로 개괄하고, 성차별적인 것은 언어 시스템이 아니라 언어공동체이기 때문에 언어 경제성의 감소를 무릅쓰고서라도 언어 구조에까지 양성 평등주의를 실현할지의 여부는 언어공동체 내의 적절한 합의를 요한다고 결론 맺고 있다. 권영수(2006) 역시 자연성과 문법성 문제가 핵심인 인지칭 명사(Personen-bezeichnung)를 골자로 하여 이 문제 관련 다양한 요인을 점검하고 독일의 여권주의 언어학의 발생과 전개 및 현 상황을 소개하고 있는데, 본질적으로 계몽주의적인 성격을 가지는 여권주의자들의 '아래에서부터 위로'의 정책을 지속적으로 요구해야 할 것이라고 제언하고 있다. 김정민(2009) 역시 독일어의 남성형 총칭 문제에 초점을 맞추어 성 중립성 확보를 위한 대안을 제시하였으나, 결론적으로는 사회 상황 자체가 평등하게 바뀌는 것이 가장 중요하다고 강조했다.

3.2.3. 러시아어

한국어가 외국어로 번역될 때 나타나는 양상에 대한 연구가 거의 없는 실정에서, 최근 서유경(2012)는 한국의 전통적 여성관, 사회 관습, 규범, 의식주 문화 등에서 비롯되는 문화 간극을 극복하고 도착어(target language)인 러시아어 독자의 이해를 돕기 위해 번역사가 취한 전략을 고찰하였다. 출발어(source language) 텍스트를 김주영의 소설 ≪천둥소리≫로 정하여 여기에 등장하는 한국어의 여성 지칭어, 여성 관련어 및 여성 묘사어에 대한 번역을 분석한 결과, 여러 가지의 대체 번역이나 묘사 등의 전략이 구사되었음에도 불구하고 결과적으로는 도착어인 러시아어로 번역이 아예 불가능하거나 그 본래의 문화적 의미가 무화되거나 축소 혹은 변형되는 많은 한계점이 노출되었다고 한다. 홍선희(2014)는 성 정형화에 초점을 맞추고 분석 자료의 일부는 기존 연구의 예에서, 또 다른 일부는 새로운 현상과 기존의 규범성이 동시에 발견되는 러시아의 대중 매체 언어에서 구했는데, 분석 항목에는 남녀 화자의 발화 전략도 포함되었다. 연구 결과, 낮은 지적 능력 등을 포함하는 여성에 대한 비하적 뉘앙스 및 외모 중심의 성 정형화를 비롯하여 남성의 상대적으로 주도적이면서 공격적인 대화 전략적 특성이 식별되었다. 무릇 발화 전략에는 상황 맥락적 요인과의 상호작용도 있을 것인데 이들 요인에 대한 고려가 없는 기술적 분석이라는 제한점은 있으나, 홍선희의 연구는 언어 장벽으로 우리가 쉽게 접할 수는 없는 러시아어의 성 변별적 특성에 대한 개괄적 이해를 도왔다는 의의를 지닌다.

3.2.4. 프랑스어

프랑스어에 대해서는 일찍이 박찬인(1997)의 연구가 있다. 이는 다분히 기술적이고 이론적인 고찰로서, 프랑스어가 보여 주는 여성의 모습, 프랑스어에 반영된 여성의 사회적 위상 및 언어의 성차별에 대한 역사적 배경을 고찰하고 프랑스어의 형태론적, 통사론적, 의미론적 불균형을 추적하였다. 이 연구는 이미 잘 알려진 예시 및 이론에 본인의 주장과 예시를 더하여 성차별적 언어의 여러 유형에 대한 고찰과 사회문화적 해석 및 비평을 더했다. 이 연구는 또한 미국보다는 약 10여 년 늦게 출발했으나 성별 언어의 차이를 이데올로기 분야에서 문제 삼은 프랑스 언어사회학과 페미니즘 연구의 성격과 전개, 그리고 당시까지의 현황을 소개하고 있다. 2000년대 들어서 김은희(2007)은 프랑스어에서의 직명(職名)의 여성화 문제를 다루었는데, 1986년 제기된 이 문제를 프랑스 학계가 어떻게 사회언어학적 관점으로 접근하여 여성화 규칙을 제시하고 계도하였는지, 그럼에도 불구하고 그 부실한 성과는 어떻게 설명이 되는지, 이 문제 해결을 위해 퀘벡과 스위스는 어떤 식으로 적극적으로 관여하였는지, 마지막으로 언어의 여성화는 반드시 실현되어야 하는지 등에 대한 논의를 담고 있다. 김은희(2007)에 따르면 프랑스인들은 텍스트의 여성화를 이념적으로는 받아들이지만 총칭적, 중성적 용법의 남성형 사용을 비교적 자연스럽게 수용하는 데다가, 여성화로 제기되는 다양한 문법적 문제—직명의 사용이 어색하고, 동음이의어를 산출하는 등—로 인해 여성화 성과가 부진하다고 해석하였다.

3.2.5. 기타 언어: 일본어, 중국어, 태국어, 스페인어, 몽골어

성별 대상어에서 발견되는 성차별적 현상에 대한 연구들은 여타 언어에 대해서도 약간씩 발견되고 있다. 일본어는 이항 대립적 젠더관이 뿌리 깊게 남아 있음에도 불구하고 많은 유럽어들과 달리 90년대 이후에야 언어의 성차별에 관심을 보이기 시작하였다. 김은옥(2006)은 일본 신문이나 잡지 광고에 나타난 양성에 대한 정형화된 표현을 짚어 내었는데, 이 연구 역시 앞서 소개된 김세현(2018)에서와 같이 관심의 초점을 여성에 대한 차별에 국한하지 않고 양성에 대한 고정 관념을 고르게 분석하고자 했다는 의의가 있다.

중국어에 대해서는 최근 김현태(2014)가 중국어의 '女' 편방자10), 인명, 호칭어, 속담, 비속어에 나타난 여성 차별어의 특징을 고찰한 결과, 남성형이 일반적으로 기본이 되는 무표적 형태이고, 여성형은 남성형에서 파생된 유표적 형태를 이룬다는 사실과 아울러, 전 세계 언어에서 보편적으로 발견되는 여성에 대한 성차별 인식이 중국어에서도 발견되는 다양한 용례를 기술하였다. 특히 '女' 편방자는 소멸되거나 대체 문자로 바뀌지 않는다는 점에서 성 평등을 지향하는 관점에서 문제가 있음을 지적하였다. 필자는 그러나 이와 동시에 여성 우위의 속담 및 표현이 증가하거나 공식적 장소나 문서에서 차별어 사용을 배제하고 자녀가 부모의 성을 결합하여 사용할 수도 있는 사실 등 현재 변화하는 모습도 언급하고 있는데 전체적으로 이 연구는 이런 현상에 대한 문화적인 해석과 더불어 간 문화적 이해 및 외국어로서의 중국어 교육에 시사점을 제시하였다는 의의가 있다. 자오펑옌(2017)은 북경어언대학교 말뭉치11)에 기반하여 성별 어휘 '남성/여성'(男性/女性), '남인/여인'(男人/女人), '남자/여자'(男子/女子) 등의 유사한 '男X'/'女X' 형태의 성별 어휘가 어떤 어휘와 주로 결합하는지에 대한 특성을 고찰한 결과, 이들 유사한 어휘 간에 존재하는 외적인 결합 경향의 특징은 어휘 내부의 공간성과 지시성의 차이에서 나온 것으로 결론짓고 있다. 이 연구는 사회언어학적 의미 분석에 의미론, 화용론, 인지 언어학적 개념을 두루 차용하여 사용하였다는 점이 돋보인다.

　일반적으로 지구상의 수많은 언어공동체가 가부장적 문화 모형을 유지해 온 까닭에 위에서 살펴본 외국어 이외에도 스페인어 및 태국어에서 여성을 가리키거나 묘사하는 언어 표현에는 뿌리 깊고 광범위하며 다양한 성차별적 요소가 있는 것으로 보고된다. 조혜진(2012)가 스페인의 한림원 발간 사전 및 스페인 속담과 유머 등에서 발견한 바에 따르면, 스페인어에는 여전히 계급화된 성이 강하게 남아 있고 전통적 여성상이 주목할 만해서 스페인어를 외국어로 학습하거나 연구하는 사람들의 신중한 언어 선택이 요구된다는 사실을 알 수 있다. 조혜진(2012)는 또한 성차별적 양상에 대해서는 통사론 층위의 고찰도 보충이 되어야 한다는 사실 등을 제시하고 있다. 이어지는 연구에서 조혜진(2015)는 스페인어 여성 관련 동물 속담의 인지 구조 분석을 통해 여성 비하의 은유 구조를 밝혀내기도 하였다. 윤경원(2006)에 따르면 태국어는 문법성을 가진 언어는 아니지만 인칭 대명사, 종결어 및 일부 차용어에서 성별을 구분하는 표현이 사용된다고 한다, 필자가 고정 어법(stereotype)과 속담, 구체적으로는, 성 지칭어, 인칭 대명사, 어휘 결합, 존칭어, 접두어, 관용어와 속담에서 발견한 성차별 작동 기제 및 범주는 남성이 중심이고 여성을 이차적이거나 불완전한 존재로 부각시킨다든지, 성 역할을 정형화한다든지, 여성을 비하하거나 경시하는 은유 등으로 요약된다.

　언어적 성차별 양상은 대개 그 본질이나 형식이 보편성을 띠는 경우가 많지만 언어별로 특기할 만한 사항들도 있다. 김기선(2010)은 몽골어에서도 성차별적 요소가 발견되지만 동북아시아 유목 민족의 특성을 고스란히 간직하고 있는 유목 사회의 특성상 몽골 사회는 탈 영역적 속성을 가지고 있어서 남녀 간 지배-피지배의 권력 관계가 성립되기 어렵고 성별 분업을 통한 역할 분담이 보편화된 까닭으로 여성에 대한 차별 의식 및 언어적 성차별이 한국어에 비해서는 약하다는 사실을 밝히고 있다. 김기선(2010)은 또한 이덕호(1996)을 인용하여, 언어학이 '언어적 성 차별주의'의 실체를 분석 기술하고 체계화하여 극단화할 위험이 있는 언어적 과격주의에 경고

하고 이에 대한 균형 있는 해결 방안을 제시함으로써 사회에 일조할 수 있음을 지적하기도 하였다. 이 연구는 문화적 차이로 인한 몽골어와 한국어에서의 언어 양상에 대한 연구인데 이러한 연구가 국내에서는 아주 드물기 때문에 앞으로 심층적 연구를 이어나갈 수 있는 토대를 마련했다는 의의를 갖는다.

　마지막으로 주목할 만한 연구는 모두 번역의 문제에 천착하고 있다. 김욱동(2012)는 한국의 속담 중 하나인 '암탉이 울면 집안이 망한다'와 관련된 일본어 및 서양어에 속하는 영어, 이탈리아어, 프랑스어와 포르투갈어에서의 관련 어휘와 속담의 의미를 비교 분석하여, 문화권에 따라 성차별의 정도가 서로 다르다는 점을 밝히고 이에 따르는 번역상의 애로점과 전략을 고찰한 후 결론적으로 번역이란 가치중립적인 행위가 아니라 정체성 정치학(identity politics)에서 한 역할을 수행해야 함을 강조하고 있다. 특히 속담 번역 시 이국화(foreignization)와 자국화(domestication) 사이의 갈등 및 페미니즘적 번역 가능성 등에 대한 논의를 담고 있다. 한편 이상원(2012)는 남성 작가의 작품을 여성이 번역할 때 여성어적 특성이 나타나는가라는 매우 흥미로운 주제에 초점을 맞추었다. 이는 필자의 언급대로 플로토우(Flotow 1997)이 번역가의 정체성과 상황 맥락성, 시기적 특성이라는 세 가지 요소를 거론하며 '번역과 성별' 분야에서 유연한 연구가 이루어져야 한다고 주장한 문제의식에 기반한 연구인데, 필자는 먼저 선행 연구의 결과들을 종합 검토한 이후, 번역에서 여성어가 나타나는지, 국어 글쓰기에서 성별 차이가 존재하는지에 대한 분석을 시도했다. 하지만 결과적으로 필자는 연구 문제에 대한 답변이 유보적이라는 사실, 실현된 여성어 특성은 성별 요인보다는 개인적 선호 내지 번역 전략에 기인한 것일 수 있다는 사실을 인정하고, 더욱 중요하게는 번역가와 번역 교육 담당자가 여성어의 존재 가능성을 늘 인식할 필요가 있다고 강조하였다. 이상원(2012)는 성별 언어 연구에서 기존의 여권주의적 시각과는 다르게 양성의 문제를 객관적으로 바라본 또 하나의 연구라는 의의도 지닌다.

4. 앞으로의 전망과 과제

이상 국내에서의 사회언어학적 연구들을 살펴본 결과, '언어와 성'에 대한 본격적인 관심과 연구가 구미에 비해서는 약 20여 년 늦게 시작되었으나, 연구의 주제로 보나 접근 방법 면에서 볼 때 최근에는 적지 않은 연구 성과를 거두고 있음을 알 수 있다. 그간의 많은 이론적 연구들이 언어와 성에 관한 국내·외 이론과 연구 성과를 비평적으로 개괄, 소개하여 후속 연구를 독려했을 뿐 아니라, 이를 기반으로 많은 경험적 연구들이 탄생한 결과, 성별 요인이 여타 사회적 제 변인이나 상황 맥락적 요소와 상호작용하여 만들어 내는 언어 사용 양상이나 언어에 나타난 성 이미지를 읽을 수 있었다. 한국어는 물론 외국어를 대상으로 한 관련 연구들은 교차 언어·문화적 비교나 번역, 언어 교육 등을 위한 실용적 목적을 달성하면서도 해당 언어에 대한 기술을 제공함으로써 궁극적으로는 관련 이론 구축에 기여하게 되었다. 언어와 성에 대한 향후의 연구들은 기존 연구들 사이에서 틈새를 발견하고 이를 메꾸어 나가야겠지만 그 방향은 대체적으로 다음과 같이 요약될 수 있을 것이다.

언어 사용에서의 성별 요인의 작용을 밝히는 성별 발화 패턴에 대한 연구는 앞으로도 지속적으로 요구되는 분야라 할 것인데, 특히 언어 변이 연구는 현대 사회언어학의 대주제 중의 하나인 '언어 변이와 변화'에 대한 기술을 완성하는 데 필요하기 때문이다. 다만, 연구 대상이 언어 변이든 대화 스타일이든 이미 연구의 초점이 성별어를 구분하거나 무표적 혹은 유표적으로 성별어를 기술하는 성별 발화 패턴으로부터 개별적 언어 상황이나 상황 맥락 속에서 한 개인이 어떻게 자신의 발화 목적을 달성하고 정체성을 구현하는가의 문제로 옮겨가고 있는 만큼, 언어 사용 상황 맥락에 대한 좀 더 국소적이고 다면적이며 세밀한 기술이 필요할 것이다. 이에 민족지적 기술이나 대화 분석 등은 매우 유용한 연구 방법이 된다. 한편 굳이 해외에서의 연구들과 비교해 본다면 적어도 연구 방법론적으로는 현대 사회언어학 연구의 틀을 흡수함에 있어서 국내의 연구들은 다소간의 지체(lag)나 공백(gap)을 드러내고 있다고 볼 수 있는데, 언어 자료의 권위(authority)나 분량, 통계적 처리 및 해석의 엄격함, 특히 현장성에 기반한 연구가 상대적으로 아쉬운 편이다.

국내 연구들에 대한 개괄에서 이미 드러났듯이 언어와 성이라는 주제는 매우 다면적일 뿐 아니라 다학제적 접근을 요하고 있다. 이에 사회적으로 구축되는 성의 문제에 대한 연구는 앞으로도 당연히 현실 사회에서의 성에 대한 다양한 쟁점들은 물론 사회학이나 인류학, 문학, 교육학 등의 인접 학문에서의 성과나 이론의 전개에 사회언어학자들이 유념해야 함을 알 수 있다. 더구나 현대 한국 사회는 그 어느 때보다도 급증하는 다양성과 다문화화에 직면하고 있을 뿐 아니라 세계적 추세와 부응하는 방향에서 양성에 대한 인식과 담론이 분출되고 있는 상황이기 때문이다. 최근 큰 화두가 되고 있는 '미투 운동', '성 평등 교육', '소수자 인권' 등이 이 현실을 압축하고 있다. 영미권에서는 밀리엄 웹스터 사전이 2017년 올해의 단어로 '페미니즘'을 선정하였고(중앙일보 2017. 12. 12), 이어 2019년에는 올해의 단어로 'they'를 선정하고 이 단어에 복수 대명사로서의 '그들' 외에도 '여성도 남성도 아닌 성별을 지닌 개인'이라는 의미를 추가한 바 있다(중앙 SUNDAY 2020. 3. 7–3. 8). 이와 같은 맥락에서 본다면 또한 국내에서는 거의 발견되지 않는 성 소수자의 언어에 대한 사회언어학적 연구가 아직은 미지의 분야이자 매우 민감한 연구 주제가 될 것으로 보인다. 또한 앞 절에서 이미 몇몇 연구 사례로써 지적되었듯이 성별 언어의 중화 현상이 발견되고 상호교차 사용이 증가하고 있음을 볼 때 향후의 연구들은 기존의 여권주의 시각을 뛰어넘어 양성의 문제를 고르게, 그리고 진정한 성 평등을 지향하는 균형 있는 시각으로 문제에 접근할 필요가 있을 것이며, 여성어에 집중하여 자칫 여성어의 유표성을 인정하고 재생산하는 듯한 결과를 초래하지 말아야 할 것이다.

사회언어학 연구의 대전제인 '사용 중의 언어'(language in use)의 문제를 고려할 때 많은 연구 주제를 던져 주는 또 하나의 분야는 급증하는 사이버 의사소통 공간의 다양성이라 하겠다. 이에 대한 연구는 이미 상당한 성과를 거두고 있으나 일상 자연 담화와는 매우 다른 의사소통 매체로서 성 정체성은 물론 사회적 지위 등 참여자들에 대한 많은 정보가 가려질 수 있는 '탈 맥락화'된 사이버 의사소통 상황에서 성 정체성은 어떻게 드러나고 구축이 되고 또한 인식이 되는지에 대한 연구 역시 유망하다.

　마지막으로, 국내에서도 언어적 성차별에 대한 인식, 이에 대한 개선책 제시 등이 어느 정도 성과를 이루었다. 학문적 결과물로는 국내에서는 여성 차별적 언어 사용의 실태를 조사한 한국여성개발원의 연구 보고서인 이춘아·김이선(1996) 이래 국립국어원과 한국여성정책연구원이 지원하여 성차별적 언어 표현 사례에 대한 조사 및 대안을 제시한 안상수(2007)이 손꼽을 만하다. 또한 최근에 한국여성정책연구원에서 나온 여성 혐오 표현에 대한 제도적 대응 방안 연구인 이수연(2018)도 있다. 젠더에 대한 인식이나 담론이 끊임없이 변화하고 사회가 지속적으로 급변하는 상황임을 감안한다면, 이 역시 바람직한 언어 사용에 관한 공식적 규범이나 언어적 성 평등을 위한 실천적 노력에 대한 점검 및 보완에 역점을 두는 연구도 앞으로 지속적으로 요구된다. 이로써 언어적 성 평등 실현을 위한 개별적이고 미시적인 연구들이 거시적으로 종합되는 결과를 기대해 볼 수 있을 것이다.

주석

1) 예컨대, 교육이나 사회적 지위 등을 통한 특정 변이형에 대한 접근 가능성, 특정 변이형에 대한 사용 권한, 성별화된 사회문화적 가치나 직업, 경제적 이득, 그리고 이를 추구하는 사회적 실행 등의 요인이 매개하는 특정 언어 형태의 사용

2) 일본어에서 종조사(終助詞)란 문장의 끝에서 감동·명령·의문·희망 따위의 의미를 나타내거나 진술을 제약하는 기능을 하는 형태소다. 이데사치코(井出祥子 1979, 임영철 1996: 36~37에서 재인용)에 따르면 'わ'[와], 'のよ'[노요], 'かしら'[가시라]는 여성 특유의 종조사이며 'ぞ'[조], 'ぜ'[제], 'かぁ'[가:]는 남성 특유의 종조사이며, 여성의 종조사는 주로 주장이나 단정을 약화시키거나 공감을 나타내는 반면 남성의 종조사는 그 반대의 기능을 한다고 한다.

3) 완곡어법과 공손 표현이 많은 교토 궁정 궁녀들의 언어로서 이후 무사 계급과 부유한 '초우닝'(町人) 계층의 우아한 말로 전해짐.

4) 기녀들의 풍속적이고 매력적인 특수 여성어로서, 문말 표현, 인칭 대명사, 어휘에서 그 특질이 드러남.

5) 이러한 맥락에서 제임스와 클라크(James & Clarke 1993)이 말 끼어들기에 대한 이전의 58편의 연구들을 면밀히 분석한 결과, 남성의 지배적 말 끼어들기라는 정형화가 경험적으로 확인되지 않는다고 결론 내린 것은 눈여겨볼 만하다.

6) 박사학위 논문으로는 박은하(2008), 김미진(2015), 조태성(2017)을 포함하는 3편이 발견된다.

7) 여기에서 소개하는 언어 변이 연구 범주에 속하는 논문들은 모두 앞서 2장 〈언어 변이와 변화〉에서 그 전체적 내용이 자세히 소개되었으므로 여기서는 성별과 관련한 내용만 간략하게 기술한다.

8) 이 장에서 분석된 총 52편의 외국어 대상 연구를 대략 성격별로 보자면, 이론적 연구 14편, 경험적 연구 38편이며 이 중, 응용언어학적 연구가 14편이라 할 수 있다.

9) 'ソウ系' 맞장구사(詞)란 'そうですか'[소데스까], 'そっか'[소까], 'そうですね'[소데스네] 등처럼 기본적으로 '그렇습니까?', '그렇네요' 등의 뜻을 가진 맞장구 표현들을 일컬음.

10) 간음(姦淫), 간사(奸邪), 질투(嫉妬), 노비(奴婢)에서와 같이 남성에게도 해당되는 단어임에도 불구하고 '女' 편방(부수, 部首)을 사용하여 여성을 천하고 추한 대상으로 삼은 한자어들이다.

11) 이 연구에서는 북경어언대학교 말뭉치(BCC汉语语料库)에 대한 자세한 소개가 없다는 아쉬움이 있는데 이에 대해서는 이 연구를 기반으로 했다고 보이는 자오펑옌·윤애경(2017)에서 발견된다.

참고문헌

강현석(2009), 〈국어 담화 표지 '예'와 '네'의 사용에 나타나는 변이에 대한 연구〉, 《사회언어학》 17(2), 57~86, 한국사회언어학회.

강현석(2011), 〈해요체-합쇼체의 변이에 대한 계량사회언어학적 연구: 성별어적 차이를 중심으로〉, 《사회언어학》 19(2), 1~22, 한국사회언어학회.

강현석·김민지(2017), 〈인스턴트 메신저 카카오톡의 대화 자료에 나타난 '예'와 '네'의 변이 양상〉, 《사회언어학》 25(3), 1~27, 한국사회언어학회.

강희숙(1999), 〈언어 변화와 언어 유지의 원리: 의문법 어미 '-니'의 확산을 중심으로〉, 《국어문학》 34권, 5~22, 국어문학회.

권순구(2007), 〈언어 표현과 인식에 있어서의 남녀 차이: 보조용언의 사용을 중심으로〉, 《인문학연구》 34(3), 7~30, 충남대학교 인문과학연구소.

권영수(2006), 〈페미니즘 언어비판에서의 인지칭 명칭〉, 《언어과학연구》 38, 209~228, 언어과학회.

권영수(2007), 〈페미니즘 언어비판의 방법론〉, 《언어과학연구》 40, 225~243, 언어과학회.

김귀순(1999), 〈영어 명사의 성차별 지양을 위한 작문 사례 연구〉, 《외대논총》 19(3), 29~52, 부산외국어대학교.

김귀순(2003), 〈젠더와 영어 공손어법〉, 《언어과학》 10(2), 19~38, 한국언어과학회.

김규현·서경희(1996), 〈대화조직상의 성별차이: 평가와 이해 확인을 중심으로〉, 《사회언어학》 4(2), 77~112, 한국사회언어학회.

김기선(2010), 〈몽골어에 나타나는 여성과 남성 언어의 성적 차이 비교 연구〉, 《동아시아고대학》 22, 361~393, 동아시아고대학회.

김명운(2006), 〈어휘사용의 성적변이 현상에 대한 사회언어학적 연구 방법시론: 현대 소설작가 공선옥, 김소진, 신경숙, 윤대녕을 중심으로〉, 《사회언어학》 14(2), 75~98, 한국사회언어학회.

김미진(2015), 《제주도 방언의 여성 발화 연구》, 제주대학교 박사학위 논문.

김성헌(1997), 〈언어 변이의 사회언어학적 요인에 관한 고찰: 대학가의 사용 용어 '형'/'오빠'를 중심으로〉, 《사회언어학》 5(2), 689~704, 한국사회언어학회.

김세현(2018), 〈젠더 편향적인 자막번역에 대한 수용자 인식 연구〉, ≪번역학연구≫ 19(2), 39~69, 한국번역학회.

김욱동(2012), 〈속담의 성 차별과 젠더 번역〉, ≪통번역학연구≫ 16(4), 109~127, 한국외국어대학교 통번역연구소.

김은옥(2006), 〈광고언어에 나타나는 젠더표현〉, ≪일본어문학≫ 35, 1~20, 일본 어문학회.

김은희(2007), 〈언어와 여성 3: 언어의 여성화: 직명의 여성화와 텍스트의 여성화〉, ≪프랑스어문교육≫ 26, 151~179, 한국프랑스어문교육학회.

김정민(2009), 〈독일어의 총칭적 남성형과 성 중립성 확보를 위한 제안 고찰〉, ≪독일어문학≫ 44, 17(1), 267~286, 한국독일어문학회.

김종수(2004), 〈언어에서의 성 차별과 해결방안: 독일어와 영어를 중심으로〉, ≪독일어문학≫ 26, 227~249, 한국독일어문학회.

김해연(2010), 〈한국 사회언어학 연구 개관: ≪사회언어학≫ 게재 논문을 중심으로〉, ≪사회언어학≫ 18(2), 287~347, 한국사회언어학회.

김현태(2014), 〈중국어 속 여성 차별언어의 문화언어학적 고찰〉, ≪중국과 중국학≫ 23, 67~91, 영남대학교 중국연구센터.

김형배(2007), 〈한국어의 불평등한 언어문화에 관한 연구: 방송 언어를 대상으로〉, ≪한민족문화연구≫ 20, 157~186, 한민족문화학회.

김혜숙(2008), 〈성 중립적 영어 표현에 대한 대학생 학습자의 인식 연구〉, ≪사회언어학≫ 16(1), 105~130, 한국사회언어학회.

김혜숙(2009), 〈성별에 따른 "네"와 "예"의 사용과 변화 양상〉, ≪언어연구≫ 25(1), 85~105, 한국현대언어학회.

김혜숙(2010), 〈사회적 변인간 상호작용에 따른 영어 부가의문문 사용에 관한 연구〉, ≪사회언어학≫ 18(1), 31~52, 한국사회언어학회.

김혜숙(2014), 〈성별에 따른 기능별 영어부가의문문 사용에 대한 코퍼스 기반 연구〉, ≪사회언어학≫ 22(3), 1~23, 한국사회언어학회.

노미영(2005), ≪교사 언어 속에 나타나는 성 차별 연구: 성역할 고정관념을 중심으로≫, 성공회대학교 석사학위 논문.

모우이(2015), ≪한·중 남녀의 성별 발화에 대한 사회언어학적 대조 연구≫, 한국외국어대학교 박사학위 논문.

민현식(1996), 〈국어의 성별어 연구사〉, ≪사회언어학≫ 4(2), 3~31, 한국사회언어학회.

민현식(1997), 〈국어 남녀 언어의 사회언어학적 특성 연구〉, 《사회언어학》 5(2), 529~587, 한국사회언어학회.

박다운(2008), 《제7차 중학교 국어 교과서에 나타난 성별언어의 양상과 성별언어를 통한 양성 평등 교육 방안 연구》, 순천대학교 석사학위 논문.

박동근(2012), 〈[X-남], [X-녀]류 통신언어의 어휘 형성과 사회적 가치 해석〉, 《사회언어학》 20(1), 27~56, 한국사회언어학회.

박석진(2011), 〈한국어 성별언어의 개념에 대한 연구: 하십시오체/해요체의 사용을 중심으로〉, 《한국어문학연구》 34, 107~126, 한국외국어대학교 한국어문학연구회.

박승혁(2012), 〈성과 관련된 영어의 성 차별 표현〉, 《영미어문학》 104, 275~299, 한국영미어문학회.

박은하(2007), 〈텔레비전 광고에 나타난 성별차이어의 인식조사〉, 《사회언어학》 15(2), 57~84, 한국사회언어학회.

박은하(2008), 《텔레비전 광고에 나타난 성차이어와 성 차별어 연구》, 대구대학교 박사학위 논문.

박은하(2009가), 〈한국 속담에 나타난 남녀 표현 양상 연구〉, 《사회언어학》 17(2), 87~114, 한국사회언어학회.

박은하(2009나), 〈한국 전래 동화에 표현된 성 차별 언어〉, 《아시아여성연구》 48(1), 7~29, 숙명여자대학교 아시아여성연구소.

박은하(2018), 〈남자답다/여자답다, 남성스럽다/여성스럽다의 사용 양상과 인식에 대한 연구: 말뭉치와 설문 조사를 중심으로〉, 《텍스트언어학》 44, 35~62, 한국텍스트언어학회.

박찬인(1997), 〈프랑스어에 나타난 성 차별〉, 《인어》 18, 215~237, 충남대학교 어학연구소.

방극철(2010), 〈근대일본어와 여성어: '정의표현'을 중심으로〉, 《일본어교육》 53, 127~140, 한국일본어교육학회.

배혜진·이혁화(2010), 〈대구 지역 어두경음화의 사회언어학적 고찰〉, 《민족문화논총》 46, 301~329, 영남대학교 민족문화연구소.

서경희(2006), 〈남성과 여성의 의사소통방식: 레이코프(Lakoff)의 재조명〉, 《영미연구》 15, 125~149, 한국외국어대학교 외국학종합연구센터 영미연구소.

서민정(2008), 〈한국어 여성 묘사 표현의 특성〉, 《코기토》 63, 279~296, 부산대학교 인문학연구소.

서유경(2012), 〈한국 여성어 번역과 문화 간극: 김주영의 〈천둥소리〉 러시아어 번역을 중심으로〉, 《통번역학연구》 16(2), 39~67, 한국외대 통번역연구소.

서혜영(2017), 〈한국어 남성 학습자의 여성어 사용 양상 연구〉, 한국외국어대학교 석사학위 논문.

송경숙(1996), 〈영어와 한국어 대화에서 성(性, gender)의 역학: 토론과 논쟁에서의 남성과 여성의 차이〉, 《사회언어학》 4(2), 113~142, 한국사회언어학회.

송경숙(2003), 〈한국어와 영어 사이버 커뮤니케이션에서 남성과 여성간의 성(gender) 역학〉, 《사회언어학》 11(2), 161~186, 한국사회언어학회.

송하일(2007), 《성차이어와 성 차별어에 관한 고찰: 성별어에 관한 탐구학습을 중심으로》, 아주대학교 석사학위 논문.

신용민(2005), 〈랑그와 빠롤의 관점에서 본 언어 속의 성 변별과 페미니즘〉, 《독일어문학》 13(1), 327~347, 한국독일어문학회.

안상수(2007), 《사회적 의사소통 연구: 성 차별적 언어 표현 사례 조사 및 대안 마련을 위한 연구》, 국립국어원·한국여성정책연구원.

오미선(1996), 〈일본어의 여성어와 남성어〉, 《비교문화연구》 2, 13~24, 경희대학교 비교문화연구소.

우윤식(2002가), 〈남성과 여성의 언어행위에 관한 사회언어학적 고찰〉, 《외대논총》 24, 327~354, 부산외국어대학교.

우윤식(2002나), 〈페미니즘 언어학의 과제〉, 《외대논총》 25(2), 571~596, 부산외국어대학교.

유성곤(1989), 〈여성어에 관한 연구〉, 《동서문화》 21, 47~62, 계명대학교 동서문화연구소.

유재임(1999), 〈영어에 나타나는 여성어의 특징과 영향〉, 《논문집(신학·인문대학편)》 34, 77~100, 강남대학교.

유창돈(1966), 〈여성어의 역사적 고찰〉, 《아세아여성연구》 5, 37~72, 숙명여자대학교 아세아여성연구소.

유희재(2017), 〈남성과 여성을 나타내는 동물 은유의 비판적 분석〉, 《담화와인지》 24(4), 87~113, 담화·인지언어학회.

윤경원(2006), 〈태국어 언어표현에 나타나는 성 차별어〉, 《동남아연구》 16(2), 27~48, 동남아연구소.

윤은경·곽선우(2017), 〈한국어 남성 교원의 여성스러운 말투에 대한 사회언어학적 청자 변인 연구〉, 《언어와 언어학》 75, 125~152, 한국외국어대학교 언어연구소.

윤호숙(2009), 〈한국인 일본어학습자의 일본어 성차 교육에 관한 실태와 문제점: 일본어 회화 교재를 중심으로〉, ≪일본어교육연구≫ 17, 183~198, 한국 일어교육학회.

이능우(1971), 〈한국 여성어 조사〉, ≪아세아여성연구≫ 10, 71~82, 숙명여자대 학교 아세아여성문제연구소.

이덕호(1996), 〈언어와 성의 사회인식적 상호관계: 독일어의 미혼여성 호칭 Fraulein의 부침을 중심으로〉, ≪서강인문논총≫ 5, 101~127, 서강대학 교 인문과학연구소.

이덕호(1997), 〈'언어와 성'의 연구 현황과 앞으로의 과제: 특히 여성어 연구를 중 심으로〉, ≪사회언어학≫ 5(1), 3~57, 한국사회언어학회.

이명자(2003), 〈러시아 남성언어와 여성언어의 변별적 특성들〉, ≪노어노문학≫ 15(2), 107~128, 한국노어노문학회.

이미재(2002), 〈어두 경음화에 관한 사회언어학적 고찰: 언어 변화의 측면에서〉, ≪말소리≫ 특별호 1, 167~178, 대한음성학회.

이상빈(2017), 〈광고와 젠더 번역: 수입자동차 인쇄광고의 남성타깃 번역전략〉, ≪통 번역학연구≫ 21(2), 85~108, 한국외국어대학교 통번역연구소.

이상원(2012), 〈번역에서 여성어는 존재하는가?〉, ≪통번역학연구≫ 6(2), 1~18, 한국외국어대학교 통번역연구소.

이석규·김선희(1992), 〈남성어 여성어에 관한 연구〉, ≪어문학연구≫ 2, 35~74, 목원대학교 어문학연구소.

이수연(2018), ≪여성혐오표현에 대한 제도적 대응방안 연구≫, 한국여성정책연구원.

이재돈(2002), 〈중국 여성어의 음운적 특질에 관하여〉, ≪중국문화연구≫ 1, 151~170, 중국문화연구학회.

이정복(2007), 〈한국어 사전에 나타난 성 차별 언어 연구〉, ≪한국어학≫ 34, 257~300, 한국어학회.

이정복(2010), 〈인터넷 통신 공간의 여성 비하적 지시 표현〉, ≪사회언어학≫ 18(2), 215~247, 한국사회언어학회.

이정희(2002), 〈현대 일본어의 여성이 사용하는 말에 있어서의 성 차별 표현 연구〉, ≪일본어문학≫ 18, 137~164, 일본어문학회.

이진성(2011), 〈TV 화장품 광고에 반영된 여성과 남성에 대한 언어 태도의 차이〉, ≪사회언어학≫ 19(2), 287~318, 한국사회언어학회.

이춘아·김이선(1996), ≪성차별적 언어 사용에 관한 연구≫, 한국여성정책연구원.

이혜영(2006), ≪한·일 양 언어의 젠더표현의 대조연구≫, 상명대학교 박사학위 논문.

이혜영(2011), 〈맞장구표현과 젠더: ソウ系에 나타난 맞장구표현을 중심으로〉, ≪일본어교육연구≫ 21, 53~65, 한국일어교육학회.

이화연(2003), 〈영어에 나타난 여성의 언어(women's language)의 특성에 대한 연구〉, ≪인문과학연구논총≫ 25, 53~61, 명지대학교 인문과학연구소.

임규홍(2004), 〈성별에 따른 국어 담화 표지 사용 모습: 중, 고등학생 이야기대회를 바탕으로〉, ≪어문학≫ 83, 92~113, 한국어문학회.

임영철(1996), 〈일본어의 여성어에 대하여〉, ≪사회언어학≫ 4(2), 31~50, 한국사회언어학회.

자오펑옌(2017), 〈성별 어휘 '男X/女X'에 대한 의미 연구: '男/女+人·性·子'를 중심으로〉, ≪중국어문학논집≫ 104, 61~86, 중국어문학연구회.

자오펑옌·윤애경(2017), 〈한국인 화자의 중국어 성별 어휘 오류 분석 및 교육 방안 연구〉, ≪중국어문학논집≫ 107, 203~224, 중국어문학연구회.

장영희(2000), 〈20대 남녀 사용 어휘의 대비적 고찰: 드라마 대사의 어휘 계량을 중심으로〉, ≪화법연구≫ 2, 93~115, 한국화법학회.

장혜선(2010), 〈일본 소설에 나타나는 '남성어' 번역 전략에 대한 고찰〉, ≪일본어문학≫ 49, 317~342, 일본어문학회.

제민경·박진희·박재현(2016), 〈성 차별적 표현에 대한 언어 인식 교육 방향 탐색〉, ≪국어국문학≫ 175, 79~114, 국어국문학회.

전지은(2011), ≪핵심어 분석을 통한 영어 성별 어휘 사용 양상 연구≫, 고려대학교 박사학위 논문.

전지은(2014), 〈핵심어 분석을 통한 성별 연령별 발화 특성 연구〉, ≪사회언어학≫ 22(1), 225~253, 한국사회언어학회.

정혜경(2005), 〈일본에 있어서 여성어의 변화에 관한 연구〉, ≪일어일문학연구≫ 53, 307~327, 한국일어일문학회.

조남민(2012), 〈여성 신체어의 출현과 의식의 변화: 자궁, 그리고 임신, 출산 관련 어를 중심으로〉, ≪사회언어학≫ 20(2), 425~446, 한국사회언어학회.

조용준(2017), 〈해라체 의문형 어미 '-냐'와 '-니'의 사회적 지표성에 대한 연구〉, ≪사회언어학≫ 25(3), 259~297, 한국사회언어학회.

조태린(2011), 〈부부 간 호칭어 및 높임법 사용의 양성 불평등 측면〉, ≪사회언어학≫ 19(1), 159~186, 한국사회언어학회.

조태성(2017), ≪여성어의 인지의미론적 분석≫, 안동대학교 박사학위 논문.

조혜진(2012), 〈스페인어에 나타난 성 차별적 양상 연구: 어휘를 중심으로〉, ≪이

베로아메리카≫ 14(1), 213~240, 부산외국어대학교 중남미지역원.

조혜진(2015), 〈스페인어 여성 관련 동물 속담의 인지 구조 분석〉, ≪지중해지역연구≫ 17(2), 77~96, 부산외국어대학교 지중해지역원.

중앙일보(2017. 12. 12), "미리엄-웹스터 사전, 올해의 단어에 '페미니즘' 선정". https://news.joins.com/article/22197848 에서 2020. 7. 19일 검색.

중앙 SUNDAY(2020. 3. 7.-3. 8.), "남자도 여자도 아니다…진격의 문화 코드 '그들'". https://news.joins.com/article/23724218 에서 2020. 7. 19일 검색.

채춘옥(2009), 〈연변지역의 여성어와 남성어에 대한 고찰〉, ≪사회언어학≫ 17(2), 115~136, 한국사회언어학회.

최명원(2002), 〈언어와 성〉, ≪독일문학≫ 84, 43(4), 538~566, 한국독어독문학회.

최명원(2005), 〈언어습득과 성전형성 획득의 상호작용〉, ≪독일문학≫ 93, 46(1), 362~382, 한국독어독문학회.

최용선(1997), 〈영어의 성 차별 현실〉, ≪사회언어학≫ 5(2), 53~86, 한국사회언어학회.

최용선(2001), 〈언어와 성에 관한 연구의 비평적 개관〉, ≪사회언어학≫ 9(2), 157~186, 한국사회언어학회.

허상희(2017), 〈대학생들의 성별에 따른 카카오톡 사용양상 분석〉, ≪한민족어문학≫ 76, 163~200, 한민족어문학회.

홍미주(2013), 〈변항 (오)의 변이형 실현 양상과 언어 태도에 대한 연구〉, ≪방언학≫ 18, 325~367, 한국방언학회.

홍선희(2014), 〈러시아어에서 남성어/여성어의 변별적 특성: 대중매체 언어를 중심으로〉, ≪노어노문학≫ 26(1), 83~108, 한국노어노문학회.

Bakir, M. (1986). Sex differences in the approximation to Standard Arabic: A case study. *Anthropological Linguistics* 28(1), 3~19.

Bohan, J. (1997). Regarding gender: Essentialism, constructionism and feminist psychology. In M. Gergen & S. Davis (eds.), *Towards a New Psychology of Gender*, 21~47. London: Routledge.

Bonvillain, N. (2002). *Language, Culture, and Communication: The Meaning of Messages*. Upper Saddle River, NJ: Prentice Hall.

Bortoni-Ricardo, S. M. (1985). *The Urbanization of Rural Dialect Speakers*. Cambridge: Cambridge University Press.

Bucholtz, M. (1999). Why be normal?: Language and identity practices a community of nerd girls. *Language in Society* 28, 203~223. Cambridge: Cambridge University Press.

Burr, E., Dunn, S., & Farquhar, N. (1973). *Guidelines for Equal Treatment of the Sexes in Social Studies Textbooks.* Los Angeles: Westside Women's Committee.

Butler, J. (1990). *Gender Trouble: Feminism and the Subversion of Identity.* London: Routledge.

Cameron, D., McCalinden, F., & O'Leary, K. (1989). Lakoff in context: The social and linguistic functions of tag questions. In J. Coates & D. Cameron (eds.). *Women in their Speech Communities*, 74~93. London: Longman.

Cameron, D. (1990). Demythologizing sociolinguistics: Why language does not reflect society. In J. E. Joseph & T. J. Tylor (eds.), *Ideology of Language*, 79~93. London: Routledge.

Cameron, D. (1997). Young men's talk and the construction of heterosexual masculinity. In S. Johnson and U. Meinhof (eds,), *Language and Masculinity*, 47~64. Oxford, UK & Cambridge, Mass.: Blackwell Publishers.

Cameron, D. (2003). Gender and language ideologies. In J. Holmes, and M. Meyerhoff (eds.), *Handbook of Language and Gender*, 447~467. Oxford: Blackwell Publishers.

Cheshire, J. (1982). Linguistic variation and social function. In S. Romaine (ed.). *Sociolinguistic Variation in Speech Communities*, 153~166. London: Edward Arnold.

Coates, J. (1999). Women behaving badly: female speakers backstage. *Journal of Sociolinguistics*, 3, 65~80.

Defransisco, V. (1998). The sounds of silence: How men silence women in marital relations. In J. Coates (ed.), *Language and Gender*, 176~184. Malden, MA: Blackwell.

Dubois, B. L., & Crouch, I. (1975). The questions of tag-questions in women's speech: They don't really use more of them, do they?. *Language in Society* 4, 289~294.

Eckert, P. (1989). The whole woman: Sex and gender differences in variation. *Language Variation and Change* 1, 245~267.

Eckert, P., & McConell-Ginet, S. (1992). Think practically and look locally: language and gender as community-based practice. *Annual Review of Anthropology* 21, 461~490.

Eckert, P., & McConell-Ginet, S. (1995). Constructing meaning, constructing selves: snapshots of language and gender, and class from Beltan High. In K, Hall and M. Bucholtz (eds.), *Gender Articulated*, 469~507. New York and London: Routledge.

Edelsky, C. (1981). Who's got the floor. *Language in Society* 10, 383~421.

Ehrlich, S. (2006). Trial discourse and judicial decision-making. In J. Baxter (ed.), *Speaking out: The Female Voice in Public Context*, 139~158. Basingstoke, Hamphshire: Palgrave Macmillian.

Flotow, L. (1997). *Translating and gender*. Ottawa: University of Ottawa.

Gal, S. (1978). Peasant men can't get wives: Language change and sex roles in a bilingual community. *Language in Society* 7, 1~16.

Gal, S. (1979). *Language Shift: Social Determinants of Linguistic Change in Bilingual Austria*. New York: Academic Press.

Gal, S. (1995). Language, gender and power. In K. Hall & M. Bucholtz (eds.), *Gender Articulated: Language and Socially Constructed Self*, 169~182. New York: Routledge.

Garcia, M. A. (1977). *Lenguaje y discriminación sexual [Language and sex discrimination]*. Madrid: Editorial Cuadernos para el Diálogo, S. A. Edicusa.

Goodwin, C. (1981). *Conversational Organization: Interaction between Speakers and Heavens*. New York: Academic Press.

Goodwin, M. H. (1988). Cooperation and competition across girls' play activities. In A. Todd & S. Fisher (eds.), *Gender and discourse: The Power of Talk*, 55~94. Norwood, NJ: Albex.

Gordon, E. (1997). Sex, speech, and stereotypes: Why women use prestige speech forms more than men. *Language in Society* 26, 47~64.

Hall, K. (1995). Lip service on the fantasy lines. In K. Hall & M. Bucholtz (eds.), *Gender articulated: Language and Socially Constructed Self,* 183~216. New York: Routledge.

Hall, K., & O'Donovan, V. (1996). Shifting gender positions among Hindi speaking Hijiras. In V. Bergvall, J. Bing & A. Freed (eds.), *Rethinking Language and Gender Research,* 228~266. London: Longman.

Harrington, K., Litosseliti, L., Sauntson, H., & Sunderland, J. (2008). *Gender and Language Research Methodologies.* Basingstoke, Houndmills, Hamphshire & New York: Palgrave Macmillian.

Hellinger, M., & Bußman. H. (eds.) (2001). *Gender across Languages: The Linguistic Representation of Women and Men Vol. 1~3.* Amsterdam: John Benjamins.

Hill, J. (1987). Women's speech in modern Mexico. In S. Philips, S. Steel & C. Tanz (eds.), *Language, Gender and Sex in Comparative Perspective,* 121~160. Cambridge: Cambridge University Press.

Holmes, J. (1984). Hedging your bets and sitting on the fence: Some evidence for hedges as support structures. *Te Reo* 27, 47~62.

Holmes, J. (1995). *Women, Men and Politeness.* New York: Longman.

Inoue, M. (2002). Gender, language and modernity. *American Ethnologist* 29, 392~422.

James, D., & Clarke, S. (1993). Women, men, and interruptions: A critical review. In D. Tannen (ed.), *Gender and Conversation,* 231~280. New York & Oxford: Oxford University Press.

Jespersen, O. (1922). *Language: Its Nature, Development and Origins.* London: Allen & Unwin.

Keenan, E. (1974). Norm makers, norm breakers: Use of speech by men and women in a Malagasy Community. In R. Bauman & J. Sherzer (eds.), *Explorations in the Ethnography of Speaking,* 125~143. Cambridge: Cambridge University Press.

Key, M. (1975). *Male/Female Language.* Metuchen, NJ: Scarecrow Press.

Kim, J. Y. (2012), Intimacy and gender in expressing gratitude in L2. *The Sociolinguistic Journal of Korea* 20(2), 115~147.

Kramer, C. (1975). Women's speech: Separate but unequal. In B, Thorne

& N. Henley (eds.), *Language and Sex*, 43~56. Rowley, MA: Newbury.

Ku, H. K. (1994), Sex differentiation reflected in the restroom graffiti. *The Sociolinguistic Journal of Korea*, 2(1), 79~98.

Labov. W. (1966a). *The Social Stratification of English in New York city*. Washington, D.C.: Center for Applied Linguistics.

Labov. W. (1966b). Hypercorrection by the lower middle class as a factor in sound change. In W. Bright (ed.), *Sociolinguistics*, 88~101. The Hague: Mouton.

Labov, W. (1990). The intersection of sex and social class in the course of linguistic change. *Language Variation and Change* 2, 205~254.

Lakoff, R. (1975). *Language and a Woman's Place*. New York: Harper and Row.

Lave, J., & Wenger, E. (1991). *Situated Learning: Legitimate Peripheral Participation*. Cambridge & New York: Cambridge University Press.

Levin, L., & Crockett, H. (1967). Speech variation in a Piedmont community: postvocalic 'r'. In S. Lieberson (ed.), *Exploration in Sociolinguistics*, 76~98. Bloomington: Indiana University Press.

McGraw-Hill Publishing Co. (1974). *Guidelines for Equal Treatment of the Sexes in McGraw-Hill Book Company Publications*. New York: McGraw-Hill.

McElhinny, B. S. (1995). Challenging hegemonic masculinities. In K. Hall & M. Bucholtz (eds.), *Gender Articulated: Language and Socially Constructed Self,* 217~243. New York: Routledge.

Milroy, L. (1980). *Language and Social Networks*. Oxford: Basil Blackwell.

Milroy, L. (1988). Review of Hovarth 1985. *Language in Society* 17(4), 577~581.

Milroy, J. (1981). *Regional Accents of English: Belfast*. Belfast: Blackstaff.

Milroy, L., & Margrain, S. (1980). Vernacular language loyalty and social network. *Language in Society* 9(1), 43~70.

Milroy, L, & Milroy, J. (1992). Social network and social class: Toward an integrated sociolinguistic model. *Language in Society* 21(1), 1~26.

Nakamura, M. (2004). 'Let's dress a little girlishly!' or 'Conquer short pants!'. In S. Okamoto & J. Shibamoto (eds.), *Japanese Language, Gender and Ideology*, 131~147. New York: Oxford University Press.

Nichols, P. (1983). Linguistic options and choices for black women in rural south. In B. Thorne, C. Kramarae & N. Henly (eds.), *Language, Gender and Society*, 54~68. Rowley, MA: Newbury House.

Nilsen, A. P., Bosmajian, H., Gershuny, H. L., & Stanley, J. P. (1977) (eds.). *Sexism and Language*. Urbana, IL: National Council of Teachers of English.

Ochs, E. (1992). Indexing gender. In A. Duranti & C. Goodwin (eds.), *Rethinking Context: Language as an Interactive Phenomenon*, 335~358. Cambridge: Cambridge University Press.

Ostermann, A. C. (2003). Gender, facework and the power of *habitus* at an all-female police station and a feminist crisis intervention center in Brazil. *Discourse and Society* 14, 473~505.

Paik, K. S. (1998), *A Cross-Cultural Study of Compliments and Compliment Responses in English and Korean*, Doctoral dissertation, Seoul National University, Seoul.

Park, D. J. (2005), Gender in language education and teachers' awareness. *The Sociolinguistic Journal of Korea* 13(2), 149~170.

Pauwels, A. (1998). *Women Changing Language*. London: Longman.

Pujolar I Cos, J. (1997). Masculinities in a multilingual setting. In S. Johnson & U. Meinhof (eds.), *Language and Masculinity*, 86~106, Oxford, UK & Cambridge, Mass.: Blackwell Publishers.

Pusch, L. F. (1990). *Alle Menschen werden Schwestern*. Frankfurt/Main: Suhrkamp.

Queen, R. M. (1997). 'I don't speak Spritch': Locating lesbian language. In A. Livia & K. Hall (eds.), *Queerly Phrased: Language, Gender and Sexuality*, 233~256. New York: Oxford University Press.

Sadker, M., & Sadker, D. (1985). Sexism in the classroom of the 80s. *Psychology Today* March, 54~57.

Sankoff, G. (1974). A quantitative paradigm for the study of communicative competence. In R. Bauman & Sherzer (eds.),

Explorations in the Ethnography of Speaking, 18~49. Cambridge: Cambridge University Press.

Sattel, J. (1983). Men, inexpressiveness and power. In B. Thorne, C. Kramarae & N. Henley (eds.), *Language, Gender and Society*, 118~124. Rowley, MA: Newbury.

Schatz, H. (1986). *Plat Amsterdam in Its Social Context*. Amsterdam: P. J. Meertens-Institut voor Dialectologie, Volkskunde en Naamkunde.

Schulz, M. R. (1975). The semantic derogation of woman. In B. Thorne & N. Henley (eds.), *Language and Sex: Difference and Dominance*, 64~75. Rowley, MA: Newbury House.

Smith-Lovinson, L., & Robinson, D. T. (1992). Gender and conversational dynamics. In C. L. Ridgeway (ed.), *Gender, Interaction and Inequality*, 122~156. New York: Springer-Verlag.

Stanback, M. H. (1985). Language and black woman's place: Evidence from the black middle class. In P. Treichler, C. Kramarae & B. Stafford (eds.), *For Alma Mater: Theory and Practice in Feminist Scholarship*, 177~196. Urbana, IL: University of Illinois Press.

Swacker, M. (1975). The sex of the speaker as a sociolinguistic variable. In B. Thorne & N. Henley (eds.), *Language and sex*, 76~83. Rowley, MA: Newbury.

Tannen, D. (1990). *You Just don't Understand: Women and Men in Conversation*. New York: Ballantine Books.

Trömel-Plötz, S. (1978). Linguistik und Frauen sprache. *Linguistische Berichte* 57, 49~68.

Trudgill, P. (1972). Sex, covert prestige and linguistic change in the urban British English of Norwich. *Language in Society* 11, 179~195.

Uchida, A. (1992). When 'difference' is 'dominance': A critic of the antipower-based cultural approach to sex differences. *Language in Society* 21, 547~568.

West, C. (1998). When the doctor is a 'lady': Power, status and gender in physician-patient encounters. In J. Coates (ed.), *Language and gender*, 396~412. Malden, MA: Blackwell.

West, C., & Zimmerman, D. (1977). Women's place in everyday talk:

Reflection on parent-child interaction. *Social Problems* 24(5), 521~529.

West, C., & Zimmerman, D. (1983). Small insults: A study of interruptions in cross-sex conversation between unacquainted persons. In B. Thorne, C. Kramarae & N. Henley (eds.), *Language, Gender and Society*, 103~118. Rowley, MA: Newbury.

Wolfram, W. (1969). *A Sociolinguistic Description of Detroit Negro Speech.* Washington D.C.: Center for Applied Linguistics.

Woods, N. (1988). Talking shop: Sex and status as determinants of floor apportionment in a work setting. In J. Coates & D. Cameron (eds.), *Women in Their Speech Communities*, 141~157. London: Longman.

Yaguello, M. (1978). *Lets mots et les femmes [Words and Women]*. Paris: Payot.

제4장

호칭과 경어법

이정복

호칭과 경어법은 여러 가지 언어 요소 가운데서 사회적 요인과 가장 관련이 높다. 사람과 사람 사이의 관계가 호칭과 경어법 사용에서 중요한 요인으로 작용한다. 대화 상황이나 맥락 또한 호칭 등의 사용에서 화자가 고려해야 할 중요한 요소다. 방식 차이는 있겠지만 모든 언어는 화자들이 다른 사람과의 관계를 설정하고, 그것에 맞게 상대방을 적절히 대우하기 위한 목적에서 쓸 수 있는 호칭 체계와 경어법 또는 공손 장치를 갖추고 있다.

호칭과 경어법은 한국어 연구뿐만 아니라 한국의 사회언어학 연구에서 중요하게 다루어져 왔다. 어떤 다른 언어에 비해서도 정밀하고 복잡한 체계를 갖춘 한국어의 호칭과 경어법은 대화의 성공과 실패를 좌우할 정도로 화자들에게 영향력이 강력하며, 대화 참여자들이 지속적으로 큰 주의를 기울여야 할 말하기의 핵심적 요소로 인식된다. 그만큼 학문적 관심이 일찍부터 나왔고, 연구 결과도 많은 편이다.

이 장에서는 한국의 사회언어학 연구에서 다루어진 호칭과 경어법의 연구 결과를 대상으로 연구의 흐름과 특징을 살펴본 후 주요 성과를 몇 가지

하위 유형으로 나누어 정리하겠다. 이를 바탕으로 앞으로 호칭과 경어법의 사회언어학적 연구가 나가야 할 방향을 제시해 보기로 한다.

분석 대상 연구는 학술지 ≪사회언어학≫의 1993년 창간호부터 2020년 6월에 발행된 28권 2호까지에 실린 호칭 및 경어법 관련 주요 연구 논문을 기본으로 하고, 1970년대 이후 최근까지 사회언어학 관점에서 이루어진 다른 학술지 게재 논문, 박사학위 논문, 단행본 자료 가운데서 주목할 필요가 있는 연구를 포함한다. 이와 함께 연구사적인 면에서 특별히 언급할 필요가 있는 경우 석사학위 논문도 일부 다룬다. 한국어를 대상으로 한 연구를 중점적으로 살펴보고, 외국어를 대상으로 하거나 한국어와 외국어의 호칭과 경어법을 비교한 연구도 간략히 다루어 볼 것이다.

1. 호칭과 경어법 연구의 흐름과 특징

1.1. 호칭 연구

호칭(呼稱) 또는 호칭어(呼稱語, terms of address)는 기본적으로 화자가 청자를 부르거나 가리킬 때 사용하는 표현을 뜻한다. 대화에 등장하는 제3자를 가리키는 말도 호칭의 범위에 든다. 따라서 호칭이라고 할 때는 부름말과 가리킴말이 모두 포함된다. 형식 면에서 호칭에는 단어뿐만 아니라 조사, 구, 문장까지 포함되기 때문에 호칭 기능으로 쓰이는 언어 요소를 '호칭어' 대신 '호칭 표현'이라고도 한다.[1]

호칭어는 모든 인간 사회에서 나타나는 사회적 상호작용(social interaction)의 핵심적 구성 성분이며, 사회 구조의 중요한 측면을 반영하는 언어 행동의 기초적인 영역이다(왕한석 2005: 19). 서양에서 사회언어학의 관점에서 호칭어를 다룬 연구는 브라운과 길먼(Brown & Gilman 1960)에서 시작되었다. 이 연구에서는 라틴어, 프랑스어, 이탈리아어, 독일어 등 유럽 언어들에서 2인칭 대명사가 공손한 의미를 전달하는 V형과 친밀한 의미를 전달하는 T형으로 이루어져 있음을 파악하고, 화자와 청자의 힘(power)과 연대(solidarity) 관계에 따라 두 유형의 대명사가 어떻게 사용되는지를 흥미롭게 기술했다. 이어진 브라운과 포드(Brown & Ford 1961)은 미국 영어의 호칭어를 '이름 호칭'(the first name, FN)과 '직위 호칭'(a title with the last name, TLN)으로 크게 나누고, 대화 참여자의 지위 및 친밀성 관계에 따라 호칭어 사용이 어떻게 달라지는지를 보고했다.

이러한 연구는 호칭어 목록을 단순 확인하는 기존 연구를 넘어 호칭이 화자와 청자의 사회적 관계에 따라 어떻게 사용되며, 그 배경에 어떤 사용 원리 또는 규칙이 작용하는지를 파악하려 한 점에서 사회언어학의 관점이 잘 반영되었다고 하겠다. 호칭어에 대한 대표적인 또 다른 연구는 어빈트립(Ervin-Tripp 1972)다. '선택 규칙'과 '공기 규칙'이라는 사회언어학적 규칙을 제안한 이 연구는 호칭 선택이 화자와 청자의 관계, 상황적 요인, 맥락적 요인에 따라 일련의 과정을 거쳐 이루어지며, 그것을 컴퓨터 프로그램의 흐름도(flow chart)처럼 형식화할 수 있음을 보여 주었다. 형식화를 통해 화자가 어떤 호칭 형식을 선택할지를 예측할 수 있는 '예측 모형'을 제시한 셈인데, 한국어 호칭 연구에서도 같은 방식의 형식화를 시도한 경우가 있다.

유럽어 및 미국 영어를 대상으로 한 호칭어의 사회언어학적 연구가 비서양 사회로 확산되었고, 결과적으로 세계 주요 언어 또는 언어공동체의 호칭어에 대한 폭넓은 지식을 얻게 되었다. 그런데 다른 사회의 호칭어는 서양어의 T나 V 또는 FN이나 TLN의 이원적 구분 체계보다 훨씬 복잡한 구조를 갖는다는 점이 밝혀졌다(왕한석 2005: 30).

한국어도 호칭 체계가 어떤 언어보다 복잡한 편이다. 직함이나 직위를 이용한 '직위 호칭어'가 많고, '가족 호칭어'도 아주 다양하게 발달해 있다. 아이를 이용한 호칭인 종자명(從子名) 호칭, 출신지를 이용한 종지명(從地名) 호칭도 있고, 전통적으로는 호(號)나 자(字)를 호칭으로 이용하는 문화도 있었다. 또한 '아저씨', '아주머니'와 같은 가족 호칭어가 사회적 관계에서도 널리 확산되어 '두루 높임 호칭어'로 쓰임으로써 한국 사회 전체가 마치 확대 가족처럼 인식되고 있다.2) 가족 호칭어의 사회적 확대 사용은 전통 사회에서는 물론이고 21세기 현대에도 활발하게 이어지고 있는데, 한국어 호칭의 쓰임에서 나타나는 중요한 특징의 하나다.

한국어 호칭은 그 자체로도 중요하게 다루어지는 연구 대상이지만 경어법이 발달한 한국어의 특성 때문에 경어법의 한 요소로 통합적 관점에서 다루어지는 일이 많다. 한국어 호칭어에 대한 본격적 연구는 언어인류학 분야에서 시작되었는데, 구조주의 언어학의 방법으로 한국어 친족 호칭을 도식화하여 보여 준 대표적인 언어인류학적 연구에는 최재석(1963), 왕한석(1988, 1993)이 있다. 호칭어에 대한 사회언어학적 연구는 1990년대 이후 활발하게 나오고 있다.

사회언어학적 시각과 방법으로 호칭어를 다룬 연구 가운데서 친척 또는 가족 안의 호칭어 사용을 다룬 연구들이 많이 나왔다. 왕한석(2000, 2001)은 경남 지역 반촌의 호칭 사용을 분석했고, 이정복(2018)은 전통적으로 쓰인 성차별적인 가족 호칭 체계를 비판적으로 분석하고 대안을 제시했다. 김지연·심영택(2010)은 표준 화법의 면에서 가족 호칭어의 세대별 사용 실태를 분석했다. 김혜숙(2004), 한영옥(2005), 조태린(2011), 구현정(2016)은 가족 가운데서도 부부 사이의 호칭 사용을 다룬 연구다.

직위 호칭어의 연구도 여러 직업 분야를 대상으로 비교적 활발하게 이루어졌다. 이정복(2001나, 2020)은 남북한 정상에 대한 호칭어 사용을 다루었다. 박은하(2013)과 이승민·이순형(2011)은 '선생님' 호칭 사용을 분석했고, 조태린(2018, 2020)은 교수들 사이의 호칭어 사용을 다루었다. 박용한(2008)은 해군 장교 부인 사이의 호칭어 사용을 연구 대상으로 삼았다. 민병곤·박재현(2010)은 표준 화법의 관점에서 직장, 사회에서의 호칭·지칭어 사용 실태를 분석했다.

2000년대에 들어 인터넷 사용이 일상화되고, 각종 사회적 소통망(SNS) 이용이 늘면서 인터넷 공간의 언어 자료를 대상으로 호칭어 사용을 다룬 연구도 계속 나오고 있다. 이정복(2000나)는 통신 언어에서 두루 높임 호칭어로 쓰이는 '님'을, 이정복(2011라)는 트위터 누리꾼들의 호칭어 사용을,

안예림·양명희(2018)은 트위터에서 쓰이는 높임 가리킴말 '분'을 분석했다. 한편, 이정복·판영(2013)은 한국과 중국의 통신 언어 호칭어 '님'과 '亲'[친]의 쓰임을 비교 분석했다. 인터넷 통신 공간에서의 언어 사용 비중이 높아지면서 앞으로 통신 언어 호칭어의 연구가 크게 늘어날 것으로 판단된다.

외국어 호칭어를 사회언어학적으로 분석하거나 한국어와 외국어의 호칭어를 비교, 대조한 연구도 많다. 한국어와 일본어를 비교한 것이 가장 많은데, 홍민표(1997, 1999, 2001, 2003, 2012, 2013가, 2013나, 2015, 2016가, 2018) 등 일련의 연구에서 한국어와 일본어의 부부 호칭, 부모 호칭, 부모의 형제자매 호칭, 형제자매 호칭, 직장 호칭 등을 통계적으로 분석하여 공통점과 차이점을 밝혔다. 홍민표(2010)은 한일 고교생들의 호칭어 사용을 다루었고, 홍민표(2016나)는 설문 조사를 통해, 중년의 남녀가 초면인 사람들로부터 어떻게 불리는가에 대한 한일 호칭어 사용을 분석했다. 이용덕(1998)은 한일 두 언어의 배우자 호칭을, 이용덕(2002, 2003)은 가족 호칭을, 이용덕(2004)는 연령별 호칭의 특징을 다루었고, 한영옥(2006)도 한일 두 언어의 호칭을 다룬 것이다. 박경·안병곤(2007)은 한중일 세 나라의 친척 호칭을, 홍민표(2002나)는 한국, 일본, 호주 세 나라 호칭을 대조 분석했다. 고륙양(2007)은 한국어와 중국어 호칭을, 한현희(2016)은 한국어와 러시아어 호칭을, 딘란후옹(Dinh Lan Huong 2011)은 한국어와 베트남어 호칭을 분석했다.

호칭어에 대한 초기 연구가 가족 호칭어에 집중되었다면 이후 직위 호칭어와 인터넷 공간에서의 호칭 사용에 대한 다양한 관심이 나타났고, 다른 언어와의 비교 연구도 범위가 넓어지고 있다. 사회 구조 및 화자들의 의식 변화에 따라 '매니저', '프로'와 같은 새로운 직위 호칭어를 통한 수평적 호칭 쓰기, 한국의 전통적 가족 호칭 체계에서 보이는 성차별 문제를 극복하기 위한 호칭 개선 활동이 활발히 진행되고 있는데, 앞으로 이런 점에 대해서도 더 많은 관심과 연구가 필요하다.

1.2. 경어법 연구

경어법(敬語法, honorifics)은 "다른 사람을 높여 대우하기 위한 언어 형식들의 사용 방식과 체계"(이정복 2012가: 16)를 가리키며, 공손함을 표현하는 언어 범주로서 한국어, 일본어, 자바어 등에서 특히 발달했다. 카자흐어의 경우도 경어법이 차지하는 비중이 높은 편으로 알려졌다. 고립어에 해당하는 중국어나 베트남어는 문법 범주로서의 경어법은 없으나 보조사, 높임 어휘를 통해 다른 사람에 대한 높임과 공손을 표현한다. 영어나 독일어, 프랑스어 등 서양 언어의 경우 또한 문법 범주로서의 경어법은 없지만 앞서 살펴본 호칭어를 통해서 공손함을 표현할 수 있으며, 명사나 조동사, 억양을 통해서도 같은 기능을 표현할 수 있다. 한국어 등의 경어법과 서양 언어에 존재하는 공손 표현은 다른 사람들에게 예의를 갖추어 말하는 기능을 갖는 점에서 차이가 없다.

한국어 경어법은 주체 경어법, 객체 경어법, 청자 경어법의 삼분 체계로 이루어져 있다. 높임 기능을 가진 어말어미, 선어말 어미, 조사와 같은 문법적 요소와 동사, 명사, 대명사 등의 어휘적 요소가 선택적으로 결합해 쓰임으로써 경어법이 실현된다. 경어법은 한국어에서 아주 중요한 요소인 만큼 일찍부터 학문적 관심이 많았고, 연구 결과 면에서 한국어 문법 연구의 중심을 이루었다. 그러나 문법적 관점의 경어법 연구는 경어법 형식을 확인하는 데 관심이 집중되었기 때문에 경어법의 본질을 이해하고 경어법 사용의 다양한 모습을 찾아내는 데 한계가 있었다.

문법적 관점의 경어법 연구가 가진 한계를 넘어 경어법에 대한 충실한 이해를 위해 사회언어학적 관점의 경어법 연구가 시작되었다.3) 한국어 경어법의 사회언어학적 연구는 1970~80년대 미국에 유학하여 사회언어학을 접한 연구자들에 의해서 본격화되었고, 대표적 성과로 황적륜(J. R. Hwang 1975)과 황적륜(1976), 박영순(1976)과 박영순(Y. S. Park 1978), 왕한석(H. S. Wang 1984)와 왕한석(1986)이 있다. 같은 시기에 나온 이맹성(1975)도 사회적 지위와 성별, 친근도에 따라 종결 어미 사용이 달라지는 점을 분석했다. 이들 연구는 경어법 형식보다는 경어법 사용에 초점을 두었고, 경어법 사용에 작용하는 '사회적 요인'을 파악하는 데 관심을 집중했다. 이후에도 해외 대학에서 한국어 경어법 관련 연구로 나온 박사학위 논문에는 구자숙(J. S. Koo 1995), 김정화(J. H. Kim-Park 1995) 등이 더 있다.

1980~90년대에는 국내 대학원에서 경어법을 사회언어학적으로 다룬 연구들이 다수 나왔다. 김주관(1989), 이경우(1990가), 이정복(1992, 1998나), 유송영(1994), 정준영(1995), 김명운(1996), 박용한(1997)이 그 보기다. 이 시기의 경어법 연구는 대상 집단이나 지역이 다양화되었는데, 김주관(1989), 박용한(1997), 이정복(1998나)는 장교, 부사관, 방위병 등 군인들을 대상으로, 이정복(1992)는 경남 하동 지역 방언을, 김명운(1996)은 드라마 대사를, 정준영(1995)는 고전 소설 자료를, 이경우(1990가)는 신소설, 김정호(1998)에서는 1920년대 소설 자료를 대상으로 경어법 사용을 분석했다.

이런 연구들에서는 청자 경어법의 말 단계별 쓰임 비중을 통계적으로 분석하기도 했고(이정복 1992), 말하기의 민족지학적 방법을 적용하여 '말 사례'를 분석하고 청자 경어법 사용 규칙을 세웠으며(김주관 1989), 언어사회학의 관점에서 사회적 위계 구조가 청자 경어법 체계와 어떤 관련성이 있는지를 파악하기도 했다(정준영 1995). 군인들의 경어법 사용을 다룬 김주관(1989), 박용한(1997), 이정복(1998나)는 군대라는 특수한 연구 대상 언어 공동체의 위계 구조와 규범이 구성원들의 경어법 사용과 체계에 어떻게 반영되는지를 살펴보았다.

1990년에 한국사회언어학회가 창립되고, 1993년에 학술지 ≪사회언어학≫이 창간된 이후 현재까지 경어법의 세부 주제를 다룬 사회언어학 연구들이 여러 학술지를 통해 많이 발표되었고, 박사학위 논문도 여러 편 나왔다. 이 시기에는 경어법 연구의 주제들이 더 다양해졌다. 특히 경어법의 '전략적 용법', 청자 경어법의 '말 단계 변동' 또는 '말 단계 바꾸기', 선어말 어미 '-시-'의 기능 변화에 상당한 관심이 나타났다.4) 경어법의 전략적 용법을 다룬 연구로는 이정복(1994나, 1998나, 1999가), 류재향(1999), 손춘섭·이건환·조경순(2003), 김명희(M. H. Kim 2016) 등이 있다. 청자 경어법의 말 단계 변동을 다룬 연구들이 다수 나왔는데, 유송영(1994, 1997), 이정복(1996가, 2004), 남미정(2009), 문혜심(2009)를 들 수 있다. 선어말 어미 '-시-'의 기능 변화에 대해서는 곽숙영(2009), 이정복(2010다), 이래호(2012), 김은혜(2016), 최성화(2019)와 같은 연구가 있으며, 이런 연구들은 주체 높임 '-시-'가 청자 높임 또는 상황 주체 높임의 기능으로 확대되어 쓰임을 보고했다. 청자 경어법 형식 가운데서 하십시오체와 해요체의 차이를 파악하려한 연구도 다수 나왔는데, 김정호(2008), 강현석(2011), 최윤지(2018) 등이있다.

경어법의 사회언어학적 연구가 확대되면서 분석 대상 언어 자료도 다양해졌다. 기존 연구에서 소설과 같은 글말 자료, 일상 대화, 드라마나 영화대본, 방송 언어 등이 집중적 분석 대상이었다면 최근에는 인터넷 통신 언어 자료는 물론이고 종교 문헌이나 기도문(신혜경 1997; 강현석 2012), 머리말 텍스트(이정복 2000가), 논문 심사서(이정복 2012나), 탈춤 대사(이정복 2005나, 2006나; 장경우 2013), 공익 광고 텍스트(서은아 2008)로 확대되었다.

호칭어와 마찬가지로 인터넷 통신 공간의 언어 자료를 대상으로 경어법을 다룬 연구들이 많이 나오고 있다. 이정복(2004)는 인터넷 게시판에서, 이정복(2011다)와 권창섭(2013)은 인터넷 전반에서, 이정복(2017)은 트위터에서, 강현석·김민지(2018)은 카카오톡에서 수집한 경어법 자료를 인터넷 통신 공간의 특성과 관련지어 분석했다.

현대 한국어 경어법의 사회언어학적 연구와 그 성과가 축적됨으로써 현대 이전의 한국어 경어법에 대한 사회언어학적 분석도 최근 늘어나고 있다. 경어법에 대한 형식 문법적 접근의 한계를 사회언어학 연구를 통해 극복할 수 있다는 판단이 작용한 결과일 것이다. 이런 연구에는 중세 국어나 근대 국어 자료, 신소설 자료를 다룬 이경우(1990가), 양영희(2005), 남미정(2009), 이래호(2014)가 있다.

한국어와 다른 언어의 경어법을 비교한 연구도 이어지고 있는데, 일본어와의 비교 연구가 많은 편이다. 신혜경(1993, 1996, 1997)과 홍민표(2002가, 2011)이 대표적이다. 한국 사회에 유학생이나 결혼 이주 여성, 이주 노동자 등의 외국인들이 많아지면서 기존의 한국인과 외국인 또는 외국 출신 한국인들의 한국어 경어법 사용에 대한 관심도 나왔다. 양명희·김려원 (2013)은 한국 학생과 중국 유학생들의 경어법 사용을 비교했고, 방영심 (2015)는 결혼 이주 여성의 경어법 사용을 다루었다.

경어법과 공손 표현의 밀접한 관련성을 고려한 연구들도 눈에 띈다. 김명운(2009), 허상희(2010)은 경어법과의 관련성에 관심을 두고 공손 표현의 사용을 다룬 박사학위 논문이다. 곽자랑·권소영·김해진·이동훈(2018)은 요청 행위에서 높임 표현의 사용이 수락률과 호감도에 영향을 준다는 점을 심리학 실험을 통해 밝혔다.

1970년대부터 시작된 한국어 경어법의 사회언어학적 연구는 1990년대 이후 주제와 연구 대상, 자료가 다양해지고 연구 성과도 풍부해졌다. 다만 아직도 관련 연구자 수가 적어 특정한 주제를 두고 활발하게 토론과 대화를 벌이는 연속적, 집중적 연구가 드문 점은 아쉽다. 그럼에도 한국어에서 차지하는 경어법의 중요성을 고려할 때 다양한 연구 방법을 적용한 관련 연구가 꾸준히 이어질 것이다.

2. 호칭과 경어법 연구의 주요 성과

2.1. 호칭

호칭 분야의 연구들을 '두루 높임 호칭어', '직위 호칭어', '가족 호칭어', '기타 호칭어', '종합적 연구', '외국어 호칭어'로 나누어 연구 방법과 내용, 연구 의의에서 중요한 점을 간략히 살펴보기로 하겠다.

2.1.1. 두루 높임 호칭어

두루 높임 호칭어의 쓰임은 오래전부터 있었지만 그것에 대한 연구는

2000년 이후에 본격화되었다. 분석 대상을 보면, 가족 호칭어와 직위 호칭어가 두루 높임 호칭어로 쓰이는 것이 대다수를 차지한다. 인터넷 공간에서는 '님'이 새로운 두루 높임 호칭어로 자리잡은 상황인데, 이 형식을 다룬 연구도 나왔다.

강희숙(2002)는 광주 지역의 성인 200명을 대상으로 관찰, 면담, 설문 조사를 진행하여 백화점, 미용실, 술집 등의 서비스 업종에서 손님과 종업원에 대한 호칭어가 어떻게 사용되는지를 조사했다. '고객님', '언니', '이모', '삼촌', '선생님', '사모님', '사장님', '학생' 등 호칭어의 사용 양상과 변이형에 대한 태도로 나누어 분석했다. 김희숙(2003) 또한 '2차 집단' 또는 '2차 사회'에서 '아줌마, 언니, 아저씨, 할아버지'와 같은 '1차 집단'에서 주로 쓰이는 가족 호칭어가 많이 쓰이는 사실을 보고했다.

김광순(2018)은 국립국어원 말뭉치와 네이버 블로그 자료를 통해 두루 높임 호칭어로 쓰이는 '아저씨', '아주머니/아줌마'의 사용 양상을 분석했다. 결과를 보면, '아저씨'는 40, 50대의 중년 남성을 주된 지시 대상으로 하고, '아주머니'는 50대 중년 여성을, '아줌마'는 40대 여성을 주된 지시 대상으로 하여 쓰였다. 이 형식들은 가족 호칭어로서의 쓰임과 달리 "[-친밀]의 관계인 [중년(中年)]의 지시 대상에게 언어 사용자가 [-대우]의 태도를 바탕으로 사용되어 [부정]을 전달할 수 있기에 직접적인 사용이 제한되는"(19쪽) 것으로 해석되었다.

인터넷과 컴퓨터의 발달 덕분에 인터넷 통신 언어로서의 호칭어 쓰임을 다룬 연구도 여럿 나왔다. 이정복(2000나)에서는 인터넷 통신 공간에서 성공적인 새말로 활발하게 쓰이는 두루 높임 호칭어 '님'의 쓰임을 분석했다. '님'은 모든 누리꾼들이 선호하는 호칭어지만 10대나 20대보다 30대, 40대 누리꾼들의 사용률이 훨씬 높았고, '비친밀성'과 '익명성' 환경에서 더 잘 쓰이는 것으로 나타났다. 일상어와 달리 통신 언어에서는 상대방의 지위나 나이를 고려하지 않고 두루 높이는 기능으로 쓰인다고 보고했다. 이정복 (2004)는 통신 언어의 경어법 특성을 다루면서 '행자' 또는 그 줄임말 '행'이 새로운 통신 언어 호칭어로서 하오체와 함께 어울려 쓰임을 보고했다.

이정복(2010가)는 한국 정부 기관 24개 인터넷 사이트에서 방문자를 어떻게 부르거나 가리키는지를 살펴보았다. 정부 사이트에서는 높임 가리킴말 '여러분, 귀하, 분, 님'이 두루 높임 호칭어로 쓰이는 한편 법률적 정보 맥락에서 안 높임 가리킴말 '자'(者)도 쓰였는데, '자'는 정부 기관의 권위주의적 언어 사용 태도를 보여 주는 형식으로 해석되었다. 사이트 방문자의 범위와 호칭어 사용의 관련성, 사이트 개설 목적에 따른 호칭어 사용 차이도 나타났다.

2.1.2. 직위 호칭어

직위 호칭어를 다룬 연구 가운데는 대통령과 관련 인물을 대상으로 한 것이 제일 많다. 민주주의 사회에서도 국가 권력의 정점에 있는 대통령에 대한 호칭어 사용에는 일정한 기준과 강한 사회적 제약이 따르고, 북한에서는 최고 지도자에 대해 더 철저한 원칙에 따라 호칭을 사용한다. 관련 연구에서 이런 점에 주목하여 직위 호칭어의 쓰임을 분석했다.

이정복(2001나)는 2000년 남북 정상 회담 때 언론에서 남북한 정상을 어떻게 가리켰는지를 분석했다. 남북 언론 모두 김대중 대통령과 김정일 북한 국방위원장에게 '이름+직위', '성+직위' 형식의 직위형 가리킴말을 사용했는데, 남북한 및 언론사에 따라 세부적 차이가 나타났다. 《한겨레》와 북한 《조선중앙통신》은 대통령에게 '그'를 사용했고, 《조선일보》는 김정일 위원장을 '김정일' 이름만으로 가리켰다. 이러한 가리킴말 사용은 대상 인물에 대한 언론의 정치적 태도가 반영된 것으로 해석되었다. 이정복(2020)도 같은 방식으로 2018년 남북 정상 회담 보도 기사를 분석하여 남북 정상에 대한 가리킴말 사용을 다루었다. 2000년 정상 회담 보도와 비교할 때 《조선일보》는 북한 정상을 이름만으로 가리키는 경우가 크게 늘었는데, 이는 김정은 국무위원장의 어린 나이와 짧은 경력, 북한에 대한 언론사의 부정적 태도 증가 등이 반영된 결과라고 해석했다.

이정복(2011라)는 트위터 누리꾼들의 호칭어 사용을 전반적으로 살피면서 대통령에 대한 호칭어 사용을 집중해서 다루었다. 당시 이명박 대통령에 대한 누리꾼들의 호칭어 사용을 화자의 성별과 정치 성향, 대통령에 대한 태도에 따라 분석했고, 누리꾼들은 호칭어를 통해 현직 대통령에 대한 부정적 태도를 강하게 표출한 점을 파악했다. 이정복(2017)은 전직 대통령과 대통령 선거 후보 등 유명 정치인들에게 누리꾼들이 호칭어를 어떻게 사용했는지를 트위터 자료를 통하여 살펴보았다. '이름+직위', '이름(+직위)+님' 형식은 전체의 14.8%로 낮았고 대신 이름만으로 가리킨 경우가 79.8%로 절대적인 수치를 차지했다. 80%의 누리꾼들이 유명 정치인들을 이름만으로 편하게 가리킨 것인데, 이는 정치인들의 권위가 약화되면서 권위 부여보다는 친근감 드러내기 방식으로 호칭어를 사용한 결과이면서 익명성이 유지되는 사회적 소통망에서 누리꾼들이 자유롭게 언어를 쓴 결과인 것으로 보았다.

이정복(2001라)는 말뭉치, 신문 기사, 청와대 보도 자료를 대상으로 '부부'와 '내외'라는 가리킴말이 직위에 따라 구별되어 쓰이는 사실을 보고했다. 청와대 보도 자료에서 '내외'는 대통령 부부에게만 쓰고 총리나 장관급 인물에게는 전혀 쓰지 않는 '대통령 전용말'로 확인되었다. 이 연구를 바탕으로 이정복(2008가)에서는 '대통령 전용말' 또는 '21세기 새 궁중말'로 부를 수 있는 말 116개의 목록을 제시하고, 사용 시기, 전용성 정도, 사용 방식 및 방향 면에서 유형을 분류한 후 쓰임을 기술했다. 그 가운데 직위 호칭어로는 '각하, 나라님, 내외(분), 대통령(님), 여사, 영부인, 영식, 영애, 퍼스트레이디, VIP'가 포함되어 있다.

이정복(2019)는 뉴스 기사 및 트위터 게시글 자료를 이용하여 '대통령 전용말'로 쓰이는 호칭어 '영부인'과 '여사'의 쓰임 실태를 분석하고, 힘 요인 면에서 두 호칭어의 공통점과 차이점을 해석했다. 그 결과, '영부인'은 대통령의 부인에게 쓰는 일종의 직위 호칭어로서 '대통령 부인'의 뜻으로만 쓰이지만 '여사'는 훨씬 폭넓게 쓰였다. '영부인'은 완전한 대통령 전용말로 최고의 힘과 권위 표현이지만 '여사'는 대통령 전용말이면서 일반인에게도 널리 쓰이는 차이점이 확인되었다.

조태린(2018)은 교수 100명을 대상으로 설문 조사를 하여 교수들 사이의 호칭어 사용을 살펴본 것이다. 화자 변인, 청자 변인, 상황 변인 등 여러 가지 요인에 따른 호칭어 사용 양상을 통계적으로 분석했다. 화자 변인 가운데서 화자의 학문 계열이 교수들의 호칭어 사용에 가장 중요한 요인으로 작용하는 것으로 확인되었다. 이공 계열에서는 '교수님'(74%) 사용이 압도적이고 인문 사회 계열은 '교수님'(49%)과 함께 '선생님'(33%) 사용도 많았다. 이 연구를 바탕으로 조태린(2020)은 질적 방법으로 교수 사이의 호칭어 사용 변이 양상의 이유와 의미를 밝히고자 했다.

박용한(2008)은 38명의 해군 장교 부인들의 호칭어 사용을 다룬 연구로, 호칭어 유형과 호칭어 선택 요인을 살피고 그 결과를 군대 사회의 문화적 배경과 연결하여 설명했다. 이 여성들은 남편들의 사관학교 기수에 따라 '사모님', '선배님', '○○ 엄마', '○○ 씨' 등의 호칭어를 선택하여 쓰며, 상대방과의 친밀도나 나이 관계보다 남편들의 기수가 호칭어 선택의 가장 중요한 요인으로 작용하는 사실을 보고했다.

강희숙(2018)은 광주 지역 사업장 26곳의 350명을 대상으로 설문 조사를 진행하여 직장 안에서의 호칭어 사용 실태를 중점적으로 분석했다. 거의 모든 직장에서 직위 호칭어를 주로 사용하되 '선생님/샘/샘님' 사용도 많은 것으로 나타났다. '○ 형, ○ 군, ○ 양'의 쓰임은 사라지고 있으며, 두루 높임 호칭어 '이모'의 사용 범위가 넓어진 것으로 보고했다.

김미경·이보미·한지윤(2019)는 대학생들 사이의 호칭어 사용 양상을 60명의 설문 조사 응답 결과를 통해 기술하고, 20년 동안 호칭어의 변화를 검토했다. 화자의 성별과 학번, 청자의 성별, 나이 차, 학번 차, 소속, 친소 관계, 발화 상황과 같은 다양한 요인에 따라 자료를 조사한 점이 눈에 띄며, 요인에 따른 호칭어 사용 양상에서 차이가 나타났다. 화자의 학번군에 따른 차이를 보면, 00학번부터 09학번은 '(김)희재 님' 형식을 가장 많이 쓰고 10학번 이후는 '(김)희재 씨' 형식을 가장 많이 쓴다고 했다. '학우, 선배', '형, 오빠, 누나, 언니'보다 '님'과 '씨'를 더 많이 쓰는 사실은 개인주의 성향이 강한 요즘 대학생들의 상호 관계와 대학생 문화의 변화가 반영된 결과로 판단된다.

강현석(2013)은 기독교와 불교 기도문에서 나타나는 호칭어와 지칭어의 유사점과 차이점을 분석했다. 기도문에서 사용된 호칭어, 지칭어들이 두 종교의 문화적, 교리적, 철학적 차이를 반영하는지를 점검하고, 언어학적 함축이 무엇인지 해석했다. '주', '주님'을 호칭으로 쓰는 기독교는 기도자와 신앙 대상과의 관계가 수직적이지만 '평등한 의미'의 호칭이 쓰이는 불교는 상대적으로 덜 위계적이라고 평가했다.

이정복(2010나)는 직위 호칭어의 바탕이 되는 직업 이름을 대상으로 언어적 위계질서와 쓰임에서의 차별 현상을 비판적으로 분석했다. 한국어 직업 이름에는 직업의 성격, 종사자의 신분이나 자격, 성별을 알려 주는 '장'(長), '사'(事, 士, 師), '원'(員), '부'(夫, 婦) 등이 결합되며, 이런 언어 요소와 직업 서열이 밀접한 관련성을 가지면서 직업 이름이 숨겨진 신분 질서 유지 기능을 수행한다고 보았다.

2.1.3. 가족 호칭어

가족 호칭어의 사회언어학적 연구는 비교적 일찍 시작되었고, 그 가운데서 부부 사이의 호칭어에 대한 관심이 많은 편이다. 이옥련(1987)은 현대 이전과 현대의 부부 호칭을 다룬 것으로, 현대의 부부 호칭은 대학생들이 수도권에서 수행한 설문 조사 결과를 분석하여 세대 차이를 찾고자 했다. 20대 남편은 아내를 '여보'로 부르면서 '어이', '이봐', '야' 등을 쓰고, 아내는 남편을 '자기', '○○ 씨'로 부른다고 했다. 30대 남편은 '여보', '○○ 엄마', 아내는 '○○ 아빠', '여보'를 쓰고, 40대 남편은 '여보'를 많이 쓰고 아내는 '○○ 아빠', '여보'를 쓰며, 50대 이상은 부부 모두 '여보'를 쓰는 것으로 나타났다. 학생을 이용한 간접 조사, 조사 방법에 대한 정보 제시 부족의 문제가 있지만 부부 호칭이 세대에 따라 달라지는 현상을 파악한 점에서 의의가 있다. 김혜숙(2004)는 교사 부부 40쌍 대상의 설문 조사를 통하여 부부의 나이 단계 변화에 따른 호칭어 차이를 조사했다. 결혼 초기에는 '자기(야)'의 사용이 많고, 아이가 생긴 시기에는 '○○ 엄마/아빠' i호칭어가 급격히 높은 비중으로 쓰이며, 결혼 중후반기에는 '여보'의 사용이 높아지는 것으로 나타났다. 부부 단계에 따른 호칭어 변화가 나이 단계에 따른 것인지 세대 차이를 반영하는 것인지에 대한 추가 연구가 필요하다.

유송영(2001)은 연인 또는 부부 관계로 발전하는 남녀의 호칭어 사용을 드라마 대본 자료로 분석했다. 친밀성 변화에 따라 호칭어를 전략적으로 바꾸어 사용하는데, 남남일 때는 대칭적인 호칭어를 쓰다가 연인이나 부부가 되면 남성 위주의 비대칭적 호칭어를 쓰는 것으로 보고했다. 한국 사회에서 부부 사이의 비대칭적 힘 관계가 호칭어에 반영되는 모습을 잘 보여주었다. 최정은(2012)는 2010년 전후의 드라마 14편을 분석하여 남녀의 첫 만남, 연인 관계, 부부 관계의 단계에 따른 호칭어와 청자 경어법 사용 양상을 다루었다. 그 결과, 연인 관계에서는 '나이'와 '양성 동등 의식'이, 부부 관계에서는 '나이'와 '부부의 동반자 의식'이 결정적 요인으로 작용한다고 기술했다.

조태린(2011)은 92명의 서울 지역 대학생을 대상으로 부부간 호칭어 및 높임법 사용 설문 조사를 실시하여 선행 연구 결과와 비교하고, 부부간 호칭어와 높임법 사용의 양성 불평등 요소를 분석했다. 그 결과를 바탕으로 당시 20대 대학생들이 결혼하게 될 시기에 부부간에 대칭적, 양성 평등적 호칭어와 높임법 사용이 늘어날 것으로 예측했다.

남북한 가족 호칭어를 비교한 연구도 있는데, 왕한석(1990)은 북한의 '친족 용어'를 분석한 것으로, 북한의 가족 호칭어가 남한의 그것과 비교해 심각한 이질성은 나타나지 않았으나 부분적 상이성이 있음을 확인했다. 그 가운데 북한의 남성과 여성 모두 호칭에서 혈족과 인척의 구별이 남한보다 덜 엄격하다는 점이 눈에 띈다. 북한의 사회주의 체제의 영향으로 부부 사이의 가리킴말로 '동무'가 쓰이며, '서방'이라는 형식이 사라진 점도 차이점으로 지적했다.

양수경(2015)는 남북한의 각종 언어 규범서를 기본적으로 비교하고 북한의 소설, 영화, 드라마 자료를 보충적으로 분석하여 남북한 가족 호칭어

의 공통점과 차이점을 찾아보았다. 남북한 언어의 통합 논의에 도움이 되
는 연구인데, 개별 호칭어 형태 및 호칭어의 적용 대상에서 일부 차이가 있
으나 남북한의 공통점이 더 많다고 보고했다. 북한에서는 '서방님, 도련님,
아가씨/아기씨'와 같은 과거의 계급적 특성을 드러내는 형식은 쓰이지 않
고, '동무/동지'가 부부간 호칭어로 쓰이며 남편의 가리킴말로 '세대주'가
쓰인다고 했다. 남북한 모두 권위보다는 유대와 친밀함에 가치를 둔 '아빠'
와 '엄마'를 쓰며, 시부모와 처부모 호칭에서 혈족과 인척의 구별이 덜 엄
격한 점을 공통적이라고 보았다.

한국 사회에 결혼 이주 여성이나 외국인 노동자들이 늘어나면서 이들을
대상으로 한 호칭어 연구도 다수 나왔다. 박은하(2011가)는 경북 지역의 결
혼 이주 여성 66명을 대상으로 설문 조사를 통해 가족 안에서의 호칭어 사
용을 조사했다. 부부 사이의 호칭어에서 남편이 아내에게 이름이나 '야',
'어미'와 같은 형식으로 부르고 아내는 남편에게 '오빠'로 부르는 경우가
많았는데, 이런 용법은 표준 화법에 어긋난 것으로 적절한 호칭어 교육이
필요함을 지적했다. 박은하(2011나)에서도 결혼 이주 여성 관련 호칭어 문
제를 다루었다.

시대의 흐름에 맞는 호칭어의 기준을 마련하는 데 실질적 도움이 될 연
구도 다수 나왔다. 심지연(2013)은 서울 거주 20~40대 기혼 여성 85명을
대상으로 설문 및 면접 조사를 통하여 '시누이 남편'과의 호칭어 사용 실태
를 조사하고, 호칭 개선 방안을 제안했다. 조사 결과를 바탕으로 시누이 남
편에 대한 호칭어로 표준 화법의 '아주버님/서방님'과 함께 '고모부(님)'와
'시매부(님)'를 제안하고, 처남 아내에 대해서는 '아주머니'를 빼고 '처남
(의)댁'을 호칭어로 제안했다. 표준 화법과 다른 가족 호칭어의 한 실태를
밝혀낸 점에서 의미가 있다.

이필영·김태경(2018)은 4,000명의 국민을 대상으로 설문 조사를 실시하
여 가정에서의 부름말과 가리킴말 사용 실태를 통계적으로 분석했다. 그
결과 시대 변화가 호칭어에 반영되어 2011년 국립국어원에서 펴낸 ≪표
준 언어 예절≫의 내용과 다른 부분이 많이 확인되었고, 잘못된 호칭 사용

관행을 개선해야 한다는 인식이 강한 것으로 나타났다. 이현희·박미영(2018)은 ≪표준 언어 예절≫의 내용 가운데 가정에서의 호칭어, 지칭어를 대상으로 '성별, 서열 간 비체계성', '사용되지 않는 표현이 남아 있는 경우' 등의 문제점을 지적하고 개선 방향을 제시했다.

이정복(2018)은 '아버님:장인어른', '도련님:처남', '아가씨:처제'와 같이 한국어 가족 호칭어 가운데 성별 비대칭성을 보이는 것에 대한 누리꾼들의 태도를 살펴보고, 중국과 일본 등 이웃나라 호칭어와 비교함으로써 성 평등한 한국어 가족 호칭어의 개선 방향을 제시했다. 신호철(2019)는 심층 면담 조사를 통해 '도련님, 서방님, 아가씨'가 제대로 쓰이지 못하고 있으며, 사용자들이 불편해할 뿐만 아니라 갈등의 원인이 되는 점에서 개선 필요성이 높음을 지적했다.

2.1.4. 기타 호칭어

이정복(1997)은 텔레비전 보도 방송 자료를 분석하여 방송에서 기사 인물과의 '힘'과 '거리' 관계에 따라 가리킴말을 어떻게 사용하는지를 다루었다. 공정성을 생명으로 하는 보도 방송이지만 고위직 인물은 '○○○ 씨' 대신 '○○○ 회장'처럼 이름 뒤에 언제나 직위를 붙이는 등 대상 인물이 가진 힘의 크기에 따라 가리킴말 사용을 차별적으로 하며, 긍정적 또는 부정적 거리를 가리킴말 사용을 통해 드러내는 것으로 나타났다. 그런 용법은 사람들에게 힘을 부여하고 사람들의 관계를 조정하는 적극적이고 정치적인 행위임을 지적했다.

박정운·채서영(1999)는 2인칭 대명사 '자기'의 쓰임을 342명의 제보자를 대상으로 조사한 결과, 이 형식을 여성들이 더 많이 쓰고 여성을 가리키는 경우가 더 많으며, 중장년 화자들이 가장 많이 쓰는 것으로 나타났다. 또 나이가 같거나 적고 친근한 대상에게 쓰는 '자기'는 초기에는 연인이나 부부 사이에서 쓰이다가 여성들 사이에서, 최근에는 남성과 여성 사이나 남성들 사이에서의 쓰임도 늘어나는 것으로 보고했다. 홍미주(2019)는 '자기'의 용법과 그것에 대한 화자들의 태도를 파악하고자 했으며, 남성들도 '자기'를 사용하고 있음을 인터넷 설문 조사를 통해 밝혔다.

안예림·양명희(2018)은 트위터에서 나타나는 호칭어 '분'의 쓰임을 조사하고, 통신 언어에서 '분'이 확대 사용되는 원인과 기능을 분석했다. 트위터 누리꾼들은 '분'의 일상적 쓰임과 함께 새로운 용법을 보여 주었는데, '청년', '학생'이나 '기레기', '쓰레기'와 결합하여 쓰이는 식이다. 호칭어 '분'이 인터넷 통신 공간에서 용법이 확대, 변화되는 모습을 여러 각도에서 파악한 연구다.

택호 등의 특별한 호칭 형식을 연구한 것도 여러 편 나왔다. 조숙정(1997)은 나주 지역 반촌 마을에서 쓰이는 '택호, 종자명 호칭, 의사 친척 호칭, 개인명, 직위명'의 호칭 종류와 목록을 밝히고 사용 규칙을 기술했다. 왕한석(2000)은 경남 함양군 개평리에서 관찰, 수집한 자료를 바탕으로 양반과 상민의 신분 체계가 유지되던 과거와 그것이 무너진 이후 호칭어 사용 방식이 어떤 변화를 겪었는지를 '신분 지위 호칭, 종자명 호칭, 의사 친척 호칭'의 쓰임을 중심으로 기술했다. 또한 왕한석(2001)은 같은 지역을 대상으로 적서 차별의 호칭어 사용과 그 역사적 변화를 보고했다. 구체적으로 서자와 첩실이 적자와 적실에게 사용했던 신분 지위 호칭, 서자와 첩실에게 사용했던 차별적인 친척 호칭의 목록을 작성하고, 적서 차별 의미를 전달하는 기제를 분석했다. 강희숙(2006)은 전남 방언에서 쓰이는 택호의 유형과 쓰임 양상을 분석했는데, 전남 지역 택호는 결혼한 여성의 별호(別號)로만 쓰이며 '종지명제' 택호와 '종부 호칭제' 택호 두 가지 유형이 있다고 보고했다.

강희숙·양영희·손춘섭(2006)은 전남 방언 여성 호칭어 '-떡, -네, -실' 결합 형식의 쓰임을 지리적 분포와 사회문화적 요인 면에서 분석했다. '-떡'형은 종지명 호칭이고 '-네'형은 종자명 호칭으로 일반적 여성 호칭어로 쓰이며, '-실'형은 신분 의식이 강한 집성촌에서만 사용되는 제한적 형식이라고 기술했다. 강희숙(2008)에서는 전남 방언의 남성 호칭 접미사 '-샌'의 기원과 용법을 분석했다. '생원'에서 바뀐 형식인 '-샌'이 결합된 호칭어는 중년층 이상의 나이 많은 연령층에서 제한적으로 사용되며, 반촌보다는 민촌에서 더 높은 비율로 쓰이는 것으로 기술했다.

심영택(2018)은 16세기 이후 한글 편지에 쓰인 2인칭 대명사 '자내'의 쓰임을 청자 경어법과 관련지어 분석했다. 이 형식은 주로 남편이 아내에게, 장인·장모가 사위에게, 손위 동서가 손아래 동서에게 쓰며, 아내가 남편에게 쓰는 경우도 있다고 보고했다. 또한 '자내'는 청자 경어법에서 하오체, 하게체와 잘 어울려 쓰이는 것으로 나타났다.

채서영(1999)는 DJ, YS와 같은 '영어 두문자 약칭'을 대상으로 언어적, 비언어적 조건을 분석했다. 채서영(2003)은 'K 씨', 'L 양'처럼 익명성을 유지하기 위해 쓰는 영어 '이니셜' 가리킴말의 유형, 쓰임, 사용의 문제점을 기술했다. 강희숙·양명희·박동근(2016)은 호칭어의 원형이라고 할 수 있는 '이름'에 관심을 두고 이름의 역사, 이름 짓기의 실태와 변천 양상, 이름에 대한 한국인의 의식과 태도, 대중문화 속의 이름에 대해 종합적으로 기술했다.

2.1.5. 종합적 연구

여러 가지 호칭어를 한꺼번에 다루거나 호칭어의 유형을 분류한 연구, 호칭어와 경어법을 긴밀하게 함께 다룬 연구를 '종합적 연구'라는 이름으로 살펴보기로 한다.

조선일보사·국립국어연구원 엮음(1991), 국립국어연구원(1992), 국립국어원(2011)은 엄밀한 의미의 사회언어학 연구로 보기는 어렵지만 가정 및 사회에서의 한국어 호칭어 쓰임 실태를 종합적으로 다룬 조사 보고서로서 호칭 연구에서 꾸준하게 참조되고 있다. 국립국어연구원(1995)는 남북한 친족 호칭어를 비교한 것으로 최근 남북한 호칭어를 다루는 연구가 늘어나면서 인용도가 높아졌다.

이익섭(1993)은 한국어가 활용 어미뿐만 아니라 호칭에서도 서양어들보다 경어법적 구분이 다양하다면서 한국어 호칭의 서열을 '과장님—박 과장님—박영호 씨—영호 씨—박 과장—박 씨—박 형—박 군—박영호 군—영호 군—박영호—영호—영호야'의 13단계로 제시했다. 이는 이익섭(1994)에서 '영호 씨' 뒤에 '영호 형'이 추가되어 14단계로 수정되었다. '님', '씨', '형', '군' 결합 호칭어의 높임 순위를 쉽게 보여 주는 점에 의미가 있는데, 대화 참여자 관계나 상황에 따라 순위는 달라질 수 있다.

박정운(1997)은 한국어 호칭어 유형을 '이름 호칭어', '직함 호칭어', '친족어 호칭어', '대명사 호칭어', '통칭적 호칭어', '기타 호칭어', '영형 호칭어'로 나누어 사례와 용법을 간략히 설명했다. 호칭어 유형을 명시적으로 분류한 점이 눈에 띈다.

이정복(1999나)는 국어학 관련 서평 텍스트 90편을 대상으로 서평자가 저자나 제3자에게 가리킴말과 경어법을 어떻게 사용했는지를 사례 및 통계 분석 방법으로 살펴보았다. 분석 결과를 보면, 서평 필자들이 내국인과 외국인, 상위자와 하위자 등의 요인에 따라 '이름/성+직위형', '이름/성 단독형', '중립형'(저자, 역자), '생략형'(저자를 가리키는 말을 쓰지 않음)의 가리킴말을 저자 등에게 선택적으로 쓰고 있으며, 그 과정에서 큰 심리적 갈등과 어려움을 겪는 것으로 나타났다. 이런 점을 고려하여 논문에서 가리킴말 사용이 필요할 때 '이름+선생' 형식을 쓸 것을 제안했다.

왕한석 외(2005)는 7명의 저자들이 한국 사회 호칭어의 다양한 쓰임을 분석한 책으로 모두 4부 10장으로 이루어졌다. 1부는 '호칭어를 이해하는 방법'의 제목 아래 〈호칭어의 주요 이론과 연구 시각〉(왕한석), 〈"한국적" 사회언어학이란?〉(김희숙)의 두 장이 들어 있고, 2부는 '사회의 변화와 호칭어' 아래 〈한국어 호칭어 체계〉(박정운), 〈신분지위호칭에서 의사친척호칭으로〉(왕한석), 〈종자명제, 지역명제, 직위명제〉(김성철), 〈호칭어의 역설〉(김희숙)의 네 장이 들어 있다. 3부는 '새로운 호칭어에 대한 접근'의 제목에 〈JP, YS, DJ: 영어 두문자 약칭〉(채서영), 〈2인칭 여성 대명사 '자기'의 발달과 사용〉(박정운·채서영), 〈교사 부부의 관계 변화에 따른 호칭어 사용 변화〉(김혜숙)의 세 장이 들어 있고, 4부는 '사이버 공간에서의 호칭어' 아래 〈인터넷 통신 언어 호칭어의 특성〉(이정복)이 들어 있다. 이건범 외(2018)은 한겨레말

글연구소 기획으로 8명의 저자들이 한국 사회의 호칭 실태를 종합적으로 점검하고, 문제가 되는 호칭의 개선 방향을 모색한 책이다. 가정, 직장, 사교 모임, 공공시설이나 가게, 온라인 공간 등 다양한 사용 영역에 걸쳐 호칭어 사용 실태와 문제점을 살펴보고, 대안을 찾아보았다.

강현자(2005)는 호칭 선택의 관련 요인을 청자의 지위, 화자와 청자의 나이, 청자의 성별, 청자에 대한 정보, 대화 상황으로 나누어 호칭어 사용의 특성을 정리했다. 최석재(2007나)는 한국어 호칭어를 '이름 호칭어, 직함 호칭어, 유사 친족어, 매개 친족어, 친족어'로 나누어 사용 조건과 높임 정도를 다루었다. 호칭어에 대한 새로운 방식의 접근인 점에서 의미가 있는 연구다. 다만, 호칭에서 쓰이는 '씨'를 이름 호칭어에 넣고, '님'은 직함 호칭어에 넣었는데, 두 형식이 모두 이름 뒤에 쓰이면서 높임 정도에서 차이를 보이는 경우가 있고 직함 호칭어에 '님'이 필수적으로 붙어 쓰이는 것이 아닌 점에서 문제가 있다.

임칠성(2009)는 남북한 호칭과 지칭 표현의 차이점을 확인하고 화법 표준화의 방향을 제시했다. 나은미(2019)는 호칭어 사용과 관련된 사회적 갈등을 파악하여 그 해결책을 찾으려 한 연구다. 현대 사회 호칭어 사용의 문제점을 '성별 인식과 부합하지 않는 비대칭적 호칭어', '친족 호칭어를 친족이 아닌 사람에게 확대 사용', '두 가지 이상의 기준이 상충할 때의 기준 설정'으로 들고, '성별 대칭적 호칭어 체계 정비', '구체적 상황 맥락에서 자신과 타인의 정체성을 탐색하고 조정하는 능력 교육'을 해결책으로 제시했다. 다만, 친족 호칭어를 친족이 아닌 사람에게 확대 사용하는 것을 문제라고 본 것은 단편적 인식이다. 그런 용법이 문제가 되는 상황도 있겠지만 그렇지 않은 경우도 많기 때문이다.

2.1.6. 외국어 호칭

외국어를 대상으로 호칭어를 다루거나 한국어와 외국어 호칭을 대조한 연구 가운데서 한국어와 일본어의 호칭어를 대조 연구한 논문들이 계속 많이 나오고 있다. 그런데 이런 대부분의 연구가 설문 조사를 통해 호칭어 사용 상황을 가정해서 조사한 것이라서 실제 용법과의 차이가 있을 수 있고, 설문 조사 대상이나 조사 방법에 대한 자세한 정보가 없는 경우가 많아 자료 신뢰성이 약하며, 따라서 관련 후배 연구자들에게 실질적 도움을 주기 어려운 점에서 아쉽다.

홍민표(1999)는 한국의 서울과 대구, 경북, 일본의 도쿄, 오사카, 기타큐슈 거주자 가운데 자녀가 있는 459명을 대상으로 설문 조사를 통해 부부 호칭어 사용 실태와 선호도를 조사했다. 두 언어의 부부 호칭어가 상당히 다르게 나타났는데, 예를 들면, 한국인 부부 호칭으로 종자명 호칭이 가장 많이 쓰이지만 일본인들은 그것을 쓰지 않는다고 했다. 일본인은 부부 호칭으로 이름을 쓰는 경우가 한국인보다 2배 이상 높게 나왔다. 한영옥 (2006)도 한국어와 일본어의 부부 호칭어를 중점적으로 비교한 것이다. 한국인 부부 호칭은 서울, 경기 지역의 성인 기혼 여성을 대상으로, 일본인 부부 호칭은 도쿄와 인근 지역의 성인 기혼 여성을 대상으로 설문 조사로 자료를 수집하여 연령별 호칭 실태와 변화를 분석했다.

홍민표(2013나)는 한국어와 일본어의 가족 호칭을 대조한 것인데, 한국의 대구와 일본의 오사카 지역 대학생 566명을 통해 설문 조사로 5인 가족 (할머니, 아버지, 어머니, 장남 또는 장녀, 여동생)의 호칭어 사용을 조사했다. 여러 가지 차이점이 있는데, 한국어에서는 손위 가족에게 가족 호칭어를 주로 쓰고 미혼의 손아래 가족에게는 이름, 기혼의 손아래에게는 종자명 호칭을 많이 쓰지만 일본어의 경우 최연소자를 기준으로 한 종자명 호칭어를 가장 많이 쓰는 것으로 나타났다. 이용덕(2002, 2003)은 한일 두 나라의 가족 호칭 사용 실태를 통계적으로 분석하고 성별, 연령별 차이를 해석했다. 한국에서는 서울, 경기, 대구, 경북 지역에서 자료를 수집했고, 일본은 도쿄, 후쿠오카에서 자료를 수집했다. 분석 결과, 두 언어 모두에서 호칭어로 인칭 대명사가 가장 많이 쓰이고, 친족 명칭이 다음으로 많이 쓰였다고 보고했다. 차이점 가운데 눈에 띄는 점은 화자 자신을 가리키는 말로 한국어에서는 인칭 대명사를 많이 쓰지만 일본어에서는 이름을 많이 쓴다는 사실이다. 강병주(2009)는 설문 조사를 통해 한일 두 언어의 호칭어 특징을 대조하고, 친족 호칭어의 사용 실태를 분석했다.

이영주(2010)은 광주 지역 대학생 190명과 일본 도쿄의 대학생 182명을 대상으로 설문 조사를 진행하여 한일 대학생들의 동기 및 선후배에 대한 호칭어 사용을 분석했다. 이영주(2011)은 같은 제보자를 대상으로 한 설문 조사 자료를 통하여 식당에서 종업원을 부르는 상황을 가정한 호칭어 사용을 분석했다. 한국 대학생들은 '이모', '언니', '아저씨' 등 가족 호칭어 계열의 두루 높임 호칭어를 쓰거나 '여기요', '저기요'를 쓰는 것과 달리 일본 대학생들은 '미안합니다' 뜻의 'すみません'[스미마셍]과 그 변이형 'すいません'[스이마셍]을 주로 쓰는 것으로 나타났다. 홍민표(2019)는 한일 양국의 수도권에 사는 50세 전후의 기혼 남녀 400명을 대상으로 '유사 친족 호칭'의 사용 실태를 설문 조사를 통해 파악하고, 사회언어학적 관점에서 대조, 분석했다. 분석 결과를 보면, 음식점이나 술집 종업원에 대한 호칭 사용의 경우 한국에서는 '여기요', '저기요'와 함께 '언니', '아주머니', '아저씨'와 같은 가족 호칭을 함께 쓰지만 일본에서는 거의 'すみません'만 사용하는 차이가 나타났다.

한원형(2015)는 일본어 호칭 접미사 '-さん'[상], '-さま'[사마]와 한국어의 '씨', '님'의 높임 기능을 비교한 것이다. '-さん'은 상대방을 높여 대우하는 기능과 동등하게 대우하는 기능을 함께 갖고 있으며, '-さま'는 상대방을 높여 대우하는 것이 주된 기능이라고 했다. 따라서 '-さん'은 '씨'와 '님'에 모두 대응될 수 있고, '-さま'는 '님'과 대응되는 것으로 보았다.

백이연·박효경(2017)은 한국과 일본의 텔레비전 토크쇼 프로그램 출연자들의 호칭어 사용을 분석했다. 기존 연구가 설문 조사를 통한 것이 많은 점을 비판하면서 실제 쓰인 호칭어 자료를 분석하는 데 의의를 둔 연구다. 한국어와 일본어 모두 이름을 이용한 호칭어 표현이 가장 많은 공통점이 있는 한편 일본어와 달리 한국어에서는 가족 호칭어나 직위 호칭어를 이용한 호칭 사용이 상당수 나타난 차이점을 밝혔다.

한국어와 영어 호칭을 비교한 연구도 몇 편 나왔다. 박영순(1980)은 한국어와 영어 호칭어의 주요 특징을 간략하게 비교했다. 윤지선(1995)는 서울 거주 한국어 화자 40명, 영어 화자 24명을 대상으로 부부 사이, 며느리와 시부모 사이, 사위와 처부모 사이의 호칭어 사용을 설문 조사하여 한국어와 영어의 가족 호칭어를 비교했다. 한국어 화자들의 경우는 성, 나이, 상황이 호칭어 선택의 요인으로 작용하지만 영어 화자들은 요인에 따른 차이가 별로 없다고 기술했다.

채서영·유원호(2008)에서는 영어와 한국어의 '타이틀'과 '직함 호칭어'를 비교하고, 직업 이름이 호칭어로 쓰일 수 있는 조건을 찾아보았다. 그 결과, '직함 호칭어'가 되기 위해서는 그 직업의 사회적 지위와 전문성이 높고, 직업 이름을 자주 부르는 조밀한 사회적 연계망이 존재해야 하며, 음절 수가 적고 축약 여지가 없어야 한다는 조건을 제시했다. 유원호·채서영(2011)은 한국어, 일본어, 중국어, 영어, 독일어, 프랑스어, 스페인어를 비교하여 15개의 직업명이 호칭어로 쓰이는지 여부를 조사했는데, 수직적 인간관계 중심의 동양 사회와 수평적 평등 사회를 지향하는 서구 사회의 대비가 두드러지게 나타났다.

한국과 중국의 교류가 크게 늘어나면서 두 나라 말의 호칭을 다룬 연구가 본격화되고 있다. 고륙양(2007)은 한국어와 중국어 호칭어를 '가족 호칭어'와 '사회 호칭어'로 나누어 비교하고, 공통점과 차이점의 배경을 사회적 요인과 관련지어 설명했다. 두 언어 가족 호칭어의 공통점이 많았는데, 두 나라가 농경 사회 배경을 가졌고 유교 사상과 윤리 도덕을 갖고 있기 때문으로 보았다. 사회 호칭어에서는 두 언어 모두 직함의 높낮이, 청자 나이에 따라 차별화된 호칭어가 존재하는데, 한국어는 유교 및 일제의 영향으로 존비 질서와 등급 관념이 더 강하다고 지적했다.

이정복·판영(2013)은 한국의 '네이버'와 '다음', 중국의 '바이두' 게시판에서 수집한 자료를 통해 통신 언어 호칭어 '님'과 '亲'의 쓰임을 비교 분석했다. '님'과 마찬가지로 중국 누리꾼들은 '亲'을 새로운 두루 높임 호칭어로 쓰고 있는 사실을 보고했다. 서형요·이정복(2015)는 한국과 중국 누리꾼들이 자신을 드러내는 일시적 이름이자 호칭어로 쓰는 '통신 별명'의 구조,

의미 유형과 쓰임 양상을 비교했다.

박환영(2001)은 몽골어 가족 호칭 체계의 변화를 기존 연구를 통해 살펴본 것으로, 1930년대와 달리 최근의 몽골어 호칭에서 사촌에 대한 호칭어가 달라졌으며, 며느리의 시가 친척들에 대한 호칭에서 전통 금기가 사라졌다고 평가했다. 박상택(2013)은 한국어와 몽골어의 호칭어를 비교한 것이다. 한국어와 달리 몽골어에서는 손위 대상에게도 높임의 2인칭 대명사를 쓴다고 했다. 또 한국어는 직위 호칭어를 통해 지위나 직업에 대한 경의를 나타내지만 몽골어는 그런 경우가 드물다고 했다.

딘란후옹(2011)은 한국어와 베트남어 호칭어와 관련 문화를 비교했다. 베트남어는 한국어보다 훨씬 사회적 관계에서 가족 호칭어가 많이 쓰이는데, 예를 들어 직장이나 학교, 병원, 식당에서 나이 차이에 따라 '형, 누나, 동생, 삼촌, 조카'와 같은 가족 호칭어를 남들끼리 쓰는 사실을 보고했다. 한국과 베트남은 가족주의 문화와 상대방의 나이를 묻는 문화가 강한 등 여러 가지 문화적 공통점이 있다고 기술했다.

오상이(2005)는 한국어와 독일어의 호칭어 사용을 사회적 요인 및 문화적 배경 면에서 대조 분석했다. 독일어는 평칭(Du)과 경칭(Sie)의 선택이 대화 참여자의 친소 관계에 따라 결정되지만 한국어는 서열과 권력 관계에 따라 호칭이 달라지는 차이점을 기술했다. 독일어에 비해 한국어 호칭 형태는 유난히 복잡하며 다양한 사용 제약을 받고 있는데, 수직적인 한국 사회 구조와 그에 따른 서열 관계 면에서 설명된다고 보았다.

한현희(2016)은 한국어와 러시아어의 2인칭 대명사와 이름 호칭어를 비교한 것이다. 러시아어 2인칭 대명사와 이름 호칭어는 권력과 유대 의미를 드러내지만 한국어 2인칭 대명사는 권력의 의미가 약하고 이름도 유대의 의미만 전달한다고 했다. 한국어에서 사회적 지위 호칭어는 단독으로 또는 이름과 결합하여 권력과 유대의 의미를 표현하고, 러시아의 경우는 권력 의미만 전달하는 점이 차이점으로 기술되었다.

2.2. 경어법

경어법 분야의 연구들을 '경어법 요소와 기능, 사회적 요인', '경어법 체계와 말 단계', '경어법의 쓰임', '경어법의 변화', '경어법과 공손', '종합적 연구', '외국어 경어법'으로 나누어 연구 방법과 내용, 연구 의의를 간략히 살펴보기로 하겠다.

2.2.1. 경어법 요소와 기능, 사회적 요인

이정복(2006다: 417~418)은 사회언어학적 관점과 방법에서 경어법을 다룬 연구들을 검토하면서, 주체 높임 형태소 '-시-'의 기능과 관련해 "서술어에 대한 직접적 주어로 나타나지는 않더라도 화자가 높여 대우하고자 하는 '주체' 인물은 존재한다. 그 주체는 어떤 발화 상황과 관련하여 화자가 주목하는 인물이며, 화자의 높임 의지의 대상이 된다. 굳이 이름을 붙이자면 '상황 주체'라는 말로 가리킬 수 있다. 곧 주체 높임의 '-시-'는 동작이나 상태, 상황의 주체를 높이는 기능을 가졌다고 보는 것"이라고 설명했다.

이러한 관점은 이정복(2010다)로 구체화하여 발표되었다. 화자들은 눈앞의 청자를 높이기 위해 거의 모든 서술어에 '-시-'를 붙이는데, 상업적 대화 맥락에서는 수혜자 공손 전략 차원에서 고객을 최대한 공손하게 대우하기 위해 상황 주체 높임의 '-시-'를 적극적으로 쓴다고 보았다. 언어 구조적으로는, 사물 주어 문장에서 생기는 '-시-'의 구조적 빈칸을 상대방에 대한 결례로 잘못 인식하고 '-시-'를 쓰게 되었으며, '-시-'가 들어간 '하세요' 형식을 모든 종결형에서 일관되게 쓰려는 과정에서 사물이 주어인 해요체에도 '-시-'가 들어가게 된 것으로 해석했다.

곽숙영(2009)는 '-시-'의 의미와 기능에 대한 논의를 정리한 후 '-시-'의 '과도한 사용' 용례를 제시하고 의미를 해석했다. "과도한 '-시-'의 사용에 대해 잘못된 사용이라고만 할 것이 아니라, 그러한 현상이 생기게 된 원인에 대해 고찰하고 새로운 해석을 내려야 할 때"(56쪽)라고 하면서 현대 사회의 서비스 경쟁으로 소비자를 높이기 위해 사용 가능한 모든 곳에 '-시-'를 쓴 것으로 풀이했다. 이래호(2012)도 '-시-'가 높이는 대상은 문장 안의 상위자뿐만 아니라 청자도 해당한다고 했다. 다양한 쓰임 사례를 통해 청자가 나이, 항렬, 사회적 지위 등 사회적 관계에서 화자보다 높을 때만 아니라, 청자가 화자보다 낮을 때에도 '-시-'가 사용됨을 보여 주었다. 이숙의(2015)는 상황 주체 높임과 같은 용법을 '화자의 전략적 불일치 유도 현상'으로 보고 관련 논의를 검토했다. 문법 표지와 화용 표지 기능을 동시에 수행하는 '-시-'의 사용은 모두 문법적으로 적격 문장에서든 비적격 문장에서든 화자의 전략에 따라 의도된 것으로 보아야 한다고 보았다.

김은혜(2016)은 라보브의 뉴욕 백화점 대상 연구와 비슷하게 서울의 백화점, 대형 마트, 재래시장 각 2곳에서 판매원 22명과의 대화에서 자료를 수집하여 '사물 존대' 기능의 '-시-' 쓰임을 파악하고 관련 인식 조사를 수행한 연구다. 결과를 바탕으로 '-시-'의 '사물 존대' 기능 사용 빈도가 새 용법으로 인정하기에는 높지 않고, 화자들에게 인정받는다고 단정 짓기도 어렵다고 평가했다. 그런데 이 연구는 자료 수집과 해석에서 근본적 문제가 있다. 라보브 연구의 경우 음운 현상 조사라서 조사자에 따른 차이가 작겠지만 경어법은 조사자, 곧 청자가 누구인지에 따라 차이가 클 수밖에 없다. 조사자가 중노년층 이상이거나 특히 남성이었다면 응답 결과가 크게 달라졌을 가능성이 있다. 관련 선행 연구에 대한 해석에서도 잘못이 보인다.

최성화(2019)는 20대 43명을 대상으로 상황 주체 높임 문장에 대한 수용성 실험을 하여 "한국어 모어 화자들은 사물 높임 '-시-'를 수용 가능하지 않다고 보는 것으로 나타났다"(47쪽)고 기술했다. 또한 "문맥이 존재하지 않는 사물 높임 '-시-'에 대해서 낮은 수용성을 보인 것에 비해, 거절 문맥에서는 '-시-'에 대한 수용성이 높아"(49쪽)진 것은 체면 위협을 완화하려는 공손 효과가 수용성 판단에 작용한 결과로 해석했다. 상황 주체 높임에 대한 수용성이 사용 맥락에 따라 달라짐을 확인한 의의가 있다.

그밖에도 김영일(2016)은 이러한 '-시-'의 새로운 쓰임을 종합적으로 다루었고, 안정근(2017)은 '-시-'의 새 용법이 이미 굳어져 공공연하게 쓰이며 한 자리를 엄연히 차지하고 있다고 평가했다. 이창덕(2013)은 상황 주체 높임을 '비인칭 주어 존대'라고 부르면서 그것의 문제점, 원인, 사용자 인식 변화, 교육적 대응 방안을 다루었는데, 국어학 및 사회언어학 분야의 관련 선행 연구를 전혀 참조하지 않아 아쉽다.

이정복(2005가)는 객체 높임 형태소 '-ㅅ·ㅂ-'의 쓰임을 분석하고 기능을 사회언어학적 관점에서 파악하고자 했다. 주체 높임 또는 행동주 높임 '-시-'와 구별하여 '-ㅅ·ㅂ-'은 '비행동주 높임' 기능을 맡은 것으로 보았다. 이 형식이 16세기 말 이후 청자 높임으로 기능이 확대되고 근대 국어 시기를 거쳐 현대 국어에서는 청자 높임으로 완전히 바뀐 것은, 대화 현장에 존재하지 않는 경우가 많은 객체보다는 대화 현장에 존재하는 청자에 대한 경어법 사용이 우선적일 수밖에 없는 화용적 상황이 반영된 결과로 해석했다.

새로운 청자 경어법 형식인 '한다요체'의 등장과 쓰임을 자세히 분석한 연구로 이정복(2011다), 권창섭(2013)이 있다. 이정복(2011다)는 트위터 자료를 중심으로 '한다요체'의 쓰임 실태와 기능, 사용자 분포, 기능에 대한 누리꾼들의 인식을 사례 분석 및 통계 분석 방법으로 다루었다. 해라체에 높임 보조사 '요'를 덧붙인 '한다요체'는 10대 및 20대 여성들의 사용률이 특히 높은데, '높임말과 안높임말의 미묘한 어울림', '귀엽고 친근한 느낌', '낯선 형식에서 나오는 재미' 등의 기능 또는 특성에 누리꾼들이 주목하는 것으로 파악했다. 권창섭(2013)도 '한다요체'의 실현 양상과 조건, 출현 원인을 분석했는데, '한다요체'의 주된 개신층은 10대 청소년이고, 아동어의 고수와 청자 경어법 체계의 변화로 이 형식이 발생했다고 보았다. 청자 경어법 면에서 청소년층의 경우 해요체만 쓰기 때문에 친밀 자질이 강조되는 관계에서 '한다요체'가 쓰임으로써 해요체의 부담을 줄이는 체계상의 의미 기능을 갖는 것으로 해석했다.

장미라·서진숙(2019)는 '한다요'와 '합니다요' 형식의 쓰임과 관련해 대학생 105명의 설문 응답 결과를 통하여 두 표현의 적절성과 의미, 사용 상황을 분석했다. 새로운 경어법 형식의 쓰임에 관심을 갖고 화자들의 인식을 파악한 점은 긍정적이지만 두 형식이 발생 시기나 사용 동기가 다른 것인데도 함께 묶어 적절성을 파악한 것은 문제가 있다. 이밖에 안정근(2017)도 '한다요체'의 쓰임을 부분적으로 다룬 바 있다.

경어법의 일반적 기능에 관심을 보인 연구로는 이기갑(1997), 박석준(2000), 이정복(2011나)가 있다. 이기갑(1997)은 '대우 표현'에 대한 주요 접근 방법에는 '사회 규범을 표현하는 것', '인간관계를 표현하는 것', '체면을 보호하기 위한 것', '대화 계약을 표현하는 것' 네 가지가 있다고 했다. 이를 다시 '관습화되고 규정화된 사회적 관계를 표현하는 요소', '인간관계를 전략적으로 표현하는 요소' 두 가지가 '대우 표현'의 주요 개념이라고 압축했다.

박석준(2000)은 한국어 경어법의 기능에 '관계 표출의 기능'과 '자아 노출의 기능'이 있다고 보았다. 관계 표출 기능은 다시 상하 관계에 따른 것과 친소 관계에 따른 것으로 나누어 설명했다. 그런데 경어법 사용을 통해 화자의 교육 수준, 직업, 세대, 교양을 드러내는 것이 자아 노출 기능이라고 했는데, 이런 점들은 경어법이 아닌 다른 언어 범주를 통해서도 확인할 수 있다는 점에서 특별히 경어법의 기능이라고 보기는 어렵다.

이정복(2011나)는 한국어 경어법의 주요 기능 세 가지를 '지위 관계에 맞게 대우하기', '공손한 태도 드러내기', '대인 관계 조정하기'로 제시하고, 각각의 개념과 보기를 기술했다. 지위 관계에 맞게 대우하기는 경어법의 규범적 용법과 관련되고, 공손한 태도 드러내기는 지위 관계와 별개로 다른 사람에게 공손함을 표시하는 기능을 뜻하는 것으로 설명했다. 대인 관계 조정하기는 경어법의 전략적 용법과 직접 연결되며, 현대 사회에서는 이 기능의 중요성이 높다고 강조했다.

곽자랑·권소영·이동훈(2019)는 대학생들을 대상으로 가정, 학교, 직장에서의 경어법 사용에 대한 담화 완성 실험을 실시하여 통계적으로 분석함으로써 힘, 거리, 상황 등의 경어법에 작용하는 사회적 요인들의 상호작용 효과를 검증하고자 했다. 분석 결과, 사적 상황에서는 윗사람에 대한 낮춤이 두드러지고, 공적 상황에서는 아랫사람을 높여 대우하는 경향이 높아지는 것으로 확인되었다.

최윤지(2018)은 텔레비전 뉴스에서 하십시오체와 해요체의 쓰임 양상과 그것에 관여하는 요인을 분석했다. 하십시오체에 비해 해요체가 훨씬 낮은 출현 빈도를 보였고, 해요체 사용에는 화자 성별, 화자 역할, 기사 유형 세 가지 요인이 관여하는 것으로 나타났다. 추상적 청자를 대상으로 한 기사보다 구체적 청자를 대상으로 한 기사에서, 여성이 남성보다, 앵커가 기자보다 해요체를 일관되게 더 많이 사용했다.

2.2.2. 경어법 체계와 말 단계

청자 경어법의 말 단계 체계를 어떻게 세울 것인지에 관련된 사회언어학적 연구 또는 그런 시각이 반영된 연구로 박영순(1976), 서정수(1980), 성기철(1985), 이정복(1992, 1993나, 1998나), 최석재(2007가), 엄경옥(2008), 이은희(2009)가 있다. 박영순(1976)은 화자들이 쓰는 경어법 형식의 수가 나이에 따라 다르며, 결과적으로 말 단계 체계도 2등분에서 6등분까지 다르다는 사실을 설문 조사 결과를 통하여 밝혔다. 조사 자료를 바탕으로 세대별 말 단계 체계가 다를 수 있음을 분명하게 주장한 점에서 의미가 큰데, 성기철(1985)도 비슷한 관점에서 청자 경어법의 말 단계 체계가 세대에 따라 다른 점을 지적했다. 중년층을 기준으로 하여 하오체와 하게체가 쓰이는 '상층 체계'와 쓰이지 않는 '하층 체계'를 따로 세웠다.

서정수(1980)은 현대 후기 한국어 청자 경어법 체계가 이전과 비교해 단순화되었으며, 그것은 사회 구조 변동에 따라 나타난 필연적 추세라고 보았다. 구체적으로 하오체와 하게체의 쓰임이 극히 제한되는 점을 고려하여 특수한 형태로 다룬 점은 사실에 맞는 것으로 평가된다. 그러나 해요체와 하십시오체가 격식성 면에서 구별되어 쓰이고 높낮이 차이는 없다고 한 점은 사실과 거리가 있다. 두 형식은 어울려 쓰이기도 하지만 높낮이 면에서 뚜렷하게 구별되어 쓰이는 것도 분명하기 때문이다.5)

이정복(1992, 1993나)는 하동 지역 한 언어공동체의 세대별 말 단계 체계를 세 가지로 제시했다. 청소년층은 두 등급으로 된 '2단 체계', 장년층은 세 등급으로 된 '3단 체계', 중년층 이상 화자들은 네 등급으로 된 '4단 체계'의 청자 경어법을 쓴다고 하여 세대에 따라 말 단계의 수와 구성 형식이 다른 점을 기술했다. 이정복(1998나)에서는 교육 부대 장교들의 청자 경어법의 '최대 체계'를 '기본 단계', '높임 단계', '아주 높임 단계'의 3단 체계로 세웠다.

최석재(2007가)는 드라마 4편의 대본에서 2,000문장을 수집하여 서울말 입말 사용 환경에서 청자 경어법 말 단계 체계의 설정 문제를 검토했다. 사용의 제약이 많은 하게체와 하오체를 다른 형식과 달리 특수형으로 분류하는 것이 필요하며, 격식체와 비격식체의 구분은 필요하지 않다고 했다. 이은희(2009)는 현재 한국어 화자들의 언어 사용 실태를 반영하여 '일반 화계'와 '특별 화계'로 나누는 것이 필요하며, 일반 화계란 청장년층이 일상생활에서 많이 쓰는 화계, 특별 화계는 몇몇 계층 또는 특별한 상황에서 사용되는 표현이라고 했다. 일반 화계는 주체와 청자가 같은 경우 '하십니다, 하세요, 합니다, 해요, 해, 한다'의 6단 체계로 세웠다. 구체적 언어 자료의 분석을 통한 것은 아니지만 '-시-'의 결합 여부에 따라 '하십니다'와 '합니다'를 분리하고, '하세요'를 높임 정도에서 그 둘 사이에 넣는 등 현대 한국어의 경어법 사실에 가까운 청자 경어법 말 단계 체계를 세우려 한 점이 돋보인다.

엄경옥(2008)은 703명에 대한 설문 조사를 통해 나이, 성, 계층, 상황에 따라 청자 경어법 사용 양상을 분석하고 각 요인별 청자 경어법 말 단계 체계를 세우고자 했다. 김병건(2012)는 20, 30대 화자 129명에 대한 설문 조사를 통해 청자 경어법 말 단계가 '하십시오체-해요체-해체·해라체'의 3단 체계로 이루어져 있다고 보았다. 이와 달리 조용준(2017)은 대학생들을 대상으로 담화 완성 실험을 통해 하십시오체, 해요체, 해체, 해라체가 독립적인 4단 체계를 유지하고 있음을 보고했다. 한편, 박지순(2016)은 20, 30대 화자들 대상의 담화 완성 실험에서 하십시오체와 해요체, 해체와 해라체가 각각 높임 등급에서 차이가 없어 하오체와 하게체를 포함하여 전체적으로 4단 체계를 이룬다고 해석했다. 하오체와 하게체를 제외하면 조사 세대에서 2단 체계가 되는 것이다. 이처럼 비슷한 세대에서도 연구에 따라 말 단계가 체계가 다양하게 나타나는데, 이는 조사 대상 및 방법, 해석의 차이 때문이다.

그런데 이정복(2006다: 422)는 청자 경어법의 '말 단계 체계'와 관련된 일부 선행 연구들이 "구체적 언어공동체나 화자 집단을 정하지 않고 막연히 한국어 전체의 청자 경어법 말 단계 체계를 세우려 한 것"은 문제라고 지적했다. 그러한 말 단계 체계는 이정복(1992: 58)에서 언급한 '추상적 최대 체계'를 뜻하는데, "그것은 어떤 화자 집단에게도 그대로 적용될 수 없으며 종결 어미 목록 이상의 의미를 갖기 어렵다. 추상적 체계는 구체적인 화자 집단에 따라 모습을 달리하는 '실제적 체계'로 재구조화될 필요가 있고, 정확한 말 단계 체계를 세우기 위해서는 경어법 실태에 대한 정밀한 관찰이 선행되어야 한다"고 지적했다. 또한 "추상적 최대 체계로서의 말 단계 체계는 경어법의 이해와 연구를 위한 대략적인 도구의 성격"을 갖는다고 보았다. 말 단계 체계를 세울 때는 그것이 특정 언어공동체의 특정 집단을 대상으로 한 실제적 체계인지 종결 어미 목록을 모두 모아 만든 추상적 최대 체계인지를 명확히 할 필요가 있다.

같은 대화 상황 및 화자, 청자 관계에서 청자 경어법의 말 단계가 바뀌는 '말 단계 변동 현상'은 성기철(1985)에서 '종결형 간의 호응' 또는 '화계 간의 호응'으로 부른 것이다. 유송영(1994, 1997)은 말 단계 변동 현상을 본격적으로 다룬 연구로, '힘'과 '유대' 관계를 조절하려는 화자의 의지에서 청자 높임 어미가 교체되며, 거기에는 일정한 제약이 작용한다는 점을 지적했다. 이정복(1996가)는 1980년 12.12 사태 당시 군 수뇌부의 전화 통화 자료를 말 단계 변동 관점에서 분석하면서 화자들의 의도가 작용한 말 단계 변동 현상을 '말 단계 바꾸기'로 이름 붙이고, 전략적 경어법 사용 관점에서 설명했다. 대화 참여자들 사이의 지위 불일치 상황을 해소하거나 '언어적 베풂'과 관련하여 의도적인 말 단계 바꾸기가 일어난다는 것이다.

남미정(2009)는 5편의 신소설 자료에 대한 분석을 통해 140개 정도의 청자 경어법 말 단계 변동 사례를 다루었다. 청자 경어법 말 단계의 '경어도'를 네 단계로 나눈 후 경어도가 같거나 한 등급 차이가 나는 경우 말 단계 변동이 자유롭게 일어난다고 해석했다.

김명운(1996)과 이서란(2001)에서는 드라마 대본 자료를 분석하여 청자 경어법의 '등급 넘나듦의 폭'을 일부 다루었다. 문혜심(2009)도 드라마 대사를 분석하여 '높임법의 뒤섞임' 현상의 실태를 밝히려 했는데, 전체 뒤섞임 현상 가운데 해체와 해요체 사이에서 일어난 것이 37.2%, 해체와 해라체 사이가 34.8%로 높은 비율을 보인다고 했다. 하십시오체와 해요체 사이의 말 단계 뒤섞임은 14.4%로 나타났다. 이런 용법은 "대화를 부드럽게 이끌어가려는 담화 전략으로 사용한다"(196쪽)고 해석했다.

정희창(2010)은 텔레비전 내레이션에 나타나는 말 단계 변동 현상을 다루었다. 보도 방송과 달리 가벼운 내용의 교양 프로그램에서는 전략적으로 말 단계를 바꾸는 경우가 많고, 경어법의 변화를 통해 내레이션에 속도감과 생동감을 주려는 전략에서 나온 용법으로 해석했다.

2.2.3. 경어법의 쓰임

경어법의 쓰임 가운데 '규범적 용법'과 대조되는 '전략적 용법'을 여러 연구에서 다루었다. 그 가운데서 군대 구성원들을 대상으로 한 것이 여러 편이다. 김주관(1989), 이정복(1994나, 1998나, 2001가), 박용한(1997)은 경어법 사용의 대립과 충돌 사례를 전략적 용법 관점에서 분석했다. 계급 질서를 우선으로 하는 군대 구성원들은 계급과 나이 요인이 대립적 관계에 있는 경우가 많고, 그러한 말하기 환경에서 전략적 용법이 잘 나타나며, 대립적 지위 관계에 있는 군인들이 얼마나 적절히 경어법을 사용하는지에 따라 구성원들의 대인 관계와 화합 정도가 달라지는 점을 기술했다.

이정복(2001가)에서는 규범적 용법을 "상대방에게 적절하다고 생각되는 경어법 형식을 사용함으로써 상하 관계, 친소 관계 등의 대인 관계를 언어적으로 표현하고 인정하는 경어법 사용"(56쪽)으로 정의하고, 전략적 용법을 "화자가 특정한 목적을 이루기 위해 언어공동체의 규범과 다르거나 그것으로부터 예측되지 않는 방향에서 경어법 사용 방식을 의도적으로 조정하는 유표적이고 보다 의식적인 경어법 사용"(76쪽)으로 정의했다. 화자들이 경어법을 전략적으로 사용하는 과정에서 동원하는 구체적 수단이나 방법이 '경어법 사용 전략'인데, 이정복(1998나, 2001가)는 '수혜자 공손 전략', '지위 불일치 해소 전략', '지위 드러내기 전략', '정체성 바꾸기 전략', '거리 조정하기 전략'이 있다고 보았다.

경어법의 전략적 용법은 일반 사회의 경어법 사용에서도 쉽게 나타난다. 류재향(1999), 손춘섭·이건환·조경순(2003), 이정복(2004), 양영희(2005)도 경어법의 '전략적 용법'을 다루었다. 류재향(1999)는 고등학생들이 교사 등의 상위자에게 하십시오체를 쓰는 대신 해요체를 많이 쓰는데, 그것은 교사와의 거리감을 줄이려는 의도에서 나온 전략적 용법이라고 해석했다. 손춘섭·이건환·조경순(2003)은 설문 조사를 통해 30명의 교수, 연구원, 조교 집단의 경어법 사용을 다루는 자리에서 전략적 용법을 분석했다. 그 유형을 세분해서 '듣는 이의 지위를 존중하려는 전략', '수혜 보상 전략', '수혜 유도 전략', '심리적 거리를 조정하려는 전략', '대우법 결정 요인 불일치를 해소하려는 전략', '권위를 나타내려는 전략', '갑작스런 상황 변화에 대처하려는 전략'을 제시했는데, 표현은 조금 달라도 내용이 이정복(1998나, 2001가)와 특별히 다르지 않다. 한편, 이정복(2004)는 통신 언어 사용에서 하오체가 의도적, 전략적으로 쓰이는 사실을 보고하면서 그것은 '지위 드러내기 전략'의 한 가지라고 해석했다.

양영희(2005)는 중세 한국어의 경어법 자료에서도 정체성 바꾸기 전략, 지위 드러내기 전략, 수혜자 공손 전략 등 여러 가지 전략적 용법들이 나타나는 사실을 보고했다. 이래호(2014)는 조선 시대 한글 편지 1,476편 가운데서 발신자인 상위자가 하위자 수신자에게 높임의 청자 경어법 형식을 쓴 108편을 통해 청자 경어법의 특별한 쓰임을 분석했다. 연구자가 전략적 용법이라는 말을 쓰지는 않았지만, 상위자가 하위자에게 높임 형식을 쓴 경우는 상대방과의 특별한 관계, 상대방의 집안 배경이나 관직, 나이 등의 요인을 고려한 결과로 경어법의 전략적 사용에 해당하는 사례가 많았다.

경어법의 쓰임을 분석한 연구 가운데서 '경어법 형식의 상호 관계'에 관심을 둔 사회언어학적 연구에는 이정복(1994가, 2000가)와 유송영(1998, 2002)가 있다. 문법 중심적 경어법 연구에서는 경어법 관련 요소들의 호응이 유지되지 못한 문장을 비문법적이거나 부자연스럽다고 보았다. 그러나 이정복(1994가, 2000가)는 경어법 형식들의 호응 관계는 아주 약한 것으로 화자의 높임 의지에 따라 관련 형식들이 선택적으로 쓰이는 사실을 밝혔다. 경어법 요소들이 모두 쓰인 호응도가 높은 문장은 화자가 선택하는 한 가지 쓰임일 뿐이라는 시각이다. 유송영(1998)에서는 호칭어와 청자 높임 어미가 엄격하게 호응해야 한다는 선행 연구들을 비판하면서 방송 대화 자료를 통하여 두 형식이 독립적으로 사용될 수 있음을 밝혔다. 유송영(2002)는 호칭어와 2인칭 대명사의 공기 관계를 드라마 대본 자료를 중심으로 다루었다.

경어법의 쓰임 분석 가운데 '경어법 점수'라는 개념을 도입하여 통계적 방법으로 자료를 다룬 연구들로 이정복(1993가, 1994가, 1996나), 최석재·권오병(2007), 최석재(2008)이 있다. 이정복(1993가)에서는 '경어법 형식의 기능 부담량' 개념을 제시하고, 경어법 점수를 이용해 높임 정도를 수치를 통해 객관적으로 파악하는 방법을 찾아보았다. 이정복(1994가, 1996나)에서는 '제3자 경어법' 사용을 통계적 방법으로 분석했다. 화자들이 경어법 형식들을 지위 관계나 의도에 따라 선택적으로 쓰는 점을 경어법 점수로 뚜렷하게 파악하고, 경어법 점수의 평균을 비교함으로써 집단 또는 사회적 요인에 따른 용법 차이를 밝히고자 했다. 최석재·권오병(2007)은 이정복(1993가, 1994나)에서 제시한 경어법 형식의 기능 부담량에 대한 검토를 통해 문장 유형별로 기능 부담량 수치를 새롭게 제시했다. 최석재(2008)에서는 경어법을 통계적으로 분석하는 방법을 더 구체적으로 기술했다. 이처럼 경어법 형식의 기능 부담량을 파악하여 경어법 점수로 높임 정도를 계량적으로 파악하면 높임 대상, 대화 상황, 경어법 사용 전략에 따른 대우 정도나 변동을 명확하게 파악하는 것이 가능하다.

이정복(2001다)는 '복수 인물'에 대한 경어법 사용에 주목하여 '집합형 복수 인물'과 '병렬형 복수 인물'로 유형을 나누어 경어법 사용 차이를 분석했다. 복수 경어법 사용 원리로 '근접 원리'와 '초점 원리'를 제시했다.

경어법에 대한 연구는 다양한 집단과 자료를 대상으로 이루어졌다. 박용한(2000)은 해군 함정에 근무하는 부사관과 병이 쓰는 특별한 청자 경어법 형식 '-말입니다'의 쓰임과 기능을 기술했다. 이 형식은 해요체 사용이 금지되는 군대 특성상 하십시오체를 쓰면서도 상급자의 체면을 보호하고, 군 조직에서 하위자인 화자들의 지위와 역할에 맞는 발화 행위를 가능하게 도와준다고 해석했다.

이경우(1990가, 1990나, 1994, 1995)는 근대 국어와 현대 국어 교체기를 '최근세 국어'로 부르면서 당시에 나온 신소설 자료를 분석하여 사회 신분, 나이, 성별에 따른 경어법 사용 양상과 다양한 가족 관계에서의 경어법 사용 실태를 살펴보았다. 이 연구들은 이경우(1998)로 모아서 출판되었다. 김정호(2012)도 신소설 자료를 대상으로 청자 경어법 분석을 위해 '상황(초면 상황, 구면 상황), 투사(관계 투사, 상황 투사), 표현(합의 표현, 비합의 표현)'을 구분할 필요가 있다고 했다.

이경우(2001, 2004)는 드라마 대사 자료를 통해 부모와 자식 사이, 형제 사이, 조부모와 손자·손녀 사이, 시어머니와 며느리 사이, 장인과 사위 사이 등 여러 가지 가족 간의 청자 경어법 사용 실태를 파악했다. 이정복(2006나)는 탈춤 대사 자료의 경어법 쓰임을 '힘'과 '거리' 요인에 따라 분석했다. 힘 요인은 '계층, 나이, 성별, 가족 지위, 종교적 지위, 군신 관계, 수혜자 관계'를 중심으로, 거리 요인은 '물리적 거리, 긍정적인 심리적 거리, 부정적인 심리적 거리, 중립적인 심리적 거리'를 중심으로 용법의 변이를 살펴보았다. 강현석(2011)은 영화와 드라마 대본의 대화 중 해요체와 하십시오체의 쓰임을 통계적으로 분석했다. 이를 통해 화자의 성 요인이 하십시오체와 해요체의 사용에 영향을 주는 가장 중요한 요인의 하나임을 확인했다. 하십시오체는 남성이 여성보다 2.6배 많이 쓰는 것으로 나타났는데, 이를 언어 사용의 성차에 대한 '차이 접근법'(difference approach) 관점에서 해석했다.

서은아(2008)은 신문, 잡지의 공익 광고 텍스트 148편을 분석하여 공익 광고 텍스트 문장의 청자 경어법 분포를 파악했다. 전체의 84.5%의 광고가 하십시오체로 작성되었는데, 이 형식이 남성적, 이성적 느낌이며 공적 대화에서 주로 사용되는 특성과 관련이 있다고 보았다. 또 하십시오체는 광고의 불특정 수신자를 설득하기에 유리하다고 해석했다.

이정복(2003)은 김대중 대통령의 연설문 90여 편을 분석하여 다른 나라 국가 원수 등의 고위직 인물을 어떻게 대우했는지와 언어 사용 전략을 파악했다. 대통령의 경어법 사용은 다른 사람을 높이면서도 자기를 낮추지 않거나 스스로를 적극 높이는 방식으로 이루어졌고, 이는 일반 국민과 달리 대통령의 권위를 높이고 힘을 드러내는 방향에서 전략적으로 나온 결과라고 해석되었다.

강현석(2012)는 기독교와 불교의 기도문을 문형, 화행, 청자 경어법 면에서 비교 분석했다. 청자 경어법 쓰임을 보면, 일상 입말에는 쓰이지 않는 하소서체와 선어말 어미 '-옵-'이 기도문에서 높은 빈도로 사용되었는데, 그것은 신앙 대상에 대한 일종의 수혜자 공손 전략이 작용한 결과로 보았다. 어린이 기도에서는 해요체 종결 어미가 자주 나타나며, 기도문의 시대 흐름에 따라 특히 불교 기도문에서 하소서체의 사용이 크게 줄어든 것으로 나타났다.

이정복(2012나)는 855편의 학술 논문 심사 관련 텍스트를 대상으로 논문 심사자와 제출자의 경어법 사용을 분석했다. 심사자들은 해라체를 절대적으로 많이 썼으나 제출자들은 하십시오체를 많이 썼는데, 경어법 점수 차이가 2.285점(5점 만점)이며 통계적으로 의미 있는 차이로 확인되었다. 심사자는 자신이 일시적으로 가진 강한 힘을 의식하여 경어법을 편하게 썼고 제출자는 좋은 평가를 부탁하는 사람으로서 수혜자 공손 전략에 따라 공손하게 경어법을 사용한 결과다.

박경래(1999)는 충북 청원 지역의 제보자 23명을 대상으로 청자 경어법 사용 양상과 경어법 사용 태도를 조사하여 사례 중심으로 분석했다. 박경래(2005)는 중국 길림성 도문시의 충청도 마을 정암촌의 방언을 대상으로 청자 경어법의 종결 어미 형식을 확인하고, 쓰임의 특징을 분석했다. 정암촌의 청자 경어법은 화자와 청자의 지위 및 유대 관계, 출신지, 청자의 직업에 따라 다르게 나타나는 점을 보고했다. 이정복(2006가)는 대구 지역 고등학생들의 '모둠 일기' 자료를 통하여 교사 및 부모에 대한 경어법 사용 실태를 확인하고, 화자들의 학교 유형(인문고, 실업고), 성별에 따른 차이를 기술했다. 그 결과 '친밀성의 강화', '교사에 대한 부정적 표현 증가', '새로운 경어법 형식 등장'이 경어법의 중요한 특징으로 나타났다.

이정복(2017)은 대표적인 사회적 소통망인 트위터에서 수집한 자료를 통하여 유명 정치인에 대한 경어법 사용 실태를 분석했다. 누리꾼들은 대통령 후보 등 정치인에게 5.9%만 높임 형식의 주체 경어법을 사용한 것으로 나타났는데, 이는 호칭어 사용과 마찬가지로 친근감 드러내기 방식에서 경어법을 사용한 결과이면서 인터넷 공간의 특성상 누리꾼들이 자유롭게 언어를 쓴 결과인 것으로 해석되었다. 강현석·김민지(2018)은 다중 회귀 분석법으로 카카오톡의 비격식적 단체 대화 자료에서 나타나는 하십시오체, 해요체와 같은 높임 종결 어미의 변이 양상을 분석했다. 통신 언어의 특성으로 해요체는 12개, 하십시오체는 6개의 변이형이 확인되었고, 하오체, 하소서체, 한다요체, 하셈/하삼체도 쓰였다. 종결 어미 사용의 성별 차이도 눈에 띄는데, 여성들은 해요체를 하십시오체보다 크게 선호(79%:21%)하지만 남성들은 하십시오체를 해요체보다 선호(57%:43%)하는 것으로 보고했다.

2.2.4. 경어법의 변화

이경우(2003, 2008)은 신소설과 드라마 자료를 비교하여 약 100년 사이 한국어 경어법 사용의 변화를 분석했다. 그 결과, '최근세 국어' 시대에는 사회 계층에 따라 부부 사이의 경어법이 달랐으나 2000년 전후에는 부부의 세대에 따른 차이만 나타났다. 50대 이상의 아내는 남편에게 해요체를 쓰는 것과 달리 20~30대 아내는 해체를 더 많이 쓴다는 것이다. 또 과거와 달리 현대 국어에서는 하오체와 하게체의 쓰임이 거의 사라지고 각각 해요체와 해체가 대신 쓰이는 점을 보고했다.

김혜숙(1995)는 '압존법', 곧 '더 낮춤법'을 중심으로 경어법의 변화를 논의한 것으로, 경어법이 점차 단순화되고 있으며 '격식적 관계에서의 절대 높임', '횡적 친밀화'의 영향으로 절충적 방식의 높임 체계가 큰 부분을 차지한다고 해석했다. 장태진(2000)은 '압존법'의 기능과 쓰임을 기술했는데, '선생님, 아버지 집에 가셨습니다'와 같이 압존법이 지켜지지 않은 예가 오늘날 도시 방언의 일반적 추세이며, 과거 '민촌어'의 '하위자 중심 화법'이라고 한 점이 눈에 띈다. 이는 '반촌어'의 '상위자 중심 화법'과 상반된다고 평가했다.

김재민(1998)은 대학생 및 그 부모들을 대상으로 한 설문 조사 결과를 분석하여 청자 경어법 사용의 세대 차이를 분석했고, 김재민(2004)는 '압존법'의 변화를 보고했다. 20대와 50대의 청자 경어법 사용 형식에서 차이가 있고, 학교와 가정의 경어법 사용에서 일부 예외도 있으나 전반적으로 압존법이 사라지고 대신 '절대 경어' 방식의 경어법 사용이 이루어진다고 했다. 이정택(2016)도 한국어 경어법이 전통적 '존대'에서 '존중'으로 바뀌고 있으며, 사람들 사이의 높고 낮음에 대한 인식이 사라지면서 '압존법'도 사라지고 있다고 했다. 따라서 낮은 사회적 지위의 사람에게도 존중 의미의 존대 표현을 적절히 쓰도록 가르칠 필요가 있음을 강조했다.

한편, 박용한(2012)는 해군 장병 245명을 대상으로 설문 조사를 하여 군에서의 압존법 사용 실태를 살펴보았는데, 아직도 군대 사회에서는 일반사회와 달리 '최상급자 기준의 존댓말 사용'이 주를 이루고 있다고 보고했다. 그런 용법은 조직의 존재 목적과 군기를 중시하는 군대의 사회문화적 특성과 관련되는 것으로 보았다.

남북한 분단 이후 정치 체제의 차이와 접촉이 줄어든 결과 언어 변화가 따로 진행됨으로써 남북한 언어 차이도 늘어나고 있는데, 남북 경어법의 차이를 다룬 연구들이 나오고 있다. 강보선(2014)는 남북한 경어법의 차이를 사회 변화와 체제 차이의 관점에서 다루었다. 특히 북한 체제가 "김일성, 김정일을 중심으로 한 최고 지도자 일가를 특별히 우대하고 우상화하고 있기 때문에 남북의 높임법이 달라진 면"(179쪽)을 주목하여 북한의 최고 지도자 일가에 대한 특별한 방식의 높임 표현 사용을 소개했다.

장경우(2013)은 꼭두각시놀음의 다양한 채록본을 대상으로 청자 경어법 종결 어미의 통시적 변이 양상을 파악했다. 후대로 갈수록 하오체가 줄어들면서 해요체가 늘어나고 해체와 하십시오체가 일부 기능을 부담하는 것으로 보고했다.

2.2.5. 경어법과 공손

한국어 경어법과 공손의 관련성을 다룬 박사학위 논문이 다수 나왔다. 김희숙(1990)은 한국어의 공손이 경어법과 불가분의 관계임을 주목하여 경어법과 공손의 관계를 다루었다. 경어법은 위배할 수 없는 법률 같은 의무적 규칙이지만 공손 현상은 경어법을 바탕으로 도덕처럼 더 넓은 범위의 구속을 의식하면서 화자의 의도에 따라 수의적으로 공손을 성취시키는 것이라고 보았다.

김명운(2009)는 전화 통화, 일상 대화, 드라마 대사 자료를 이용하여 공손성의 기제와 체계를 분석한 것이다. 적절한 경어법의 선택은 공손성이 실현되기 위한 전제 조건이자 필요조건이지만, 높은 단계의 경어법이 반드시 높은 단계의 공손성을 실현하는 것은 아니라고 했다. 또한 공손성 실현을 위한 화용적 기제에서 형태와 의미의 관계가 고정적이지 않다는 점을 강조했다.

허상희(2010, 2012)는 한국어 경어법은 공손법의 일부이며, 경어법 요소에 기타 공손 관련 요소들이 더해져야 진정한 공손 표현이 될 수 있다는 관점에서 한국어 공손 표현의 체계를 세우고, 공손 표현의 체계와 쓰임에 관여하는 힘 요인, 거리 요인, 상황 요인의 작용을 드라마 대사를 통해 분석했다. 공손법에 작용하는 요인들을 체계적으로 제시하고 그 작용 양상을 자세히 분석한 점이 눈에 띈다.

최재웅(2018)에서는 경어법과 공손 현상의 관련성을 검토한 후 한국어 경어법을 "범언어적 공손성 책략의 한 가지 방식으로 자리매김하되, 일반적인 대다수의 공손성 책략과는 달리 언어에 명시적으로 문법화된 현상"(173쪽)으로 보았다. 이런 관점에서 '존대 현시 격률'을 제안했는데, '존대 대상에 대하여 존대 현시를 최대화하라'로 격률 내용을 제안했고 '맥락상 두드러진 대상(청자, '주체')에 대하여, 주어진 특정 상황에서 해당 인물에게 적합하다고 화자가 느끼는 수준으로 언어 표현 및 행동을 활용하여 존대 현시를 최대화하라'로 자세히 설명했다.

2.2.6. 종합적 연구

박사학위 논문인 이정복(1998나)와 그것을 책으로 낸 이정복(2001가)는 해군 교육 부대 장교들의 언어공동체를 대상으로 하위 집단의 특성에 따라 화자들의 경어법 사용이 어떻게 전개되며, 경어법 사용의 전략적 특성에는 어떤 것이 있는지를 분석하여 한국어 경어법의 총체적 이해의 틀을 제시하고자 했다. 제보자들을 출신 학교, 근무 부서, 계급 부류로 하위 구분하고, 내집단 및 외집단 구성원 사이의 경어법 사용을 참여 관찰 조사, 설문 조사, 면접 조사의 사회언어학적 방법을 통하여 자세히 조사, 분석하여 7개 장으로 기술했다.

이정복(2002)는 한국어 경어법을 사회언어학적으로 다룬 연구들을 수정, 체계화한 것으로 모두 10장으로 이루어졌다. 이정복(2008나)와 그 증보판인 이정복(2011가)도 경어법에 대한 사회언어학적 접근을 종합한 것으로 각각 12장, 13장으로 구성되었다. 이정복(2012가)는 한국어 경어법의 기능과 사용 원리를 사회언어학적 관점에서 종합적으로 기술했다. 모두 3부 9장으로 이루어졌으며, 서론의 성격을 갖는 1부는 경어법의 개념과 체계, 변화 과정을 다루었다. 2부에서는 한국어 경어법의 기능과 특성, 사회문화적 가치를 살펴보았다. 3부에서는 한국어 경어법의 사용과 해석에서 중요하게 작용하는 세 원리, 곧 '힘과 거리의 원리', '규범과 전략의 원리', '일상과 특정의 원리'에 따른 경어법 사용을 분석했다. 실제 언어 자료를 통하여 한국어 경어법의 기능과 사용 원리를 체계적으로 파악함으로써 경어법의 이해도를 한 단계 높이고, 경어법에 대한 오해와 부정적 인식을 바로잡고자 했다.

이경우·김성월(2017)은 현대 한국어 경어법에 대한 사회언어학적 연구, 경어법의 변화, 드라마 대본에 나타난 청자 경어법의 쓰임, 춘향전을 중심으로 한 19세기 후기 경어법을 다루었다.

김미경(2020)은 본격적 연구서는 아니지만 "존대법은 서열 중심의 인간관을 한국인의 정신 속에 고착화시키는 기본적이고 핵심적인 장치"(15쪽)라는 시각에서 한국어 경어법의 특성과 문제점을 검토하고, 한국어 경어법이 가야 할 방향을 제시한 점에서 경어법 연구자들이 참조할 만하다. 또한 21세기에 한국식 공손은 더 이상 미덕이 아니라고 하면서 "공손을 강요하는 존대 문화를 멈추어야 한다. 공손함보다 더 중요한 것은 동등한 인격체로서의 상호 존중"(228쪽)이라고 강조했다.

2.2.7. 외국어 경어법

많지는 않으나 외국어 경어법을 사회언어학적으로 다룬 연구들, 한국어와 다른 외국어 경어법을 비교한 연구도 최근 늘어나고 있다.

홍민표(2011)은 서울과 대구에 거주하는 한국 고교생 327명과 일본 오사카에 거주하는 일본 고교생 109명을 대상으로 설문 조사를 하여 한국어와 일본어의 경어법 사용 실태를 대조 분석했다. 상당한 차이가 나타났는데, 한국어와 달리 일본어에서는 상하 관계와 함께 친소 관계도 크게 작용하기 때문에 일본에서는 부모에게 높임말을 쓰지 않는 것이 확인되었다. 일본 학생들은 학교에서도 교사와 친해지면 안 높임말을 쓰는 것으로 응답했다.

신혜경(1993)은 한국과 일본의 직장 남성들의 제3자 경어법 사용을 비교 분석했고, 신혜경(1996)은 한국과 일본의 대학생을 대상으로 경어법 사용을 비교 분석했다. 이런 연구를 통해서 한국어 경어법 사용은 '절대 경어', 일본어 경어법 사용은 '상대 경어'의 특징을 보인다고 보고했다. 신혜경(1997)은 한국어와 일본어로 된 성서의 경어법을 비교한 것으로, 한국어는 지위, 나이 등의 힘 요인에 따라 용법이 정해지는 '절대 경어적' 성격을 지니며 일본어는 상황에 따라 용법이 바뀌는 '상대 경어적' 성격을 지닌다고 평가했다.

양명희·김려원(2013)은 나이와 학번, 친소 관계를 요인으로 설정하여 설문 조사를 진행하여 한국 대학생과 중국 유학생 각 70명의 경어법 사용 실태를 비교했다. 한국 학생들은 친한 후배에게 나이와 관계없이 '해체'를 사용하고, 중국 학생들은 나이가 적은 후배에게 친소와 관계없이 '해체'를 쓰는 것으로 나타났다. 두 나라 대학생들은 국적이 다른 경우 친하고 나이가 어린 후배에게만 '해체'를 사용하고 나머지는 '해요체'를 쓰는 것으로 나타났는데, 이는 국적이 같은 경우와는 다른 용법으로 '국적'이라는 사회적 거리감이 반영된 결과로 해석했다.

유완영(2013)은 한국어, 중국어, 일본어 경어법을 비교했다. 일본어는 대화 참여자 사이의 횡적 관계를 중요시하는 '상대 경어'의 성격이 강하고, 한국어는 종적 관계를 월등히 중요시하는 '절대 경어'의 성격을 띠며, 중국어는 중간적인 모습을 보인다고 기술했다.

김지희(2018)은 한국과 일본 누리꾼들의 블로그에서 수집한 통신 언어 자료를 통해 새로운 경어법 형식 '함다체'와 '-ssu체'의 사용 양상과 기능을 비교했다. 두 형식은 신선함을 전달하고 주목을 유도하며 해학적 효과를 강조하기 위한 전략에서 쓰인다고 했다.

쁘라주업 인센(2005)는 한국어와 태국어의 경어법을 비교했는데, 태국어도 한국어와 마찬가지로 주체 높임, 객체 높임, 청자 높임이 가능하며, 청자 높임의 경우 종결 어미는 없지만 문말 어조사, 문장 형태 변화, 높임 보조 동사를 통해 이루어진다는 점을 보고했다. 또 특수 어휘, 호칭어, 접사를 통해 높임 행위가 가능함을 기술하면서 두 언어가 형식 차이가 있지만 원만한 대인 관계 유지를 위한 경어법이 공통적으로 실현됨을 밝혔다.

팜티응옥(2019)는 한국어와 베트남어의 가족 사이 경어법을 드라마 자료를 통해 비교한 것이다. 문법적 경어법이 없는 베트남어는 호칭과 허사, 보조사를 통해 높임을 표현하며, 유교의 영향으로 한국어와 비슷한 경어법 사용 모습을 보여 준다고 보고했다. 두 언어 모두 부모와 자식 사이에서는 친밀한 관계를 표시하는 안 높임 형식이 쓰이지만 시부모와 며느리, 처부모와 사위 사이에서는 격식과 예의를 따른 경어법 사용이 이루어진다고 했다.

김우진(2006, 2018)은 중국 신강 지역 '카작'(Kazak)족의 경어법을 호칭어와 함께 기술했다. 김우진(2006)은 카자흐어의 경어법이 인칭 대명사, 소유 접미사, 술어 접미사, 호칭어의 네 요소로 구성되며, 말 단계는 3단 체계로 이루어진다고 보고했다. 친척 관계에서는 친척 서열이, 비친척 관계에서는 나이가 경어법 사용의 일차적 기준으로 작용하며, 친근감 또는 격한 감정의 표현을 위해 의도적으로 말 단계를 낮추거나 올리는 전략적 용법도 있는 것으로 나타났다.

3. 앞으로의 과제

지금까지 살펴본 호칭과 경어법의 사회언어학적 연구 성과는 다른 분야보다 풍부한 편이다. 연구의 출발이 빨랐을 뿐만 아니라 지금까지도 비교적 꾸준하게 연구가 이어지고 있다. 대화 참여자 관계가 호칭과 경어법 사용에서 중요한 요인으로 작용하며, 그 용법과 체계가 사회 구조의 변화에서 직접 영향을 받는다. 대인 관계 및 사회의 변화에 따라 호칭과 경어법의 쓰임이 뚜렷한 변화를 겪어 왔는데, 사회언어학 분야에서 이런 점에 주목하여 용법 변화를 사회적 요인과 관련지어 해석하는 연구를 꾸준히 진행해 왔다. 사회언어학적 연구를 통해 형태 중심 연구의 한계를 넘어 호칭과 경어법에 대한 깊이 있는 이해가 가능해졌다. 사회적 맥락에서 이루어지는 호칭과 경어법의 쓰임을 밝히고, 그것의 사용에 작용하는 화자들의 의도와 전략, 갈등 양상까지 파악할 수 있었다.

그렇지만 앞으로 연구 과정에서 더 관심을 기울일 필요가 있거나 풀어야 할 과제도 보인다. 첫째, 호칭과 경어법에 본격적인 관심을 가지고 지속적 연구를 진행해 온 연구자 수가 많지 않아서 같은 주제를 두고 서로 이어진 연구를 통해 대화와 토론을 활발하게 벌인 경우가 드물다. 전체적으로는 연구 성과가 적다고 하기 어렵지만 비슷한 관심을 가진 연구자들의 교류나 협력은 전반적으로 부족하다.

둘째, 분석 대상 연구 가운데서 사회언어학회 밖에서 이루어진 경우가 늘어나고 있는데, 사회언어학적 주제를 다루면서도 사회언어학 연구들이 제대로 참조되지 않는 경우가 다수 나타났다.[6] 사회언어학회 밖의 연구자 개인들이 해당 주제의 사회언어학 선행 연구를 폭넓게 참조하는 것이 필요한 한편 학회 차원에서도 사회언어학 연구의 확산과 활성화를 위해 관련 연구자들과의 적극적 교류를 확대하는 것이 필요하다.

셋째, 호칭과 경어법의 쓰임에 대한 통계적 분석에서 나아가 그 배경과 의미까지 살펴보는 연구가 많이 나와야 한다. 자료에 대한 통계적 분석이든 사례 분석이든 호칭과 경어법의 쓰임 실태만 파악하는 연구라면 사회언어학이 비판했던 형태 중심의 구조주의 언어학과 큰 차이가 없다. 사회언어학은 언어 현상이 나오게 된 원인 또는 배경에 대한 깊이 있는 해석을 추구함으로써 형식과 체계, 그 쓰임에 깔린 화자들의 마음과 의도를 이해하는 것이 가능하다.

넷째, 호칭과 경어법이 대인 관계 및 사회 구조와 밀접한 관련이 있는 만큼 사회 변화에 맞는 용법과 체계가 무엇인지 제시하는 연구를 통해 시대에 맞지 않는 불합리한 호칭과 경어법 때문에 어려움을 겪는 화자들에게 도움이 되는 실용적 연구도 필요하다. 최근 한국어의 호칭과 경어법이 사람들 관계를 억압하고 서열을 나누어 고착화함으로써 불평등을 크게 조장하는 요소라는 비판이 다수 나오고 있다(최봉영 2005; 김미경 2020 등). 이런 상황에서 사회언어학 연구가 언어 실태 파악에만 머물지 않고 문제가 있는 언어 요소를 어떻게 개선해 나갈지에 대한 실용적 관심을 본격적으로 기울인다면 사람들의 삶에 더 직접적인 도움이 될 것이며, 그럴 때 '진정한 사회언어학'이 가능하리라고 하겠다.

주석

1) 형태적 관점에서 호칭어의 개념, 범위, 유형을 검토한 최근 연구로는 조용준(2018)을 참조할 수 있다.

2) 강현석 외(2014: 195)에서 한국어 호칭어의 유형을 '직함 호칭어', '친족 호칭어', '통칭 호칭어' 등으로 나누었는데, 각각을 '직위 호칭어', '가족 호칭어', '두루 높임 호칭어'로 바꾸어 쓴다.

3) 한국어 경어법 연구의 큰 흐름이 형식 중심의 문법 연구에서 사용 중심의 사회언어학적 연구로 바뀐 점에 주목하여 관련 연구들을 검토한 작업으로는 김연강(2003), 이정복(2006다) 등이 이미 나왔다.

4) 이정복(1998가)에서는 한국어 경어법의 사회언어학적 분석을 위해 필요한 '개념 도구'를 '사회적 요인', '경어법 점수', '참여자 효과', '말 단계 바꾸기', '경어법 사용 전략'으로 제시하고 각각의 개념을 설명했다.

5) 이정복(1998다: 330)은 청자 경어법의 말 단계 체계가 몇 단계로 파악되고 어떤 방식으로 구성되는지는 연구자나 연구 대상 언어공동체에 따라 다르지만 표준어에서 청자 경어법의 기능을 맡고 있는 '-십시오', '-어요', '-으오', '-게', '-어', '-어라'로 대표되는 종결 어미 형식 부류에 대한 인식은 비교적 일정하다고 보았다.

6) 이 점과 관련하여 개별 논문의 검토에서는 따로 지적하지 않았다. 사회언어학적 주제, 관점, 방법의 연구라고 해도 ≪사회언어학≫에 게재한 것이 아니어서 연구자들이 해당 사실을 중요하게 생각하지 않은 결과일 수 있다.

참고문헌

강병주(2009), ≪한·일어 호칭어 대조연구≫, 경북대학교 박사학위 논문.

강보선(2014), 〈의사소통적 관점에서 살펴본 남북 높임법의 차이 비교〉, ≪화법연구≫ 26, 177~204, 한국화법학회.

강현석(2011), 〈해요체-합쇼체의 변이에 대한 계량사회언어학적 연구: 성별어적 차이를 중심으로〉, ≪사회언어학≫ 19(2), 1~22, 한국사회언어학회.

강현석(2012), 〈기독교와 불교 기도문의 사회언어학적 비교 연구: 문형, 화행과 청자 경어법을 중심으로〉, ≪사회언어학≫ 20(2), 1~31, 한국사회언어학회.

강현석(2013), 〈개신교와 불교 기도문에 나타나는 호칭어와 지칭어의 비교 연구〉, ≪사회언어학≫ 21(3), 25~54, 한국사회언어학회.

강현석·강희숙·박경래·박용한·백경숙·서경희·양명희·이정복·조태린·허재영(2014), ≪사회언어학: 언어와 사회, 그리고 문화≫, 글로벌콘텐츠.

강현석·김민지(2018), 〈카카오톡 대화에서의 경어체 종결어미의 변이 양태에 대한 다중변인분석 연구〉, ≪사회언어학≫ 26(1), 1~30, 한국사회언어학회.

강현자(2005), 〈한국어 호칭의 특성: 사회언어학적 접근〉, ≪언어와 문화≫ 1(2), 201~218, 한국언어문화교육학회.

강희숙(2002), 〈호칭어 사용에 대한 사회언어학적 분석: 서비스업을 중심으로〉, ≪사회언어학≫ 10(1), 1~24, 한국사회언어학회.

강희숙(2006), 〈전남방언 택호의 변이와 변화〉, ≪사회언어학≫ 14(2), 27~48, 한국사회언어학회.

강희숙(2008), 〈전남방언 남성 호칭 접미사 '-샌'의 용법과 방언 분화〉, ≪사회언어학≫ 16(2), 29~50, 한국사회언어학회.

강희숙(2018), 〈사회적 관계에서의 호칭어 사용 실태 및 문제점 개선 방안〉, ≪한국언어문학≫ 107, 83~114, 한국언어문학회.

강희숙·양명희·박동근(2016), ≪한국인 이름의 사회언어학≫, 박이정.

강희숙·양영희·손춘섭(2006), 〈전남방언 여성호칭어의 유형과 분포: 접미사형을 중심으로〉, ≪호남문화연구≫ 40, 155~178, 호남문화연구소.

고륙양(2007), ≪한·중 호칭어의 대조 연구≫, 박이정.

곽숙영(2009), 〈주체높임 '-시-'의 사용 실태 조사를 통한 문법적 의미 고찰〉, 홍종선 외, ≪국어 높임법 표현의 발달≫, 31~65, 박문사.

곽자랑·권소영·김해진·이동훈(2018), 〈요청 부담에 따른 공손표현의 화용적 효과: 화자의 호감도 및 요청 수락 가능성에 미치는 영향〉, ≪언어과학연구≫ 87, 1~28, 언어과학회.

곽자랑·권소영·이동훈(2019), 〈가정, 학교, 직장 상황에서 청자의 지위와 유대감에 따른 경어법 형식 사용의 차이: 일반화선형혼합모형을 사용한 담화완성과 제 응답 분석〉, ≪사회언어학≫ 27(3), 35~61, 한국사회언어학회.

구현정(2016), 〈대중매체로 본 광복 70년 부부 호칭 변화〉, ≪한국어 의미학≫ 51, 85~110, 한국어의미학회.

국립국어연구원(1992), ≪표준화법해설≫, 국립국어연구원.

국립국어연구원(1995), ≪남북한 친족 호칭·지칭어 비교 분석≫, 국립국어연구원.

국립국어원(2011), ≪표준 언어 예절≫, 국립국어원.

권창섭(2013), 〈'한다요'체의 출현과 확산에 대한 사회언어학적 연구〉, ≪방언학≫ 17, 169~200, 한국방언학회.

김광순(2018), 〈친족어 {아저씨}, {아주머니}·{아줌마}의 비친족어로서의 확장·사용 양상〉, ≪언어≫ 43(1), 1~20, 한국언어학회.

김명운(1996), ≪현대국어 청자대우법에 대한 사회언어학적 연구: 드라마 대본(1978-1994)을 대상으로≫, 서울대학교 석사학위 논문.

김명운(2009), ≪현대국어의 공손성 연구≫, 서울대학교 박사학위 논문.

김미경(2020), ≪영어학자의 눈에 비친 두 얼굴의 한국어 존대법≫, 소명출판.

김미경·이보미·한지윤(2019), 〈대학생 간 호칭어 사용 양상에 대한 사회언어학적 변이 연구: 2000년대 이후 학번을 대상으로〉, ≪반교어문연구≫ 52, 119~166, 반교어문학회.

김병건(2012), 〈20,30대 상대높임법 체계 연구〉, ≪문법교육≫ 17, 1~32, 한국문법교육학회.

김연강(2003), ≪현대 국어 청자 대우법 연구의 사적 고찰≫, 경남대학교 박사학위 논문.

김영일(2016), 〈청자 존대 '-시-'의 종합적 검토〉, ≪언어과학≫ 23(1), 53~87, 한국언어과학회.

김우진(2006), 〈중국 카작족 존댓말에 대한 사회언어학적 분석〉, ≪비교문화연구≫ 12(2), 5~56, 서울대학교 비교문화연구소.

김은혜(2016), 〈한국어 선어말 어미 '-시-'의 사물 존대 기능: 백화점, 대형마트, 재래시장 판매원의 발화를 중심으로〉, ≪사회언어학≫ 24(1), 91~113, 한국사회언어학회.

김재민(1998), 〈경어법 사용의 세대간 차이에 관한 사회언어학적 연구〉, ≪언어학≫ 6(2), 337~358, 대한언어학회.

김재민(2004), 〈압존법을 통하여 본 경어법의 변화 연구〉, ≪언어학≫ 12(1), 137~152, 대한언어학회.

김정호(1998), ≪1920년대 소설에 나타난 들을이높임법의 사회언어학적 연구≫, 건국대학교 석사학위 논문.

김정호(2008), 〈1970년대 '합쇼체'의 남성어적 성격에 관하여: 소설 자료를 중심으로〉, ≪겨레어문학≫ 40, 55~79, 겨레어문학회.

김정호(2012), 〈발화 상황에 따른 국어 청자 높임법의 사용 양상: 신소설 자료를 중심으로〉, ≪우리말글≫ 55, 23~44, 우리말글학회.

김주관(1989), ≪존대말 사용의 이상적 규범과 실제적 변이상: 단기 사병의 언어공동체를 중심으로≫, 서울대학교 석사학위 논문.

김지연·심영택(2010), 〈표준 화법 개정을 위한 가정에서의 호칭어·지칭어 조사 연구〉, ≪화법연구≫ 16, 125~154, 한국화법학회.

김지희(2018), 〈한일 신경어 청자대우법 등급 설정에 관한 연구: 블로그에 나타난 'っす'와 '함다체'의 사용양상·의도를 중심으로〉, ≪일본어학연구≫ 57, 17~33, 한국일본어학회.

김혜숙(1995), 〈현대 국어 생활에 나타난 높낮이 말씨 선택의 변화 양상〉, ≪사회언어학≫, 3(1), 17~34, 한국사회언어학회.

김혜숙(2004), 〈한국인 부부의 관계 변화에 따른 호칭어 사용 변화〉, ≪사회언어학≫ 12(2), 131~156, 한국사회언어학회.

김희숙(1990), ≪현대국어의 공손표현 연구: 경어법과 관련지어≫, 숙명여자대학교 박사학위 논문.

김희숙(2003), 〈현대 한국어 호칭어의 역설: 2차사회 내 늘어나는 친족어 사용〉, ≪사회언어학≫ 11(1), 55~94, 한국사회언어학회.

나은미(2019), 〈호칭어 사용의 갈등 양상과 적절한 호칭어 사용을 위한 제언〉, ≪민족문화연구≫ 83, 645~668, 고려대학교 민족문화연구원.

남미정(2009), 〈청자경어법의 체계와 교체사용: 신소설 자료를 중심으로〉, ≪형태론≫ 11(1), 79~98, 박이정.

남수경(2001), ≪'요'의 분포와 기능에 대한 연구≫, 서울대학교 석사학위 논문.

딘란후옹(Dinh Lan Huong 2011), 〈호칭어에 반영된 한·베 문화 비교 연구: 친족과 직함 호칭어를 중심으로〉, ≪베트남연구≫ 11, 1~32, 한국베트남학회.

류재형(1999), ≪경어 사용시 작용하는 전략적 대우에 대하여: 고등학생들이 사용하는 상대 대우를 중심으로≫, 연세대학교 석사학위 논문.

문혜심(2009), 〈높임법의 뒤섞임 현상 연구〉, 홍종선 외, ≪국어 높임법 표현의 발달≫, 125~201, 박문사.

민병곤·박재현(2010), 〈'표준 화법'의 개정을 위한 직장, 사회에서의 호칭·지칭어 사용 실태 분석〉, ≪화법연구≫ 16, 199~225, 한국화법학회.

박경·안병곤(2007), 〈한중일 친족호칭 비교 연구〉, ≪일본어교육연구≫ 40, 193~220, 한국일본어교육학회.

박경래(1999), 〈청원 방언의 경어법에 대한 사회언어학적 연구: 청자대우법에서의 힘과 유대를 중심으로〉, ≪개신어문연구≫ 16, 3~64, 개신어문학회.

박경래(2005), 〈충북출신 중국 연변 조선족 언어집단의 경어법 혼합 양상에 대한 사회언어학적 고찰〉, ≪사회언어학≫ 13(1), 53~82, 한국사회언어학회.

박상택(2013), 〈한몽 호칭어의 유형과 특성에 관한 비교 연구〉, ≪언어학 연구≫ 28, 49~80, 한국중원언어학회.

박석준(2000), 〈국어 존대법의 커뮤니케이션 기능과 전략에 대하여(Ⅰ)〉, ≪연세어문학≫ 32, 7~26, 연세대학교 국어국문학과.

박영순(1976), 〈국어 경어법의 사회언어학적 연구〉, ≪국어국문학≫ 72·73, 47~65, 국어국문학회.

박영순(1980), 〈국어와 영어에 있어서의 언어예절에 대한 비교연구: 호칭을 중심으로〉, ≪비교문학≫ 5, 189~204, 한국비교문학회.

박용한(1997), ≪대우법 수행 중에 발생하는 규범 충돌에 관한 사회언어학적 연구: 위관장교 집단과 상사 집단을 대상으로≫, 연세대학교 석사학위 논문.

박용한(2000), 〈군대 영내거주자 집단의 '-말입니다' 사용에 관한 연구〉, ≪사회언어학≫ 8(2), 169~192, 한국사회언어학회.

박용한(2008), 〈해군 장교 부인들 상호간의 호칭어 사용 연구〉, ≪사회언어학≫ 16(2), 249~272, 한국사회언어학회.

박용한(2012), 〈국어의 존댓말 사용 양상에 대한 연구: 군에서의 압존법 사용을 중심으로〉, ≪사회언어학≫ 20(1), 57~77, 한국사회언어학회.

박은하(2011가), 〈설문조사로 본 결혼 이주여성의 호칭어 사용 현황〉, ≪다문화콘텐츠연구≫ 10, 7~28, 중앙대학교 문화콘텐츠기술연구원.

박은하(2011나), 〈결혼 이주여성을 대상으로 한 한국어교재와 설문조사에 나타난 호칭어 비교 연구〉, ≪사회언어학≫ 19(1), 83~102, 한국사회언어학회.

박은하(2013), 〈호칭어 '선생님'에 대한 사회언어학적 연구: 대학에서의 표준형과 변이형 사용을 중심으로〉, 《우리말글》 59, 1~24, 우리말글학회.

박정운(1997), 〈한국어 호칭어 체계〉, 《사회언어학》 5(2), 507~528, 한국사회언어학회.

박정운·채서영(1999), 〈2인칭 여성 대명사 자기의 발달과 사용〉, 《사회언어학》 7(1), 151~178, 한국사회언어학회.

박지순(2016), 〈한국어 모어 화자의 상대높임법 인식 양상: 20, 30대 화자를 중심으로〉, 《한민족어문학》 73, 119~154, 한민족어문학회.

박환영(2001), 〈몽골의 친족호칭 체계에 관한 일 고찰〉, 《사회언어학》 9(1), 91~108, 한국사회언어학회.

방영심(2015), 〈결혼이주여성의 시어머니에 대한 한국어 공손표현 양상〉, 《이화어문논집》 37, 47~69, 이화어문학회.

백이연·박효경(2017), 〈한일간 호칭어의 대조연구: 집단 토크쇼 방송을 중심으로〉, 《일본어학연구》 51, 113~129, 한국일본어학회.

브라주업 인센(2005), 《한국어와 태국어의 대우 표현에 관한 대조적 연구》, 전주대학교 박사학위 논문.

서은아(2008), 〈공익광고 텍스트에 나타나는 높임법 연구〉, 《겨레어문학》 40, 81~98, 겨레어문학회.

서정수(1980), 〈존대말은 어떻게 달라지고 있는가?(2): 청자대우 등급의 간소화〉, 《한글》 167, 357~387, 한글학회.

서형요·이정복(2015), 〈한중 인터넷 통신 별명의 비교 분석〉, 《사회언어학》 23(3), 201~234, 한국사회언어학회.

성기철(1985), 《현대국어 대우법 연구》, 개문사.

손춘섭·이건환·조경순(2003), 〈교수 사회의 대우법 사용 양상에 대한 연구〉, 《사회언어학》 11(1), 149~192, 한국사회언어학회.

신혜경(1993), 〈한국과 일본 직장 남성들의 대우 표현 연구〉, 《사회언어학》 1, 108~131, 한국사회언어학회.

신혜경(1996), 〈한국과 일본 대학생의 대우 표현 연구〉, 《사회언어학》 4(1), 83~98, 한국사회언어학회.

신혜경(1997), 〈성서에 나타난 한국어와 일본어의 대우표현의 비교연구〉, 《사회언어학》 5(2), 459~506, 한국사회언어학회.

신호철(2019), 〈한국어의 호·지칭어에 대한 심층 면담 조사 연구: '서방님, 도련님, 아가씨'를 중심으로〉, 《국어교육》 164, 157~187, 한국어교육학회.

심영택(2018), 〈한글 언간에 나타난 호칭어 '자내'에 대한 고찰〉, 《인문언어》

20(2), 국제언어인문학회.

심지연(2013), 〈한국어 배우자 가족 호칭의 문제 및 개선방향에 대한 연구: 아주버
님/서방님, 아주머니/처남(의)댁을 대상으로〉, ≪한국학연구≫ 44,
137~168, 고려대학교 한국학연구소.

안예림·양명희(2018), 〈사람 존칭 '분'의 사용 확대 연구: 트위터(Twitter)를 대상
으로〉, ≪사회언어학≫ 26(1), 229~250, 한국사회언어학회.

안정근(2017), 〈새로운 한국어 존대 종결 어미 사용 양상〉, ≪언어학≫ 25(3),
173~192, 대한언어학회.

양명희·김려원(2013), 〈한국 학생과 중국 유학생의 경어법 사용 비교·연구: 선후배
간 호칭, 인사말, 상대경어법을 중심으로〉, ≪사회언어학≫ 21(1),
129~152, 한국사회언어학회.

양수경(2015), 〈북한의 사회생활 호칭·지칭어 연구〉, ≪한글≫ 310, 287~313, 한
글학회.

양영희(2005), 〈중세국어 존대법의 사회언어학적 접근 가능성 모색〉, ≪사회언어
학≫ 13(1), 129~150, 한국사회언어학회.

엄경옥(2008), ≪현대 한국어 청자대우법의 사회언어학적 연구≫, 중앙대학교 박
사학위 논문.

오상이(2005), 〈문화 대비적 관점에서 본 한국어와 독일어의 호칭과 경어형태〉, ≪독
일어문학≫ 13(2), 243~262, 한국독일어문학회.

왕한석(1986), 〈국어 청자 존대어 체계의 기술을 위한 방법론적 검토〉, ≪어학연구≫
22(3), 351~373, 서울대학교 어학연구소.

왕한석(1988), 〈한국 친족용어의 내적 구조〉, ≪한국문화인류학≫ 20, 199~224,
한국문화인류학회.

왕한석(1990), 〈북한의 친족용어〉, ≪국어학≫ 20, 168~202, 국어학회.

왕한석(1993), 〈한국 친족호칭체계의 의미기술〉, ≪한국문화인류학≫ 24,
139~193, 한국문화인류학회.

왕한석(2000), 〈언어생활의 특성과 변화: 신분지위호칭과 의사친척호칭의 사용을
중심으로〉, ≪사회언어학≫ 8(1), 59~86, 한국사회언어학회.

왕한석(2001), 〈적서 차별의 호칭어 사용과 그 변화〉, ≪사회언어학≫ 9(1),
109~142, 한국사회언어학회.

왕한석(2005), 〈호칭어의 주요 이론과 연구 시각〉, 왕한석 외 6인, ≪한국 사회와
호칭어≫, 17~48, 역락.

왕한석·김희숙·박정운·김성철·채서영·김혜숙·이정복(2005), ≪한국 사회와 호칭어≫,

역락.

유송영(1994), 〈국어 청자 대우법에서의 힘(power)과 유대(solidarity)(1): 불특정 청자 대우를 중심으로〉, ≪국어학≫ 24, 291~317, 국어학회.

유송영(1997), ≪국어 청자 대우 어미의 교체 사용(switching)과 청자 대우법 체계: 힘(power)과 유대(solidarity)의 정도성에 의한 담화 분석적 접근≫, 고려대학교 박사학위 논문.

유송영(1998), 〈국어 호칭·지칭어와 청자 대우 어미의 독립성〉, ≪국어학≫ 32, 171~200, 국어학회.

유송영(2001), 〈두 남녀 사이의 '친밀성'(intimacy)의 증가에 따른 호칭·지칭어의 교체 사용과 요인간의 우선 순위〉, ≪사회언어학≫ 9(2), 97~118, 한국사회언어학회.

유송영(2002), 〈'호칭·지칭어와 2인칭 대명사'의 사용과 '화자-청자'의 관계: 국어 청자 호칭·지칭어의 사용과 체계(1)〉, ≪한국어학≫ 15, 121~141, 한국어학회.

유원호·채서영(2011), 〈타이틀과 호칭어로 쓰이는 직업명: 일곱 개 언어에 대한 사회언어학적 분석〉, ≪언어와 언어학≫ 50, 147~170, 한국외국어대학교 언어연구소.

윤지선(1995), 〈2인칭 호칭에 관한 영어와 한국어의 비교 연구〉, ≪사회언어학≫ 3(2), 23~142, 한국사회언어학회.

이건범·김하수·백운희·권수현·이정복·강성곤·김형배·박창식(2018), ≪나는 이렇게 불리는 것이 불편합니다≫, 한겨레출판.

이경우(1990가), ≪최근세 국어에 나타난 경어법 연구: 개화기 신소설 자료를 중심으로≫, 이화여자대학교 박사학위 논문.

이경우(1990나), 〈최근세국어 경어법의 사회언어학적 연구〉, ≪애산학보≫ 10, 65~84, 애산학회.

이경우(1994), 〈최근세국어 경어법의 사회언어학적 연구(2)〉, ≪이화어문논집≫ 13, 89~109, 이화어문학회.

이경우(1995), 〈최근세국어 경어법의 사회언어학적 연구(3)〉, ≪애산학보≫ 16, 135~163, 애산학회.

이경우(1998), ≪최근세국어 경어법연구≫, 태학사.

이경우(2001), 〈현대국어 경어법의 사회언어학적 연구(2)〉, ≪국어교육≫ 106, 143~174, 한국어교육학회.

이경우(2003), 〈국어 경어법 변화에 대한 연구(1)〉, ≪국어교육≫ 110, 269~300,

한국어교육학회.

이경우(2004), 〈현대국어 경어법의 사회언어학적 연구(3)〉, ≪국어교육≫ 113, 545~587, 한국어교육학회.

이경우(2008), 〈국어 경어법 변화에 대한 연구(2)〉, ≪한말연구≫ 22, 251~292, 한말연구학회.

이경우·김성월(2017), ≪한국어 경어법의 사회언어학적 연구≫, 소통.

이기갑(1997), 〈대우법 개념 체계에 대한 연구〉, ≪사회언어학≫ 5(2), 645~670, 한국사회언어학회.

이래호(2012), 〈선어말 어미 '-시-'의 청자 존대 기능에 대한 고찰〉, ≪언어학연구≫ 23, 147~166, 한국중원언어학회.

이래호(2014), 〈조선시대 한글편지에 나타난 청자경어법의 특이례 고찰: 상하관계를 어기는 청자경어법을 중심으로〉, ≪한국언어문학≫ 91, 59~87, 한국언어문학회.

이맹성(1975), 〈한국어 종결어미와 대인관계요소의 상관관계에 관한 연구 (1)〉, ≪인문과학≫ 33·34, 263~310, 연세대학교 인문학연구원.

이수연(2012), 〈서비스업 종사자들의 언어 사용 양상: 백화점 점원의 언어 사용을 중심으로〉≪어문연구≫ 71, 79~97, 어문연구학회.

이숙의(2015), 〈높임 선어말 어미 "-시-"에 대하여: 화자의 전략적 불일치 유도 현상에 주목하며〉, ≪한국어학≫ 66, 215~244, 한국어학회.

이승민·이순형(2011), 〈'선생님' 호칭 사용에 관한 한일대조연구〉, ≪언어과학연구≫ 59, 283~302, 언어과학회.

이영주(2010), 〈한일 양국의 2인칭 호칭 사용 실태: 대학생 간의 호칭을 중심으로〉, ≪일본어교육연구≫ 52, 111~127, 한국일본어교육학회.

이영주(2011), 〈한일 대학생의 식당 내 호칭 사용 실태〉, ≪일본어교육≫ 58, 125~138, 한국일본어교육학회.

이옥련(1987), 〈국어 부부호칭의 사회언어학적 고찰〉, ≪아세아여성연구≫ 26, 193~213, 아세아여성문제연구소.

이용덕(1998), 〈한·일 양언어에 있어서의 배우자 호칭에 관한 연구〉, ≪일본학보≫ 40, 93~106, 한국일본학회.

이용덕(2002), ≪한·일 양국의 가족호칭에 관한 사회언어학적 연구≫, 한양대학교 박사학위 논문.

이용덕(2003), 〈한일 친족호칭어에 관한 사회언어학적 연구〉, ≪일본어문학≫ 20, 1~24, 일본어문학회.

이용덕(2004), 〈한일 양국의 연령별 호칭의 특징에 관한 연구〉, ≪일본어문학≫ 25, 85~106, 일본어문학회.

이은희(2009), 〈상대 높임 화계에 대한 연구〉, 홍종선 외, ≪국어 높임법 표현의 발달≫, 203~234, 박문사.

이익섭(1993), 〈국어 경어법 등급의 재분 체계〉, ≪해양문학과 국어국문학: 양전 이용욱 교수 환력기념논총≫, 381~403, 형설출판사.

이익섭(1994), ≪사회언어학≫, 민음사.

이정복(1992), ≪경어법 사용에 대한 사회언어학적 연구: 하동 지역의 한 언어공동체를 대상으로≫, 서울대학교 석사학위 논문.

이정복(1993가), 〈경어법 요소의 기능 부담량과 쓰임에 대하여〉, ≪해양문학과 국어국문학: 양전 이용욱 교수 환력기념논총≫, 507~543, 형설출판사.

이정복(1993나), 〈하동지역에서의 경어법의 사용 양상〉, ≪사회언어학≫ 1, 1~38, 한국사회언어학회.

이정복(1994가), 〈제3자 경어법 사용에 나타난 참여자 효과 연구〉, ≪국어학≫ 24, 353~384, 국어학회.

이정복(1994나), 〈계급 집단의 경어법 사용에 대한 분석〉, ≪사회언어학≫ 2, 193~224, 한국사회언어학회.

이정복(1996가), 〈국어 경어법의 말 단계 변동 현상〉, ≪사회언어학≫ 4(1), 51~82, 한국사회언어학회.

이정복(1996나), 〈대학생들의 제3자 경어법 사용에 나타난 참여자 효과〉, ≪한국문화≫ 18, 33~71, 서울대학교 규장각한국학연구원.

이정복(1997), 〈방송언어의 가리킴말에 나타난 '힘'과 '거리'〉, ≪사회언어학≫ 5(2), 87~124, 한국사회언어학회.

이정복(1998가), 〈국어 경어법의 사회언어학적 분석을 위한 개념 도구에 대하여〉, ≪방언학과 국어학: 청암 김영태 박사 화갑기념논문집≫, 890~914, 태학사.

이정복(1998나), ≪국어 경어법 사용의 전략적 특성≫, 서울대학교 박사학위 논문.

이정복(1998다), 〈상대경어법〉, ≪문법 연구와 자료: 이익섭 선생 회갑 기념 논총≫, 329~357, 태학사.

이정복(1999가), 〈국어 경어법의 전략적 용법에 대하여〉, 어학연구 35(1), 91~121, 서울대학교 어학연구소.

이정복(1999나), 〈학술 논문 속의 경어법 사용 분석: 국어학 서평 텍스트를 중심으로〉, ≪사회언어학≫ 7(2), 87~114, 한국사회언어학회.

이정복(2000가), 〈머리말 텍스트 속의 감사 표현과 객체 경어법〉, ≪국어학≫ 36,

349~378, 국어학회.

이정복(2000나), 〈통신 언어로서의 호칭어 '님'에 대한 분석〉, ≪사회언어학≫ 8(2), 193~222, 한국사회언어학회.

이정복(2001가), ≪국어 경어법 사용의 전략적 특성≫, 태학사.

이정복(2001나), 〈남북한 정상에 대한 언론의 경어법 사용 분석〉, ≪국어국문학≫ 128, 29~51, 국어국문학회.

이정복(2001다), 〈복수 인물에 대한 경어법 사용 연구〉, ≪어문학≫ 74, 45~67, 한국어문학회.

이정복(2001라), 〈'부부'와 '내외'의 사회언어학적 분포〉, ≪한국문화≫ 28, 33~53, 서울대학교 한국문화연구소.

이정복(2002), ≪국어 경어법과 사회언어학≫, 월인.

이정복(2003), 〈대통령 연설문의 경어법 분석〉, ≪배달말≫ 33, 213~237, 배달말학회.

이정복(2004), 〈인터넷 통신 언어 경어법의 특성과 사용 전략〉, ≪언어과학연구≫ 30, 221~254, 언어과학회.

이정복(2005가), 〈높임 형태소 '-ㅅ、ㅂ-'의 쓰임과 기능〉, ≪인문과학연구≫ 29, 47~87, 대구대학교 인문과학연구소.

이정복(2005나), 〈영남 지역 탈춤 대사의 사회언어학적 분석〉, ≪어문학≫ 88, 77~105, 한국어문학회.

이정복(2006가), 〈청소년들의 경어법 사용 실태 분석: 대구 지역 고등학생을 대상으로〉, ≪한국어학≫ 30, 207~242, 한국어학회.

이정복(2006나), 〈'힘'과 '거리' 요인에 따른 탈춤 대사의 경어법 연구〉, ≪우리말연구≫ 18, 87~121, 우리말학회.

이정복(2006다), 〈국어 경어법에 대한 사회언어학적 접근〉, ≪국어학≫ 47, 407~448, 국어학회.

이정복(2008가), 〈대통령에 대한 언어적 특별 대우: 대통령 전용말 또는 21세기 새 궁중말〉, ≪한민족어문학≫ 52, 31~88, 한민족어문학회.

이정복(2008나), ≪한국어 경어법, 힘과 거리의 미학≫, 소통.

이정복(2010가), 〈인터넷 사이트 방문자에 대한 호칭 실태 분석〉, ≪사회언어학≫ 18(1), 1~29, 한국사회언어학회.

이정복(2010나), 〈한국 직업 이름의 위계와 차별〉, ≪우리말글≫ 49, 1~36, 우리말글학회.

이정복(2010다), 〈상황 주체 높임 '-시-'의 확산과 배경〉, ≪언어과학연구≫ 55,

217~246, 언어과학회.

이정복(2011가), ≪한국어 경어법, 힘과 거리의 미학≫ (개정증보판), 소통.

이정복(2011나), 〈한국어 경어법의 주요 기능〉, ≪우리말글≫ 53, 25~53, 우리말
글학회.

이정복(2011다), 〈인터넷 통신 언어와 사회언어학: '한다요체'를 중심으로〉, ≪우
리말연구≫ 29, 7~40, 우리말학회.

이정복(2011라), 〈트위터 누리꾼들의 호칭어 사용에 대한 사회언어학적 접근〉, ≪어
문학≫ 114, 143~174, 한국어문학회.

이정복(2012가), ≪한국어 경어법의 기능과 사용 원리≫, 소통.

이정복(2012나), 〈학술 논문 심사자와 제출자의 경어법 사용〉, ≪어문학≫ 118,
93~117, 한국어문학회.

이정복(2017), 〈2017년 한국 대선 기간의 유명 정치인들에 대한 트위터 누리꾼들
의 호칭어 및 경어법 사용〉, ≪언어와 정보사회≫ 31, 251~279, 서강대
학교 언어정보연구소.

이정복(2018), 〈한국어 친족 호칭어 체계의 문제점과 개선 방향〉, ≪어문학≫ 141,
51~74, 한국어문학회.

이정복(2019), 〈대통령 전용말 '영부인'과 '여사'의 쓰임 분석〉, ≪한말연구≫ 52,
205~234, 한말연구학회.

이정복(2020), 〈남북 정상에 대한 언론 보도문의 호칭어와 경어법: 2018년 남북정상
회담을 중심으로〉, ≪사회언어학≫ 28(1), 201~228, 한국사회언어학회.

이정복·판영(2013), 〈한국과 중국의 통신 언어 호칭어 '님'과 '亲(친)'의 쓰임〉, ≪우리
말글≫ 58, 127~150, 우리말글학회.

이정택(2016), 〈우리말 존대법의 성격 변화: 압존법 변화와 관련해서〉, ≪문법 교
육≫ 28, 165~181, 한국문법교육학회.

이창덕(2013), 〈현대 국어 비인칭 존대 현상과 그 교육적 대응 방안에 대하여〉, ≪한국
초등국어교육≫ 53, 275~299, 한국초등국어교육학회.

이필영·김태경(2018), 〈가정에서의 호칭어·지칭어 사용 실태와 문제점〉, ≪사회언
어학≫ 26(1), 277~309, 한국사회언어학회.

이현희·박미영(2018), 〈≪표준 언어 예절≫(2011)로 본 언어 예절 연구 방향: '가정
에서의 호칭, 지칭'을 중심으로〉, ≪사회언어학≫ 26(3), 201~233, 한국
사회언어학회.

임칠성(2009), 〈남북 화법 표준화를 위한 한 모색: 호칭과 지칭을 중심으로〉, ≪화
법연구≫ 15, 37~64, 한국화법학회.

장경우(2013), 〈꼭두각시놀음에 나타난 청자경어법의 통시적 변이 양상 연구〉, ≪사회언어학≫ 21(1), 215~240, 한국사회언어학회.

장미라·서진숙(2019), 〈대학생의 '한다요, 합니다요'류 사용에 대한 연구〉, ≪학습자중심교과교육연구≫ 19(9), 787~807, 학습자중심교과교육학회.

장태진(2000), 〈압존법에 대한 사회언어학적 연구〉, ≪동방학지≫ 109, 85~114, 연세대학교 국학연구원.

정준영(1995), ≪조선후기의 신분변동과 청자존대법 체계의 변화≫, 서울대학교 박사학위 논문.

정희창(2010), 〈방송 프로그램 내레이션의 경어 사용 전략〉, ≪텍스트언어학≫ 29, 455~475, 한국텍스트언어학회.

조선일보사·국립국어연구원 엮음(1991), ≪우리 말의 예절: 화법의 실제와 표준≫, 조선일보사 출판국.

조숙정(1997), ≪비친척관계에서의 호칭어의 구조와 사용방식: 전남 나주 한 반촌의 사례를 중심으로≫, 서울대학교 석사학위 논문.

조용준(2017), 〈대학생 연령층의 상대높임법 화계 연구〉, ≪국제어문≫ 74, 291~314, 국제어문학회.

조용준(2018), 〈한국어 호칭 표현의 범위와 그 특성〉, ≪한말연구≫ 50, 169~201, 한말연구학회.

조태린(2011), 〈부부 간 호칭어 및 높임법 사용의 양성 불평등 측면〉, ≪사회언어학≫ 19(1), 159~186, 한국사회언어학회.

조태린(2018), 〈대학교수 간 호칭어 사용 양상에 대한 사회언어학적 연구〉, ≪사회언어학≫ 26(3), 235~265, 한국사회언어학회.

조태린(2020), 〈대학교수 간 호칭어 사용 양상 변이에 대한 질적 연구: 사회언어학적 변이 연구의 양적 접근을 넘어서〉, ≪한글≫ 81(1), 115~147, 한글학회.

채서영(1999), 〈영어 두문자 약칭에 대한 언어적·비언어적 조건〉, ≪사회언어학≫ 7(2), 1~20, 한국사회언어학회.

채서영(2003), 〈익명성을 표현하는 영어 이니셜: 사용실태에 대한 사회언어학적 분석〉, ≪사회언어학≫ 11(2), 277~300, 한국사회언어학회.

채서영·유원호(2008), 〈영어의 타이틀과 한국어의 직함 호칭어: 조건과 발달과정 비교연구〉, ≪사회언어학≫ 16(1), 317~340, 한국사회언어학회.

최봉영(2005), ≪한국 사회의 차별과 억압: 존비어체계와 형식적 권위주의≫, 지식산업사.

최석재(2007가), 〈현대국어 대우법의 화계 구분에 대한 고찰: 드라마 대본에 나타난 서울 지역 구어 환경을 대상으로〉, ≪한국어학≫ 37, 397~432, 한국어학회.

최석재(2007나), 〈호칭어의 사용 조건과 대우 등분 연구〉, ≪인문언어≫ 9, 307~336, 국제언어인문학회.

최석재(2008), ≪국어 대우법 체계의 정보화 연구≫, 박이정.

최석재·권오병(2007), 〈대우법의 일반점수체계 설정 연구: 우리말 구어(口語) 환경에서〉, ≪우리말연구≫ 21, 293~322, 우리말학회.

최성화(2019), 〈한국어 선어말 어미 '-시-'의 사물 높임 현상과 공손 전략적 사용〉, ≪언어학≫ 27(4), 37~51, 대한언어학회

최윤지(2018), 〈텔레비전 뉴스의 합쇼체와 해요체 사용에 관련된 언어 외적 변인 고찰: 말뭉치의 계량적 분석을 바탕으로〉, ≪사회언어학≫ 26(4), 179~210, 한국사회언어학회.

최재석(1963), 〈한국인의 친족호칭과 친족조직〉, ≪아세아연구≫ 6(2), 65~101, 고려대학교 아세아문제연구소.

최재웅(2018), 〈존대 현시에 의한 공손법: 한국어 존대법의 역동성〉, ≪언어사실과 관점≫ 45, 161~182, 연세대학교 언어정보연구원.

최정은(2012), 〈남녀 관계 변화에 따른 호칭어와 청자 대우법의 양상: 텔레비전 드라마를 중심으로〉, ≪우리어문연구≫ 43, 315~351, 우리어문학회.

팜티응옥(2019), 〈높임법을 통해 본 한국 및 베트남의 문화 비교 연구: 가정 내 커뮤니케이션을 중심으로〉, ≪공존의 인간학≫ 1, 151~192, 전주대학교 한국고전학연구소.

한영옥(2005), 〈상하·친소관계를 중심으로 본 한국인의 부부호칭 변화〉, ≪한국언어문화학≫ 2(1), 283~305, 국제한국언어문화학회.

한영옥(2006), ≪한·일 호칭에 관한 사회언어학적 연구≫, 중앙대학교 박사학위 논문.

한원형(2015), 〈한일 호칭접미사(呼称接尾辞)의 대조 연구: '-さん' '-さま'와 '-씨' '-님'을 중심으로〉, ≪아시아문화연구≫ 37, 191~217, 가천대학교 아시아문화연구소.

한현희(2016), 〈러시아어와 한국어 호칭어의 사회언어학적 비교 연구〉, ≪노어노문학≫ 28(2), 103~139, 한국노어노문학회.

허상희(2010), ≪한국어 공손표현의 화용론적 연구≫, 부산대학교 박사학위 논문.

허상희(2012), ≪한국어 공손표현의 화용론적 연구≫, 소통.

홍미주(2019), 〈'자기'의 용법 확대와 언어변화 개신자로서의 여성의 역할에 대한 연구: 대구 지역어를 대상으로〉, ≪사회언어학≫ 27(3), 279~305, 한국사회언어학회.

홍민표(1997), 〈한일양국호칭의 사회언어학적 고찰: 대학생들의 호칭사용을 중심으로〉, 《일어일문학연구》 30, 481~505, 한국일어일문학회.

홍민표(1999), 〈한일 부부호칭의 대조언어학적 연구〉, 《일본학보》 43, 301~317, 한국일본학회.

홍민표(2001), 〈한일 양국인의 부모호칭에 대한 사회언어학적 연구〉, 《일본어문학》 14, 137~156, 일본어문학회.

홍민표(2002가), 〈한국인과 일본인의 경어의식에 대한 사회언어학적 연구〉, 《일어일문학연구》 41, 193~211, 한국일어일문학회.

홍민표(2002나), 〈호주대학생의 가정 내 호칭실태: 한국어와 일본어 호칭과의 대조를 중심으로〉, 《일본어문학》 18, 81~102, 일본어문학회.

홍민표(2003), 〈한일 양국인의 직장 내 호칭에 관한 사회언어학적 연구〉, 《일어일문학연구》 45, 161~180, 한국일어일문학회.

홍민표(2010), 〈한일고교생 호칭의 대조고찰〉, 《중앙대학교 일본연구》 29, 45~63, 중앙대학교일본연구소.

홍민표(2011), 〈한일 경어법의 대조사회언어학적 고찰: 양국 고교생의 경어사용실태를 토대로〉, 《사회언어학》 19(1), 187~209, 한국사회언어학회.

홍민표(2012), 〈부모의 형제자매 호칭에 대한 한일 대조 연구〉, 《일본어문학》 58, 85~102, 일본어문학회.

홍민표(2013가), 〈한일 친족호칭에 대한 사회언어학적 연구: 인척관계를 중심으로〉, 《중앙대학교 일본연구》 34, 111~128, 중앙대학교 일본연구소.

홍민표(2013나), 〈가족 간 호칭의 한일 대조연구〉, 《일본학연구》 39, 431~451, 단국대학교 일본연구소.

홍민표(2015), 〈부모 형제자매 배우자에 대한 호칭의 한일비교〉, 《외국학연구》 32, 183~204, 중앙대학교 외국학연구소.

홍민표(2016가), 〈배우자 동기간에 대한 언어행동의 한일대조 고찰: 연령차를 중심으로〉, 《일본학연구》 48, 301~324, 단국대 일본연구소.

홍민표(2016나), 〈사회적 인간관계와 호칭사용에 대한 한일 대조연구〉, 《비교일본학》 36, 357~372, 한양대학교 일본학 국제비교연구소.

홍민표(2018), 〈형제자매 호칭에 대한 한일 대조연구〉, 《비교일본학》 42, 373~385, 한양대학교 일본학 국제비교연구소.

홍민표(2019), 〈유사친족호칭의 사용실태에 대한 한일대조연구〉, 《일본어학연구》 60, 165~178, 한국일본어학회.

홍종선·곽숙영·권용문·문혜심·이은희·하영우(2009), 《국어 높임법 표현의 발달》,

박문사.

황적륜(1976), 〈한국어 대우법의 사회언어학적 기술: 그 형식화의 가능성〉, ≪언어와 언어학≫ 4, 115~124, 한국외국어대학교 언어연구소.

Brown, R. & Gilman, A. (1960). The pronoun of power and solidarity. In T. Sebeok (ed.), *Style in Language*, 253~276. Cambridge, MA: MIT Press.

Brown, R. & Ford, M. (1961). Address in American English. *Journal of Abnormal and Social Psychology* 62, 375~385.

Ervin-Tripp, S. (1972). On sociolinguistic rules: alternation and co-occurrence. In J. J. Gumperz & D. H. Hymes (eds.), *Directions in Sociolinguistics*, 213~250. New York: Holt, Rinehart and Winston.

Hwang, J. R. (1975), *Role of Sociolinguistics in Foreign Language Education with Reference to Korean and English Terms of Address and Level of Deference*. Doctoral dissertation, University of Texas at Austin.

Kim, M. H. (2016). A study on style shift between honorific and plain language in Korean. *The Sociolinguistic Journal of Korea* 24(3), 95~123.

Kim, U. J. (2018). Grammar of respect and disrespect: honorific register formation in Altai Kazak. *The Sociolinguistic Journal of Korea* 26(4), 23~55.

Kim-Park, J. H. (1995). *Linguistic Variation and Territorial Functioning: A Study of the Korean Honorific System*. Doctoral dissertation, University of Pennsylvania.

Koo, J. S. (1995). *Politeness Theory: Universality and Specificity*. Doctoral dissertation, Harvard University.

Park, Y. S. (1978). *Aspect in the Development of Communicative Competence with Reference to the Korean Deference System*. Doctoral dissertation, University of Illinois at Urbana Champaign.

Wang, H. S. (1984). *Honorific Speech Behavior in a Rural Korean Village: Structure and Use*. Doctoral dissertation, University of California, Los Angeles.

제5장

담화 분석[*]

김해연

　언어 연구에 있어서 사회 현상의 여러 문제를 언어 분석을 통해서 설명하고자 하는 '언어와 사회'라는 주제에 대한 탐구의 전통은 1970년대에 새로운 학문 영역으로 시작한 사회언어학에서도 중요한 연구 주제 가운데 하나로 계속 이어져 왔다고 할 수 있다. 사회언어학의 여러 분야 가운데, 담화 분석(discourse analysis)은 여러 종류의 담화와 대화를 분석하여 언어와 사회 사이의 관계를 밝히고자 하는 연구를 수행해 왔다. 최근에는 여러 학문 분야, 즉, 문학, 사회 심리학, 커뮤니케이션, 기능주의 언어학 등에서 담화에 대한 관심을 갖고, 담화를 분석하여 각 학문영역에서의 문제를 설명하고자 하는 노력이 활발히 전개되고 있다. 이러한 추세 속에서, 언어와 사회 간의 규명을 위해서 담화 분석에 대한 관심이 증대되고 있고, 또한 최근에는 사회언어학에도 담화를 분석 대상으로 삼아 사회언어학적 여러 현상을 설명하고자 하는 시도들이 많아지게 되었다. 이러한 점에서 볼 때, 사회

---

[*] 이 장의 일부는 김해연(2004, 2010, 2016가, 2020, 진행 중)을 수정 보완한 것이다.

와 언어, 또는 담화와 사회에 대한 주제를 놓고, 사회언어학에서 담화 분석의 이론과 방법을 어떻게 받아들이고, 또한 어떤 사회언어학적인 문제를 설명하고자 하는지, 사회언어학에서의 담화에 관한 연구와 관련된 이론들은 어떠한 것이 있는지, 또 그러한 이론들의 방법과 가정은 무엇인가에 대해 전반적으로 검토하는 것은 의미 있는 작업이라고 할 수 있다.

본 장에서는 '언어와 사회'의 관계 규명이라는 주제 하에서 한국의 사회언어학계에서 수행된 연구들을 주제별로 조사하고 검토하여 어떠한 연구 성과들이 있는지를 보여 주고자 한다. 이를 위해 본 장에서는 첫째, 언어와 사회라는 대주제를 중심으로 언어와 사회에 관한 연구를 역사적으로 일별한다. 즉, 여기서는 사회현상과 문화를 설명하는 데에 있어서 언어에 대한 관심이 멀리는 사피어(Sapir), 워프(Whorf) 등에서부터 시작되어 고프먼(Goffman), 하임스(Hymes), 검퍼즈(Gumperz) 등의 연구와 관련하여 담화에 대한 관심이 언어학뿐만 아니라, 다른 학문 분야에도 있었음을 간략히 논의한 다음, 1970년대 들어서 사회언어학이 독립된 학문영역으로 정립되면서 담화 분석이 어떻게 사회언어학에서 자리잡게 되었는가 하는 문제를 논의한다. 둘째로, 사회언어학에서 담화 연구를 수행해 온 학자들의 담화 분석에 대한 기본 가정과 주제, 그리고 연구 성과 등을 중심으로 담화 분석의 이론이 사회언어학에서 어떻게 발전되어 왔는지를 보이면서, 담화 분석적 접근이 여러 가지 이론적 방법과 틀에 따라 달리 논의되어 왔음을 보인다. 여기서는 사회언어학에서의 담화 분석적 접근에서 상호작용 사회언어학(interactional sociolinguistics), 구어/의사소통의 민족지학(ethnography of speaking/communication), 변이 분석(variation analysis), 대화 분석(conversation analysis), 그리고 최근에 활발한 연구가 진행되고 있는 비판적 담화 분석(critical discourse analysis) 등을 중심으로, 사회언어학에서의 담화 연구에 대해 논의하고자 한다. 셋째로, 사회언어학회지에 게재된 논문을 중심으로, 한국 학계에서 사회언어학적 접근법에 따라 수행된 연구들이 어떠한 것들이 있는지 주제별로 나누어 분석하고자 한다. 여기서는 한국어 학계에서는 대화 분석적 접근, 비판적 담화 분석 그리고 상호작용 사회언어학적 접근의 연구들이 많이 수행되었음을 보이고자 한다. 넷째로, 한국어 학계에서 수행된 연구는 분석 대상과 접근법에 있어서 특정 몇 분야의 주제를 다룬다는 점에서 제한적이라고 할 수 있는데, 앞으로 더 다양한 연구가 수행될 필요가 있음을 보이고자 한다.

1. 담화와 담화 분석에 대한 접근법들

1.1. 담화와 담화 분석의 정의와 여러 접근법

담화를 분석 대상으로 삼아, '사회와 언어'의 관계를 밝히고자 할 때, 담화 분석적 접근법은 연구 방법과 목적에 따라 여러 가지 이론이 제시될 수 있다. 즉 문장 단위를 벗어나서 텍스트(text)를 형성하는 언어로서의 담화를 분석 대상으로 삼을 때 담화 분석의 구체적인 대상이 무엇인가, 무엇을 어떻게 밝히고자 하는가, 그리고 담화 분석을 어떤 관점에서 할 것인가 하는 접근법에 따라 다양한 이론을 제시할 수 있다.

우선 '담화'(discourse)라는 용어 자체도 연구 분야와 관심 또는 접근 방법에 따라 여러 가지로 다르게 사용되고 있다. 즉, '담화'라는 용어는 '언어 사용'(language use, language-in-use)이라는 의미로 사용되기도 하고, '발화'(utterances)라는 의미, 또는 '문장 단위를 넘어서는 서로 연결된 말 또는 글'이라는 의미로 사용되기도 한다(Schiffrin 1994). 담화는 크게 구어 담화(spoken discourse)와 문어 담화(written discourse)로 나눌 수 있고, 대화가 어떻게 생성되었는가에 따라 실험적 담화와 자연적 일상 담화로, 또는 장르에 따라 내러티브(narrative), 대화, 일상 담화 등 여러 가지로 나누어 볼 수 있다.

'담화 분석'(discourse analysis)이라는 용어는 해리스(Harris 1952)가 처음으로 사용했다고 알려져 있는데, 기능주의적 관점을 가진 언어학자들이 담화에 대한 관심을 나타내게 되면서부터 1980년대에 들어서 담화 분석이 본격적으로 시작되었다고 할 수 있다. 기능주의적 입장에서 담화 분석을 하는 대표적인 언어학자들로는 기본(Givón), 하퍼(Hopper), 톰슨(Thompson), 체이프(Chafe), 그리고 두보아(Du Bois) 등을 들 수 있다. 이들 중 특히 체이프는 담화를 정보의 흐름(information flow)으로 보고 담화가 진행되는 과정에서 발생하는 언어 사용자와 청자 사이의 인지적/심리적 변화가 어떻게 언어에 반영되는가 하는 데에 담화 분석의 중점을 두고 있다. 담화 분석은 관심 분야와 관점에 따라 여러 가지 접근법이 있다. 즉, 실제 언어 상황에서 사용되는 언어 표현을 분석 대상으로 삼는다는 점에서 담화 분석의 방법은 사회학적 관점에서 대화를 분석하는 대화 분석의 방법, 텍스트의 구조를 분석의 중요 대상으로 삼는 텍스트 언어학(text linguistics)의 관점 등 담화 분석에 있어서 여러 가지 접근법이 있다(Brown & Yule 1983; Stubbs 1983; Schiffrin 1994; Schiffrin, Tannen & Hamilton 2001; Johnstone 2002). 에긴스와 슬레이드 (Eggins & Slade 1997: 24)는 일상의 대화/담화(casual conversation)를 분석하고자 하면서, 일상의 담화 분석에 있어서 배경이 되는 여러 학문 분야를 다음과 같은 표로 요약적으로 제시하고 있다.

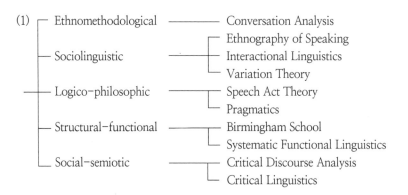

이와 비슷한 맥락에서, 시프린(Schiffrin 1994), 자워스키와 쿠프랜드 (Jaworski & Coupland 1999), 존스턴(Johnstone 2002), 시프린, 태넌과 해밀턴 (Schiffrin, Tannen & Hamilton 2001) 등은 각자의 관점에 따라 담화 분석의 하

위 분야와 주제들을 소개하고 있다.[1] 이러한 여러 접근법들을 생각해 볼 때, 담화와 담화 분석에 대한 정의, 연구 대상, 연구 목적, 그리고 연구 방법에 따라 담화를 분석하여 '언어와 사회'의 관계를 밝히고자 하는 접근법이 다를 수 있다. 사회언어학에서 언어와 사회라는 문제를 다루는 데에 있어, 담화 자료를 분석 대상으로 삼는 주요한 이론으로 (i) 상호작용 사회언어학, (ii) 의사소통의 민족지학/사회문화 연관 이론, (iii) 변이 분석 이론, (iv) 대화 분석, 그리고 (v) 비판적 담화 분석을 들 수 있다. 이러한 여러 이론은 그 배경과 연구 대상, 연구 방법, 그리고 기본 가정 등에서 차이를 보인다고 할 수 있으나, 담화를 분석 대상으로 삼아 '언어와 사회' 사이의 관계를 규명하고자 한다는 점에서 공통점을 찾을 수 있으며, 이러한 이론들은 앞으로 사회언어학에서 '담화와 사회'라는 주제의 중요한 연구 분야가 될 수 있을 것이다. 이러한 점에서 이 절에서는 이들 이론을 간략히 소개한 다음 한국 사회언어학계에서 담화 연구가 어떻게 이루어져 왔는가를 비판적으로 논의하도록 한다.

1.2. 상호작용 사회언어학

상호작용 사회언어학은 고프먼(Goffman 1967, 1974, 1981)의 전통을 이어받은 문화인류학자 검퍼즈(Gumperz 1982a, 1982b)가 담화 연구를 통해 사회 행위를 이해하고자 한 연구에서 시작되었다고 할 수 있다. 검퍼즈는 하임스와 마찬가지로 언어/담화를 발화하는 것과 발화된 담화를 해석하는 데에 있어서의 상황(context)의 중요성을 강조하고 있다. 상호작용 사회언어학은 인류학, 사회학, 언어학의 다양한 학문적 배경을 갖고 있으며, 문화, 사회, 그리고 언어 사이의 관계를 밝혀내고자 한다. 상호작용 사회언어학은 대화자들 사이의 상호작용을 이해하기 위해 녹음된 구어 담화를 분석하여 실제 상황에서 일어난 상호작용에 대한 면밀한 '해석적 분석'(interpretive analysis)을 보여 주고 있다. 검퍼즈를 비롯한 상호작용 사회언어학자들은 미국에서의 흑인과 백인 사이의 대화, 영국에서의 인도인과 영국인과 대화 등, 문화적, 사회적 배경이 다른 인종들 간에서 발생하는 언어 자료를 분석의 대상으로 삼아서, 대화상에 나타나는 문법적, 음운적인 요소들을 분석하여, 사회적, 문화적 배경이 다른 대화자들 사이에 나타나는 언어적 특징이 어떻게 잘 이해되거나 또는 잘못 이해되는가를 보여 주고 있다. 예를 들어, 화자가 어떤 특정 억양을 사용하여 발언을 할 때, 어떤 사람들에게는 공격적이거나 불손하게 들리는 데에 반해 어떤 사람들은 이를 공경심, 또는 사려 깊은 행동이라고 이해하기도 한다. 검퍼즈는 이러한 차이는 대화자들의 사회문화적인 배경에 따라 맥락화 단서(contextualization cues)가 차이가 난다고 주장하고, 이러한 점에서 언어 사용에 대한 이해는 사회적 문화적 요인과 결부해서 설명해야 한다고 주장하였다. 즉, 검퍼즈는 문화적 배경이 다른 사람들 사이에서 발생하는 의사소통의 문제를 중점적으로 다루면서, '언어와 사회' 사이의 관계를 밝히는 데에 있어서 중요한 이론을 제시했다고 할 수 있다.

1.3. 구어/의사소통의 민족지학

구어/의사소통의 민족지학(ethnography of speaking/communication)[2]은 문화와 인종 간의 상관관계와 문화의 분포 등을 연구하는 민족지학에서 언어 사용과 관련해서 언어와 사회 사이의 관계를 규명하고자 하는 이론으로 하임스(Hymes 1962, 1972, 1974a, 1974b)가 대표적이라고 할 수 있다. 언어 사용, 즉 말을 한다는 것은 사회생활에서 행하는 행동의 일부이고, 화자가 속한 사회의 규범, 규칙, 문화를 그대로 반영하는 것이라고 할 수 있다. 이러한 점에서 구어 민족지학 이론에서는 대화에 참여하는 사람들이 말을 어떻게 하며 어떻게 해석하는가를 기술하고, 나아가 언어와 사회의 상호작용 관계를 해석하고 설명할 수 있는 개념과 이론을 개발하고자 한다(Saville-Troike 1982/1989). 이 이론에서는 언어 사용에 관여하는 언어 규칙과 사회, 문화적 규칙을 설명하기 위해서 언어 사용에 관여하는 요소, 즉 화자와 청자 간에 일어나는 상호작용을 사회적 상황(social contexts)에서 발언 사건(speech event)이라는 관점에서 분석

하고자 한다.3)

　언어와 사회의 관계를 논의하는 구어 민족지학에서는 언어 사용을 단순한 문법 규칙이 아닌 사회, 문화적 관점에서의 규칙과 체계(rules and systems)라는 점에서 기술하고자 하는데, 이는 화자가 말을 한다는 것은 문법 규칙만 따라 하는 것이 아니라 어떤 상황에서 어떤 말을, 어떻게 해야 한다는 사회, 문화적 규칙에 따라 수행하는 사회 행동으로 이해할 수 있다. 이러한 점에서 언어 사용은 문법 규칙과 더불어 의사소통 규칙(communicative rule)을 지킨다는 것을 의미하며, 또한 언어 사용은 각 사회, 문화적으로 다르게 구조화된 규칙을 이해하고 따르는 것이며, 이러한 점에서 언어집단/공동체(speech community)의 문화를 이해하는 것은 올바른 언어 사용과 이해에 있어 대단히 중요하다는 것을 알 수 있다.

　하임스가 주창한 이 이론은 촘스키(Chomsky)가 언어 이론의 구축을 위해 인간의 언어를 언어 수행(performance)과 언어 능력(competence)으로 구분을 하여 인간의 언어적 능력을 너무 좁게 정의한 것에 반해, 언어 사용자가 갖는 인간의 언어 능력을 '의사소통 능력'(communicative competence)이란 개념을 제시하여 인간의 언어 능력이 사회, 문화적 요소들과 밀접하게 관련되어 있음을 주장했다. 이러한 점에서 하임스의 의사소통의 민족지학 이론은 언어 능력의 개념을 확대 발전시켰다는 점과 언어 사용 또는 언어 사건을 사회문화적 상황에서 이해해야 한다는 점에서 사회언어학에서 수행된 담화 분석 이론 가운데 중요한 이론이라 할 수 있다.

1.4. 변이 분석

　변이 분석(variation analysis)은 라보브(Labov)에 의해 제시된 이론으로 언어의 변이와 변화(change)에 관한 연구에서 영향을 받아 언어상에 나타나는 변이, 즉 이질성(異質性, heterogeneity) 또는 다양성을 탐구하고자 하는 목표를 갖고 있다. 변이 분석은 이질성이 사회적으로 언어적으로 구조화되어 있으며, 그러한 구조화된 유형은 언어 집단/공동체(speech community)에 대한 조직적, 체계적 조사를 통해서만 밝혀낼 수 있다는 근본 가정에서 출발한다. 이러한 점에서 변이 분석에서는 같은 대상에 대해서 말을 할 때, 여러 가지 선택 가능한 목록, 즉 변이형 중에서 어떤 것을 선택하는가 하는 문제를 사회적, 언어적 요인과 결부시켜 변이의 분포에 나타나는 구조화된 유형에 근거하여 설명하고자 하는 이론이라고 할 수 있다. 라보브는 마서스 비녀드(Martha's Vineyard) 섬, 뉴욕시(New York City) 등에서 수집한 언어 자료를 분석하여 음운 변이와 사회 계층 간의 연구를 수행하였는데, 이러한 맥락에서 라보브(Labov 1972), 라보브와 발레츠키(Labov & Waletsky 1967)은 구어 내러티브(oral narrative)를 담화 분석의 대상으로 삼아, 구어 이야기 담화에서의 담화 단위에 대한 변이 분석의 접근법을 이용한 담화 분석을 시도하고 있다. 라보브(Labov 1972)가 구어 내러티브를 변이 이론적 관점에서 분석을 시도한 담화 분석이라고 할 수 있다. 라보브의 변이 분석적 접근 방법에서는 자연스런 상황에서 발생하는 일상의 구어 대화에 나타나는 담화 자료가 아닌, 인터뷰를 통해서 수집한 실제 사건에 대해 구술한 이야기 담화를 분석 대상으로 삼고 있다.4)

라보브는 사회언어학적 면담에서 내러티브 담화에 나타나는 구조적 특징이 각각의 내러티브에 어떻게 나타나는지를 분석해 보았는데, 그는 수집된 내러티브 담화에서 동일한 구조적 특징을 보이는 것이 아니라 여러 변이 현상을 갖는다는 것을 보여 주었다. 이러한 차이는 화자가 사건을 어떻게 인식하고, 이를 어떻게 말로 표현을 하는가 하는 문제와 직결되는 것이라고 할 수 있다. 이야기 담화에 나타나는 변이를 사회적 요인과 결부시켜 분석을 해 본 결과, 예컨대 백인이라고 이야기를 더 잘하는 것이 아니며, 흑인이라고 해서 더 못한다고 할 수 없는 다양한 모습을 가지고 있다는 것을 보이고 있다(Labov 1972: 396). 이러한 관찰에 근거하여, 라보브는 흑인은 백인에 비해 선천적으로 열등하다는 것은 편견이며 이야기 담화에 나타나는 다양한 변이의 모습 분석을 통해 '사회와 언어' 사이의 관계 규명에 기여할 수 있음을 보여 주었다.

1.5. 대화 분석

언어와 사회의 관계를 탐구하는 연구에 있어서, 대화 참여자(participants)가 어떠한 사회 행위를 어떻게 수행하는가 하는 문제를 다루는 미시적 접근의 대표적인 이론이 대화 분석이다.5) 대화 분석은 원래 사회학의 한 분야로 사회 행위 방법론(ethnomethodology)의 발전과 상당히 밀접한 관련을 갖고 있는데, 대화 분석은 대화를 분석 대상으로 삼아 사회 구성원의 사회 행위를 미시적 관점에서 파악하고자 노력해 왔다. 대화 분석은 사회 행위 방법론의 전통을 이어받아 색스(Sacks 1972, 1973/1987, 1992)에 의해 본격적으로 시작되었는데, 색스는 쉐글로프(Schegloff), 제퍼슨(Jefferson) 등과의 연구를 통해 일상의 대화 분석에 주력해 왔다(Sacks, Schegloff, & Jefferson 1974; Schegloff, Sacks, & Jefferson 1977; Schegloff 2007 등).

색스 외(1974)는 말 순서 체계(turn-taking system)에 대한 논의와 더불어 대화를 분석 대상으로 삼을 수 있는 발판을 마련했다고 할 수 있는데, 대화 분석의 주요 주제는 말 순서 체계에 대한 연구를 비롯하여 순차 조직(sequence organization), 인접쌍(adjacency pair), 수정(repair), 선호 구조(preference organization), 이야기 구조(story-telling structure) 등이다. 이러한 주제들을 중심으로 대화 분석 연구자들은 일상생활에서의 대화를 분석 대상으로 삼아 매 순간에 대화 참여자(ethno-, i.e., participants)가 어떠한 방법(methods)으로 말을 주고받는가 하는 문제를 다루어 왔다.

사회언어학에서는 최근 대화 분석의 방법과 연구 성과를 수용하면서 담화를 상호작용적인 관점에서 보게 되고, 또한 이러한 상호작용적인 요인이 문법에 어떻게 반영되는가 하는 문제를 새로운 각도로 보게 되었다. 사회언어학의 연구에 있어서, 무엇보다도 대화가 서로 말을 주고받는 것이라는 점에서 주고받는 말 순서(turn-taking)에 근거하여 말 순서 단위, 주고받는 말이 바뀔 수 있는 전이 관련 지점(transition-relevance place: TRP)에 대한 연구를 비롯하여, 발화 과정에서 발생하는 수정 행위와 관련된 사회 행위, 사회 행위로서의 담화 표지(discourse marker) 또는 응대 표현(reactive tokens)에 관한 연구, 인접쌍과 선호 구조에 근거한 대구(對句) 표현에 관한 연구를 수행하여 '언어와 사회'에 대한 연구를 수행해 왔다.

1.6. 비판적 담화 분석

비판적 담화 분석은 언어 사용에 있어서 언어가 사회를 어떻게 왜곡, 변형(misrepresent or distort)시키는가라는 비판적 관점에서 담화를 분석하여 언어와 사회의 관계를 파악하고자 하는 담화 분석의 이론이다.[6] 이처럼 언어 사용의 문제점을 중점적으로 부각시킴으로써 언어 분석을 하는 담화 분석 이론을 비판 언어학(critical linguistics), 비판적 담화 분석(critical discourse analysis), 또는 비판 사회언어학(critical sociolinguistics)이라고 하는데, 이러한 담화 분석의 방법이 최근에 담화 분석의 새로운 방법론의 하나로 일부 학자들의 관심을 끌게 되었다(Fairclough 1989, 1995a, 1995b; Fowler 1981; Toolan 2002에 수록된 여러 논문들). 페어클러프(Fairclough 1989)는 이데올로기는 언어에 광범위하게 퍼져 있으며, 그런 점에서 언어의 이데올로기적 성격을 밝히는 것이 사회 과학의 중요한 주제라고 했다. 그는 특히 정치, 뉴스 보도, 광고 등 우리 생활에서 접하는 많은 언어들이 어떻게 이해 집단의 정치적 의도에 의해 왜곡되거나 변형되는가 하는 문제를 비판적 시각에서 검토하는 것이 비판적 담화 분석의 목적이라고 주장하고 있다. 비판적 담화 분석의 주요 관심은 언어 사용, 특히 언론 매체나 광고, 선전 등에서 사회의 각 분야에서 나타나는 힘, 권력의 불평등이 어떻게 창출되고, 유지되는지 하는 문제를 이데올로기적 관점의 비판적인 시각에서 관찰하고 분석하는 것이라고 할 수 있다. 이 이론은 사회 조직, 불평등, 권력과 투쟁의 문제, 계급 간의 갈등 등과 관련해서 그러한 계급적, 계층적 갈등의 문제를 정치적 신념, 즉 이데올로기적인 측면에서 분석하는데, 그동안의 연구는 주로 언론 담화를 중심으로 문어 담화 자료의 분석에 치중되었다고 할 수 있다.

비판적 담화 분석은 광고, 매스컴, 정치 선전 등의 언어 사용 상황에서 어떤 사실, 사건에 대해서 어떻게 텍스트가 형성되는지를 관찰하고, 사회적, 문화적인 요인이 어떤 해석을 유도하고 유발하는지 하는 문제를 해석하고, 이를 어떻게 비판적으로 해석할 것인가 하는 문제를 다루어 왔다. 텍스트, 특히 언론 자료를 분석해 보면, '객관적인' 사실, 사건에 대해 말하고 보도할 때, 축소, 과장이 있을 수도 있고, 선악, 호오(好惡)의 평가를 부가할 수도 있고, 듣기 좋은/나쁜 말로 바꾸기도 하는 등 여러 가지 방법이 사용될 수 있다. 비판적 담화 분석은 이러한 보도에서의 과장, 왜곡, 변형은 사회, 문화, 정치적인 힘/권력, 또는 이데올로기에 의해 발생한다는 점에서 이러한 왜곡 현상을 비판적 시각으로 분석하고자 하는 것이 이 분야의 연구 영역과 관심이라고 할 수 있다. 이러한 점에서 국내 사회언어학계에서는 비판적 담화 분석적 관점에서 언론 담화를 비롯한 여러 텍스트를 분석 대상으로 삼아 비교적 활발한 연구를 수행해 왔다.

2. 한국 사회언어학계의 담화 연구 주제와 성과

2.1. 한국 학계의 담화 분석 연구

한국의 사회언어학계에서는 서구 사회언어학의 연구 주제들을 이어받으면서도 주요 연구 주제는 다소 차이가 있는데, 한국어학계에서는 지역/사회 방언과 변이 분석, 경어법/존대법과 호칭/지칭어, 상호작용 사회언어학과 담화 분석, 대화 분석, 문화 내 또는 문화 간 의사소통(intra-, inter-cultural communication), 언어 사용과 언어 태도/의식, 언어 접촉과 어휘 차용, 언어와 성(language and gender), 언어 정책 등의 주제를 다루어 왔다(김해연 2004). 이러한 주제들과 아울러 일부 사회언어학자들은 언어 사용을 통해 수행하는 사회 행위와 사회적 요인들 간의 관계를 규명하기 위한 방법의 하나로 담화 자료를 분석 대상으로 삼게 되었다. 이들 학자들은 담화 분석을 통해서 언어/담화와 사회, 사회 행위, 사회적 요인들 간의 관계를 밝히고자 하였다.

이러한 점에서 이 절에서는 한국 사회언어학계에서 수행된 담화 분석의 연구들이 어떠한 것이 있는지를 학술지 ≪사회언어학≫에 게재된 논문들을 중심으로 논의하고 아울러 그 외의 저서나 학술지에 게재된 논문도 검토, 분석하고자 한다. 국내 사회언어학계의 담화 분석 연구는 상호작용 사회언어학, 기능주의적 담화 분석, 대화 분석, 교육 담화 등에 관한 연구가 있고, 이들 담화 연구는 주로 구어 담화가 분석 대상이 되었으며 비판적 담화 분석에서는 신문과 광고 등의 문어 담화나 방송 구어 담화를 분석한 연구가 많이 수행되었다. 한국 사회언어학계의 담화 분석 연구는 크게 나누어 다음과 같이 정리할 수 있다: (i) 기능주의적 담화 분석과 담화 표지에 관한 연구, (ii) 대화 분석과 상호작용 언어학적 연구, (iii) 언론 담화와 비판적 담화 분석 연구, (iv) 연설, 광고 텍스트 분석, (v) 컴퓨터 통신 언어 연구, (vi) 상호작용 사회언어학적 연구, 코퍼스 언어학적 연구, 기타 연구. 국내 사회언어학계에서 1990년대부터 2020년까지 수행된 이와 같은 연구 주제를 중심으로 다음 2.2.부터는 이들 연구 성과들을 전반적으로 소개하고 논의하도록 한다.

2.2. 기능주의적 담화 분석과 담화 표지 연구

한국 사회언어학계에서는 무엇보다도 시프린(Schiffrin 1987)의 담화 표지(discourse markers) 연구의 전통을 이어받아 국어 담화에 나타나는 담화 표지에 관해 활발한 연구가 수행되었다. 단어는 내용어(content words)와 기능어(function words)로 나눌 수 있는데, 시프린(Schiffrin 1987)은 기능어로서 담화 기능을 수행하는 어휘들을 담화 표지라고 부르고 영어 대화 자료를 분석하여 'well', 'and', 'but', 'or', 'so', 'because', 'now', 'then', 'y'know', 'I mean' 등과 같은 기능어들이 대화에서 어떤 담화 기능을 수행하는지를 보여 주었다. 이와 같은 연구에 힘입어 국내 학계에서는 여러 학자들이 담화 표지에 대한 연구를 수행하였는데, 많은 연구들이 한국어를 대상으로 담화 표지에 대한 연구를 수행하였고 일부는 영어를, 또 몇몇 연구는 중국어를 대상으로 각 언어에 나타나는 담화 표지의 기능에 대해 논의하고 있다. 즉, 한국어에서의 담화 표지 연구로 이원표(1994)는 '왜냐면'을, 서경희(K. H. Suh 2003)은 '뭐'를, 서경희(K. H. Suh 2004)는 '왜'를, 박용예(Y. Y. Park 2008)은 '그래(요)'를 분석해서 담화상에서의 기능을 밝혀내었고, 서경희(K. H. Suh 2007)은 '왜'와 '뭐'의 기능을 상호 비교하였으며, 임선희·김선회(2014)는 담화 표지로서의 '예/네'의 기능을 분석하여 보여 주고 있다. 영어를 분석 대상으로 삼은 연구로 김정연(J. Y. Kim 2008)은 'yeah'와 'kin' of'를, 서경희(K. H. Suh 2015)는 'well'을, 서경희(K. H. Suh 2016)은 'I mean'을, 강민정(M. J. Kang 2018)도 'I mean'을, 하트, 서와 오(Hart, Suh, & Oh 2017)은 'OK'를, 김새롬(2018)은 'I don't know'를, 이정열(J. Y. Lee 2019)는 'actually'를 담화 표지로 보고 그 기능을 분석하여 보여 주고 있다. 이와는 달리 이지원(2017)은 중국어 '(我)不知道'를, 박광규(2016)은 중국계 싱가포르인이 주로 사용하는 담화 표지 'hor', 'meh', 'lah'를 분석 대상으로 삼아 그 기능을 분석하였다.

이원표(1994)는 시프린(Schiffrin 1987)의 담화 표지 연구에서 보이고 있는 대화 일관성 모델에 따라 이유를 나타내는 '왜냐면'이 담화상에서 어떤 기능을 수행하는지를 보여 주고 있다. 서경희(K. H. Suh 2003)은 의문 대명사 '뭐'가 문법화를 통해 화자의 심적 자세/태도(stance)를 나타내는 담화 표지로 변화된 예를 한국어 대화 자료를 분석하여, '뭐'가 구체적 명시성이 요구되지 않는, 잘 모르는, 미확인된, 덜 중요한 정보를 나타내는 경우에 사용되며, 채움말(filler), 수정 개시어, 관련 상황에 대한 완화된 부정, 완화어(downgrader) 등으로 사용된다고 주장하고 있다. 서경희(K. H. Suh 2004)는 '왜'는 청자에게 정보 요청하는 기능을 수행하기보다는 무엇인가 불확실하거나, 의심스러운, 예기치 못한 사건이나 사물에 대한 화자의 감정적 태도, 인지적, 정의적, 상호작용적인 태도를 표시하는 기능을 수행한다고 주장하였다. 서경희(K. H. Suh 2007)은 대화에서 '뭐'와 '왜'를 담화 표지라는 관점에서 분석하여 '뭐'와 '왜'는 대화자가 서로 말을 주고받는 과정에서 다음 말로 금방 이어지지 않을 때 빈자리를 채우는 채움말, 회피/완화어, 추어주는 말(boosters)로 담화 표지의 기능을 수행한다는 것을 보여 주고 있다. 박용예(Y. Y. Park 2008)은 대화에 나타나는 '그래(요)'를 우선 억양에 따라 평서형과 의문형으로 나누고 전자는 사실의 인정이나 확인 또는 전화 대화의 종결 전 단계어, 종결어로 사용되는 데에 반해, 의문형은 발화자의 심중이나 태도를 나타내는 대화 행위를 수행할 때 사용한다는 것을 밝히고 있다. 김규현과 서경희(Kim & Suh 2010)은 대화에서 '인제'의 사용에 대해 논의하면서 '인제'는 대화 상대자의 참여를 유도하며 경계선을 표시하는 기능을 수행한다고 주장하고 있다. 임선희·김선희(2014)는 세종 코퍼스의 구어 말뭉치에 나타나는 '예/네'가 선행 명제의 가부에 대한 응대로 쓰이는 경우보다 담화 표지로 사용되는 경우를 조사하여 '예/네'가 호응어로서 청자 반응 신호의 기능을 하며 발화 중간에 사용될 때 담화를 구성해 나가는 과정에서 담화 요소를 연결시키는 기능을 수행한다고 주장하고 있다.

영어 대화에 나타나는 담화 표지를 분석한 연구들은 김정연(J. Y. Kim 2008), 서경희(K. H. Suh 2015), 서경희(K. H. Suh 2016), 하트, 서와 오(Hart, Suh & Oh 2017), 강민정(M. J. Kang 2018), 김새롬(2018) 등이 있다. 김정연(J. Y. Kim 2008)은 'yeah'와 'kin' of'를 교정 행위(corrective action) 수행을 위한 담화 표지로 보고, 'yeah'는 발화진행 허용표지(continuer) 또는 긍정어(affirmator)로서의 기능을 수행하는 데 비해, 'kin' of'는 완화어(downtoner) 또는 모호성을 증가시키는 도구로서의 기능을 수행한다고 주장하였다. 서경희(K. H. Suh 2015)는 1993년 텍사스주 웨이코(Waco, Texas) 사태 때의 위기적 상황에서 나눈 대화에 나타나는 담화 표지 'well'의 기능에 대해 논의하고 있는데, 위기 상황에서 대화 참여자들 사이의 의견 불일치를 보여 주면서도 여전히 대화를 유지하는 기능을 수행하는 'well'의 역할을 기술하고 있다. 같은 연구의 맥락에서 서경희(K. H. Suh 2016)은 1993년 텍사스주 웨이코 위기 사태 때 협상의 과정이라는 특수 상황에서의 대화에 나타나는 'I mean'의 기능에 대해 분석하였는데, 기존의 연구가 'I mean'이 축소어(mitigator)로서의 역할을 수행한다는 주장에 반해 위기 협상의 상황에서는 선행 발언을 수정하면서 자신의 입장을 강화해 나가는 과정을 보여 주는 기능을 수행한다고 주장하고 있다. 하트, 서와 오(Hart, Suh & Oh 2017)은 911 긴급 구조 요청 상황에서의 대화에서 나타나는 담화 표지 'OK'의 기능에 대해 논의하고 있는데, 'OK'는 첫째로 선행 발언 'OK?'에 대한 반응 발화로 인접쌍을 형성하는 방식으로 사용되는 경우가 있고, 둘째로는 선행 지시, 명령 발화에 대해 수락의 의사 표시와 더불어 우호적인 관계 확립의 기능을 수행할 때 사용된다는 것을 보여 주고 있다. 강민정(M. J. Kang 2018)은 토크쇼에서 'I mean'이 담화 표지로 어떠한 기능을 수행하는가를 분석하였는데, 강민정(M. Kang 2018)은 토크쇼라는 제도 말 상황에서 'I mean'은 발언 시작 위치에서는 초대 손님(interviewee)이 진행자(interviewer)의 발언에 동의하지 않을 경우 반대 설명 기능(counter-accounting function)을 수행하고, 초대 손님이 정보 제공 자세(informative stance)에서 오락 제공 자세(entertaining stance)로 또는 그 반대로 전환하는 위치 전환 표지(footing shift marker)로서의 기능을 수행한다고 주장하고 있다. 김새롬(2018)은 화자가 발화 대상에 대한 지식의 결여를 나타내는 'I don't know'가 대화에서는 담화 표지로 사용된다고 주장하면서, 이 어귀를 대립적 담화 표지라고 부르고 인터뷰와 같은 제도 말에서 일반 대화와는 다른 어떠한 기능을 수행하는지 분석하였다. 김새롬은 영어 인터뷰 자료를 분석하여, 'I don't know'는 초대 손님이 인터뷰 진행자의 질문행위에 저항하면서 대립하는 응답을 할 때 다음과 같은 기능을 수행한다고 주장하고 있다: (i) 질문자에게 대적하기, (ii) 대답 거부하기, (iii) 전제 부정하기, (iv) 질문이 선호하는 응답 안 하기. 이와 같은 연구는 'I don't know'가 담화 자료의 성격에 따라 어떠한 기능을 하는지 보여 주는 예라고 할 수 있는데, 경찰의 심문 상황, 재판, 또는 의사-환자의 대화와 같은 상황에서는 어떠한 기능을 수행하는지도 연구 과제라 할 수 있다. 이정열(J. Y. Lee 2019)는 대학 교양 영어 교재로 사용되는 옥스포드 출판사 간행 ≪Smart Choice≫의 단계별 교재에 나타나는 담화 표지 'actually'를 분석하여, 'actually'의 일곱 가지 담화 기능7)이 제대로 반영되어 나타나고 있는지를 분석하였다. 분석 결과,

교재의 수준에 따라 각 담화 기능별 분포가 차이가 나며, 담화 기능 반영의 정도가 다르게 나타난다는 것을 보여 주고 있다.

한국어와 영어 외에 다른 언어를 다룬 담화 표지 연구로는 박광규(2016)과 이지원(2017)이 있다. 박광규(2016)은 싱가포르인이 주로 사용하는 담화 표지 'hor', 'meh', 'lah'8)의 특성과 사용 양상을 사회적 변수(사회적 변인, 사회 방언)에 따라 어떻게 차이가 나는지를 실제 대화와 인터넷 설문 조사를 통해 분석하였다. 분석 결과, 싱가포르인이 사용하는 담화 표지('hor', 'meh', 'lah')는 문장의 뒤에만 나타나는 특징이 있으며, 실제 대화(입말), 인터넷 채팅방(글말), 인터넷 설문 조사에서의 담화 표지 사용 양상을 보면, 중국어에서 '哈[ha]'가 각각 10%의 사용되고, 영어에서는 'hor', 'meh', 'lah'가 다 사용되고 있고, 사용 빈도에서 여성의 사용 빈도가 다소 높으며, 연령별로는 연령대가 낮을수록 그 사용 빈도가 높다는 것을 보여 주었다. 이지원(2017)은 중국어 대화에 나타나는 '(我)不知道'의 담화 화용적 기능에 대한 연구를 수행하여 '(我)不知道'는 '나는 모른다'라는 뜻으로 처음 화자가 요청한 정보를 다음 화자가 지시 대상에 대한 정보가 부족하여 제공할 수 없다는 의미를 갖고 있지만 이 표현은 문법화의 과정을 거쳐 하나의 고정된 표현인 담화 표지로서 특별한 담화, 화용적 기능을 수행하는 것을 보여주고 있다. 이러한 점에서 이지원은 '(我)不知道'는 크게 세 가지 상호작용적 기능 즉, 화자의 주관적 불확실성 표시, 중립적 위치 형성, 의견 충돌 회피의 기능을 수행하고 있다고 주장하고 있다.

2.3. 대화 분석과 상호작용 언어학적 연구9)

1990년대 들어 사회학의 한 분야로 출발한 대화 분석이 언어학에 본격적으로 도입되면서 사회언어학에서도 대화자들의 사회 행위를 규명한다는 점에서 대화 분석적 접근의 연구가 많이 수행되었다. 더 나아가 대화 분석과 기능주의적 담화 분석이 결합되어 '언어, 사회 행위, 문법' 간의 관계를 탐구하고자 하는 상호작용 언어학(interactional linguistics)적 연구도 나타나게 되었다. 한국 사회언어학계에서도 이와 같은 미국 언어학계의 연구 동향을 반영해서 여러 연구가 수행되었는데, 서경희·김규현(1995)의 '겠' 구문, 서경희와 김규현(Suh & Kim 1997)의 'will'과 'gonna', 서경희(K. H. Suh 2001)의 '-지'와 '-잖아', 서경희(K. H. Suh 2002)의 '-잖아', 김규현(K. H. Kim 2004)의 종결 어미 '-네', '-군', '-다', 김규현(K. H. Kim 2010)의 '-거든' 등이 그러한 연구 성과들이다.

서경희와 김규현은 단독으로 또는 공동으로 서법이나 문장 종결 어미에 대한 일련의 연구를 수행하였는데, 서경희·김규현(1995)는 대화 분석적 관점에서 '겠' 구문의 상호 교류적 기능(interactional functions)을 논의하였고, 서경희와 김규현(Suh & Kim 1997)은 영어에서 흔히 미래 시제를 나타낸다고 알려진 'will'과 'gonna'를 대화 자료 분석을 통해서 대화 참여자들의 사회 행위 수행 관점에서 파악하고자 하였다. 서경희(K. H. Suh 2002)는 상호작용적 관점에서 국어 대화에 나타나는 문장 어미 '-잖아'가 대화자들 사이에 공유 지식을 조정하고 확립해 나가는 과정에서 사용된다는 것을 보이고, '-잖아'는 언술된/언술될 내용에 대해 청자가 동의를 요청/추정하는 기제로서 청자로부터의 동의나 확인을 이끌어 내기 위해 전략적으로 사용된다고 주장하고 있다. 서경희(K. H. Suh 2001)은 부모/교사와 아동 사이의 대화에 나타나는 문장 어미 '-지'와 '-잖아'를 상호작용적 기능의 관점에서 분석하였고, 김규현(K. H. Kim 2004)는 정보 상태와 인지의 관점에서 분석된 종결 어미 '-네', '-군', '-다'를 대화 분석의 이론을 적용하여 사회 행위의 수행이라는 관점에서 재해석을 하고 있다. 김규현(K. H. Kim 2010)은 문장 종결 어미 '-거든'의 기능은 정보 제공의 순차 조직에서 설명 제공의 기능을 수행하는 것이라고 주장하고 있다.

김해연(H. Y. Kim 2002)는 협력 구문(collaborative construction, co-construction)에 관한 연구를 수행하였는데, 이 연구는 대화에서 현재 화자가 시작한 말을 다음 화자가 이어받아서 끝내는 협력 구문의 유형과 빈도를 조사하고 협력 구문을 통해 화자가 어떤 사회 행위를 수행하는가를 보여 주고 있다. 김해연(H. Y. Kim 2004)는 한국어 전화 대화 자료에 나타나는 상대방의 발언 중에 나타나는 청자 호응어(backchannel) '어', '아', '음', '응'을 분석하여, 이러한 호응어가 복합 전이 관련 지점(complex transition relevance places)에서 발생하며, 화자의 발언에 대한 청자의 수동적 수용적 자세, 청자의 화자 발언에 대한 수긍 또는 동의, 화자의 발언에 대해 청자가 동정, 동조하는 정의적 태도의 표시 등의 기능을 수행하고 있다고 주장하였다. 같은 맥락에서 강현석(2009)는 구어 자료(토크쇼 자료와 영화 대본 자료)를 분석 대상으로 삼아, 국어의 호응 표현 '예'와 '네'의 사용에 대해 담화 의미, 화자의 성별, 나이, 방언과 관련하여 분석하였다.

김명희(M. H. Kim 2016)은 업무 수행 대화에서 존댓말과 반말이 교체 사용되는 현상에 관한 연구를 통해 교체 사용의 기능을 조사하였다. 대화 자료 분석 결과, 반말 사용은 자기 자신에게 한 말이나 순간의 즉흥적 발언에서 나타나며, 존댓말의 사용은 청자를 대화의 장(floor)으로 불러들일 때, 대화 참여자들의 신분과 위계 표시를 할 때, 그리고 대립적인 상황의 대화에서 발생한다는 것을 보여 주고 있다. 이러한 점에서 존댓말과 반말의 사용은 단순히 나이와 지위와 같은 사회적 요인에 의해서만 결정되는 것이 아니라 대화 상황에서 관계 확립 표시어로서 담화 전략에 의해 결정되기도 한다는 것을 보여 주고 있다.

김규현과 서경희(Kim & Suh 2018)은 한국어 TV 토크쇼에서 순차 조직이 어떤가를 논의하면서 예비 단계의 순차 조직은 상호 공동의 장을 마련하기 위한 기초 단계라는 것을 보여 주고 있다. 김규현(K. H. Kim 2016, 2017)은 일련의 논문을 통해, 주제격 조사 '-는'의 기능에 대해서 논의하고 있는데, 김규현(K. H. Kim 2016)은 영역 변화(domain-shifting)에서 자세(stance)를 바꾸는 기능을 수행한다고 주장하고, 김규현(K. H. Kim 2017)에서는 상호 주관성(intersubjectivity)을 추구하는 과정에서 자세를 바꾸는 기능을 수행한다는 것을 보여 주고 있다.

영어 일상 대화 자료를 분석하여 수행한 연구로는 김해연(H. Y. Kim 2009), 이정열(J. Y. Lee 2017), 페트루샤나(Petrushyna 2017) 등이 있고, 교육 담화 자료를 분석 대상으로 수행한 연구로는 장선미(S. M. Chang 2017)과

류혜경(H. K. Ryoo 2017) 등이 있다. 김해연(H. Y. Kim 2009)는 영어 구어 담화를 분석 대상으로 삼아 후보 답변(candidate answers)을 하는 경우를 분석하여 대화는 근본적으로 화자들 사이에 정보를 상호 교환하는 과정으로 원만한 의사소통이 이루어지기 위한 협상의 과정이라고 주장하였다. 이정열(J. Y. Lee 2017)은 미국 영어 대화에 나타나는 강화사(amplifiers) 'very much', 'really', 'pretty', 'particularly', 'very', 'absolutely', 'totally', 'quite'의 화용적 기능에 대해서 논의하고 있다. 이정열(J. Y. Lee 2017)은 이러한 강조 부사가 다음 화자의 발언에 나오는 경우를 분석하여 이들 어휘들은 문법적 의미보다는 놀라움, 동의, 강화, 열정, 격려, 만족, 공감대 형성, 수정 등의 화용적, 상호작용적 기능을 수행한다는 것을 보여 주고 있다. 페트루샤나(Petrushyna 2017)은 종교 문제에 대한 대립 대화(conflict talk)에서 신앙 문제를 다룬다는 점에서 감정적으로 격화되기 쉬운 상황에서 어떻게 대화가 진행되는가라는 문제를 고프만의 자존(face)의 개념을 이용하여 분석하면서 대화자 상호 간뿐만 아니라 신(God)에 대한 언급에서도 도전을 초래하는 질문(enticing challengeble questions)이 어떻게 제시되는지 논의하고 있다.

영어 교육 담화 연구로 장선미(S. M. Chang 2017)은 영어 몰입 캠프 수업 교실(English immersion camp classroom)에서 수업 참가자들의 수업 담화에 나타나는 반복(repetition) 현상을 조사하여 반복 어구의 형태와 기능에 관한 연구를 수행하였다. 자료 분석 결과, 교사들이 학생들보다 더 많은 반복 표현을 사용하는데, 학생들 발언의 반복 발언, 학생들의 발언 일부 수정 반복 발언, 영어와 한국어의 교체 사용을 통한 의미상 반복의 형태를 가진다는 것을 보여 주고 있다. 이 연구는 교사의 반복 발언은 학생들의 발언에 대한 확정, 명확화, 평가, 추가 등과 같은 기능을 수행하여 학생들에게 수업 효과를 진작시키는 기능을 수행한다는 것을 보여 주고 있다. 류혜경(H. K. Ryoo 2017)은 교생 실습자들의 예비 실습(micro-teaching) 담화를 분석 대상으로 삼아 참여자가 교사, 학생, 동료로서 어떻게 행동하며 상황에 따라 대화를 어떻게 전개해 나가는지 분석하여 담화에서의 동적인 상황 인식과 대화 참여자가 그러한 상황에서 역할을 어떻게 수행하는지를 보여 주고 있다.

일상 대화는 언어 행위와 비언어 행위로 구성되어 있는데, 그동안에 대화 분석의 연구는 언어 행위에 치중해 왔다. 비언어 행위, 즉 웃음, 손짓, 몸짓, 시선의 방향 등도 대화를 주고받는 데에 있어 대단히 중요한 요소라는 점에서 한국 언어학계에서도 몇몇 연구가 수행되었는데, 김현강(2012), 김성은(S. E. Kim 2016), 이지원(J. W. Lee 2012), 이지원(2014)가 그러한 예들이다. 김현강(2012)는 대화에서 비언어적 행위의 하나로 고개를 끄덕이는 행위의 기능에 대한 분석을 통해, 고개 끄덕임은 언어적 행위의 부수적 행동으로 대화가 원활하게 진행되도록 하는 역할을 하며, 발언 순서를 현재 화자에게 양보하는 기능을 수행하여 현재 화자가 계속 발언을 하도록 하는 역할을 수행하게 해서 상호작용, 상호 협력의 관계를 유지시켜 준다고 주장하고 있다. 김성은(S. E. Kim 2016)은 대화에서 웃음이 어떤 역할을 수행하는지를 논의하였다. 이지원(J. W. Lee 2012)는 중국어 대화 자료를 분석해서 비언어 행동인 제스처, 시선과 신체의 움직임이 발언 순서, 정보의 교환 등과의 상호작용과 협력을 통해 대화의 흐름에 어떻게 영향을 미치는가라는 문제를 논의하고 있다. 이지원(2014)는 중국인 화자들의 스토리텔링 상황의 녹화 자료를 분석하여 화자의 고개 움직임이 상호작용으로서 어떤 역할을 수행하는지를 분석하였는데, 화자는 고개를 돌리는 방향을 체계적으로 달리하면서 이야기 속의 등장인물들 사이의 경계를 구분 지어 그들의 역할을 분리해 주는 역할을 하며, 또한 화자는 얼굴 표정, 미소, 웃음 등 여러 비언어적 행동을 통해 자신의 정서적 태도를 보이면서 화자와 청자 간의 상호작용을 통해 대화가 원활하게 진행되도록 하고 있음을 보여 주고 있다.

이상에서 논의한 연구들 외에도 구어 담화를 분석 대상으로 삼은 연구로 서경희와 김규현(Suh & Kim 2006)의 홈쇼핑 광고 대화 분석, 안정근(1997)의 시장 흥정 담화 분석, 이데(R. Ide 1998)의 소대화(small talk) 분석, 그리고 정우현(W. H. Jung 2009)의 'fighting'의 사용에 대한 분석이 있다. 서경희와 김규현(Suh & Kim 2006)은 홈쇼핑 TV 광고의 대화를 대화 분석적 관점에서 분석하여, 시청자의 관심과 흥미를 유발하여 구매에 이르도록 하는 목적을 가진 담화의 구조와 담화상의 특징을 보여 주고 있다. 안정근(1997)은 재래시장에서 가격을 흥정하는 담화를 분석 대상으로 삼아, 그 유형을 분류하고 특징을 논의하였다.

2.4. 비판적 담화 분석 연구

한국 사회언어학계에서 가장 많이 연구된 분야 가운데 하나가 언론 담화를 주요 분석 대상으로 하는 비판적 담화 분석적 접근이라고 할 수 있다. 이는 분석 대상 자료를 구하기가 비교적 쉽고, 정치, 경제, 사회, 문화 등의 여러 분야의 다양한 문제를 다루는 언론 담화는 많은 주제를 제공하기 때문이라고 할 수 있다. 비판적 담화 분석에 대한 이론적 접근에 대한 논의로는 백종학(J. H. Baik 1995), 백종학과 심진영(Baik & Shim 1996), 백종학(J. H. Baik 1997), 김슬옹(2005), 박휴용(H. Y. Park 2013) 등이 있고, 언론 담화를 분석 대상으로 한 연구는 권우진(2002), 김용진(2003), 임규홍(2003), 이원표(2005), 정여훈(2006), 최형강(2007), 김명희(M. H. Kim 2012), 방민희와 신서인(Bang & Shin 2012), 김현강(2014), 노보경과 반현(Noh & Ban 2014), 서소아(S. A. Seo 2015), 김병건(2016), 김가현·신동일(2016), 박수현·신동일(2017) 등이 있다. 이들 연구 가운데, 어떤 것은 비판적 담화 분석의 이론을 적용하여 비판적 관점에서 연구를 수행한 것도 있고, 텍스트 언어학적, 담화 분석적 관점에서 수행한 연구들도 있다.

비판적 담화 분석의 이론적 접근으로 분류될 수 있는 연구로 백종학(J. H. Baik 1995), 백종학과 심진영(Baik & Shim 1996), 백종학(J. H. Baik 1997), 김슬옹(2005), 박휴용(H. Y. Park 2013)이 있다. 백종학(J. H. Baik 1997)은 언어를 이념과 권력을 규정짓는 발판(scaffold)으로 규정하고, 퍼스(Firth), 라보브, 할러데이(Halliday), 파울러(Fowler), 하지(Hodge), 크레스(Kress), 페어클러프 등 사회언어학, 기능주의 언어학, 체계 문법, 비판적 담론 분석 등의 이론뿐만 아니라, 그람시(Gramsci), 푸코(Foucault), 부르디외(Bourdieu), 하버마스(Habermas) 등과 같은 사회학자, 기호학자 등의 언어관을 받아들여 비판적 사회언어학의 영역을 구축하고 그 연구 범위를 확장하자는 제안을 하고 있다. 비슷한 맥락에서, 김슬옹(2005)는 문학이나 문화 연구의 이론으로 논의되어 온 '담론학'이 언어를 바탕으로 한다는 점에서 언어학과 공통분모를 가진다는 것을 보이면서 담론학은 의미론, 화용론, 사회언어학을 합쳐 놓은 것과 유사하다는 점에서 새로운 학문 분야로, 또는 학제 간 연구 분야로 세울 것을 주장하고 있다.

백종학(J. H. Baik 1995), 백종학과 심진영(Baik & Shim 1996)은 비판적 담론 분석의 접근에 대해 논의하고 있는데, 백종학(J. H. Baik 1995)는 비판적 담론 분석적 관점에서 남북한 영어 교과서의 내용을 분석 대상으로 삼아 권력(power)과 이념(ideology)이 교재의 내용에 어떻게 반영되고 있는지를 조사하였다. 백종학과 심진영(Baik & Shim 1996)은 흔히 단일 민족, 단일 언어 국가라고 생각되는 한국 사회에서 전라 지역과 충청 지역의 방언을 사용하는 사람들에 대한 편견, 지역 차별, 고정 관념의 문제를 언어와 인권의 차원에서 비판적으로 고찰하였다. 박휴용(H. Y. Park 2013)은 한국이 다문화 국가로 나아가는 데에 대해 인터넷의 여러 사이버 공간(cyber space)에서 찬반양론의 담론이 어떻게 전개되는지를 로저스(Rogers 2004), 카스텔스(Castells 2004) 등 비판적 담화 분석론자들의 이론틀을 이용하여 분석하고 있다. 이 연구에서는 다문화주의에 대해 찬성 집단, 반대 집단, 중도 집단이 단일 민족 국가에서 다민족 국가로의 지향, 문화의 단일성과 다양성, 민족 문화와 다문화 사회로의 지향, 범죄의 증가, 사회 안전의 문제, 한국인과 이민자의 고용 축소와 실업 우려, 고용 기회의 다양화와 확대 등 다양한 주제에 대해 여러 상반된 의견이 표출되는 양상을 보여 주고 있다.

언론 담화를 분석 대상으로 한 연구를 보면, 국내 신문 사설의 제목, 기사문, 특정 주제를 중심으로 논의한 것이 있고, 어떤 연구는 외국의 영어 신문을 분석 대상으로 삼아 분석한 것이 있으며, 또 다른 연구는 특정 사회적 문제에 대해 언론 담화에서 어떠한 이념적 관점에 따라 다루어지는가를 분석한 연구들도 있다. 이러한 점을 염두에 두고 수행된 연구들을 검토해 보도록 한다.

　김용진(2003)은 1979년부터 1999년까지 《조선일보》 사설의 제목을 대상으로 제목의 내용과 표현 양식이 어떻게 변화되었는지를 분석하였는데, 사설 제목은 한국의 정치적 변동과 궤를 같이 하면서 주제 선택의 다양성이 보여 주는 바와 같이 언론의 자유가 신장되는 방향으로 변화를 볼 수 있었다고 주장하고 있다. 정여훈(2006)은 4개의 국내 종합 일간지 사회면에 나타난 제목과 기사문을 중심으로 총 527개의 제목을 분류하고 그 유형과 실현 양상을 조사하여, 텍스트 생산자의 의도성에 따라 신문 제목을 크게 정보 전달형 제목과 관심 유도형 제목으로 나누고 또 하위 단계로 나누어 신문 제목을 분류하고 상호 비교하는 연구를 수행하였다. 이원표(2005)는 한국에서 "보수"와 "진보"를 대변한다고 알려진 《조선일보》와 《한겨레신문》의 국가 보안법에 관련된 사설을 분석 대상으로 삼아, 비판적 담화 분석적 시각에서 이들의 이념적 차이가 어떻게 어휘의 선택, 통사 구조, 담화/화용적 자질, 수사 전략 등의 언어적 표현에서 어떠한 유사점과 차이점을 나타내는지 조사하였다. 서소아(S. A. Seo 2008)은 폭스 뉴스(Fox News)와 알자지라(Al-Jazeera) 방송에서 이라크 전쟁에 대한 보도와 관련, 서로 다른 이념에 따라 언론 보도가 어떻게 차이가 나는지 어휘와 담화 전략을 양적, 질적으로 분석하여 보여 주고 있다.

　신문의 문어 담화를 분석하는 것은 권우진(2002), 임규홍(2003), 최형강(2007)이 있는데, 권우진(2002)는 신문 기사에서 무작위로 선정한 20개의 표제어를 설문 조사를 통해, 적절성 여부, 신뢰성, 흥미성 등을 조사하여, 기사의 표제어가 중립적, 객관적이기보다는 자극적, 흥미 유발적인 면이 강하다는 면을 지적하고 있다. 방민희와 신서인(Bang & Shin 2010)은 한국과 미국의 신문 자료에서 '민주', 'democracy'와 같이 사용되는 명사구(binominals)를 대상으로 한 언론 언어(media language)를 코퍼스 언어학적 접근 방식으로 분석하고 있다.

　김명희(M. H. Kim 2012)는 2011년 3월 일본 도호쿠 지역(東北地域)에서

발생한 대지진으로 인해 발생한 쓰나미(津波)로 인한 인명과 재산 피해뿐만 아니라 후쿠시마 원전 사고에 대해 일본, 한국, 미국 영어 신문들의 보도 상황을 코퍼스 언어학적 방법을 이용하여 비교 분석하고 반 다이크(van Dijk 1998)의 이론에 바탕을 둔 비판적 담화 분석의 관점에서 각 나라의 이해관계와 이념에 따라 어떻게 차이가 나는지를 논의하였다. 이 연구는 핵심어 분석을 통해, 지진, 쓰나미, 후쿠시마, 원자력, 방사성 등과 같은 어휘의 빈도뿐만 아니라 기사의 주제가 방사능 피해, 경제적 피해, 지진, 쓰나미 등 각국의 이해관계나 이념적 성향에 따라 다르게 나타난다는 것을 보여 주고 있다.

방민희와 신서인(Bang & Shin 2012)는 환경 문제와 관련된 언론의 보도 태도와 관련, 한국 신문에서는 '녹색'을 미국 신문에는 'green'을 탐색어로 하여 이 어휘와 공기 관계를 갖는 어휘들을 코퍼스 언어학적 방법을 사용하여 비판적 담화 분석의 관점에서 비교 분석하였다. 분석 결과, 한국 언론에서는 '녹색'은 '성장'을 비롯한 경제 관련 용어들과 공기 관계를 형성하여 '녹색 성장', '녹색 경영' 등과 같이 사용되고 미국 신문에서는 'building', 'energy', 'jobs', 'power', 'movement' 등과 같이 환경과 관련하여 더 많이 나타난다는 점에서 차이가 보인다는 점을 지적하고 있다.

김현강(2014)는 한국 16, 17대 대통령 선거 광고를 내러티브 텍스트이자 정치 담화인 광고를 비판적 담화 분석의 관점에서 그 특징을 분석하여 보여 주고 있는데, 선거 광고는 권력 획득을 목표로 어떻게 유권자들의 마음을 움직여 지지를 이끌어 낼 것인가라는 목표를 달성하기 위해 여러 전략에 의해 텍스트를 구성한다는 것을 보여 주고 있다.

노보경과 반현(Noh & Ban 2014)는 2013년 10월 초 미국 연방 정부의 폐쇄 조치에 대해 ≪뉴욕타임스≫와 ≪월스트리트저널≫ 두 신문에 게재된 사설을 대상으로 삼아 두 신문이 이념에 따라 어떻게 논지를 전개하고 있는지를 반 다이크(van Dijk 1998)의 이념 사각형도(ideological squares)를 이용하여 비판적 담화 분석적 관점에서 조사하였다. 분석 결과, 두 신문은 각각의 진영을 나누어 좋은 속성과 나쁜 속성을 부각시켜 논지를 전개하고 있는데, ≪월스트리트저널≫은 공화당을 자기 진영으로 민주당을 상대 진영으로 설정하고 상대 진영의 나쁜 점을 더 공격적으로 제시하는 데에 비해, ≪뉴욕타임스≫는 미국인과 민주당을 자기 진영으로 공화당을 상대 진영으로 설정하여 상대 진영의 나쁜 점과 자기 진영의 좋은 점을 제시하고 있다는 것을 보여 주고 있다.

서소아(S. A. Seo 2015)는 신문의 헤드라인이 해외 사건 보도 기사가 통신사를 통해 국내에 전달되었을 때 어떻게 변용되는가라는 문제를 아랍과 리비아 사태를 보도하는 국외의 언론 기사와 국내 영자 신문의 기사를 비교하여 비판적 담화 분석의 관점에서 논의하고 있다. 서소아는 헤드라인의 변용은 기사의 원천 자료(source)에 충실하기보다는 목표 지향의 재상황화(target-oriented recontextualization)를 통해 일어난다는 점에서 한국의 언론사가 갖는 관점에 의해 재조정된다는 점을 지적하고 있다.

김병건(2016)은 ≪조선일보≫와 ≪한겨레신문≫의 사설, 칼럼에 나타나는 어휘 '진보'를 분석 대상으로 삼아, 이 어휘가 언론 담화에서 어떻게 사용되는지를 평가 이론(Appraisal Theory; Martin & White 2005)과 비판적 담화 분석의 관점에서 분석하고 있다. 김병건은 언론 담화에서 '진보' 어휘의 대상인 인물, 기관, 단체가 평가 이론 태도(attitude) 영역의 하위 범주인 감정(effect), 판단(judgment), 감상(appreciation)의 관점에서 어떻게 묘사되는지를 조사하였다. 조사 결과, 진보적 성향의 ≪한겨레신문≫에서는 긍정적 평가어와 부정적 평가어의 사용에 있어서 '진보'의 이미지가 비교적 긍정적인데 반해 보수적 성향의 ≪조선일보≫에서는 평가어의 대부분이 부정적이라는 점에서 언론사의 지향성에 따라 '진보'에 대한 태도가 다르게 나타난다는 것을 보여 주고 있다.

김가현·신동일(2016)은 비판적 담화 분석에서 언론 자료 분석을 통해 "세계화(globalization)를 추진하는 국내 기업들이 핵심 경쟁력으로 언급하고 있는 글로벌 인재와 영어 능력에 관한 담론이 미디어를 통해 어떻게 의미화되고 환기되고 있는지 분석"하였다. 김가현·신동일은 언론 담화 자료를 의미적 거시 구조(semantic macro-structure)로 글로벌 인재의 "핵심 가치", 목표 달성을 위해 기대하는 "과제", 기사 제목에 나타나는 "화제"가 어떤 관점에서 제시되는지를 분석하고, "우리 대 그들"의 관점과 "긍정적 자기 제시"와 "부정적 타인 제시"를 보여 주기 위해 어떠한 언어적 핵심 요소들을 사용하는지 미시적 분석을 통해 파악하고 있다.

박수현·신동일(2017)은 언론 담화 자료 분석을 통해, 한국 사회가 이주 노동자, 국제결혼 배우자, 다문화 가족 구성원 등 타자 집단이 증가함에 따라 다문화 국가로 변해 감에 따라 이주자들의 자녀가 해외에서 학업을 하다 국내 학교에서 학업을 하면서 발생하는 문제들에 대해서 언론 매체들이 어떻게 보도하고 있는지를 비판적 담화 분석의 관점에서 논의하고 있다. 이 연구는 중도 입국 자녀들의 한국어 능력에 대한 비판의 문제 제기, 모국어 능력, 이중 언어 능력의 문제를 논의하면서 언어 정책의 문제를 사회통합 방식과 관련하여 광범위하게 논의하면서 해결책을 모색하고 있다.

2.5. 문어 담화/텍스트 담화 분석

문어 담화에 대한 분석에는 텍스트 구조에 대한 분석이나 언어 자질을 중심으로 한 다중 요인 분석(multi-dimensional analysis) 방법의 연구가 주로 수행되었으며, 신문 기사를 분석한 연구는 주로 제목과 외국어 표기 등의 문제를 다루고 있다.

이원표(W. P. Lee 2000a)는 한국 대통령 취임사를, 이원표(W. P. Lee 2000b)에서는 미국 대통령 취임사를, 그리고 김혜숙A(2006)은 대학 총장의 연설을 분석 대상으로 삼아 분석을 시도하였다. 이원표(W. P. Lee 2000a)는 한국 대통령 취임사 네 개를 화용적, 사회언어학적 관점에서 분석하여 그 정치 담화에서 발견되는 수사적 전략과 담화 구조를 비교 분석하였다. 이원표(W. P. Lee 2000b)는 케네디(Kennedy)와 클린턴(Clinton) 미국 대통령의 취임사를 국민들에게 통치 과정에서의 지지와 협조를 설득하는 텍스트로 보고, 취임사에 나타나는 문체상의 패턴이나 특징들을 분석하였다. 김혜숙 A(2006)은 연설을 "많은 청중을 대상으로 일방적으로 자기의 주의/주장/

정서적 내용의 텍스트를 전달하는 공식적 대중 의사소통의 한 형식"으로 정의하고, 대학 총장의 연설 형식과 내용을 응집성(cohesion)과 응결성(coherence)이라는 텍스트성(textuality)과 텍스트의 구성이라는 관점에서 분석하여, 연설의 언어적, 담화 구조적 특성을 밝히고 있다.

다중 요인 분석(multi-dimensional analysis) 방법을 사용한 연구는 김용진(1999), 김경숙(2003)과 이영희(2008)이 있는데, 김용진(1999)는 한국과 미국의 신문 사설 텍스트를 근거성(evidentiality)을 나타내는 언어 자질 12개를 계량적으로 분석하여 상호 비교하여, 한국의 신문 사설에서는 대립-양보의 표현, 필연의 서법 조동사류, 강조-확신의 부사류가, 미국의 신문 사설에서는 개연의 서법 조동사류와 대립-양보 표현이 가장 많이 나타나는 것을 보여 주고 있다. 김경숙(2003)은 ≪동아일보≫ 영문판과 ≪뉴욕타임스≫의 사설과 뉴스를 대상으로 바이버(Biber)의 다중 요인 분석 방법을 이용하여 텍스트성이 어떻게 차이가 나는지를 조사하여, 신문 텍스트의 가변성을 다차원적 변인에 의해 규명할 필요성과 독자의 텍스트 수용에 있어서의 다원적인 시각이 필요하다고 주장했다. 이영희(2008)은 ≪뉴욕타임스≫의 신문 보도 방식을 연대별로 구획을 하여 인용에 나타난 전달 동사를 유형별로 분류하여 그 사용 빈도를 조사하여 인용 보도 방식이 어떻게 변화되었는지를 조사하였는데, 창간 초기에는 보도 방식이 개인 서사체에 가까운 것이었지만, 그 이후로 점차 인용문을 많이 사용하여 사실을 객관적으로 보도하는 방식으로 변화된 것을 보여 주고 있다. 이영희(2013)은 이영희(2008)의 연장선상에서 한국 신문과 미국 신문에서 한미 자유 무역 협정(FTA) 관련 기사를 수집하여 이들 신문의 인용 보도의 언어 표현 방식을 보도자의 개입 양상의 관점에서 비교 분석하고 있다. 이영희는 보도자 개입의 측면에서 볼 때 미국 신문은 주로 부분 인용을 통해 보도자의 주관성을 드러내는 반면 한국 신문은 평가를 표현하는 전달 동사를 통해서 보도자가 명시적인 방식으로 개입한다는 특징이 있음을 보여 준다고 주장하고 있다.

임규홍(2003)은 6개 중앙 일간지의 신문 지면 각 섹션(section)별, 영역별 제목을 분석한 결과, 외래어 명칭이 대단히 많이 사용되고 있음을 지적하고 있다. 최형강(2007)은 《동아일보》, 《조선일보》, 《중앙일보》, 《한겨레신문》을 대상으로 어휘 사용 양상과 문자 사용 양상, 특히 외래어, 외국어와 로마자, 한자의 사용 실태를 조사하여, 외래어 보통 명사의 빈도가 상당히 높다는 것을 보여 주고 있다. 김철규(C. K. Kim 2008)은 영어와 한국어 신문의 과학 분야 기사를 분석하여, 양태 조동사를 사용하는 것은 과학적 진실은 논의하면서 독자의 반응을 염두에 두면서 필자의 의견을 개진하는 하나의 전략적 도구라는 점이라는 점에서 상호작용적 기능을 수행하는 것이라고 주장하고 있다.

2.6. 상품/광고 언어 분석

광고 언어에 대한 분석으로는 안정근(1995), 김혜숙A(1999), 김은주(2001), 김정은(2004), 김정우(2004), 남미혜(2004), 채완(2007), 전정미(2012), 윤재연(2013), 박은하(2013), 한혜령(2014), 박은하(2016) 등이 있다. 안정근(1995)는 광고문에 나타나는 문제 표현(red-flag expressions)을 분석하여 그 유형과 문제점을 지적하고 있다. 안정근은 광고문을 분석하여 문제가 되는 표현들의 유형을 분류하였는데, 광고문에는 허위·기만, 과장, 차별화 등의 표현뿐만 아니라, 배외적, 성차별적, 조장적, 배타적 표현이 나타나고 또한 금기어나 비속어의 사용, 국민정서에 반하는 표현, 비논리적이거나 오해하게 하는 표현, 이해하기 어려운 표현 등 다양한 유형의 비정상적인 문제 표현들을 제시하고 있다. 김혜숙A(1999)는 광고 텍스트를 분석의 대상으로 삼아, 광고 텍스트가 수용자의 관심을 유도하고 행동(즉, 구매 행위)을 하도록 설득하는 효과를 내도록 하는 표현 기법이 무엇인가를 검토하였다. 김은주(2001)은 한국 대학들의 학생 모집 광고에 나타난 대학의 홍보 광고 텍스트를 사회언어학적 관점으로 분석하여 광고문의 언어적 특징과 광고에 나타난 설득 전략을 논의하고 있다. 김정은(2004)는 광고가 소비자의 신념이나 행동을 변화시켜 구매 의욕을 자극하여 상품을 구매하도록 강한 설득의 기능을 가진 커뮤니케이션으로 규정하고 '외연적 의미의 기호 표현, 외연적 의미의 기호 내용, 내포적 의미의 기호 내용'의 분석 방법에 따라 광고 언어에 나타난 현대인의 의식 문화를 보여 주고 있다. 김정우(2004)는 라디오 시대의 변천 과정에 따라 광고에 사용되는 언어가 어떻게 변화했는가를 통시적으로 분석하였는데, 독점 시대에는 문어체의 긴 문장, 외국어의 남용, 과장 표현 등이 두드러지게 나타나다가 광고 노래의 사용, 반복법의 사용 등 수사적 표현 등의 시대를 거치고 최근에는 메시지의 축약 전달과 교묘한 설득 논리의 제시 등으로 그 언어 사용 양상이 달라지고 있다고 예문을 통해 보여 주고 있다. 남미혜(2004)는 광고에서 사용되는 한자의 유형과 광고적 효과에 대해서 논의하고 있다. 채완 (2007)은 1950년대 광고 문안들을 분석하여, 1950년대 신문 광고는 한자를 주로 사용한 사실적 정보 전달 위주로 수사적인 문체들이 거의 없고, 담화 전략도 거의 사용하지 않았다는 것을 보여 주고 있다.

전정미(2012)는 광고 텍스트에 나타나는 공손 전략에 관한 연구를 수행하여 공익 광고에서는 소극적 체면 세우기 전략이, 상품을 구매하도록 소비자들을 설득하는 목적의 상업 광고에서는 적극적 체면 세우기 공손 전략이 주로 사용된다는 것을 보이고 있다.

윤재연(2013)은 광고 언어에 관한 연구의 일환으로 TV 광고 가운데 스토리 광고, 즉 스토리가 있는 광고를 서사 텍스트의 관점에서 그 개념과 유형을 규정하려는 노력을 보여 주고 있다. 이 연구에서는 스토리 광고를 서사 텍스트로 규정할 때 그 기준을 어떻게 설정할 것인지 어떤 특징을 갖는지, 스토리텔링(storytelling)의 광고 효과는 어떠한지 등의 문제를 논의하고 있다.

박은하(2013)은 2008~2012년까지 5년 동안 텔레비전 광고에 표현된 여성 화장품 상품명을 조사하여 언어적 표현 양상을 조사하고 상품명에 내재된 의미와 사회상을 분석하였다. 이 연구는 광고에 나타난 상품명의 구성 방식, 상표의 음절 수, 어휘적 특성, 작명에서의 한글, 한자, 영어 등 외국어 사용 등의 특징을 살펴보았는데, 짧고 간단한 상품명의 형태가 점차 복잡하고 다양한 결합 형태의 이름으로 변화되는 양상과 상당수가 영어와 외국어 상표를 갖고 있다는 점을 보여 주었다. 광고가 소비자들의 구매 의

욕을 촉진시켜 매출 증대를 목표로 한다는 점에서 한약재 및 식품 관련 어휘 사용, 의학과 과학의 결합 상품, 자연 및 친환경 강조, 선망의 대상과 동일화와 같은 이미지를 결합하여 광고가 이루어지고 있음을 보여 주고 있다. 같은 연구의 맥락에서 박은하(2016)은 텔레비전 화장품 광고 언어를 분석 대상으로 삼아 전기 1960~1980년대와 후기 2013~2015년 두 기간의 광고를 조사하여 문장 유형, 어휘 사용, 텍스트 구성, 설득의 유형 등 네 가지 측면에서 언어적 특성이 어떻게 차이가 나는지를 조사하였다. 조사 결과, 두 기간에서 모두 평서문이 가장 높게 나타났지만 전기에는 명령문과 해라체가, 후기에는 의문문과 해요체의 비율이 높게 나타났으며, 어휘 영역으로 '피부'가 가장 많이 사용되는데 전기에는 색조와 향기 어휘가, 후기에는 수분과 '안티에이징' 어휘가 많이 나타나는 것을 볼 수 있었다. 텍스트 구성을 보면, 두 기간 모두 자막과 여성 해설자로 구성되어 있으며 설득 유형에서는 설명형이 주로 사용되고 전기에는 실용형이나 CM송이 많이 나타나고 후기에는 더 다양한 복합형이 나타나는 것을 보여 주고 있다.

한혜령(2014)는 국내 TV 광고문을 분석 대상으로 삼아 광고문에 사용되는 많은 영어 표현들 가운데 많은 예들이 음운, 구문, 화용적으로 올바르지 못한 경우들이 있음을 예를 들어 보이면서 이들 표현들이 한국인과 원어민에게 어떻게 받아들여지는지 조사하였다. 조사 결과, 잘못된 영어 표현은 시청자들에게 부정적으로 받아들여지며 어떤 표현들은 의미 전달에 문제가 있고 재미있거나 인상적이지도 않다는 점에서 광고 영어의 사용에 신중함이 요구된다는 것을 보여 주고 있다.

2.7. 인터넷 통신 담화 연구10)

최근에 통신 환경의 변화로 인해 인터넷을 통해 언론 매체에 접근할 수 있고, 여러 언론 기사들에 대해 독자들의 의견을 댓글로 제시할 수 있도록 하고 있으며 개인들 사이에 이메일을 주고받으며, 사회 소통 매체(SNS, social network service)를 통해 서로 의견 교환을 할 수 있다. 이처럼 최근에는 전자 매체를 통해 수없이 많은 인터넷 통신 문어 담화를 생산해 내고 있는데, 이러한 최근의 경향에 따라 한국 사회언어학계에서도 인터넷 통신 언어에 대한 관심을 가져 왔다. 한국 사회언어학계에서는 통신 언어의 사용 양상, 호칭어의 사용, 언어 사용 규범으로부터의 일탈과 새로운 표현의 출현, 윤리적 문제 등을 중심으로 인터넷 통신 담화를 분석해 왔다. 인터넷 통신 언어에 관한 연구에는 안예림·양명희(2018), 이정복(2010가, 2010나), 이정복(2012), 박동근(2012), 이진성(2013), 남신혜(2015), 이정복·판영(2015), 서형요·이정복(2015), 이정복(2016), 강현석·김민지(2017), 강현석·김민지(2018), 김규훈(2019), 심영숙(2019), 김규현·서경희·임시은(2019), 이정복·박은하(2019), 김규훈(2019), 심영숙(2019) 등이 있다. 이들 연구 중에서 몇 가지를 논의해 보도록 한다.

이진성(2013)은 통신 언어의 특징에 대한 전반적인 소개와 영어와 한국어 통신 언어의 차이점을 보여 주고 있다. 안예림·양명희(2018)은 호칭어와 지칭어에 쓰이는 '분'의 사용 양상을 조사 분석하였고, 이정복(2010가)는 물리적 상황 정보가 없는 불특정 개인이나 다수에 대한 호칭이 어떻게 사용되고 있는지에 관한 연구를 수행하였다. 이정복(2010나)는 인터넷 통신 공간에서 유행하는 여성 비하 표현들의 의미와 그 사용 양상을 분석하였으며, 이정복(2012)는 인터넷 통신 언어 사용에 관한 연구로 스마트폰 시대의 통신 언어의 특징과 앞으로의 과제에 대해서 논의하고 있다. 이정복(2016)은 페이스북, 트위터 등 사회적 소통망(SNS)에서 사용되는 네티즌들의 언어 자료 분석을 통해 비의도적으로 사용하는 차별적 표현들의 사용 실태와 문제점을 분석하여 보여 주고 있다. 인터넷 통신 언어에 나타나는 상대방에 대한 호칭과 더불어 존대법 사용의 파괴, 일탈 현상에 관한 연구들로서는 김현주·이근명(2017)과 강현석·김민지(2018)이 있는데, 이들 연구는 존대법의 파괴 현상이나 종결 어미의 변이 양태를 조사하여 일상 대화와는 다른 통신 언어에서의 일탈적인 호칭과 존대법의 사용 양상을 보여 주고 있다. 또한 뉴스 댓글에서 상대방에 대한 욕설이나 비하적 표현들이 나타나는 현상에 관한 연구로 이정복·박은하(2019)가 있으며, 김규현·서경희·임시은(2019)도 인터넷 댓글에 나타나는 욕설을 언어유희라는 관점에서 분석하고 있다. 이처럼 한국 사회언어학계에서는 인터넷 통신이 활성화되면서 새로운 양상으로서 등장한 통신 매체 담화에 대해 여러 연구자가 관심을 갖고 연구를 수행해 왔다. 이러한 인터넷 통신 담화는 전통적 담화 분석과 다른 새로운 접근법을 요구하고 있다고 할 수 있다.

2.8. 기타 담화 연구

위에서 논의된 바와 같은 주제의 연구 이외에도 담화 연구가 수행되었는데, 상호작용 사회언어학 연구, 코퍼스 언어학적 접근 등이 있고 그 외 기타 담화 연구들이 있다. 먼저 상호작용 사회언어학의 관점에서 수행된 연구로, 송경숙(K. S. Song 1994)는 영어와 한국어 대화 자료를 비교 분석하여, 갈등 해소 전략이 어떻게 차이가 나는지를 보여 주고 있다. 즉, 이 연구는 영어와 한국어 대화에서 갈등이 발생했을 때 그 갈등의 해소를 위한 전략에 관한 연구로, 영어 대화자들은 갈등이 생겼을 때, 동의와 반대를 직접적으로 또는 간접적으로 표현하여 갈등 해소를 추구하면서 다양한 전략을 사용하지만, 한국어 대화에서 여성들 간의 갈등 해소는 반대 의사를 간접적으로 표현하여 갈등을 회피하는 방향으로 해소되는 데 비해 남성들 간에는 반대 의사를 직접적으로 표시하여 갈등이 충돌 양상으로 발전되고 해소된다고 주장하고 있다.

류혜경(H. K. Ryoo 2005)는 미국 내에서 한인 소유 가게에서 주인/판매자와 고객 간의 대화를 고프먼의 프레임 전환(frame shift)의 개념에 입각하여 분석하여 대화자는 서로 간의 신분 또는 사회관계에 따라 상황에 맞는 방식으로 동적이며 적극적으로 프레임 전환을 하며 서로 간에 거리를 유지하거나 친밀/협력(rapport) 또는 유대 관계를 형성해 나가는 모습을 보여 주고 있다. 김명희(M. H. Kim 2010)은 15개의 그림을 이야기 순서에 맞도록 배열하는 실험 구어 담화(experimental spoken discourse)를 분석 대상으로 삼아 한국어와 영어에 나타나는 부정 의문문(negative interrogatives)의 형태와 기능에 관한 비교 연구를 수행하였다. 이데(R. Ide 1998)은 영어 대화에서 "세상 돌아가는 이야기" 또는 "잡담"의 성격을 갖는 'small talk'의 분석을 통해, 미국인 화자가 'small talk'에서 어떻게 자기 감각(sense of self)을 상대방에게 제시 또는 연출하는가를 보여 주고 있다. 정우현(W. H. Jung 2009)는 'fighting'을 자연 발화 상황의 구어 담화와 TV 프로그램의 대본을 분석하여 그 의미와 기능을 조사하였다.

김혜숙B(2010)은 로빈 레이코프(R. Lakoff 1975)가 여성들은 남성보다 부가 의문문을 더 많이 사용한다고 주장한 것에 대한 경험적 연구로 영국 영어 코퍼스 ICE-GB를 분석 대상으로 삼아 여성과 남성의 부가 의문문 사용에 대한 조사를 실시하여 여성이 56.9%, 남성이 43.1%의 빈도로 부가 의문문의 사용 빈도가 좀 더 높다는 것을 보여 준 바 있다. 김혜숙B(2014)는 2010년 연구의 연장선상에서 부가 의문문의 기능을 분류하고 부가 의문문의 사용이 사회적 요인, 즉 나이, 교육, 공적 또는 사적 상황에 따라 어떻게 차이가 나는지를 분석하였다. 분석 결과, 정보적 부가 의문문은 사회적 요인에 관계없이 남녀가 공통으로 가장 많이 사용되는 유형이고, 다음으로 촉진적 부가 의문문이 많이 사용되는데, 여성이 남성보다 촉진적 부가 의문문을 좀 더 많이 사용하고, 남성이 정보적 부가 의문문을 좀 더 사용하는 경향을 보인다는 것을 발견했다. 이러한 점에서 김혜숙B(2010)에 나타난 나이, 학력, 공적 및 사적 상황에 따른 성별 부가 의문문의 빈도수 차이가 기능별 부가 의문문과 관련성이 없다는 것을 보여 주었다.

이미진(M. J. Lee 2014)는 TED 강연을 분석하여 학문 담화(academic discourse)에서도 은유 표현이 많이 나타난다는 결과를 토대로 레이코프와 존슨(Lakoff & Johnson 1980)의 은유 이론(metaphor theory)을 적용하여 분석하여 외국어 교육에의 활용에 대해서 논의하고 있다. 자료 분석에 따르면 은유는 인문/예술, 자연 과학, 사회 과학, 기술 분야 등에서 모두 거의 고르게 나타나며 개념을 알기 쉽게 명확하게 전달하기 위해서 은유적 표현이 사용되며 이러한 점에서 외국어 교육에서도 은유 표현의 사용이 유용하게 이용될 수 있음을 보이고 있다.

안준희(2016)은 사회화(socialization)라는 관점에서 유아 교육 기관에서 교사와 어린이들 사이의 담화를 분석하여 교사들이 공손성을 가르치는 데에 사용하는 언어적 특성을 조사, 분석하였다. 이 연구는 유아 교육 기관에서 교사는 공손한 요청 표현, 갈등 유발 발화 억제, 공손 관습 표현과 더불어 부드러운 목소리, 높은 억양, 고음(high pitch) 사용 억제 등과 같은 언어 사용을 유도하거나 모범 제시, 반복과 모방 학습 등의 전략을 통해 습득하도록 한다는 점에서 언어 사회화의 과정의 일면을 보여 주고 있다고 주장하고 있다.

일상의 대화는 구어 발화 행위뿐만 아니라 시선, 표정, 손짓, 몸짓과 같은 비언어적 행위로 이루어진다. 이러한 점에서 신유리(2015)는 "오락성과 정보성 추구"라는 목적을 가진 TV 토크쇼에서 진행자가 고개를 끄덕이거나 상체를 숙이는 동작이 담화 전략으로 어떠한 기능을 수행하는지를 분석하였다. 고개를 끄덕이는 행위는 청자의 호응 반응, 발언 순서 양보 기능, 강조 표지와 같은 기능을 수행하며 상체를 숙이는 행위는 의사소통의 태도를 나타내기, 초점 두기, 발언 순서 양보 기능 등을 수행하며 이러한 기능의 수행은 곧 협력적 상호작용이며 공손 전략이라는 점에서 이해할 수 있다는 점을 보이고 있다.

유경애(K. A. Yu 2016)은 영어 말뭉치 COHA, COCA, GloWbE, BYU-BNC, BNCweb을 분석하여 'would/'d like to'와 'should like to'의 사용 양상을 역사적으로 검토하고 미국 영어와 영국 영어에서 어떻게 차이가 나는지를 조사하였다. 이 연구는 1850년대 이전에는 'should like to'가 훨씬 많이 사용되었으나 20세기, 21세기에는 미국 영어에서는 거의 사용되지 않게 되었으며, 영국 영어에서도 점차 사라지게 되었는데, 그 대신 'would/'d love to'가 점차 많이 사용되게 되었음을 보여 주고 있다.

유경애(K. A. Yu 2017)은 말뭉치 자료 분석과 사전 자료를 이용하여 국어의 '미안하다'와 영어의 'sorry'를 상호 비교하여 이들 표현이 사과 표현으로 어떻게 사용되는지를 분석하였다. 이 연구는 세종 말뭉치에 나타나는 '미안하다'와 미국 영어 말뭉치 자료인 COCA에 나타나는 'sorry'를 비교 분석하여, '미안하다'는 직접, 간접 또는 의례적이거나 또는 본질적 사과 표현으로 사용되는 데에 비해 'sorry'는 간접적이고 의례적인 경우에 사용된다고 주장하고 있다. 또한 '미안하다'는 진정한 사과, 유사 사과, 감사, 요청 개시어, 대화 종료 표시, 타인의 영역 침해 등의 다양한 기능을 수행한다는 점에서 영어와 차이가 있음을 보이고, 사과 표현에 있어서 문화적 차이에 대한 민족지학적 설명도 필요함을 논의하고 있다.

이정열(J. Y. Lee 2014)는 강화사 'absolutely'와 'utterly'를, 이정열(J. Y. Lee 2015)는 강화사 'totally'와 'completely'의 담화적 기능에 관한 연구를 수행하였다. 이정열(J. Y. Lee 2014)는 BNC와 그 외 담화 자료를 분석하여 코퍼스 언어학적 방법을 사용하여 강화사 'absolutely'와 'utterly'가 수식적으로 사용되는 경우와 독립적으로 사용되는 경우를 분석하여 이들의 사용 양상을 조사하였다. 자료 조사 결과, 'absolutely'는 긍정적 의미의 어휘들과 공기 관계를 형성하며 독립적으로 사용될 때도 긍정적 응대에 사용되고 발언 순서 시작 지점에 나타나며 동의, 유대감, 종결 전단계의 신호 등과 같은 기능을 수행한다는 것을 보여 주었다. 이에 반해 'utterly'는 독립적으로 사용되는 경우가 없으며 부정적인 어휘와 비호의적인 태도를 보이는 경우에 사용된다는 것을 보여 주고 있다. 이정열(J. Y. Lee 2015)는 통사적, 의미적으로 유사한 강화사 'totally'와 'completely'를 말뭉치 분석을 통해 어떻게 서로 다른지를 보여 주고 있다. 자료 분석에 따르면 'totally'는 긍정적인 의미를 갖는 어휘들과 공기 관계를 형성하는 데에 비해, 'completely'는 주로 부정적 의미를 갖는 어휘들과 공기 관계를 갖는 경우가 많다는 것을 보여 주고 있다. 이정열(J. Y. Lee 2015)는 'totally'가 독립적으로 사용될 때는 발언의 첫 부분에 나타나며 동의의 뜻으로 사용되어 동의, 감사, 유대감 등을 표현하는 기능을 수행하는 데에 비해, 'completely'는 독립적으로 사용되는 경우는 거의 나타나지 않는다는 것을 알 수 있다는 점에서 비록 유사한 의미를 갖지만 실제 사용에 있어서는 비대칭성을 보인다고 주장하고 있다. 이러한 연구를 바탕으로, 이정열(2016)은 학위 논문에서 코퍼스 분석을 통해 미국 구어체 영어에서 강화사

'absolutely', 'totally', 'completely', 'utterly'의 공기 관계를 분석하여 어떤 의미와 기능을 수행하는지를 보여 주고 있다. 이 연구는 'absolutely'는 긍정, 부정, 중립적인 연어 유형 관계에서 모두 나타나지만, 'totally'는 긍정적이고 호의적인 어휘들과 강한 연어 유형 관계를 형성하며, 'completely'는 비호의적이고 부정적인 함축을 나타내는 어휘들과 나타나는 경향이 강하며 'utterly'는 부정적이고 비호의적인 어휘들과 주로 나타난다는 것을 보여 주었다.

방민희(M. H. Bang 2015)는 언론 담화 자료를 분석하여 최근 변화하는 한국 사회의 일면을 보여 주는 차용어로 '싱글맘'(single mom)이 어떠한 의미로 어떻게 사용되는지를 코퍼스 언어학적 접근을 통해 보여 주고 있다. 언론 담화에서 '싱글맘'은 편모(偏母)와 다른 의미로 이혼 여성 또는 미혼모를 가리키는 의미로 사용되는 경우가 많으며 '이혼녀'와 '미혼모'와는 차이가 있어서 긍정적 의미와 부정적 의미가 혼재된 양상을 보인다고 주장하고 있다.

방민희(M. H. Bang 2016)은 언론 담화 자료를 분석 대상으로 삼아 코퍼스 언어학적 방법으로 '엄마'와 '어머니'의 공기 관계를 분석하여 이들 어휘가 어떠한 표상을 갖는지를 조사하였다. 조사 결과, 한국어 자료에서는 '엄마'는 '아이'와 같이 나타나는 경우가 10.44%에 이르는 데에 비해 영어 말뭉치 자료인 COCA에서는 1.38%의 빈도를 보이며, 많은 공기 관계의 예들은 신체 부분 명칭과 같이 사용되어 엄마와 아이 사이의 물리적 가까움과 더불어 감정적 유대 관계를 나타내며, 자녀 양육자로서의 엄마상이 부각되며 엄마가 없음으로 상실감, 고통이 수반된다는 점에서 엄마의 역할과 책임이 부각되어 나타난다는 것을 보여 주고 있다.

최윤지(2018)은 텔레비전 뉴스 담화에 나타나는 합쇼체와 해요체 종결 어미를 말뭉치 계량적 분석의 방법을 사용하여 그 빈도를 조사하고 이들 두 종결 어미가 어떠한 사회적 요인에 의해 선택되는지를 분석하여 보여 주고 있다. 최윤지는 본인이 구축한 말뭉치를 분석하여 조사한 결과, 합쇼체가 78.9%, 해요체가 7.7%, 기타 13.4%의 분포를 가지며, 해요체는 '-은데요', '-지요', '-고요', '-을까요', '-어요', '-거든요', '-군요' 등과 같은 순서로 출현 빈도를 보여 주고 있다. 이 연구는 이러한 종결 어미의 분포를 화자의 성별, 역할(앵커와 기자), 기사의 종류라는 변인들과 상관관계를 조사하여, 여성 화자가 남성 화자보다, 앵커가 기자보다, 구체적 청자 대상 기사가 추상적 청자 대상 기사보다 해요체를 일관되게 더 많이 사용한다는 것을 보여 주고 있다.

3. 요약과 앞으로의 과제

이 장에서는 '언어와 사회'라는 대주제와 관련하여, 사회언어학에서 주로 담화를 분석 대상으로 삼아, 언어/담화, 사회, 문화, 사회 행위의 관계에 대해 논의하고 있는 여러 가지 접근법을 소개하고, 한국 사회언어학계에서 수행된 연구들의 주제와 성과에 관해서 기술하였다.

이 장에서는 우선 서구 사회언어학계에서 수행된 담화 분석에 대한 간략한 소개로 언어와 사회의 관계에 관한 관심이 20세기 초반에 인류학부터 시작되어 1970년대에 본격적으로 논의가 이루어져 사회언어학이 독자적 학문 분야로 정립됨에 따라 담화를 분석하여 언어와 사회의 관계를 밝히고자 하는 방향으로 발전하였음을 보여 주었다. 서론에서 보여준 바와 같이, 서구 언어학계, 특히 미국 언어학계에서 담화 분석은 1980년대에 들어 본격적으로 시작되었는데, 연구자들에 따라 담화에 대한 정의, 담화 분석의 연구 방법, 연구 대상, 연구 목적에 있어 차이가 있으며, 담화에 대한 여러 접근법이 있다는 점을 논의하였다. 서구 사회언어학계에서의 담화 분석은 변이 분석, 상호작용 사회언어학, 의사소통의 민족지학, 대화 분석, 그리고 비판적 담화 분석 등과 같은 분야에서 주로 논의되어왔다.

그 다음으로 이 장에서는 서구 사회언어학의 담화에 대한 여러 접근법에 기반을 두고, 한국 사회언어학계에서 수행되어 온 담화 분석 연구 성과들을 다음과 같이 분류하여 논의하였다: (i) 기능주의적 담화 분석과 담화 표지에 관한 연구, (ii) 대화 분석과 상호작용 언어학적 연구, (iii) 언론 담화와 비판적 담화 분석 연구, (iv) 연설, 광고 텍스트 분석, (v) 컴퓨터 통신 언어 연구, (vi) 상호작용 사회언어학적 연구, 코퍼스 언어학적 연구, 기타 연구. 이러한 연구 주제들을 볼 때, 한국 사회언어학에서의 담화 연구는 서구 사회언어학계에서의 연구 주제와 성과를 받아들이면서도 다양하고 폭넓은 연구 주제와 성과를 보여 준다고 할 수 있다. 또 한편으로는 특정 주제에 많은 연구가 수행된 반면 서구 언어학계에서 많이 논의된 주제들은 상대적으로 다루지 않은 점도 있다고 할 수 있고, 일부 연구들은 사회언어학의 관점에서 수행된 연구인가에 대해 의문을 제기할 수도 있다.

한국 사회언어학계에서 수행된 연구들을 일별해 보면 담화 표지에 관해 많은 연구가 수행되어 '뭐', '인제', '왜냐면', '응', '예' 등에 관한 연구가 있고 일부 'actually', 'I mean', 'I don't know' 등과 같은 영어 담화 표지들, 그 외에 다른 언어에 나타나는 담화 표지에 관한 연구가 있었음을 볼 수 있었다. 다음으로 대화 분석이 사회언어학에 도입됨에 따라, 한국학계에서는 대화 자료를 대상으로 삼은 연구들이 비교적 많이 수행되어 발언 순서 구조를 비롯한 수정, 인접쌍 등 대화 분석의 주제들뿐만 아니라 그 외에도 국어와 영어 등의 대화를 분석하여 상호작용적 관점의 연구들이 나오게 되었다. 2000년대 들어서는 언론 담화를 분석 대상으로 하여 비판적 담화 분석의 관점에서 이념과 권력의 행사가 어떻게 언론의 기사나 사설에 나타나는가를 분석하는 연구들이 많이 수행되었음을 볼 수 있었다. 그리고 연설문이나 광고 텍스트에 대한 분석도 다수 이루어졌음을 알 수 있었다. 그리고 최근에 인터넷, 휴대전화, 온라인 사회 연결망의 확대와 관련, 통신 언어에 관해 많은 연구자가 통신 언어의 특징, 사용 양상, 일탈 양상과 규범적 접근의 필요성 등의 주제를 다루는 연구들을 수행했음을 볼 수 있었다. 그 외에도 기능주의적 접근, 상호작용 사회언어학적 접근, 제도 말, 교육 담화 등 여러 분야에서 연구들이 수행되었음을 알 수 있다.

위에서 본 바와 같이 한국 사회언어학계에서는 그동안 여러 분야에서 많은 담화 분석적 연구가 있었는데, 무엇보다 일상생활에서의 언어 사용에서 나타나는 사회 행위와 문법 사이의 관계를 추구하는 더 많은 연구가 수행되기를 기대한다. 이를 위해서 자료 수집과 분석 방법을 좀 더 엄밀하게 하고 사회적 요인에 초점을 맞추어 사회언어학적 관점의 담화 분석이 요구된다. 지금까지의 많은 연구는 언어 사용에 대한 사회적 요인의 역할에 대해서 깊이 있는 분석이 이루어지지 않았다는 점에서 사회언어학적 접근보다는 다른 분야의 이론을 적용하는 방식의 연구가 많이 수행되었다. 앞으로 제4차 산업 사회로 진입하여 사회의 변화 속도가 빠르게 변화함에 따라 급변하고 있는 디지털 시대의 한국 사회에서 언어의 사용과 관련된 사회적 요인의 역할에 대해 좀 더 주목해 볼 필요가 있다. 비대면 상대에 대한 호칭이나 존대법의 사용 파괴 현상, 비속어, 비방 표현 등의 증가, 신조어와 줄임말 표현의 과다한 사용 등으로 인해 언어 사용의 다양한 양상과 언어 정책 등에 대한 재고가 필요하게 되었다. 그리고 디지털 시대에 삶의 여러 현장에서 생산되는 다양한 담화를 분석하여 연구 대상을 넓힐 필요가 있다. 그리고 교육 현장에서 발생하는 담화에 대한 논의도 필요하고 이념에 따라 좌우 대립의 격화와 언어 사용의 변화, 언론 담화와 이념 성향에 따른 언어 사용과 담화 생산의 차이 등에 관한 연구도 좀 더 활발하게 진행할 필요가 있다고 하겠다.

이 장에서 보여 준 바와 같이 1990년대 이후 한국 사회언어학계에서는 많은 담화 분석적 연구가 수행되었는데, 이러한 연구 성과들을 바탕으로 하여 앞으로도 담화 분석, 대화 분석, 비판적 담화 분석에 근거한 언어 연구가 활발하게 진행되어야 한다는 점을 시사하고 있다. 사회언어학에서의 담화 분석은 구어 담화와 문어 담화, 특히 대화 자료를 분석 대상으로 삼아 대화상에 나타나는 대화 참여자의 상호작용과 사회 행위에 대한 탐구를 비롯하여, 언어/담화, 사회, 문화 사이의 관계 규명이라는 큰 테두리 안에서 빠르게 변화하고 있는 한국 사회에 나타나는 다양한 사회 현상과 언어 사용에 관해 더 많은 주제를 다루어 많은 연구 성과를 거둘 수 있으리라 기대한다.

주석

1) 예를 들어 자워스키와 쿠프랜드(Jaworski & Coupland 1999)는 담화에 대한 여러 접근법에 대해 논의하면서 대표적으로 화용/화행론(pragmatics/speech act theory)적 접근, 상호작용 사회언어학(interactional sociolinguistics)적 접근, 의사소통의 민족지학(ethnography of communication)적 접근, 화용론(pragmatics)적 접근, 변이 분석(variation analysis)적 접근, 그리고 대화 분석적 접근의 여섯 가지를 들고 있다. 자워스키와 쿠프랜드(Jaworski & Coupland 1999)는 담화 분석과 관련된 분야 또는 담화 분석 이론으로 (i) 화행 이론과 화용론(speech act theory and pragmatics), (ii) 대화 분석(conversation analysis), (iii) 담화적 심리학 (discursive psychology), (iv) 구어의 민족지학(ethnography of speaking), (v) 상호작용 사회 언어학(interactional sociolinguistics), (vi) 내러티브 분석(narrative analysis), 그리고 (vii) 비판적 담화 분석(critical discourse analysis)을 들고 있다.

2) 'ethnography'는 민족지학(民族誌學)으로 번역, 사용되어 왔는데, 일본과 중국에서는 '민족지'(民族誌)라고 쓰인다. 학문 분야에 따라 문화 기술지(文化記述誌), 민속지학(民俗誌學), 종족지학, 민속 기술지, 문화 기술지, 기술 민족학 등으로 번역되어 사용된다. 이는 과거에 그리스어 'ἔθνος' (ethnos)가 '사람', '인종', '종족', '민족'이라는 뜻에 따른 번역이라고 하겠으나 최근에는 연구 대상이 문화, 단체, 집단, 가족 등으로 관심의 영역이 변화하기 때문에 김해연(2016가)는 사회문화 연관 이론이라는 번역어를 제시하기도 하였다. (참조, 위키피디아의 '민족지' https://ko. wikipedia.org/wiki/%EB%AF%BC%EC%A1%B1%EC%A7%80.)

3) 하임스는 발언 사건이 일어나는 데에 관여하는 의사소통의 구성 요소(components)를 SPEAKING이라는 단어에 맞추어 다음과 같이 요약적으로 보여 주고 있다: (i) S: setting, scene, (ii) P: participant, (iii) E: ends, (iv) A: act sequence, (v) K: key, (vi) I: instrumentalities, (vii) N: norms of interaction and interpretation, (viii) G: genre.

4) 라보브는 면담 수집 구어 내러티브가 (i) abstract, (ii) orientation, (iii) complicating action, (iv) evaluation, (v) result or evaluation의 구조로 구성되어 있다는 것을 보여 주었는데, 이는 'Were you ever in a situation where you were in a serious danger of being killed?'(Labov 1972: 363)와 같은 특수한 질문에 대한 구술 내러티브라는 면에서 내러티브 전반에 적용, 일반화 하기에는 문제가 있다고 하겠다.

5) 대화 분석의 이론과 방법론, 참고문헌, 그리고 한국 언어학계에서의 대화 분석 분야의 연구 성과에 대한 자세한 논의는 김규현(2016)과 이 책의 6장인 김규현·서경희의 〈대화 분석〉 참조.

6) 비판적 담화 분석에 대한 전반적인 소개는 김해연(2016나) 참조.

7) 여러 선행 연구에서 'actually'는 다음과 같은 담화 기능을 수행한다고 알려져 있다: (i) informative marker, (ii) contradiction marker, (iii) correction marker, (iv) topic-shift marker, (v) clause-intensifying marker, (vi) face-saving strategy marke,r (vii) disagreement-prefacing marker.

8) 박광규(2016)은 싱가포르인이 사용하는 담화 표지('hor', 'meh', 'lah')는 중국어('哈[ha]', '嗎 [ma]', '了[le]')에서 온 것이라고 밝히고 있다.

9) 이 항에서는 대화 분석의 연구 방법론을 도입하여 '대화, 사회 행위, 문법' 사이의 관계를 탐구하고자 하는 상호작용 언어학적 관점에서 수행된 연구를 중심으로 논의한다. 대화 분석적 관점에서 수행된 연구는 이 책 6장 김규현·서경희의 〈대화 분석〉 참조.

10) 인터넷 통신 담화도 넓은 의미로 담화 분석의 한 분야로 또는 따로 매체 언어 연구 영역으로 다룰 수 있다. 이 장에서는 담화 분석의 한 분야로서의 매체 담화를 간략히 소개하고 매체 언어 분야에서 수행된 연구들에 관한 자세한 논의는 이 책 7장 박동근의 〈매체 언어〉를 참조하기 바란다.

참고문헌

강현석(2009), 〈국어 담화 표지 '예'와 '네'의 사용에 나타나는 변이에 대한 연구〉, ≪사회언어학≫ 17(2), 57~86, 한국사회언어학회.

강현석·김민지(2017), 〈인스턴트 메신저 카카오톡의 대화 자료에 나타난 '예'와 '네'의 변이 양상〉, ≪사회언어학≫ 25(3), 1~27), 한국사회언어학회.

강현석·김민지(2018), 〈카카오톡 대화에서의 경어체 종결어미의 변이 양태에 대한 다중변인분석 연구〉, 26(1), 1~30, 한국사회언어학회.

권우진(2002), 〈신문 표제어에 대한 사회언어학적 연구〉, ≪사회언어학≫ 10(2), 25~58, 한국사회언어학회.

김가현·신동일(2016), 〈글로벌 인재와 영어능력에 관한 비판적 담론분석〉, ≪사회언어학≫ 24(3), 249~280, 한국사회언어학회.

김경숙(2003), 〈화제의 변화에 따른 신문 텍스트의 가변성〉, ≪사회언어학≫ 11(2), 61~88, 한국사회언어학회.

김규현(2016), 〈대화분석〉, 김해연 엮음, ≪담화분석≫, 175~239, 종합출판.

김규현·서경희·임시은(2019), 〈인터넷 뉴스 댓글에서의 욕설의 분석: 사이버 공동체의 언어게임으로서의 언어유희〉, ≪사회언어학≫ 27(3), 63~96, 한국사회언어학회.

김규훈(2019), 〈욕설 댓글의 틀(frame) 분석을 통한 댓글 사용자의 의도성 범주화: 환경(environment) 분야 기사를 대상으로〉, ≪사회언어학≫ 27(1), 1~24, 한국사회언어학회.

김병건(2016), 〈신문의 사설·칼럼에 나타난 '진보'에 대한 비판적 담화 분석〉, ≪사회언어학≫ 24(1), 65~90, 한국사회언어학회.

김새롬(2018), 〈대립적 담화표지 I don't know〉, ≪사회언어학≫ 26(1), 83~109, 한국사회언어학회.

김슬옹(2005), 〈언어 분석 방법론으로서의 담론학 구성 시론〉, ≪사회언어학≫ 13(2), 43~68, 한국사회언어학회.

김용진(1999), 〈한국과 미국의 신문사설 텍스트 비교: '근거성' 표현을 중심으로〉, ≪사회언어학≫ 7(1), 119~150, 한국사회언어학회.

김용진(2003), 〈신문 사설 제목의 사회언어학적 분석〉, ≪사회언어학≫ 11(1),

31~54, 한국사회언어학회.

김은주(2001), 〈한국 대학 홍보 광고 텍스트의 사회언어학적 특성에 관한 연구〉, ≪사회언어학≫ 9(1), 23~40, 한국사회언어학회.

김은혜(2016), 〈한국어 선어말 어미 '-시-'의 사물 존대 기능: 백화점, 대형마트, 재래시장 판매원의 발화를 중심으로〉, ≪사회언어학≫ 24(1), 91~113, 한국사회언어학회.

김정우(2004), 〈라디오 광고 언어 사용의 변천 양상〉, ≪사회언어학≫ 12(2), 75~104, 한국사회언어학회.

김정우(2006), 〈통신 이름에 나타난 정체성 표현의 양상〉, ≪사회언어학≫ 14(1), 1~24, 한국사회언어학회.

김정우(2009), 〈인터넷 커뮤니티에서 사용되는 말에 대한 연구〉, ≪사회언어학≫ 17(1), 109~134, 한국사회언어학회.

김정은(2004), 〈광고언어에 나타난 현대인의 의식 문화〉, ≪사회언어학≫ 12(1), 37~64, 한국사회언어학회.

김해연(2004), 〈사회언어학에서의 담화연구〉, ≪사회언어학≫ 12(2), 105~130, 한국사회언어학회.

김해연(2010), 〈한국 사회언어학 연구 개관〉, ≪사회언어학≫ 18(2), 287~347, 한국사회언어학회.

김해연(2016가), 〈서론: 담화와 담화분석〉, 김해연 엮음, ≪담화분석≫, 1~35. 종합출판.

김해연(2016나), 〈비판적 담화분석〉, 김해연 엮음, ≪담화분석≫, 311~334. 종합출판.

김해연(2020), 〈한국 사회언어학에서의 담화분석 연구〉, ≪사회언어학≫ 28(4), 1~28, 한국사회언어학회.

김해연(진행 중), ≪국어담화분석연구≫.

김현강((2012), 〈고개 끄덕임의 대화 내 상호작용 연구〉, ≪사회언어학≫ 20(1), 1~26, 한국사회언어학회.

김현강(2014), 〈내러티브 텍스트이자 정치담화로서의 정치광고 분석〉, ≪사회언어학≫ 22(1), 61~85, 한국사회언어학회.

김혜숙A(1999), 〈광고의 언어 표현 행위에 나타난 사회언어학적 특성〉, ≪사회언어학≫ 7(2), 261~286, 한국사회언어학회.

김혜숙A(2006), 〈총장 연설 화법의 텍스트 담화적 전략〉, ≪사회언어학≫ 14(2), 117~146, 한국사회언어학회.

김혜숙B(2010), 〈사회적 변인간 상호작용에 따른 영어 부가의문문 사용에 관한 연구〉, 《사회언어학》 18(1), 31~52, 한국사회언어학회.

김혜숙B(2014), 〈성별에 따른 기능별 영어 부가의문문 사용에 대한 코퍼스 기반 연구〉, 《사회언어학》 22(3), 1~23, 한국사회언어학회.

박광규(2016), 〈싱가포르인의 담화 표지 연구: 'hor, mah, lah'의 사회적 변수를 중심으로〉, 《사회언어학》 24(1), 115~147, 한국사회언어학회.

남미혜(2004), 〈광고의 한자 사용 유형과 통보적 특성〉, 《사회언어학》 12(2), 157~180, 한국사회언어학회.

남신혜(2015), 〈SNS 텍스트에 나타난 코드스위칭의 담화 기능〉, 《사회언어학》 23(1), 31~53, 한국사회언어학회.

박동근(2012), 〈[X-남], [X-녀]류 통신언어의 어휘 형성과 사회적 가치 해석〉, 《사회언어학》 20(1), 27~56, 한국사회언어학회.

김현주·이근명(2017), 〈온라인 수평적 대화 형태가 대화 참여에 미치는 영향〉, 《사회언어학》 25(3), 65~91, 한국사회언어학회.

박수현·신동일(2017), 〈중도입국자녀의 언어능력에 대한 비판적 담론분석〉, 《사회언어학》 25(3), 93~138, 한국사회언어학회.

박용한(2002), 〈TV 생방송 토론 대화에서의 대화 전략 연구: 대화 구조 지배 전략을 중심으로〉, 《사회언어학》 10(1), 169~196, 한국사회언어학회.

박용한(2016), 〈군대 언어의 제도적 특성 연구〉, 《사회언어학》 24(3), 125~155, 한국사회언어학회.

박은하(2013), 〈여성화장품 상품명에 대한 사회언어학적 연구〉, 《사회언어학》 21(3), 113~134, 한국사회언어학회.

박은하(2016), 〈텔레비전 화장품 광고에 표현된 언어 사용의 변천: 1980년대 이전의 광고와 2013년 이후의 광고를 중심으로〉, 《사회언어학》 24(1), 149~174, 한국사회언어학회.

서경희·김규현(1995), 〈'겠' 구문의 대화 분석〉, 《사회언어학》 3(1), 35~54, 한국사회언어학회.

서형요·이정복(2015), 〈한중 인터넷 통신 별명의 비교 분석〉, 《사회언어학》 23(3), 201~234, 한국사회언어학회.

신유리(2015), 〈담화 전략으로서의 '고개 끄덕임'과 '상체 숙이기'〉, 《사회언어학》 23(1), 115~143, 한국사회언어학회.

심영숙(2019), 〈온라인 기사 댓글을 통해 살펴본 유아 영어교육 인식〉, 《사회언어학》 27(1), 89~121, 한국사회언어학회.

안예림·양명희(2018), 〈사람 존칭 '분'의 사용 확대 연구: 트위터(Twitter)를 대상으로〉, 《사회언어학》 26(1), 229~250, 한국사회언어학회.

안정근(1995), 〈광고에 나타나는 Red Flag 표현〉, 《사회언어학》 3(2), 101~122, 한국사회언어학회.

안정근(1997), 〈시장에서 행해지는 가격 흥정의 담화분석〉, 《사회언어학》 5(2), 301~342, 한국사회언어학회.

안준희(2016), 〈한국어 공손성의 언어사회화 관습 연구〉, 《사회언어학》 24(1), 175~211, 한국사회언어학회.

윤재연(2013), 〈서사 텍스트로서의 스토리 광고, 그 개념과 유형〉, 《사회언어학》 21(1), 153~183, 한국사회언어학회.

이영희(2008), 〈뉴욕타임스 인용보도 방식의 변천: 전달동사를 중심으로〉, 《사회언어학》 16(1), 212~240, 한국사회언어학회.

이영희(2013), 〈한국과 미국 신문의 인용보도 방식 비교〉, 《사회언어학》 21(1), 185~214, 한국사회언어학회.

이원표(1994), 〈상호교류에서 문법화로: 수사적 표현 "왜냐면-" 구문의 경우를 중심으로〉, 《사회언어학》 2, 21~54, 한국사회언어학회.

이원표(1998), 〈한보청문회에서의 질문 분석: 제도 상황과 화자의 태도 표현〉, 《사회언어학》 6(1), 1~52, 한국사회언어학회.

이원표(2005), 〈신문 사설에서의 이념표현에 대한 언어학적 분석: '국가보안법' 폐지에 대한 논쟁의 경우〉, 《사회언어학》 13(1), 191~228, 한국사회언어학회.

이정복(2010가), 〈인터넷 사이트 방문자에 대한 호칭 실태 분석〉, 《사회언어학》 18(1), 1~29, 한국사회언어학회.

이정복(2010나), 〈인터넷 통신 공간의 여성 비하적 지시 표현〉, 《사회언어학》 18(2), 215~247, 한국사회언어학회.

이정복(2012), 〈스마트폰 시대의 통신 언어 특징과 연구 과제〉, 《사회언어학》 20(1), 177~211, 한국사회언어학회.

이정복(2016), 〈누리꾼들의 비의도적 차별 언어 사용 연구〉, 《사회언어학》 24(3), 345~377, 한국사회언어학회.

이정복·박은하(2019), 〈네이버 뉴스 댓글의 욕설에 대한 사회언어학적 연구〉, 《사회언어학》 27(1), 153~178, 한국사회언어학회.

이정복·판영(2015), 〈한국어와 중국어의 인터넷 의성의태어 비교〉, 《사회언어학》 23(1), 145~175, 한국사회언어학회.

이정열(2016), 〈미국 구어체 영어에서 강화사 Absolutely, Totally, Completely, 그리고 Utterly: 말뭉치를 기반으로 한 분석〉, ≪사회언어학≫ 24(1), 338~342, 한국사회언어학회.

이지원(2014), 〈중국어 직접화법(direct reported speech)에서 나타나는 화자 고개 움직임의 상호작용적인 사용〉, ≪사회언어학≫ 22(1), 181~201, 한국사회언어학회.

이지원(2015), 〈일상 대화에서 일인칭 복수 대명사 '我們(women)'과 '咱們(zanmen)'의 상호작용적인 기능〉, ≪사회언어학≫ 23(3), 235~262, 한국사회언어학회.

이지원(2017), 〈중국어 대화에 나타난 '(我)不知道'의 사용 양상 및 담화-화용적 기능〉, ≪사회언어학≫ 25(1), 167~192, 한국사회언어학회.

이진성(2013), 〈영어 통신언어의 표기 특성과 한국어 통신언어와의 의사소통 전략의 차이〉, ≪사회언어학≫ 21(3), 221~247, 한국사회언어학회.

임규홍(2003), 〈한국 신문의 외래어 지면 이름에 대한 언어학적 분석: 주요 일간지를 중심으로〉, ≪사회언어학≫ 11(1), 193~214, 한국사회언어학회.

임선희·김선회(2014), 〈세종 코퍼스 분석을 통한 우리말 "예/네"의 담화 표지 기능 연구〉, ≪사회언어학≫ 22(1), 203~223, 한국사회언어학회.

전정미(2012), 〈광고 텍스트에 나타난 공손 전략 연구〉, ≪사회언어학≫ 20(2), 401~423, 한국사회언어학회.

정여훈(2006), 〈신문 제목의 유형 및 그 실현 양상〉, ≪사회언어학≫ 14(1), 85~114, 한국사회언어학회.

진제희(2006), 〈기능단계별로 나타난 의료면담의 제도 대화적 특징 연구〉, ≪사회언어학≫ 14(1), 137~164, 한국사회언어학회.

채완(2007), 〈1950년대 광고 카피에 나타난 국어의 양상〉, ≪사회언어학≫ 15(2), 163~186, 한국사회언어학회.

최윤지(2018), 〈텔레비전 뉴스의 합쇼체와 해요체 사용에 관련된 언어 외적 변인 고찰: 말뭉치의 계량적 분석을 바탕으로〉, ≪사회언어학≫ 26(4), 179~210, 한국사회언어학회.

최형강(2007), 〈신문의 어휘와 문자 사용 양상〉, ≪사회언어학≫ 15(2), 187~214, 한국사회언어학회.

한혜령(2014), 〈국내 TV 광고카피 속 영어의 탈규범 현상〉, ≪사회언어학≫ 22(3), 201~226, 한국사회언어학회.

Baik, J. H. (1995). Power and ideology in the language of education: English textbooks of two Koreas. *The Sociolinguistic Journal of Korea* 3(1), 111~140.

Baik, J. H. (1997). Language as a scaffold for ideology and power: A theoretical approach in critical sociolinguistics. *The Sociolinguistic Journal of Korea* 5(2), 125~172.

Baik, J. H. & Shim, J. Y. (1996). Language rights and civil rights: Perceptions of dialects in Korea. *The Sociolinguistic Journal of Korea* 4(1), 123~144.

Bang, M. H. (2015). A corpus study of the introduction and use of '싱글맘 (singeulmam)' in the South Korean media. *The Sociolinguistic Journal of Korea* 23(1), 85~114.

Bang, M. H. (2016). A corpus analysis of representation of mothers in the South Korean press. *The Sociolinguistic Journal of Korea* 24(3), 157~189.

Bang, M. H. & Shin, S. I. (2010). Using corpus linguistics in the study of media language: A case study of the use of democracy as binominals in the US and South Korean newspaper corpora. *The Sociolinguistic Journal of Korea* 18(1), 77~104.

Bang, M. H. & Shin, S. I. (2012). A corpus-based study of green discourse in the South Korean press in comparison with the US press. *The Sociolinguistic Journal of Korea* 20(1), 79~110.

Brown, G. & Yule, G. (1983). *Discourse Analysis*. Cambridge: Cambridge University Press.

Castells, M. (2004). *The Power of Identity*. Oxford: Blackwell Publishing.

Chang, S. M. (2017). The study of repetition in an English immersion camp classroom. *The Sociolinguistic Journal of Korea* 25(1), 193~212.

Eggins, S. & Slade, D. (1997). *Analyzing Casual Conversation*. London: Cassell.

Fairclough, N. (1989). *Language and Power*. London: Longman.

Fairclough, N. (1995a). *Critical Discourse Analysis: the Critical Study of Language*. London: Longman.

Fairclough, N. (1995b). *Media Discourse*. London: Edward Arnold. [이원표 옮김(2004), ≪대중매체 담화분석≫, 한국문화사.

Fowler, R. (1981). *Literature as Social Discourse: the Practice of Linguistic Criticism*. London: Batsford Academic.

Goffman, E. (1967). *Interactional Ritual: Essays on Face-to-face Behaviour*. New York: Doubleday Anchor Books.

Goffman, E. (1974). *Frame Analysis: An Essay on the Organization of Experience*. New York: Harper and Row.

Goffman, E. (1981). *Forms of Talk*. Philadelphia: University of Pennsylvania.

Gumperz, J. (1982a). *Discourse Strategies*. Cambridge: Cambridge University Press.

Gumperz, J. (ed.). (1982b). *Language and Social Identity*. Cambridge: Cambridge University Press.

Harris, Z. (1952). Discourse analysis. *Language* 28, 1~30.

Hart, W., Suh, K. H., & Oh, Y. L. (2017). OK in emergency dispatch encounters. *The Sociolinguistic Journal of Korea* 25(2), 1~28.

Hymes, D. (1962). The ethnography of speaking. *Anthropology and Human Behavior*. Washington, DC: Anthropological Society of Washington.

Hymes, D. (1972). Models of the interaction of language and social life. In J. Gumperz & D. Hymes (eds.), *Directions in Sociolinguistics: the Ethnography of Communication*, 35~71. New York: Holt, Rinehart & Winston.

Hymes, D. (1974a). The ethnography of speaking. In B. Blount (ed.), *Language, Culture, and Society*, 189~223. Cambridge, MA: Winthrop.

Hymes, D. (1974b). *Foundations in Sociolingustics: An Ethnographic Approach*. Philadelphia: University of Pennsylvania Press.

Jaworski, A. & Coupland, N. (eds.) (1999). *The Dicourse Reader*. London and New York: Routledge.

Johnstone, B. (2002). *Discourse Analysis*. Oxford: Blackwell.

Ide, R. (1998). Small talk and the presentation of 'self' in American public discourse. *The Sociolinguistic Journal of Korea* 6(1), 31~50.

Jung, W. H. (2009). The functions of the English utterance of *Fighting!* in

Korean discourse. *The Sociolinguistic Journal of Korea* 17(2), 199~226.

Kang, M. J. (2018). Functions of *I mean* in American talk shows. *The Sociolinguistic Journal of Korea* 26(2), 63~84.

Kim, C. K. (2008). Modalization as a strategy for constructing writer-reader interaction in text: A corpus-based cross-cultural text analysis of English and Korean newspaper science popularizations. *The Sociolinguistic Journal of Korea* 16(1), 49~78.

Kim, H. Y. (2002). Co-construction as an interactional achievement in Korean conversation. *The Sociolinguistic Journal of Korea* 10(2), 181~212.

Kim, H. Y. (2004). Backchannels as achievements of social interaction in Korean conversation. *The Sociolinguistic Journal of Korea* 12(1), 65~94.

Kim, H. Y. (2005). An overview of studies of conversation in Korean linguistics. *The Sociolinguistic Journal of Korea* 13(2), 89~126.

Kim, H. Y. (2009). Types and functions of candidate answers in English conversation. *The Sociolinguistic Journal of Korea* 17(1), 185~209.

Kim, J. Y. (2008). Nonnative speakers' uses of "yeah" and "kin'of" as corrective actions. *The Sociolinguistic Journal of Korea* 16(1), 25~48.

Kim, K. H. (2004). A conversational analysis of Korean sentence-ending modal suffixes *-ney, -kwun(a)*, and *-ta*: Noticing as a social action. *The Sociolinguistic Journal of Korea* 12(1), 1~36.

Kim, K. H. (2010). The sentence-ending Suffix *-ketun* in spoken Korean discourse: Sequential organization of informing as account-giving. *The Sociolinguistic Journal of Korea* 18(1), 217~248.

Kim, K. H. (2016). The topic marker *-nun* as an interactional resource: Domain-shifting as stance-managing practice. *The Sociolinguistic Journal of Korea* 24(3), 65~94.

Kim, K. H. (2017). Topic marker *-nun* as an exploratory device: Shifting domains for stance management in pursuit of intersubjectivity. *The Sociolinguistic Journal of Korea* 25(2), 29~72.

Kim, K. H. & Suh, K. H. (2010). The use of *incey* in conversation. *The Sociolinguistic Journal of Korea* 18(2), 103~134.

Kim, K. H. & Suh, K. H. (2018). Formulation sequence in Korean TV talk shows: Pre-sequence as consensual grounds for managing category work. *The Sociolinguistic Journal of Korea* 26(2), 85~117.

Kim, M. H. (2010). Interactional functions of negative interrogatives in Korean and English conversation. *The Sociolinguistic Journal of Korea* 18(1), 137~164.

Kim, M. H. (2012). Analysis of English newspapers' coverage of the 2011 Tohoku earthquake in Japan, Korea, and the U.S. *The Sociolinguistic Journal of Korea* 20(2), 93~114.

Kim, M. H. (2016). A study on style shift between honorific and plain language in Korean. *The Sociolinguistic Journal of Korea* 24(3), 95~123.

Kim S. E. (2016). Laughter in contexts of interactional troubles in writing tutoring sessions. *The Sociolinguistic Journal of Korea* 24(2), 49~77.

Labov, W. (1972). The transformation of experience in narrative syntax. In W. Labov (ed.), *Language in the Inner City*, 354~396. Philadelphia: University of Pennsylvania Press.

Labov, W. & Waletsky, J. (1967). Narrative analysis: oral versions of personal experiences. In J. Helm (ed.), *Essays on the Verbal and Visual Arts*, 12~44. Seattle, WA: University of Washington Press.

Lakoff, G. & Johnson. M. (1980). *Metaphors we Live by*. Chicago/London: The University of Chicago Press.

Lakoff, R. T. (1975). *Language and Woman's Place*. New York: Harper and Row.

Lee, J. W. (2012). Gesture, gaze, and bodily cues in Mandarin conversation: Two case studies. *The Sociolinguistic Journal of Korea* 20(1), 213~234.

Lee, J. Y. (2014). A data-based analysis of *absolutely* and *utterly* in their collocation patterns and stand-alone use. *The Sociolinguistic Journal of Korea* 22(2), 91~109.

Lee, J. Y. (2015). Asymmetrical aspects of *totally* and *completely* as a freestanding form. *The Sociolinguistic Journal of Korea* 23(2), 1~35.

Lee, J. Y. (2017). Pragmatic functions of amplifiers as response devices in spoken American English: A corpus-based analysis. *The Sociolinguistic Journal of Korea* 25(2), 103~130.

Lee, J. Y. (2019). Discourse functions of *actually* in college English textbooks. *The Sociolinguistic Journal of Korea* 27(1), 179~198.

Lee, M. J. (2014). Metaphor use in TED talks: Implications for EFL. *The Sociolinguistic Journal of Korea* 22(2), 65~90.

Lee, W. P. (2000a). Presidents' inaugural speeches: Rhetorical structure and democratization of discourse. *The Sociolinguistic Journal of Korea* 8(1), 87~138.

Lee, W. P. (2000b). Seeking persuasiveness in inaugural addresses: An analysis of move-structure and linguistic devices. *The Sociolinguistic Journal of Korea* 8(2), 1~42.

Martin, J. R. & White, P. R. R. (2005). *The Language of Evaluation: Appraisal in English*. New York: Palgrave.

Mesthrie, R., Swann, J., Deumert A. & Leap, W. L. (eds.) (2000). *Introducing Sociolinguistics*. Amsterdam: John Benjamins.

Noh, B. K. & Ban, H. (2014). Deciphering ideological representations in editorials of two U.S. quality newspapers. *The Sociolinguistic Journal of Korea* 22(2), 23~44.

Park, H. Y. (2013). Critical analysis of contrasting identities and styles of anti- and pro-multicultural discourses in Korea. *The Sociolinguistic Journal of Korea* 21(3), 157~179.

Park, Y. Y. (2008). An analysis of the interactional use of *kulay(yo)* in Korean conversation. *The Sociolinguistic Journal of Korea* 16(2), 217~248.

Petrushyna, M. (2017). Enticing challengeable: Mundane questions as a resource for managing face in religious arguments. *The Sociolinguistic Journal of Korea* 25(2), 131~164.

Paulston, C. & Tucker, G. R. (eds.) (2003). *Sociolinguistics: The Essential Readings*. Oxford: Blackwell.

Pomerantz, A. (1978). Compliment responses: Notes on the co-operation of multiple constraints. J. Schenkein (ed.), *Studies in the Organization of Conversational Interaction,* 219~247. New York: Academic Press.

Rogers, R. (2004). A critical discourse analysis of literate identities across contexts: Alignment and conflict. In R. Rogers (ed.), *An Introduction to Critical Discourse Analysis,* 51~78. Mahwah, N.J.: Lawrence Erlbaum.

Ryoo, H. K. (2005). Frame shift as interactional resource in service encounters between shopkeepers and customers. *The Sociolinguistic Journal of Korea* 13(1), 29~52.

Ryoo, H. K. (2017). Discourse analysis of microteaching: Dynamic identities and situational frames. *The Sociolinguistic Journal of Korea* 25(2), 165~196.

Sacks, H. (1972). On the analyzability of stories by children. J. Gumperz & D. Hymes (eds.), *Directions in Sociolinguistics: the Ethnography of Communication,* 325~345. New York: Holt, Rinehart & Winston.

Sacks, H. (1973/1987). On the preferences for agreement and contiguity in sequences in conversation. In G. Button & J. R. E. Lee (eds.), *Talk and Social Organization,* 54~69. Clevedon, UK: Multilingual Matters.

Sacks, H. (1992). *Lectures on Conversation.* 2 Vols. G. Ed. by G. Jefferson, with introductions by E. Schegloff. Oxford: Blackwell.

Sacks, H., Schegloff, E., & Jefferson, G. (1974). A simplest systematics for the organization of turn-taking conversation. *Language* 50, 696~735.

Saville-Troike, M. (1982/1989). *The Ethnography of Communication: An Introduction.* (1st/2nd ed.). Oxford: Blackwell.

Schegloff, E. (2007). *Sequence Organization in Interaction: A Primer in Conversation Analysis, Vol. 1.* Cambridge: Cambridge University Press.

Schegloff, E., Jefferson, G., & Sacks, H. (1977). The preference for self-correction in the organization of repair in conversation. *Language* 53(2), 361~382.

Schiffrin, D. (1987). *Discourse Markers.* Cambridge: Cambridge University Press.

Schiffrin, D. (1994). *Approaches to Discourse.* London: Blackwell.

Schiffrin, D., Tannen, D., & Hamilton, H. H. (eds.). (2001). *The Handbook of Discourse Analysis.* Oxford: Blackwell.

Seo, S. A. (2008). A critical discourse analysis of lexical choices and strategies in the news reports on Iraq. *The Sociolinguistic Journal of Korea* 16(1), 159~184.

Seo S. A. (2015). A critical discourse analysis of recontextualization in the news headline translation. *The Sociolinguistic Journal of Korea* 23(2), 97~129.

Song, K. S. (1994). An interactional sociolinguistic approach to discourse analysis: A case of conflict management strategies in English and Korean. *The Sociolinguistic Journal of Korea* 2, 99~128.

Stubbs, M. (1983). *Discourse Analysis: The Sociolinguistic Analysis of Natural Language.* Chicago: The University of Chicago Press.

Suh, K. H. (2001). Language socialization through sentence-ending modal particles, *-ci* and *-cianha* in Korean caregiver-child interaction. *The Sociolinguistic Journal of Korea* 9(1), 237~258.

Suh, K. H. (2002). The Korean sentence-final marker *cianha* in conversational discourse. *The Sociolinguistic Journal of Korea* 10(2), 283~310.

Suh, K. H. (2003). From unknown to unspeakable: *mwe* as a stance marker in Korean conversation. *The Sociolinguistic Journal of Korea* 11(2), 137~160.

Suh, K. H. (2004). Interactional function of *way* in Korean conversation. *The Sociolinguistic Journal of Korea* 12(2), 181~204.

Suh, K. H. (2007). Discourse markers *mwe* and *way* in Korean conversation. *The Sociolinguistic Journal of Korea* 15(1), 77~106.

Suh, K. H. (2015). 'Sustainable disagreement': *Well* as a discourse marker in crisis negotiations. *The Sociolinguistic Journal of Korea* 23(2), 131~160.

Suh, K. H. (2016). *I mean* as a marker of 'interpersonal repair' in crisis negotiations. *The Sociolinguistic Journal of Korea* 24(3), 223~247.

Suh, K. H. & Kim, K. H. (1997). A conversational analysis of *will* and *gonna*. *The Sociolinguistic Journal of Korea* 5(2), 253~276.

Suh, K. H. & Kim, K. H. (2006). An analysis of TV homeshopping commercial: A case of multi-party talk. *The Sociolinguistic Journal of Korea* 14(2), 197~232.

Toolan, M. (ed.). (2002). *Critical Discourse Analysis: Critical Concepts in Linguistics*. London & New York: Routledge.

van Dijk, T. A. (1998). Opinions and ideologies in the press. In A. Bell & P. Garrett (eds.), *Approaches to Media Discourse*, 21~63. Malden, MA: Blackwall.

Yu, K. A. (2016). A Corpus-based comparison of *would/'d like to* and *should like to*. *The Sociolinguistic Journal of Korea* 24(2), 109~134.

Yu, K. A. (2017). Perceptions and functions of Korean *mianhada*: Comparison with American English *sorry*. *The Sociolinguistic Journal of Korea* 25(2), 197~224.

제6장

대화 분석

김규현·서경희

이 장에서는 대화 분석(conversation analysis)이 우리나라 학계에 수용되어 국내에서 발전해 온 모습을 조명함으로써 현재 국내 학계에서의 대화 분석 연구의 동향 및 앞으로 대화 분석 연구가 나아갈 수 있는 방향을 제시하는 것으로 목적으로 한다. 특히 우리나라의 사회언어학의 제반 분야 중 한 분야로서, 미시적이면서도 극도로 경험적인 시각을 취하는 화용론적 성격을 갖는 대화 분석 연구가 국내 학계에서 어떠한 주제와 시각에서 진행되어 왔는지를 살펴보는 것은 앞으로 우리나라 사회언어학 연구가 앞으로 나아가야 할 방향을 모색하는 데 유용한 통찰력을 제시해 줄 것으로 본다.

대화 분석 분야가 국내에 소개되어 사회언어학 관련 분야로 정착되어 온 과정을 살펴보고자 하는 취지에서, 1990년대부터 2019년에 이르는 시기에 국내 대화 분석 학자들이 수행해 온 연구 내용에 중점을 두고 그 추이를 살펴보도록 한다. 국내에서의 대화 분석 연구의 추이를 살펴보기 위하여 국내에서 발행되는 학술지 중 대화 분석을 다루는 논문이 상대적으로 많이 게재되는 경향이 있는 학술지인 ≪사회언어학≫과 ≪담화와 인지≫ 등에 실린 논문들을 중심으로 살펴보았다. 본 조사는 국내 학자들의 연구에 국한하여 수행하였는데,1) 국내 학자들이 국제학술지나 발표지에 게재한 논문 및 국내외 서적에 '북챕터' 형식으로 발간한 내용도 개략적으로 파악하여 반영하였다.2)

1절에서는 대화 분석의 배경과 방법론의 특성을 소개하고, 2~4절에서 국내 학자들의 대화 분석 연구를 시기별로 관찰되는 연구 동향과 관련지어 그 내용이 추이를 살펴본다. 국내 대화 분석 연구의 성격을 구분하는 데 있어서 (i) 문법 관행(grammatical practices), (ii) 상호작용 관행(Interactional practices), (iii) '응용' 대화 분석('applied' conversation analysis) 및 (iv) 개관 논문의 범주로 나누어서 제시하였다. 2절에서 소개하는 논문들은 '문법 관행' 범주로 분류된 연구로서 한국어 화제 표지(topic marker), 담화 연결사(discourse connectives), 양태 표지(modal markers), 지시 대명사(demonstrative pronouns) 등의 제반 문법 형태들이 대화 맥락에서 화자 간의 상호작용을 조직하는 데에 어떠한 역할을 하는 문법적 자원(grammatical resources)으로 사용되는지를 분석하는 논문들이 '문법 관행' 범주에 포함되었다. 또한 '담화 표지'(discourse markers)를 상호작용적 시각에서 다루는 연구도 언어 신호(linguistic signals)의 형태를 취하는 대상을 다루는 것으로 보아, 편의상 '문법 관행' 범주에 포함시켰다.

3절에서 소개하는 논문들은 '상호작용 관행' 범주로 분류된 논문들로서, 특정 언어 형태의 기능을 분석하기보다는, 말 순서 교환(turn-taking), 순차 조직(sequence organization), 수정 조직(repair organization) 등 상호작용 관행 차원에서의 구조적인 체계성을 분석하는 데 초점을 맞추고 있는 논문들이 포함되었다. 이 범주에는 또한 화자들의 인식 권리(epistemic rights)의 차원에서 질문이나 평가 등을 분석하는 논문들도 포함시켰다.3) 4절에서는 응용언어학적 시각에서 대화 분석을 학습 맥락에 적용하는 연구를 중심으로 소위 '응용' 대화 분석의 시각에서 교사-학습자 상호작용을 다루는 연구를 개관한다.4) 아울러 대화 분석의 시각이나 방법론을 개관하는 논문이나 선행 연구를 요약 및 평가하는 등 서평의 성격을 갖는 논문들도 4절에서 함께 소개하였다. 맺는말인 5절에서는 앞으로 우리나라의 대화 분석 연구의 현황을 평가하고 앞으로의 과제 및 나아가야 할 방향에 관한 제언을 다룬다.

각 범주에 속하는 개별 논문들을 소개하는 데 있어서 기본적으로 1990 년대부터 2000년대 중반, 그리고 2000년대 후반 및 2010년대로 나누어서 연구 주제 측면에서의 추이를 살펴보도록 한다.

1. 대화 분석의 배경과 방법론적 특성

대화 분석은 사회적 행위가 발생하는 실제 상황(situation)에서 행위가 어떻게 체계적으로 구성되는지를, 참여자가 정향하는(orient to) 상호작용적 질서(interactional order)를 파악하여 조명하고자 하는 접근 방법이라고 할 수 있다.5) 그리하여 사회적 행위가 그 행위를 구성하는 자원으로 동원되는 언어의 사용을 사건 내적인(emic) 참여자 시각에서 미시-분석적으로 (micro-analytically) 살펴봄으로써, 사회적 상호작용의 구조와 행위의 체계성을 대화 참여자의 시각에서 밝혀내는 것을 목표로 한다. 연구 방법론적 측면에서 실제 상황에서 자연스럽게 구성되는 상호작용 맥락에서 발생하는 대화를 녹취하고 이를 상세하게 전사하여 분석 자료로 사용하는데, 녹음된 대화 자료와 전사본의 반복적인 관찰을 통하여 일상 대화를 통하여 성취되는 다양한 사회적 행위의 구조적 체계성을 미시적으로 조명하고자 한다.

대화 분석은 1960년대 미국의 사회학자인 하비 색스(Harvey Sacks)에 의하여 개척된 분야라고 할 수 있는데, 색스의 주도하에 이마누엘 쉐글로프 (Emanuel Schegloff), 게일 제퍼슨(Gail Jefferson) 등 학자들의 연구를 통하여 일상 대화 및 제도 말 맥락을 포함하는 '상호작용 내 말'(talk-in-interaction) 을 분석 대상으로 삼는 독자적인 연구 분야로 자리매김하게 되었다. 색스의 통찰력은 크게 순차적 분석(sequential analysis)과 구성원 범주화 분석 (membership categorization analysis)의 두 분야로 나누어진다고 할 수 있는

데,6) 대화 분석에서는 주로 순차적 분석 중심으로 연구가 수행되어 왔다.7) 영어 순차 조직의 연구는 쉐글로프(Schegloff 2007a)에서 잘 정리되어 제시되고 있는데, 순차의 기본 단위이자 규범적 틀(normative framework)을 제공하는 단위로서의 인접쌍 구조의 파악으로 시작하여, 인접쌍의 첫 번째 짝 부분(first pair-part)과 두 번째 짝 부분(second pair-part)을 기본 틀로 하여 대화가 순차적으로 확장되는—예비, 삽입 및 사후 확장—모습을 파악하는 연구들이 나오게 되었다. 이들 연구를 통하여 사회적 행위의 체계성을 순차 구조적인 측면에서 일련의 관행과 절차를 통해 성취되는 결과물로서 분석하는 시각이 대화 분석 방법론의 중요한 부분을 구성하게 되었다.

대화 분석 연구는 1974년 색스, 쉐글로프, 제퍼슨이 공동 집필한 영어 일상 대화에서의 말 순서 교환 규칙을 조명하는 논문이 언어학 분야에서 가장 권위 있는 학술지로 알려진 ≪Language≫에 발표되면서 언어학계에 본격적으로 알려지게 되었다고 할 수 있다(Sacks, Schegloff, & Jefferson 1974).8) 이 논문은 영어 일상 대화에서 말 순서의 순서나 길이, 화제 등이 미리 정해지지 않은 상태에서 대화가 무리 없이 진행되는 것은 화자들이 말 순서 구성 및 일련의 말 순서 배분 규칙에 정향(orient to)함으로써 가능하게 된다는 것을 실제 영어 대화의 미시적 분석을 통해 제시하였다. 즉 화자들은 말 순서 구성 단위(turn-constructional units)—문장, 절, 구, 단어 등—가 끝나는 지점을 전이 관련 지점(transition-relevance place)으로 '예측'(project)하여 자신의 말 순서를 시작한다는 것이다.9) 아울러 현재 화자가 다음 화자를 지정하거나, 아니면 다른 화자가 스스로 자기 자신이 다음 화자가 되기를 선택하거나, 아니면 현 화자가 계속 다음 말 순서 구성 단위를 발화하는 순서로 말 순서 구성 단위가 끝날 때마다 순환적으로 해당 규칙을 적용하는 말 순서 배분 규칙이 적용됨으로써, 화자들 간에 말 순서 교환이 이루어질 때 말겹침이나 말 순서 간격이 최소화되어 자연스럽게 말 순서가 교환되게 된다는 점을 경험적으로 보여 주었다.

1974년 말 순서 교환 규칙 연구로 시작하여, 영어 대화에서의 인접쌍, 순차 및 순차 확장, 인칭 표현, 구성원 범주화 분석 등의 측면에서 사회적 행위가 구성되는 절차와 방법을 다각적으로 조명하는 대화 분석 연구들이 나오게 되었다. 그리하여 짐머먼(D. Zimmerman), 러너(G. Lerner), 헤리티지(J. Heritage), 굿윈(C. Goodwin), 클레이먼(S. Clayman), 드류(P. Drew), 레이먼드(G. Raymond) 등 학자들의 주도하에, 일상 대화뿐 아니라, 의료 담화(의사-환자 상호작용), 정치 담화(언론인-정치인 상호작용), 응급 전화 대화, 교실 상호작용, 정치 연설 등 다양한 제도 말(institutional talk) 분석에 중요한 통찰력을 제공해 주는 분석 방법으로 자리매김하게 되었다. 또한 굿윈 교수의 선도적인 연구에 뒤이어서 오디오 자료뿐 아니라 비디오 자료의 분석을 통하여 언어뿐 아니라 눈맞춤, 손짓, 몸짓, 몸자세가 함께 연계되어 상호작용을 구성하는 자원으로 동원되는 의사소통 시스템의 체계성을 통합적으로 밝히고자 하는 다중 모드 분석(multi-modal analysis)이 대화 분석의 중추적인 분야 중 하나로 정착되게 되었다.

1960년대부터 시작하여 사회학자들이 주축이 되어 발전해 온 대화 분석은 이제 원래 발원지라고 할 수 있는 사회학 분야의 지경을 넘어, 언어학, 응용언어학, 심리학, 커뮤니케이션, 언어인류학, 교육학 등 인접 분야에서도 주요한 분석적 시각 및 방법론으로 자리잡게 되었다. 또한 대화 분석이 발원한 미국 지역을 넘어 유럽과 일본, 한국에서도 활발하게 연구가 진행되어 오고 있다. 대화 분석이 우리나라에 본격적으로 알려지게 된 시점은 아마도 대화 분석의 분석적 시각을 언어학의 여러 시각과 비교하여 소개한 레빈슨(Levinson 1983)의 ≪Pragmatics≫의 한국어 번역본 ≪화용론≫이 1992년 출간된 이후로 볼 수 있지 않을까 한다(이익환·권경원 옮김 1992).10) 해당 서적이 대화 분석뿐 아니라 화행 이론(speech act theory), 관련성 이론(relevance theory), 기능 언어학적 시각을 취하는 담화 분석(discourse analysis) 등 언어학 관련 이론을 소개하는 내용을 담고 있어서, 사회학 분야에서 출발한 대화 분석도 다른 화용론 이론들과 함께 자연스럽게 국내의 언어학자들에게 소개되는 계기가 되었을 것으로 본다.11)

다음 절들에서는 국내 대화 분석 연구의 동향을 살펴보고자 하는 취지에서, 대화 분석 연구의 성격을 문법 관행(2절), 상호작용 관행(3절), '응용' 대화 분석 및 개관 논문(4절)으로 나누어, 대화 분석 연구가 발전해 온 추이를 시기별로 살펴본다.

2. 문법 관행

2.1. 1990년대~2000년대 중반

한국 학자의 대화 분석 연구는 1980년대 말과 1990년대 초에 미국 대학, 특히 대화 분석을 시작한 연구자 중 하나인 쉐글로프 교수가 재직하고 있었던 UCLA에서 대화 분석 연구를 접하고 해당 분야의 훈련을 받은 응용 언어학 전공 학자들의 연구로 시작되었다고 할 수 있다. 국내 대화 분석 학자들의 초기 연구는 대체로 '문법 관행' 연구로 분류될 수 있는 논문으로 대변되는데, 화제 표지, 지시사, 담화 연결사 등 문법 표지의 상호작용적 의미를 분석하는 논문을 통해 대화 분석 연구가 1990년대 들어서 국내에 서 본격적으로 소개되기 시작했다고 할 수 있다.

1990년대 초중반 이후를 시점으로 하여 해외에서 대화 분석을 전공한 '1세대' 신진 대화 분석 연구자들이 국내외에서 본격적으로 논문을 발표하게 되는데, 화제 표지 '-은/는' (이하 '는'으로 칭함)(K. H. Kim 1991, 1993a), 양태 표지 '-겠'과 '(으)ㄹ것'(Suh & Kim 1991, 1993, 1995), '-니까/그러니까'와 같은 담화 연결사(Kim & Suh 1994a, 1994b, 1996)와 같은 문법적 장치들이 실제 대화에서 어떻게 상호작용적 자원으로 사용되는지를 규명하고자 하는 '문법 관행' 범주에 속하는 대화 분석 연구가 나오기 시작하였다. 또한 김 규현(K. H. Kim 1994)는 영어 대화의 이야기 맥락에서 이름과 대명사 등 인칭 표현이 사용되는 모습을 분석하였는데, 대명사의 사용이 기대되는 지점에서 이름을 사용한다거나, 이름의 사용이 기대되는 지점에서 대명사를 사용하는 형상을 이야기 순차 구성 차원에서 전경화/배경화의 시각에서 조명할 수 있는 관행으로 분석하였다. 그리하여 인칭 대명사나 이름의 사용은 담화 구조뿐 아니라 지시 대상에 대한 화자의 정의적 자세(affective stance)에 의해서도 결정된다는 점을 제시하였다. 1992년 UCLA 박사학위 논문을 토대로 하고 있는 김규현(K. H. Kim 1995)는 영어의 유표적(marked) 강조 구문과 한국어 화제 구문을 영어 및 한국어 일상 대화에서 분석한 논문으로, ≪Word Order in Discourse≫(Downing & Noonan 1995)의 한 장으로 게재되었다.

1990년대 중반 이후 담화 연결사를 분석하는 이원표(W. P. Lee 1995)의 논문을 필두로 하여 '문법 관행' 범주 연구의 주제가 한층 더 다변화되고 심화되는 모습을 볼 수 있다. 서경희와 김규현(Suh & Kim 1997)은 한국어 양태 표지 '-겠'과 '-을것'의 선행 연구를 심화하는 맥락에서 영어의 'will'과 'gonna'를 분석하였는데, 'will'의 발화는 즉각적인 행위 맥락을 구성하여 화자/청자가 현재 행위에 깊이 관여하게 되지만(involved), 'gonna'의 경우는 향후 행위 수행에 대한 의지를 표현하는 행위계획 맥락을 구성하여 화자/청자가 해당 행위로부터 유리되는(distanced) 차이가 있음을 보였다. 또한 인칭 대명사를 분석한 김해연(H. Y. Kim 1997)과 한국어 대화에서의 평서문 형식의 질문(declarative questions)의 유형과 기능을 분석한 김해연(H. Y. Kim 1999)의 논문을 시작으로 하여 동 저자의 기능 언어학과 대화 분석을 융합한 시각에서 수행된 여러 연구들이 나오게 되는데, 이는 90년대 초 해외에서 영어 일상 대화에서의 말 순서 조직과 질문 행위 등을 분석하는 데 있어서 대화 분석의 시각을 수용한 기능 언어학적 연구(Weber 1993)의 전통을 이어서 융합적 시각을 한국어 대화 연구에 적용한 예로 볼 수 있을 것이다.

1997년 UCLA 박사학위 논문에 토대를 두고 있는 박용예(Y. Y. Park 1998a)는 영어, 일본어 및 한국어의 대조 관계 표시 연결사를 분석한 논문으로 이 논문은 ≪Discourse Markers: Descriptions and Theory≫ (Jucker & Ziv 1998)에 게재되었다. 이러한 연구를 배경으로 하여 동 저자는 '-는데', '-거든' 등 연결사와 종결 어미를 다루는 논문을 국외 학술지에 게재하였는데, 1998년 '-거든'을 분석한 논문이 나왔고(Y. Y. Park 1998b), 한국어 대화에서 연결사 '-는데'가 비선호 반응을 암묵적으로 구성하는 자원으로 사용되는 모습을 대화 분석의 시각에서 분석한 논문이 ≪Journal of

Pragmatics≫에 게재되었다(Y. Y. Park 1999).

2000년대 초부터 중반에 이르는 기간에는 1990년대 논문을 발표하기 시작한 학자들이 자신들의 연구 영역을 확장하면서 분석이 심화되는 경향이 관찰되는데, 양태 표지 '-겠'(Suh & Kim 2001), 한국어 대화에서의 평서문 형식의 질문 조성(H. Y. Kim 2000) 등 1990년대에 다루어졌던 연구 주제를 한층 더 세부적으로 심화하는 후속 연구들이 나오게 된다. 또한 김규현(K. H. Kim 2000, 2001a)는 1990년대 화제 표지에 관한 연구를 심화해 가는 맥락에서 일상 대화의 이야기 맥락 등 여러 순차 맥락에서 사용되는 '-는'의 용법을 범주화 관행(categorization practice)의 차원에서 설명될 가능성이 있음을 보였다. 예를 들어 김규현(K. H. Kim 2000)은 한국어의 화제 구문과 영어의 좌향 전위 구문(left-dislocation)이 대화 속에 나오는 이야기 맥락에서 사용되는 모습을 분석하였는데, 두 경우 모두 발화문 첫 부분에 위치하는 지시 대상이 처음으로 언급되는 경우라 할지라도, 앞에서 언급된 지시 대상과 동일한 '범주'(category)에 속하는 구성원으로 제시됨으로써 선행 맥락의 행위를 순차적으로 결속성 있게 지속시킴을 보였다. 이 논문은 향후 한국어 '화제' 표지의 상호작용적 기능을 구성원 범주화 분석의 시각에서 분석하는 동 저자의 향후 논문들의 초석이 된 논문으로, 한국어로 재구성되어 발간되기도 하였다(김규현 2014나).

김규현과 서경희(Kim & Suh 2002)는 원격 지시 대명사('그', '저')의 직시적(indexical) 기능과 말 채움어(filler)로서의 기능을 분석하였고, 서경희(K. H. Suh 2003, 2004)는 우리말 담화 표지 '왜'와 '뭐'를 담화-화용론적 시각에서 분석하였다. 김규현과 서경희(Kim & Suh 2004)에서는 성인-아동 상호작용 맥락에서의 종결 어미 사용을 분석하였고, 김규현(K. H. Kim 2004)에서는 일상 대화에서 즉각적인 인지(noticing) 토대를 두는 행위 구성에 사용되는 종결 어미인 '-네', '-군', '-다'를 상호작용의 자원으로 동원되는 자세 표지(stance markers)로 분석하고 있다.

아울러 한국어 대화에서 말 순서 및 순차 조직의 차원에서 말 순서 구성 단위(turn-constructional unit)의 분포 및 선행 말 순서에 대하여 발화되는 반응 표지(reactive tokens)를 분석하는 논문이 나오게 되는데(H. Y. Kim 2002b, 2004a, 2004b), 김해연(H. Y. Kim 2002b)에서는 한국어 대화에서 '-니까', '-는데', '-고' 등의 연결사가 사용되는 절들이 독자적으로 말 순서를 구성하는 현상을 분석하였고, 한국어 대화에서 반응 행위에 사용되는 첨사를 분석하는 맥락에서 김해연(H. Y. Kim 2004a)는 '어', '아', '음', '응'과 같은 반응 표지가 상호작용에 기여하는 역할을 조명하였다. 김해연(H. Y. Kim 2004b)는 산타바바라 코퍼스를 자료로 사용하여, 영어 대화에서 독자적으로 하나의 말 순서 구성 단위로 발화되는 'really'가 선행 말 순서에 대하여 반응 표현으로 쓰이는 모습을 정보 흐름(information flow)과 대화 분석의 관점에서 연구하였는데, 해당 맥락에서 'really'가 새로운 정보를 재확인하거나 평가, 또는 부가 정보를 요구하는 맥락에서 쓰인다는 것을 보여 주었다. 또한 해외 학술지에 게재된 논문으로 리차드 영과 이진아(Young & Lee 2004)는 영어와 한국어 대화에서 발화되는 반응 표지를 분석하였다.

2.2. 2000년대 후반

2000년대 후반은 해외에서 대화 분석을 전공한 많은 신진 연구자들이 귀국하여 국내에서 연구 활동을 시작하는 시기로 볼 수 있다(3.2절 참조). '문법 관행' 범주 연구로서 이 시기에 돋보이는 논문으로, 오선영(S. Y. Oh 2007b)는 한국어 화자들이 자신 또는 대화 상대방을 지시할 때 지시 표현을 생략하는 일반적인 경향에서 벗어나 명시적으로 지칭함으로써 어떤 상호작용적 행위가 성취되는지를 분석하고 있는데, 화자가 자신을 칭찬하거나 질책할 때, 책임을 전가할 때, 반대를 표시할 때, 혹은 다음 화자를 지목할 때 등 다양한 기능을 수행하는 맥락에서 그러한 관행이 관찰된다는 것을 밝혔다. 또한 오선영(S. Y. Oh 2007a, 2010)에서는 동료 대화 참여자를 준대명사(quasi-pronouns) '얘'나 '쟤'로 지칭하는 맥락을 분석하고 있는데, 이들 준대명사의 근간을 구성하는 근접 지시 대명사인 '이'와 원근 지시 대명사 '저'는 화자와 청자, 그리고 지시 대상이 동일한 구성원 범주(membership category)에 속하는지 아닌지에 따라 구별되어 사용된다는 점을 보임으로써, 지시 대명사의 선택이 단순히 원근 거리 차이에 따라 정적으로 결정되는 것이 아님을 보였다.

이외에도 2000년도 후반에 많은 '문법 관행' 범주의 논문이 나오게 되는데, 한국어 대화를 다루는 연구로서, 담화 표지 '뭐'와 '왜'를 다룬 선행 연구를 심화한 서경희(K. H, Suh 2007), 대화에서의 '그래(요)'의 상호작용 기능을 분석한 박용예(Y. Y. Park 2008), 후향(cataphoric) 지시사를 분석한 김해연(H. Y. Kim 2005c) 등의 논문이 게재되었다. 또한 김해연(H. Y. Kim 2008)은 한국어 대화에서 정보 공유 과정이 상호작용적인 측면에서 조율되고 성취되는 모습을 다각적으로 기술하였고, 김규현(K. H. Kim 2007a)는 선행 연구를 심화하여, 화제 표지 '-는'이 구성원 범주(membership categories)를 촉발시켜 후행 맥락을 선행 맥락에 덧입혀 연결하는 기능을 하는 '매듭 장치'(tying device)의 기능을 한다는 점을 제시하였다. 같은 맥락에서 김규현(K. H. Kim 2008)은 화제 표지 '-는'과 주격 표지 '-가'를 비교하여 분석하고 있다.

영어 대화를 분석한 논문으로서 김해연(H. Y. Kim 2005b)는 관계절의 상호작용적 기능을 분석하였고, 김해연(H. Y. Kim 2006)은 문어 담화 맥락에서 사용된 WH-질문을 대화 분석의 시각에서 분석하였다. 또한 김해연(H. Y. Kim 2007)에서는 yes/no 질문의 순차적 특성, 그리고 김해연(H. Y. Kim 2009)에서는 질문에 대한 '후보 답변'(candidate answers)의 유형과 기능을 분석하고 있다. 박재은(J. E. Park 2009b)는 ESL 학습자의 'yeah' 사용을 분석하였고, 김정연(J. Y. Kim 2008)은 원어민-비원어민 대화에서 비원어민이 사용하는 반응 표지인 'yeah'와 'kind of'를 분석하였다.

2.3. 2010년대

2010년대에 들어 발표된 '문법 관행' 범주에 속한 논문들을 살펴보면, 김규현(K. H. Kim 2010)과 김규현과 서경희(Kim & Suh 2010b, 2010c)는 연결사/종결 어미 '-거든'이 화자가 신정보 뉴스를 알려 주는 형태를 사용하여 다양한 해명(account-giving) 행위를 구성하는 데 사용되는 문법적 자원임을 제시하였다. 부사 '인제'가 담화 표지로 사용되는 대화 맥락을 분석한 김규현과 서경희(Kim & Suh 2010a, 2010b)와 김규현(K. H. Kim 2012) 등의 연구가 발표되었다.

서경희(K. H. Suh 2013)은 LINDSEI 자료를 이용해서 중국인 영어 학습자가 영어 원어민과 대화할 때 'yeah'를 발화하는 맥락을 분석하였는데, 주제 시작 및 마감 등 말의 경계를 표시할 때 사용되고, 또한 화제를 지속하거나 의견을 요약할 때, 그리고 수정 순차의 시작이나 끝을 표시하는 기능이 있음을 보였다. 서경희(K. H. Suh 2015)에서는 위기 상황에서 FBI가 인질범과 협상을 하는 맥락에서 담화 표지 'well'이 사용되는 모습을 분석하였고, 같은 맥락에서 서경희(K. H. Suh 2016)은 'I mean'을 자기 수정(self-repair)에 사용되는 담화 표지로 분석하고 있다. 김해연(H. Y. Kim 2016)은 'you know'를 자세 표지(stance marker)로 분석하였으며, 윌리엄 하트, 서경희와 오영림(W. Hart, K. H. Suh, & Y. L. Oh 2017)은 영어 응급 전화 대화에서의 'OK'의 사용을 분석하였다. 김새롬(2018)은 영어 인터뷰 정치 담화에서 인터뷰 질문에 대하여 정치인이 답변에 사용하는 'I don't know' 표현을 담화 표지로 분석하였는데, 답변자가 단순히 해당 사안에 대하여 아는 바가 없음을 보이는 수준을 넘어서서, 질문자의 질문이 토대를 두고 있거나 전제하고 있는 안건을 수용하지 않고 그에 저항하는 데 사용되는 담화 표지로 분석하고 있다. 이처럼 2010년대 중후반부터 한국어와 영어 대화, 원어민-비언어민 대화 등 다양한 대화 맥락에서 사용되는 담화/반응 표지에 대한 연구가 나온 것이 주목된다.

중국어 대화를 분석 대상으로 다루고 있는 연구로서 이지원(J. W. Lee 2011)은 반응 표지 'dui(right)'의 담화-화용적 기능을 대화 분석의 시각에서 분석하였고, 이어서 이지원(2012)는 중국어 대화의 말 순서 조직 연구로서, 중국어 대화에서 말 순서의 앞과 끝에서 발화되는 'we juede(I think)'의 상호작용적 기능을 연구하였는데, 말뿐만 아니라 화자의 눈맞춤과 몸 움직임 등도 고려함으로써 다중 모드 분석을 시도하였다. 이러한 다중 모드 분석은 이지원(2014)에서도 시도되고 있는데, 중국어의 직접 화법이 사용되는 대화 맥락에서 화자의 고개 움직임의 상호작용적인 기능을 분석하고 있다.

아울러 이지원(J. W. Lee 2014)는 중국어 구어 코퍼스 자료를 토대로 'shi(是)'가 사용된 부가 의문문-응답 인접쌍을 분석하였다. 이지원(2015가)는 중국어 일상 대화에서 주어로 사용되는 일인칭 복수 대명사 '我們'[워먼]과 '咱們'[잔먼]의 담화, 화용적 기능을 밝히고자 하는 연구를 수행하여 자료 분석을 통해 '咱們'은 동일 구성원 표시 기능을, '我們'은 배타적 용법으로 쓰이는 경향을 보인다고 주장한다. 즉 담화 상황에서 '我們'은 화자와 화자 편 사람들을 동일한 구성원 범주에 포함하는 동시에 청자와는 배타적인 관계를 형성, 구성원들과의 연대감을 형성하고 청자에 대한 거리감을 나타낸다고 한다면, '咱們'은 대화에 참여하는 화자와 청자를 모두 하나의 구성원 범주에 포함하거나 나아가 일반인들까지 동일한 구성원 범주에 포함시켜 화자 자신의 견해나 태도와 관련하여 청자를 적극적으로 끌어들이거나 청자의 태도에 대한 화자의 이해를 표현하며 청자의 공감이나 지지를 촉구하는 역할을 한다는 것이다. 아울러 이지원(2015나)에서는 중국어 어기 조사 '吧(ba)'의 상호작용적 기능을 고찰하고 있다. 중국어 대화 분석 연구는 이후 이지원(2017, 2019가, 2019나)의 연구로 이어지는데, 각각 중국어 담화 표지 '(我)不知道'[(워)부쯔다오]와 '有點兒'[여우디얼]의 사용 패턴, 그리고 이인칭 대명사 '你'[니]의 반복 발화 관행이 갖는 상호작용적 의미를 분석하고 있다.

2010년대 후반에 들어 이전 20여 년간 축적된 대화 분석 연구를 토대로 하여, 이론적으로나 경험적으로 더욱 공고한 기반 위에서 새로운 주제를 다루거나 이전에 다루었던 주제들을 더 깊은 통찰력을 가지고 재조명하는 논문이 발표되는 경향이 나타난다. 김규현(K. H. Kim 2016a, 2017)은 화제 표지 '-는'의 기능을 영역 변경(domain shifting) 기능의 시각에서 재분석하였는데, 이를 구성원 범주화 분석의 시각에서 심화한 논문이 게재 예정으로 있다(K. H. Kim to appear). 김규현(K. H. Kim 2018)에서는 연결사 '-는데'

가 '자신의 상황을 기술하는'(my-side-telling) 장치로서 거절 등 비선호 반응을 수행하는 맥락에서 많이 사용된다는 기존의 연구를 토대로(Y. Y. Park 1999), 화자가 자신의 상황을 비선호 방식으로 상대방에게 알림으로써 오히려 상대방과의 유대감이 교섭되고 주관 간의 합치(intersubjectivity)가 상호 이해 속에 성취되도록 하는 긍정적인 행위 구성적 측면이 있음을 주장하였다. 예를 들어 '-는데' 절의 발화를 통하여 투영된 행위의 궤적이 변경되는 회피 순차(escape sequence)가 따라올 수도 있음을 보임으로써, 화자가 후속 행위에서 상대방을 고려하는 자신의 배려 태도를 유표적으로 (markedly) 보인다거나 하는 방향으로 행위와 유대감의 강도를 함께 상승시키는 순차적 특성이 있음을 제시하였다.

3. 상호작용 관행

3.1. 1990년대~2000년대 중반

1990년 중반을 넘어오면서 말 순서 조직과 언어 학습 맥락에서의 상호작용을 분석하는 논문들이 나오기 시작하면서 '문법 관행' 연구와 기타 '상호작용 관행' 연구가 보다 균형 있게 이루어지는 모습을 본다. 또한 이 시기는 1990년대 후반부에 해외에서 대화 분석을 전공한 '2세대' 신진 대화 분석 연구자들이 국내에서 연구 활동을 수행하기 시작한 시점으로서, 국내 학술지에 대화 분석 연구가 본격적으로 게재되기 시작한 시점이기도 하다 (3.2절 참조).

'상호작용 관행' 범주의 초기 논문으로 화자의 성 정체성(gender identity)을 대화 분석의 시각에서 분석한 김규현·서경희(1996)가 있는데, 성별 차이(gender difference)가 대화 행위 및 순차적 행위 구성을 통해 어떻게 나타나는지를 분석하였다. 이는 주로 거시적 관점에서 연구가 많이 되는 해당 주제를 미시적 관점에서 구체적인 행위 맥락과 연결해서 분석하고자 한 연구라고 할 수 있다. 박용예(Y. Y. Park 2002)는 비교 분석적 시각에서 한국어와 일본어 대화에서 화자들이 서로가 누구인지 인지하도록 이끄는 순차 조직을 분석하였는데, 이는 한국어 전화 대화를 분석 대상으로 삼은 첫 연구로서 ≪Telephone Calls: Unity and Diversity in Conversational Structure across Languages and Cultures≫(Luke & Pavilidou 2002)에 게재되었다.

'상호작용 관행' 범주에 들어가는 초기 논문으로서, 한국어의 수정(repair) 현상을 처음으로 대화 분석의 시각에서 다룬 김규현(K. H. Kim 1993b)의 논문을 시작으로 1990년 중반 이후에 수정 및 말 순서 조직 연구가 이어지는 것을 본다. 김규현(K. H, Kim 1993b)의 수정 현상 연구를 토대로 하여, 김규현(K. H. Kim 1999a)에서는 한국어 대화에서의 수정 현상을 개관하여 유형별로 분석하였고, 이를 심화한 연구인 김규현(K. H. Kim 1999b)는 ≪Human Studies≫에 게재되기도 하였다. 이들 연구를 시작으로 (영어와는 구별되는) 한국어의 말 순서 및 순차 조직의 특성을 분석하는 동 저자의 후속 연구가 나오게 되는데, 예를 들어 김규현(K. H. Kim 2001b)는 한국어의 말 순서 첨가어(turn increment)를 하였고, 이를 비교 분석적 시각에서 수정 현상과 연관 지어 심화한 논문인 김규현(K. H. Kim 2001c)는 ≪Studies in Interactional Linguistics≫(Selting & Couper-Kuhlen 2001)에 게재되기도 하였다.

2000년도에 들어오면서 한국어 대화의 말 순서 구성 및 조직에 대한 연구가 활발하게 수행되기 시작하는데, 대화 분석의 연구 분야가 다변화되기 시작하면서 '상호작용 관행'을 다루는 연구가 한층 더 활발히 학술지에 게재되기 시작하였다. 김해연(H. Y. Kim 2002a, 2002c)와 김규현(K. H. Kim 2003)은 한국어 대화에서 하나의 말 순서를 복수의 화자가 협력하여 완결하는 현상을 분석하였고, 김해연(H. Y. Kim 2003)은 한국어 대화에서 명사구 형태의 말 순서가 확장되는 현상을 분석하였다. 김규현(K. H. Kim 2005)는 영어 대화의 말 순서 조직의 한 측면을 분석한 논문으로, 영어 대화 말 순서 마감 직전에 종종 발생하는 말 간격이 갖는 상호작용적 의미를 분석하였다. 이 논문은 2003년 대화 분석자들이 참여한 UCLA 대화 분석 심화 여름학교 워크숍(Conversation Analysis Advanced Summer Institute)에서 다루어진 주제 중 하나를 분석한 연구로서, 말 순서 마감 부분 직전에 발생하는 말 순서는 화자가 상대방의 압축된 반응을 끌어내어 그 기반 위에서 후속 말 순서를 조직하는 관행에 의해 발생한다는 주장을 제시하였다.

3.2. 2000년대 후반

김규현(K. H. Kim 2001b, 2001c)의 연구에 뒤이어 김규현(2006)은 한국어 대화에서 말 순서 완결 지점 이후에 선행 말 순서 단위와 연결되어 발화되는 첨가어(increments)의 유형과 기능을 분석하였다. 이들 연구들을 토대로 하여 한국어의 첨가어 현상을 영어, 독일어, 일본 등 다른 언어와 비교하는 프로젝트의 일환으로 김규현(K. H. Kim 2007b)가 ≪Pragmatics≫에 게재되었는데, 이 논문에서 한국어 대화에서는 첨가어가 영어 대화에서와는 달리 술부가 완결된 이후에 발화되는 형식으로 조직되는 단위로서, 선행 말 순서를 통해 암시적/개략적인 형태로 수행되는 행위를 후방에서 보완하고 조율하는 행위를 수행하는 특성이 있음을 보였다. 서경희와 김규현(Suh & Kim 2006)은 2006년 미국 펜실베이니아 주립대에서 주관한 언어 교육 관련 프로젝트의 일환으로 수행된 연구로서, 한국 TV 홈쇼핑 광고의 다자간 대화(multi-party talk)를 분석하였다.

2000년도 후반에 주목할 만한 추이는 '상호작용 관행' 영역에서 다양한 연구 주제의 논문이 학술지에 게재되면서 '문법 관행' 범주의 논문 수를 앞지르기 시작했다는 것이다. 아래에서 논의하겠지만, 이는 2000년도 중반부터 해외에서 대화 분석 연구자로 훈련받은 젊은 학자들이 한국에 돌아와 다양한 상호작용적 관행을 분석하는 논문을 활발히 국내 학술지에 게재하기 시작한 것에 연유한다고 볼 수 있다. 1990년부터의 범주별 논문 수의 추이를 살펴보면 아래와 같다.12)

	총계	문법	상호작용/응용	개관
1990 - 1994	9	8	1	0
1995 - 1999	16	9	7	0
2000 - 2004	31	16	11	4
2005 - 2009	32	12	18	2
2010 - 2014	34	12	20	2
2015 - 2019	30	11	17	2

1990~2000년대 활동을 시작한 '1세대' 학자들에 이어서 2000년대 중반부터 국내에 정착하기 시작한 '2세대' 학자들은 당시 UCLA에서 대화 분석 연구를 새로운 방향으로 선도하고 있던 존 헤리티지 교수의 영향으로 한층 더 다변화된 주제―인식 권리 운영(epistemics), 질문 디자인(question design), 의사-환자 상호작용을 포함하는 제도 상황 대화, 대화자의 동적인 정체성(identity) 구축 등―를 자신들의 연구 영역에 포함하게 된 것으로 보인다(Heritage & Raymond 2005, 2012; Raymond & Heritage 2006). 또한, 찰스 굿윈 교수 등 비디오 녹음 분석에 특화한 연구자의 영향으로 기존의 오디오 녹음 자료에 치중했던 경향에서 비디오 녹음자료 연구도 조금씩 활성화되는 모습이 나타나기 시작하였다.

이들 연구의 예를 살펴보면, 이승희는 병원, 여행사, 공항 관제탑 등의 제도 상황에서 발생하는 상호작용 과정을 분석하였는데, 예를 들어 이승희(S. H. Lee 2006)은 우리말 항공 예약 전화 대화에서, 고객과 항공사 직원 상호 간에 관찰되는 요청-응답의 인접쌍에서 항공사 직원의 응답이 구조적으로 확장되는 순차의 체계성을 포착하여 분석하였다. 같은 맥락에서 이승희(S. H. Lee 2009)는 인접쌍의 첫 번째 짝 부분으로 발화되는 요청의 행위가 하나의 말 순서로 완결되지 않고, 순차적으로 이어서 발화되는 현상을 분석하였다. 또한 2009년에는 한국인 의사와 환자 간의 상호작용을 분석한 박유정(Y. J. Park)의 박사학위 논문이 국내에 출간되었는데(Y. J. Park 2009), 이는 질문 디자인과 인식 권리(epistemic rights)의 배분을 다루는 동 저자의 후속 연구의 토대가 되었다(3.3절 참조). 인식 권리 운영의 시각에서 박지선 (J. S. Park 2009)은 한국어 대화에서 선행 순차에 대하여 화자가 추론한 내용을 부정 의문문의 형식을 사용하여 질문함으로써, 상대방의 확인을 요청하는 맥락을 분석하였다.

박재은(J. E. Park 2007)은 영어 원어민과 비원어민 간 영어 대화 상황을 비디오로 녹음한 자료를 토대로 하여, 참여자들이 서로의 행위를 구성하는 가운데 자신들의 정체성(identity)을 구축해 나가는 과정이 근본적으로 사회적이고 상호작용적인 대화 행위를 통해 교섭되는 것임을 보였다. 예를 들어 영어 단어 의미를 확인하는 맥락에서는 비원어민과 원어민이 자신들을 '요청하는 사람-요청받는 사람'이라는 관계에 근거해서 서로의 정체성을 연계시키는 반면, 언어 수행 능력을 평가하는 상황에서는 '평가자-피평가자'라는 또 다른 정체성을 창출하여 서로 연계시키면서 정체성을 교섭해 나간다는 점을 비디오 분석을 통하여 조명하였다. 박재은(J. E. Park 2009a)는 화자가 자신과 상대방을 지칭하는 맥락에서 관찰되는 지칭 행위의 대체 관행(alternative practices)을 분석하였다.

3.3. 2010년대

2009년 이후부터 활발히 수행된 소위 2세대 학자들의 제도 말, 질문 디자인, 질문-응답 인접쌍, 인식적 권리(epistemic rights), 행위 조성(action formation) 등의 제반 측면을 다루는 연구는 2010년에도 계속되는데, 이는 앞에서 언급했듯이 해외에서 헤리티지(Heritage) 등 선도연구자들이 의료 담화 등 제도 말의 지식적 권리 배분 측면에서 활발히 주도해 온 연구의 영향으로 볼 수 있다. 한국어 의료 담화 연구인 박유정(Y. J. Park 2010)은 동 저자의 2009년 의사-환자 상호작용 연구에 토대를 두고 있는 연구로서, 의사가 환자의 내력에 대해 알아보고자 묻는 내력 파악 질문(history-taking questions)의 질문 디자인을 분석함으로써 부정 질문과 종결 어미의 상관관계의 체계성을 조명하였고, 박유정(Y. J. Park 2014a)에서는 의사가 환자와의 대회를 시작하는 개시 순차(opening sequence)의 방식을 분석하고 있다.

박지선(J. S. Park 2010, 2013a)는 다자 면대면 상호작용에서 발생하는 영어 이야기 순차 맥락을 분석한 논문으로, 박지선(J. S. Park 2010)은 참여자들이 이야기에 대하여, 혹은 다른 참여자들에 대하여 수행하는 자세 취하기(stance-taking) 행위를 분석하였는데, 자세 취하기라는 개념을 사회적이고 공적이면서 상호작용적으로 구성되는 절차적 행위로 이해할 수 있음을 제시하였으며, 박지선(J. S. Park 2013a)에서는 인식 권리 배분의 시각에서, 이야기 주제에 대한 지식 정도가 서로 다른 대화자들이 이야기 순차를 구성해 나갈 때 서로 간에 상호작용과 협상이 어떻게 이루어지는지 분석하였다. 박지선(J. S. Park 2013b)에서는 동 저자의 2009년 한국어 부정 질문 분석에 뒤이어서 영어 대화에서 부정 질문의 유형을 상대방의 말을 반박하는 관행의 측면에서 분석하고 있다.

박재은(J. E. Park 2013)은 한국어 일상 대화 말 순서 조직에 관한 연구로서, 한국어 대화에서 말 순서가 끝나는 지점에서 소리를 길게 끄는 경향이 있음을 지적하였는데, 이를 화자가 바뀔 수 있는 전이 관련 지점이 도래하는 것을 지연시키는 관행으로 보아, 화자의 인지적 또는 정의적 태도를 강화하거나 비선호성 발화가 나올 것임을 미리 보여 주는 맥락에서 수행되는 관행으로 분석하였다. 박재은(J. E. Park 2017)은 대화 분석의 주요 주제 가운데 하나인 수정(repair)에 대한 연구로서 국어 대화에서 나타나는 수정 현상 가운데 선행 어구 교체(replacing) 수정을 오류 수정(correcting)과 조정(adjusting)으로 나누어서 분석하였는데, 오류 수정은 말실수나 일시적인 인지적 실수 등 무심한 오류(innocent errors)를 수정하는 것이며, 조정은 관점의 조절, 범위의 조절, 또 정도의 조절 등을 조율하는 성격의 수정임을 제시하였다.

서비스 맥락을 구성하는 제도 말 연구로서 이승희(S. H. Lee 2011b)에서는 고객의 요청을 수락할 수 없을 경우에도 항공사 직원은 고객이 원하는 바를 이미 예상하여 항공사가 지원할 수 있는 서비스를 고객이 요청하도록, 즉 고객의 요청 사항이 '수락될 수 있는 방향'으로 조성되도록 대화를 이끈다는 점을 보였다. 또한 이승희(S. H. Lee 2013)에서는 항공 예약 통화에서의 요청-응답 행위는 연속적인 요청과 응답이라는 확장된 인접쌍으로 이루어지며, 이는 티켓 구매라는 절차에 대한 대화 참여자 간 비대칭적인 지식 차이로 인하여 서로 상이하면서도 다양한 방식으로 행위를 주도하게 됨으로써 나오는 결과임을 지적하였다. 서비스 제공 맥락에서 수행되는 항공사 직원과 고객 간의 질문-응답 순차를 분석한 2009년 연구에 뒤이어서 이승희(S. H. Lee 2011a)에서는, 때로 고객이 직원으로부터 요청되지 않은 정보로 응답하는 경우에도 티켓 구매/판매라는 목표를 가진 제도 말의 더 큰 상위 맥락에서 요구되는 단계를 고객이 예상하여 해당 제도 맥락에서 관련되는 행위로 나아간다는 점을 밝혔다. 이승희(S. H. Lee 2015)는 항공 업무에서 전화 예약의 종결 부분의 순차적 구조가 어떠한 모습을 갖는지 분석하였는데, 예를 들어 직원이 예약이 완료되었음을 알리는 예비 종결 발화를 하면 고객은 그에 따라 '예 알겠습니다'로 응대하며, 직원은 회사의 공식적인 발화 방식으로 '감사합니다. [이름]이었습니다'와 같이 응대하고, 고객은 '예'라고 응대하면서 종결이 되는 대화 구조를 갖는다는 것을 보여 주고 있다. 이승희(S. H. Lee 2016)은 한국어 대화에서 종결 어미 '-지'가 사용되는 WH-의문문이 정보를 요청하기보다는 정보의 공유성 정도를 확인하는 부가 의문문과 같은 기능을 수행하며, 화자 자신에게 하는 자문 형식의 의문문의 사용은 어휘 탐색의 기능을 수행한다고 주장하였다.

중국어 대화 분석 연구로 이지원(J. W. Lee 2012)는 중국어 대화에서의 몸짓, 시선, 몸자세 등이 상호작용의 자원으로 연계되는 모습을 분석한 연구로서, 2.3절에서 소개한 바, 중국어 대화에서 말 순서의 앞과 끝에서 발화되는 'we juede(I think)'를 분석한 이지원(2012)와 함께 우리나라에서는 아직 많이 수행되고 있지 않는 다중 모드 분석의 예를 보여 주고 있다.

2010년대에 들어 주목할 사항 중 하나는 대중 매체 담화를 대화 분석의 시각에서 분석하는 연구들이 다수 나오기 시작했다는 점이다. 이지은(J. E. Lee 2013)은 〈무릎팍도사〉 토크쇼 자료 분석을 통하여 토크쇼 진행자가 익명의 제삼자가 한 말을 인용하여 민감한 질문을 하는 방식의 분석을 토대로 하여 그러한 직접 혹은 가정적 인용을 통해 성취되는 행위를 조명하였는데, 그러한 연계 토대 변환(footing shift)이 상대방에 가해지는 체면 위협을 조율하는 자원으로 사용될 수 있음을 보여 주었다. 또한 서경희·오나연·오영림(2014)는 토크쇼에서 진행자가 출연자에게 곤란하거나 민감한 주제를 다룰 때 어떠한 질문 전략을 쓰는지를 연구하였는데, 제삼자의 인용 진술, 전제가 포함된 질문, 모호한 표현 사용, 주제 좁혀가기라는 전략이 사용되는 맥락을 조명하였다. 또한 서경희(2014가)에서는 한국어 뉴스 인터뷰에서 진행자가 정치인 출연자에게 적대적이나 논쟁적인 질문을 하면서도 동시에 공정성/중립성을 유지하는 데 정향하는 것을 보이는 관계 설정 전략을 어떻게 사용하는지를 연구하였다. 그리하여 (제삼자 인용 진술이 있는) 예비 진술이 있는 질문 사용하기, 예비 진술을 다 한 후에 질문을 더 하지 않기로 단언하고 적대적인 사안에 대해 직접 질문을 하지 않으면서도 향후 원하는 주제를 발전시키는 전략 등을 소개하였다.

유여란(2015)는 토크쇼 영어 인터뷰 대화에서 답변자가 질문자의 칭찬에 대하여 자기 칭찬을 회피하는 전략/자원으로 구성원 범주화 장치(membership categorization devices)를 사용하는 모습을 세밀하게 분석하였다. 이 연구에 이어 유여란(2018)은 칭찬 전략의 분석을 토크쇼의 진행자와 초대 손님 간의 관계 범주화의 시각에서 심화하고 있는데, 대화 분석의 순차 분석의 시각과 함께 구성원 범주화 분석의 시각에서 제도 말을 분석한 흥미로운 논문으로 평가된다. 김규현(K. H. Kim 2016b)와 김규현과 서경희(Kim & Suh 2018)에서는 우리나라 토크쇼에서의 진행자(host)와 초대 손님(guest)의 상호작용에 나타나는 순차의 한 형태인 '요점 조성'(formulation) 순차를 분석하였다. 요점 조성 순차는 진행자의 질문, 초대 손님의 답변에 뒤이어 진행자가 초대 손님이 답변한 내용의 요지나 세부적 내용 등을 다시 자신의 말로 표현하여 초대 손님이 확인하도록 이끄는 성격의 순차로서(Heritage 1985), 초대 손님이 더 구체적인 답변을 하도록 압력을 넣거나, 아니면 초대 손님의 확인 동의(confirmation)를 이끌어 냄으로써 진행자가 다양한 흥미로운 평가 행위를 후속 맥락에서 구성할 수 있는 토대를 마련하는 절차적 특성이 있음을 보였다. 보다 격식성이 높은 정치 토크쇼를 분석한 서경희(2017)은 진행자의 질문에 대한 자신의 답변이 일관성이 없다는 비판을 받았을 때 어떠한 대응 전략을 사용하는지를 대선 주자들과의 인터뷰를 분석하여 조사하였다. 대선 주자들은 일관성 결여라는 공격에 대하여 무조건 피해감으로써 대중에게 부정적인 이미지를 심는 위험을 감수하는 대신 전환 전략을 사용하여 전략적인 보정 및 조정 작업을 하는 것으로 관찰되었다.

조세핀 리(Lee 2016)은 미국 드라마를 분석 자료로 사용하였는데, 미국 시트콤인 〈Big Bang Theory〉에서 대화 인접쌍을 분석한 논문으로서, 특이한 성격의 등장인물이 비선호적이거나 관련성이 적거나 적절하지 않은 두 번째 짝 부분(second pair part)을 발화하여 인접쌍의 규범적인 포맷(normative format)을 위반함으로써 유머가 유발되는 과정을 분석하였다. 이 연구는 자연스러운 대화를 연구 대상으로 삼는 대화 분석의 기본 영역에서는 벗어나지만, 인접쌍의 규범적인 성격을 유머 창출과 연계시켜서 분석하고 있다는 점에서 흥미로운 연구로 평가된다. 또한 조세핀 리(Lee 2018)에서는 우리나라 토크쇼 〈비정상회담〉에서 참가자들이 모의 논쟁 순차(mock-argument sequence)에서 상대방의 반박(challenge)에 대하여 자신의 견해를 약화시키거나 그에 대한 반대 반박(counter-challenge)을 하거나 상대방이 반박을 못 하도록 주장을 강화하는 등 다양한 정도 조절(scaling) 행위를 통하여 다양한 유머와 오락적 즐거움이 절차적으로 창출되는 모습을 조명하였다.

4. '응용' 대화 분석 및 개관 논문

1990년 중반 이후 언어 교육 및 교실 학습 맥락에서 상호작용을 분석하는 '응용' 대화 분석('applied' conversation analysis) 연구가 나오기 시작하는데, 김규현·박용예(1999)는 한국어를 외국어로 배우는 한국어 의사소통 평가 맥락에서 상호작용 능력(interactional competence)의 중요성을 제시하였고, 김규현과 서경희(Kim & Suh 1998)은 한국어 숙달도 측정 인터뷰 맥락에서 면접자와 피면접자 간의 상호작용을 분석하였다. 면접자의 확인 요청 질문에 상호작용적으로 잘 반응하는 능력이 상호작용 능력 평가에 있어서 하나의 잣대가 될 수 있음을 제시하였는데, 이 논문은 ≪Talking and Testing≫(Young & He 1998)에 게재되었다.

김규현(K. H. Kim 1999c)는 초등학교 몰입 학습(immersion) 맥락에서 교사와 학습자 간의 상호작용을 비디오로 녹음하여 학습 활동이 구성되는 모습이 순차적으로 어떻게 조직되는지를 대화 분석의 시각에서 분석하였는데, 암묵적인 규칙성에 따라 조직되는 하나의 '활동'(activity)으로서 교실 학습 활동이 어떻게 구성되는지를 조명하였다. 같은 맥락에서 김규현(K. H. Kim 2002)는 초등학교 교실 담화에서의 교사-학생 상호작용 맥락이 학교에서의 '사회화' 과정을 구성하는 측면을 미시적으로 조명하였는데, 이 논문은 한국어로 번역되어 김규현(2008b)로 출간되기도 하였다.

김해연(2005)는 영어 교과서에 제시된 대화를 대화 분석의 시각에서 분석하였는데, 우리나라 고등학교 교과서에서 대화 분석의 주된 이슈인 말순서 주고받기, 인접쌍, 선호 구조, 그리고 수정 구문 등이 어떻게 반영되어 있는지를 표본 분석을 해 본 결과, 대화문에서 위에서 나열한 요소들이 잘 반영이 되고 있지 않음을 지적하고 있다. 또한 김해연(2006)은 문어 텍스트에서 제시된 대화를 대화 분석적 시각에서 분석한 연구로서 소설에서 묘사된 대화에 나오는 의문문을 분석하였다. 박재은(J. E. Park 2010)은 대화 분석적 시각에서 우리나라 영어 교과서에 제시된 영어 대화의 초대 행위 순차(invitation sequences)를 분석하였는데, 학습 맥락에서 제시되는 의사소통 행위를 제시하는 데 있어서 자연스러운 일상 대화의 구조적 패턴을 반영해야 할 필요성을 지적하고 있다.

김규현과 서경희(Kim & Suh 2007)은 우리나라 중학교 교실 학습 비디오를 분석 자료로 사용하여, 교사가 행위 맥락의 성격에 따라 종결 어미(예를 들어 공손 표지 '-요')를 달리 사용함으로써 공손-비공손 스타일 변환을 체계적으로 조직하고 있음을 보였다. 서경희(K. H. Suh 2012)는 중국인 영어 학습자들이 원어민과의 인터뷰 상황에서 원어민의 발언을 반복하는 현상을 대화 분석적 관점에서 분석하여 중국인 학습자가 대화의 중요한 단어나 구절을 반복하는 전략을 구사하는 것은 주제를 재확인하고 학습자의 참여 태도를 반영하여 서로 협력적 관계를 수립하는 데에 기여하는 역할을 한다고 주장하였다.

국내 학자 중 '응용' 대화 분석 연구 분야에서 선도적인 역할을 하고 있는 학자 중 한 명으로 이요안은 2000년대 중반부터 대화 분석과 민족 방법론/사회 행위 방법론(ethnomethodology)의 시각에서 교실에서의 학습 행위의 제반 측면을 분석해 오고 있다(Y. A. Lee 2004, 2006, 2010). 특히 이요안(Y. A. Lee 2006)은 의사소통 능력(communicative competence)의 개념을 미시적인 대화 분석의 시각에서 재조명한 논문으로 주목을 받았고, 이요안(Y. A. Lee 2010)에서는 교실 학습 맥락에서 '문화' 범주가 교사-학생의 상호작용을 조직하는 과정에서 참여자들의 지식을 구성하는 토대로 사용되는 일련의 관행적 측면을 구성원 범주화 분석의 시각에서 분석하였다.

영어 교육 분야에 시사하는 바가 많은 논문으로 박용예(Y. Y. Park 2001)은 담화 분석의 시각에서 'say'와 'tell'을 분석하였고, 박용예(Y. Y. Park 2004)에서는 원어민-비원어민 영어 대화에서 비원어민 한국어 화자가 'yeah'를 반응 표지로 사용하는 패턴을 분석하였다. 이는 후속 연구에서 영어 원어민 교사-내국인 학생 간의 상호작용을 분석하는 일련의 연구로 이어지고 있는데, 박용예(Y. Y. Park 2007)은 대학 교양 영어 EFL 영작 개별 지도(writing tutorials) 상황에서 교사의 질문이 어떻게 사용되는지를 분석하였고, 후속 연구에서 교사가 학생에게 충고를 주는 맥락에서 조성되는 충고 행위 순차(advice-giving sequence)가 어떻게 서로의 체면을 보호하는 방향으로 전개되는지를 분석하였다(Y. Y. Park 2011, 2018). 박용예(Y. Y. Park 2011)에서는 영어 쓰기 학습 맥락에서 교사가 학생에게 문법에 대한 충고를 주는 경우는 첫 번째 말 순서에서 직접적으로 이루어지지만, 단어 선택에 대한 충고는 여러 말 순서를 거쳐서 단계별로 더욱 절차적인 과정을 통해 이루어짐을 보임으로써, 충고의 대상에 따라 순차의 형태와 길이가 차별화됨을 보였다. 같은 맥락에서 박용예(Y. Y. Park 2018)은 교사가 학생에게 충고를 할 때 어떠한 방식으로 충고가 받아들여지는지를 분석하였다.

영어 교육 맥락을 분석 대상으로 하는 또 다른 연구로서, 박유정(Y. J. Park 2014b)는 중학교 영어 학습 맥락에서 영어로만 수업이 진행되는 경우 교사가 상호작용을 제어하는 정도가 강해짐을 보임으로써, 영어 강의가 학습 맥락에서의 상호작용에 영향을 줄 수 있다는 점을 경험적인 분석을 통해 제시하였다. 유치원 아동들의 학습을 비디오 녹음자료를 통해 분석한 박유정·김희주(Park & Kim 2018)은 아이들의 행위를 '절차적 표출'(procedural display)과 '동시에 따라 하기'(shadowing)의 상호작용적 현상의 측면에서 분석하였는데, 전자는 최소한의 학습이 일어나고 있으나 성공적으로 보이는 상황, 후자는 다른 참여자가 바로 전에 말한 것을 조심스럽게 따라서 하는 행위로 파악하였다.

한국어 학습 맥락을 분석한 논문으로서 김은호(E. H. Kim 2014)는 한국어를 외국어로 배우는 학습자들이 '거든'을 어떻게 사용하는지를 분석하였는데, 상급반 학생들은 '-거든'의 기능을 적절히 습득하여 비선호 응대 표현에서 사용하는 데 반해 하급반 학생들의 '-거든'의 사용은 제한적인 맥락에 국한되고 있음을 보였다. 비슷한 맥락에서 김은호(E. H. Kim 2015)는 우리말 문장 종결 어미 '-잖아'가 교실 과제의 형태에 따라 의견을 교섭하는 과정에서 어떻게 쓰이는지를 분석했는데, 교사가 주도하는 토론에서는 설명을 제시하는 맥락에서 쓰이는 반면, 학생이 주도하는 토론에서는 상대방에게 반대 의사를 표시할 때 쓰이는 것으로 나타났다. 외국어로서의 한국어 교실에서의 수정 피드백에 관한 연구인 김은호(2016)에서는 교사의 수정 피드백과 그에 대한 학습자의 응답이 반드시 일관성이 있게 나타나지 않으며, 교사가 학습자의 문법 형태에 대한 주의 집중을 목표로 수정 피드백을 제공한다고 할지라도 그것이 반드시 학습자의 형태 초점으로 이어지는 않는다는 점을 밝혔다. 김은호(E. H. Kim 2017)은 질문-자기 응답 인접쌍의 반박 기능을 분석하고 있는데, 화자 둘이 구성하는 순차 기본 단위로 정의되는 인접쌍의 개념에 벗어나고 또한 수사 의문문의 당연한 기능인 반박 기능의 성격을 갖기는 하지만, 질문-자기 응답 인접쌍에서 스스로 묻고 대답하는 응답이 비선호적 응답인 반대 의견을 제시할 때 주장의 구체화를 위해서 또는 두 개 이상 되는 질문의 연쇄-응답 구조를 통해 강력한 반대 입장 취하기 상황에서 사용됨을 보였다. 중국어 학습 맥락을 분석한 이지원(2015다)는 고급 단계 중국어 말하기 연습 활동 방안을 대화 분석의 방법을 활용하여 제시하고 있다.

2000년에 들어 대화 분석의 분야를 개관하는 '개관' 범주의 논문들이 나오게 되는데, 여기에는 대화 분석과 담화 분석의 분석적 시각을 개관한 김규현(2000), 사회언어학 분야에서의 담화 연구를 개관한 김해연(2004), 한국어 대화 분석 연구를 개관한 김해연(H. Y. Kim 2005a)와 김규현(2008a), 이원표(2001)에 대한 서평의 형식으로 대화 분석의 시각을 소개한 김규현(2002) 등이 있다. 방법론을 소개하는 논문으로서 김규현(2009)는 대화 분석에서 사용하는 게일 제퍼슨의 전사 체계와 기능 언어학/담화 분석 분야에서 많이 사용하는 뒤 보와(Du Bois)의 억양 단위(intonation unit)를 중심으로 한 전사 체계를 소개하고 있다. 김규현(2014가)는 서평의 형식으로 대화 분석 분야의 연구 동향을 지식 권리의 운영(epistemics) 측면에서 개관하고 있고 서경희(2014나)는 ≪사회언어학: 언어와 사회, 그리고 문화≫(강현석 외)에서 북챕터의 형식으로 화용론으로서의 대화 분석에 대한 간단한 개관을 선보였다.

이승희(S. H. Lee 2013b)는 영어 대화 분석의 분석 방법론을 정리하여 소개한 논문으로, 〈Response design in conversation〉(대화에서의 응답 디자인)이라는 제목으로 ≪The Handbook of Conversation Analysis≫(Sidnell & Stivers 2013)에 게재하였는데, 본 서적은 대화 분석 분야의 최근 동향을 세부적인 내용을 영역별로 잘 제시해 주고 있는 매우 중요한 저서로 인정되고 있다. 그밖에 국내외의 한국어 대화 분석 연구를 개관하는 김 스테파니와 김규현(Kim & Kim 2015)의 공저 논문이 ≪The Handbook of Korean Linguistics≫(Brown & Yeon 2015)에 게재되었고, 대화 분석의 연구 방법론을 소개하는 김규현(2016)이 ≪담화 분석≫(김해연 엮음 2016)에 게재되었다.

5. 앞으로의 과제

대화 분석은 화자 간의 상호작용 맥락에서 언어를 포함하는 일련의 자원이 동원되어 사회적 행위가 서로 인지 가능한 행위(recognizable actions)로 구성되게끔 하는 데 토대가 되는 관행, 절차, 및 과정을 파악하고자 하는 분석적 시각이라고 할 수 있다. 그러한 점에서 대화 분석의 분석적 시각은 특정 학문 영역에 국한되는 분석적 시각이라기보다는 인간과 사회, 세계를 이해하는 하나의 시각이라고 할 수 있다. 아마도 이러한 이유에서 사회학에 기원을 두고 있지만 학문적 경계를 넘어 사회학뿐 아니라 언어학, 응용언어학, 심리학, 커뮤니케이션 등 여러 분야의 학자들이 대화 분석의 시각을 수용해 오고 있는 것이 아닌가 한다.

국내 사회언어학과 담화 분석 분야에서도 대화 분석은 다양한 모습으로 접목되고 정착되어 오고 있음을 앞에서 살펴보았다. 현재 국내에서 활동하고 있는 대화 분석자는 대부분 해외에서 대화 분석의 시각으로 훈련을 받은 학자들로서 국내의 학계에서 활동하면서 각자의 영역을 지속적으로 혹은 새롭게 개척해 오고 있는 것을 볼 수 있다. 이러한 과정에서 국내에서의 대화 분석은 사회언어학, 담화 분석, 영어 교육 등 제반 분야에 다양하게 접목되면서 다양한 모습으로 발전되어 오고 있다. 이를 통해 대화 분석의 경험적 시각의 잠재적 특성이 다양한 학문 분야와 접목되는 과정을 통해 다변화되는 모습을 볼 수 있는데, 이러한 현황에 비추어 우리나라 대화 분석 분야가 앞으로 나아가야 할 방향에 대하여 다음과 같은 사항들을 생각해 볼 수 있을 것이다.

첫째, 대화 분석 학자에 따라 개인적인 차이는 있겠지만, 우리나라 학자들의 경우 대부분 언어학 관련 분야를 전공으로 시작하고 나서 나중에 대화 분석자로 훈련을 받는 경우가 많다. 위에서 살펴본 바와 같이 특정 문법 형태/신호가 상호작용을 구성하는 자원으로 사용되는 모습을 조명하고자 하는 '문법 관행'에 초점을 두는 연구가 지속적으로 수행되어 오고 있다는 점에서도 그러한 면이 있음을 알 수 있다. 해외에서도 대화 분석 연구를 하는 언어학자들의 연구 주제와 성격은 언어학과 언어 관련 영역에서 조성된 주제를 가지고 특정 문법 형태의 상호작용적 기능을 규명하고자 하는 연구를 하는 경우가 많은데, 이처럼 언어 현상 자체에 우선적인 비중을 두는 접근 방법은 엄밀히 말해서 언어 자체를 분석의 대상으로 삼지 않은 순수 대화 분석의 시각과는 구별되는 입장이라고 할 수 있다. 이와 관련하여 언어학과 대화 분석 간의 인터페이스 분야로서 자연스럽게 특화된 '상호작용 언어학'(interactional linguistics)이 이제 대화 분석의 한 분야로서 자리를 잡아가고 있는 점이 주목된다(Couper-Kuhlen & Selting 2018). '문법' 관행을 조명하는 국내의 대화 분석 연구는 앞으로 대화 분석/상호작용언어학 분야에 기여할 수 있는 내용의 연구 결과를 창출해 나갈 수 있을 것으로 기대한다.

둘째, 대화 분석은 자연스럽게 발생하는 대화/담화 자료를 분석 대상으로 하여 녹취된 음성 혹은 영상 자료를 세밀하게 가능한 한 실제 상호작용의 모습을 반영하도록 전사하여 분석을 수행한다. 그리하여 연구자는 자신의 선험적인 이론적 혹은 주관적 시각을 조급하게 자료에 적용하는 것을 피하고, 세밀한 관찰(observations)을 통해 자료에서 드러나는 관행과 절차를 통해 구조적 패턴을 파악하고, 그를 통해 상호작용적으로 구성되는 행위를 분석함으로써, 일상 대화가 체계적인 사회적 산물로 구성되는 상호작용의 질서를 드러내는 것을 목적으로 한다. 이러한 면에서 대화 분석은 그 어느 담화 분석이나 화용론적 접근 방식보다도 더욱 철저한 경험적 시각을 요구하고, 이론보다 자료에서 출발하는 '자료 기반'(data-driven) 접근 방법의 성격을 갖는다(Levinson 1993). 그리하여 대화 분석에서는 녹취 자료에서 말 순서 교환과 순차가 어떻게 조직되는지를 파악하기 위해서 해당 자료를 자세히 반복해서 듣고 전사 자료를 상세화시켜 나가면서 계속 대화를 관찰하는 과정이 필수적이다. 이는 분석을 시작하기 전에 가설을 세운다거나, 사전에 정해진 범주에 따라 대화/담화의 발화문 및 그의 구성 성분들을 코딩을 한다거나 하는 경우가 많은 언어학의 분석 관행과는 큰 차이가 있는데, 언어학에서는 분석의 대상이 되는 언어 현상을 '부수 현상'(epiphenomenon)—즉 이론적 일반화에 이르기 위해 사용되는 원료/기초 자료—으로 간주하는 경우가 많을 것이기 때문이다. 방법론적인 측면에서 이처럼 자료에서 출발하는 '자료 기반'(data-driven) 접근 방법과 이론에서 출발하는 '이론 기반'(theory-driven) 접근 방법 간의 갈등을 해소하고 이를 조율하는 것은 각 연구자의 몫일 것이다. 여기서 중요한 것은 대화 자료를 분석하는 과정에서 연구자는 자신이 미리 생각한 범주나 특정 의제(agenda)에 따라 현상을 분류하는 것이 아니라, 대화에서 관찰되는 자연스러운 상호작용 현상 자체를 '주현상'으로 보고 이를 반복적으로 관찰을 함으로써만 대화 분석의 통찰력이 얻어질 수 있다는 점이다(Sacks 1992). 국내의 대화 분석 학자들은 대화 분석과 함께 응용언어학, 인지 언어학, 코퍼스 언어학 등 분야의 연구도 함께 수행하는 경우가 많다는 점에서, 이러한 대화 분석 고유의 정체성과 분석관을 어떻게 견지해 나갈 것인가 하는 문제는 현실적으로 언어학의 의제를 다양한 모습의 융합적 접근 방법을 통해 다루고자 하는 대화 분석 학자들이 모두 의식하고 고민해야 하는 문제라고 생각한다. 나아가 국내 언어학계는 전반적으로 이론 기반, 내용/주제 위주 및 거시 분석적 시각에 중점이 주어지는 환경이라는 점에 비추어 볼 때, 대화 분석을 정의하는 근본적인 특징이라고 할 수 있는 자료 기반, 구조/행위 위주, 미시 분석적 시각(Schegloff 2006)이 가져다줄 수 있는 분석적 이점(analytic benefits)을 추출해 내는 연구가 계속 나올 수 있기를 기대한다.

셋째, 미국이나 일본의 상황과 비교해 볼 때 우리나라에서 대화 분석자들이 공동으로 사용할 수 있는 대화 자료 코퍼스는 상대적으로 매우 빈약한 것으로 보인다. 한국어 대화나 원어민-비원어민 대화를 포함하여 자연스럽게 발화되는 대화/담화의 음성 혹은 영상 녹취본과 전사본 코퍼스를 구축하는 데 서로 기여하고 함께 사용할 수 있는 공간과 방안을 마련할 수 있다면 대화 분석 연구에 큰 도움을 줄 수 있을 것이다.

넷째, 최근 해외의 대화 분석 분야에서는 비디오 자료 분석이 대세라고 할 정도로 다중 모드 분석이 활발하게 진행되고 있는 반면에, 국내에서는 상대적으로 아직도 오디오 자료 분석 위주로 연구가 수행되고 있다. 물론 음성 녹음자료라 하더라도 연구자의 상세한 관찰에 토대를 둔 분석이라면 영상 자료가 없는 데에서 오는 제한점을 상당 부분 극복할 수는 있겠지만, 언어뿐 아니라 눈짓과 손동작, 몸짓, 자세 등을 포함하여, 참여자들이 상호작용 맥락에서 세밀하게 정향하는(orient to) 사물까지 의사소통을 체계적으로 구성하는 데 동원되는 중요한 자원이라는 점이 많은 연구에서 밝혀지고 있는 만큼 국내 대화 분석학자들도 비디오로 녹음된 상호작용 분석 쪽에 더 많은 관심을 기울여야 할 것이다.

마지막으로 연구 주제의 설정 방향과 관련하여, 해외에서 영어 등 다른 언어의 대화 분석 연구를 선도하는 연구자들의 연구 결과나 동향에 비추어 한국어 대화의 분석을 비교 분석적 시각에서 함께 수행해 나가는 것이 중요할 것이다(Sidnell 2009). 그러한 비교 연구에 있어서, 어느 정도 일대일 대응이 가능한 것으로 보이는 언어 형태나 관행(practices)의 경우에 있어서도 한국어 대화에서는 영어 등 서구 언어 대화에서와는 전혀 다른 방식으로 상호작용의 자원으로 사용될 수 있을 것이기에, 그러한 부분을 밝혀냄으로써 비교 언어/문화적 시각을 한층 더 심화해 나갈 수 있을 것이다.

문법의 차원에서 보편성을 찾으려고 하는 언어학과 대비되는바, 대화 분석은 상호작용적 관행(interactional practices) 차원에서 언어 간의 보편성을 추구하는 분야라고 할 수 있을 것이다. 상호작용적 관행 측면에서 보자면 문법적으로 상이한 언어 간 차이가 많이 사라지는 것처럼 보일 수 있겠지만, 각 언어에서 어떠한 문법 장치를 통해 해당 관행이 성취되는지에 초점을 맞춘다면 우리는 또 문법의 차이만큼이나 다양한 관행 성취 과정의 다양성과 만나게 될 것이다. 앞으로 대화 분석은 아마도 이 문제를 다루는 데 분석력을 동원해야 하지 않을까 한다. 단일 언어의 대화 구조를 동적으로 지탱해 주는 상호작용적 질서를 언어 간 행위 성취 과정의 차이점과 연계시키고자 노력함으로써, 대화 분석은 비교 언어/문화 분석을 심층적으로 가능하게 해 주는 분석적 시각으로 한층 더 발전해 나갈 수 있을 것으로 기대한다.

주석

1) 이러한 점에서 해외에서 활동하고 있는 한국인 대화 분석 학자들의 연구는 이 장에서 다루어지지 않았음을 밝힌다. 하와이대학교의 메리 김(Mary S. Kim), 캘리포니아주립대(노스리지)의 스테파니 김(Stephanie H. Kim) 등 많은 해외 학자들이 영어 및 한국어 대화 분석 분야에서 활동하고 있다. 이를 개관하는 논문으로는 김스테파니와 김규현(Kim & Kim 2015)를 참고하기 바란다. 또한 가능한 한 많은 논문들을 소개하고자 하였지만, 글의 분량과 관련된 제약과 저자들의 주관적인 시각과 제한적인 경험 등으로 인하여 본의 아니게 누락된 연구들이 상당 수 있을 것으로 본다. 아울러 국내 대화 분석 연구의 전반적인 흐름을 파악하는 데 중점을 두고 개관을 하는 과정에서 논문들을 선별하여 소개해야 할 필요성도 있었음을 밝힌다.

2) ≪사회언어학≫과 ≪담화와 인지≫ 이외에, ≪언어≫, ≪영어교육≫, ≪텍스트언어학≫ 등 관련 학술지에 게재된 논문들도 부분적으로 포함시켰다. 또한 국내 대화 분석 학자들의 논문이 실린 ≪Japanese/Korean Linguistics≫, ≪Journal of Pragmatics≫, ≪Pragmatics≫, ≪Research on Language and Social Interaction≫, ≪Discourse Studies≫, ≪Human Studies≫ 등 해외 학술지도 부분적으로 살펴보았다.

3) 문법적 관행과 상호작용적 관행을 서로 구별되는 범주로 나누는 것은 경험적 시각에서 볼 때 자의적이고 타당하지 않은 부분이 있는 것이 사실이지만, 국내 대화 분석 연구의 동향을 살펴보는 맥락에서 논문을 주제별로 분류하는 데 있어서 유용한 잣대를 제공해 주었다.

4) '응용' 대화 분석 범주에는 사실 학습 맥락뿐 아니라 의료 커뮤니케이션 등 제도 맥락에서 발생하는 서비스 활동을 분석하는 연구도 포함될 수 있겠지만(Richards & Seedhouse 2016), 이 장에서는 기본적으로 '학습'(pedagogy) 활동 맥락에 초점을 두는 연구만을 해당 범주에 포함시켰다 (Wong & Waring 2010 참고).

5) 이는 어빙 고프먼(Erving Goffman)이 지적한바, 참여자에게 부여되는 사회적 변인(social variables)과 의사소통 행위의 자질 간의 상관관계 연구에 치중함으로써, 해당 의사소통 행위가 내적으로 어떻게 상호작용적으로 조직되는지에 관한 문제에는 관심을 두지 않았던 당신의 연구 동향을 경험적으로 보완하는 연구적 시각이라고 할 수 있다(Goffman 1964).

6) 대화 분석의 기초가 되는 분석적 시각은 1960년대 하비 색스가 로스앤젤레스와 어바인 소재 캘리포니아 대학교에서 강의한 내용을 게일 제퍼슨이 수합하여 1992년 책으로 출간한 강의록을 통해 널리 알려지게 되었다(Sacks 1992).

7) 이는 영어 대화에서 말 순서 취하기(turn-taking) 관련 규칙을 제시한 색스, 쉐글로프와 제퍼슨(Sacks, Schegloff & Jefferson 1974) 논문을 기점으로 하여 말 순서 교환을 통해 조직되는 순차의 체계성을 밝히는 데 연구력을 집중하게 된 것에 연유하는 것으로 볼 수 있지 않을까 한다. 최근 엘리자베스 스토코(Elizabeth Stokoe) 등 대화 분석 학자들은 이 두 분석적 시각이 통합되어 적용될 수 있음을 제시하고 있다(Stokoe 2007, 2010). 구성원 범주화 분석에 관해서는 헤스터와 에글린(Hester & Eglin 1997), 쉐글로프(Schegloff 2007b) 등을 참고하기 바란다.

8) 색스, 쉐글로프와 제퍼슨(Sacks, Schegloff & Jefferson 1974)의 말 순서 조직 연구가 언어학 분야의 저명한 학술지인 ≪Language≫에 게재됨으로 인하여 사회학 분야에서 시작된 대화 분석

이 언어학 분야에 소개되고, 그에 뒤이어 수정(repair) 현상을 분석한 쉐글로프, 제퍼슨과 색스(Schegloff, Jefferson & Sacks 1977)도 ≪Language≫에 게재됨으로써, 대화 분석자와 언어학자가 서로 상이한 분석적 시각에도 불구하고 서로의 영역에 기여할 수 있는 토대가 마련되었다고 할 수 있다(Fox, Thompson, Ford & Couper-Kuhlen 2013).

9) 영어 대화에서 말 순서 단위의 완결 가능점을 예측하여 결정하는 근거로서, 화자들은 문장이 끝나는 문법 완결 지점, 다양한 높이와 방향의 억양으로 표시되는 억양 완결 지점 및 행위가 완결되는 화용 완결 지점에 다각적으로 정향한다는 점을 샌드라 톰슨(Sandra Thompson), 바바라 폭스(Barbara Fox), 세실리아 포드(Cecilia Ford) 등 기능 언어학자들이 밝혀냄으로써 대화 분석과 기능 언어학 분야 간의 긴밀한 공조 관계가 형성되기도 하였다.

10) 레빈슨(Levinson)은 인류언어학과 인지 언어학 등 여러 언어학 관련에 정통한 학자로서, 그의 저서 ≪Pragmatics≫에서 담화 분석 등 다른 접근 방식과 비교해 볼 때, 대화 분석이야말로 화자와 맥락을 언어 분석에 포함시키는 화용론적 접근 방식에 가장 충실한 접근 방식임을 제시하고 있다(Levinson 1983).

11) 1980~90년대 대화 분석이 본격적으로 국내에 소개되기 이전의 국내 언어학자 중 대화 분석에 관심을 가졌던 학자들은 대화 분석의 연구 방법을 체계적으로 훈련을 받지 않은 학자들로서, 자신의 전문 분야인 의미론이나 통사론 연구에 대화 분석의 시각을 단편적으로 적용하고자 했던 경우가 많았던 것으로 보인다. 예를 들어 말 순서 교환 규칙을 실제 대화 맥락과는 동떨어지는 하나의 추상적인 규칙으로만 이해한다거나, 수업에서 학생들이 여러 형태의 순차(sequence)를 인위적으로 만들어 낸 문장을 이어서 구성하도록 한다거나 하는 대화 분석의 미시적이고도 경험적인 시각에서 많이 벗어난 관행들이 있었던 것으로 알려져 있다.

12) 앞에서 언급한 바와 같이 대화 분석 논문의 편수를 파악하는 데 있어서 사회언어학과 담화 분석 관련 분야의 학술지들을 중심으로 살펴보았기에 분석 대상에서 누락된 대화 분석 논문들도 있을 것으로 생각한다. 하지만 기본적으로 국내 대화 분석의 연구의 큰 흐름을 대략적으로 파악하기에는 충분한 편수의 논문을 고려하였다고 본다. 도표에서 '상호작용 관행' 범주와 '응용 대화 분석' 범주에 들어가는 논문은 분석 자료의 성격이나(예를 들어 '제도 말'(institutional talk)) 접근 시각(예를 들어 '지식 권리 운영'(epistemics)) 등의 측면에서 겹치는 부분이 많아 해당 도표에서는 한 항목으로 분류하였다(4절 참조).

참고문헌

김규현(2000), 〈담화와 문법: 대화분석적 시각을 중심으로〉, ≪담화와 인지≫ 7(1), 155~184, 담화·인지 언어학회.

김규현(2002), 〈서평: 이원표 담화분석: 방법론과 화용 및 사회언어학적 연구의 실례〉, ≪사회언어학≫ 10(1), 409~427, 한국사회언어학회.

김규현(2006), 〈한국어 대화에서 나타나는 첨가어의 순차적 분석〉, ≪언어와 언어학≫ 37, 21~48, 한국외국어대학교 외국어종합연구센터 언어연구소.

김규현(2008가), 〈한국어 대화구조와 문법: 대화분석의 시각〉, ≪응용언어학≫ 24(3), 31~62, 한국응용언어학회

김규현(2008나), 〈교사-아동학습자 간의 교실담화의 대화 분석〉, 왕한석 엮음, ≪한국어와 한국사회≫, 313~331, 교문사.

김규현(2009), 〈구어 자료의 전사 관행〉, ≪언어사실과 관점≫ 23, 77~102, 연세대학교 언어정보연구원.

김규현(2014가), 〈서평: 대화분석 분야의 연구동향: 언어, 사회적 행위, 지식권리의 운영, 그리고 도덕성〉, ≪담화와 인지≫ 21(3), 311~320, 담화·인지 언어학회.

김규현(2014나), 〈이야기 구술 맥락에서의 한국어 화제표지의 분석: 영어의 좌향전위 구문과의 비교〉, 김하수 엮음, ≪문제로서의 언어≫ 5, 3~39, 커뮤니케이션 북스.

김규현(2016), 〈대화분석〉, 김해연 엮음, ≪담화분석≫, 175~239. 종합출판.

김규현·박용예(1999), 〈외국인을 위한 한국어 의사소통능력 평가 연구〉, ≪사회언어학≫ 7(1), 1~49. 한국사회언어학회.

김규현·서경희(1996), 〈대화조직상의 성별 차이: 평가와 이해확인을 중심으로〉, ≪사회언어학≫ 4(2), 77~111. 한국사회언어학회.

김새롬(2018), 〈대립적 담화표지 I don't know〉, ≪사회언어학≫ 26(1), 83~109, 한국사회언어학회.

김은호(2016), 〈한국어 교실에서의 수정적 피드백에 대한 대화 분석적 접근〉, ≪어문논집≫ 65, 145~185, 중앙어문학회.

김해연(2004), 〈사회언어학에서의 담화연구〉, ≪사회언어학≫ 12(2), 105~129,

한국사회언어학회.

김해연(2005), 〈대화분석과 고등학교 영어교과서분석의 대화분석적 접근〉, ≪영어학≫ 5(4), 711~732, 한국영어학회.

김해연(2006), 〈문어담화 의문문의 대화분석적 접근: [토지]에 나타난 의문문의 분석을 중심으로〉, ≪텍스트언어학≫ 21, 113~144, 한국텍스트언어학회.

서경희(2014가), 〈적대성과 중립성의 조율〉, ≪사회언어학≫ 22(3), 59~87, 한국사회언어학회.

서경희(2014나), 〈화용론과 대화 분석〉, 강현석 외, ≪사회언어학: 언어와 사회, 그리고 문화≫, 233~278, 글로벌콘텐츠.

서경희(2017), 〈뉴스인터뷰에서 일관성결여 비판에 대한 대응전략〉, ≪사회언어학≫ 25(4), 31~69, 한국사회언어학회.

서경희·김규현(1995), 〈'겠' 구문의 대화분석〉, ≪사회언어학≫ 3(1), 35~54, 한국사회언어학회.

서경희·오나연·오영림(2014), 〈TV토크쇼에서 나타나는 진행자의 담화전략분석: 민감한 질문하기를 중심으로〉, ≪영미연구≫ 32, 273~306, 한국외국어대학교 국제지역연구센터 영미연구소.

유여란(2015), 〈자기칭찬 회피를 위한 구성원 범주화 장치의 사용〉, ≪담화와 인지≫ 22(2), 75~99, 담화·인지 언어학회.

유여란(2018), 〈인터뷰 대화에서 나타나는 관계범주 조정에 기반을 둔 칭찬전략 연구〉, ≪담화와 인지≫ 25(2), 49~72, 담화·인지 언어학회.

이원표(2001), ≪담화분석≫, 한국문화사.

이익환·권경원 옮김(1992), ≪화용론≫, 한신문화사. [Levinson, S. C. (1983)].

이지원(2012), 〈중국어의 말차례 시작과 말차례 끝에서 순차적으로 발화되는 '我覺得(wo juede)'의 상호작용적 기능에 관한 연구〉, ≪담화와 인지≫ 19(3), 221~243, 담화·인지 언어학회.

이지원(2014), 〈중국어 직접화법(direct reported speech)에서 나타나는 화자 고개 움직임의 상호작용적인 사용〉, ≪사회언어학≫ 22(1), 181~201, 한국사회언어학회.

이지원(2015가), 〈일상 대화에서 일인칭 복수 대명사 '我們(women)'과 '咱們(zanmen)'의 상호작용적인 기능〉, ≪사회언어학≫ 23(3), 235~262, 한국사회언어학회.

이지원(2015나), 〈상호작용적 자원으로서의 현대중국어 어기조사 '吧'〉, ≪담화와 인지≫ 22(2), 129~149, 담화·인지 언어학회.

이지원(2015다), 〈대화분석 방법을 활용한 상호작용적인 말하기 연습활동: 고급
단계 중국어 워크북을 중심으로〉, ≪중국문학연구≫ 61, 69~91, 한국중
문학회.

이지원(2017), 〈중국어 대화에 나타난 '(我)不知道'의 사용 양상 및 담화-화용적 기
능〉, ≪사회언어학≫ 25(1), 167~192, 한국사회언어학회.

이지원(2019가), 〈현대 중국어 일상대화에서 출현하는 '有點兒'의 통사-의미적 특
징과 그 담화-화용적 기능〉, ≪담화와 인지≫ 26(1), 91~115, 담화·인지
언어학회.

이지원(2019나), 〈중국어 이인칭대명사 '你'의 반복사용에서 나타나는 담화-화용
적 기능〉, ≪담화와 인지≫ 26(4), 67~96, 담화·인지 언어학회.

Brown, L, & Yeon, J. H. (eds.) (2015). *The Handbook of Korean Linguistics.*
West Sussex, UK: Wiley-Blackwell.

Couper-Kuhlen, E., & Selting, M. (2018). *Interactional Linguistics: Studying
Language in Social Interaction.* Cambridge: Cambridge University
Press.

Goffman, E. (1964). The neglected situation. *American Anthropologist 66,*
133~136.

Fox, B., Thompson, S. A., Ford, C. E., & Couper-Kuhlen, E. (2013).
Conversation analysis and linguistics. In J. Sidnell and T. Stivers
(eds.), *The Handbook of Conversation Analysis,* 726~740. West
Sussex, UK: Wiley-Blackwell.

Hart, W., Suh, K. H., & Oh, Y. L. (2017). OK in emergency dispatch
encounters. *The Sociolinguistic Journal of Korea* 25(2), 1~28.

Heritage, J. (1985). Analyzing news interviews: Aspects of the production
of talk for an overhearing audience. In T. van Dijk (ed.),
Handbook of Discourse Analysis, Volume 3: Discourse and Dialogue,
95~119. London: Academic Press.

Heritage, J., & Raymond, G. (2005). The terms of agreement: Indexing
epistemic authority and subordination in talk-in-interaction.
Social Psychology Quarterly 68(1), 15~38.

Heritage, J., & Raymond, G. (2012). Navigating epistemic landscapes:
Acquiescence, agency, and resistance in response to polar

questions. In J. P. de Ruiter (ed.), *Questions: Formal, Functional and Interactional Perspectives*, 179~192. Cambridge: Cambridge University Press.

Hester, S., & Eglin, P. (eds.) (1997). *Culture in Action: Studies in Membership Categorization Analysis*. D.C.: International Institute for Ethnomethodology and Conversation Analysis & University Press of America.

Jucker, A. H., & Ziv, Y. (eds.) (1988). *Discourse Markers: Descriptions and Theory*. Amsterdam: John Benjamins.

Kim E. H. (2014). L2 speakers' use of Korean sentence-ending suffix-*ketun*. *The Sociolinguistic Journal of Korea* 22(1), 23~60.

Kim E. H. (2015). Negotiating opinion and the use of Korean interpersonal modal ending in the KFL classroom. *The International Society of Language and Literature* 32, 231~262.

Kim E. H. (2017). Question and self-answer adjacency pair as a stance-taking device. *The Society Of Chung-Ang Language and Literature* 71, 7~36.

Kim, H. Y. (1997). Referential choice for third persons in Korean conversation. *Discourse and Cognition* 4(2), 121~158.

Kim, H. Y. (1999). The form and function of questions in Korean conversation. *Discourse and Cognition* 6(2), 211~247.

Kim, H. Y. (2000). The form and function of declarative questions in Korean multi-party conversation. *Discourse and Cognition* 7(1), 63~94.

Kim, H. Y. (2002a). Co-construction as an interactional achievement in Korean conversation. *The Sociolinguistic Journal of Korea* 10(2), 181~212.

Kim, H. Y. (2002b). Single-clause turns as turn-constructional units in Korean conversation. *Discourse and Cognition* 9(2), 29~57.

Kim, H. Y. (2002c). Collaborative turn completion in Korean conversation. *Language Research* 38(4), 1281~1316.

Kim, H. Y. (2003). NP turn extensions in Korean conversation. *Korean Journal of Linguistics* 28(4), 585~605.

Kim, H. Y. (2004a). Backchannels as achievements of social interaction in Korean conversation. *The Sociolinguistic Journal of Korea* 12(1), 65~94.

Kim, H. Y. (2004b). *Really* as a free-standing TCU in English conversation. *Language Research* 40(4), 861~883.

Kim, H. Y. (2005a). An overview of studies of conversation in Korean linguistics. *The Sociolinguistic Journal of Korea* 13(2), 89~126.

Kim, H. Y. (2005b). An interactional approach to relative clauses in English conversation. *Discourse and Cognition* 12(2), 65~90.

Kim, H. Y. (2005c). Cataphoric pronominals in Korean conversation. *Korean Journal of Linguistics* 30(4), 651~671.

Kim H. Y. (2006). A conversation-analytic approach to *wh*-questions in written discourse. *Discourse and Cognition* 13(1), 41~67.

Kim, H. Y. (2007). Some sequential aspects of *yes/no* questions in English conversation. *Korean Journal of Linguistics* 32(2), 293~317.

Kim, H. Y. (2008). Sharedness of information and the sequential structures in Korean conversation. *Discourse and Cognition* 15(2), 29~52.

Kim, H. Y. (2009). Types and functions of candidate answers in English conversation. *The Sociolinguistic Journal of Korea* 17(1), 185~209.

Kim, H. Y. (2016). *You know* as a stance marker of engagement in American English conversation. *Discourse and Cognition* 23(1), 29~55.

Kim, J. Y. (2008). Nonnative speakers' uses of "yeah" and "kin'of" as corrective actions. *The Sociolinguistic Journal of Korea* 16(1), 25~48.

Kim, K. H. (1991). The role of the Korean topic marker in foregrounding speaker stance. *Berkeley Linguistic Society* 17, 144~155.

Kim, K. H. (1993a). Topicality in Korean conversation: Conversation analytic perspective. In P. M. Clancy (ed.), *Japanese/Korean Linguistics* vol. 2, 33~54. Stanford: CSLI.

Kim, K. H. (1993b). Other-initiated repair sequences in Korean conversation as interactional resources. In S. J. Choi (ed.), *Japanese/Korean*

Linguistics vol. 3, 3~18. Stanford: CSLI.

Kim, K. H. (1994). An analysis of nominal reference forms in English conversational stories. *Language Research* 30(2), 449~471.

Kim, K. H. (1995). WH-clefts and left-dislocation in English conversation: Cases of topicalization. In P. A. Downing and M. Noonan (eds.), *Word Order in Discourse*, 247~296. Amsterdam: John Benjamins.

Kim, K. H. (1999a). Other-initiated repair sequences in Korean conversation: Types and functions. *Discourse and Cognition* 6(2), 141~168.

Kim, K. H. (1999b). Phrasal unit boundaries and organization of turns and sequences in Korean conversation. *Human studies* 22(2-4), 425~446.

Kim, K. H. (1999c). Organization of classroom discourse. *The Sociolinguistic Journal of Korea* 7(2), 159~87.

Kim, K. H. (2000). An analysis of Korean topic constructions in story-telling contexts with reference to English left-dislocation. *The Sociolinguistic Journal of Korea* 8(1), 139~166.

Kim K. H. (2001a). The Korean topic marker *nun* as tying device. *Discourse and Cognition* 8(1), 139~159.

Kim, K. H. (2001b). Turn-constructional practice in Korean conversation: Organization of turn increments. *Language Research* 37(4), 885~922.

Kim, K. H. (2001c). Confirming intersubjectivity through retroactive elaboration: Organization of phrasal units in other-initiated repair sequences in Korean conversation. In M. Selting and E. Couper-Kuhlen (eds.), *Studies in Interactional Linguistics*, 345~372. Amsterdam: John Benjamins.

Kim. K. H. (2002). Interactive classroom discourse as context of learning and socialization. *The Sociolinguistic Journal of Korea* 10(2), 213~241.

Kim, K. H. (2003). An analysis of collaborative completion in Korean conversation. *Language Research* 39(1), 147~182.

Kim, K. H. (2004). A conversation analysis of Korean sentence-ending modal suffixes *-ney*, *-kwun(a)*, and *-ta*: Noticing as a social action. *The Sociolinguistic Journal of Korea* 12(1), 1~35.

Kim K. H. (2005). An analysis of discourse-organizational features of pauses projecting imminent completion of turn-constructional units in English conversation. *Discourse and Cognition* 12(3), 27~56.

Kim, K. H. (2007a). The Korean topic marker *nun* revisited: *nun* as a tying device. In N, H. McGloin and J. Mori (eds.), *Japanese/Korean Linguistics* vol. 15, 81~92. Stanford: CSLI.

Kim, K. H. (2007b). Sequential organization of post-predicate elements in Korean conversation: Pursuing uptake and modulating action. *Pragmatics* 17(4), 574~603.

Kim, K. H. (2008). Topic and subject in spoken Korean discourse: Focus-giving as interactional practice. *The Sociolinguistic Journal of Korea* 16(2), 51~80.

Kim, K. H. (2010). The sentence-ending suffix *ketun* in spoken Korean discourse: Sequential organization of informing as account-giving. *The Sociolinguistic Journal of Korea* 18(1), 217~248.

Kim K. H. (2012). The use of *incey* in storytelling sequences. *Discourse and Cognition* 19(3), 29~58.

Kim, K. H. (2016a). The topic marker *-nun* as an interactional resource: Domain-shifting as stance-managing practice. *The Sociolinguistic Journal of Korea* 24(3), 65~94.

Kim K. H. (2016b). The host's receipt work in Korean talk-show interactions. *Discourse and Cognition* 23(4), 1~30.

Kim, K. H. (2017). Topic marker *-nun* as an exploratory device: Shifting domains for stance management in pursuit of intersubjectivity. *The Sociolinguistic Journal of Korea* 25(2), 29~72.

Kim, K. H. (2018). Enhancing solidarity through dispreferred format: The *nuntey*-clause in Korean conversation as a normative basis for leveraging action. *East Asian Pragmatics* 3(1), 27~57.

Kim, K. H. (to appear). Korean 'topic' particle *nun* as a categorization resource for sequence expansion: Redressing the situated action 'on the periphery'. *Journal of Pragmatics.*

Kim, K. H., & Suh, K, H. (1994a). An interactional account of *nikka* in Korean conversation, In S. Iwasaki, T. Ono, H. Tao, and H. S. Lee (eds.), *Santa Barbara Papers in Linguistics 5, East Asian Linguistics,* 101~122. Department of Linguistics, University of California, Santa Barbara.

Kim, K. H., & Suh, K. H. (1994b). The discourse connective *nikka* in Korean conversation. In N. Akatsuka (ed.), *Japanese/Korean Linguistics* vol. 4, 113~129. Stanford: CSLI.

Kim, K. H., & Suh, K. H. (1996). Dealing with prior talk: discourse connectives in Korean conversation. In N. Akatsuka, S. Iwasaki and S. Strauss (eds.), *Japanese/Korean Linguistics* vol. 5, 83~99. Stanford: CSLI.

Kim, K. H., & Suh, K. H. (1998). The use of confirmation sequences as interactional resources in Korean language proficiency interviews. In R. Young and A. W. He (eds.), *Talking and Testing: A Discourse Approaches to the Assessment of Oral Proficiency,* 297~332. Amsterdam: John Benjamins.

Kim, K. H., & Suh, K. H. (2002). Demonstratives as prospective indexicals: *ku* and *ce* in Korean conversation. In N. Akatsuka, S. Strauss, and B. S. Comrie (eds.), *Japanese/Korean Linguistic,* vol. 10, 192~205. Stanford: CSLI.

Kim, K. H., & Suh, K. H. (2004). An analysis of Korean sentence-ending suffixes in caregiver-child interaction. *Language Research* 40(4), 923~950.

Kim, K. H, & Suh, K. H. (2007). Style shift in Korean pedagogical discourse. *The Sociolinguistic Journal of Korea* 15(2), 1~30.

Kim, K. H., & Suh, K. H. (2010a). The use of *incey* in conversation: Enhancing addressee involvement and managing boundary-marking. *The Sociolinguistic Journal of Korea* 18(2), 103~134.

Kim, K. H., & Suh, K. H. (2010b). The sentence-ending suffix *-ketun* in Korean conversation with reference to *-nuntey*: Sequence organization and management of epistemic rights. *Discourse and Cognition* 17(3), 1~38.

Kim, K. H., & Suh, K. H. (2010c). *Ketun* in conversation: Soliciting news receipt as sequentially-motivated action. In S. Iwasaki, H. Hoji, P. M. Clancy, and S. O. Sohn (eds.), *Japanese/Korean Linguistics* vol. 17, 423~438. Stanford: CSLI.

Kim, K. H., & Suh, K. H. (2018). Formulation sequence in Korean TV talk shows: Pre-sequence as consensual grounds for managing category work. *The Sociolinguistic Journal of Korea* 26(2), 85~117.

Kim, S. H., & Kim, K. H. (2015). Conversation analysis. In L. Brown and J. H. Yeon (eds.), *The Handbook of Korean Linguistics*, 271~286. Malden, MA: Wiley-Blackwell.

Lee, J. W. (2011). *Dui* in Mandarin conversation: Discourse-pragmatic functional expansion. *Discourse and Cognition* 18(2), 113~138.

Lee, J. W. (2012). Gesture, gaze, and bodily cues in Mandarin conversation: Two case studies. *The Sociolinguistic Journal of Korea* 20(1), 213~234.

Lee, J. W. (2014). A study on adjacency pairs of *shi*(是) tag question-answer based on a spoken corpus of Mandarin Chinese. *Discourse and Cognition* 21(1), 83~103.

Lee, J. E. (2013). Delicate questioning practices in broadcasting talk. *Language Research* 49(3), 759~779.

Lee, J. (2016). Adjacency pairs in the Big Bang Theory. *Discourse and Cognition* 23(2), 81~101.

Lee, J. (2018). Preference organization as a characterization device in TV sitcoms. *The Sociolinguistic Journal of Korea* 26(2), 167~193.

Lee, S. H. (2006). Second summonings in Korean telephone conversation openings. *Language in Society* 35, 261~283.

Lee, S. H. (2009). Extended requesting: Interaction and collaboration in the production and specification of requests. *Journal of Pragmatics* 41, 1248~1271.

Lee, S. H. (2011a). Responding at a higher level: Activity progressivity in calls for service. *Journal of Pragmatics* 43, 904~917.

Lee, S. H. (2011b). Managing nongranting of customers' requests in commercial service encounters. *Research on Language and Social Interaction* 44(2), 109~134.

Lee, S. H. (2013). Sequential construction of responding. *Discourse and Cognition* 20(2), 213~237.

Lee, S. H. (2015). Closings of calls to an airline service. *The Sociolinguistic Journal of Korea* 23(3), 173~200.

Lee, S. H. (2016). A form of Wh-questions indexing incongruent knowledge claims. *The Sociolinguistic Journal of Korea* 24(2), 79~107.

Lee, W. P. (1995). A discourse marker: *Mweya* in Korean. *Linguistics in the Morning Calm: Selected Papers from SICOL-1992.* Seoul: Hanshin Publishing Company.

Lee, Y. A. (2004) The work of examples in classroom instruction. *Linguistics and Education* 15, 99~120.

Lee, Y. A. (2006) Towards respecification of communicative competence: Condition of L2 instruction or its objective? *Applied Linguistics* 27, 349~376.

Lee, Y. A. (2010) Using cultural categories in language classroom discourse. *Discourse and Cognition* 17(2), 69~94.

Levinson, S. C. (1983). *Pragmatics.* Cambridge: Cambridge University Press.

Luke, K. K., & Pavlidou, T.-S. (eds.) (2002). *Telephone Calls: Unity and Diversity in Conversational Structure across Languages and Cultures.* Amsterdam: John Benjamins.

Oh, S. Y. (2007a). The interactional meanings of quasi-pronouns in Korean conversation. In N. J. Enfield and T. Stivers (eds.), *Person Reference in Interaction: Linguistic, Cultural, and Social Perspective,* 203~225. Cambridge: Cambridge University Press.

Oh, S. Y. (2007b). Overt reference to speaker and recipient in Korean. *Discourse Studies* 9(4), 462~492.

Oh, S. Y. (2010). Invoking categories through co-present person reference: the case of Korean conversation. *Journal of Pragmatics*

42, 1219~1242.

Park, J. E. (2007) Co-construction of nonnative speaker identity in cross-cultural interaction. *Applied Linguistics* 28(3), 339~360.

Park J. E. (2009a). Alternative practices of referring to speaker and recipient. *Discourse and Cognition* 16(1), 25~44.

Park, J. E. (2009b). On the use of the token *yeah* in ESL learners' discourse. *English Education* 64(4), 291~314.

Park, J. E. (2010). The organization of invitation sequences in Korean high school English textbook dialogues. *English Education* 65(2), 179~198.

Park, J. E. (2013). On prolonging in Korean conversation. *The Sociolinguistic Journal of Korea* 21(3), 135~155.

Park, J. E. (2017). On replacing. *The Sociolinguistic Journal of Korea* 25(3), 139~164.

Park, J. S. (2009). Pre-verbal negation yes/no question-answer sequences in conversation: Action formation and sequence organization. *Journal of Linguistic Society of Korea* 55, 75~107.

Park, J. S. (2010). Storytelling in multi-party face-to-face interaction. *Discourse and Cognition* 17(1), 69~90.

Park, J. S. (2013a). Organization of tellership in multi-party, face-to-face storytelling. *The Sociolinguistic Journal of Korea* 21(1), 75~97.

Park, J. S. (2013b). The two forms of English negative yes/no question and practices of challenging in conversation. *Discourse and Cognition* 20(2), 99~125.

Park, Y. Y. (1998a). A discourse analysis of contrastive connectives in English, Korean, and Japanese conversations: with special reference to the context of dispreferred responses. In A. H. Jucker & Y. Ziv (eds.), *Discourse Markers: Descriptions and Theory*, 277~300. Amsterdam: John Benjamins.

Park, Y. Y. (1998b). A discourse analysis of the Korean connective *ketun* in conversation. *Crossroads of Language, Interaction, and Culture* vol. 1, 71~89.

Park, Y. Y. (1999). The Korean connective *nuntey* in conversational discourse. *Journal of Pragmatics* 31, 191~218.

Park, Y. Y. (2001). A discourse analysis of *say* versus *tell* in spoken American English. *Language Research* 37(2), 329~357.

Park, Y. Y. (2002). Recognition and identification in Japanese and Korean telephone conversation openings. In K. K. Luke & T.-S. Pavilidou (eds.), *Telephone Calls: Unity and Diversity in Conversational Structure across Languages and Cultures*, 25~47. Amsterdam: John Benjamins.

Park, Y. Y. (2004). Nonnative speakers' use of *yeah* in English spoken discourse. *Discourse and Cognition* 11(3), 85~105.

Park, Y. Y. (2007). The use of questions in EFL writing tutorial discourse. *Discourse and Cognition* 14(2), 73~98.

Park, Y. Y. (2008). An analysis of the interactional use of *kulay(yo)* in Korean conversation. *The Sociolinguistic Journal of Korea* 16(2), 217~248.

Park, Y. Y. (2011). Advice giving in college EFL writing tutorials. *Discourse and Cognition* 18(3), 139~167.

Park, Y. Y. (2018). Advice receiving in college EFL writing tutorials. *The Sociolinguistic Journal of Korea* 26(1), 159~200.

Park, Y. J. (2009). *Interaction between Doctors & Patients in Korean Primary Care Settings: Analyzing Medical Discourse.* Seoul: Pagijong Press.

Park, Y. J. (2010). The relationship between negative questions and sentence final particles in Korean. *Discourse and Cognition* 17(2), 1~25.

Park, Y. J. (2014a). Openings in Korean primary care discourse: Where does it hurt?. *Discourse and Cognition* 21(1), 29~56.

Park, Y. J. (2014b). Students' production in English Only EFL classrooms. *The Association of Modern British & American Language & Literature* 32(1), 1~28.

Park, Y. J., & Kim, H. J. (2018). Procedural display and shadowing in L2 English lessons. *Discourse and Cognition* 25(1), 57~80.

Raymond, G., & Heritage, J. (2006). The epistemics of social relations:

Owning grandchildren. *Language in Society* 35(5), 677~705.

Richards, K., & Seedhouse, P. (eds.) (2016). *Applying Conversation Analysis*. New York: Palgrave Macmillan.

Sacks, H. (1992). *Lectures on Conversation* vol. 1 & 2, ed. G. Jefferson. Oxford: Blackwell.

Sacks, H., Schegloff, E. A., & Jefferson, G. (1974). A simplest systematics for the organization of turn-taking for conversation. *Language* 50, 696~735.

Schegloff, E. A. (2006). Interaction: The infrastructure for social institutions, the natural ecological niche for language, and the arena in which culture is enacted. In N. J. Enfield & S. C. Levinson (eds.), *Roots of Human Sociality: Culture, Cognition, and Interaction*, 70~96. Oxford: Berg.

Schegloff, E. A. (2007a). *Sequence Organization in Interaction: A Primer in Conversation Analysis* vol. 1. Cambridge: Cambridge University Press.

Schegloff, E. A. (2007b). A tutorial on membership categorization. *Journal of Pragmatics* 39(3), 462~482.

Schegloff, E. A., Jefferson, G., & Sacks, H. (1977). The preference for self-correction in the organization of repair in conversation. *Language* 53(3), 361~382.

Selting, M., & Couper-Kuhlen, E. (eds.) (2001), *Studies in Interactional Linguistics*. Amsterdam: John Benjamins.

Sidnell, J. (eds.) (2009). *Conversation Analysis: A Comparative Perspective*. Cambridge: Cambridge University Press.

Sidnell, J, & Stivers, T. (eds.) (2013), *The Handbook of Conversation Analysis*. West Sussex, UK: Wiley-Blackwell.

Stokoe, E. (2007). Moving forward with membership categorization analysis: Methods for systematic analysis. *Discourse Studies* 14(3), 277~303.

Stokoe, E. (2010). Gender, conversation analysis, and the anatomy of membership categorization practices. *Social and Personality Psychology Compass* 4(7), 428~438.

Suh, K. H. (2003). From unknown to unspeakable: '*Mwe*' as a stance marker in Korean conversation. *The Sociolinguistic Journal of Korea* 11(2) 137~160.

Suh, K. H. (2004). Interactional function of *way* in Korean conversation. *The Sociolinguistic Journal of Korea* 12(2), 181~204.

Suh, K. H. (2007). Discourse markers *mwe* and *way* in Korean conversation. *The Sociolinguistic Journal of Korea* 15(1), 77~106.

Suh, K. H. (2012). Repeating the interviewer: Repetition strategies by Chinese EFL learners in NS-NNS interview. *The Sociolinguistic Journal of Korea* 20(2), 269~289.

Suh, K. H. (2013). *Yeah* in NS-NNS interaction. *The Sociolinguistic Journal of Korea* 21(2), 123~149.

Suh, K. H. (2015). 'Sustainable disagreement': *Well* as a discourse marker in crisis negotiations. *The Sociolinguistic Journal of Korea* 23(2), 131~160.

Suh, K. H. (2016). *I mean* as a marker of 'interpersonal repair' in crisis negotiations. *The Sociolinguistic Journal of Korea* 24(3), 223~247.

Suh, K. H., & Kim, K. H. (1991). The Korean modal markers *keyss* and *(u)lkes*: An interactional perspective. In S. Kuno, I. H. Lee, J. Whitman, J. Maling, Y. S. Kang, & Y. J. Kim (eds.), *Harvard Studies in Korean Linguistics IV*, 599~610. Department of Linguistics, Harvard University, Cambridge, Massachusetts.

Suh, K. H., & Kim, K. H. (1993). The Korean modal *keyss* as a marker of affect: An interactional perspective. In P. M. Clancy (ed.), *Japanese/Korean Linguistics* vol. 2, 98~114. Stanford: CSLI.

Suh, K. H. & Kim, K. H. (1997). A conversational analysis of *will* and *gonna*. *The Sociolinguistic Journal of Korea* 5(2), 253~276.

Suh, K. H, & Kim, K. H. (2001). The Korean modal marker *keyss* revisited: A marker of achieved state of intersubjectivity. *Berkeley Linguistic Society* 26, 271~282.

Suh, K. H., & Kim, K. H. (2006). An analysis of TV homeshopping commercial: A case of multi-party talk. *The Sociolinguistic Journal of Korea* 14(2), 197~232.

Weber, E. G. (1993) *Varieties of Questions in English Conversation*. Amsterdam: John Benjamins.

Wong, J., & Waring, H. Z. (2010). *Conversation Analysis and Second Language Pedagogy: A Guide for ESL/EFL Teachers*. New York: Routledge.

Young, R. F., & He, A. W. (eds.) (1998). *Talking and Testing: A Discourse Approaches to the Assessment of Oral Proficiency*. Amsterdam: John Benjamins.

Young, R. F., & Lee, J. (2004). Identifying units in interaction: Reactive tokens in Korean and English conversations. *Journal of Sociolinguistics* 8(3), 380~407.

제7장

매체 언어

박동근

일반적으로 '매체'란 의사소통과 정보 전달에 사용되는 다양한 수단을 의미하는데, 매체를 통해 실현되는 언어를 통상 '매체 언어'(media language)라 한다. 하지만 '매체 언어'의 외연은 단순히 '매체'+'언어'의 합성으로 이해되지 않아 연구자에 따라 범위에 차이가 있다. 예를 들어 '매체'가 의사소통의 수단이라는 점에서 일차적인 매체는 '음성'과 '문자'가 되는데, 그런 점에서 음성 언어나 문자 언어 자체가 매체적 성격을 갖고 있다고 할 수 있다.1) 한편 매체 언어에서 '언어'는 소통의 차원에서 영상과 이미지, 기호 등을 포함하는 광의의 개념으로 해석하기도 한다. 즉 매체 언어를 음성, 문자, 소리, 이미지, 동영상 등이 복합적으로 작용하여 의미를 형성하는 것으로 이해하여 전통적인 음성/문자를 넘어서는 것으로 보기도 한다. 이렇게 본다면 전통적인 문자 언어와 음성 언어 또한 매체 언어가 될 수 있으며 동영상과 이미지, 기타 기호도 매체 언어의 범주에 포함할 여지가 있다. 하지만 통상 매체 언어에서 매체란 비대면의 상황에서 사람들 간의 의사소통을 위한 수단으로 음성과 문자를 전달하는 '도구'를 의미한다. 음성은 특별한 도구 없이 대면 상황에서 바로 의사소통이 가능하지만 문자를 이용한 의사소통은 종이 등 반드시 매체를 필요로 한다. 하지만 매체 언어 연구는 신문과 방송과 같이 주로 언어 사용에 있어 파급력이 있는 대중 매체에 관심을 갖는다.

이에 이 장에서는 《사회언어학》 창간호부터 2019년에 발행한 27권 4호에 이르기까지 매체 언어 연구로 분류할 수 있는 연구 목록을 추출하고 이를 바탕으로 사회언어학적인 측면에서 주로 논의가 되어 온 매체 언어를 대상으로 하위 영역을 설정하고 이를 토대로 한국어 매체 언어 연구 성과를 살펴보고자 한다. 여기서는 《사회언어학》에 수록된 논문을 바탕으로 연구사적인 입장에서 서술하되 필요에 따라 《사회언어학》 외의 논저도 인용을 하였다.[2]

1. 《사회언어학》으로 본 매체 언어 연구 동향 및 성격

1993년 《사회언어학》 제1권(창간호)이 발행된 이래 2019년 27권 4호까지 모두 62책이 발간되었다. 이 가운데 매체 언어를 대상으로 한 연구들을 발행 시기별로 조사하여 표로 보이면 다음과 같다.

〈표 1〉 《사회언어학》에 수록된 연도별 매체 관련 연구

	신문	방송	통신 언어
1994		1	
1995			
1996			
1997		1	
1998		1	
1999	1		1
2000			3
2001			1
2002	1	1	2

2003	2	1	3
2004			
2005		1	
2006	2	1	1
2007	1	1	
2008			1
2009	1		1
2010	1		2
2011			
2012			2
2013	1	1	1
2014		1	
2015	1		3
2016	1		
2017		1	2
2018		1	
2019			3
	13	13	26

　매체 언어 중 가장 활발하게 연구가 이루어진 영역은 컴퓨터·통신을 매개로 하는 통신 언어 에 관한 것이다. 통신 언어 관련 논문은 ≪사회언어학≫ 7권 2호에 수록된 이진성(1999)를 시작으로 모두 26편의 논문이 발표되었다. 신문 언어나 방송 언어에 비해 컴퓨터·통신을 매개로 하는 통신 언어의 발달은 역사가 가장 짧음에도 최근 26년 동안 ≪사회언어학≫의 게재 논문 상황을 볼 때 세 영역 중 가장 활발한 연구 성과를 보이고 있다.

　방송 언어와 신문 언어에 대한 연구는 각각 13편이 수록되어 비슷한 연구 정도를 보인다. 방송은 통상 TV와 라디오로 구별하는데 방송 언어 관련 논문 13편은 모두 TV 방송을 대상으로 한 연구이다. 신문은 인쇄 매체의 하나인데 주간지나 월간지 등의 '잡지'를 대상으로 한 인쇄 매체 연구로 ≪사회언어학≫에 게재된 논문은 한 편도 없다. 그런 점에서 방송 매체 언어는 곧 TV 언어를, 인쇄 매체 언어는 신문 언어를 말한다 해도 과언은 아닌 듯싶다.3) 그 밖에 영화 제목의 외래어 실태를 연구한 박은하(2009)와 조선

시대 한글 편지를 대상으로 한 허재영(2005)의 연구가 있으나4) 각각 한 편씩으로 이들 영역은 사적인 논의가 어려우므로 다루지 않도록 한다.

이와 같이 단편적인 영역의 연구를 제외하면 ≪사회언어학≫에 수록된 매체 연구는 크게 신문 언어, 방송 언어, 통신 언어 분야로 하위 구분할 수 있다. 이에 이 장에서는 이 세 분야를 매체 언어의 하위 연구 분야로 설정하고 연구사적으로 관점에서 성과를 살펴보고 연구의 문제점과 앞으로의 전망을 논하고자 한다.5)

〈표 2〉 신문·방송·통신 언어의 기본 특징 비교

매체	접촉 방식	소통 방식	규범성	공공성	소통 방향
신문	비대면	문자	규범적	공공성	단일방향
방송	비대면	음성(문자)	규범적	공공성	단일방향
통신	비대면	문자	탈규범적	공공/개인	쌍방향

매체 언어 영역으로 묶이는 신문 언어, 방송 언어, 통신 언어는 비대면으로 이루어지는 의사소통 방식이라는 점에서 공통적이다. 소통 방식 면에서 신문은 전적으로 문자에 의존한다. 반면에 방송은 음성이 주를 이루되 요즘에는 오락 프로그램을 중심으로 자막을 사용하는 경우가 많아 문자 또한 일부 소통하는 수단으로 사용된다고 할 수 있다. 신문과 방송은 공공 언어로서 규범성을 중시한다. 방송 언어의 경우 다음과 같이 〈방송 심의에 관한 규정〉 제8절에 따라 언어 사용을 규정하는 등 공공성이 특히 강조된다.

(1) 〈방송 심의에 관한 규정〉 (시행 2012. 12. 12.)

　제8절 방송 언어

　제51조(방송 언어) ① 방송은 바른말을 사용하여 국민의 바른 언어생활에 이바지하여야 한다.

　② 방송 언어는 원칙적으로 표준어를 사용하여야 한다. 특히, 고정진행자는 표준어를 사용하여야 하며, 어린이·청소년을 주시청대상으로 하는 방송프로그램에서는 바른 표기법을 사용하여야 한다. 〈개정 2012. 12. 12.〉

③ 방송은 바른 언어생활을 해치는 억양, 어조 및 비속어, 은어, 유행어, 조어, 반말 등을 사용하여서는 아니된다.

신문 언어나 방송 언어가 언어 사용의 전범으로서 가치가 중시된다면 통신 언어는 탈규범적인 언어 사용의 극단을 보여 준다. 신문이나 방송은 공공성·대중성을 특징으로 하는 데 반해 통신 언어는 언어 사용의 스펙트럼이 넓어 공공성/대중성과 개인적인 의사소통의 양면성을 갖는다. 소통의 방향 면에서 신문과 방송은 제작자가 이용자에게 일방적으로 전언하는 방식이라면 컴퓨터 통신을 매개로 하는 의사소통에서는 플랫폼에 따라 일대일, 일대다, 또는 다대다(many-to-many)의 쌍방향적 소통이 모두 가능하다. 특히 댓글이나 카카오톡과 같은 메신저류의 플랫폼에서는 쌍방향성을 주요한 특징으로 한다. 신문, 방송, 통신이 갖는 매체적 특성은 의사소통 방식 면에서 고유한 특징을 갖고 한편으로서는 언어 실태를 연구하는 텍스트로서의 기능을 수행한다. 신문과 방송, 인터넷 기반의 통신은 이러한 각각이 갖는 매체 특성으로 매체 언어로서 세부 분석 대상이나 연구 영역체 차이가 난다. 이에 다음 2절에서는 매체 언어 연구 성과를 '신문 언어', '방송 언어', '통신 언어' 분야로 나누어 먼저 ≪사회언어학≫지에 수록된 관련 연구 성과를 중심으로 개관하고 수록 논문을 시대순으로 소개 뒤 3절에서는 성과와 문제점을 종합하고 앞으로의 과제를 조망하도록 하겠다.

2. 매체 언어 연구의 성과 분석

2.1. 신문 언어

매체 언어는 매체의 발달을 전제로 한다. 그런 점에서 '신문 언어', '방송 언어', '통신 언어' 가운데 '신문 언어'의 발달이 가장 앞선다.[6] 그런데, 방송 언어, 통신 언어와 달리 '신문 언어'라는 말은 다소 낯설다. ≪표준국어

대사전≫(1999)이나 ≪고려대한국어대사전≫(2011) 모두 세 용어가 표제어로 수록되어 있지 않다. 국립국어원의 ≪우리말샘≫에는 '방송 언어'와 '통신 언어'는 표제어로 수록되어 있는데 '신문 언어'라는 용어는 없다. 허재영(2009)에서도 '신문 언어'라는 표현을 사용한 논저가 이주행(2002)를 제외하면 거의 찾기 어렵다고 하였다.7) '신문 언어'라는 용어를 전혀 사용하지 않는 것은 아니나 '방송 언어'나 '통신 언어'에 비해 상대적으로 어휘화가 덜 이루어졌다고 할 만하다. 이는 신문 언어가 방송 언어나 통신 언어에 비해 언어적 특이성이 두드러지지 않기 때문이라고 할 수 있다. 또한 신문 언어에 대한 연구는 언어의 특이성보다 언어 사용 실태를 연구하기 위한 텍스트로서 활용되는 경향이 높았다.

≪사회언어학≫에는 김용진(1999)를 첫 연구로 모두 12편의 관련 논문이 수록되어 있는데 이를 개관하면 다음과 같다.

〈표 3〉≪사회언어학≫에 게재된 신문 언어 연구 개관

연구자	지면	대상	연구 영역(방법)
김용진(1999)	사설	텍스트	담화 분석
권우진(2002)	기사(1면)	제목	문장
김용진(2003)	사설	제목	담화 분석
임규홍(2003)		외래어 지면 제목	어휘
이원표(2005)	사설	텍스트	담화 분석(이념)
정여훈(2006)	기사(사회면)	제목	문장
최형강(2007)	기사 (경제, 사회, 스포츠)	텍스트	어휘와 문자
허재영(2009)			연구사
Bang, M. H. & Shin, S. I.(2010)	기사	텍스트 말뭉치	담화 분석
Kim, Myung-hee(2012)	기사	텍스트	담화 분석(보도 방식 비교)
이영희(2013)	기사	텍스트	보도 방식 비교
Seo, S. A(2015)	기사	제목	번역
김병건(2016)	사설·칼럼	텍스트	담화 분석(정치)

신문의 지면은 기사(뉴스), 기획, 해설, 사설, 칼럼, 만화, 사진, 투고 등으

로 구성되는데 ≪사회언어학≫에 수록된 신문 언어 연구는 크게 '기사(뉴스)'에 대한 연구와 '사설'에 대한 연구로 대별된다. 특히 전체 신문 텍스트에서 '사설'이 차지하는 양이 적은 것에 비해 사설은 신문의 언어 연구에서 주요 분석 대상이 된다. '사설'을 대상으로 한 연구는 분석 방법으로 주로 담화 분석적인 접근이 주를 이루었다. 신문 매체 연구가 여타 연구와 차별을 보이는 것은 '제목'에 대한 관심이 높다는 점이다. 물론 방송 언어 연구에서도 프로그램의 제목 등이 연구 대상이 되는 경우도 있지만 주된 연구 대상이라고 하기 어려운 반면에 신문 언어 연구는 기사 텍스트 못지않게 기사나 사설의 제목에 높은 관심을 보였다. 신문의 언어는 언어 연구에서 어휘 실태를 파악하는 텍스트로서 종종 활용되었다. 글의 생성 날짜가 분명하고 '정치', '사회', '문화' 등 기사 영역이 구분되어 있어 고유어·한자어·외래어의 어종 사용 실태에 대한 조사가 대표적이다. 신문은 시사성이 중요하고 정치적 이념이나 가치관 등이 보도 태도에 반영되곤 한다. 최근 우리 사회에서 공정성에 대한 논의가 대두되고 있는데, 내용의 측면에서 객관성·공정성 또한 신문 언어의 주요 분석 대상이다. 이제 이들 연구 내용을 좀더 구체적으로 살펴보도록 하겠다.

먼저, 김용진(1999)는 ≪사회언어학≫에 처음 수록된 신문 언어 연구이다. 한국과 미국의 신문 사설 텍스트를 대조하여 필자나 신문사의 태도를 언어에 명시적으로 반영되는 근거성(evidentiality)을 기준으로 비교하였다. 이에 따르면 자국 내의 신문들끼리는 근거성의 사용 양상에 특별한 차이가 없는 것으로 나타났다. 국가 간 비교에서는 한국 신문의 사설이 적극적인 근거성 표현과 축소 표현 및 머뭇거림 표현을 자주 사용하는 데 반해 미국 사설 경우에는 소극적 근거성 표현을 더 많이 사용하여 절제된 문체를 더 선호하는 것으로 보았다.

신문 사설의 내용은 신문사가 지향하는 이념과 무관하지 않다는 인식에서 이들이 실제 사설에서 어떻게 드러나는지 관심이 높다. 이원표(2005)는 보수와 진보로 대표되는 ≪조선일보≫와 ≪한겨레신문≫을 대상으로 "국가보안법 폐지"라는 같은 사회 문제를 다룬 사설을 비교 분석하였다. 연구 결과 두 신문의 사설은 객관적으로 동일하게 진행된 사건에 대해서 각각의 신문이 지향하는 이념을 뒷받침하는 데 이용할 수 있는 사건을 주요 화제로 삼고 있으며 화제를 드러내는 핵심 가치 또한 차이가 나는 것으로 보았다. 한편 각 신문사가 지향하는 핵심 가치나 이념을 독자에게 효과적으로 각인시키기 위해 담화·화용적 자질들을 이용해 설득 전략을 구사하는데, 특히 수사 전략을 중요하게 사용한다고 보았다. 이념적으로 같은 성향의 사건에 대해서는 긍정적인 정보를 제공하거나 강조하고, 부정적인 정보는 배제하거나 축소한다고 보았다.

김병건(2016)은 평가어 이론(Appraisal Theory)을 바탕으로 보수와 진보 성향을 갖는 것으로 평가되는 ≪조선일보≫와 ≪한겨레신문≫의 사설과 칼럼을 분석하여 두 신문에서 '진보'에 대한 평가가 어떻게 다른지 실증적으로 고찰하였다. 여기서 '평가어'란 화자나 저자가 담화 속에서 자신의 감정이나 판단, 감상 등을 표현하는 방식을 말한다. 분석 결과 ≪한겨레신문≫에서는 긍정적 평가어와 부정적 평가어 사용으로 비교적 긍정적인 '진보'의 이미지를 실현한 데 반해 ≪조선일보≫는 평가어의 대부분으로 부정적 평가어를 사용함으로써 '진보'의 이미지를 부정적으로 그려 나가고 있다는 것을 확인하였다. 이를 통해 우리가 막연하게 느꼈던 각 신문의 이념적 지향성에 대한 실증적 근거를 제시하고 있다.

신문 기사나 사설의 제목에 주목한 연구로 권우진(2002)는 스포츠 신문을 제외한 일간지를 대상으로 신문 기사 표제의 요소로 '흥미성, 공정성, 재치성, 객관성, 간결성, 계몽성'을 제시하고 설문 조사를 통해 대중들(대학생)은 흥미성과 객관성을 가장 중요시한다고 점을 확인하였다. 또한 흥미 위주의 기사 제목은 사실성이나 보도문으로서의 적합성보다 흥밋거리를 요구하는 독자들의 욕구를 충족시키기 위한 것으로 보았다.

김용진(2003)은 1979년부터 1999년까지 ≪조선일보≫의 사설 제목을 대상으로 한국의 신문 언론이 어떠한 정치·사회적 변화를 겪었는지 형식과 내용 면에서 담화 분석을 하였다. 먼저 내용 면에서 정치 분야 사설의 비중이 높아졌다는 점에 주목하였다. 박정희 정권 시기에는 독재 정치의 영향으로 언론의 자유가 심각하게 위축되었던 데 반해 그 이후에는 정권이 교체될 때마다 언론의 자유가 꾸준히 높아졌는데 이는 신문에서 정치 사설이 증가한 것과 무관하지 않다고 보았다. 제목의 표현 양식은 예나 지금이나 명사구의 비중이 가장 높지만 그 비중이 감소하는 데 반해 '-해야(한다)'는 당위형 문장 표현은 반대로 꾸준히 증가하여 주요한 표현 수단으로 잡아가고 있다고 보았다. 한편 명사구 형식의 사설 제목이 조심스러운 해설 기사적 성격을 갖는다면 문장형 제목은 본격적인 비판과 제안의 성격을 갖는 것으로 해석하였다.

정여훈(2006)은 신문 지면의 증가에 비해 구독 시간이 꾸준한 감소하는 현실에서 신문 제목의 기능과 역할에 주목하였다. 신문 사회면 기사의 제목을 유형화하고 실현 양상을 고찰하였는데 신문 제목을 작성자의 의도에 따라 '정보 전달형 제목'과 '관심 유도형 제목'으로 구분하고 정보 제시 방법에 따라 다시 요약형과 전언형으로 나누었다. 관심 유도형 제목은 정보를 간접적으로 제공하거나 정보의 양을 최소화하는 방식으로 표현하였고 정보를 간접적으로 제공하기 위해서 편집자는 태도나 느낌을 어미나 조사 또는 어휘로 표현하거나 은유, 패러디, 관용어, 속담 등을 사용하는 것으로 보았다. 최소 정보 제시형 제목은 정보성을 높이기 위해 생략형이나 의문형을 사용한다고 분석하였다.

신문 언어에 대한 연구는 언어 사용 실태에 대한 자료적 측면에서 이루어지기도 하였다. 특히 한자어나 외래어 등의 사용 비중에 대한 관심이 높았다. 임규홍(2003)은 신문사의 언어관이나 문체, 편집과 같은 외적 표현 양상에 따라 신문의 독자층이나 이념적 성향을 가늠할 수 있을 것이라는 입장에서 신문 지면에 쓰인 외래어 이름을 통계적으로 분석하였다. 조사 결과 한국의 신문에서 지면 이름의 외래어 사용 비율이 특히 높으며, 일반 독자들이 이해하기 어려운 외래어의 사용이 적지 않을 뿐만 아니라 조어 양상 또한 매우 복잡하다는 점을 지적하였다. 신문 언어의 외래어 사용은 결과적으로 독자의 언어관에 중요한 영향을 주고 있을 것으로 보고 무분별한 외래어 지면 이름의 사용을 경계하였다.

최형강(2007)은 사용역에 따른 언어 사용 실태 조사의 일환으로 국립국어원의 '국어사용환경 조사(2005)'에 근거하여 신문에서 사용된 외래어, 외국어와 로마자, 한자어 사용 방식을 통해 신문의 어휘와 문자 사용 실태와 활용 방식을 계량적으로 조사하였다. 연구 결과 외래어가 외국어보다 월등히 높은 사용 빈도를 보였는데, 이는 신문에서 고유어를 사용하기 위해 노력한 결과로 보았다. 문자 사용의 측면에서는 로마자 단독으로 쓰인 예가 한글과 병기하는 것보다 많았으며, 병기하는 경우 '한글(로마자)'가 '로마자(한글)'의 형태보다 많다는 점에서 신문에서 한글을 우선적으로 고려하는 것으로 이해하였다. 이 연구에서 순화어의 수용 가능성을 언급하거나 고유명사의 로마자 표기 등을 문제로 지적하는 것은 연구자의 언어와 문자 사용 태도의 단면을 보여 준다.

신문 언어는 신문사의 이념에 따라 보도 태도에 차이를 보인다. 김명희(M. H. Kim 2012)는 말뭉치 기반의 비판적 담론 분석을 통해 2011년 도호쿠에서 발생한 지진에 대한 일본, 한국, 미국 신문의 취재에서 발견되는 관점의 차이를 탐구하였다. 이 연구에서는 각 나라별 신문이 취하는 이념적 관점이 같은 사건에 대해 양적, 질적으로 영향을 미칠 것으로 가정하였는데, 반 다이크(van Dijk 1998)의 '이상적 광장'의 관점에서 볼 때 ≪재팬타임스≫는 자국에서 발생한 지진 보도에서 '우리의 나쁜 속성/행동 완화' 전략을 사용하는 것을 확인하였다. 반면 ≪코리아타임스≫는 일본의 역사적, 문화적 맥락에서 '그들의 나쁜 재산/행동을 강조'하는 경향이 높게 나타났다. 한편 일본의 강력한 동맹국으로서 미국의 ≪뉴욕타임스≫는 다소 중립성을 지키려는 경향이 나타나는 것으로 보았다.

이영희(2013)은 뉴스 보도에서 보도자는 자신이 직접 들은 내용이나 전해 들은 말을 인용할 때, 인용의 방식과 특정한 전달 동사를 선택하게 되는데, 이러한 선택은 보도자의 보도 태도와 직접적인 연관이 있다고 보았다. 이에 한·미 FTA에 관한 뉴스 인용 보도에서 한·미 두 나라 신문의 인용 방식을 비교해 언어와 사회와의 관련성을 밝히고자 하였다. 연구 결과 두 나라는 보도자의 주관성을 표현하는 방식에서 차이를 보였다. 미국 신문의 경우 주로 부분 인용문을 사용하여 보도자의 주관을 표현한 데 반해, 한국 신문은 부분 인용을 사용하는 것이 보편화되지 않아 평가 의미를 지닌 전달 동사를 사용하여 개입하는 것을 선호하는 것으로 보았다. 또한 미국 신문은 한국 신문보다 '체면 위협 행위'(face threatening act)를 많이 의식하기 때문에 체면 위협 행위를 최소화하면서 부분 인용문을 사용하여 주관성을 드러내는 간접적인 개입 방식을 취하는 것으로 보았다.

서소아(S. A. Seo 2015)는 대부분의 국제 뉴스가 목표 상황에 맞게 전략적으로 번역되는 경향에 주목하여 리비아와 시리아 분쟁 보도에 대한 국제 뉴스의 헤드라인을 영어에서 한국어로 번역한 방식을 고찰하였다. 이를 위해 국내 3개 신문의 온라인 기사에서 수집한 자료를 대상으로 재텍스트화 개념을 도출하고 '체계 기능 언어학'(systemic-functional linguistics)에 기초한 비판적 담화 분석의 관점에서 텍스트를 분석하였다.

한편 ≪사회언어학≫에 실린 연구 중 이 장과 같은 연구사적인 논의를 살펴볼 수 있다. 허재영(2009)는 신문 언어 연구에 대한 사적 논의이다. 2007년 개정 교육 과정에서 '매체와 언어 생활' 교과가 신설된 것에 주목하고 매체 가운데 특히 불특정 다수를 대상으로 하는 신문 언어를 중요하게 인식하였다. 우리나라에서 신문 언어에 관심을 보인 것은 1980년대 ≪독립신문≫부터이나 1930년대 언론 전문지인 ≪철필≫, ≪호외≫, ≪써날리즘≫ 등에서의 문장이나 한자 문제에 대한 논의를 본격적인 관심의 출발로 보았다. 광복 이후에는 한자 제한 문제, 쉬운 용어 문제 등이 주로 논의되었으며, 최근 신문 언어는 국어 사용 실태 조사와 매체 환경의 변화에 따라 전자 신문이 갖는 영향력에 대한 연구로 외연을 넓혀 가고 있다고 보았다. 신문 문장에 대한 연구는 특히 국어 교육 차원에서 의미가 있는데 신문 문장의 변화나 규범화, 언문일치 등과 관련하여 좀더 다차원적인 연구를 진행할 필요가 있다고 보았다.

2.2. 방송 언어

방송은 시각에 기반하는 문자 매체를 뛰어넘어 인간의 언어를 전자 매체에 의해 매개하는 청각 중심으로의 전환을 가져왔다. 방송이 갖는 파급력은 언중들에게 광범위하게 미치며 방송의 실시간성은 현실 언어의 모습을 잘 보여 준다. 특히 방송 언어가 갖는 규범성은 언어의 전범으로 인식되어 모범적인 언어 연구 텍스트로서 높은 활용 가치를 갖는다(구현정 2016). 방송 언어에 대한 이러한 인식은 초기 연구에서 발음, 어법, 어휘 등 규범을 강조하는 요인이 되었다. 방송 언어에 관한 연구는 발음, 억양 등과 같은 음운에 관한 것부터 외래어, 외국어, 비표준어, 은어, 비어, 유행어와 같은 어휘, 담화·화용과 오락성, 특히 규범성과 같은 공공성 등 공공 언어의 문제에까지 다양한 연구가 수행되어 왔다. 이선웅(2009)에서 정리한 방송 언어의 연구 주제는 다음과 같다.

(2) 방송 언어의 연구 주제 (이선웅 2009)
　　가. 방송 언어의 특성과 요건
　　나. 방송 언어의 어휘 사용의 특징
　　다. 방송 언어 문장의 통사적 특징
　　라. 지시어 및 담화표지의 화용적 기능
　　마. 어휘 및 문법 형태소의 형태론적, 조어론적 특성
　　바. 보도 프로그램에서의 텍스트 분석(제목, 기사, 앵커 멘트의 유형론)
　　사. TV나 라디오에서의 발음의 음성학적 특성
　　아. 경어법을 포함한 화법 일반
　　자. 언어 사용 측면에서의 공정성과 객관성
　　차. 오락/개그 프로그램의 웃음 유발 언어 장치
　　카. 토론 프로그램에서의 대화 구조
　　파. 비속어 및 외국어 남용
　　하. 방송 자막의 특성, 효용, 문제점

≪사회언어학≫에는 모두 13편의 방송 언어 관련 논문이 수록되었는데 이를 개관하여 표로 보이면 다음과 같다.

〈표 4〉≪사회언어학≫에 게재된 방송 언어 연구 개관

	매체	프로그램	연구 영역(분야)
홍연숙(1994)	TV		음운 분석
이정복(1997)	TV	뉴스	담화 분석, 경어법-가리킴말/차별
송경숙(1998)	TV	토론	담화 분석(정치 담화)
송경숙(2000)	TV	토론	담화 분석
박용한(2002)	TV	토론	담화 분석
김상준(2003)	TV	뉴스	수사/문체, 문법, 어휘
김수현(2005)	TV	뉴스, 교양, 오락	외래어 사용 실태
구현정 외(2006)	TV	만화 프로그램	국어 사용 문제점 외래어·외국어·비속어, 문법 오류
김수현(2007)	TV	뉴스, 교양, 오락	언어 차별
조민하(2013)	TV	드라마	비표준어 사용 실태
서경희(2014)	TV	뉴스(인터뷰)	담화 분석
정성희(2017)	TV	뉴스(북한)	발음(두음 법칙)
최윤지(2018)	TV	뉴스	담화 분석, 경어법

방송 매체는 제공 방식에 따라 TV와 라디오로 대별되는데 ≪사회언어학≫에 발표된 논문 가운데 방송 언어 모두 TV 매체에 한정한다. TV와 더불어 방송의 한 축을 이루는 라디오 매체 언어 연구는 한 편도 없다. 이는 ≪사회언어학≫ 학회지의 특수성이라기보다 일반적인 연구 경향으로 볼 수 있다. 언어 분석을 위해 연구자들이 선택한 프로그램은 13편 중 7편이 뉴스로 가장 높은 선호도를 보였다. 뉴스는 정제된 언어와 특히 표준어와 표준 발음을 사용하는 모범적인 텍스트로 보기 때문이다. 이밖에 토론 프로그램을 대상으로 한 연구가 3편으로 뉴스 다음으로 많았다. 일반적으로 방송 언어의 시청자가 '청자'라면 토론은 원칙적으로 토론 상대자가 '청자'가 된다는 점에서 일방향적 특성을 갖는 뉴스 언어와 다른 특성을 갖는다. 그밖에 드라마를 분석 대상으로 한 연구가 1편이고 기타 교양과 오락, 만화 등을 대상으로 한 연구가 있다. 토론 프로를 대상으로 한 연구 3편은 모

두 담화 분석을 하고 있다. 뉴스는 정제되고 규범적인 언어 사용을 특징으로 하는 만큼 뉴스를 대상으로 한 연구들은 발음이나 표준어, 경어법 등 규범적인 언어 사용에 관심이 높았다. 방송 언어가 신문 언어와 달리 청각적 기호를 다룬다는 점에서 신문 언어에서 다루기 어려운 음운 분석 등도 주요 연구 분야가 된다. ≪사회언어학≫에서는 이선웅(2009)가 제시한 다양한 주제(위의 (2) 참조) 중 뉴스와 토론을 대상으로 한 연구가 주를 이루며 분석 방법도 담화 분석적 접근이 많다. 이는 ≪사회언어학≫ 학술지의 성향을 반영한 것으로 이해할 수 있다. 연구자별로 연구 내용을 좀더 자세히 살펴보면 아래와 같다.

홍연숙(1994)는 한국어의 이중 모음의 발음이 단모음화되는 경향이 있으며 이는 방송 언어도 예외가 아니라고 보고 그 실태를 파악하고자 하였다. 먼저 ≪방송 언어순화자료≫(KBS한국어 연구회, 제28집·제44집)에서 단모음화 사례로 100여 개의 단어를 확보하고 표준어 화자, 경상 방언 화자, 전라 방언 화자들에게 이들 단어들을 읽게 하여 이들의 발음 실태를 조사하였다. 조사 결과 표준어 화자의 단모음화 경향이 적고 경상 방언 화자의 단모음화 경향이 가장 강한 것을 확인하였다. 다만 이 연구는 실제 방송 언어를 직접 조사한 것이 아니라 방송 언어 순화 자료집에서 단모음화를 보이는 자료를 발췌한 뒤 이들 단어에 대한 일반인들의 발음 양상을 확인한 것으로 논문 제목과 달리 주 연구가 방송 언어라고 보기는 어렵다.

이정복(1997)은 보도(뉴스) 방송을 대상으로 경어법 중 가리킴말의 사용 양상을 사회언어학적 관점에서 분석한 논의이다. 방송에서 가리킴말을 선택하는 것은 방송 주체가 대상 인물을 파악하는 것과 유관하다 보고 인물을 언어적으로 지시할 때 대상의 '힘'과 '거리'에 따라 어떤 가리킴말을 선택하는지 면밀히 고찰하였다. 연구 결과 보도 방송에서 '힘'을 가진 대상을 지시할 때는 그 힘을 인정해 주는 방향에서 가리킴말을 사용하고 지시 대상이 되는 인물이 힘을 잃었을 때에는 그 인물에게서 언어적 힘을 제거하는 방향으로 가리킴말을 선택한다고 하였다. 한편 보도 기사의 주인공이 시청자에게 친밀한 경우에는 긍정적 거리 관계를 언어에 반영하고 거부감을 주거나 부정적인 인물일 경우에는 추가적인 가리킴말 형식을 사용하지 않는 방식으로 대상 인물과의 심리적 거리를 표시한다고 보았다.

토론은 방송 언어 연구의 주요 대상 중에 하나이다. 송경숙(1998)은 우리 나라에서 처음 있었던 제15대 대통령 후보 초청 TV 토론회를 대상으로 한 담화 분석이다. 먼저 3차례의 토론회에 대해 후보자들의 발언 횟수, 시간, 순서 등 구조적으로 분석하고 질문과 주제 전환에 대한 거시 분석과 어휘 선택, 담화 전략 등을 분석하였다. 3차례의 토론에서 여당과 제1 야당 후보자 간의 상호 질문이 집중적으로 이루어졌는데, 2자 구도의 정쟁화된 토론 양상을 드러낸 것으로 보았다. 어휘 사용에서는 특히 후보자들이 상대 후보의 주장을 반박하는 과정에서 사용한 다양한 어휘 표현과 비유적 표현, 인용, 예시, 질문 및 반복 등의 담화 전략을 분석하였다.

송경숙(2000)은 KBS 심야 생방송 토론을 대상으로 사회언어학적인 분석을 시도하였다. 먼저 토론의 진행 과정을 "토론회 시작하기+토론의 전개+시청자와의 통화+토론의 전개+토론회 마무리"의 거시적 담론 구조로 분석하고 각 진행 단계의 하부 구조를 살폈다. 논쟁의 담화 전략으로는 간접적이고 완화된 반대 의사 표현과, 직접적이고 격앙된 논쟁을 양 끝점으로 하는 논쟁의 연속선 개념을 파악하였다. 이 연구에서는 토론에서 사회자의 역할로 발언 시간과 기회의 공정성, 주제 선택과 전환, 주장에 대한 부연 설명 요구하기, 주장 확인하기, 토론자 중재하기, 참석자들의 비언어적 행동 파악하기 등을 중심으로 살펴보았다. 또한 이 논문은 바람직한 토론 문화에 대해 제언하고 있는데, 자신의 주장을 펴거나 반론을 제기할 때 필요충분한 배경과 정보를 제공하며, 감정이 격앙되지 않은 상태에서 다양한 언어 자질과 담화 전략을 사용하되 완곡한 언어 표현으로 주장과 반론을 전개할 것을 주장하였다.

박용한(2002)는 TV 생방송 토론을 대상으로 대화 참여자들이 대화의 목적을 달성하기 위해 화제 및 순서 교대 구조를 지배적으로 주도하려는 과정에서 구사하는 대화 전략에 대한 연구이다. 대화 참여자들은 자신에게 유리한 화제를 도입하려고 적극적인 데 반해 상대방에게 유리한 화제는 차단하려 하거나 억제하기 위해 경쟁한다. 한편 순서 교대에서는 대화 목적 달성에 보탬이 되는 상황에서 상대방의 끼어들기에 맞서는 모습을 보인다. 즉 대화 참여자들은 토론을 자신에게 유리한 방향으로 이끌어 가기 위해 화제 및 순서 교대에서 구조 체계 전반을 지배하려 한다고 했다.

　신문 언어 연구와 마찬가지로 방송 언어 역시 언어 실태를 살피기 위한 텍스트로서 활용되기도 하였다. 김수현(2005)는 방송에서 사용되는 외래어 사용 실태를 분석하고 궁극적으로 언어 정책적 차원에서 외래어 순화 방향을 제시한 연구이다.[8] 먼저 외래어의 사용 유형을 1) 외래어만 존재하는 경우, 2) 순화어가 있으나 외래어 표현이 자연스러운 경우, 3) 순화어와 외래어 표현 모두 자연스러운 경우, 4) 외국어 어휘인 경우로 분류하였다. 이 중 순화는 3)번과 4)번 유형부터 단계적으로 적용할 것을 제안하였다. 외래어를 선호하는 이유로 하나의 어휘로 여러 의미를 표현할 수 있다는 점, 표현이 간단하다는 점, 세련된 느낌이 든다는 점, 원래 의미에서 확대 축소가 가능하다는 점을 들었다. 방송 언어가 언중의 언어생활에 영향을 미치는 것은 사실이지만 외국어와 외래어 사용이 증가하는 것을 모두 방송의 책임으로 전가하는 것은 적절하지 않다고 보았다. 국민 개개인이 고유어 사용에 관심을 갖고 특히 무의식적인 외래어 사용을 경계할 필요가 있다고 보았다.

　어린이를 대상으로 한 프로그램의 연구는 드문 편이다. 구현정 외(2006)은 7세부터 12세 전후의 어린이를 주 시청자로 하는 TV 만화 프로그램을 언어 사용에 초점을 두어 살피는 것을 목적으로 하였다. 이 시기는 어린이들의 문법이 완성되고 어휘 습득이 활발히 진행되는 단계이므로 언어 사용 환경이 중요하다는 입장에서 언어 사용의 양태를 살피는 데 연구 의의를 두었다. 이를 위해 프로그램 이름과 부제명, 등장인물의 이름과 주제가, 대사로 나누어 언어 사용 실태를 살펴보았는데, 그 결과 모든 영역에서 외국어와 불필요한 외래어의 사용이 많았고 폭력적이며 선정적인 주제가나 비속어나 비표준어를 사용하는 등 어휘 사용에 문제가 있음을 지적하였다. 또한 어법에 어긋난 언어 사용의 문제점도 제시하고 있다.

김수현(2007)은 방송 3사의 TV 프로그램 가운데 뉴스, 교양, 오락 프로그램을 대상으로 방송에서 남녀 역할을 분석하고 여성에 관한 언어 표현을 조사 분석하는 것이 목적이다. 조사 결과 우리나라의 TV 방송에서 여성에 대한 표현은 남녀 모두 고정 관념에서 크게 벗어나지 못하고 있다고 보았다. 이는 우리의 의식 변화를 언어가 따라가지 못하는 언어 지체 현상과 관련이 있으며 언중들의 무의식적이고 무비판적인 언어 습관이 방송에서 걸러지지 않고 그대로 반영되는 것이 근본적인 문제라고 지적하였다.

방송 언어 개선에 대한 연구로 조민하(2013)는 방송 언어의 비표준어 사용 실태를 조사하고 합리적인 방송 언어 정책을 제안하는 것이 목적이다. 이를 위해 TV 주말 드라마를 대상으로 비표준어 사용에 대한 계량적 분석을 하고 이를 연구의 기초 자료로 삼았다. 기존 연구들이 주로 방송의 비표준어 문제를 무비판적으로 수용한 데 반해 이 연구는 표준어와 방송 언어의 평가 기준이 동일시될 수 없음을 주장하였다. 즉 방송 언어는 언중들의 언어 현실을 사실적으로 담아내기 위해 규범에 어긋나는 표현이라도 프로그램 특성에 맞게 사용 여부에 있어 유연성을 발휘해야 한다고 보았다.

서경희(2014)는 대선 주자들의 정치 인터뷰 기사를 대상으로 정치인들이 일관성이 결여되어 있다고 공격을 받을 때 전략적으로 어떻게 대응하는지 분석하였다. 분석 대상은 JTBC TV 뉴스룸의 대선 주자 릴레이 중 2017년에 방송된 문재인 후보 편과 미국 NBC 방송과 ABC 방송에서 방영한 트럼프 후보의 인터뷰이다. 조사 결과, 대선 주자들은 진행자의 공격을 무조건 회피하여 대중에게 부정적인 인상을 갖게 하기보다 전환 전략을 사용하여 전략적으로 조정 작업을 하는 것으로 나타났다. 또한 가변적이고 다면적인 성격을 지닌 정체성이나 역할 중에서 특정한 정체성을 내세우기도 하고 그 정체성의 범주에 해당되는 일련의 행위들을 부각시키고 협상함으로써 일관성의 부재라는 공격에서 벗어나려는 전략을 사용하는 것으로 보았다.

최윤지(2018)은 TV 뉴스에서 문장 종결형이 특히 합쇼체와 해요체 간의 사용이 어떠한 언어 외적 변인들과 상관관계를 가지는지 알아보는 것을 목적으로 하였다. 이를 위해 약 20만 어절 규모의 TV 뉴스 말뭉치를 구축하였다. 조사 결과 뉴스에서 합쇼체와 해요체의 사용에 있어서 해요체의 출현 빈도가 훨씬 낮게 나타났다. 해요체의 사용에는 화자의 성별과 역할, 기사 유형의 세 가지 변인들이 유의미하게 관여하는데 여성 화자가 남성 화자보다, 앵커가 기자보다, 구체적인 청자를 대상으로 한 기사가 추상적인 청자를 대상으로 한 기사보다 해요체를 일관되게 더 많이 사용하는 것을 확인하였다.[9]

남북한 언어 실태를 비교하는 차원에서 방송 언어가 활용되기도 하였다. 김상준(2003)은 남북한 방송 보도 문장의 문체적 특성을 수사학적인 측면에서 고찰하였다. 이를 위해 6.15 남북 정상 회담 관련 보도에 나타난 특징으로 수사학상의 분류와 문법 어휘의 특징적 분류를 살폈다. 먼저 남한 방송 보도는 과거 문어체 중심에서 점차 구어체로, 주관적 표현에서 객관적 표현으로 이행되고 있다고 보았다. 또한 스트레이트 뉴스 중심에서 리포트 뉴스가 증가하면서 설명형 구조에서 서사 구조로 바뀌는 현상 또한 나타나고 있다고 보았다. 북한 방송 보도의 문체적 특징은 전투적 용어의 사용이 많고 직접적인 선전·선동 형태의 언어 표현이 노골적으로 이루어지고 있으며, 절대 권력자에 대한 찬사를 위한 수식어 사용과 화려체, 만연체, 강건체를 혼합한 장식 문체가 많은 것도 특징으로 지적하였다.

정성희·신하영(2017)은 어두에서 음운론적으로 환경이 동일하지 않은 'ㄹ'과 'ㄴ'의 실현을 두음 법칙이라는 이름으로 함께 다루어져 온 것에 대해 문제의식을 갖고, 북한 뉴스에서 어두 'ㄹ' 및 'ㄴ'의 실현 양상을 분석하고 이에 대한 사회적·언어적 배경을 밝히고자 하였다. 문화어 발음법에서 어두에 'ㄹ'을 실현하는 것은 역사적 근거가 있거나 평양 방언에 기반한 것이 아니라는 것은 이미 밝혀진 바 있다. 그런 점에서 어두에 'ㄹ' 표기를 인정하는 표기법이 어두에서 'ㄹ'을 발음하도록 규제하는 것으로 보았다. 또한 북한에서 /i/나 /j/에 앞서는 어두 'ㄴ'을 인정하는 것은 구개음화가 다른 지역 방언에 비해 늦게 발생함으로써 'ㄴ'의 탈락 역시 늦은 시기에 일어났기 때문에 문화어 규정이 이를 반영한 것으로 보았다. 2000년대 초반까지 평안 방언에서 어두의 'ㄹ'이 발음되지 않은 것을 고려할 때 평양 지역어 역시 현재 어두의 'ㄹ'이 발음되지 않을 가능성이 높은데 북한 뉴스가 어두에서 /ㄹ/을 발음을 지키려는 것은 것은 방송의 특성상 북한 언어의 규범을 준수하기 위한 것으로 보았다.

2.3. 통신 언어

1980년대 말 PC 통신10)의 대중화와 더불어 꾸준히 사용 영역을 넓혀온 통신 언어는 1990년대 중반부터 PC 통신과 인터넷이 통합되고, 1990년대 말부터 초고속 인터넷이 가정에 보급되면서 사용자가 급격히 늘어난다. 일찍이 초고속 인터넷 인프라를 구축한 IT 강국으로서의 높은 위상은 한국인이 가상 공간에서 활발한 소통을 가능케 하는 촉매제가 되었다. 인터넷 통신은 방송이나 신문 매체에 비해 짧은 역사를 갖고 있지만 의사소통 형식이나 실현 면에서 뚜렷한 차별성을 갖고 있어 연구자들의 많은 관심을 받았고 이는 관련 연구의 활성화로 나타났다.

〈표 5〉 통신 언어의 생태환경 변화 양상

1. 통신 방식의 변화	PC 통신 → 인터넷 (유선 → 무선)		
2. 통신 수단의 변화	PC (고정) → 태블릿 → 스마트폰(모바일)		
3. 통신 플랫폼의 변화	게시판(BBS) → 블로그 → SNS(트위터, 페이스북, 인스타그램 등)		
	텍스트 → 영상(유튜브, 아프리카 TV, 카카오 TV 등)		
	채팅 → 문자 메시지 → 메신저(카카오톡, 라인, 위챗 등)		
4. 통신 이용자의 변화	청소년 → 대중		

통신 언어는 통신이 이루어지는 생태 환경에 따라 변화해 왔다. 1990년대 초까지 모뎀으로 전화선을 사용해 이루어졌던 PC 통신 방식은 인터넷 망에 랜을 연결하는 방식으로 바뀌고 지금은 무선으로 연결되는 Wi-Fi로 가상 공간의 영역은 더욱 확대되었다. 단말기 역시 고정된 PC에서 이동이 가능한 태블릿을 거쳐 스마트폰의 시대가 정착되었다. 고정된 PC에서 제

한적으로 사용되던 PC 통신은 인터넷으로 통신 방식이 변화하고 공간의
제약을 받지 않는 태블릿과 스마트폰과 같은 모바일 통신 수단 및 통신 플
랫폼의 확장에 따른 사용역의 변화는 각 플랫폼에서 활동하는 사용자에게
자연스럽게 변화를 요구하였다. 청소년이 제한적으로 사용하던 통신 언어
는 이제 대중의 언어로 보는 것이 오히려 자연스럽다. 이러한 통신 언어의
생태 환경 변화는 연구자 입장에서 고려해야 할 변수가 된다.

≪사회언어학≫에는 모두 26편의 관련 논문이 수록되었다. 다른 매체에
비해 가장 늦게 시작했음에 불구하고 연구가 가정 활성화된 분야로 자리매
김하였다.11)

〈표 6〉 ≪사회언어학≫에 게재된 통신 언어 연구 개관

	사용역	주요 분석 대상
이진성(1999)	채팅(대화방)	변이형 / 사용역의 차이
노형남(2000)	채팅(대화방)	변이형, 이모티콘 / 채팅 언어 방지
이정복(2000)	채팅(대화방), 게시판	변용
안정근(2000)	채팅	변용, 담화 양상
이진성(2001)	(대학생 논술 답안지)	변이형
이정복(2002가)	메일	변이, 기능
이정복(2002나)	채팅, 게시판	종결 어미 변용
송경숙(2003)		담화 분석, 성 역학(성차별)
이진성(2003)	(대학생) 논술 답안지	변이형
한성일(2003)	채팅(대화방, 메신저)	인식 조사(설문)
김정우(2006)	통신 이름(ID)	명명 이유
이정복(2008)		금칙어
김정우(2009)	커뮤니티(네이버 카페)	자전거 관련 용어
이정복(2010가)	관공서 웹사이트	호칭어
이정복(2010나)	게시판, 댓글	성차별 표현
박동근(2012)	웹문서	조어법
이정복(2012)	스마트폰, SNS	일상어와의 영향 관계
이진성(2013)	대화방, 게시판, MSN	한영 비교
남신혜(2015)	SNS(페이스북)	담화 기능, 담화 환경
이정복(2015)	게시판(중: 바이두)	의성어, 의태어 / 한중 비교
서형요·이정복(2015)	SNS(한: 트위터, 중: 웨이보)	한중 비교

강현석·김민지(2017)	카카오톡 대화	{네}와 {예}의 실현 양상
김현주·이근명(2017)	온라인 음성 회의	수평적 대화와 토론 참여도
이정복·박은하(2019)	댓글(기사)	욕설
김규현 외(2019)	댓글(기사)	욕설
심영숙(2019)	댓글	영어 수업 의식 조사

통신 언어는 크게 하드웨어인 매체와 그 안에서 운용되는 사용역이나 플랫폼의 변화에 따라 연구의 세부 주제도 새롭게 부각되었다. ≪사회언어학≫에 수록된 논문 가운데에는 사용역으로 볼 때 '채팅'(대화방)을 대상으로 한 연구가 6편으로 가장 많았다. 통신 언어는 1990년대 초에 청소년을 중심으로 PC 통신 사용이 일반화되면서 당시 가장 인기 있었던 대화방 서비스를 통해 급속히 발생·보급되었다. 이것이 점차 게시판이나 전자 우편, 그리고 휴대폰 문자 메시지까지 사용 범위를 확대하면서 컴퓨터를 매개로 한 의사소통의 한 방식으로 자리잡게 된다(박동근 2003). '통신 언어=채팅 언어'라고 말할 만큼 통신 언어 생성에 중요한 공간으로 연구가 활발한 것은 당연한 일이다. 그런데 대화방 서비스는 스마트폰이 보급되고 특히 2010년 문자 서비스와 채팅 서비스(오픈 채팅)의 성격을 아우르는 카카오톡 서비스가 시작되면서 메신저 형태의 SNS 서비스로 급속히 대체된다. 이에 이진성(2013)을 제외하면 ≪사회언어학≫에 수록된 채팅 관련 연구는 통신 언어 연구 초기인 1999년~2003년에 집중되어 있다.

통신 언어의 분석 자료로 커뮤니티를 포함해 '게시판'을 대상으로 한 연구 역시 6편이다. 게시판은 주로 PC 통신 시절의 동호회나 월드 와이드 웹(WWW) 기반의 인터넷 카페와 같은 커뮤니티에서 회원들이 정보를 공유하는 공간으로 채팅보다 긴 호흡의 문장을 사용한다. 게시판이나 카페에 비해 '댓글'에 대한 연구는 조금 늦게 시작되었다. '댓글'은 게시판에 올린 글이나 신문 기사 등에 짧게 의견을 다는 형식의 글인데, 내용은 원글이나 기사에 대한 찬반 논평인 경우가 많다. 이때 원글에 대해 의견을 내면서 노골적인 비난이나 차별 또는 혐오 표현, 욕설 등을 무분별하게 사용하여 악성 댓글을 뜻하는 악플(惡性 reply)이라는 신조어가 등장하는 등 사회적으로 문제가 되었다.12) 댓글은 정치적으로 사회적 이슈가 되면서 더욱 대중의 관심이 커졌다. 이러한 문제점에 주목한 연구로는 이정복(2010나), 이정복·박은하(2019), 김규현·서경희·임시은(2019) 등이 있다. ≪사회언어학≫에 게재된 통신 언어 관련 논문들은 초반에는 대부분 기존 언어 질서에 역행하는 변이나 '언어 파괴' 및 그에 따른 언어 순화가 주요 주제였다면 점차로 이를 통신 언어라는 특수 환경에서 발생하는 자연스러운 현상으로 이해하고 현상 자체에 좀더 주목하는 경향을 보이게 된다. 구체적인 연구 내용을 살펴보면 다음과 같다. 발표 순서대로 살피되 필요에 따라 주제별로 묶었다.

이진성(1999)는 ≪사회언어학≫에 처음 실린 통신 언어 관련 논문이다. 이 글에서는 사회적으로 특수어라고 볼 수 있는 은어 중 약어와 약자의 사용 양상과 컴퓨터의 대중화로 대두된 '통신어'(chatting language)의 사용을 신세대 언어라는 같은 맥락에서 고찰하였다. 연구자는 통신상에서 이루어지는 언어 변이를 언어 파괴 등 부정적인 현상으로 보기도 하지만 기존의 언어에서 일상적인 표현과 형식적인 표현이 구별되듯이 통신 언어 역시 고유 영역을 인정할 수 있으며, 표면적으로 무질서해 보이는 표현 방식은 실제로는 제한된 수단(글자)을 최대한 수용하려는 데 나름대로 일관성이 있다고 보았다.

이진성(2001)은 통신 언어 사용이 맞춤법 파괴 현상에 어떠한 영향을 미치는지 살펴보았다. 이를 위해 대학생의 논술 답안지에서 통신 언어의 영향으로 볼 수 있는 소리 표기, 말 줄임, 말 늘임, 구어체 어휘 사용, 자모 오류 및 어법상의 오류를 살펴본 결과 이것이 통신어 특유의 표기가 반영된 것으로 보았다. 이는 단순한 표기의 오류에 그치지 않고 국어의 모음 조화 파괴나 조사 체계의 혼란 등 바른 언어 사용에 적지 않은 위협이 되고 있다고 보았는데, 이는 이진성(1999)에서 통신 언어와 글말 고유 영역을 강조한 데 비해 통신 언어 사용의 심각성에 좀더 무게를 두고 있다.13)

이진성(2013)은 이진성(2001)에 이은 후속 연구로 통신 언어의 환경 변화에 따라 맞춤법 파괴가 그 이후 어떠한 양상을 보이고 있는지 고찰하였다. 흥미로운 것은 13년 동안 통신 언어 사용이 폭발적으로 증가했음에도 불구하고 부정적인 영향으로 인한 맞춤법 오류는 오히려 2001년 연구에 비해 55.5%로 감소한 것으로 나타났다는 점이다. 이러한 현상에 대해 연구자는 언중이 통신 언어를 특수한 대화 상황에서 쓰는 일종의 방언으로 일상어와 구별하는 의식이 강해졌으며, 대학생들의 경우 통신 언어를 규범적인 문자 생활에서 사용하는 것에 대해 거부감을 갖는 성숙한 의식이 형성된 것으로 해석하였다. 다만 구어체 어투와 구어체 어휘는 증가하였는데, 구어체와 문어체의 경계가 점점 불투명해지는 현상으로 해석하였다.

노형남(2000)은 청소년들의 채팅 표현을 광적(狂的)이라고 묘사하는 데서 알 수 있듯이, 통신 언어의 사용을 부정적인 입장에서 접근하고 있다. 통신상에서 벌어지는 언어 일탈이 일종의 놀이 문화를 넘어 회복하기 불가능한 수준에 이르기 전에 언어 순수성을 보존하기 위한 적극적인 노력이 필요하다는 것이다. 이를 위해 무엇보다 교육적인 처방이 필요하며, 보다 근본적으로 정보 기술 매체 전반에 대해 규범 교육을 강화하고 개선 효과를 높이기 위한 강도 높은 언어 정책을 수행할 것을 주장하였다.

이정복(2000)은 통신 매체상에서 사용되는 호칭어 '님'에 대한 연구로 앞서의 연구들이 주로 통신 언어 전반에 대한 논의인 데 반해 호칭어 '님'에 한정한 미시적인 분석을 하고 있다. 일상어에서 의존 명사와 접미사로 사용되는 '님'이 통신상에서 대명사로 사용되는데 나이가 많을수록 높은 빈도로 사용되며 통신 참여자들이 우호적인 관계에서 주로 사용한다는 것을 확인하였다. 또한 통신상에서 만들어진 말이 일상어에까지 규범적으로 확대될 수 있다는 가능성을 시사하였다.[14]

이정복(2002가)는 20대 사용자를 중심으로 전자 우편 텍스트에서 나타나는 한국어의 변용 양상을 분석하였다. 이 연구에서는 전자 편지에서 나타나는 음운·표기의 변용, 문법의 변용, 어휘의 변용에 특히 주목하였다. 한편 통신 언어의 발생 동기와 기능으로 '경제성, 표현성, 오락성, 유대성, 일탈성'의 5가지 유형을 제시하였다. 전자 편지에서 보이는 변용 양상은 대화방이나 게시판과 다르지 않은데, 이를 통해 대화방에서 처음 시작한 통신 언어의 변용 현상이 게시판을 거쳐 전자 우편으로 확산된 것으로 보았다.

안정근(2000)은 사이버 공간에서 채팅 전용 사이트의 급격한 확산에 주목하고 이러한 대화의 장(field)에서 나타나는 대화가 형식과 내용 면에서 기존의 것과 어떻게 다른지 구체적으로 기술하고자 했다. 이 연구에서 제시한 음운의 변이나 이모티콘 사용 등의 분석은 앞선 연구들과 특별한 차이를 보이지는 않는다. 특별한 점은 사이버 공간에서의 대화가 일정한 담화 패턴을 보여 준다는 데 주목했다는 것이다. 즉 가상 공간의 대화는 대화방 입출입 때 하는 인사말 등 채팅의 전 과정에서 어느 정도 일관된 담화 패턴을 보이고 있으며 이는 인터넷상에서 새로운 언어 형태가 독립적으로 발전해 나가는 것으로 해석하였다. 통신상에서 새로운 담화 양상을 보이는 것 자체는 문제될 것이 없으나, 다만 청소년들이 일상 대화에서 사이버 공간에서 대화하는 것처럼 의사소통하는 것은 앞으로 정서법 체계를 크게 바꾸어 놓을 수 있다는 점에서 경계할 필요가 있다고 보았다.

이정복(2002나)는 게시판 언어와 대화방 언어를 자료로 통신 언어에서 종결 어미가 어떠한 특성을 갖는지 사회언어학적으로 분석하였다. 먼저 통신 언어에 나타나는 전반적인 종결 어미의 사용 양상을 살피고 이를 다시 대화 참여자와 게시판 특성에 따라 분석하였다. 연구 결과 통신 언어에서는 전반적으로 문장의 완결성이 뚜렷하게 나타나지 않는 것을 확인하였다. 세대별로는 대학생 이하의 학생층이 일반인들에 비해 종결 어미 바꾸기, 비규범적 부호 사용의 정도가 높았고 성별로는 남성은 종결 어미의 변형을, 여성은 문장 부호 등의 비규범적 사용이 많은 것을 확인했다. 또한 대화방보다 게시판에서 전형적인 통신 언어의 사용 정도가 낮다고 보았다.

송경숙(2003)은 한국어와 영어의 통신 언어 자료에 기초하여 남성과 여성 간의 성 역학에 대하여 논하였다. 컴퓨터-매개-커뮤니케이션(CMC)상에서 남성은 긴 메시지를 주로 사용하고, 강력한 주장, 모욕적인 언어 사용, 적대적 태도 등의 경향을 보이며, 여성은 짧은 메시지를 선호하고 완화된 주장, 정렬된 태도를 취하는 것으로 보았다. 특히 채팅과 같은 동시성 CMC에서 남성은 모욕적이고 성적인 표현을 자주 사용하며 여성은 상대방의 주장을 지원하고 애정을 표현하는 것으로 나타났다. CMC에서는 참여자의 사회적 단서를 드러내지 않는 익명성으로 남성과 여성이 동등하게 참여할 수 있음에도 불구하고 의사소통 스타일로 드러나는 성별로 인해 성별 차가 존재한다고 보았다.

한성일(2003)은 컴퓨터 대화방에서 중·고·대학생들이 갖는 언어 사용 실태와 태도를 설문 조사를 통해 살피는 것이 목적이었다. 조사 결과 중·고등학생들은 대학생에 비해 욕설이나 비속어를 많이 사용하는 것으로 나타났다. 컴퓨터 대화방에 대한 인식으로 우리말 파괴나 욕설의 사용 외에 무의미한 대화나 원활하지 못한 대화 진행이 문제라고 응답했다. 응답자의 과반수인 52.2%는 통신 언어를 통신상에서 제한적으로 사용한다면 언어 파괴가 별로 문제가 되지 않는다고 답하여 통신 언어를 일상 언어와 구별되는 사회 방언으로 인식하는 것으로 나타났다.

김정우(2006)는 대학생을 대상으로 가상 세계에서 자신의 정체성을 드러내는 방법으로 사용하는 통신 이름(ID)를 어떻게 짓는지 조사하였다. 앞서 '통신 별명'이나 '대화명'을 조사 대상으로 한 연구가 있었는데 '통신 이름'을 본격적으로 논한 연구는 처음이다. 1,044개의 통신 이름을 수집하고 설문을 분석한 결과 명명 이유로 1) 자기 정보, 2) 자기 특성 정보, 3) 주변인 정보, 4) 우상(偶像) 정보, 5) 사물 정보, 6) 지향 이미지 정보, 7) 별명 정보, 8) 단어 정보, 9) 의미 없음의 9가지로 분류하였다. 통신 이름은 부모에게 부여 받은 본명과 달리 본인이 직접 지은 것으로 사회적이며 관계 지향적인 성격을 갖는다고 보았다.

인터넷상의 비속어 사용이 사회 문제화되자 대형 인터넷 사이트들은 각종 금칙어를 선정하여 쓰기 및 찾기를 제한하게 되었다. 이정복(2008)은 이러한 금칙어 규정에 대응하는 누리꾼들의 언어 전략을 살펴보았다. 이 연구에서는 인터넷상에서 강제화된 금칙어 외에 누리꾼 스스로 특정 표현을 다른 형식으로 바꾸어 적는 '자기 검열 금칙어'에 주목하였다. 누리꾼들의 금칙어 대응 전략은 형태 바꾸어 적기, 띄어쓰기를 이용한 적기, 영문자, 숫자, 부호 등을 이용한 적기, 비유 표현으로 적기 등으로 조사되었다. 한편 누리꾼은 금칙어 회피를 하나의 놀이 문화로 인식하고, 금칙어가 또 다른 언어 변형 및 변화를 유발하는 요인이 되었다고 보았다. 인터넷상에서 금칙어 사용과 관련한 첫 번째 논의로 통신 언어의 연구 주제가 점점 확장되는 양상을 보여 준다.

시간이 지나면서 인터넷 통신 언어의 연구 주제는 점점 미시화되는 경향이 나타난다. 그중 하나가 주제별 커뮤니티를 대상으로 한 언어 사용 실태이다. 김정우(2009)는 자전거 관련 커뮤니티의 게시판에 올라온 자전거 관련 말들을 수집하였다. 용어는 크게 자전거와 관련된 용어와 자전거 타기와 관련된 용어로 구분하여 118개의 어휘를 선정하였다. 이들 가운데 일상어와 조어상 다른 용어는 83%에 이른다. 인터넷의 신조어들이 대개 연원을 찾기 어려운 데 반해 커뮤니티에서 사용되는 용어는 커뮤니티 안에서 생성되고 출처가 분명하고 회원들이 용어 사용의 유용성을 인정하여 그 안에서 널리 사용하게 된다. 커뮤니티 내에서 사용되는 용어들은 전문 용어의 축약을 통해 유대를 강화하고 비유적 표현으로 의미를 강화하며 어감의 변화로 감정을 표현하는데 이러한 용어의 사용은 커뮤니티 활성화라는 심리적 욕구를 반영하는 것으로 이 연구는 분석하였다.

이정복(2010가)는 정부 기관에서 운영하는 사이트 24개를 선정하여 운영자가 방문자에게 사용하는 호칭어 가운데 가리킴말을 분석 대상으로 삼았다. 분석 결과 방문자에 대한 호칭어로는 높임 가리킴말로 '여러분, 귀하, 분, 님' 등이 사용되는 것으로 나타났으며, 이 가운데 '님'의 기능 부담량이 점차 증가하는 것으로 보았다. 정부 기관 사이트 간에도 차이가 나타났다. 국민 대상의 국회 사이트는 '국민'이나 그 확장 표현을 주로 사용하여 국민과의 긴밀한 관계를 강조하는 반면, 우체국 사이트는 방문자를 가리킬 때 주로 '고객(님)'을 사용하고 '국민'은 전혀 사용하지 않는 등 차이를 보였다.

이정복(2010나)는 인터넷 통신 공간에서 사용하는 여성 비하 표현의 사용과 누리꾼들의 태도를 살펴보았다. 먼저 통신 공간에서 사용된 여성 비하 표현의 목록을 작성하고 1) 지시 대상, 2) 생명력, 3) 남성 대응형의 존재, 4) 비하의 초점 등 네 가지 기준에 따라 다시 10개의 하위 유형으로 구분하였다. 인터넷상에서 특정 여성이나 여성 전체를 비하하는 표현이 많이 사용되는데 이로 인해 남녀의 감정 대립이 쉽게 일어나는 것으로 보았다. 또한 여성에 대한 빈번한 비하 표현 사용을 불평등한 양성 관계에 기인하는 것으로 보았다.

박동근(2012)는 연구 당시 유행했던 [X-남], [X-녀]류 통신 언어의 어휘 형성과 이러한 어휘의 유행 동기를 사회언어학적으로 분석하였다. 이 연구에서는 먼저 통신 언어의 발달 단계를 '형태 변형-형태 해체-의미 해체-의미 재해석'으로 체계화하였다. 2005년을 전후하여 인터넷의 관심사가 '인간'에 집중되었는데, 이 연구에서는 이를 [X-남], [X-녀]가 높은 생산성을 갖고 유행하는 원인의 하나로 보았다. [X-남]에 비해 [X-녀]의 조어 수가 더 많으며 [X-녀]의 경우 여성 차별적인 성향이 있는데, 사회언어학적인 측면에서 [X-남], [X-녀] 조어의 유행은 호기심을 자극하는 온라인 매체의 영향이 크며, 상업적 동기나 사회 고발적인 의도에 따라 생성·사용된다고 보았다.

통신 언어의 전형적인 매체는 컴퓨터(PC)였다. 하지만 모바일 매체의 발달과 더불어 통신 언어는 또 다른 전환을 맞는다. 이정복(2012)는 이러한 즈음에 인터넷 매체로 새롭게 부상한 스마트폰을 이용한 사회적 소통망(SNS)을 대상으로 한 연구이다. 모바일의 발달로 인터넷 사용은 삶의 주요한 부분이 되었고 의사소통의 비중에서 이들 매체를 사용하는 비중 또한 높아졌다. 스마트폰의 확산 결과 통신 언어를 생성하고 전파하는 속도가 더욱 빨라졌다. 무엇보다 통신 언어가 일상어와 자연스럽게 섞이면서 일상어와의 경계가 무너지는 '통신 언어의 일상어화'가 촉발되었다는 점에 주목하였다.

이진성(2013)은 통신 언어가 특정 언어에 한정하는 현상이 아니라는 점에서 영어 통신 언어와의 비교를 통해서 한국어 통신 언어의 특징을 살펴보고자 했다. 통신 언어가 빠른 속도, 공간성 확보, 연대감 구축이라는 점에서 세계 공통적이나 한글과 알파벳의 근본적인 차이나 음운이나 통사 구조의 차이는 한영 통신 언어에서 다른 양상으로 나타날 것이라고 가정하였다. 경제적인 이유로 사용하는 타수 줄이기의 경우 영어는 주로 약자를 사용하며 한국에서는 준말이나 어미 생략과 같은 음절 줄이기를 선호하는 것으로 보았다. 이때 영어는 표기가 그대로 말소리로 표현되지 않는 데 반해 한국어의 준말은 말하는 방식에 바로 영향을 주어 통신 언어의 영향이 통신상에만 국한되지 않는다고 보았다.

스마트폰과 같은 새로운 하드웨어의 등장뿐만 아니라 새로운 플랫폼의 등장은 통신 언어의 또 다른 환경을 조성하게 되었다. 남신혜(2015)는 다양한 언어를 모어로 하는 사용자 간의 교류가 이루어지는 장으로서 코드 스위칭이 일어나는 SNS 공간에 주목하였다. 단일 언어권 거주자조차 SNS 공간에서는 이중 언어 사회의 거주민과 유사한 언어 사용 양상을 보이는 것을 확인하고 이로써 SNS 공간이 다중 언어 사회에 가까운 양상을 보인다고 하였다. 코드 스위칭의 유표적 실현으로는 1) 독자의 특정 또는 배제, 2) 어휘적 요인, 3) 내용의 강조 또는 희석, 4) 화행 및 주제의 전환 등이 있음을 들었다.

발달된 한국어의 통신 언어는 외국의 한국어 학습자에게 흥미로운 주제이며 한편으로는 한국어 학습자들이 극복해야 할 대상이다. 그런 점에서 한국어 학습자의 통신 언어에 대한 관심이 높은 편이다. 서형요·이정복 (2015)는 한국과 중국인 누리꾼들이 SNS에서 사용하는 통신 별명의 구조와 의미 유형, 작성 동기를 중심으로 대조 분석한 연구이다. 분석 결과 구조 면에서 한 가지 문자 체계만 사용하는 '단일 구조 통신 별명'이나 둘 이상을 결합한 '복합 구조 통신 별명' 사용에는 별 차이가 없는 것으로 나타났다. 이 연구에서는 통신 별명을 의미에 따라 '자기 정보', '우상 정보', '지향 정보', '기타'로 유형화하였는데 두 나라 모두 통신 별명을 통해 자신의 정체성을 드러내고자 하는 노력이 보였다. 지향 정보에서는 두 나라가 다소 차이를 보였는데 한국은 사회 변화나 이념을 드러내는 통신 별명이 많았으나 중국은 현실 정치를 드러내는 별명을 짓는 경우는 거의 없는 것으로 나타났다.

이정복·판영(2015)는 통신 언어 사용상의 특징 중의 하나인 의성어·의태어에 대한 연구로 한국과 중국에서의 사용 양상을 연구하였다. 통신상에서 한중 의성어·의태어 사용의 공통점은 기존에 없던 새로운 형식이 적지 않고, 느낌과 의미를 강조하기 위해 형태를 늘여서 쓰거나 의미가 확대되는 경우가 있다는 점이다. 차이점으로는 중국의 경우 한자의 제약을 피하기 위해 로마자나 병음자를 사용하는 경우가 있는데 로마자를 반복하거나 줄여 쓰며, 'ORZ' 등 그림 글자를 사용하여 긍정적 감정과 부정적 감정을 표현하기도 한다.

강현석·김민지(2017)은 통신 언어에서 '예'와 '네'의 사용이 다른 일상의 구어를 대상으로 한 연구와 차이가 크다는 점에 주목하고 카카오톡 대화를 자료로 통신 언어에서의 사용 양상을 살펴보았다. 연구 결과 카카오톡 대화에서 {예}와 {네}의 변이적 사용은 성별에 따라 중요한 차이가 있는 것을 확인했다. 여성의 경우 극히 일부를 제외하면 {네} 변이형을 사용하는 것으로 조사되었는데 이는 구어 자료에서 남녀 화자의 {예}와 {네} 사용에 반한다는 점에서 흥미로운 결과이다. 연령대 요인으로는 나이가 많을수록 {예}형을 많이 사용하는 것으로 조사되었다.

대부분의 통신 언어 연구가 언어 변이에 따른 특이성에 관심을 둔 데 반해 김현주·이근명(2017)과 심영숙(2019)는 온라인 텍스트를 통해 언어 및 사회 현상을 살피는 연구이다. 먼저 김현주·이근명(2017)은 온라인상의 수평적 대화 형태가 토론 참여의 적극성에 어떤 변수가 될 수 있는지를 고찰하였다. 그런데 오프라인상에서 한국인의 정서상 완전한 수평적 대화를 실현하기 어렵다. 이에 온라인 대화창 플랫폼을 토론의 실험 공간으로 활용하였다. 실험 결과 전통적인 오프라인 대화와 달리 수평적 온라인 대화에서 하위직의 대화 참여가 훨씬 더 적극적으로 실현되는 것을 확인하였다.

심영숙(2019)는 유치원 및 어린이집의 영어 수업 금지 정책에 관한 온라인 댓글을 분석하여 해당 정책에 대한 공중의 인식을 살펴보았다. 앞서의 연구와 마찬가지로 통신 언어에 대한 구조적 연구가 아니라 인터넷을 사회 여론을 진단하는 텍스트로 활용하였다. 분석 결과 영어 수업 금지 정책에 대한 반대 여론이 월등히 높게 나타났는데, 그 이유로는 1) 사교육 조장, 2) 교육권 침해, 3) 놀이 중심 영어 수업의 장점 간과를 들었다.

이정복·박은하(2019)와 김규현 외(2019)는 2018년 네이버와 한국사회언어학회가 공동으로 진행한 욕설 댓글 프로젝트의 일환으로 수행한 연구이다. 이정복·박은하(2019)를 보면, 기사 가운데에서 특히 정치 기사에 욕설 댓글이 많이 달리는 것으로 나타났다. 욕설을 가장 많이 사용하는 연령대는 50대였고 성별로는 남성이 압도적으로 많았다. 욕설의 유형 중 가장 높은 빈도를 보인 것은 '신체 정신 결합형'이고 그 다음으로는 '성적 표현형'이 높게 나왔다. 누리꾼이 댓글로 욕설을 하는 경우는 습관적으로라는 이유가 가장 많았고 다음으로 스트레스를 풀기 위한 목적이라는 응답이 나왔다. 피조사자의 대부분은 욕설의 사용에 대해 부정적인 입장이었다.

김규현 외(2019)는 댓글에 나타나는 욕설 사용에 대한 이해를 높이고 그에 따른 효과적인 사이트 운영을 위한 금칙어 관리 지침을 마련하는 것이 목적이었다. 이를 위해 인터넷 게시판이 갖는 '잠재적 공간'(potential space)으로서의 맥락적 속성과 욕설의 변이형을 만들어 내는 댓글 작성자들이 형성하는 유대감으로서 '실행공동체'(community of practice) 속성을 관련지어 분석하였다. 연구 결과 누리꾼들은 욕설의 사용을 통해 대상에 대해 부정적인 평가만 하는 것이 아니라 다른 공동체 구성원들의 공감을 이끌어 내는 데 목적이 있었다. 또한 금칙에서 벗어나기 위한 변이형은 원래 욕설의 공격적인 의미를 희석시키는 역할을 하는 것으로 보았다. 욕설 댓글과 혐오 표현은 상당히 길게 이어질 수 있는데, 이 경우 단순히 순화어를 대치하는 것으로 방지할 수 없으므로 욕설 댓글의 순차적 흐름을 막는 방법을 모색하는 것이 필요하다고 보았다.

3. 문제점과 전망 및 과제

지금까지 매체 언어 연구의 분야를 크게 신문 언어, 방송 언어, 통신 언어로 구분하여 창간호 이래 ≪사회언어학≫에 게재된 논문을 중심으로 연구사적 관점에서 흐름을 개관하고 연구 내용을 소개하였다.

매체 언어 연구는 매체의 발달과 밀접한 관련이 있는 만큼 매체 언어 연구사는 매체 발달을 고려해야 한다.15) 이 연구는 ≪사회언어학≫에 수록한 논문을 중심으로 연구 동향을 살폈으므로 이 결과가 매체 언어 연구 전반에 대한 흐름이라 규정할 수는 없다. 하지만 여러 지면에 발표된 매체 연구가 모두 사회언어학적으로 접근한 것은 아니므로 이 장의 내용은 오히려 사회언어학적 관점에서 이루어진 매체 언어 연구의 흐름을 살피는 데 더 충실했다고 할 수 있다.

신문은 발행 날짜가 정확하고 신문 발행에는 시간적 연속성이 있으며 수집 또한 용이하여 최근 100년간의 한국의 언어 실태를 사회상과 관련지어 연구할 수 이상적인 텍스트이다. 신문 언어 연구의 텍스트는 크게 '사설'과 '기사'로 양분되며 각각의 분석 대상은 대부분 '제목'과 '신문 본문'으로 구분된다. 방송이나 영화 등에서 프로그램 이름을 분석 대상으로 삼은 것이 없지 않으나 ≪사회언어학≫에 수록된 13편의 논문 가운데 5편이 제목을 대상으로 분석하고 있다는 점은 특징적이라고 할 만하다. 신문 언어의 연구 방법론은 '기사, 사설' 구분 없이 대부분 '담화 분석'에 치중하고 있다. 매체 언어 연구는 크게 1) 매체 언어에 대한 연구, 2) 매체 언어를 위한 연구, 3) 매체 언어에 의한 연구로 구분할 수 있다. 허재영(2009)는 신문 언어에 대한 관심이 취재 기자나 교열 기자의 언어 사용 문제를 떠나 국민의 국어 사용과 밀접한 관련을 맺는다고 하였다. 이때 교열 기자의 언어 사용 문제는 매체 언어에 대한 연구이고, 신문 텍스트를 대상으로 일반 국민의 언어 사용 실태를 분석하는 것은 매체 언어에 의한 연구라고 할 때 ≪사회언어학≫에 수록된 연구들은 매체 언어에 대한 연구가 주를 이루었다. 이것은 신문 언어에 대한 사회언어학적 관심을 보여주는 것이기도 하겠지만 한편으로 사회언어학적 분석이 한쪽 분야에 치우친 것을 의미하기도 한다. 신문이 언어 텍스트로서 갖는 가치는 모범적인 언어 사용 텍스트로서 생성 날짜가 분명하고 신문 안에 정치·경제·사회·문화와 같은 기사 분류와 사설·칼럼으로 구분되는 사용역이 명확히 구분되며, 무엇보다 1896년 발간된 《독립신문》을 포함해 《황성순보》, 《제국신문》 등의 근대 신문을 포함해 최근의 신문까지 전자 문서로 디지털화하여 제공하고 있어 접근성과 검색이 용이하다는 점이다(구현정 2016). 이러한 여건에 비해 신문 언어 연구에서 '매체 언어에 의한 연구'는 다소 소홀한 감이 없지 않다.16)

《사회언어학》에 발표된 방송 언어 연구는 대부분 '뉴스'와 '토론'을 대상으로 한 것이다. 신문의 분석 대상이 '기사'와 '사설'에 집중되었다는 점에서 신문과 방송이라는 매체만 다를 뿐 내용상 분석 대상은 같은 범주에 든다. 이는 '뉴스'와 '토론'이 사회언어학적인 면에서 주요 관심 대상임을 의미한다. 뉴스와 토론을 대상으로 한 연구는 신문 언어와 마찬가지로 담화 분석이 주를 이룬다. 그런데 방송에서 뉴스와 토론 프로그램이 차지하는 비중을 고려할 때 연구 대상이 너무 한정되었다고 본다. 특히 뉴스는 사전에 마련된 대본을 바탕으로 한다는 점에서 완전한 구어라고 하기 어렵다. 뉴스 텍스트는 특정 아나운서의 발화가 주를 이루며 발화자의 연령도 대체로 한정되어 있어 다양한 화자의 발화 자료를 얻기도 힘들다. 이에 반해 오락이나 드라마 등은 시청률이 상대적으로 높고 특히 오락은 다수의 다양한 연령대가 참여하는 방식이고 언어 사용에서 뉴스나 토론과 같은 시사 프로그램에 비해 자유로워서 현실 언어를 더 잘 반영한다고 할 수 있다. '유행어' 등 실제 언중들에게 미치는 영향력도 더 크다고 할 수 있다. 이에 뉴스와 토론에 제한된 방송 언어 자료를 기타 프로그램으로 확대할 필요가 있다. 또한 방송 언어 연구가 현재의 언어에 한정되고 있다는 점도 개선할 필요가 있다.

언어 변이를 가장 큰 특징으로 하는 통신 언어는 발생 초기부터 자연스럽게 사회언어학의 연구 대상으로 주목을 받았다. 통신 언어에 대한 최초의 본격적인 논의는 1994년에 11월 16일 YWCA 청소년 유해 환경 감시단에서 주최한 세미나에서 김민 연구원의 '컴퓨터 통신이 청소년 언어 생활에 미치는 영향'을 주제로 한 발표로 볼 수 있다.17) 이날 발표에서 PC 통신의 특성으로 언어의 간략화와 축약화, 경제성 등을 예와 함께 제시하였는데, 초기 통신 언어의 변형된 모습이 이때 이미 갖추어졌음을 확인할 수 있다. "문법 무시...얼치기 경어...엉뚱한 축약" 등의 표현에서 알 수 있듯이 당시 통신 언어에 대한 부정적인 입장이 드러나 있는 것을 확인할 수 있다. ≪사회언어학≫에는 이진성(1999)의 논문이 관련 연구로 처음이니 통신 언어에 대한 논의가 시작된 지 5년 만의 일이다. 그런데 통신 언어에 대한 인식은 특별한 변형으로 기존 언어 질서를 무너뜨린 언어 파괴에 대한 부정적 인식, 세대 간 언어 단절의 주범이라는 관점에서 접근하는 경향이 연구 초기부터 지금까지 이어지고 있다. 그래서 ≪사회언어학≫에 수록된 논문들도 채팅, 게시판, 카카오톡이나 트위터 등 다양한 플랫폼을 대상으로 연구 다양성을 모색하기는 하였지만 분석 내용이나 특징 면에서 큰 차별성이 드러나지 않는 한계가 있다. 그럼에도 '님'의 사용에 대한 이정복(2000)이나, 일반 언어와 차이를 보이는 담화 패턴의 차별성에 주목한 안정근(2000), 종결 어미 사용에 관한 이정복(2002나), 특정 커뮤니티의 통신 언어 사용에 주목한 김정우(2009), [X-남], [X-녀]의 특정 조어에 주목한 박동근(2012)나 '예'와 '네'의 사용 양상을 집중적으로 살핀 강현석·김민지(2017) 등 새로운 접근이나 미시적인 분석을 위한 시도도 없지 않았다.

통신 언어 연구는 그 안에 웹 문서, 게시판, 채팅, 댓글 등 다양한 문서 형태와 카페, 블로그 및 페이스북, 트위터 등의 플랫폼으로 사용 영역을 넓혀 오고 있으며 이러한 변화는 계속 진행 중이다. 특히 기존의 통신 언어 방식이 '문자'에 한정되었다면 2000년대 초반에 등장한 팟캐스트는 인터넷망을 기반으로 하는 오디오 방송으로 인터넷 언어의 영역을 문자에서 음성으로 넓히는 계기가 되었다. 특히 2011년 4월 방송을 시작한 '나꼼수'는 기존 공중파의 정제된 언어 사용에서 벗어나 속어를 포함하여 자유분방한 언어 사용으로 이는 초기 문자 중심의 통신 언어가 규범 언어서 벗어나는 것과 궤를 같이한다. 최근에는 '유튜브'(YouTube)와 '아프리카 TV' 등과 같은 영상 플랫폼의 성장이 주목할 만하다. 이들은 모두 인터넷망을 기반으로 한다는 점에서 유튜브나 아프리카 TV에서 사용되는 언어는 통신 언어의 개념에 포함되며 결국 통신 언어의 연구 대상은 문자 언어에서 음성

언어로 대상을 확대할 필요성이 대두된다. 우리가 통신 언어에 주목했던 것이 문자 언어의 변용이었다면 유튜브에서는 음성 언어의 변용이 이루어지고 있다. 유튜브는 기존의 TV 방송 언어의 규범성에서 벗어나 언어 사용에 훨씬 자유로우며, 새로운 유행어가 급속도로 보급되는 등 소통의 장으로서 역할이 부상하고 있다. 특히 1인 미디어로서 막강한 파급력을 갖는 '파워 유튜버'의 등장은 청소년들의 언어 사용에 직접적인 영향을 끼치고 있다. 특히 유튜브 방송이 실시간으로 이루어지는 경우 유튜버는 음성 언어로 진행을 하고 청취자는 댓글로 이에 답을 하게 되는데 '음성 언어 대 문자 언어'의 소통이라는 전에 없던 새로운 의사소통 방식에도 주목할 필요가 있을 것 같다. 통신 언어가 주로 채팅이나 게시판, 웹 문서를 대상으로 한 것은 접근이 용이하기 때문이다. 그런데 통신 언어 연구의 대상으로 실시간 게임에 주목할 필요가 있다. 인터넷 게임은 통신 언어의 주요 발생처임에도 불구하고 연구 대상이 된 경우가 별로 없다. 이는 연구자들이 인터넷 게임에 익숙하지 않은 것이 근본 요인이겠지만 게임 중 이루어지는 게임 유저들의 대화는 게임과 동시에 소멸하여 기록으로 남지 않아 자료 수집이 어렵다는 것도 주요한 요인이다. 게임 시 이루어지는 대화는 문자 대화 방식이었으나 최근에는 온라인상에서 게임을 하면서 상대방과 실시간 음성 대화를 하는 경우가 적지 않다. 이런 점에서 통신 언어의 연구 영역은 기존의 문자 언어에서 음성 언어로까지 확대될 가능성 또는 필요성이 열려 있다고 할 수 있다.

우리는 지금까지 매체 언어를 신문 언어, 방송 언어, 통신 언어로 구분하여 살펴보았다. 하지만 궁극적으로 이 세 매체는 급속도로 인터넷 통신 매체로 통합하는 경향을 보이고 있다. 신문은 일찍이 전자 신문의 형태로 인터넷상에서 제공되고 있고 TV 역시, TVING, WAVVE, Netflix 등 인터넷 플랫폼 안에 자리를 잡았다. 매체에 따라 문자 언어와 음성 언어로 구분하는 것도 점점 모호해 지고 있다. 2012년 KBS에서 '차칸 남자'라는 제목으로 드라마를 시작하면서 큰 논란이 일었다. 방송계에서는 현실 반영이라 주장하는 데 반해 한글 단체에서는 사용 수준이 과도하다고 비판하는 등

논란이 되어 결국에는 방영 2회 만에 '착한 남자'로 제목을 변경하였다. 하지만 그 이후에 방영된 '슬기로운 감빵생활', '식샤를 합시다'와 같은 드라마 제목에는 더 이상 문제를 제기하지 않는 것 같다. 통신 공간에서 한정적으로 사용되던 언어가 방송 언어나 일상 언어에서 사용하는 것이 더 이상 낯설지 않게 되었다. 이는 앞으로 우리의 언어가 특정 매체를 떠나 어떻게 통합될 것인지를 시사해 준다고 할 수 있다. 이에 우리의 매체 언어 연구는 궁극적으로 매체 통합에 따른 '언어 통합'의 관점에서 접근해야 할 날이 오지 않을까 조심스럽게 예측해 본다.

주석

1) 김대행(1998: 8)은 전달체로서 매체의 기능에 주목하여 음성 언어는 표출 매체(presentation)로 간주될 수 있다고 보았다(신호철 2014에서 재인용).

2) 이 장과 유사한 성격의 논의로 매체 언어에 대한 사적 연구로는 아래와 같은 논문이 있다.

이준희(2003), 〈신문 언어에 관한 일고찰: 연구사를 중심으로〉, ≪우리어문연구≫ 21, 85~100, 우리어문학회.

송민규(2003), 〈사이버언어 연구의 몇 문제〉, ≪우리어문연구≫ 21, 55~83, 우리어문학회.

이선웅(2009), 〈대중매체 언어 연구의 현황과 과제〉, ≪어문학≫ 130, 117~142, 한국어문학회.

허재영(2009), 〈신문 매체 언어 연구와 국어과 교육〉, ≪사회언어학≫ 17(2), 177~198, 한국사회언어학회.

이정복(2014), 〈대중 매체 언어 연구의 목적과 방향〉, ≪어문학≫ 124, 67~101, 한국어문학회.

구현정(2016), 〈대중 매체 언어와 국어 연구〉, ≪어문론총≫ 70, 9~31, 한국문학언어학회.

3) 물론 ≪사회언어학≫에 게재된 논문이 관련 연구 성과를 망라하는 것은 아니다. 하지만 국내 유일의 사회언어학 전문 학술서로서 ≪사회언어학≫ 게재 논문들은 관련 분야의 사회언어학적 연구의 흐름을 보여 준다고 할 수 있을 것이다.

4) '편지글'은 글쓰기 장르 면에서 '서간문'으로 분류하는데, 편지를 서로 떨어져 있는 사람 간에 이루어지는 의사소통의 매개체로 비대면성의 매체 언어로 분류할 수 있다. 하지만 연구물이 1편이라 이 장에서는 다루지 않는다.

5) 매체 언어를 연구사적으로 다룬 이정복(2014)에서도 대중 매체를 인쇄 매체, 방송 매체, 인터넷 매체로 나누었고, 구현정(2016)에서도 '인쇄 매체 언어', '방송 매체 언어', '디지털 매체 언어'로 구분하고 있다.

6) 우리나라 최초의 신문은 1883년 10월 31일에 창간된 ≪한성순보≫이다. 최초의 방송은 1927년 2월 16일 경성방송국의 개국으로 시작되었으며 TV 방송은 이보다 늦은 1956년 호출부호 HLKZ로 방송을 시작한 대한방송이다.

7) RISS(학술연구정보서비스)에서 찾아본 결과 '신문 언어'를 포함하는 학술 논문은 22편이 검색되었다. 구글에서 '방송 언어'와 '신문 언어'를 검색한 결과 각각 47,000개, 4,870개가 사용된 것으로 나타났다.

8) 신문·방송 언어 연구에서 '외래어' 관련 논의는 대부분 언어 순화라는 정책적 목적을 지향점으로 삼는 경향이 있다.

9) 이동희(2004)에서도 요즘은 뉴스 언어조차 1) 유머러스한 진행, 2) 개인의 의견, 3) 대화체 어투, 4) 직설적 멘트 등을 특징으로 변화하고 있어서 구어성에 더 접근하고 있는 것으로 보았다.

10) "개인용 컴퓨터와 전화선을 연결해 각종 정보를 서비스받을 수 있는 시스템. 전세계적으로는 '온라인 서비스'라는 명칭을 쓰고 있으나 우리나라와 일본에서만 PC 통신이라는 용어를 쓰고 있다. 1988년 5월 데이콤의 천리안 서비스를 시작으로 우리나라에 도입되었다. 그러나 인터넷의 보급으로 점차 쇠퇴하였다." (매경 시사 용어 사전)

11) 이정복(2009: 66)은 국내 저명 학회지에 투고한 통신 언어 관련 논문(이정복 2002나)이 "현저히 기술할 가치가 있는 연구대상(주제)라고 보기 어렵다"는 짧막한 논평으로 탈락한 적이 있다고 밝히고 있다. 익명의 심사자는 통신 언어가 국어 연구에서 중요한 연구 주제로 부상할 것을 예측하지 못한 것이다. 이는 한편으로 당시 통신 언어 및 통신 언어 연구에 대한 연구자들의 인식을 보여 주는 것일 수도 있다.

12) 댓글이 사회 문제화되자 다음 사이트에서는 2019년 말부터 연예인 관련 기사에 댓글 달기를 금지하였고 네이버는 2020년 2월 19일, 4.15 총선 기간 동안 급상승 검색어를 중단하고 연예 기사의 댓글을 잠정 폐지하겠다고 발표했고 이어서 2020년 8월 27일에는 스포츠 기사의 댓글 또한 잠정 폐지하기로 했다.

13) 대개 통신 언어의 초기 연구는 다음과 같은 논문 제목에서도 알 수 있듯이 통신 언어를 언어 파괴의 관점에서 순화의 대상으로 인식하는 경향이 있었다. 특히 2000년 이후 통신 언어를 대상으로 하는 국어 교육 학위 논문이 적지 않게 발표되는데 논문 제목에서 알 수 있듯이 대체로 이와 같은 연구 취지가 주를 이룬다.

이정복(1997), 〈컴퓨터 통신 분야의 외래어 및 약어 사용 실태와 순화 방안〉, ≪외래어 사용 실태와 국민 언어 순화 방안≫, 121~154, 국어학회.

이정복·김봉국·이은경·하귀녀(2000), ≪바림직한 통신 언어 확립을 위한 기초 연구≫, 문화관광부.

권연진(2000), 〈컴퓨터 통신 언어의 유형별 실태 및 바람직한 방안〉, ≪언어과학≫ 7(2), 5~27, 동남언어학회.

도효근(2001), 〈통신 언어가 국어 생활에 미치는 역기능 연구〉, ≪어문연구≫ 37, 29~58, 어문연구학회.

14) 컴퓨터 통신상에서 제한적으로 사용되던 말이 요즘에는 공중파 방송이나 신문에서도 종종 노출되는 것은 이런 예측이 현실적으로 증명되는 것이다.

15) '통신 언어'라는 용어는 초기에 컴퓨터를 매개로 전화선을 이용한 방식인 PC 통신에서 유래하는데 '통신'이 지시하는 범주가 너무 포괄적이고 지금의 가상 언어는 인터넷망과 인터넷 규약을 기반으로 한다는 점에서 용어에 대한 재점검도 필요해 보인다.

16) 허재영(2009)는 신문 문장 연구는 국어 문체뿐만 아니라, 국어 교육의 측면에서도 매우 중요한 의미를 갖는다고 보았다. 특히 신문 문장의 변화 양상이나 문체의 변화, 국어의 규범화와 언문일치화와 관련된 신문 언어 변화 과정이나 매체 교육 등 다양한 측면에서 신문 언어의 가치를 새롭게 고려할 필요가 있으며, 그런 점에서 지금의 연구보다 좀더 다차원적인 연구가 진행되어야 할 분야라는 점을 강조하였다

17) 언어학적 측면에서 통신 언어를 대상으로 한 본격적인 연구의 출발은 이정복(1997)로 볼 수 있다.

참고문헌

강현석·김민지(2017), 〈인스턴트 메신저 카카오톡의 대화 자료에 나타난 '예'와 '네'의 변이 양상〉, 《사회언어학》 25(3), 1~27, 한국사회언어학회.

구현정(2016), 〈대중 매체 언어와 국어 연구〉, 《어문론총》 70, 9~31, 한국문학언어학회.

구현정·정수희·김해수(2006), 〈텔레비전 어린이 만화에 나타난 국어사용의 문제점〉, 《사회언어학》 14(2), 49~74, 한국사회언어학회.

권우진(2002), 〈신문 표제어에 대한 사회언어학적 연구〉, 《사회언어학》 10(2), 25~58, 한국사회언어학회.

김규현·서경희·임시은(2019), 〈인터넷 뉴스 댓글에서의 욕설의 분석〉, 《사회언어학》 27(3), 63~96, 한국사회언어학회.

김대행(1998), 〈매체언어 교육론 서설〉, 《국어교육》 27, 7~44, 한국어교육학회.

김병건(2016), 〈신문의 사설·칼럼에 나타난 '진보'에 대한 비판적 담화 분석〉, 《사회언어학》 24(1), 65~90, 한국사회언어학회.

김상준(2003), 〈남북한 방송 보도의 문체적 특성 연구〉, 《사회언어학》 11(1), 1~30, 한국사회언어학회.

김수현(2005), 〈방송에서의 외래어 사용 실태 분석〉, 《사회언어학》 13(2), 19~42, 한국사회언어학회.

김수현(2007), 〈방송에서의 남녀의 역할과 여성에 관한 언어 표현 분석〉, 《사회언어학》 15(1), 1~20, 한국사회언어학회.

김용진(1999), 〈한국과 미국의 신문사설 텍스트 비교: '근거성' 표현을 중심으로〉, 《사회언어학》 7(1), 119~150, 한국사회언어학회.

김용진(2003), 〈신문 사설 제목의 사회언어학적 분석〉, 《사회언어학》 11(1), 31~54, 한국사회언어학회.

김정우(2006), 〈통신 이름에 나타난 정체성 표현의 양상〉, 《사회언어학》 14(1), 1~24, 한국사회언어학회.

김정우(2009), 〈인터넷 커뮤니티에서 사용되는 말에 대한 연구〉, 《사회언어학》 17(1), 109~134, 한국사회언어학회.

김현주·이근명(2017), 〈온라인 수평적 대화 형태가 대화 참여에 미치는 영향〉, 《사회언어학》 25(3), 65~91, 한국사회언어학회.

남신혜(2015), 〈SNS 텍스트에 나타난 코드스위칭의 담화 기능: 페이스북 사례를 중심으로〉, 《사회언어학》 23(1), 31~53, 한국사회언어학회.

노형남(2000), 〈한국어 채팅 표현에 관한 연구〉, 《사회언어학》 8(2), 107~138, 한국사회언어학회.

박동근(2003), 〈통신 언어의 생성 방식에 따른 생산성 연구〉, 《한말연구》 12, 41~59, 한말연구학회.

박동근(2012), 〈[X-남], [X-녀]류 통신 언어의 어휘 형성과 사회적 가치 해석〉, 《사회언어학》 20(1), 27~56, 한국사회언어학회.

박용한(2002), 〈TV 생방송 토론 대화에서의 대화 전략 연구: 대화 구조 지배 전략을 중심으로〉, 《사회언어학》 10(1), 169~196, 한국사회언어학회.

박은하(2009), 〈한국 영화 제목의 외래어 사용 실태〉, 《사회언어학》 17(1), 135~158, 한국사회언어학회.

서경희(2014), 〈적대성과 중립성의 조율: 한국어 뉴스 인터뷰 진행자 질문을 중심으로〉, 《사회언어학》 22(3), 59~87, 한국사회언어학회.

서형요·이정복(2015), 〈한중 인터넷 통신 별명의 비교 분석〉, 《사회언어학》 23(3), 205~238, 한국사회언어학회.

송경숙(1998), 〈제15대 대통령후보 초청 TV 합동토론회 분석〉, 《사회언어학》 6(1), 53~88, 한국사회언어학회.

송경숙(2000), 〈TV 생방송 토론의 사회언어학적 분석〉, 《사회언어학》 8(1), 223~264, 한국사회언어학회.

송경숙(2003), 〈한국어와 영어 사이버 커뮤니케이션에서 남성과 여성간의 성(gender) 역학〉, 《사회언어학》 11(2), 161~186, 한국사회언어학회.

송민규(2003), 〈사이버언어 연구의 몇 문제〉, 《우리어문연구》 21, 55~83, 우리어문학회.

신호철(2014), 〈매체, 언어, 매체언어의 개념의 국어교육학적 분석〉, 《어문론집》 60, 367~388, 중앙어문학회.

심영숙(2019), 〈온라인 기사 댓글을 통해 살펴본 유아 영어교육 인식〉, 《사회언어학》 27(1), 89~121, 한국사회언어학회.

안정근(2000), 〈네트워크에 나타나는 언어의 담화분석〉, 《사회언어학》 8(2), 139~168, 한국사회언어학회.

이동희(2004), 〈뉴스 매체 언어의 국어교육적 활용 방안〉, 《동국어문학》 16, 249~278, 동국대학교 국어교육과.

이선웅(2009), 〈대중매체 언어 연구의 현황과 과제〉, ≪어문학≫ 130, 117~142, 한국어문학회.

이영희(2013), 〈한국과 미국 신문의 인용보도 방식 비교: 한미FTA 보도에 나타난 개입 양상〉, ≪사회언어학≫ 21(1), 185~214, 한국사회언어학회.

이원표(2005), 〈신문사설에서의 이념표현에 대한 언어학적 분석: '국가보안법' 폐지에 대한 논쟁의 경우〉, ≪사회언어학≫ 13(1), 191~228, 한국사회언어학회.

이정복(1997), 〈방송 언어의 가리킴 말에 나타난 '힘'과 '거리'〉, ≪사회언어학≫ 5(2), 87~124, 한국사회언어학회.

이정복(2000), 〈통신 언어로서의 호칭어 '님'에 대한 분석〉, ≪사회언어학≫ 8(2), 193~222, 한국사회언어학회.

이정복(2002가), 〈전자편지 언어에 나타난 우리말 변용 현상〉, ≪사회언어학≫ 10(1), 225~252, 한국사회언어학회.

이정복(2002나), 〈통신 언어 문장 종결법의 사회언어학〉, ≪사회언어학≫ 10(2), 109~136, 한국사회언어학회.

이정복(2008), 〈인터넷 금칙어와 통신 화자들의 대응 전략〉, ≪사회언어학≫ 16(2), 273~300, 한국사회언어학회.

이정복(2009), ≪인터넷 통신 언어의 확산과 한국어 연구의 확대≫, 소통.

이정복(2010가), 〈인터넷 사이트 방문자에 대한 호칭 실태 분석〉, ≪사회언어학≫ 18(1), 1~29, 한국사회언어학회.

이정복(2010나), 〈인터넷 통신 공간의 여성 비하적 지시 표현〉, ≪사회언어학≫ 18(2), 215~247, 한국사회언어학회.

이정복(2012), 〈스마트폰 시대의 통신 언어 특징과 연구 과제〉, ≪사회언어학≫ 20(1) 177~211, 한국사회언어학회.

이정복(2014), 〈대중 매체 언어 연구의 목적과 방향〉, ≪어문학≫ 124, 67~101, 한국어문학회.

이정복(2015), 〈한국어와 중국어의 인터넷 의성의태어 비교〉, ≪사회언어학≫ 23(1), 145~175, 한국사회언어학회.

이정복·박은하(2019), 〈네이버 뉴스 댓글의 욕설에 대한 사회언어학적 연구〉, ≪사회언어학≫ 27(1), 153~178, 한국사회언어학회.

이정복·판영(2015), 〈한국어와 중국어의 인터넷 의성의태어 비교〉, ≪사회언어학≫ 23(1), 145~175, 한국사회언어학회.

이주행(2002), 〈신문의 언어〉, 이석주 외(2002), ≪대중 매체와 언어≫, 37~100,

역락.

이준희(2003), 〈신문 언어에 관한 일고찰: 연구사를 중심으로〉, ≪우리어문연구≫ 21, 85~100, 우리어문학회.

이진성(1999), 〈약자, 약어 및 통신어(chatting language)에 대한 고찰: 신세대 언어를 중심으로〉, ≪사회언어학≫ 7(2), 189~224, 한국사회언어학회.

이진성(2001), 〈한국대학생들의 맞춤법 오용 실태: 통신 언어의 영향을 중심으로〉, ≪사회언어학≫ 9(2), 189~223, 한국사회언어학회.

이진성(2003), 〈한국어와 영어에 나타난 통신 언어의 특징적 양상 비교〉, ≪사회언어학≫ 11(2), 215~238, 한국사회언어학회.

이진성(2013), 〈영어 통신 언어의 표기 특성과 한국어 통신 언어와의 의사소통 전략의 차이〉, ≪사회언어학≫ 21(3), 221~247, 한국사회언어학회.

임규홍(2003), 〈한국 신문의 외래어 지면 이름에 대한 언어학적 분석: 주요 일간지를 중심으로〉, ≪사회언어학≫ 11(1), 193~21, 한국사회언어학회.

전혜영·오선혜(2017), 〈취재 기자의 언어 사용 특징〉, ≪사회언어학≫ 25(3), 231~258, 한국사회언어학회.

정선희·신하영(2017), 〈북한 뉴스의 어두 /ㄹ/과 /ㄴ/의 발음 실현 양상과 언어 정책과의 상관성 연구〉, ≪사회언어학≫ 25(4), 163~184, 한국사회언어학회.

정여훈(2006), 〈신문 제목의 유형 및 그 실현 양상〉, ≪사회언어학≫ 14(1), 85~114, 한국사회언어학회.

조민하(2013), 〈방송 언어의 비표준어 사용 실태 조사를 통한 정책적 제안: 주말 드라마 분석을 중심으로〉, ≪사회언어학≫ 21(1), 271~299, 한국사회언어학회.

최윤지(2018), 〈텔레비전 뉴스의 합쇼체와 해요체 사용에 관련된 언어 외적 변인 고찰: 말뭉치의 계량적 분석을 바탕으로〉, ≪사회언어학≫ 26(4), 179~210, 한국사회언어학회.

최형강(2007), 〈신문의 어휘와 문자 사용 양상: 외래어, 외국어와 로마자, 한자의 사용 양상을 중심으로〉, ≪사회언어학≫ 15(2), 187~214, 한국사회언어학회.

한성일(2003), 〈설문 조사를 통해서 본 통신 언어 사용에 대한 연구〉, ≪사회언어학≫ 11(2), 301~322. 한국사회언어학회.

허재영(2005), 〈한글 간찰[언간(諺簡)]에 대한 기초 연구〉, ≪사회언어학≫ 13(2), 257~278, 한국사회언어학회

허재영(2009), 〈신문 매체 언어 연구와 국어과 교육〉, ≪사회언어학≫ 17(2),

177~198, 한국사회언어학회.

홍연숙(1994), 〈방송 언어에 나타난 단모음화 현상〉, 《사회언어학》 2(1), 1~19, 한국사회언어학회.

Bang, M. H. & Shin, S. I. (2010). Using corpus linguistics in the study of media language. *The Sociolinguistic Journal of Korea* 18(1), 77~103.

Kim, M. H. (2012), Analysis of English newspapers' coverage of the 2011 Tohoku earthquake in Japan, Korea, and the U.S. *The Sociolinguistic Journal of Korea* 20(2), 93~114.

Seo, S. A. (2015). A critical discourse analysis of recontextualization in the news headline translation. *The Sociolinguistic Journal of Korea* 23(2), 97~129.

van Dijk, T. A. (1998). *Ideology: A Multidisciplinary Approach*. London: Sage.

제8장

언어인류학

강윤희

한국의 사회언어학 연구에서 하나의 연구 영역을 차지하는 언어인류학
(linguistic anthropology) 또는 인류언어학(anthropological linguistics)[1]은 고고
학, 생물 인류학, 사회문화 인류학과 함께 인류학의 4개 하위 분야를 구성
한다. 인류학의 하위 분야로서의 언어인류학은 언어를 문화의 중요한 구성
요소 중 하나로 보고, 특정 공동체 성원들의 언어 사용에 나타나는 사회적
규칙과 문화적 가치를 밝히려는 목적을 갖는다.

이 장에서는 한국사회언어학회 창립 후 지난 30년간 한국의 언어인류학
자들에 의해 진행되어 온 언어인류학의 연구 성과를 검토한다(이전 개관은
김주관 2008; 왕한석 엮음 2010, 왕한석 2010가 참조). 왕한석(1996가)는 미국 인
류학의 전통에서 발달한 언어인류학의 주요 조류를 소개하면서 언어인류
학의 주요 연구 분야를 인류언어학, 언어와 문화, 사회언어학으로 크게 나
눈 바 있다. 마찬가지로 한국에서의 언어인류학 연구 영역도 크게 두 가지
의 전통적 연구 영역으로 나눌 수 있는데, 하나는 미국 인류학의 인류언어
학 및 언어와 문화 영역을 아우르는 것으로서 언어와 문화적 지식의 연결

을 다루는 분야이고, 다른 하나는 언어 사용의 사회적 규칙을 밝히려는 사회언어학적 연구이다(왕한석 2010가 참조).

한국 언어인류학 연구의 성과를 검토하는 이 글은 주요 접근법과 연구 주제에 따라 다음의 순서로 구성된다. 1절에서는 1980년대 중반부터 시작된 한국 언어인류학의 전반적인 연구 경향을 개괄한다. 2절에서는 언어 민속지와 인지 인류학, 언어 사회화 연구 등과 같이 언어와 문화의 관계를 다루는 연구들을 소개한다. 3절에서는 언어와 사회의 관계에 대한 연구 중 가장 활발하게 진행되고 있는 의사소통의 민족지학 연구들을 살피고, 특히 호칭어, 지칭어, 친족 용어, 존댓말, 다중 언어 사용 등의 다양한 언어 선택 상황과 사회적 관계 및 구조에 대한 연구들을 검토한다. 4절은 언어 예술 관련 연구들을 검토한다. 여기에서는 언어의 심미적 기능을 중심으로 한 여러 장르에 대한 고찰과 함께, 말놀이와 농담, 의례 언어 등에 대한 연구 성과들을 살펴본다. 5절에서는 보다 최근에 등장한 언어인류학 연구 분야로서 언어 이데올로기, 언어와 전지구화, 그리고 기호학적 접근을 고찰하고, 마지막으로 한국 언어인류학 연구의 미래를 전망한다.

1. 한국 언어인류학의 전개와 발달

인류학의 한 하위 분야로서의 언어인류학은 미국의 인류학 발달 초기부터 중요한 연구 분야의 하나로 발전되어 왔다. 언어는 인류학의 중요한 연구 방법인 현지 조사(fieldwork)의 필수적인 도구로 여겨져 왔으며, 동시에 연구 대상 문화의 한 부분으로서 주목되어 왔다. 언어인류학은 특정 언어 공동체의 언어와 언어 사용에 대한 세밀한 기술과 분석을 통하여 대상 사회의 사회관계나 문화적 지식을 밝히려고 하는 것을 그 과제로 규정한다(왕한석 1996가). 언어학이 언어를 자율적인 체계로 보고, 언어 내적 구조와 문법 체계를 밝히기 위한 작업을 진행해 왔다면, 언어인류학은 다른 사회 언어학 연구와 마찬가지로 언어의 문법적인 측면보다는 언어의 실제 사용과 그 사회적 기능과 의미에 주목한다.

　방법론적으로는 인류학의 연구 방법과 동일하게 장기간의 현지 조사를 바탕으로 하는 민족지(ethnography)적 연구를 기본으로 한다. 민족지적 연구에서는 특히 연구 대상 언어공동체 성원들의 내부자적 관점을 중요시하며, 설문지나 통계 등을 이용하기보다는 참여 관찰(participant observation)과 심층 면접(in-depth interview) 등의 방법으로 자료를 수집한다. 이러한 민족지적 방법은 특정 연구 주제에 초점을 맞추기보다는 하나의 조사지 또는 언어공동체에서 관찰되는 다양한 언어 현상을 모두 포함하여 기술하려는 자료 중심적인 언어 민속지(linguistic ethnography) 연구(왕한석 2009, 2010나, 2012가, 2015, 2016)뿐만 아니라, 특정 주제와 이론적 논의에 초점을 맞추는 최근의 언어인류학 연구(최진숙·안준희 2016; 강윤희 2018, 출판 예정)에서도 가장 중요한 언어인류학의 연구 방법으로 채택되고 있다.

　한국의 언어인류학 발달 초기인 1980년대에는 민족 과학(ethnoscience)이나 의사소통의 민족지학(ethnography of communication)과 같은 실증주의적인 연구가 주로 행해졌다. 이러한 연구들은 언어를 그 언어 사용자의 문화적 의미 체계나 해당 사회의 구조를 그대로 반영하는 것으로 간주하고, 주로 특정 어휘 체계의 분화에 주목하여(예를 들어, 친척 명칭이나 생태적인 분류 체계), 그것이 반영하는 해당 사회의 구조적 특징과 문화적 지식을 밝히려고 했다.

　하지만 1980년대 후반부터 시작된 문화에 대한 실증주의적 접근을 비판하는 미국 인류학계의 전반적인 흐름과 마찬가지로(Clifford & Marcus 1986 참조), 1990년대부터는 언어를 하나의 사회문화적, 이데올로기적 구성물로 보는 비판적이고 성찰적인 접근이 나타나기 시작했다(Hanks 1996 참조). 이러한 비판적, 성찰적 관점에 대한 강조는 미국 내 언어인류학계에서 중요하게 등장한 언어 이데올로기(language ideology) 개념이나, 연행(performance) 또는 담론 중심적(dicourse-centered) 접근법의 발달로 이어졌다 (Silverstein & Urban 1996; Schieffelin et al. 1998; Kroskirty 2000 참조).

　주로 1990년대 중·후반에 유학을 갔던 한국의 언어인류학 전공자들[2)]

도 당시 미국 내에서 활발하게 논의되었던 언어인류학의 비판적 패러다임을 받아들이게 되었고, 이들이 귀국한 2000년대 이후부터는 좀 더 비판적인 시각에서 언어 사용과 권력, 그리고 이데올로기의 작용을 연결하여 설명하려는 연구가 시도되기 시작했다(강윤희 2018 참조). 또한 한국 사회의 전지구화(globalization)와 함께 등장한 여러 가지 언어 접촉의 상황과 언어 변화에 주목하는 연구들이 등장하고, 나아가 그 연구 대상이 언어뿐만 아니라 다양한 기호의 영역에까지 확대되어 특정 언어 또는 기호가 사회적 의미를 부여받게 되는 기호화(semiosis) 과정에 주목하는 연구들도 활발하게 진행되기 시작했다(최진숙·안준희 2016; 강윤희 출판 예정). 다음 절에서는 1980년대부터 현재까지 꾸준히 진행되어 온 언어와 문화의 관계를 다루는 언어인류학 연구들을 언어 민속지, 언어와 분류 체계, 언어 사회화라는 세 가지 연구 영역을 중심으로 살펴보도록 하겠다.

2. 언어와 문화

2.1. 언어 민속지 연구

언어 민속지 연구는 한국에 언어인류학을 본격적으로 소개하고 활발하게 연구 활동을 해 온, 한국의 언어인류학 제1세대인 왕한석 교수가 한국의 언어문화 연구를 위해 발전시킨 연구 분야이자, 그 접근법이다(왕한석 2009, 2010나, 2012가, 2015, 2016 참조). 언어 민속지를 광범위하게 정의하자면, 특정 언어공동체에서 나타나는 다양한 언어 사용을 면밀히 관찰하고 이것을 사회문화적 맥락 내에서 설명하고자 하는, 언어인류학의 기본적인 연구 방법인 민족지 연구(ethnography)와 크게 다르지 않다. 하지만 일반적인 언어인류학의 민족지적 연구와는 달리, 언어 민속지는 "특정한 주제에 초점을 맞추기보다는, 가능한 한 넓은 범위의 언어와 문화 현상을 관찰하고 이를 기술하는 방식"(왕한석 2009: 3)을 일컫는다. 보다 구체적으로, 언어

민속지란 하나의 지역 또는 언어공동체를 중심으로 다양한 언어 사용 양식을 관찰하고 기록하는 자료 중심적인 연구를 지칭한다(왕한석 2009, 2012가, 2016 참조). 따라서 한국의 언어 민속지는 "한국 사회의 (전통적인 또는 특징적인) 언어와 문화에 대한 민족지적 기술" 또는 "한국 사회의 (전통적인 또는 특징적인) 언어 유형에 대한 문화적 기술"(왕한석 2009: 4)이라고 정의 내릴 수 있다. 언어 민속지는 우선 한국의 언어문화에 대한 다양한 양상들을 조금 더 총체론적인 시각에서 접근하고자 하는 시도이며, 동시에 급격한 사회 변화 속에서 사라져 가는 한국의 언어문화를 기록하려는 '구제(salvage) 민속지'의 성격을 갖는다(왕한석 2012나, 2016 참조). '언어 민속지'라는 이름으로 그 연구 결과가 출판되기 시작한 것은 2000년대 이후이지만, 이러한 언어 민속지 연구는 사실상 1980년대부터 진행되었던 한국의 언어문화에 대한 왕한석 교수의 연구를 총 집대성한 것이라고 할 수 있다.

2007년도 초부터 착수한 한국의 언어 민속지 연구는 현재 작성 중인 원고까지 포함하여 모두 5권의 연구 성과를 내었다. 2009년에 출판된 ≪한국의 언어 민속지 1: 서편≫(왕한석 2009)에서부터 시작하여, ≪한국의 언어 민속지: 전라남북도 편≫(2010나), ≪한국의 언어 민속지: 경상남북도 편≫(2012가), ≪한국의 언어 민속지: 충청남북도 편≫(2016)을 출판하였고, 현재 경기, 강원도 지역에서의 현지 조사를 바탕으로 한 ≪한국의 언어 민속지: 경기·강원도 편≫을 집필 중이다.

한국의 언어 민속지 연구에서 다루는 한국의 언어문화는 크게 세 가지의 이론적 영역에 대한 질문으로 구성된다. 1) 언어와 문화적 인지, 2) 언어와 사회 구조, 3) 언어의 예술성과 유희성에 대한 것이 그것이다(왕한석 2012 나: 347~348). 나아가 각 영역은 더욱 세분화되어 1) 지명, 2) 생태 환경의 어휘적 구분 체계, 3) 친척 용어 체계, 4) 호칭 체계, 5) 존댓말, 6) 말의 범주와 특수한 상황 변이어, 7) 언어 예술 등의 차원에서 다양한 언어문화를 기록하고 있다.

각 지역에서 나타나는 언어문화의 기록을 통해서 일련의 언어 민속지 연구들은 한국 언어문화의 다양한 지역적, 사회 계층적 변이들을 보여 준다.

예를 들어 전북 고창 지역의 청자 존대어의 특징(왕한석 2010나), 경남 통영 사량도 여성 화자들이 사용하는 호칭 체계에서 나타나는 의사 친척 호칭 (fictive kinship terms)과 택호의 상보적 분포(왕한석 2012가) 등이 논의된 바 있고, 또 전체적으로 한국의 지명에서 골짜기의 이름이 발달되어 문화적 초점이 되고 있다는 사실을 발견하고, 이를 통해 한국 사회에서 공통적으로 나타나는 인지적 정향(cognitive orientation)을 밝히기도 한다.

언어 민속지 연구를 위한 언어문화의 관찰과 기록은 장기간의 집중적인 현지 조사를 통해 이루어진다. 주로 20일 정도의 조사 기간 동안 해당 촌락 공동체를 방문하여, 제보자들과의 심층 면접을 통하여 자료를 수집한다. 자료 수집 과정에서는 해당 언어공동체의 언어 사용에 대한 문화적 지식이 풍부한 제보자들을 만나는 것이 특히 중요하다. 여기서 연구자는 일종의 백지 상태와 같은 무지의 상태에서 연구 대상자들과의 면담을 통해서 조사 대상지의 언어문화를 배워 나갈 것이 강조되는데, 왕한석(2012나: 362)는 이를 "학생과 선생의 관계"로 은유하기도 한다. 이것은 조사지의 언어문화와 언어생활을 관찰하고 기록할 때 내부자의 관점을 중시하는 인류학의 기본적인 연구 태도를 잘 보여 준다.

이러한 일련의 언어 민속지 연구는 한국의 다양한 언어문화의 일차적 기록이라는 의의뿐만 아니라, 앞으로 여러 지역에서 탐구될 수 있는 연구 영역에 대한 문화 외적(etic) 접근법을 제시한다. 나아가 이 연구들은 한국 각 지역의 언어문화와 언어생활을 비교 검토할 수 있는 기반을 마련해 주었으며, 이와 동시에 주제 중심의 사회언어학적 연구를 하기 위한 초석이 된다. 예를 들어 언어 민속지 연구를 통해 논의되었던 각 지역에서 나타나는 호칭 체계의 변화는 한국 사회 내의 전반적인 계층 변화를 보여 주는 중요한 자료가 될 것이며, 각종 언어 예술 자료의 수집은 이후 보다 본격적인 연행 분석의 자료로 활용될 수 있다.

2.2. 언어와 분류 체계

언어와 문화의 연결을 보여 주는 중요한 연구 주제 중 하나는 어휘의 분류 체계를 통해서 사람들의 인지 체계를 발견하려는 연구이다. 이것은 미국의 언어인류학 영역을 발달시킨 프란츠 보애스(Franz Boas)의 논의로 거슬러 올라간다. 19세기 말 팽배했던 서구 중심의 진화주의적인 사고를 배척하고, 대신 각 공동체의 역사적 특수성을 고려할 것을 강조했던 보애스는 특히 언어의 연구를 중요시했는데, 첫째, 현지 조사를 위한 도구적 필요성에서, 둘째, 어휘의 분류 체계를 통한 사람들의 무의식적인 사고의 범주를 발견하기 위해서이다(Boas 1911). 이후 에드워드 사피어(Edward Sapir), 그리고 벤자민 워프(Benjamin Whorf) 등의 언어인류학자들에 의해 발전된 언어와 문화, 사고의 상관관계에 대한 연구는 1950년대 들어 민족 과학(ethnoscience)의 영역으로 더욱 발전했다(왕한석 1996가 참조).

민족 과학은 "분류와 지식에 관한 토착적 체계의 분석, 즉 개별 문화의 성원들이 그들의 세계를 개념화하는 방식의 분석"(왕한석 1996가: 17)이라고 정의할 수 있다. 특히 친척 명칭의 분류법이나, 식물, 동물의 분류법, 색채 언어의 분류법 등을 수집하고 분석함으로써 대상 사회 성원들의 토착적인 분류 방법이나 지식 체계를 연구하려고 했다. 또한 민족 과학의 연구는 이후 언어인류학의 주된 연구 분석 방법의 하나인 성분 분석(componential analysis)이나, 민속 분류법(folk taxonomy) 등을 발전시키고, 이후 언어와 사고, 인지의 관계를 다루는 인지 인류학(cognitive anthropology)의 연구 분야로 발전되었다(강윤희 2018: 188).

인지 인류학은 문화마다 고유한 언어 현상과 인지 체계에 주목한다. 이에 따라 각종 문화 영역의 명칭이나 분류법이 문화마다 상이하며, 이러한 차이는 각 사회와 문화가 놓인 맥락에 따라 이해되어야 한다는 상대주의적 입장을 더욱 강조하게 되었다. 인지 인류학적 연구에서는 특히 친척 명칭이나 색채 언어, 식물이나 동물의 분류법에 대한 연구가 활발히 이루어졌다(강윤희 2018: 188~189).

한국의 경우 한국인들의 전통적인 분류 체계와 그러한 분류 체계가 반영하는 한국 사회에서의 문화적, 생태적 중요성에 대한 민족 과학, 그리고 인지 인류학적 연구가 꾸준히 진행되어 왔다. 우선 한국의 친척 명칭과 호칭에 성분분석 방법을 적용하여, 분류의 의미 대조 차원들을 밝히고, 이를 통해 한국의 친족원 범주를 구분하는 원리를 탐구하였다(예를 들어 왕한석 1992, 1995, 2000나, 2015 참조). 또한 한국 사회의 다양한 집단의 범주에 대한 연구(안준희 2000; 왕한석 2010라), 색채 범주의 구분과 발달 과정에 대한 연구(김선희 1999, 2000)도 분류 체계의 연구에 속한다.

이와 함께, 한국의 생태 환경을 분석하는 여러 민족 과학적 연구들이 등장했다. 특히 조숙정(2014, 2015, 2017)는 서해 어민들이 사용하는 언어적 분류 체계를 이용하여 그들의 민속 지식에 접근하려고 노력했으며, 바다 생물의 명칭과 분류 체계 등 민족 생물학(ethnobiology)의 영역에 해당되는 연구도 진행하고 있다(조숙정 2012, 2018가, 2018나, 2019). 또한 제주도 조의 명칭과 분류에 대한 연구(왕한석 1996나), 인지의 현저성(cognitive salience)에 바탕을 둔 한국의 경관과 지형의 분류를 다룬 연구(김주관 2015), 조수의 변화를 문화적으로 구분하여 인식하는 '물때'에 대한 연구(왕한석 2018나; S. J. Jo 2018) 등도 한국의 생태 환경에 대한 민족 과학적 연구들에 해당한다.

한편 언어의 분류 체계를 통해 특정 음식에 대한 문화적 지식을 밝히려는 작업도 꾸준히 진행되고 있다. 예를 들어 김치(조숙정 2007), 콩(조숙정 2008), 젓갈(조숙정 2010)에 대한 연구는 한국 음식의 분류 체계를 분석하여 음식의 범주를 구성하는 문화적 지식을 밝히려는 노력이다. 또한 음식 자체보다는 음식의 '맛'의 분류에 초점을 맞춘 강윤희(2015, 2016)의 연구는 현대 한국 사회에서 급증한 커피의 소비에 초점을 맞추어 커피의 맛과 향을 분류하는 언어 체계와 향미의 감식을 배우는 과정을 분석하여, 사람들의 맛에 대한 감각이 어떻게 언어적 상호작용을 통해서 구성되고 규정되는지를 분석하였다. 이러한 연구는 언어적 분류 체계에 반영되어 있는 사람들의 문화적 지식이란, 사람들의 머릿속에 존재하는 고정된 지식이 아니라, 상호작용을 통해서 공유되고 규정되며, 나아가 그들의 경험을 언어적

으로 구성하는 역동적 과정에 있음을 강조하고 있다. 이것은 그동안 인지
인류학적 연구가 정태적이고 고정된 문화적 지식체계에 주목하던 것에서
벗어나, 넓은 사회적 맥락과 구조 속에서 사람들 간의 상호과정 속에서 드
러나는 보다 역동적인 문화적 지식과 인지 체계에 대한 연구로 나아감을
보여 준다.

2.3. 언어 사회화

한국의 언어인류학에서 언어와 문화를 다루는 또 다른 중요한 연구 영역
은 언어 사회화에 대한 것이다. 언어 사회화는 한 사회의 성원으로 태어나
그 사회에서 의사소통하기 위하여 필요한 언어적 지식과 능력을 습득하는
것이다. 언어인류학에서 다루는 언어 사회화 연구는 크게 두 가지의 기본
연구 틀을 가지고 있다. 하나는 언어 사용을 통한 사회화(socialization
through language)이고, 다른 하나는 언어 사용의 사회화(socialization to use
language)의 측면이다(Ochs & Schieffelin 1984; Schieffelin & Ochs 1986, 안준희
2016가: 176에서 재인용). 한국의 언어인류학자들이 수행해 왔던 언어 사회
화 연구도 이러한 두 가지 측면에 초점을 맞추고 있으나, 대체적으로 어린
이들의 언어 습득을 통한 사회적, 문화적 규칙과 규범의 학습을 보다 강조
하는 경향이 있다. 예를 들어 왕한석(2005다)는 한국에서 사용되는 아기말
의 어휘와 그 특성을 분석하여, 한국인들이 가지고 있는 어린이의 성장 발
달과 언어 습득에 대한 민속 모델을 제시했다.

미국 중서부 지역의 중산층 아동들을 대상으로 연구한 안준희(J. H. Ahn
2007, 2010a, 2010b, 2011)은 유아원에서 이루어지는 미국 아동들의 감정과
사회성의 학습을 다루고 있다. 교사들과 아동들의 언어적 상호작용과 아동
들의 또래 간 상호작용을 분석하여, 미국 아동들의 사회 범주 구분이나, 젠
더와 감정, 사회성의 학습과 사회화를 밝히려고 한다(안준희 2008가, 2008나,
2009, 2010).

한국의 아동을 대상으로 한 언어 사회화 연구로는 강나영(2014가)가 부

산의 한 유아원에서 수행했던 만 3~4세 어린이들의 교실 내 상호작용과 언어 학습에 대한 연구가 있다. 이러한 연구들은 아동들이 어떻게 서로 지위 역할을 사회화하는지(강나영 2015가)를 분석하고, 나아가 초등학교의 입학을 준비하기 위한 초기 학교 사회화의 일환으로 이루어지는 리터러시 학습에 대한 민족지적 사례를 제시하고 있다(강나영 2014나). 마찬가지로 안준희(2014가, 2014나, 2016가, 2016나; J. H. Ahn 2015, 2016)은 서울의 한 어린이집을 대상으로 만 3~5세의 학급들에서 참여 관찰을 하여 수집한 오디오, 비디오 자료를 분석하여, 한국 아동들의 감정 사회화, 자아와 공동체성, 지위와 위계, 공손성 등에 대한 사회화가 어떻게 이루어지고 있는지 살핀다.

한편 한국 중산층 아동들과 미국 중산층 아동들 사이에서 관찰되는 언어 사회화의 비교 연구도 시작되었다. 예를 들어 안준희(2016다)는 '이야기'라는 하나의 장르를 중심으로 미국과 한국의 아동들이 학급 내에서 어떻게 이야기하기의 관습을 보이고 있는지 비교한다. 이 연구는 서구-비서구 사회의 언어 사회화 관습을 이분법적으로 대조시키고 있는 기존의 연구를 비판하고, 미국과 한국의 유아원에서 나타나는 아동들의 이야기 관습은 유사성과 차이점을 모두 가지고 있음을 지적한다. 또한 이야기 구조와 내용에 있어서도 각각의 사회가 강조하는 사회화의 초점에 따라서도 서로 유사하거나 상이한 점을 복합적으로 관찰할 수 있음을 지적한다. 마찬가지로 한국과 미국에서 나타나는 공동체성 학습에 대한 비교 문화적인 연구를 수행하여, '공동체성'이나 '독립성'에 해당되는 사회화 가치들이 두 문화의 맥락 내에서 각각 어떻게 개념화되고 실천되고 있는지 살피고 있다(안준희 2019). 따라서 언어인류학에서 행해진 언어 사회화 연구는 개별 사회의 언어 사회화 연구에서 기반하여, 현재는 여러 사회에서의 언어 사회화를 서로 비교 대조하는 비교 연구의 방향으로 나아가고 있음을 보여 준다.

3. 언어와 사회

3.1. 의사소통의 민족지학 연구

'의사소통의 민족지학'(ethnography of communication)은 1960년대에 미국의 언어인류학자인 델 하임스(Dell Hymes)에 의하여 시작된 연구 분과로서, 흔히 '사회적 맥락 속에서의 언어 사용' 또는 '사회적으로 구성된 언어학'으로 정의되곤 한다(왕한석 2010가: 65). 의사소통의 민족지학은 1970년대 초반 및 중반의 시기에 언어인류학 연구의 핵심 분야로 정립되었으며, 한국의 언어인류학 분야에서는 1980년대를 거쳐 현재에 이르기까지 언어인류학 연구의 가장 핵심적인 하위 영역을 이루고 있다(강윤희 2018: 193).

의사소통의 민족지학은 '말하기'를 하나의 사회적 행위로 간주하고, 그 사회적 규칙을 발견하는 것을 목표로 한다. 의사소통의 민족지학에서 연구의 모집단이 되는 것은 언어공동체(speech community)이다. 언어공동체란 동일 언어 또는 언어 자원(예를 들어 방언, 스타일까지 포함)을 공유하며, 언어의 사용 규칙도 공유하는 공동체를 지칭한다. 하임스는 언어의 문법적 지식을 일컫는 언어 능력(linguistic competence)과는 달리, 특정 언어공동체의 화자는 해당 언어에 대한 문법적인 지식 이외에, 언어 사용의 사회적 적절성에 대한 지식까지 포함하는 의사소통 능력(communicative competence)이 필요함을 강조한다(왕한석 2010가).

의사소통의 민족지학에서 언어 사용의 사회적 규칙을 규명하기 위해 사용하는 주요한 분석의 틀은 개별 말 사례에서 발견될 수 있는 구성 요소들을 포괄적으로 보여 줄 수 있는 스피킹 모델(SPEAKING model)이다. 여기서 SPEAKING은 특정 언어 행위를 설명할 수 있는 구성 요소들의 영어 첫 글자를 따서 만든 것으로, 각각 배경(Setting), 참여자(Participants), 목적(Ends), 일련 행위(Act sequences), 태도(Keys), 도구성(Instrumentalities), 규범(Norms), 장르(Genres)를 의미한다. 의사소통의 민족지학은 특정 화자의 말 사용을 구성하는 제반 요소들을 분석하여, 누가 어떤 말을 언제 어떻게 사용하는지에 대한 언어 사용의 규칙을 밝히려고 한다(Hymes1972, 왕한석 1996가에서 재인용).

이처럼 말하기의 사회적 규칙을 찾는 것을 주요한 연구 주제이자 목적으로 삼은 의사소통의 민족지학은 1980년대에 한국에 본격적으로 소개된 후 주로 언어 또는 변이형들의 선택 상황에서 연구되어 왔다. 서울대학교 인류학과의 석사학위 논문들을 모은 왕한석 엮음(2010)의 ≪한국어·한국문화·한국사회≫에서 소개한 의사소통의 민족지학 연구 사례들을 살펴보면, 존댓말이나 이중 언어 사용, 호칭어 등에서 나타나는 다양한 말과 어휘의 변이형, 그리고 그것의 선택 규칙을 밝히려는 연구들이 이에 해당한다.

2000년대 이후 의사소통의 민족지학에서 다루는 주제들은 더욱 다양화되었다. 특히 다양한 언어공동체에서 드러나는 언어 사용의 규칙과 의미를 찾기 위하여 의사소통의 민족지학 접근법이 광범위하게 사용되었고, 기존의 개념에 대한 보완적인 개념들이 등장하게 되었다. 우선 연구의 대상에 있어서 학교, 교회, 병원 등 특정 조직과 기관의 언어공동체를 대상으로 한 연구들이 등장했으며, 기존의 개념들을 보완하는 새로운 개념과 이론들이 새로운 분석 도구로 도입되기도 하였다.

예를 들어 변혜원(2011)은 중학생들의 언어적 특성과 정체성 실천을 연구하면서, 실천의 공동체 또는 실행공동체(community of practice; Bucholtz 1999) 개념을 새롭게 도입한다. 이를 통하여, 청소년들의 행위성과 그들의 적극적인 정체성 실천의 측면을 강조하여, 기존의 정태적인 언어공동체 개념이 가진 한계를 극복하려고 한다. 마찬가지로 조강제(2016; K. J. Jo 2016)은 한국의 한 국제학교에서 사용되는 한국어와 영어의 이중 언어 사용 규칙과 코드 전환의 기능을 살피며 여기에 언어 이데올로기(강윤희 2012나) 개념을 새롭게 적용하여, 각 언어가 지니는 의미와 가치가 어떻게 형성되며 서로 협상되고 있는지를 강조한다. 김성인(2015)는 속초시 청호동에 거주하는 이북 출신 주민들을 대상으로, 청호동 말과 표준말 사이의 선택 규범을 기존의 의사소통의 민족지학 틀로 분석하는 한편, 각 세대마다 상이하게 나타나는 언어 이데올로기에 주목하여, 기존의 연구에서 간과되었던 언어공동체 내부의 이질성과 다양성을 보여 주고 있다. 또한 교회나 병원 등에서 나타나는 특징적인 언어 사용도 그것 자체를 하나의 고정된 실체로 바라보기보다는 구체적인 언어적 상호작용을 통해서, 또 나아가 특정의 주관적인 틀과 이데올로기에 따라 구성되는 역동적인 과정임을 강조하기도 한다(배연주 2013; 이혜민 2016가, 2016나). 따라서 이러한 연구의 흐름은 특정 언어 현상을 하나의 주어진 '산물'이 아니라, 행위자들의 역동적인 상호작용을 통해서 구성되어 가는 '과정'으로 파악하는 현대 언어인류학의 연구 경향을 그대로 보여 준다(최진숙·안준희 2016 참조).

3.2. 친척 용어의 구조와 사용

친척 용어(kinship terms)에 대한 연구는 인류학 발달의 초기에서부터 주요한 연구 주제로 주목되어 왔다. 이것은 인류 보편적으로 나타나는 가장 기본적인 사회관계를 조직하는 핵심이 바로 가족과 친척의 범주 구분이며, 친척 명칭이 바로 이러한 사회적 범주와 그 의미의 구분을 반영하고 있기 때문이다(Scheffler 1972 참조). 특히 가족과 친족 범주가 더욱 세분화되어 발달한 한국 사회의 경우, 친척 명칭의 문제는 한국 인류학의 가족과 친족 연구에서 중요한 하나의 영역으로 연구되어 왔으며, 이를 통해 한국 사회에서 나타나는 가족과 친족의 조직 원리를 밝히려고 노력했다(이에 대한 전반적인 개관으로는 왕한석 2005나, 2008 참조).

초기의 연구에서는 특히 친척 명칭 중 특히 지칭 체계(terms of reference)에 대한 분석이 활발하게 나타났는데, 이것은 호칭 체계(terms of address)보다 지칭 체계가 다른 사회적 변수로부터의 영향이 약하게 나타나며, 따라서 그 의미 체계의 분석이 더욱 용이했기 때문이다 (이광규 1971; 김기봉 1985; 왕한석 1988). 하지만 언어 사용의 사회적 기능과 의미에 더욱 관심을 가지고 있는 언어인류학은 이후 호칭 체계 연구를 더욱 활발히 진행시켜 왔다. 이는 친척 호칭 체계를 비롯한 호칭어의 선택과 변화의 문제는 사람들의 사회적 관계와 상호작용, 그리고 지역, 연령, 성별, 사회 계층 등과 같은 사회적 요인과 더욱 밀접하게 관련되기 때문이다(왕한석 1988; 정종호 1990). 이처럼 친척 지칭어와 호칭어의 분류 체계를 조사하여, 각 친족의 범주를 구분하는 대조 차원을 밝히고, 이를 통해 그 사회의 조직 원리와 문화적 가치를 밝히려는 연구는 북한을 포함한 한국의 다양한 언어공동체를 대상으로 계속해서 진행되어 왔다(왕한석 1990, 1991, 1992, 2000가, 2000나, 2001, 2002, 2005가, 2018가).

또한 한국어 친척 용어 외에, 대표적인 비친척 호칭어의 종류로서 택호와 종자명 호칭(teknonym)에 대한 연구도 활발히 진행되었다. 택호와 종자명 호칭에 대한 연구도 다른 친척 명칭에 대한 연구들과 마찬가지로, 언어인류학자들에 의한 연구가 시작되기 훨씬 이전부터 한국의 인류학계에서 연구되어 왔던 연구 주제이기도 하다(왕한석 2005가, 왕한석 엮음 2010). 한국의 가족과 친족 연구의 선구자인 이광규 교수의 영어 논문들(K. K. Lee and Harvey 1973; K. K. Lee 1975)에서부터 시작하여 왕한석(1989, 2005나), 김성철(1995), 조숙정(1997) 등이 비친척 호칭어 연구에 해당된다.

한편 한국어 친척 용어의 분류 체계에 대한 연구는 다른 사회와의 비교 연구로도 발전되었다. 예를 들어 왕한석(1992)는 경상남도 함양군의 개평리에서 사용되는 친척 호칭에 대한 방대한 목록을 제시하고, 성분 분석을 통해, 한국의 친척 용어가 다른 사회에서 나타나는 보편적인 분류 기준을 반영하고 있을 뿐만 아니라, 그 분류 기준이 더욱 세분화되어 비교 문화적으로 무척 복합적이고 정교하게 발달된 체계임을 보인다.

이처럼 한국의 언어인류학적 전통에서 수행되었던 친척 명칭과 호칭어에 대한 연구들은 언어의 형태적 분류 자체보다는 그러한 분류 체계를 통해서 드러나는 한국인들의 사회적 관계에 대한 관념, 특히 사회 범주의 조직 원리와 의미 대조 차원에 더욱 주목하였다. 이를 통하여 다른 사회에서와는 다른 방식으로 범주화되는 한국 사회의 사회적 관계에서 나타나는 문화적 특수성을 보여 주려는 시도가 계속되어 왔다.

3.3. 존댓말의 구조와 사용

존댓말은 친척 용어에 대한 연구와 마찬가지로, 한국어의 중요한 구조적 특성 중의 하나로 언어인류학에서 언어 사용과 사회적 관계의 문제를 중심으로 꾸준히 연구되어 온 주제들 중 하나이다. 왕한석(1986, 2010다; H. S. Wang 1979, 1990)은 한국어의 존댓말 구조를 분석하고, 한국어에서 나타나는 말 단계의 구분과 변이형을 다른 사회의 경우와 비교하였다. 이러한 비교를 통해 말 단계 선택의 결정에 작용하는 지위와 친밀성이라는 두 가지 차원도 한국에서는 각 상황에 따라 다르게 나타남을 확인하였다. 예를 들어, 지위의 경우에는 항렬과 연령, 직장에는 직위와 연령, 성별 등등 각각의 범주를 구성하는 요인들이 서로 상이한 양식으로 작용하는 것이다. 이렇듯 언어인류학적 연구에서는 한국에서 존댓말 사용을 이끄는 사회적 요인들의 특수성을 더욱 강조하는 경향이 있다.

또한 언어인류학에서 존댓말 연구는 의사소통의 민족지학을 기본 분석 틀로 하여, 그 사용 규칙과 규범뿐만 아니라, 실제 사용에서 나타나는 다양한 양상에 주목했다. 예를 들어, 김주관(1989)은 단기 사병 공동체가 가지는 특수한 성격, 즉 군대 규범과 시민사회 규범이 공존하게 되는 상황에서, '군대말'과 '사제말'의 선택이나 말 단계의 선택은 상황적인 요인에 크게 영향을 받게 되고, 이에 따라 이상적인 규범과 실제 사용 양상에 차이가 있음을 지적했다. 특히 이 연구는 여러 가지 말 상황에서 일어나는 실제적인 말 사례를 다양하게 수집하여, 더욱 더 역동적인 존댓말 사용의 실제를 보여 준다.

존댓말 사용에 대한 언어인류학 연구는 또한 좀 더 비판적이고 분석적인 연구로 진행되는 경향이 있다. 언어의 변이형들과 그러한 변이형들 간의 불평등한 관계에 주목하여, 김주관(2003)은 반농 반어촌인 하나의 언어공동체에서 사용되는 다양한 존댓말의 문종결 어미가 계급의 차이에 따라 달리 분포되어 있음을 기술했다. 특히 이 연구는 부르디외(Broudieu 1986)의 상징 자본 개념을 적용하여 언어공동체 내의 언어의 분화와 계급적 불평등을 다루고 있다.

한편 한국 사회 이외에 다른 사회에서 사용되는 존댓말에 대한 연구도 수행되었다. 예를 들어 김우진(2006)은 중국 신강 지역의 소수 민족인 카작족(Kazakh)을 대상으로 그들의 존댓말 구조와 사용 규칙을 탐구하여, 이러한 존댓말의 사용과 카작족의 사회 구조나 도덕적 가치관 등이 밀접하게 연관되어 있음을 강조했다. 이것은 이후에 카작 유목민의 윤리적인 믿음과 언어 행위가 어떻게 연결되어 있는지를 살피는 연구로 이어진다(U. J. Kim 2018a). 이러한 연구들은 특정 언어 사용과 그것을 매개하는 이데올로기에 더욱 관심을 갖는 최근의 연구 경향을 반영하고 있다.

3.4. 다중 언어 사용 공동체와 언어 사용

다중 언어 사용 현상은 의사소통의 민족지학에서 꾸준히 관심을 가져온 영역이다. 상이한 두 가지 이상의 언어 또는 코드가 존재하는 언어공동체는 의사소통의 민족지학에서 추구하는 '말하기'의 패턴과 규칙을 찾기에 적합한 연구 대상이 되어 왔다. 특히 언어 선택에 작용하는 여러 가지 사회적 요인들을 찾고, 그것을 통해 특정 언어 또는 코드 선택의 규범적인 사용을 예견할 수 있는, 언어 선택의 예견적 모델을 정립해 왔다. 하지만, 이러한 이상적인 규범 이외에 실제 사용에서는 같은 상황 내에서도 코드 전환을 통해서 여러 가지 다른 기능과 효과를 불러올 수 있는데, 이것은 해석적 접근법으로 탐구되었다(Gumperz 1982 참조).

강윤희(1993)의 제주도 사회의 이중 방언 사용 현상에 대한 연구는 이러한 예견적 모델과 해석적 모델을 적절히 사용하였다. 우선 제주말과 표준말 사이의 선택에는 지역 정체성, 상황의 공식성, 위계와 친밀도 등이 언어 선택을 결정하는 중요한 요인으로 작용한다는 점을 밝혔다. 하지만 같은 상황과 맥락 내에서도 화자의 의도와 목적에 따라서 서로 다른 방언으로 전환하여 특별한 효과를 가져올 수 있음을 분석하기도 했다.

이와 유사하게 김성인(2015, 2016)은 속초시 청호동에 거주하는 이북 출신 주민들이 사용하는 청호동 말과 표준말 사이의 언어 선택 규칙을 살폈다. 하지만 이 연구는 앞선 제주 사회의 연구와는 달리 언어공동체 내의 세대별 차이에 더욱 주목한다. 언어 선택에 있어서도 제1세대의 화자와 제2세대의 화자는 서로 다른 규칙을 가지고 있으며, 이러한 언어 사용의 차이점은 세대별로 나타나는 각 언어에 대한 상이한 이데올로기에 기반하고 있음을 밝혔다.

한편 한국 사회의 국제화에 따라 한국어와 영어의 이중 언어 사용 현상도 중요한 연구 주제로 떠올랐다. 조강제(K. J. Jo 2016; 조강제 2016)은 한국의 한 국제 초등학교에서 나타나는 영어와 한국어의 이중 언어 선택과 코드 전환이 학생들의 일상적 상호작용에서 어떤 기능을 수행하며, 어떤 의미를 전달하고 있는지 살피고 있다. 특히 이 연구는 연구 대상인 국제 초등학교에서 나타나는 다양한 주체들과 그들이 가지고 있는 상이한 언어 이데올로기를 대조시키고, 이와 함께 학생들의 다중적이고 상황적인 정체성을 논의하고 있다. 이러한 연구는 기존의 정태적이고 단일한 정체성 개념을 극복하고, 언어공동체 내부의 다양성과 보다 유동적이고 다차원적인 정체성의 형성을 보여 준다는 점에서 의의가 있다.

요약하자면, 한국에서의 언어인류학 연구에서는 존댓말이나 다중 언어 사용과 같이 언어의 선택 규칙을 발견하려는 여러 가지 의사소통의 민족지학 연구가 수행되었다. 1980년대와 1990년대에는 주로 구조 기능주의적인 접근법으로, '말하기의 사회적 적절성'에 따라 적절한 언어를 선택하는 이상적인 화자를 상정하고 있으나, 보다 최근에는 사회적 요인에 의해 강제되거나 결정되는 말하기의 규칙을 설명하기보다는, 그러한 말하기의 규칙을 매개하는 이데올로기적인 요소, 나아가 화자의 전략적 측면을 강조하는 경향이 두드러진다.

4. 언어 예술

4.1. 장르와 언어 예술

언어 예술은 언어의 심미적이고 창의적인 기능에 초점을 맞추는 언어 행위의 한 양식으로서, 단순한 정보 전달이나 의사소통의 필요를 넘어서는 언어의 예술적 기능에 중점을 둔다(강윤희 2012가). 야콥슨에 따르면 언어의 시적(poetic) 기능은 언어의 전언(message) 자체에 초점을 둔 것으로, 언어의 비지시적 기능 중의 하나이며, 다른 기능들과의 관계 속에서 존재한다. 언어의 시적 기능에서 주목해야 할 것은, 그 언어가 무엇을 '가리키는가', 즉 어떤 정보를 전달하는지가 중요한 것이 아니라, 특정 언어의 형식 또는 배열에 따라서 어떤 예술적 효과가 부가되는지가 중요하게 등장하는 것이다 (Jakobson 1960). 하임스의 민족 시학(ethnopoetics) 연구(Hymes 1981)와 같이, 언어와 예술 및 놀이의 관계라는 영역은 그동안 언어인류학 연구에서 중요한 하나의 하위 분야로 언급되어 왔지만 불과 10년 전만 해도 한국의 언어인류학자에 의해서는 거의 연구되지 못했던 미개척의 영역이었다(왕한석 엮음 2010: 28~30). 하지만 2010년 이후, 많은 연구들이 언어의 예술적 측면과 유희성에 초점을 맞추기 시작했다.

언어 예술에 대한 연구는 우선 민속학적인 연구 관심에서 시작되었다. 예를 들어 한국의 언어 민속지 작업에서 한국의 중요한 언어문화의 한 부분으로 다루어진 언어 예술은 각 지역에서 구전으로 전해 내려오는 여러 가지 구전 장르의 기록에서 출발한다. 일련의 한국의 언어 민속지 작업에서 여러 가지 한국의 언어문화 중 중요하게 다루고 있는 부분이 각 지역에서 고유하게 전해 내려오는 민속 장르의 분류이다. 예를 들어 전라남북도의 언어 민속지(왕한석 2010나)와 경상남북도의 언어 민속지에서 보여 주는 다양한 민속 장르의 분류가 그것이다(왕한석 2012가).

마찬가지로 여러 연구에서 언어 예술은 하나의 독립적인 연구 주제로 다루어지기보다는 특정 언어공동체의 언어문화를 구성하는 하나의 요소로 검토되곤 했다. 특히 언어의 예술적 사용을 "언어의 구성 요소와 성분을 조작(manipulation)하는 것"(Sherzer 2002: 1)으로 보고, "언어의 일반적인 (ordinary) 선택을 넘어서는 의도적인 것"(Sherzer 2002: 2)이라고 파악한다면, 언어 예술은 특정 언어공동체 구성원들의 언어 능력과 밀접하게 연결된다. 이와 관련하여, 변혜원(2011)은 청소년들의 언어 사용에 대한 연구에서 중학생들의 말놀이를 청소년 언어의 특징 중 하나로 탐구하며, 이를 통해 청소년들이 자신의 정체성을 실천하고 있음을 보여 주었다. 교회에서 사용되는 언어의 구조적 특징과 형식을 분석한 배연주(2013)의 연구도 교회라는 언어공동체 내에서 의미 있는 말 행위 범주와 그것의 수행 능력에 초점을 맞추고 있다.

한편 박종현(2011)은 한국의 언어 예술 중 하나로 판소리에 주목한다. 이 연구에서는 판소리를 하나의 독립된 장르로 형성하는 언어적 특성과 그것에 대한 지식을 살피고, 판소리꾼이 어떻게 그러한 지식을 전승하여 새로운 판소리 텍스트를 만들고 연행하여 전통적인 판소리를 계승하며 동시에 변화를 가져오는지 탐색한다. 이것은 특정 언어 예술, 특히 전통적인 장르가 이미 '주어진 것'이거나 고정되어 있는 것이 아니라, 현재 맥락 내에서 끊임없이 재맥락화(recontextualization)되며, 새로운 의미를 창출하고 있음에 주목하는 연행 중심적인 접근법의 시도라고 할 수 있다(Bauman & Briggs 1990 참조).

마찬가지로 강윤희(Y. H. Kang 2002a)는 인도네시아 수마트라의 한 소수 민족인 쁘딸랑안(Petalangan) 사회에서 나타나는 전통 의례 언어의 장르별 변화와 그 연행의 의미를 연구하였다. 1990년대 말 연구 당시 수마트라 지역에서는 대규모의 플랜테이션 농장이 만들어지면서, 쁘딸랑안과 같은 몇몇 소수 민족들이 외부인들에게 고유의 삶의 터전을 빼앗기는 주변화 과정을 겪게 되었다. 이러한 과정에서 쁘딸랑안 사람들은 자신들의 전통적인 구술 장르와 의례 언어를 여전히 활발하게 연행하고 있었는데, 이들의 다양한 전통 의례 언어와 장르의 연행을 분석하여, 이것이 어떻게 주변화에 대항하는 일종의 저항으로 작용하는지를 설명했다. 즉 이 연구는 쁘딸랑안 사람들의 언어 예술 장르의 변화와 그 연행을 단순히 고정된 민속 장르로 보는 것이 아니라, 특정 언어공동체의 성원들에 의해서 전략적으로 사용되는 정체성 실천의 한 요소임을 강조한다. 기존의 민속학적 접근법이 텍스트 중심의 자료 수집과 기술에 초점을 두었다면, 언어 예술 장르와 그 연행에 대한 최근의 관심은 언어 예술과 연행, 장르의 유지와 변화 등의 보다 역동적인 측면을 논의의 대상으로 포함시킨다.

4.2. 말놀이, 농담

한국의 언어인류학에서 언어 예술을 다루는 또 다른 중요한 연구 영역 중 하나로, 언어의 유희성을 추구하는 다양한 말놀이와 농담을 들 수 있다. 말놀이를 특정 언어를 구성하는 여러 가지 자질과 구성 요소들을 조작하여 재미와 즐거움을 추구하는 말 행위라고 규정한다면 (김주관 2011 참조), 이러한 장르에 속하는 언어 범주로는 "놀이 언어(play languages), 동음이의어를 사용한 말재간(puns), 농담(jokes), 풍자(put-ons), 속담(proverbs), 수수께끼(riddles), 말 겨루기(verbal dueling)"(Sherzer 2002: 26) 등이 속한다. 말놀이 장르에 대한 언어인류학적 관심은 말놀이가 수행하는 여러 가지 비지시적 기능에 주목하기 때문이다.

말놀이에 대한 한국의 언어인류학 연구 사례들은 민속학적 전통과 유사한 관심에서 출발했다. 초반에는 특히 텍스트 중심의 자료 수집이라는 목적으로 여러 언어공동체에서 나타나는 특징적인 유희적 말 사용을 기술하는 데 주력하였다. 예를 들어 김주관(2011)은 영어 사용권에서 피그 라틴(Pig Latin)이라고 불리는 말놀이와 유사한 한국 10대 청소년들 사이에 사용되었던 귀신말을 소개한다. 이와 함께 어린이집에 다니는 만 3~5세 아동들도 동음이의어를 이용하는 말놀이(pun)을 사용한다는 보고도 있다(강나영 2015나). 이러한 말놀이 연구 사례들은 한국 사회에서 말놀이가 어떻게 또래의 사회적 관계를 확인하고 유지하는 사회적인 기능을 수행하고 있는지 보여 준다.

언어의 유희적 사용을 통한 사회적 기능의 수행을 보여 주는 또 다른 사례는 농담에 대한 연구이다. 우선 최진숙(1995)는 경기도 덕적도에서 나타나는 주된 언어 범주로 '농담'과 '곁말'에 주목하여, 각각의 구조적 특징과 사용 양상을 살펴보았다. 앞서 살펴본 또래들 간의 말놀이에서 나타나듯이, 농담이나 곁말의 사용이 어떻게 참여자들 간의 사회적 관계를 유지, 확장하는 데 역할을 하는지를 밝힌 바 있다.

한편 위에서 언급했던 연구들은 대부분 특정 언어공동체를 중심으로 그 공동체의 특징적인 언어 사용 양식 중의 하나로 말놀이와 농담이라는 장르에 주목하여 그것을 자세히 기술하고 묘사했다는 공통점을 가지고 있다. 반면 보다 최근의 연구들은 이러한 서술적 질문, 즉 "특정 집단의 화자들이 어떤 말놀이를 하는가?"에 대한 답을 추구하기보다는 특정 언어 사용을 통해 이루고자 하는 언어적 효과에 더욱 주목한다. 특히 특정 농담이나 말놀이 등의 언어 예술 장르가 특정 정체성과 연결되는 의미화 과정에 초점을 맞춘다. 예를 들어 최진숙(2016, 2019)는 '아재 개그', '붓싼 문학' 등의 장르가 추구하는 특정 유형의 인격(personhood), 또는 지역적 정체성이 어떻게 기호화되는지를 살핀다. 여기서 '아재 개그,' '붓싼 문학' 등의 장르는 '아재' 또는 '부산 사람'이라는 특정 집단 범주를 '전형화'(typification)할 뿐만 아니라, 이러한 장르에서 재현되는 여러 가지 공통적인 속성을 통해서 한국 중년 남자 또는 부산 사람이라는 특정 범주를 문화적으로 상상하게 하고, 언어적으로 구성하게끔 하는 이데올로기적 작용을 한다고 주장한다. 마찬가지로 임유경(2016)은 성 소수자 교회에서 관찰되는 성적 농담의 연행을 분석하여, 성 소수자들이 연행하는 농담이 어떻게 교회라는 종교적인 공간을 퀴어화하고 있는지, 그리고 나아가 그러한 성적 농담의 연행의 성공과 실패가 얼마나 다양한 맥락적 요소의 작용을 통해 타협되고 있는지를 보인다. 이처럼 최근의 연구들은 특정 언어 예술 장르와 그 연행을 단순히 정체성의 반영이라고 간주하기보다는, 언어 예술의 연행을 통해 어떻게 정체성을 타협하고 실천하고 있는지 그 역동적인 과정에 초점을 맞춘다.

4.3. 의례와 종교 언어

　의례 언어, 또는 종교 언어는 보이지 않는 비가시적인 존재와의 상호작용을 전제로 사용되는 유표적(marked) 언어 행위로서, 일상적인 언어 행위와는 구별되는 여러 가지 언어적 장치를 통해 종교성(religiosity) 또는 초월성을 획득하는 경향이 있다(Keane 1997). 여기에서 의례 또는 종교 언어는 "지금-여기"라는 현재의 맥락과 초월성이라는 두 가지 축 사이에 끊임없는 긴장 관계에 놓인다. 이것은 다시 특정 의례 또는 종교 언어가 맥락과 분리된 하나의 완결된 텍스트로 규정되는 텍스트화(entextualization) 또는 현재의 시공간에서 현재적인 의미를 부여받는 맥락화(contextualization), 나아가 상이한 시공간에서의 재맥락화(recontextualization)까지 나아가는 일련의 과정과 연결되어 설명될 수 있다(Bauman & Briggs 1990).

　이러한 종교, 의례 언어의 특징은 언어 예술의 연행(performance) 중심적 접근의 중요성을 더욱 부각시킨다. 연행 중심적 접근은 언어 예술 장르를 하나의 고정된 텍스트의 집합으로 보는 것이 아니라, 그것이 새로운 맥락에서 반복적으로 행해지면서 새로운 의미와 기능을 하게 되는 언어 예술의 다중적 기능과 의미를 부각시킨다. 예를 들어 인도네시아 쁘딸랑안 사회의 벌꿀 채집 의례에서 사용되는 노래는 텍스트 내의 이야기 세계에서의 의미와 실제 의례 상황에서 벌꿀 채집의 단계가 중첩되면서 의미의 다중성을 지니게 된다(강윤희 2006). 또한 쁘딸랑안의 치료 의례인 블리안(Belian) 의례의 과정을 분석하여, 다양한 의례 언어 장르의 실제적 연행을 통해서 나타나는 텍스트의 불가해성(unintelligibility)에 대하여 논의한다(Y. H. Kang 2007).

　또한 비가시적 초월적 존재와의 의사소통을 전제로 하는 각종 의례/종교 언어는 언어의 지시적 기능에 대비되는 수행적(performative) 기능을 보여 주는 좋은 사례가 된다(Keane 1997 참조). 예를 들어 '나'의 기도를 듣는 사람을 어떻게 호칭하느냐에 따라서 비가시적 존재가 규정되고, 나아가 '나'와의 관계를 만들어 갈 수 있기 때문이다. 위에서 언급했던 쁘딸랑안의 치료 의례와 벌꿀 채집 의례에서는 모두 그 의례를 주관하는 샤먼(shaman)이 자신들의 수호신을 아덕(adik)이라고 부르고 있는데, 이는 '(여)동생' 또는 '애인'을 부르는 애칭으로서, 의례에 참가하는 샤먼과 그 수호신들을 연인 관계로 상정하여 투사하고 있다(Y. H. Kang 2002b; 강윤희 2006). 또한 쁘딸랑안 여성들의 미용을 위한 개인적 주문에서, '하얀색' 또는 '광채'가 있는 사물들을 언급하는 것은 그러한 말 행위가 갖고 있다고 생각되는 수행적 힘에 따라, 언급된 물체의 성질을 화자의 몸으로 그대로 옮겨 올 수 있다는 믿음에 근거하고 있다(Y. H. Kang 2003; 강윤희 2007).

한편 한국의 교회에서 사용되는 언어 사용 유형과 그 기반이 되는 종교적 가치관과 기대에 대한 연구를 진행한 배연주(2013)는 의사소통의 민족지학의 틀을 수용하여, 각 언어 장르를 나누고 이러한 장르들의 분류 체계를 밝힐 뿐만 아니라, 그것의 실제 사용을 매개하는 종교적 가치관도 살핀다. 이를 통해 기독교의 다양한 언어 장르에 대한 메타 화용론적 담론이 주어진 의례 언어의 연행을 특정 방향으로 이해하게끔 하는 틀(frame)의 역할을 하고 있다고 주장한다. 즉 언어는 특정 맥락을 단순히 반영하는 것이 아니라, 그 맥락을 특정의 의미로 해석하게끔 하는 힘을 지니는 것이다.

이와 같이 언어의 수행성(performativity)에 주목하는 의례 언어에 대한 연구들은, 언어의 사용을 통한 권력 관계의 재구성에도 관심을 가졌다. 예를 들어 강윤희(2007)은 인도네시아 쁘딸랑안 여성들이 남편과의 관계에서 사용하는 외설 주문(Monto Chabul)을 분석하여, 이들이 이슬람에서 규정하는 남성과 여성에 대한 지배 담론을 전복하려는 시도를 하고 있음을 보였다. 이전의 언어인류학 연구들은 대부분 언어 사용의 구조와 유형을 보여 주려고 했던 반면, 의례와 종교 언어를 연구했던 사례들은 모두 실제 언어 사용과 그것의 효과에 더욱 관심을 가지고 있다. 또한 의례적, 종교적 연행을 재맥락하는 과정을 매개하는 문화적 논리에 주목하게 되었다. 이것은 기존의 언어 예술 연구에서의 관심이 텍스트의 상징적인 의미나 언어적 형식에서 점차로 실제 연행과 재맥락화를 통한 의미의 재구성, 그리고 언어 예술의 사회적, 정치적 사용 등과 같은 역동적 측면으로 전환되고 있음을 보여 준다(강윤희 2012가 참조).

5. 언어인류학의 확장과 변화

5.1. 언어 이데올로기

2000년대 이후 한국의 언어인류학 연구에서 두드러지는 변화는 언어 이데올로기(language ideology)의 개념이 도입되어 여러 가지 분석에 사용되고 있다는 점이다. 언어 이데올로기는 광범위하게 정의하자면 특정 언어 또는 그 언어의 사용에 대한 사람들의 평가, 태도, 가치를 의미한다. 이것은 언어가 객관적인 실체로 존재하기보다는, 특정 사회적 맥락에 따라서 규정되며 동시에 조작될 수 있다는 관점이다. 따라서 언어 이데올로기라는 개념은 특정 언어공동체 성원들이 특정 언어 행위를 설명하고 정당화하는 것까지 포함한다(강윤희 2012나). 언어 이데올로기 연구는 특정 언어 또는 언어 자질과 그것의 의미 연결을 '당연시'하던 기존의 연구 경향을 비판하고, 그 연결을 이끌어 내는 화자들의 의미화와 정당화 과정을 보고자 하는 것이다.

예를 들어 최진숙(2005, 2008; J. S. Choi 2013)은 과테말라의 마야 인디언의 이중 언어 사용과 표기법 논쟁을 대상으로, 이들이 가지고 있는 언어 이데올로기가 어떻게 자신과 타자 사이에 존재한다고 가정되는 언어적 차이를 강조하고 재생산하는가를 보여 주고 있다. 마찬가지로 강윤희(2004; Y. H. Kang 2006)은 인도네시아 쁘딸랑안 사회의 언어 이데올로기를 지시주의적(referential) 이데올로기와 수행주의적(performativist) 이데올로기로 구별하고, 쁘딸랑안 사회의 주변화 과정에서 여러 전통적 의례의 장르가 각기 다른 방향으로 변화하게 된 것을 상이한 언어 이데올로기가 작동한 결과로 설명하고 있다.

이러한 연구들은 모두 그동안 당연시되어 왔던 사회 범주 또는 정체성 범주를 의문시하고, 오히려 이데올로기적으로 형성되는 사회적 범주와 정체성을 강조한다. 예를 들어 김우진(2018)은 카작족에서 관찰되는 '농담 관계'와 '회피 관계', 그리고 그에 상응하는 농담과 회피라는 언어 행위는, 단순히 이들의 수평적, 수직적 관계와 친밀성의 차이를 반영하는 것이 아니라, 오히려 그러한 관계와 행위상의 차이를 보다 명확하게 하기 위한 언어 이데올로기로 작동하고 있음을 보여 준다.

한편 기존의 연구들이 동질적이고 단일한 언어공동체와 언어 자원과 언어 사용 규칙에 대한 공유성을 강조했다면, 언어 이데올로기에 초점을 맞추는 연구들은 언어공동체 구성원들 사이의 다양한 이해관계와 상이한 언어 태도, 그리고 그들 사이의 충돌과 타협에 더욱 주목한다. 예를 들어 김성인(2016)은 속초시 청호동 사람들의 언어 사용과 이들이 가지고 있는 세대별 언어 이데올로기의 차이점과 그것을 통해 나타나는 다중적 정체성을 주장한다. 마찬가지로 한의원에서 '아픔'이 언어로 표현되어 의사소통되는 과정을 연구한 이혜민(2016가)는 환자와 의사라는 두 집단의 화자들이 서로 다른 언어 이데올로기에 의하여 매개되는 말 행위를 통해서 '아픔'을 언어화하고 있음을 밝혔다. 이것은 아픔을 소통하는 데 있어서, 기의(記意)로서의 아픔과 기표(記標)로서의 언어를 매개하는 언어 이데올로기, 환자-의사 간의 사회적 상호작용, 한의학적 시선과 감각 경험 방식 등의 여러 가지 차원이 상호 교차하여 만드는 복잡하고 역동적인 과정이라는 것이다(H. M. Lee 2015; 이혜민 2016가, 2016나).

따라서 언어 이데올로기 개념은 특정 사회 범주와 언어 행위를 단순히 주어진 것이 아니라, 특정 언어 화자나 집단에 따라 이데올로기적으로 재구성되고 재정의되는 것임을 보여 준다. 다시 말해 기존의 연구에서는 이미 주어진 사회적인 요소가 특정 언어 행위의 차이를 설명하는 것으로 상정했다면, 언어 이데올로기 연구는 언어 행위를 매개하는 이데올로기적 과정의 다양성과 역동성을 강조하게 된다. 따라서, 이를 통해 특정 언어 행위와 그 의미의 변화를 보다 역동적인 과정에서 살펴볼 수 있게 되었다.

5.2. 전 지구화와 다중 언어 사용

한국의 언어인류학 연구에서 최근에 등장한 또 다른 주요한 연구 주제는 전 지구화(globalization)에 따른 여러 언어적 문화적 변화 상황이다. 전 지구화에 따른 사람들의 증가된 이동성은 상이한 언어들과 언어문화 사이의 접촉과 변화를 야기했으며, 일상에서 마주치게 되는 외국 언어들과 그 언어 사용자들에 대한 인식과 가치에서도 변화가 나타났다. 1990년대 중반부터 결혼 이주 여성들이 급증하면서 한국 사회에 다문화 가정이 증가하고, 이에 따른 언어 및 문화 적응의 문제가 나타났으며, 이에 따라 외국인 결혼 이주 여성들의 한국어 습득과 언어 적응의 문제가 탐구되기 시작했다(강나영 2007; 왕한석 2007 참조).

한편 전 지구화에 따른 영어 등 외국어와 한국어의 접촉 상황과 언어 학습, 특히 영어와 관련되는 사람들의 가치와 인식 등이 본격적으로 연구되기 시작했다. 1997년 외환 위기 이후 급증했던 영어권 국가로의 조기 유학 열풍은 영어 학습과 교육 이주의 문제에 대한 탐구로 이어지기도 했다. 대표적으로 싱가포르의 조기 유학생에 대한 연구에서는 한국인 학생들이 싱가포르의 다양한 언어 자원, 즉 영어, 중국어, 싱글리시(Singlish)에 대한 한국 학생들의 상이한 가치와 평가에 대해 주목하였다(Y. H. Kang 2012; 강윤희 2014가). 또한 이러한 언어 자원에 대한 인식은 다시 이들이 생각하는 바람직한 언어 능력을 어떻게 정의하고, 재구성하고 있는지를 논의한다.

또한 학교라는 제도적 공식적 상황에서 학생들에게 특정 언어 사용에 대해 규범적으로 강제하는 언어 이데올로기와 학생들의 실제 사용 간의 간극을 탐색한 연구들이 등장했다. 예를 들어 영어를 공식적인 언어로 채택한 한국의 한 대학 내에서 나타나는 영어 사용에 대한 규범과 학생들의 인식이 어떻게 충돌하는지, 그리고 학생들은 주어진 상황 속에서 어떻게 전략적으로 한국어와 영어를 사용하는지에 대한 민족지적 연구 사례가 있다(최진숙 2014; J. S. Choi 2016). 마찬가지로 조강제(K. J. Jo 2016)은 한국의 한 국제 초등학교 교실 내에서 나타나는 영어와 한국어의 선택과 사용 양상, 교사, 학부모, 학생들 사이에 존재하는 언어 이데올로기의 불일치를 탐구했다.

한편 많은 한국인들과 한국 기업들이 해외로 진출하게 되면서, 해외의 작업장에서 한국의 매니저들과 해외의 노동자들이 서로 어떻게 의사소통하는가에 관심을 갖는 연구도 등장했다. 강윤희(2014나, 2017)은 인도네시아에 진출한 한국 기업의 사례를 통해 비영어권 초국가적(transnational) 작업 공간에서 나타나는 한국인 관리자와 인도네시아 노동자 간의 미시적인 상호작용을 분석하였다. 이 연구는 '공장말'이라고 불리는 한국인 직원들의 인도네시아어 사용에 주목한다. 특히 여기서 '공장말'이 갖는 가치는 한국인 관리자들의 실용성과 효율성을 강조하는 도구주의적 언어 이데올로기와 인도네시아인에 대한 고정 관념(stereotype)에 의해 매개되고 정당화되고 있다고 주장한다.

이처럼 전 지구화라는 맥락 내에서 등장한 다중 언어 사용과 초국가적 상호작용에 대한 분석은 언어가 객관적으로 주어진 추상적인 실체라기보다는 사람들의 일상적인 상호작용 속에서 끊임없이 재정의되고 재평가되는 사회적 구성물임을 보이고 있다. 예를 들어 싱가포르의 한인 유학생들에게 영어라는 언어 자원은 더욱 세분화되어 인식되고 평가되며, 그러한 언어 자원에 대한 인식은 고정되어 있는 것이 아니라, 특정 시간과 공간에 따라서 변화됨을 밝힌 바 있다(Y. H. Kang 2012; 강윤희 2014가). 이러한 연구들을 통해서, 특정 언어 또는 언어 자질들은 결코 객관적인, 또는 '비어있는' 기호가 아니라, 그 언어 사용자가 놓여 있는 위계적인 공간 질서와 구조에 따라서 상상되고 재구성되는 하나의 지표(index)이자 이데올로기적 구성물이라고 할 수 있다. 이에 따라 최근의 연구들은 기존의 연구에서 당연시되었던 개념과 범주들에 대하여 새롭게 질문하고, 여러 가지 언어와 언어 자질들에 대한 이데올로기적인 구성 과정을 탐구할 것을 제안한다.

5.3. 기호 인류학과 구별 짓기

특정 언어 또는 언어 자질들과 그 의미의 이데올로기적 구성, 나아가 그러한 언어 또는 언어 자질들이 가지는 지표성(indexicality)과 구별 짓기는 여러 가지 기호학적 연구 사례들에서 더욱 명확해진다. 최근 여러 언어인류학 연구에서 더욱 활발히 적용되고 논의되는 기호학적인 분석은 언어의 다기능성을 강조하고, 특히 비지시적인 의미와의 연결과 그 과정에 초점을 두는 접근 방법이다. 이러한 기호학적인 접근에서는 특정 언어 또는 기호와 그것이 가리키는 의미의 연결은 자연스러운 것이 아니며, 그것의 연결을 가능하게 하는 메타 기호적(meta-semiotic) 또는 메타 언어적(meta-linguistic) 담론의 이데올로기적인 구성 작용을 특히 강조한다(고경난 2018). 예를 들어 김우진(U. J. Kim 2018b)은 카작의 존댓말을 연구하면서, 이러한 존댓말과 경어의 체계가 어떻게 다양한 언어적, 비언어적 자질들을 결합한 기호의 체계로서의 '존경'을 의미하게 되었는지 그 의미 과정을 분석하고 있다. 이것은 언어를 기호의 영역으로 확대하며, 특정 언어 또는 기호의 사용이 특정의 사회적 문화적 범주와 성격을 만들어 내는 구별 짓기를 매개하고 있음을 살핀다.

앞서 살펴보았던 최진숙(2016, 2019)의 '아재 개그'와 '붓싼 문학' 연구도 특정 장르와 특정 인물, 또는 사람됨의 연결을 주목하고 있는 사례이다. 예를 들어 '아재 개그'는 '아재'라는 사회적 범주와 전형적 성격을 '전형화'하고 있다고 지적하는데, 여기서 '아재'라는 범주는 단순히 현실을 반영하는 주어진 것이 아니라, 오히려 '아재다움'을 한국 중년 남성의 전형적이고 고유한 속성으로 받아들이게 만드는 이데올로기적 작용을 하고 있다고 주장한다(최진숙 2016). 마찬가지로 '붓싼 문학'이라는 인터넷 '괴담'들은 특정 음식과 장소의 묘사를 통해서 부산 사람들을 타자화하고 혐오를 재생산하고 있음을 지적한다(최진숙 2019). 이와 유사하게 '우리가 남이가'라는 표현의 사용과 유통에 주목하여, 이 표현이 어떻게 '경상도성'을 만들어 내는지, 그리고 그러한 기호(우리가 남이가)가 어떻게 지표 대상(경상도 또는 집단 권력)과 고유한 연관성을 가졌다고 생각하게 되는지, 기호의 의미화 과정을 분석하기도 했다(최진숙 2017). 이러한 일련의 연구들은 특히 인터넷을 비롯하여 여러 가지 대중 매체들에서 유통되는 언어 현상을 연구 대상으로 포함시키고 있다는 점에서도 기존의 언어인류학 연구와 차별된다.

　연구 대상의 확대라는 측면에서 살펴보면, 한국의 힙합도 하나의 기호학적인 연구 대상으로 탐구되었다. 박종현(J. H. Park 2016)은 '레지스터화'(enregisterment)라는 개념을 통해서 어떻게 한국어 래퍼(rapper)들이 한국어 랩이라는 장르를 정의하고 개발하고 있는지를 살펴본다. 특히 이 연구는 기존의 세계 힙합 연구의 시각에서 보는 한국어 랩, 특히 랩 가사의 '영어화'에 집중하여 글로벌 힙합의 영향을 강조하던 연구들을 비판하며, 한국어 랩이라는 장르는 하나의 고정된 장르가 아니라, 한국어 래퍼들이 끊임없이 논의하고 개발하고 연행하는, 동적이고 열린 체계로서 오히려 한국어의 문법 구조와 음성학적 특징을 적극적으로 활용하는 다양한 형식이 시도되고 있음을 지적한다.

　기호 인류학 또는 기호와 그 의미의 사회문화적 구성, 즉 문화적 기호화 과정(cultural semiosis)을 본격적으로 분석하고 있는 고경난(K. N. Koh 2015a, 2015b, 2020; 고경난 2018)은 하와이의 한 기업과 그 기업의 '사회적 책임'(coporate social responsibility) 프로젝트를 장기간 현지 조사하면서, 이 기업이 어떻게 자신들의 상품을 '선물'로, 기업을 하나의 '인격'으로 기호화하고 있는지를 탐구했다(K. N. Koh 2015a). 나아가 이 기업이 '지속 가능성'(sustainability)이라는 개념을 하와이 사회에 소개하면서, 이러한 새로운 기호를 해석할 수 있게끔 하는 메타 기호적인 담론, 또는 기호 이데올로기(semiotic ideology)를 어떻게 형성하는지 분석한 바 있다(K. N. Koh 2015b; 고경난 2018). 또한 이 기업 내의 조직 내 의사소통 과정을 면밀히 분석하여, 소위 '소식통'이라고 불리는 특정의 개인이 어떻게 기호학적 재매개(semiotic remediation)의 역할을 하는지 논의했다(K. N. Koh 2020). 한편 한국의 사례에서는 '핑크캐슬'이라는 화장품 브랜드를 대상으로 비언어로서의 색, 상품과 언어 기호로서의 색명, 상품명이 연결되는 과정을 분석하고, 이를 통해 어떻게 특정 색채 브랜드 기호('핑크')가 특정 소비자층으로 연결되며, 나아가 특정 사람됨의 자질과 특성('귀엽고 발랄한 소녀')으로 연결되는지, 그 성격화(characterization) 과정을 다루었다(고경난 2016).

이러한 기호 인류학적인 접근은 특정 사회 범주와 정체성을 '당연한' 것, 또는 '주어진' 것으로 받아들이는 것을 경계하고, 특정 언어 현상을 그러한 사회적 범주와 정체성의 차이를 단순히 '반영'하는 것으로 보는 기존의 관점을 거부한다. 반면 특정 사회 범주와 정체성을 '당연하고', '자명한' 것으로 받아들이게끔 하는 여러 가지 이데올로기적 매개에 주목하는데, 여기에서 중요하게 다루어지는 것이 바로 특정 언어, 기호에 대한 메타 언어적, 메타 기호적 담론 또는 이데올로기가 되는 것이다.

6. 앞으로의 과제와 전망

2010년 한국사회언어학회 20주년을 기념하여 왕한석(2010가)는 의사소통의 민족지학 연구가 그동안 어떻게 진행되었는지 정리하고 앞으로 연구의 필요성이 제기되는 사회언어학적(또는 의사소통의 민족지학적) 연구 주제를 제시한 바 있다. 한국 사회와 한국어라는 맥락에서 관심을 기울여야 하는 사회언어학의 여섯 가지 주제는 다음과 같다: (1) 언어 접촉에서의 언어 간섭, 특히 영어와의 접촉에서 비롯된 한국어의 변화, (2) 영어의 학습과 사용에 관한 연구, (3) 한국 내 이주민들의 언어 적응 문제, (4) 현대 한국 사회에서 변화된 존댓말의 양상, (5) 한국인들이 갖는 말과 의사소통에 관한 태도와 가치관, (6) 언어 사회화 과정에 관한 연구(왕한석 2010가: 73~74).3) 이와 덧붙여 (1) 말놀이 등 다양한 언어 예술 장르와 그 연행에 대한 연구, (2) 한국 언어공동체에서 특징적으로 나타나는 대화 유형과 규칙에 대한 비교 문화적 연구, (3) 다양한 비언어적 의사소통과 경로(channel)의 사회적 사용 양상이라는 세 가지 연구 주제를 제시하였다(왕한석 2010가: 74). 또한 위의 아홉 가지 주제를 조금 더 구체적으로 발전시킨 앞으로의 연구 주제로, (1) 말의 범주 또는 장르 등 여러 언어 행동에 대한 명칭 체계와 이에 대한 개별 사례 연구, (2) 종교 담화나 의례 언어, (3) 주요 화행들에 대한 비교 문화적 연구, (4) 한국 사회의 중요한 변이어 또는 상황 변이어(register)에 대한 연구, (5) 현대 한국 사회의 중요한 제도 상황에서의 언어 사용 양상과 권력의 분포에 대한 연구 등을 들고 있다(왕한석 2010가: 74~75).

2020년 현재의 시점에서 지난 10년간 진행되었던 언어인류학의 연구 주제들을 살펴보면, 왕한석(2010가)가 제안했던 거의 모든 주제들이 한국의 언어인류학계에서 이미 다루어졌다는 사실을 발견할 수 있다. 특히 언어 사회화, 언어 예술, 종교 또는 의례 언어, 주요 제도 상황(교육, 의료 등)에서의 언어 사용 양상, 한국에서의 영어 학습과 사용 등의 주제는 지난 10여 년간 한국의 언어인류학자들에 의해서 집중적으로 탐구된 주제들이다. 또한 언어 태도와 가치관, 권력의 문제들은 언어 이데올로기 개념과 기호학적 분석을 통해 최근에 보다 본격적으로 다루어지기 시작했다.

하지만 한국의 언어인류학 연구는 이제까지 발달되어 온 다양한 접근법 또는 패러다임 중 어느 하나가 다른 하나를 교체하면서 발전되었다기보다는, 기존의 연구에 새로운 연구 주제나 개념이 하나씩 덧붙여지고 중첩되는 구조로 진행되었다. 예를 들어 의사소통의 민족지학 연구를 통해 특정 언어공동체의 언어 사용 양상과 그 특징을 기술했다면, 더 나아가 그러한 언어 사용을 매개하는 언어 이데올로기나, 권력 작용의 논의까지 확장시키곤 한다. 요컨대, 특정 언어의 사용을 단순히 기술, 분석하는 연구를 확장시켜, 그 언어 사용을 매개하는 보다 거시적인 사회 구조의 문제와 언어 이데올로기의 문제를 논의하는 경향을 보인다(최진숙·안준희 2016; 강윤희 2018, 출판 예정).

연구 대상과 방법의 측면에서도 기존에는 특정 촌락 또는 마을 공동체에서의 집중적인 현지 조사를 기반으로 하여 주로 심층 인터뷰나 참여 관찰 등의 방법으로 자료의 수집을 진행했다면, 현재의 언어인류학 연구가 분석하는 자료는 방송, 인터넷, 신문 등의 대중 매체를 통해 수집한 다양한 말의 장르, 예를 들어 개그, 말장난, 힙합 가사, 신문 기사, 온라인 게시글 등의 언어 자료를 모두 아우르게 되는 등, 그 범위가 대폭 확장되었다. 또한 전세계적으로 사람들의 초국가적인 이주가 급증하게 됨에 따라, 다양한 언어 접변과 다중 언어 사용 상황에 대한 연구도 활발히 진행되고 있다. 이와 함께, 한국 사회뿐만 아니라 다양한 해외의 언어공동체들을 대상으로 하는 연구가 축적됨에 따라서 점차로 교차 문화적 비교 연구로 나아가는 경향이 있다. 따라서 앞으로 더욱 더 넓은 범위의 비교 문화적 언어 연구가 수행될 것이라고 전망할 수 있다.

한편 이러한 연구 주제와 대상, 방법의 변화는 기존 연구에서 무비판적으로 사용되었던 각종 개념과 분석틀에 대한 비판적 성찰로 이어진다. 예를 들어 언어공동체 내 성원들 간의 언어 목록과 언어 사용에 대한 합의와 동의를 전제하고 있는 언어공동체 개념을 비판하고, 주변적인 화자와 그들의 언어 행위에 주목하여, 공동체 성원 내부의 분화와 다양성, 그리고 갈등을 다룰 것을 제안하기도 한다. 이와 함께 언어 목록의 불균형한 분포, 언어 능력에 대한 상이한 가치와 평가 등 기존의 연구에서 무비판적으로 사용되었던 기본적인 분석 개념도 결코 자명하거나 주어진 것이 아니라는 점을 강조하기도 한다. 이것은 초언어적 실천(translingual practices), 도시 언어 현상(metrolingualism), 공간 목록(spatial repertoire), 생략된 언어 능력(truncated linguistic competence) 등과 같이 언어 간의 뚜렷한 구분이나 경계를 전제했던 과거의 구조주의적인 경향을 벗어나기 위하여 최근의 유럽과 영미 지역의 언어인류학자들이 새롭게 주목하기 시작한 연구 영역과 유사한 지점이다(Blommaert et al. 2005; Canagarajah 2013; Pennycook & Otsuji 2014 참조).

이와 함께 언어 이외의 다양한 비언어적 기호와 다중 양식적(multimodal) 의미 작용, 그리고 이러한 언어/비언어의 기호학적 작용을 통해서 상상되고 구성되는 사회적 실재와 각종 경계들(예를 들어, 인종, 민족, 국가 등), 그러한 언어적 상상과 담론적 구성에 작용하는 정치 경제적 배경과 불확실성의 기호학적 구성, 나아가 경계 간의 급증하는 이동과 이동하는 사람들에 대한 초점과 관심 등은 최근의 언어인류학 연구 동향을 개괄한 논문들에서 공통적으로 지적된 언어인류학의 최신 경향이라고 할 수 있다(Nakassis 2016; Shankar 2017; Hoffmann-Diloway 2018; J. S. Park 2019; Paz 2020). 이처럼 인간-비인간(물리적 환경, 물질 또는 동물까지 포함하는)의 의사소통, 언어와 비언어적인 기호의 상호작용, 나아가 그 양식의 다중성(multimodality)이라는 영역은 앞으로 한국의 언어인류학에서 발전시켜야 할 중요한 연구 주제이다.

마찬가지로 앞으로 한국 언어인류학에서도 각종 경계를 넘나드는 의사소통에 대한 기호학적 연구, 그리고 그것을 매개하는 메타 담론이나 이데올로기의 영역에 초점을 두는 연구들이 더욱 활발해질 것이라고 전망할 수 있다. 이를 통해 한국의 언어인류학은 언어와 언어 사용을 통해 이루어지는 의미 구성 과정을 분석하고, 이를 거시적이고 역동적인 사회 구조 안에서 탐구함으로써, 사회적 행위와 실천으로서 언어가 가지고 있는 능동적이고 수행적인 역할, 그리고 나아가 우리의 일상적 사회생활과 문화적 세계에서 언어가 가지는 중요성을 한층 더 깊이 논의할 수 있을 것이다.

주석

1) 여기서 언어인류학과 인류언어학은 상호 교차 가능한 명칭으로 다룬다. 하지만 보다 엄밀한 의미에서 인류언어학은 1920년대 미국에서 활발하게 진행되었던 북미 원주민들의 언어에 대한 연구와 같이, 성문화되지 않은 소수 민족의 언어를 기록하고 그 문법적 규칙을 발견하려고 했던 연구 경향을 주로 지칭한다(왕한석 1996가 참조). 최근에는 인류언어학이라는 명칭보다는 언어인류학이라는 표제어가 더욱 일반적인 것으로 채택되어 사용되는 경향이 있다.

2) 이들은 대부분 1980년대와 1990년대 서울대학교 인류학과에서 수학하면서 왕한석 교수의 지도 하에 학사학위 및 석사학위를 취득한 언어인류학자들이다.

3) 이러한 여섯 가지의 주제는 언어인류학뿐만 아니라, 한국의 사회언어학 전 분야에서 다루어야할 주제로 제시된 바 있으므로(왕한석 2008: 23~30), 언어인류학 분야에만 한정된 것은 아니다. 이 부분을 지적해 주신 강현석 교수님께 감사드린다. 보다 자세한 논의는 이 책의 제1장을 참조할 것.

참고문헌

강나영(2007), ≪여성 결혼이민자의 한국어 의사소통 능력의 학습≫, 서울대학교 석사학위 논문.

강나영(2014가), ≪"나는 여섯 살이 되면 비행기가 될 거에요": 한국 만3-4세 어린이의 언어사회화 연구≫, 서울대학교 박사학위 논문.

강나영(2014나), 〈유아기 아동의 리터러시 학습과 초기 학교사회화〉, ≪한국문화인류학≫ 47(3), 205~242, 한국문화인류학회.

강나영(2015가), 〈"오늘은 봐 줬지만, 내일은 안 봐 줄거야.": 만3~4세 어린이의 '형'과 '동생'의 지위역할의 사회화〉, ≪한국문화인류학≫ 48(3), 163~212, 한국문화인류학회.

강나영(2015나), 〈어린이 '동음이의어 말놀이'(pun)의 구조 및 내용적 특성에 대한 사회언어학적 연구〉, ≪사회언어학≫ 23(1), 1~30, 한국사회언어학회.

강정희(1993), ≪제주사회에서의 두 방언 사용 현상≫, 서울대학교 석사학위 논문.

강윤희(2004), 〈주변화에 따른 전통구술장르의 변화와 언어이데올로기: 인도네시아 쁘딸랑안 부족의 사례〉, ≪한국문화인류학≫ 37(2), 37~48, 한국문화인류학회.

강윤희(2006), 〈쁘딸랑안 의례언어의 시적구조와 다기능성〉, ≪한국문화인류학≫ 39(1), 73~104, 한국문화인류학회.

강윤희(2007), 〈인도네시아 여성들의 외설주문: 언어, 몸, 그리고 욕망〉, ≪비교문화연구≫ 13 (1), 5~34, 서울대학교 비교문화연구소.

강윤희(2012가), 〈언어 예술〉, ≪사회언어학 사전≫, 145쪽, 소통.

강윤희(2012나), 〈언어 이데올로기〉, ≪사회언어학 사전≫, 146쪽, 소통.

강윤희(2014가), 〈언어자원과 언어능력의 재구성: 싱가포르 한국조기유학생들과 동반가족의 사례〉, ≪비교문화연구≫ 20(1), 87~18, 서울대학교 비교문화연구소.

강윤희(2014나), 〈인도네시아 한인 기업의 언어사용과 의사소통〉, ≪동남아시아연구≫ 24(3), 121~158, 한국동남아학회.

강윤희(2015), 〈커피 배우기: 언어, 향미, 그리고 감식안의 습득 과정〉, ≪비교문화연구≫ 21(2), 5~41, 서울대학교 비교문화연구소.

강윤희(2016), 〈언어와 감각: 커피 향미 표현에 대한 민족지적 사례 연구〉, 《사회언어학》 24(1), 1~36, 한국사회언어학회.

강윤희(2017), 〈'공장말': 인도네시아 내 한국기업의 언어사용과 권력〉, 《한국문화인류학》 50 (2), 237~285, 한국문화인류학회.

강윤희(2018), 〈언어, 문화, 사회적 상호작용〉, 권숙인 외, 《현대문화인류학: 인간과 문화에 대한 열일곱 가지 주제들》, 186~205, 형설.

강윤희 엮음(출판예정), 《현대 한국 사회의 언어문화》, 서울대학교 출판문화원.

고경난(2016), 〈색의 성격화: 한국 화장품 기업의 "핑크" 브랜딩에서 색채어 유희와 기능〉, 《비교문화연구》 22(2), 13~43, 서울대학교 비교문화연구소.

고경난(2018), 〈기호이데올로기: 문화적 번역 사례를 통해 본 인류학과 기호학의 교차점〉, 《기호학연구》 55, 51~75, 한국기호학회.

김기봉(1985), 《친족용어체계에 관한 성분분석적 연구》, 영남대학교 석사학위 논문.

김선희(1999), 《한국의 색채 범주 구분법에 대한 민족지적 연구》, 서울대학교 석사학위 논문.

김선희(2000), 〈한국 색채 범주 체계의 세대간 차이와 구분법의 발달 과정에 대한 연구〉, 《한국색채학회 논문집》 14(2), 83~104, 한국색채학회.

김성인(2015), 《아바이말과 나의말: 속초시 청호동 사람들의 언어사용과 언어이데올로기》, 서울대학교 석사학위 논문.

김성인(2016), 〈아바이 말 그리고 나의 말: 월남인 정착촌 내 세대 별 언어이데올로기와 정체성 연구〉, 《한국문화인류학》 49(1), 313~345, 한국문화인류학회.

김성철(1995), 〈종자명제, 지역명제, 직위명제: 보조 친족명칭과 개인의 인식법〉, 《한국문화인류학》 27, 215~239, 한국문화인류학회.

김우진(2006), 《중국 신강지역 카작족의 존대말의 구조와 사용 유형》, 서울대학교 석사학위 논문.

김우진(2018), 〈카작족 농담관계의 비교문화적 분석〉, 《비교문화연구》 24(2), 105~130, 서울대학교 비교문화연구소.

김주관(1989), 《존댓말 사용의 이상적 규범과 실제적 변이상: 단기사병의 언어공동체를 중심으로》, 서울대학교 석사학위 논문.

김주관(2003), 〈언어자원의 자본화 과정과 상징 자본의 형성〉, 《한국문화인류학》 36(1), 247~267, 한국문화인류학회.

김주관(2008), 〈한국에서 문화와 언어에 대한 인류학적 연구의 성과와 과제〉, 한국문화인류학회 엮음, ≪문화인류학 반세기≫, 220~230, 소화.

김주관(2011), 〈귀신말 또는 한국어의 피그 라틴(Pig Latin)〉, ≪비교문화연구≫ 17(1), 5~38, 서울대학교 비교문화연구소.

김주관(2015), 〈경관에 대한 민족지형학적 인식〉, ≪사회언어학≫ 23(3), 73~85, 한국사회언어학회.

박종현(2011), ≪판소리, 새-판소리: 언어예술 장르의 지속과 변모≫, 서울대학교 석사학위 논문.

배연주(2013), ≪"하나님 말씀에 순종하십시오": 한국 교회에서의 언어 사용 유형 및 가치관≫, 서울대학교 석사학위 논문.

변혜원(2011), ≪청소년들의 언어사용: 중학생 언어행동의 주요 특성과 변이≫, 서울대학교 석사학위 논문.

안준희(2000), 〈'노숙자'의 정체성과 적응 전략: 인지인류학적 접근〉, ≪비교문화연구≫ 6(2), 221~266, 서울대학교 비교문화연구소.

안준희(2008가), 〈"우리는 같은 피부색을 가졌어, 그렇지?": 미국 중산층 아동들의 사회범주 학습과 재구성〉, ≪비교문화연구≫ 14(1), 43~73, 서울대학교 비교문화연구소.

안준희(2008나), 〈콧수염 좀 건네주세요: 미국 중산층 아동들의 사회화 맥락 재해석과 변형〉, ≪교육인류학 연구≫ 11(1), 235~253, 교육인류학회.

안준희(2009), 〈그다지 개인주의적이지 않은 미국인들: 미국 중산층의 친사회적 아동 기르기〉, ≪한국문화인류학≫ 42(1), 111~143, 한국문화인류학회.

안준희(2010), 〈감정적 여성, 이성적 남성: 미국 중산층 아동들의 또래 놀이에 나타난 젠더와 감정〉, ≪한국문화인류학≫ 43(1), 173~215, 한국문화인류학회.

안준희(2014가), 〈"함께하기"와 "자아" 사이에서: 한국 중산층의 사회화에 나타난 혼란과 모순〉, ≪한국문화인류학≫ 47(1), 173~205, 한국문화인류학회.

안준희(2014나), 〈"그러면 나는 너 사랑 안 할거야": 한국 중산층의 감정사회화와 아동의 행위성〉, ≪한국문화인류학≫ 47(2), 131~158, 한국문화인류학회.

안준희(2016가), 〈이야기 관습의 언어사회화: 한국과 미국 아동 사례의 비교〉, ≪한국문화인류학≫ 49(1), 235~280, 한국문화인류학회.

안준희(2016나), 〈한국어 공손성의 언어사회화 관습 연구〉, ≪사회언어학≫ 24(1), 175~211, 한국사회언어학회.

안준희(2016다), 〈"언니한테 자랑하는 거니?": 한국 아동들의 의사친척용어 학습을 통한 사회적 지위와 위계의 사회화〉, ≪한국문화인류학≫ 49(3), 17~55, 한국문화인류학회.

안준희(2019), 〈'우리는 모두 친구', '우리는 모두 아름반': 미국과 한국의 공동체성 사회화에 대한 비교문화적 기술〉, ≪한국문화인류학≫ 52(1), 99~132, 한국문화인류학회.

왕한석(1986), 〈국어 청자 존대어 체계의 기술을 위한 방법론적 검토〉, ≪어학연구≫ 22(3), 351~373, 서울대학교 어학연구소.

왕한석(1988), 〈한국 친족용어의 내적 구조〉, ≪한국문화인류학≫ 20, 199~224, 한국문화인류학회.

왕한석(1989), 〈택호와 종자명호칭〉, ≪의민 이두현 교수 정년 퇴임 기념 논문집≫, 24~47, 서울대학교 국어교육과.

왕한석(1990), 〈북한의 친족용어〉, ≪국어학≫ 20, 168~202, 국어학회.

왕한석(1991), 〈한국 친족용어의 분포 범위〉, ≪한국의 사회와 역사: 최재석 교수 정년퇴임 기념 논총≫, 163~185, 일지사.

왕한석(1992), 〈한국 친족호칭체계의 의미기술〉, ≪한국문화인류학≫ 24, 139~193, 한국문화인류학회.

왕한석(1995), 〈'집'의 이름과 '친족관계'에 대한 명칭〉, ≪한국문화인류학≫ 28, 223~224, 한국문화인류학회.

왕한석(1996가), 〈언어·사회·문화: 언어 인류학의 주요 조류〉, ≪사회언어학≫ 4(1), 3~50, 한국사회언어학회.

왕한석(1996나), 〈제주사회에서의 조 및 관련 명칭에 대한 일 연구〉, ≪한국문화인류학≫ 29(2), 341~360, 한국문화인류학회.

왕한석(2000가), 〈언어생활의 특성과 변화: 신분지위호칭과 의사친척호칭의 사용을 중심으로〉, ≪사회언어학≫ 8(1), 59~86, 한국사회언어학회.

왕한석(2000나), 〈영남인의 친척용어: 친척용어의 주요 하위체계들에 대한 민족지적 기술〉, 민족문화논총 22, 123~181, 영남대학교 민족문화연구소.

왕한석(2001), 〈적서 차별의 호칭어 사용과 그 변화〉, ≪사회언어학≫ 9(1), 109~142, 한국사회언어학회.

왕한석(2002), 〈친척 관련 속담의 민족지적 연구〉, ≪사회언어학≫ 10(1), 197~224, 한국사회언어학회.

왕한석(2005가), 〈호칭어의 주요 이론과 연구 시각〉, 왕한석 엮음, ≪한국 사회와 호칭어≫, 17~48, 역락.

왕한석(2005나), 〈신분지위호칭에서 의사친척호칭으로: 사회계급의 변화와 호칭 사용의 변화〉, 왕한석 외, ≪한국 사회와 호칭어≫, 97~126, 역락.

왕한석(2005다), 〈한국의 아기말〉, ≪사회언어학≫ 13(1), 151~189, 한국사회언어학회.

왕한석(2007), ≪또 다른 한국어: 국제결혼 이주여성의 언어 적응에 관한 인류학적 연구≫, 교문사.

왕한석 엮음(2008), ≪한국어와 한국사회≫, 교문사.

왕한석(2009), ≪한국의 언어민속지 1: 서편≫, 교문사.

왕한석 엮음(2010), ≪한국어, 한국문화, 한국사회≫, 교문사.

왕한석(2010가), 〈의사소통의 민족지학 연구: 한국 학계에의 소개와 앞으로의 연구 과제〉, ≪사회언어학≫ 18(2), 61~78, 한국사회언어학회.

왕한석(2010나), ≪한국의 언어민속지 2: 전라남북도 편≫, 서울대학교 출판문화원.

왕한석(2010다), 〈한국어 존댓말의 사회언어학적 기술〉, ≪한국어, 한국문화, 한국사회≫, 233~272, 교문사.

왕한석(2010라), 〈'비정상인'의 어휘적 명칭에 대하여〉, ≪국어학 논총: 최명옥 선생 정년 퇴임 기념≫, 929~947, 태학사.

왕한석(2012가), ≪한국의 언어민속지: 경상남북도 편≫, 서울대학교 출판문화원.

왕한석(2012나), 〈한국의 언어 민속지 연구와 언어 현지조사의 과정〉, ≪방언학≫ 15, 339~380, 한국방언학회.

왕한석(2015), 〈작은 공부의 연원과 특성, 기원, 그리고 성과들에 대하여〉, ≪사회언어학≫ 23(3), 1~30, 한국사회언어학회.

왕한석(2016), ≪한국의 언어민속지: 충청남북도 편≫, 서울대학교 출판문화원.

왕한석(2018가), 〈한국 친척호칭의 사회적 변이: 경북 영해지역의 사례를 중심으로〉, 정향진 엮음, ≪한국 가족과 친족의 인류학≫, 127~201, 서울대학교 출판문화원.

왕한석(2018나), 〈한국의 물때 체계: 그것의 구분법과 지역적 변이 그리고 실학자들의 이른 기술을 중심으로〉, ≪한국문화인류학≫ 51(3), 9~63, 한국문화인류학회.

이광규(1971), 〈한국의 친척명칭〉, ≪연구논총≫ 1, 221~256, 서울대학교 교육회.

이혜민(2016가), ≪'말의 여백, 몸의 노래': 한의원에서의 언어 사용과 '아픔'의 언어화≫, 서울대학교 석사학위 논문.

이혜민(2016나), 〈'아픔'을 '관(觀)' 하기: 한의원에서의 언어 사용을 통해 본 아픔의 언어화 작업〉, ≪비교문화연구≫ 22(2), 45~79, 서울대학교 비교문화연구소.

임유경(2016), 〈교회공간 퀴어화하기: 성소수자 교회에서의 퀴어 농담〉, ≪비교문화연구≫ 22(2), 81~122, 서울대학교 비교문화연구소.

정종호(1990), ≪한국 친족호칭의 의미구조와 사회적 사용에 관한 연구: 안동지방의 한 촌락의 사례를 중심으로≫, 서울대학교 석사학위 논문.

조강제(2016), 〈국제초등학교 교실에서 나타나는 콩글리시의 언어적 특성과 의미에 대한 언어인류학적 연구〉, ≪비교문화연구≫ 22(2), 123~157, 서울대학교 비교문화연구소.

조숙정(1997), ≪비친척 관계에서의 호칭어의 구조와 사용방식: 전남 나주 한 반촌의 사례를 중심으로≫, 서울대학교 석사학위 논문.

조숙정(2007), 〈김치와 문화적 지식: 전라도 김치의 명칭과 구분법에 대한 인지인류학적 접근〉, ≪한국문화인류학≫ 40(1), 83~127, 한국문화인류학회.

조숙정(2008), ≪콩에서 발견한 전북의 음식문화≫, 국립민속박물관.

조숙정(2010), 〈상품화된 젓갈의 명칭과 범주: 곰소 젓갈시장의 사례 연구〉, ≪한국문화인류학≫ 43(2), 3~44, 한국문화인류학회.

조숙정(2012), 〈조기의 민족어류학적 접근: 서해 어민의 토착 지식에 관한 연구〉, ≪한국문화인류학≫ 45(2), 240~279, 한국문화인류학회.

조숙정(2014), ≪바다 생태환경의 민속구분법: 서해 어민의 문화적 지식에 관한 인지인류학적 연구≫, 서울대학교 박사학위 논문.

조숙정(2015), 〈바람에 관한 서해 어민의 민속지식〉, ≪비교문화연구≫ 21(2), 291~328, 서울대학교 비교문화연구소.

조숙정(2017), 〈곰소만 어촌의 어로활동에 관한 민족지적 연구: 1970년대 이후 어업의 변화를 중심으로〉, ≪비교문화연구≫ 23(2), 105~143, 서울대학교 비교문화연구소.

조숙정(2018가), 〈조선시대 어보의 민족생물학적 재해석: 정약전의 『자산어보(玆山魚譜)』를 중심으로〉, ≪한국문화인류학≫ 51(2), 281~324, 한국문화인류학회.

조숙정(2018나), 〈서해 어류의 민속 생물학적 분류와 변화: 곰소만 어촌의 민족지적 사례 연구〉, ≪한국문화인류학≫ 51(3), 65~107, 한국문화인류학회.

조숙정(2019), 〈19세기 한국 어류의 민속 생물학적 분류: 자산어보의 인류와 무린류를 중심으로〉, ≪민속학연구≫ 44, 133~169, 국립민속박물관.

최진숙(1995), ≪농담과 곁말의 구조와 사용양식≫, 서울대학교 석사학위 논문.

최진숙(2005), 〈과테말라 마야정체성의 이데올로기적 형성: 코드 전환에 의한 언어적 편견의 재생산〉, ≪한국문화인류학≫ 38(2), 3~28, 한국문화인류학회.

최진숙(2008), 〈과테말라의 마야어 표기법 "경합"에 대한 고찰: 언어 이데올로기와 마야 정체성을 중심으로〉, ≪한국문화인류학≫ 41(2), 155~185, 한국문화인류학회.

최진숙(2014), 〈영어 공간에서 한국어 사용하기〉, ≪언어사실과 관점≫ 33, 273~294, 연세대학교 언어정보연구원.

최진숙(2016), 〈한국 사회 중년 남성의 전형화에 대한 언어인류학적 고찰: '아재 개그' 사례를 중심으로〉, ≪한국문화인류학≫ 49(3), 57~93, 한국문화인류학회.

최진숙(2017), 〈"우리가 남이가": 상호텍스트적 구성을 통한 경상도의 타자화〉, ≪한국문화인류학≫ 50(3), 87~124, 한국문화인류학회.

최진숙(2019), 〈인터넷 도시괴담으로서의 '봇싼문학': 음식과 낯선 장소의 묘사를 통한 혐오의 재생산〉, ≪한국문화인류학≫ 52(3), 45~80, 한국문화인류학회.

최진숙·안준희(2016), 〈경계의 언어화와 소통〉, ≪비교문화연구≫ 22(2), 5~11, 서울대학교 비교문화연구소.

Ahn, J. H. (2007). *"You are My Friend Today, but not Tomorrow": Learning Middle-Class Sentiments and Emotions among Young American Children.* Doctoral dissertation, University of Michigan, Ann Arbor, Michigan.

Ahn, J. H. (2010a). "I am not scared of anything": Emotion as social power in children's world *Childhood: A Journal of Global Child Research* 17(1), 94~112.

Ahn, J. H. (2010b). The myth of American selfhood and emotions: Raising a sociocentric child among middle-class Americans. *Journal of Anthropological Research* 66(3), 375~396.

Ahn, J. H. (2011). "You're my friend today, but not tomorrow": Learning to be friends among young U.S. middle-class children *American Ethnologist* 38(2), 294~306.

Ahn, J. H. (2015). Finding a child's self: Globalization and the hybridized landscape of Korean early childhood education *Anthropology and Education Quarterly* 46(3), 224~243.

Ahn, J. H. (2016). "Dont' cry, you're not a baby!": Emotion, role and hierarchy in Korean language socialization practice. *Children and Society*, 30(1), 12~24.

Bauman, R. & Briggs, C. (1990). Poetics and performances as critical perspectives on language and social life. *Annual Review of Anthropology*, 19, 59~88.

Blommaert, J., Collins, J. & Slembrouck, S. (2005). Spaces of multilingualism, *Language and Communication* 25, 197~216.

Boas, F. (1911). Introduction. *Handbook of American Indian languages.* Vol. 1, 1~83. Bureau of American Ethnology, Bulletin 40. Washington: Government Print Office (Smithsonian Institution, Bureau of American Ethnology).

Bourdieu, P. (1986). The forms of capital. In J. Richardson (ed.), *Handbook of Theory and Research for the Sociology of Education*, 241~258. Westport, CT: Greenwood.

Bucholtz, M. (1999). "Why be normal?": Language and identity practices in a community of nerd girls. *Language in Society* 28(2), 203~223.

Canagarajah, S. (2013). *Translingual Practice: Global Englishes and Cosmopolitan Relations.* New York: Routledge.

Choi, J. S. (2013). Language ideology as an intervening process in language shift: The case of bilingual education in Guatemala. *Asian Journal of Latin American Studies*, 26(3), 55~73.

Choi, J. S. (2016). 'Speaking English naturally': the language ideologies of English as an official language at a Korean university. *Journal of Multilingual and Multicultural Development* 37(8), 783~793.

Clifford, J. & Marcus, G. (eds). (1986). *Writing Culture: The Poetics and Politics of Ethnography.* Berkeley: University of California Press.

Gumperz, J. (1982). *Discourse Strategies.* Cambridge: Cambridge University Press.

Hanks, W. (1996). *Language and Communicative Practices.* Boudler: Westview Press.

Hoffmann-Diloway, E. (2018). Linguistic anthropology in 2017: It could be otherwise. *American Anthropology* 120(2), 278~290.

Hymes, D. (1962). The ethnography of speaking. In T. Gladwin & W. C. Sturtevant (eds.), *Anthropology and Human Behavior.* Washington, D.C.: Anthropology Society of Washington.

Hymes, D. (1972). Models of the interaction of language and social life. In J. Gumperz & D. Hymes (eds.), *Directions in Sociolinguistics*, 35~71. New York: Holt, Rinehart and Winston.

Hymes, D. (1981). *"In Vain, I Tried to Tell You": Essays in Native American Ethnopoetics*. Philadelphia: University of Pennsylvania Press.

Jakobson, R. (1960). Linguistics and poetics. In T. Sebeok (ed.), *Style in Language*, 350~377. Cambridge: MIT Press.

Jo, K. J. (2016). *Bilingual Language Practices in a Korean International School: Rules, Code-switching, and Language Ideologies*. Seoul National University, MA thesis. Dept. of Anthropology, Seoul National University.

Jo, S. J. (2018). Tide and time: Korean fishermen's traditional knowledge of *Multtae* in Gomso Bay. *International Journal of Intangible Heritage* 13, 206~220.

Kang, Y. H. (2002a). *Words of Ancestors, Words for Survival: Marginality, Emotion, and the Power of Magical Words among the Petalangan of Riau, Indonesia*. Ph.D. Dissertation. Dept. of Anthropology, Yale University, New Haven, Connecticut.

Kang, Y. H. (2002b). Addressing the invisible world: Indexcality, iconicity, and the cultural concept of self in Belian, a Petalangan healing ritual in Indonesia. *Texas Linguistic Forum* 44(1), 90~103.

Kang, Y. H. (2003). The desire to be desired: Magic spells, agency and the politics of desire among the Petalangan people in Indonesia. *Language & Communication* 23(2), 153~167.

Kang, Y. H. (2006). 'Staged' rituals and 'veiled' spells: Multiple language ideologies and transformations in Petalangan verbal magic. *Journal of Linguistic Anthropology* 16 (1), 1~22.

Kang, Y. H. (2007). Unintelligibility and imaginative interpretation in a Petalangan healing ritual. *TEXT & TALK* 27(4), 409~433.

Kang, Y. H. (2012). Singlish or Globish: Shifting language ideologies and global identities among Korean educational migrants in Singapore. *Journal of Sociolinguistics* 16 (2), 165~183.

Keane, W. (1997). Religious language. *Annual Review of Anthropology* 26,

47~71.

Kim, U. J. (2018a). *Ethical Management of Speech among Kazak Nomads in the Chinese Altai.* Ph.D Dissertation. Dept. of Anthropology, University of Michigan, Ann Arbor, Michigan.

Kim, U. J. (2018b). Grammar of respect and disrespect: Honorific register formation in Altai Kazak. *The Sociolinguistic Journal of Korea* 26(4), 23~55.

Koh, K. N. (2015a). Translating 'sustainability' in Hawaii: The utility of semiotic transformation in the transmission of culture. *The Asia Pacific Journal of Anthropology* 16(1), 55~73.

Koh, K. N. (2015b). Representing corporate social responsibility, branding the commodity as gift, and reconfiguring the corporation as 'super-'person. *Signs and Society* 3(S1), S151~S173.

Koh, K. N. (2020). "Never from the horse's mouth": Glossing and remediation in corporate communications. *Cross-Cultural Studies* 26(1), 5~34.

Kroskrity, P. (ed). (2000). *Regimes of Language: Ideologies, Politics, and Identities.* Santa Fe, NM: School for Advanced Research Press.

Lee, H. M. (2015). Talking about the body using the body: Nonverbal acts in Korean medicine clinics. *The Sociolinguistic Journal of Korea* 23(3), 296~327.

Lee, K. K. & Harvey, Y. S. (1973). Teknonymy and geononymy in Korean Kinship Terminology. *Ethnology* 12(1), 31~46.

Lee, K. K. (1975). *Kinship System in Korea.* New Haven: Human Relations Area Files, Inc.

Nakassis, C. V. (2016). Linguistic anthropology in 2015: Not the study of language. *American Anthropologist* 118(2), 330~345.

Ochs, E. & Schieffelin, B. (1984). Language acquisition and socialization: Three developmental stories and their implications. In R. Shweder and R. LeVine (eds.), *Culture Theory: Essays on Mind, Self and Emotion,* 276~320. New York: Cambridge University Press.

Park, J. S-Y. (2019). Linguistic anthropology in 2018: Signifying movement. *American Anthropologist* 121(2), 403~416.

Park, J. H. (2016). Rap as Korean Rhyme: Local Registerment of the Foreign. *Journal of Linguistic Anthropology* 26 (3), 278~293.

Paz, A. I. (2020). Uncertain times: Linguistic anthropology in 2019. *American Anthropologist* 122 (2), 272~283.

Pennycook, A., & Otsuji, E. (2014). Metrolingual multitasking and spatial repertoires: 'Pizza mo two minutes coming'. *Journal of Sociolinguistics*, 18(2), 161~184.

Scheffler, H. (1972). Kinship semantics. *Annual Review of Anthropology* 1, 309~328.

Schieffelin, B., & Ochs, E. (1986). Language socialization. *Annual Review of Anthropology* 15 (1), 163~191

Schieffelin, B., Woolard, K., & Kroskrity, P. (1998). (eds.). *Lanugage Ideologies: Practice and Theory.* Oxford: Oxford University Press.

Shankar, S. (2017), Linguistic anthropology in 2016: Now what?. *American Anthropology* 119 (2), 319~332.

Sherzer, J. (2002). *Speech Play and Verbal Art.* Austin, TX: University of Texas Press.

Silverstein, M. (1979). Language structure and linguistic ideology. In R. Cline, W. Hanks, and C. Hofbauer (eds.), *The Elements: A Parasession on Linguistic Units and Levels,* 193~247. Chicago: Chicago Linguistic Society.

Silverstein, M. & Urban, G. (eds.). (1996). *Natural Histories of Discourse.* Chicago: University of Chicago Press.

Wang, H. S. (1979). Sociolinguistic rules of Korean honorifics. *Ilyuhaknoncip*(인류학논집) 5, 91~108.

Wang, H. S. (1990). Toward a description of the organization of Korean speech levels. *International Journal of the Sociology of Language* 82, 25~39.

제9장

언어 의식과 언어 태도

양명희

'언어 의식'(language consciousness)은 'language attitude'를 번역한 '언어 태도'라는 용어가 이익섭(1994)에서 본격적으로 알려지기 전부터 사용되었다. '언어 의식'이 내적 사고 작용을 가리키는 데 반해 구체적인 반응까지 포함한 '언어 태도'가 더 적절한 용어라는 견해1)에도 불구하고 '언어 의식'이 더 많이 사용되는 것은 '언어 의식'이라는 용어로 포괄할 수 있는 언어 현상의 범위가 '언어 태도'보다 훨씬 넓기 때문으로 보인다.2) 임영철(1995)에서 소개한 일본 사회언어학의 연구 분야에 '언어 의식 language attitude'라고 기술된 부분이 나오는데, 이는 '언어 의식'이라는 용어가 일본에서 도입되었을 가능성을 보여 준다.3)

'언어 의식'은 국가 단위의 대규모 조사에서 주로 사용되는 경향이 있으며 '방언 의식, 경어 의식, 국어 의식' 등 언어 정책적 측면의 어휘와 결합하여 사용되고 있음을 볼 때 일본의 '언어 의식' 연구에 영향을 받았음이 확실하다.4) '언어 태도'는 사회 심리학의 영향으로 언어학에 등장하게 되었으며 흔히 감정적 태도(affective attitude, feeling), 인지적 태도(cognitive attitude, knowledge), 행동적 태도(conative attitude, action)로 나뉘며(Agheyisi & Fishman 1970: 139), 이론적으로는 행동으로까지 나타나는 반응을 태도로 본다.

서양의 언어 태도 연구는 다언어 사회에서의 각 언어에 대한 태도 연구, 언어 변이와 변화의 배경을 설명하기 위한 태도 연구, 언어학적 층위에 따른 태도 연구, 세계 영어에 대한 태도 연구 등 연구 대상과 목적이 다양하다. 반면 단일 언어 사회인 한국의 언어 태도 연구는 국가를 단위로 한 언어 정책적 측면에서 방언 의식, 모어 의식, 문자 의식, 경어 의식 등의 주제가 주로 다루어졌다.

이 장에서는 먼저 언어 의식과 언어 태도의 개념과 성격에 대해 살펴보고, 2절에서 국내의 언어 의식과 언어 태도에 대한 연구 결과를 방언과 표준어, 모어, 외국어(일본어, 영어) 등 언어 자체에 대한 언어 태도, 언어 변이와 언어 태도, 문자, 외래어, 경어, 인명, 광고 등 언어 사용과 관련한 언어 태도 순으로 소개하고 논의하도록 하겠다. 그리고 마지막으로 재일 동포, 조선족, 고려인 등 소규모 집단의 언어 태도에 대한 연구를 언어 정체성과 언어 선택의 측면에서 살펴볼 것이다.

1. 언어 의식과 언어 태도의 개념과 성격

1.1. 언어 의식과 언어 태도의 개념

언어 의식과 언어 태도에 대한 정의는 국내외 논저에서 다양하게 나타나고 있다. 이중 가장 많이 인용되는 것은 파솔드(Fasold 1984: 147)로 '언어 태도'를 '사람에게 영향을 미치는 자극과 반응 간에 끼어든 변수(variable)'라고 기술한 바 있다.5) 코로넬-몰리나(Colonel-Molina 2009: 9)에서는 여러 학자의 언어 태도에 대한 정의를 소개하며 언어 태도의 정의에 매우 광범위한 관점이 나타남에도 일반적으로 다음과 같은 통일된 개념이 있다고 하였다. 즉 태도는 '이론적으로 행동(behavior)에 영향을 미치는 신념(beliefs)과 감정(feelings)'을 포함하며, 사람들은 '자신의 언어에 대한 의견부터 자신의 언어를 사용하는 외국인 화자, 외국어, 언어에 관한 공식적 정책까지' 언어 태도를 지니고 있고 이에 대한 다양한 이슈가 있다고 하였다.

태도 연구가 감정, 신념, 행동으로 나누어지는 정신주의적(mentalist) 접근을 주로 따르고 있음은 일찍이 파솔드(1984)에 의해 논의되었다. 그러나 이런 언어 태도에 대한 연구에는 중요한 두 가지 문제점이 있다(Garrett 2010: 6). 첫 번째는 긍정적 태도를 지녔다고 해서 그것이 바로 행동으로 이어지지 않을 수도 있다. 즉 감정이나 신념이 행동으로 연결되지 않을 수도 있다는 것이다. 예를 들어 표준어에 대해 부정적 태도를 지니고 있어도 직업을 얻기 위해 표준어를 공부하거나 표준어를 사용하는 화자가 있을 수 있다. 또 기부를 권하는 상대의 말을 듣고 그를 유능하고 신뢰가 있는 사람이라고 평가한다고 해서 그 태도가 바로 기부하는 행동으로 연결되지 않는다. 두 번째는 언어 태도 조사에서의 핵심적 특징이 개인적 특성에 대한 화자의 통념적 관점(stereotypical view)인 경우가 많다. 유명한 윌리엄(William 1973)의 연구에서 교사들이 백인, 흑인, 멕시코계 미국인 어린이에 대해 갖고 있던 통념이 그들의 언어 태도에 영향을 미쳤음을 우리는 잘 알고 있다. 또 말하는 방식에 따라 정직함, 유능함, 지성, 열정 등을 판단하는 것도 이에 해당된다.

이 같은 문제점에도 불구하고 언어 의식과 언어 태도에 대한 연구는 국내외에서 점차 증가하고 있다. 이는 언어 태도에 대한 연구가 언어 변이나 변화뿐 아니라 언어공동체의 형성과 변화, 언어 선택과 언어 재생 및 쇠퇴 등 다양한 사회언어학적 현상을 예측하고 설명해 줄 수 있기 때문이다.

1.2. 연구 주제 및 대상

언어 의식과 언어 태도의 연구 주제 및 대상은 언어 변이, 언어 자체, 언어 사용, 언어 사용자, 언어 정책 등 언어와 관련한 모든 것을 다룬다고 할 수 있을 만큼 다양하다. 언어와 사회의 관련성을 밝히는 사회언어학 연구에서 언어 현상을 설명하는 방법으로 사람들의 태도를 조사하게 된 것은 어쩌면 필연적 과정이라 하겠다.

다언어 사회인 구미 여러 국가에서는 일찍부터 언어에 대한 태도 연구가 있었고 직접 조사 방법이 아닌, 획기적인 간접 조사 방법이 고안되기도 하였다. 언어 태도 연구의 고전이라고 할 수 있는 쿠퍼와 피시먼(Cooper & Fishman 1974)의 이스라엘에서의 아랍어와 히브리어에 대한 연구, 램버트(Lambert 1967)의 캐나다 몬트리올과 퀘벡에서의 영어와 프랑스어에 대한 연구, 부르히스와 자일스(Bourhis & Giles 1976)의 영국 웨일스 지방의 표준 영국 영어와 웨일스어에 대한 연구는 다언어 사회에서의 태도 연구이다. 반면 한국은 오랫동안 단일 언어 사회였기 때문에 국내에서의 이중 언어 사용에 대한 태도 연구는 드물었으며6), 지역 변이어인 방언과 표준어, 그리고 모어와 외국어에 대한 태도 연구가 언어 정책과 관련하여 1980년대부터 시작되었다.

계량사회언어학자 라보브(Labov 1984: 33)은 사회언어학자의 중요한 목표 중 하나가 언어, 언어적 특징, 언어학적 스테레오타입에 대한 외재적 태도를 기록하는 것이라고 한 바 있다.7) 이러한 언어 태도 연구는 언어 변이와 변화의 배경을 설명할 수 있도록 하는데 국내 연구에도 이와 같은 관점으로 음운 및 형태의 변이 현상을 연구한 성과가 있다.

개릿(Garrett 2010: 2)는 사람들이 언어의 모든 층위—표기, 문장 부호, 단어, 문법, 악센트, 발음, 방언, 언어에 이르기까지—에 긍정적, 부정적 태도를 갖고 있으며 이는 언어 선택에 영향을 미친다고 하였다. 이는 언어 태도가 언어 행동으로까지 나타날 수 있음을 뜻하는데, 기업이 브랜드 네임을 만드는 데 엄청난 돈을 사용하고 정치에서 전략적으로 단어를 골라 쓰는 것은 언어에 사람들의 태도가 반영되어 있고 또한 언어가 태도, 즉 반응을 일으키기 때문이라고 설명하고 있다. 이러한 관점에 따르면 '언어 태도'라는 용어를 직접적으로 사용하지 않아도, 언어 선택과 사용에 대한 다수의 연구가 언어 태도 연구에 포함될 수 있다.8) 개릿(2010)에는 인명에 대한 언어 태도 연구로 하라리와 맥데이비드(Harari & McDavid 1973), 크리스털 (Crystal 1987, 1997), 배리와 하퍼(Barry & Harper 1995), 스미스(Smith 1998) 등이 소개되어 있다. 사회언어학 분야에서 단어나 문법에 따른 언어 태도 연구는 그리 많지 않은데 언어와 사회 간의 관련성을 통찰한다는 점에서 이에 대한 연구가 좀 더 활발해져야 할 것이다.

이민자나 소수자 집단에 대한 언어 태도 연구는 언어 선택과 언어 쇠퇴 의 측면에서 여러 지역에서 연구되고 있다. 그리스에 사는 알바니아인들의 알바니아어에 대한 언어 태도 연구인 트럿길과 차바라스(Trudgill & Tzavaras 1977), 이집트인들의 고전 아랍어와 일상 아랍어, 영어에 대한 언 어 태도를 조사한 엘-대시와 터커(El-Dash & Tucker 1975)가 이에 해당한 다. 사라져가는 언어에 대한 언어 태도 연구도 유명하다. 스코틀랜드 게일 어(Gaelic)에 대한 동부 서덜랜드인들의 언어 태도를 분석한 도리언(Dorian 1981), 건지어(Guernsey)에 대한 건지인들의 언어 태도를 분석한 샐러뱅크 (Sallabank 2013)이 대표적이다. 국내의 언어 태도 연구 논저 중에 가장 많은 비중을 차지하고 있는 것은 해외로 이주한 조선족들의 언어 태도 연구이 다. 일찍이 강정희(2002, 2004)는 재일 동포들의 언어 태도와 정체성에 대한 연구를 발표한 바 있으며, 아직 그 수가 많지 않지만 북한 이탈 주민, 결혼 이주 여성 등 소수자의 언어 태도에 대한 연구도 보인다.

한편 다수자 언어에 대한 언어 태도 연구도 있다. 바로 세계 언어(world language)의 지위를 차지하고 있는 영어에 대한 언어 태도 연구이다. 영어권 국가가 아닌 여러 나라에서 영어의 위세를 알아보고자 자국민들의 영어에 대한 언어 태도를 조사하는 한편 영어 교육의 측면에서도 언어 태도 분석 이 이루어지고 있다. 한편 미국에서는 다수 이주민인 스페인어와 영어에 대한 언어 태도 분석이 시도되고 있다.

2. 국내 연구의 주요 연구 성과

2.1. 언어 자체에 대한 언어 태도

2.1.1. 방언과 표준어

언어 자체에 대한 태도 연구에서 방언과 표준어에 대해 먼저 논의하고자 하는 것은 방언과 표준어에 대한 언어 태도 연구가 언어 자체에 대한 연구 중에서 가장 활발했기 때문이다. 국가 중심의 언어 의식 조사9)에서는 표준어와 방언에 대한 화자들의 태도 조사가 항상 포함되는데, 이는 표준어 정책과 방언 보존 정책의 필요성에 기인한다. 방언에 대한 태도 조사에서는 방언 구획에 대한 의식, 지역 방언이나 방언 사용자들에 대한 태도(방언 이미지라고도 함), 언어 정책과 관련한 방언 및 표준어 지향 의식과 방언 보존에 대한 태도 등이 다루어졌다.10)

먼저 방언에 대한 태도 연구는 문교부 정책 과제로 서울대학교 어학연구소가 수행한 〈한국인의 언어 의식에 대한 연구〉(조준학 외 1981) 중 방언 의식 부분을 다룬 이정민(1981)에서부터 볼 수 있다. 중학생부터 대학원생까지 784명을 대상으로 크게 지역 방언 구획에 대한 의식과 지역 방언 간의 태도, 지역 방언과 표준어와의 관계 및 태도 등이 조사되었다. 지역 방언 구획에 대한 의식은 한국인이 실제로 들어보아 구별할 수 있다고 의식하는 방언과 알아듣기 힘들다고 생각하는 방언을 조사한 것인데, 강원도 방언의 구별이 미약하고 제주도 방언이 가장 알아듣기 힘들다는 답변을 얻었다. 지역 방언에 대한 태도 조사에서는 각 지역별로 자기 고장의 방언과 타지역 방언에 대한 태도를 긍정적 형용사와 부정적 형용사를 주고 선택하게 하는 방법을 사용하였다. 사람들은 대체로 자기 출신 방언에 대해서 '믿음직스럽게' 생각하고 남자보다 여자가 훨씬 더 부정적인 특징에 민감한 반응을 나타내었다. 타지역 방언에 대한 사람들의 태도는 경상도 방언에 대해서는 '씩씩하다, 무뚝뚝하다', 전라도 방언에 대해서는 '상냥하다, 간사하다', 제주도 방언에 대해서는 '배움직하다, 촌스럽다', 충청도 방언에 대해서는 '점잖다, 촌스럽다'가 가장 많이 나왔다.[11] 지역 방언과 표준어와의 관계 및 태도를 알아보기 위한 설문 문항 중에는 배우자의 표준어와 방언 사용에 대한 질문을 하여 표준어 지향 의식을 측정하기도 하였다. 이정민(1981: 25)는 이 같은 조사 결과를 바탕으로 지역 방언에 대한 가치와 긍지를 느끼도록 북돋아 주면서 국어 표준화 정책을 펴 나감으로 양 방언 사용 능력을 길러 나가는 것이 바람직하다고 하였다. 설문 대상자 추출 방법이나 방언 태도 조사에서 사용된 평가 형용사의 적절성 등 한계점들이 많으나 언어 태도 및 방언 태도에 대한 첫 연구라는 점에서 의의를 지닌다.

이후 방언과 표준어에 대한 의식 조사로 임영철(1993, 1995)가 있다. 1988년~1989년 사이, 만 15세부터 69세까지 1,365명의 자료를 수집하였는데, 주제는 크게 방언·표준어 의식과 외국어 의식, 경어 의식으로 나뉜다. 주제를 보면 일본의 언어 의식 조사에서 영향을 받았음을 알 수 있으며, 연구 내용 중에 일본과 한국의 언어 의식을 비교한 부분도 있다. 방언 및 표준어 의식 조사 질문은 총 4문항으로 자신의 말이 전국에서 통하는지, 자신의 방언을 좋아하는지, 자신의 방언을 자랑스럽게 여기는지, 표준어로 말하고 싶은지를 물었다. 임영철(1993)은 경상도 출신 화자들이 자랑스럽게 생각하는 비율은 조사 지역(경기, 전라, 경상, 제주)[12] 중에서 가장 낮고(50.9%), 자랑스럽게 생각하지 않은 비율은 가장 높게 나온(10.9%) 결과에 대해 경상도 출신 화자들이 방언 콤플렉스를 가진 것으로 해석하고 있다. 그리고 그 원인은 경상도 방언 자체가 갖는, 표준어와의 차이와 표준어 습득의 어려움을 들고 있다. 그러나 이러한 결과 해석을 방언에 대한 태도(자랑스럽게 생각하느냐)에서 도출하는 것이 타당한지 재고가 필요해 보인다. 왜냐하면 이후 국립국어원(2005, 2010, 2015)의 여러 번의 의식 조사 결과를 보면 자신의 방언에 대한 경상 지역의 긍정적/부정적 태도 간의 차이가 다른 지역과 큰 차이가 없기 때문이다. 이에 대해서는 앞으로 질적 조사가 필요하다.

김지은(1997)은 한국과 일본의 대학생을 대상으로 설문 조사를 하여 한국과 일본에서의 방언 이미지와 의식을 연구하였다. 조사 대상은 서울, 경북, 전남, 충남 지역의 대학생들로(393명), 10쌍의 평가어(정중하다/거칠다, 좋은 말이다/나쁜 말이다, 좋다/싫다, 젊은 여성에게 적합하다/적합하지 않다, 경쾌하다/답답하다, 알아듣기 쉽다/어렵다, 능률적이다/비능률적이다, 빠르다/느리다, 맛이 있다/없다, 깊이가 있다/없다)를 주고 7분 척도로 평가하게 하였다. 그 결과 서울·경기 방언은 모든 항목에서 긍정적인 응답을 받았는데, 특히 '좋은 말이다', '좋다', '젊은 여성에게 적합하다', '경쾌하다', '알아듣기 쉽다', '능률적이다'에서 가장 높은 평점을 받았고, '정중하다'와 '빠르다'에서는 두 번째로 높은 평점을 받은 반면 '맛이 있다'와 '깊이가 있다'에서는 가장 낮은 평점을 받았다. 충청 방언은 '정중하다'에서 가장 긍정적인 평점을, '빠르다'와 '능률적이다', '경쾌하다'에서는 최하의 평점을 받았으며, 경상 방언은 '경쾌하다', '빠르다'에서는 가장 높은 평점을, '맛이 있다'에서도 두 번째로 높은 평점을 받았지만 '정중하다'와 '젊은 여성에게 적합하다'에서는 가장 낮은 평점을 받았다. 전라 방언은 '맛이 있다', '깊이가 있다'에서는 가장 높은 평가를, '정중하다'와 '젊은 여성에게 적합하다'에서는 낮은 평점을 받았다. 여기에서도 표준어를 배우고 사용하고 싶어 하는 표준어 지향 의식을 조사하였는데, 한국 응답자가 일본 응답자에 비해서 훨씬 높은 표준어 지향 의식을 보임을 확인할 수 있다.

국립국어연구원(1997)은 표준어를 올바로 세우기 위해 전국의 초·중·고 교사들과 학생들의 표준어 사용 실태와 의식을 조사한 연구이다. 언어 정책 기관인 국립국어원의 설립(1991. 11.) 이후 제일 먼저 수행한 의식 조사가 표준어에 대한 의식 조사라는 점은 당시 '표준'을 중요시한 언어 정책의 흐름을 보여 주는 것이며, 표준어 교육의 중요한 역할을 담당하는 교사와 교육 대상인 학생을 대상으로 한 점이 흥미롭다. 표준어 및 방언 사용에 대한 교사들의 태도와 학생들의 표준어 및 방언에 대한 태도 조사 결과는 학생들이 방언에 대해 교사보다 더 긍정적 태도를 가지고 있는 것으로 나타났고, 경남, 경북, 제주 지역이 평균(73.7%)보다 표준어에 대한 긍정적 태도가 낮게 나타났다(50.9~63.5%). 이런 정책적 목표가 분명한 연구의 문제점은 결과를 어느 정도 정해 놓고 자료를 분석하는 것이다. 예를 들어 수업 시간에 사용하는 언어에 따른 수업 효과에 대해 '표준말을 사용하되 우리 지역 방언도 함께 사용할 때 수업 효과가 더 좋을 것'이라고 응답한 비율(40.7%)과 '표준말만 사용할 때'라고 답한 비율(13.6%)을 합하여 학생들의 반 이상이 교사가 표준말을 주로 사용할 때 수업 효과가 좋다고 응답한 것으로 해석하고 있는데, 이는 학생들이 수업 효과를 위해 교사가 표준어로 수업하는 것을 바란다는 뜻으로 오해될 소지가 있다. 5개의 선택항 중 2위가 '표준말을 사용하든 우리 지역의 방언을 사용하든 수업 효과에는 영향이 없다'는 응답이라는 점(34.7%)을 고려하면 이러한 기술은 피해야 할 것이다.

2005년에 시작한 국립국어원의 언어 의식 조사는 국어기본법(2005년 제정) 제9조에 따라 5년마다 실시되었는데, 전국적 조사로 지역, 연령, 학력, 소득 등 사회적 변인에 따라 수치를 얻을 수 있다는 점에서 매력적이기는 하나 신뢰도나 결과에 대한 원인 분석 등이 수반되지 않는다는 한계를 지닌다. 그렇지만 3회의 조사 문항이 대부분 동일하여 추세를 살펴볼 수 있다는 장점 또한 있다.13) 양명희(2007)은 2005년의 '국민의 언어 의식 조사'를 조준학 외(1981)의 연구 조사 결과와 비교하여 언어 의식의 변화를 논의한 것으로, 방언 의식의 변화가 포함되어 있다. 국립국어원의 설문 조사는 '자신의 방언을 자랑스럽게 여기는가?'라는 질문이 포함되어 있는데 이에 대한 긍정적인 응답은 지역적으로 큰 차이를 보이지 않았다고 한다(전라도(27.7%)〉충청도(26.5%)〉경상도(25.9%)〉강원도(24%)). 이에 대해 전반적으로 국민들이 표준방언에 대해 과거보다 더욱 존중하고 선호하는 의식을 가지고 있지만, 방언 보존의 중요성에 대해서는 인지하고 있다는 결론을 도출하고 있다. 이후 두 번의 언어 의식 조사에서도 자신의 방언 사용에 대한 태도와 방언의 존속에 대한 태도가 조사되었는데 긍정적 태도가 지속적으로 상승한 것을 확인할 수 있다.

강현석(2010)은 충남 방언 화자들의 한국어 방언에 대한 분류/경계 의식, 방언에 대한 이미지, 실제 방언 인지/구별 능력을 미국의 프레스턴

(Preston 1981, 1989)의 인지 방언학(perceptual dialectology)[14)의 방법론을 활용하여 연구하였다. 이는 주로 설문 조사 방법만을 사용하여 방언 태도를 조사했던 것과는 다른 접근 방식으로 흥미로운 방법과 결과를 도출해 냈다. 제보자는 충남 지역에서 성장한, 천안 아산 지역 거주자 30명(남녀 각 15명)으로, 먼저 더미 분류를 통해 한국어 방언에 대한 분류 의식을 조사하였다. 조사 결과 충남 방언 화자들은 제주 방언과 강원 방언이 독자적 성격을 가진 것으로 인식하였고, 충남 방언은 충북 방언과 근접하여 위치하지만 전북 방언과도 비교적 가까운 것으로 인지하고 있음을 관찰할 수 있었다. 다음은 방언에 대한 이미지 조사인데 이전 연구를 참고하여 묘사 형용사 12쌍을 서울·경기 방언에 특징적인 것(지성적이다/지성적이지 않다, 도시적이다/향토적이다, 표준적이다/비표준적이다, 알아듣기 쉽다/알아듣기 어렵다, 듣기 좋다/듣기 싫다, 믿음직하다/믿음직하지 않다), 다른 방언에 특징적인 것(정감이 있다/정감이 없다, 깊이가 있다/깊이가 없다, 씩씩하다/나약하다, 상냥하다/무뚝뚝하다), 특정 지방 방언을 묘사할 때 사용할 가능성이 높은 것(말투가 빠르다/말투가 느리다, 정중하다/정중하지 않다)으로 분류하여 조사하였다. 또한 12쌍의 방언 묘사 형용사를 개별 요인으로 하여 SPSS를 사용해서 요인 분석(factor analysis)을 행하여 12개의 개별 요인이 크게 세 개의 포괄 요인으로 압축된 결과도 제시하고 있다. 세 번째로 방언 인지 구별 능력은 6개의 지역어(경기, 충북, 충남, 전북, 전남, 경상)의 음성 파일을 사용하여 실험하였다. 제보자들은 선행 연구보다 다소 높은 44.3%의 정확성을 보였는데, 전북 방언의 경우 전북 방언이라고 정확히 인지한 비율과 충남 방언이라고 오인한 비율이 22%로 동일하게 나타났고, 충북 방언은 가장 높은 비율로 오인되어 제보자들의 인지 정확도는 14%에 불과하였다.

　전국적 방언 태도에 대한 조사 외에도 특정 지역 방언에 대한 태도 연구도 있는데 제주 방언에 대한 것이 압도적이다. 섬이라는 특수성과 타지역 화자들이 알아듣기 어려운 방언인 것이 원인일 것이다. 강윤희(1994)는 민족지학적 방법으로 구체적인 말 사례(speech event)를 분석하여 제주에서 사용되는 두 방언, 제주 방언과 표준말의 선택에 지역 정체성, 상황의 공식성, 친밀도, 사회적 지위 등이 순차적으로 작용하고 있음을 밝힌 연구이다. 여기에 심층 면접을 통해 얻은 제주도 방언 화자들의 표준말과 제주 방언에 대한 언어 태도가 기술되어 있는데, 생활 수준이 높고 학력이 높을수록 표준말을 사용한다고 인식하며 "서울말은 부드럽고 애교가 있으며, 제주말은 억세고 무뚝뚝하다"고 평가한다고 한다. 설문 조사 방법이 아니라 민족지적 방법을 사용하여 조사했다는 점에서 다른 태도 연구와 구별된다.

강영봉(2013), 김은희(2015)는 제주 방언에 대한 제주 방언 화자들의 언어 태도가 이전보다 긍정적으로 변화되었음을 결과로 내놓았다. 반면 양창용(2016)은 제주 방언 화자들이 제주 방언의 사용이나 보존, 제주 방언의 유지 가능성에 대해 미온적 태도를 보인다는 결과를 발표하였다.

이러한 결과에 대해 곽새봄과 유석훈(Kwak & You 2019)는 조사 방법에 문제가 있을 가능성을 제기하고 가장 쌍 실험(matched-guise test)과 설문 조사를 병행하여 방언 화자들의 내적, 외적 태도를 조사하였다. 조사 결과 제주 방언 화자들(30명)은 내적, 외적 태도 모두 제주 방언에 대해 친밀도는 높게, 지위는 낮게 평가하였고, 타지역 방언 화자들(90명)은 가장 쌍 실험에서는 중립적인 친밀도와 낮은 지위를, 설문 조사에서는 낮은 친밀도와 낮은 지위를 표현하였다. 여기서 연구자는 제주 방언 화자들의 경우 지위에 있어 내적 태도보다 높은 외적 태도를 보이는 집단이 있으며, 이에 대해 강영봉(2013)을 따라 2010년 제주 방언이 유네스코의 사멸 위기 언어로 지정된 것이 제주 방언 화자들의 긍정적 태도에 영향을 끼친 것으로 해석하고 있다. 한국 방언에 대한 태도 조사에 가장 쌍 실험을 처음 시도했다는 점에서 의의를 지니나, 대상의 한계(20대로 한정, 성별 분포 불균형)뿐 아니라 지위의 평가가 직접 방법에 의해 의도된 결과일지도 모른다는 의문에 대해서는 적절한 해답을 제시하지 못하고 있다.

이 밖에 방언 태도 추이를 연구한 김덕호(2014)와 제주 방언에 대한 태도 추이를 연구한 김순자(2019) 등이 있다.

2.1.2. 모어와 외국어

모어, 즉 한국어에 대한 태도 조사는 민현식(2002)에서 볼 수 있다.15) 당시는 영어 공용어화 논쟁이 활발하여 국어에 대한 위기의식이 팽배했던 시기로, 이에 대한 방안으로 언어 정책 수립을 위한 실태 조사의 필요성이 대두되었다(문화관광부 2001). 이 연구는 조사 대상자의 연령(주로 10대와 20대)이나 지역별 분포를 보았을 때 본격적인 언어 태도 조사로 보기 어렵다. 그러나 모어 의식에 대한 첫 조사라는 점에서 의의가 있으며, 국어 교육적 관점에서 '국어의식'이라는 용어를 사용하고 있는 점이 특징적이다.

모어 의식에서 조사된 내용은 구어로서 모어에 대한 이미지인데 형용사를 사용하여 동의 여부를 5분 척도로 나누어 질문하였다. 사용된 형용사는 '아름답다, 쉽다, 밝다, 분명하다'인데 '아름답다'에 대한 동의가 가장 높고, '쉽다'에 대한 동의가 가장 낮게 나타났다. 국립국어원(2005)에서도 우리말에 대한 이미지를 질문하였는데 '정확하다, 품위가 있다. 아름답다, 발음이 부드럽다. 배우기 쉽다, 논리적이다, 학문·과학 등의 활동에 유용하다' 등 7개의 형용사를 사용하였다. 국민들은 역시 '아름답다'에 대해 가장 긍정적 답변을 하였고 이는 2010년, 2015년 조사에서도 비슷하다. 모어에 대한 이미지 조사는 모어에 대한 충성도를 측정할 수 있는 한 방법으로 사용될 수 있는데 형용사의 선택과 의미 미분 척도에 대한 해석 등이 과제이다.

외국어에 대한 의식 조사는 임영철(1993, 1995)에서부터 보인다. 일본의 사회언어학의 영향을 받은 연구로 조사 방법, 조사 내용 등이 일본에서 이루어진 언어 의식 조사와 많이 겹치며 일본어에 대한 이미지 조사와 태도 조사가 주된 내용이다. 조사 시기는 1988년~1999년 사이이고 만 15세부터 69세까지 1,365명의 자료를 수집하였다. 임영철(1993)에서는 '외국어'라고 할 때 연상되는 언어가 조사되었는데, 결과는 영어>일본어>프랑스어>중국어 순으로 일본어가 영어 다음으로 높게 나타났다. 한국인의 일본어에 대한 이미지는 전체적으로 '경쾌하며 약간 부드럽게 느껴지지만, 그

다지 좋아하지 않으며', 연령이 높아짐에 따라 긍정적인 평가가 증가하고 학력별은 중 학력자(고등학교 졸업)의 부정적 평가가 가장 많으며 상류층일수록 긍정적 평가가 많았다. 직업별로는 급여 생활자, 경영·자영자의 긍정적 평가가 많고 학생들의 부정적 평가가 가장 높았다.

임영철(1993, 1995)는 일본인과의 접촉, 일본 여행 경험, 일본어 학습 경험, 일본어 능력 등의 요인이 언어 태도와 밀접하게 관련되어 있음을 밝히고 있다는 점에서 의의가 있다. 임영철(1993: 157)에서는 '일본인과의 접촉 경험, 여행 경험, 학습 경험, 일본어가 도움이 된다는 생각, 일본어 능력' 등 유 그룹이 무 그룹에 비해 긍정적 평가를 하는 비율이 높다고 하였다. 그러나 일본어 학습 경험이 있는 사람들 중에 긍정적 평가와 부정적 평가의 차이가 크지 않다는 점 역시 주의 깊게 볼 필요가 있다. 또한 일본어 능력과의 상관성은 재조사가 필요한데 일본어 능력의 평가가 객관적 평가가 아니라 자기 평가로 수치화했기 때문이다.

민현식(2002)의 외국어 인식 조사에서는 국제적 의사소통에 필수적인 외국어(한국어 포함), 자녀에게 배우게 하고 싶은 외국어(한국어 포함), 가장 먼저 떠오르는 외국어, 흥미를 갖고 있는 외국어, 영어의 영향력에 대한 태도 등을 물어 보았다. 국제어로서의 가능성을 지닌 언어는 영어가 부동의 1위이고 그 다음이 중국어>일본어>한국어>불어>독어>스페인어>아랍어 순으로 나타났고, 자녀에게 배우게 하고 싶은 외국어로 1순위에서는 영어>한국어>중국어>일본어 순으로 조사되어 한국인들이 영어, 중국어, 일본어를 중요 외국어로 인식하고 있음을 알 수 있다. 한국인의 외국어에 대한 연상 의식은 영어>일본어>불어>중국어·아랍어 순서로 아랍어가 추가된 것 외에는 임영철(1993)의 조사 결과와 같다.

일본어에 대한 태도 연구 외에 국제어(lingua franca)로 위세를 떨치고 있는 영어에 대한 태도가 2000년대 이후 본격적으로 연구되었다. 영어 태도 연구는 주로 영어 교육적 관점에서 수행되었는데 최진숙(J. S. Choi 2001a, 2001b, 2005), 최진숙(2002, 2009, 2010, 2011, 2012, 2017가, 2017나), 송경숙(2011가, 2011나, 2015), 루소(Rousseau 2012), 이강영과 그린(Lee & Green

2015), 안혜정(H. J. Ahn 2017), 김성희(S. H. Kim 2019) 등이 있다. 최진숙의 일련의 연구가 한국의 초등학생과 대학생을 대상으로 영어에 대한 태도를 조사하고 영어 노출도, 영어 능숙도 간의 상관관계에 초점을 두었다면, 루소(Rousseau 2012), 이강영과 그린(Lee & Green 2015), 안혜정(H. J. Ahn 2017), 김성희(S. H. Kim 2019) 등은 한국 대학생들이 세계 영어(World Englishes)에 대해 어떠한 인식과 태도를 지니는지에 초점을 두고 있다. 가장 최근의 연구인 김성희(S. H. Kim 2019)는 세계 영어를 영어 교실에 효과적으로 통합하기 위한 목적으로 학습자의 세계 영어에 대한 인식과 태도를 조사하였다.

최진숙(J. S. Choi 2001b)에서는 모국어의 능력이 거의 완성되어 있는 대학생을 대상으로 영어에 대한 태도와 영어 노출도, 학업 성취도 간의 관련성을 조사하였는데 영어의 노출도에 따라 영어에 대한 태도가 달라지고 학업 성취도도 높다는 것을 확인하였고, 최진숙(J. S. Choi 2005)에서는 영어 노출도와 호감도(언어 태도)가 항상 상관관계를 갖는 것이 아님을 밝혔다. 이러한 결과는 영어 열풍으로 영어에 대한 스트레스가 강하기 때문에 나타난 현상으로 해석하고 있다. 최진숙(2011)은 7년의 간격을 두고 초등학생들을 대상으로 영어에 대한 태도를 비교·조사하였는데 초등학생들의 영어에 대한 호감도가 확연히 떨어졌고(67.2%→46%) 영어를 배우는 것이 즐겁지 않다고 대답한 학생도 8%에서 24%로 상승하여 영어 교육으로 인해 언어 정체성에 문제가 생길 것이라는 우려는 하지 않아도 되며 영어를 배우는 것이 즐거울 수 있도록 영어 교육의 효율성을 향상시킬 것을 주장하고 있다.

2.2. 언어 변이와 언어 태도

언어적 층위에서의 변이와 변화 현상을 언어 태도와 연관하여 살펴보는 것은 사회언어학자들의 의무와 같은 것이다. 1960년대 이전에는 언어 변이 현상에만 집중하였으나 1960년대 이후에는 언어 변이를 설명하기 위해 언어 사용자들의 언어 태도에 대한 이해가 필요했기 때문에 이에 대한 연구가 활발하게 되었다(Schiffmann 1996). 언어 사용자의 언어 태도는 다양한 언어 변이형의 사용과 관련되며, 언어 변이형에 대한 태도를 통해 언어 변화의 향방을 예측할 수 있다. 국내 연구의 경우 언어학적 층위에서의 변이와 변화에 대한 연구는 주로 지역 방언 중심이며 언어 태도와 관련한 언어학적 단위의 대상은 대부분 음운에 치중되어 있고 형태에 대한 것이 일부 있을 뿐이다.

먼저 언어적 변이를 태도와 관련하여 해석한 연구로 이미재(1989, 1990)이 있다. 이미재(1989)는 언어 변이에 대한 계량사회언어학적 연구의 첫 박사 논문일뿐 아니라 일부 언어 변이('하-'의 변이)를 태도와 연관하여 해석했다는 점에서 의의를 지닌다. 이미재(1990)은 경기도 화성군 봉덕면 덕리 마을 주민들을 대상으로 라보브의 사회언어학적 방법으로 평소 말씨를 녹음하고 설문지를 사용하여 용언 어간 '하-'의 변이형과 태도 간의 관계를 연구한 것이다. 이 지역 주민들은 스스로가 중류층 이상이며(67%), 자신이 표준어를 사용한다는(62%) 자부심을 지니고 있는데, 표준어형 '하-'뿐 아니라 '해-', '허-'가 변이형으로 사용되고 이러한 변이형의 사용이 연령에 따라 다를 뿐 아니라(60세 이상 '허-' 변이형 사용) 사회적 태도에 따라 다름을 분석하였다.16) 즉 도시 지향적인 사람은 표준어형이라고 할 수 있는 '하-'형을 사용하고 농촌에 애착이 큰 사람일수록 보수형 '해-'형을 사용하고 있음을 알아낸 것이다.

박경래(1994)는 자기 방언에 대해 갖는 언어 태도가 언어 변화의 중요한 동기가 된다고 보고 충주 주민을 노년층, 중년층, 청소년층으로 나누어 충주 방언과 서울말(표준어)에 대한 언어 태도(사투리 사용, 사용하거나 사용하지 않는 이유, 충주말과 서울말에 대한 호감도 등)를 조사한 뒤 이를 움라우트 현상의 사회적 변인에 따른 분포와 관련하여 해석한 연구이다. 충주방언의 움라우트 현상은 나이, 성별, 학력, 말투에 따라 분화의 패턴을 보이는데 대체로 연령층이 낮고 학력이 높은 여자일수록 그리고 말에 주의를 많이 기울일수록 표준어형을 사용한다고 한다. 중년층이나 노년층들, 남성들이 방언형을 더 많이 사용하는 것이 언어 태도와 상관되며 이는 집단의 결속과 개인적인 동질성의 징표로 해석되며, 70대 이상의 여자들이 남자들보다 방언형을 더 많이 사용하는 것 역시 같은 해석을 하고 있다. 이 연구는 음운 변화가 일시적이고 일률적인 것이 아니라 점진적이고 동시다발적일 수 있으며 언어 태도 역시 나이, 성, 학력이 복합적으로 작용될 수 있음을 보여 주었다.

　김규남(1999)는 전북 정읍시에 거주하는 청소년층의 언어 태도와 변수 '-아'와의 상관성에 대한 연구로, 노년층 화자들이 주로 사용한 어미 '-어'(잡어, 받어, 앉어라, 살어)의 표준형 '-아'(잡아, 받아, 앉아라, 살아)가 점차 청소년층 화자들에게서 많이 사용되고 있고 이런 변이가 언어 태도와 관련되어 있음을 밝히고자 하였다. 이 연구에서는 먼저 청소년들을 대상으로 친구들의 정읍 말투(자기 평가와 동일한 의미로 사용), 노년층 말씨, 친구들의 서울 말투, 동생이나 조카의 정읍 사투리 사용에 대한 태도를 조사하였다. 그 결과 정읍시의 청소년들은 친구들의 정읍 말투와 노년층 말씨에 비교적 우호적 반응을 보였으나, 동생이나 조카의 정읍 사투리 사용에 대해서는 부정적 반응이 많았고 특히 여성의 부정적 반응이 높았다. 청소년들의 태도를 긍정/미온/부정으로 나누어 언어 선택형과의 상관관계를 분석한 결과, 자기 평가와 노년층 말씨에 대해 긍정적 태도를 보인 청소년 집단은 보수형 '-어' 사용 비율이 높은 것으로 나타났고, 미온적 태도의 남자 청소년 집단은 보수형을 더 많이 선택했는데 언어 태도가 분명하지 않기 때문에 보수형을 선택한 것으로 해석하였다. 여성들의 언어 태도는 남성들과 달리 일관성도 없고 언어 태도에 따른 선택형에서도 관련성을 찾기 어려워 이를 신념적 태도와 행위적 태도의 불일치로 설명하고 있다. 이 조사 방법의 특징은 자기 평가 태도로 집단을 나눈 후 변이형 선택 간의 상관성을 조사한 것이다. 여성들의 경우 노년층 말씨에 대한 긍정적 태도가 보수형의 선택과 반드시 연결되지 않는 것에 대해 신념적 태도와 행위적 태도가 불일치한 예로 보고 여성의 표준어 지향성으로 해석하고 있다. 이처럼 신념적 태도와 행위적 태도가 어긋나는 예는 이후 연구에서도 발견되는데 왜 결과가 다른지에 대한 해석을 하는 것이 중요하다.

김규남(2000)은 문법 형태소 '-고, -도, -로'(-Xo)가 [ku, tu, ru](-Xu)로 변이되는 현상이 전주시에 인접한 완주군 고산면, 운주면 일대에 나타남에도 전주시의 노년층에서는 개신이 일어나지 않고 젊은 층에서는 개신이 나타나는 것을 발견하고 이를 사회적 요인, 즉 언어 태도와 관련하여 해석한 연구이다. 전주시의 20~40대 남녀 주민 94명을 대상으로 설문 조사를 하였는데 주내용은 서울말과 전주말에 대한 태도, 중부 방언의 비표준 변이형 [-Xu]의 사용에 대한 태도이다. [-Xu] 사용에 대한 태도는 이 개신형이 주로 10, 20대 젊은 여성들이 사용한다는 관찰 아래 남성과 연령을 기준으로 10, 20대 남성들의 사용, 30, 40대 남성들의 사용, 10, 20대 여성들의 사용, 30, 40대 여성들의 사용과 아이들의 사용에 대한 태도를 물었다. 그 결과 10, 20대 여성들의 사용에 대해 긍정적 반응이 가장 높은 것으로 조사되었는데 이는 전주시 주민들의 서울 여성의 말씨에 대한 긍정적인 태도와 관련되는 것으로 해석하고 있다. 이 연구는 서울 여성의 말씨에 대한 긍정적 태도가 10, 20대 젊은 여성들의 말에 영향을 미친다는 점과 남성이나 나이든 여성의 경우는 비제도적 언어 규범의 영향으로 쉽게 개신형을 받아들이거나 사용하지 못한다는 점을 강조하고 있다. 이는 박경래(1994나)에서 '집단의 결속'이라는 개념을 '비제도적 규범'이라는 용어로 좀 더 분명하게 설명하고 있다는 점에서 좀 더 발전된 논의이다. 그러나 충분한 표본 조사가 이루어지지 않은 점, 실제 언어 사용과 관련한 고찰이 이루어지지 않은 점 등의 한계를 지닌다.

이제까지 살펴본 지역 방언의 변이 현상에 대한 사회언어학적 연구 결과를 보면 사회적 변인에 따른 변이 현상을 변인으로만 해석하지 않고 사용자들의 언어 태도와 관련하여 해석하려고 했다는 점에서 의의를 가진다. 그러나 상관관계 분석에 통계 기법을 사용하지 않아 신뢰도가 떨어지며 언어 태도와 실제 언어 현상 간의 간격이 발생한 경우 이에 대한 설명을 충분히 하지 못하는 한계가 있다. 이는 대부분 언어 태도 조사가 양적인 설문 조사 방법을 사용했기 때문이다. 설문 조사 방법을 보완하기 위한 심층 면접이 병행되어야 변이형 사용과 사용자들의 심리적 태도 간의 관계가 좀 더 선명하게 설명될 수 있다.

홍미주(2011, 2013, 2014)는 대구 방언의 변이 현상에 대한 연구로, 제보자의 태도와 변이형과의 관련성을 분석하고 있다. 홍미주(2011)은 대구 지역의 43명의 제보자로부터 발화 자료를 수집하여 10가지 (형태)음운 변이를 관찰하고 이를 진행 중인 언어 변화와(어간말 자음 ㅌ, ㅊ, ㅈ, ㅅ의 발음, 오→우 상승, 'ㄴ' 삽입, 움라우트, '여' 변이, '에' 변이)와 변화와 관련 없는 안정적 변이('ㄱ, ㅎ' 구개음화, 자음군 탈락 변이, 어중, 어두 경음화 현상)로 나누어 기술하였다. 그리고 설문 조사로 각 변이의 조사된 발음형에 대한 인식 정도와 태도를 조사하여 대체적으로 긍정적 태도의 발음형이 사용률이 높고 부정적 태도가 높은 낙인형(예: ㄱ, ㅎ 구개음화 형) 그러나 실제 발화와 태도가 일치하지 않는 경우도 있어 이를 일반화하기는 어렵다는 결론에 도달한다. 예를 들어 노년층 화자들은 '여'를 [에]로 발음하는 것에 대해 가장 잘 인식하고 세 세대 중 가장 부정적인 태도를 보이나 실제 발화에서는 노년층으로 갈수록 '여'를 [에]나 [이]로 실현하는 비율이 가장 높다. 이 같은 결과에 대해 인식 정도와 태도가 실제 발화와 항상 연관성이 있는 것은 아니지만 상당 부분 태도와 변이형 실현 양상이 관련이 있는 것으로 판단할 수 있다고 결론짓고 있다.

홍미주(2013)은 대구 지역어의 '오~우' 변이와 언어 태도 간의 관계를 본격적으로 연구한 것으로, 판단 표집 방법(judgement sampling)으로 모집한 30명의 제보자를 성과 연령을 기준으로 세 그룹으로 나누고(20대, 30~40대, 50~60대) 6개의 어휘(그리고, 별로, -고, -도, -고요, -도요)를 대상으로 변이형과 태도 조사를 하였다. 태도 조사에서는 대구말과 서울말의 사용 정도와 호감도, '우' 변이형에 대한 인식 정도와 자기 발음 보고, 발음에 대한 감정적 평가, 발음 규정에 대한 태도, 발음 의향 태도를 조사하였는데 분석 결과 언어 태도가 '우' 실현에 영향을 미치는 것으로 나타났다. '우' 변이형에 부정적 태도를 보이는 노년층보다는 청년층이, 남성보다는 여성이 더 높은 비율로 '우' 변이형을 사용하며, 특히 서울 방언과 '우' 변이형에 가장 호의적인 20대 여성 화자가 가장 높은 비율로 변이형을 사용하였다. 또한 30 대, 40대 여성의 '우' 실현율이 이전 연령대의 여성에 비해 급증하는 것으로 보아 30대, 40대 여성을 변이의 개신자로 보았다. 한편 변이형 '우'를 사용하는 제보자를 인터뷰하여 변이형 '우'가 여성 정체성 표지와 공손 표지로 사용되고 있다고 결론짓고 있다. 앞으로 변이형 '우'가 남성들 사이에서도 공손 표지로 쓰일지 귀추가 주목된다.

홍미주(2014)는 어두 경음화의 실현 양상과 언어 태도의 관련성을 연구하였다. 홍미주(2013)과 마찬가지로 판단 표집 방법으로 대구 지역 화자 30인을 구하여 세 그룹으로 나누었으며, 용언 10개(볶다, 두껍다, 굽다, 자르다 외)를 조사 대상 단어로 하여 어두 경음화 실현율을 조사하고 언어 태도는 설문 조사를 하였다. 설문 조사 내용은 대구말 사용 정도와 호감도, 변이형에 대한 인식 정도와 자신의 발음에 대한 인식 정도, 어두 경음에 대한 평가, 발음 규정에 대한 태도, 발음 의향 태도였다. 제보자들의 어두 경음화 자료 분석 결과 대상 어휘의 약 70% 정도에서 어두 경음화가 이루어졌는데 이는 어두 경음화가 남부 방언의 특징임을 재확인한 결과라 하겠다. 이 같은 결과를 언어 태도와 관련지으며 제보자들이 대구 지역어와 어두 경음화에 대해 긍정적 태도를 보이기 때문으로 설명한다. 재미있는 점은 발음 규정에 대한 태도인데 중, 장년층이 어두 경음화를 사용함에도 규정에 대한 동의 정도(50%)가 비동의 정도(20%)보다 높은 반면 젊은 층들은 규정에 대한 비동의 정도(50%)가 동의 정도(30%)보다 높게 조사되었다. 이는 중, 장년층이 사회적 압력을 많이 받는 연령층이기 때문으로 해석한다. 전체적으로 규정에 대한 태도가 부정적인 것에 대해서는 대구 지역 화자들의 지역 방언에 대한 긍정적 태도가 영향을 미친 것으로 보았다.

전지연(2019)는 화자들이 부정적인 태도를 지님에도 점차적으로 확산되고 있는 경음화 현상에 대해 실제 발화(화자가 실제로 발화하는 발음), 인지 발화(본인의 실제 발음과 상관없이 스스로 발화하고 있다고 믿는 발음), 선택 발화(화자가 자연스럽다고 생각하는 발음)를 조사하여, 경음의 실제 발화를 수치화하고 인지 일치 발화와 인지 불일치 발화로 경음화의 수용 정도를 살펴보고 경음화에 대한 언어 태도를 확인함으로써 경음화 현상에 대한 예측을 시도한 연구이다. 피험자는 10대 남녀 각 20명, 20대 남녀 각 20명, 30~60대 남녀 각 20명, 60대 이상 남녀 각 20명으로 총 160명이며 인터뷰와 설문을 병행하였다. 조사 결과 실제 발화는 연령별로 10대가 가장 우세하며 연령이 올라갈수록 낮아지고 60대 이상에서 편차가 크게 났다. 인지 불일치는 연령별로 V자 곡선을 보이는데 10대와 60대의 인지 불일치 발화율이 높았다. 연령에 따른 경음의 선택 발화는 인지 불일치 발화와 반대의 패턴을 보였다. 즉 20대와 30~60대에서 선택 발화가 높게 나왔다. 남녀의 경음화 실현율은 차이가 크지 않으나, 실제 발화와 불일치하는 경향이 여성에서 높게 나왔다. 이에 대해 여성은 남성에 비해 경음화에 대한 언어 태도가 더 중립적이며, 표준 발음에 대해 더 긍정적인 태도를 가지고 있는 것으로 해석하였다. 모든 연령에 걸쳐 실제 발화보다 선택 발화가 높게 조사되어 경음화에 대한 언어 태도가 비교적 긍정적인 것으로 해석하였다. 인터뷰를 통해 경음화의 원인을 조사하고 4가지 원인(친숙도, 단어에 가지는 정서적 거리, 언어 습관, 단어를 접하게 되는 경로)을 제시하기도 하였다. 실제 발화와 인지 발화, 선택 발화를 조사하여 경음화에 대한 연령별, 성별 언어 태도를 분석하는 새로운 방법을 사용했다는 것은 의의가 있으나, 조사 대상 단어가 거의 대부분 경음화 실현율이 높은 단어로 제한되어 이를 근거로 국어 화자들이 경음화에 대해 적극적 언어 태도를 지녔으며 앞으로 경음화가 전반적으로 늘어날 것이라고 예측하는 것은 조심스럽다.

2.3. 언어 사용과 언어 태도

이 항에서는 언어 사용에 대한 언어 태도 연구를 살펴보고자 한다. 언어 정책에서 오랫동안 이슈가 되어온 한자 사용과 세계적으로 위세를 떨치고 있는 로마자 사용, 그리고 외래어·외국어 사용과 경어 사용에 대한 사용자들의 의식과 태도가 주된 관심사이다. 아직 연구 성과가 많지 않지만 언어적 층위 요소의 사용과 관련하여 인명과 광고 언어에 내재된 언어 태도를 분석한 연구도 논의하겠다.

2.3.1. 문자, 외래어·외국어

현재 우리의 국어 생활에 사용되고 있는 문자는 한글이 대부분이다. 그러나 1980년대만 해도 한자 사용이 많았고 최근에는 IMF, UAE 등 영어 두문자를 중심으로 로마자가 문서 생활에 자주 등장한다. 법률로 정해 놓은 문자 사용의 범위는 국어기본법 제14조(공문서의 작성)에서 볼 수 있는데 "공공기관 등은 공문서를 일반 국민이 알기 쉬운 용어와 문장으로 써야 하며, 어문규범에 맞추어 한글로 작성하여야 한다. 다만, 대통령령으로 정하는 경우에는 괄호 안에 한자 또는 다른 외국 글자를 쓸 수 있다"로 되어 있어 한글을 기본으로 하되 한자나 다른 외국 글자를 쓸 수 있게 규정해 놓았음을 알 수 있다. 이에 대한 해석은 연구자에 따라 다를 수 있으며 한글 외의 다른 문자(한자, 로마자)에 대한 한국인들의 태도 또한 사회적 요인에 따라 차이가 클 것으로 보인다.

문자 사용에 대한 태도 조사는 먼저 조준학 외(1981)에서 찾아볼 수 있다. 한자에 대한 태도는 제보자들에게 신문 잡지 등에서의 한자 사용에 대한 태도를 질문하는 것으로, 로마자에 대한 태도는 로마자와 한글 표기를 주고 수용성을 묻는 방법으로 조사하였다. '신문, 잡지 등에서의 한자 사용'에 대해 제보자들은 '한자의 제한된 사용' 65%, '많이 사용' 20%, '전면 폐지' 15%로 응답하여 한자 사용에 대한 긍정적 태도보다는 부정적 태도가 높음을 볼 수 있다. 이 같은 태도로 보아 1988년 한글 전용의 ≪한겨레신문≫의 창간과 이후 여러 신문의 한글화는 자연스러운 변화라 하겠다. 로마자에 대한 태도는 로마자와 한글 표기에 대한 수용성 조사를 하였는데 로마자에 대한 수용도가 예상보다 높아 로마자가 국어의 문자 체계의 일부인 것처럼 우리 주변에서 자주 쓰이고 있다고 결론지었다.

이후 국가적 단위의 문자 태도 조사는 2005년 국립국어원의 언어 의식 조사에서 이루어졌다. 언어 의식 조사에서는 간판에 사용된 외국 문자에 대한 인상과 선호도 조사를 통해 한자, 로마자, 일본 문자, 한글에 대한 국민들의 태도를 조사하였다. 한자 간판에 대해서는 '읽기 어렵다'는 응답이, 일본 문자에 내해서는 '우리 정서에 맞지 않는다'는 응답이, 로마자 간판에 대해서는 '별생각이 없다'는 응답이 가장 높게 나왔다. 조사 결과에 대해 양명희(2007: 126)에서는 로마자 간판에 대한 부정적 응답률이 예상보다 높지 않으며 간판에 대한 조사 결과를 종합해 볼 때 일본 문자〉한자〉로마자 순으로 외국 문자에 대한 거부감이 강한 것으로 해석할 수 있다고 하였다. 2010년 조사에서는 로마자 간판이나 일본 문자 간판에 대한 부정적 인상이 많이 줄었는데 이는 국제화의 영향과 일본어에 대한 긍정적 인식 변화에 기인한 것으로 해석할 수 있다. 일본어에 대한 긍정적 인식은 우리나라 국민들이 자신감이 높아지며 일본을 우리를 지배했던 국가가 아니라 여러 국가 중의 하나로 보기 시작했음을 의미한다.

2015년의 문자 태도 조사에서는 로마자 중심의 외국 문자 표기가 많은 분야, 한글 표기 없이 외국 문자로만 표기되어 있어 곤란했던 경험, 외국어 표기에 대한 이미지와 견해를 질문하였다. 이러한 질문의 변화는 이미 국제화로 인해 외국 문자가 어느 정도 우리가 사용하는 문자의 하나가 되었음을 인정한 태도로 보인다. 실제 조사 결과를 보면 외국어 표기의 이미지에 대해 '멋있다(37.3%), 간결하다(34.5%), 부드럽다(32%)' 등 긍정적 응답률이 다수이고, 외국어 표기의 견해도 '한국어로는 말할 수 없는 미묘한 의미를 표현할 수 있다'(40.2%), '새로운 감각을 표현할 수 있다'(33.5%)와 같은 긍정적 응답률이 '한국의 전통이 파괴된다'(36.4%), '한글과는 달리 표기로 의미를 파악하기 힘들다'(28.8%) 등의 부정적 응답률보다 높았다. 외국 문자에 대한 긍정적 태도는 연령이 낮을수록, 소득이 높을수록, 학력이 높을수록 높이 나타나 이 같은 국민들의 태도를 어떻게 언어 정책에 반영할 것인지가 과제로 남는다.

외래어와 외국어에 대해 '남용'이니 '범람'이니 하는 용어를 사용하는 것을 보면 그동안 외래어와 외국어에 대해 좋지 않은 인식을 가졌던 것이 분명하다. 이는 일본의 오랜 식민 경험으로 국어를 지켜야 한다는 자주 의식이 강한 분위기 속에 생겨난 배타적 태도 때문일 것이다. 이런 인식의 결과 외래어, 외국어 사용에 대한 태도 조사는 문자에 대한 태도 조사와 마찬가지로 조준학 외(1981)에서부터 볼 수 있다. 질문 문항은 문자와 마찬가지로 '신문, 방송 등 대중 매체에서의 외래어17) 사용'에 대한 태도를 질문하였다. '외래어를 조금만 써야 한다'가 80% 정도, '전혀 쓰지 않아야 한다' 13%, '많이 써야 한다' 7%로 거의 대부분이 외래어에 대한 부정적 태도를 가지고 있는 것으로 나타났다.

국립국어원(2005)에서는 외래어·외국어의 사용 실태에 대한 인식, 사용 증가에 대한 인식, 외래어와 외국어를 많이 사용하는 사람에 대한 인상, 외래어·외국어를 많이 사용하는 이유 등을 질문하였다. 이중 외래어·외국어 사용 증가에 대한 인식을 보면, '개방화·국제화 시대에 어쩔 수 없다'는 응답이 과반수가 넘었으며 '외래어·외국어가 아무리 증가해도 상관없다'는 응답이 11.0%로 조준학 외(1981)의 결과와는 상당히 다른 태도가 나타났다. '외래어·외국어를 사용하는 이유로는 '외래어·외국어 사용이 의미를 보다 정확하게 전달할 수 있으므로'가 39.9%로 가장 높게 나타났으며, '우리말로 표현할 적당한 말이 떠오르지 않아서'(28.9%)가 뒤를 이었다. 이러한 조사 결과는 2010년, 2015년 조사에서도 크게 다르지 않아 '어쩔 수 없다'는 응답이 과반이 넘었으며, 외래어와 외국어를 사용하는 이유 역시 1, 2, 3위가 같다. 흥미로운 것은 이러한 태도에도 불구하고 순화의 필요성에 대해서는 '외래어·외국어는 적극적으로 우리말로 순화하여 사용해야 한다'는 응답이 2005년부터 지속적으로 상승(2005년 45.4% → 2010년 59.3% → 2015년 61.8%)하고 있다는 점이다. 물론 최근 조사인 2015년 조사 결과를 보면 '이해하기 어려운 외래어나 외국어만 우리말로 순화해야 한다'(57.8%), '익숙해진 외래어·외국어는 굳이 고칠 필요가 없다'(34.3%), '그냥 흘러가는 대로 놔두어 언중에게 사용을 맡겨야 한다'(27.9%)라는 답변이 있어 순화 범위에 대해서는 심도 있는 논의가 필요하다.

2.3.2. 경어 사용 의식

경어 사용 및 경어 사용에 대한 사용자들의 의식은 사회 변화와 밀접하게 관련되어 있다. 평등한 사회일수록 상하위자 간의 존대-비존대의 경어 사용이 줄어들고 상호 존대하거나 또는 상호 비존대의 사용이 늘어나는 것이 일반적이다. 이 같은 이유로 경어에 대한 태도 연구는 지속적으로 연구되고 있다.

조준학 외(1981)에서는 경어 사용 의식에서 상황별 경어 사용에 대한 인식과 사회의 경어 사용에 대한 인식을 조사하였다. 상황별 경어 사용에 대한 인식에서는 화·청자의 관계를 제시하고 반말을 써도 좋은지를 질문하였다. 경어 사용 상황은 7개로 의사가 환자에게, 고객이 점원에게, 교통순경이 운전기사에게, 의사가 간호원에게, 사장이 사원에게, 남편이 부인에게, 장교가 사병에게 반말을 써도 좋으냐는 질문이다. 당시 시대 상황으로 볼 때 화자가 청자보다 사회적 지위가 높거나 힘의 관계에 있어 우위를 차지하므로 청자는 대부분 화자에게 존댓말을 사용했을 것으로 추측할 수 있다. 조사 결과는 차례로 3%, 5%, 8%, 20%, 30%, 40%, 80%가 반말을 써도 좋은 것으로 대답하였다. 양명희(2007: 117)에서는 이에 대해 계층 또는 계급의 차이가 경어 사용을 결정짓는 요소라고 본다면 계층(또는 계급)의 차이가 가장 분명한 곳은 군대〉가정〉회사〉상점〉병원 순이라고 할 수 있으며, 반말의 피해자가 여성일 경우(의사가 간호원에게, 남편이 부인에게) 반말을 해도 좋다는 응답이 남성 응답자의 경우보다 여성 응답자의 경우 낮게 나타났음을 강조하고 있다.

국립국어원(2005)의 경어 사용 상황은 좀 더 상세하게 구성되어 있다. 질문은 1980년 조사와 달리 주어진 사용 환경에서 경어를 사용해야 하느냐로 하였고, 남편-아내, 아내-남편, 직위가 낮고 나이가 많은 사람, 직위가 높고 나이가 적은 사람, 손님-점원, 운전기사-교통경찰, 장교-사병, 의사-간호사로 관계를 설정하였다. 남편이 아내에게 반말을 써도 좋다는 비율이 40%였던 앞선 조사 결과와 큰 차이 없이 남편이 아내에게 경어를 써야 한다는 비율은 63.2%, 경어를 쓰지 않아도 된다는 응답이 34.2%였다. 그리고 '아내가 남편에게' 경어를 사용해야 한다는 응답률은 72.8%로 '남편이 아내에게' 경어를 사용해야 한다는 응답률보다 높았다. 이 둘의 비율은 2010년, 2015년 조사에서 남편이 아내에게는 63.2%→58.7%→44.9%로 떨어졌고, 아내가 남편에게 역시 72.8%→65%→53%로 떨어져 한국 사회에서의 부부간 평등 지수가 점점 높아지고 있음을 확인할 수 있다. 직장에서의 경어 사용에 관한 두 문항은 나이와 직위 중 어느 것이 경어 사용에 더 많은 영향을 미치는지를 알아보기 위한 문항으로, 직위보다 나이가 경어 사용에 더 많은 영향을 미치는 것으로 나타났는데 직위가 낮고 나이가 많은 경우 92.3%(2005년)→75.6%(2010년)→63.4%(2015년)로, 직위가 높고 나이가 적은 경우 87.3%(2005년)→74.1%(2010년)→53.7%(2015년)로 경어를 사용해야 한다는 비율이 꾸준히 내려가고 있다. 직업별 상황에서의 경어 사용 응답도 대부분 하향세를 보이고 있다. '고객이 점원에게'의 경우 94.9%(2005년)→86.3%(2010년)→86.7%(2015년), '의사가 간호사에게'도 92.5%(2005년)→78.7%(2010년)→73.9%(2015년), '장교가 사병에게'도 52.3%(2005년)→61.5%(2010년)→37.3%(2015년). 이러한 결과를 바르게 해석하려면 인터뷰 방법이 병행되어야 할 필요가 있다. 경어를 사용해야 한다고 생각하는 것과 실제로 경어를 사용하는 비율은 분명 차이가 있겠지만 3회에 걸쳐 실시된 경어 의식 조사 결과를 남녀 간, 계층 간, 계급 간의 위계가 이전보다 엄격하지 않고 유연하게 변화되었음을 알 수 있다.

2005년 의식 조사에서는 경어 사용에 대한 일반적 인식도 조사하였다. '한국은 동방예의지국이기 때문에 앞으로도 경어는 반드시 유지, 존속되어야 한다'는 의견에 대해서 87.5%가 동의하였고, '경어는 사람과 사람의 관계를 부드럽게 해 준다'는 경어의 긍정적인 면에 대해서도 69.2%가 그렇다고 답을 하여 경어에 대해 긍정적 인식이 높았다. 한편 경어가 복잡하기 때문에 간소화해야 한다는 응답도 26.9%나 되어 경어 사용에 어려움을 겪는 경우가 많음을 예측할 수 있다. 이 같은 수치는 2010년, 2015년 조사에서도 크게 다르지 않아 경어 사용이 줄어들 것으로 보이지 않는다.

2015년 경어 의식 조사에서는 이른바 '사물 존칭 표현'에 대한 태도도 질문하였다. '자연스러운 표현으로 느껴진다'는 의견에 대해서는 15.8% 만이 '그렇다'고 응답하였고, 과반(64.7%)이 '그렇지 않다'는 부정적 의견을 보였다. 한편, '상대방을 높이는 표현'에 대해서는 '그렇다'는 응답이 22.4%로 나타났지만 55.6%는 '그렇지 않다'고 대답하여 이 결과만을 놓고 보았을 때는 '사물 존칭 표현'이 점차 없어질 것으로 예상된다. 그러나 인지적, 정서적 태도와 행동적 태도가 반드시 일치하는 것이 아니기 때문에 앞으로 이에 대해서는 지속적 조사가 필요하다.

임영철(1999)는 한국과 일본의 언어 행동을 비교한 연구로 1988년과 1998년 두 차례에 걸쳐 '경어 사용을 점차 줄이는 것'에 대한 질문을 하고 그 결과를 비교하였다. 이 문항에 대해 '줄이는 편이 좋다'(9.0%→23.5%), '한마디로 말할 수 없다'(10.0%→8.1%), '지금 이대로가 좋다'(61.8%→ 53.6%), '이 의견은 이상하다'(18.7%→14.4%)로 조사 결과가 나와 1988년에 비해 1998년에 경어를 줄이는 편이 좋다는 응답이 높아진 것으로 보고되었다. 일본인의 경우 1차 조사에서는 '줄이는 편이 좋다'가 27.8%로 가장 높았으며 2차 조사에서는 '줄이는 편이 좋다'의 비율이 38.5%로 증가하였다. 일본인들이 한국인들보다 경어에 대해 더 파격적인 태도를 지니고 있는데 이에 대한 해석은 논문에서 찾아볼 수 없다.

한국인과 일본인의 경어 의식에 대한 연구는 홍민표(2002)로 이어진다. 그의 조사는 2000년 한국과 일본의 수도권에 거주하는 회사원 중 유의 샘플로 436명을 선정하여 이루어졌고 평균 연령은 한국, 일본 남녀 집단별로 31.3세, 25.8세, 33.8세, 29.5세이다. 연구 내용은 연장자에 대한 상하 경어 의식과 모르는 사람에 대한 좌우 경어 의식, 친소도에 따른 경어 의식, 남녀의 경어 의식, 연하자에 대한 경어 사용률 등이다. 정중도나 사과나 감상 표현의 사용 빈도 등을 t-검정을 통해 통계적으로 확인한 결과 다음과 같은 결론을 내렸다. 첫째, 연장자에 대한 상하 경어 의식은 한국인이 일본인보다 높으며, 무조건 연령이 기준이 되는 것이 아니라 상대가 중학생 또는 고등학생 이상이면 연령보다 일본인과 같은 좌우 경어 의식이 작용한다. 둘째, 모르는 사람에 대한 좌우 경어 의식은 일본인이 한국인보다 높다. 셋째, 한일 양국인은 친한 사람보다 친하지 않은 사람에게 더 정중하게 행동을 해야 한다는 공통적인 경어 의식을 갖고 있다. 넷째, 길을 묻고 나서 일본인은 상대의 연령에 상관없이 여자가 남자보다 더 정중하게 감사의 표현을 하는 것으로 나타났으나, 한국인은 남녀 차가 전혀 보이지 않는다. 다섯째, 연하자에 대한 경어 사용률은 일본인이 한국인보다 높다. 여섯째, 양국 모두 초등학생까지는 어린이 대우를 하다가 중학생부터 경어 사용률이 급증(일본인 88.5%, 한국인 74.9%)하고 있어 중학생을 기점으로 성인에 가까운 대우로 바뀐다. 이 연구는 앞서 소개한 연구들과 달리 조사 대상자 집단이 동질적이고, 비교적 상세한 장면을 주고 정중도나 표현 여부 등을 묻고 있으며, 통계 기법을 사용하여 결과를 확인하고, 나이, 친소, 남녀 등 변인에 따라 조사 결과의 의미를 해석하고 있다는 점에서 신뢰성 있는 연구라 할 수 있다.

2.3.3. 인명, 광고 언어에 나타난 언어 태도

국내의 인명에 대한 언어 태도 연구로는 양명희(2012), 강희숙(2012), 양명희 외(2013) 등이 있다. 양명희(2012)에서는 서울시 소재 고등학교의 남녀 학생 각 83명, 91명, 광주시 소재 고등학교의 남녀 학생 각 97명, 목포시 소재 고등학교의 남녀 학생 각 90명, 86명으로 총 544명을 대상으로 이름의 특성과 인명에 대한 언어 태도를 파악하기 위한 설문 조사를 하였다. 언어 태도는 본인의 이름에 대한 태도, 일반적 의미의 이름에 대한 태도 등이다. 주요 결과는 어종별 인명에 대한 태도에서 고유어 인명에 대한 태도는 73.2%가 찬성하여 호감도가 높은 반면 영어식 이름에 대해서는 17.3%가 찬성하여 아직은 호감도가 낮은 것으로 조사되었다. 고유어 이름이나 외래어 이름에 대한 호감도는 여학생이 남학생보다 높아 여학생이 이름에 대해 좀 더 개방적 태도를 취하고 있는 것으로 해석하였다. 바람직한 작명자에 대해서는 조부모의 비율이 줄어든 대신 어머니의 비율이 21%로 조사되어 앞으로 작명자로서 어머니의 비중이 높아질 것임을 예측하였다. 항렬에 따른 이름은 35.5%로 조사되었으며 남학생이 여학생보다 항렬에 따른 이름이 많았다. 이는 가문의 전통을 중시하는 작명 원리에 따른 결과 인데 작명 원리인 성명학보다는 항렬에 따른 작명 원리에 동의하는 비율이 조금 더 낮다.

강희숙(2012)에서는 한국인 이름 짓기의 새로운 풍속인 태명의 작명 실태 및 부모들의 태명에 대한 인식과 태도를 조사한 연구로, 2012년 광주시와 전남 담양군의 초등학교 1학년(248명)과 어린이집의 1~3세 유아(175명)의 부모 423명을 대상으로 설문 조사를 하였다. 태명 짓기의 실태를 보면 57.2%가 태명이 있었고 태명의 52.8%가 고유어로 본명이 주로 한자어 (92.8%)인 것과 대조를 이루며, 임신 초기에(58.8%) 엄마(42%)가 짓는 경우 가 가장 많았다. 태명은 '복덩이'류가 가장 빈도가 높고 비슷한 비율로 '튼 튼이, 똘똘이, 건강, 사랑, 행복' 등이 수위를 차지하여 부모들이 아기에게 바라는 기대를 알 수 있다. 태명이 필요하다는 응답은 66.5%였으며, 태명 을 지을 때 이점으로 '부를 수 있다, 존재를 느낄 수 있다, 대화가 가능하다, 친밀감이 높아진다' 등의 응답이 많았다. 이에 대해 부모들이 태아도 하나 의 인격을 갖춘 생명체로 인식한다는 해석을 도출하고 있다.

양명희 외(2013)은 양명희(2012)의 후속 연구로 전국을 6개 권역으로 나 누고 10대 후반의 고등학생들과 이들을 자녀로 둔 40~50대 부모(총 1,757 명)를 대상으로 인명에 대한 언어 태도를 직접 설문 조사 방법을 통해 조사 하였다. 주요 결과를 보면 먼저 어종별 이름에 대한 태도를 보면 고유어 이 름에 대한 선호는 높고(62.7%), 영어식 이름에 대한 선호도는 낮다(12.6%). 여학생들의 영어식 이름에 대한 선호도(19.5%)가 세대별, 성별 변인으로 나누었을 때 가장 높아 영어식 이름이 앞으로 증가할 것으로 예측하였다. 바람직한 작명자에 대해 부모들은 아버지 다음으로 작명가를 꼽았으며, 학 생들은 아버지와 조부모를 꼽았다. 학생들 중에는 '어머니'라고 답한 비율 도 꽤 높아 남녀평등에 대한 의식이 점차 높아지고 있음을 확인할 수 있었 다. 항렬에 따라 이름을 짓는 비율이나 형제 서열을 따라 이름을 짓는 비율이 학생 세대로 가며 점점 줄어든 것을 확인할 수 있다. 양명희(2012)의 지역적 한계와 연령별 한계를 보완하였으나 지역적 차이를 유의미하게 해석하지 못한 점이 한계이다.

광고에서 사용하는 언어에 광고가 타깃(대상)으로 삼는 사람들의 언어 태도가 내재되어 있다는 관점에서 광고 언어를 분석한 연구로 이진성(2011)과 량빈(2018)이 있다. 이진성(2011)은 여성 화장품과 남성 화장품의 텔레비전 광고 문안(2006년~2011년 8월)을 종결형 어미, 설득 전략, 빈도가 높은 어휘, 'red flag' 표현(광고 문안에서 문제되는 표현) 등의 관점에서 분석하였다. 의문문은 친밀감과 소통이 더 부각되는 문장 형태로 여성을 대상으로 하는 광고에 더 많이 쓰인 반면, 강하게 다가가는 명령문은 남성을 대상으로 하는 광고에 더 많이 쓰인다는 관점이다. 이 같은 관점에서 몇 가지 경향을 발견하는데, 여성 화장품의 경우 존대법이 많이 쓰이며 남성의 경우는 낮춤법이 선호된다든지, 설득 전략으로 여성에게는 '제품 설명'을 남성에게는 '여성의 공감'을 제일 선호한다든지 하는 것이다. 'red flag' 표현에서 외래어는 여성과 남성의 경우 모두 제일 많이 사용되었지만, 여성의 경우 과장, 조장, 허위 기만 등이 남성보다 훨씬 많이 나타났고, 남성 화장품 광고에는 비속어가 많이 사용되었다. 화장품 광고 문안의 사용이 남녀 언어의 사용상 특징과 남녀 언어에 대한 사회적 통념과 관련되어 있다는 점을 연역적으로 설명하고 있다는 점에서 의의를 가진다.

량빈(2018)은 중국 소셜 네트워크(social network) 플랫폼 위챗(wechat)에서 연변 이중 언어 화자를 대상으로 제작된 헤드카피의 언어 사용 양상 분석을 통하여 연변 지역 이중 언어 화자들의 연변 지역어, 한국어, 중국어에 대한 언어 태도를 연구한 것이다. 2018년 1월 1일부터 1월 18일까지 위챗을 통해 총 507개의 헤드카피를 수집하고 연변 지역어, 한국어, 중국어 중 어떤 언어를 사용했는지 기준을 세워 분류한 후, 제품 홍보와 정보 제공 헤드카피로 나누어 헤드카피의 수를 언어별로 수치화하여 통계 분석을 하였다. 그리고 실용적 제품은 주로 중국어, 쾌락적 제품은 연변 지역어와 한국어가 많이 사용된 것을 볼 때 연변 지역 화자들이 중국어는 '정확한 언어'

로 연변 지역어와 한국어는 '친근한 언어'로 인식하고 있다고 해석하였다. 또한 정보 제공 헤드카피를 다시 정치, 공익, 사회, 의견 정보 제공 헤드카피로 분류하고 통계적으로 유의미함을 밝히고 연변 지역어가 공익, 사회 정보에 대하여 가장 높은 사용 빈도를 보여 '가장 친근감' 있는 언어라고 볼 수 있고, 한국어는 유일하게 의견 정보 헤드카피에 사용되어 한국어에 대하여 '지적인 언어'라는 태도를 가지고 있다고 해석하였다. 헤드카피에 사용된 언어를 분석하여 이에 내재된 사용자들의 언어 태도를 분석했다는 점에서 이전의 직접 설문 조사 방법에 의한 언어 태도 연구와는 차별되나 언어 태도 도출에 사용된 형용사 '공식적인, 정확한'과 '친근한, 지적인, 남성적, 여성적' 태도가 언어 태도를 얼마나 잘 설명하고 있는지 확인하기 어렵다.

2.4. 언어 정체성과 언어 태도

이 항에서는 언어 정체성의 측면에서 소수 집단의 언어 태도를 조사한 연구를 살펴볼 것이다. 집단에 대한 언어 태도 연구는 한국이 아닌 외국에서 소수자 집단으로 살고 있는 재일교포, 조선족, 고려인에 대한 연구와 국내에 들어와 소수자로 살고 있는 북한 이탈 주민, 결혼 이주 여성에 대한 연구로 나누어 논의할 것이다.

2.4.1. 재외 동포들의 언어 태도

재외 동포들의 언어에 대한 연구는 2000년 이후 본격화한다. 먼저 재일 동포의 언어 선택과 언어 전환, 언어 태도 등에 대한 연구로 강정희(2002, 2004)가 있다. 강정희(2004)는 2001~2002년 1년간 일본 오사카 지역의 제주 출신 동포들에 대한 언어 태도를 조사한 것으로 교포 1세, 2세, 3세로 나누어 가정 내 언어 사용, 모국어 정체성에 대한 설문을 하였다. 응답자 109명 가운데 가정에서 가족끼리의 대화를 일본어로만 한다는 응답이

64.2%, 한국어를 가끔 쓴다는 응답이 28.4%로 나타났으며, 모국어를 묻는 질문에 한국어라는 응답이 53.3%, 일본어라는 응답이 33%로 나타났고 이민 3세 집단은 일본어를 모국어라고 응답한 응답자 수(20명)가 한국어라고 응답한 응답자 수(14명)보다 높게 나타났다. '당신은 일본에 살고 있는 한국인들끼리 한국어를 써야만 한다고 생각합니까'라는 모국어 정체성에 대한 질문에 대해 38.4%가 '예'라고 응답하였고 44.9%가 '아니요'라고 응답하였다. '예'라고 응답한 동포들의 절반이 노년층과 중년층이고 2~3세의 젊은 층은 각각 32.4%와 20%로 나타났다. 오사카의 재일 동포들의 언어 태도 조사에서 주목할 점은 2세 집단의 '아니요'에 대한 응답률이 56.7%로 3세 집단보다 높다는 점이다. 2세 집단의 이러한 불안정성에 대해 2세 집단의 중심 세력이라고 할 수 있는 40~50대의 중년층들이 1세의 자녀들로 일본에서 태어나 일본인으로 생활해 왔기 때문에 '한국인이니까'라는 명제가 크게 작용하지 않은 것으로 해석하였다. 3세 집단 역시 '아니요'라는 응답이 48.7%로 나왔고 '잘 모르겠다'는 응답이 31.3%로 높게 나타났다. 이러한 결과에 대해 재일 한국인 사회에서 한국어의 보존은 초기 이주자인 노년층 1세 집단에 한하고 있으며, 2세 집단부터는 일본어로의 언어 전환이 거의 이루어졌다고 결론지었다.

일본과 달리 중국의 동포들은 언어 정체성을 유지한 채 모어인 조선어를 사용하고 있다. 이는 중국의 언어 정책이 소수 민족의 언어와 문화를 인정하는 다언어 정책을 오랫동안 폈기 때문이다. 최근 개방화와 함께 언어 정체성을 유지하던 중국의 소수 민족들은 언어 정체성을 잃고 중국어에 통합되는 경향을 보인다. 이런 변화는 중국 내 조선족에게도 나타난다. 중국의 조선족에 대한 언어 태도는 박경래(2002, 2017, 2018)과 한성우(2011, 2014)가 있으며, 조선족 학자들에 의한 리룡해(2005), 김국화(2007), 강미화(2009), 김연옥(2009), 지동은 외(2009), 오성애(2010, 2011), 손영(2013) 등이 있다.

박경래(2002)는 길림성 연길시와 도문시의 조선족을 대상으로 설문 조사(유효 설문지 541명)를 하여 그들의 언어 태도를 연구하였다. 언어 태도를 알아보기 위한 질문은 조선족 유치원과 한족 유치원, 조선족 학교와 한족 학교의 선택 비율, 연변말과 한어에 대한 평가, 조선족의 연변말 구사 정도에 대한 기대치, 조선어의 성격, 한국어 호감도 등으로 구성되었다.

임영철(2006)은 재미 한국인과 중국 조선족의 언어 의식을 조사하고 이를 비교한 연구로 2001년 뉴욕과 그 주변 도시에 사는 재미 한국인 282명과 연길시 주변부에 사는 조선족 423명을 대상으로 설문 조사를 하였다. 언어 의식을 파악하기 위한 설문은 세 개로 한국어 구사능력을 가져야 하는가(네/아니오/상관없음), 자녀나 손자 등 젊은 세대에게 한국어를 가르치고 싶은가, 외국어 하면 떠오르는 언어는 무엇인가 등이다. 첫 번째 질문에 대해서 재미 한국인은 84.7%가 조선족은 93.9%가 한국어 구사 능력을 가져야 한다고 대답하였으며 젊은 세대에게 한국어를 꼭 가르치고 싶다는 응답은 각각 69.1%, 75.8%로 조선족의 긍정 응답 비율이 더 높았다. 외국어 의식은 재미 한국인은 영어(62.0%)〉스페인어(57.6%)〉프랑스어(37.4%) 순으로 대답하였고, 중국조선족은 영어(92.5)〉일본어(89.2)〉러시아어(47.9) 순으로 대답하여 정주국 언어를 외국어로 인식하고 있는 비율이 재미 한국인이 중국 조선족보다 높다는 것을 파악할 수 있었다.

지동은 외(2009)는 2007년~2008년 조선족 산거 지역인 요녕(100명)과 조선족 집거 지역인 연길(177명)에 살고 있는 조선족을 대상으로 조·한 이중 언어 사용 양상과 모어 의식에 대한 연구이다.[18] 조사 결과 집거 지역과 산거 지역에 따라 조선족들은 공공장소에서 조선어를 사용하는 비율에 있어 큰 차이를 보였다. 전반적으로 집거구 지역의 조선족들이 산거구 지역의 조선족들보다 조선어를 선택하는 비율이 높으나, 집거구인 연길의 경우 시장이나 은행에서 한어 사용률이 높게 조사되었다. 이는 사회 경제 영역에서 한어가 주도적 지위를 차지하고 있기 때문으로 해석하였다. 한편 조선족들은 경쟁에서 살아남기 위해 한어를 익혀야 한다는 의식을 강하게 갖고 있는데, 이는 자손을 한족 학교에 보낼 의향이 있는지에 대한 응답 결과에 나타난다. 한족 학교에 보낼 의향이 없다는 응답(연길 39.5%, 요녕 37%)보다 보낼 의향이 있다는 응답(연길 55.9% 요녕 62%)이 훨씬 높게 조사되었다.

김연옥(2009)는 2008년 조선족 중·소학교 교원들(연길시 72명, 하얼빈시 61명)을 대상으로 언어 태도를 조사하였다. 조선어를 모르는 조선족 학생들이 지금이라도 조선어를 배워야 한다는 평가가 연길시 66.67%, 하얼빈시 68.65%로 비슷하게 나타났으나, 금후 조선어의 전반적 발전 추세에 대한 예측은 연길시(43.05%)보다 하얼빈시(65.57%)에서 '쇠퇴할 것이다'라는 응답이 높게 나타났다.

오성애(2010)은 조선족들의 신흥 집거지인 청도의 조선족들에 대한 언어 능력과 언어 태도에 대한 연구이다. 언어 태도 면에서 청도 조선족들은 대부분 조선말에 대해 긍정적으로 생각하고 있는 편인데 세대별로 보면 학생 세대는 중국어 선호도가 높고 부모 세대로 갈수록 조선어 선호도가 높았다. 본인, 자녀, 배우자에 대한 희망 언어 태도에서는 본인과 자녀의 희망 언어는 중국어가 높고 배우자의 희망 언어는 조선어가 가장 높게 나타났다. 앞으로 조선족 사회에 많이 사용되길 바라는 언어 기대 태도에 대한 응답에서는 조선어가 가장 많은 반면에, 쓰이게 될 것 같은 언어 예측 태도에서는 한국어가 가장 많이 선택되었다.

한성우(2011) 역시 중국 청도 지역에 거주하는 조선족들의 언어 사용과 언어 태도에 연구로, 앞에서 소개한 오성애 해양대 교수와 공동 조사를 통해 자료를 수집하였다. 청도 지역에 거주하는 조선족들이 중국어와 한국어의 영향을 많이 받고 있음을 사용례를 통해 밝히고, 400명의 제보자를 연령별로 다섯으로 나누어 자신 있는 언어(능력)/많이 쓰는 언어(사용), 언어 선호도, 기대 언어, 학습 소망 언어, 향후 예측 언어 등을 조사하여 비교하였다. 향후 주언어에 대한 조사 결과는 세 언어가 모두 30% 이상으로 거의 균등한 분포를 보였는데 한국어가 가장 높고 조선어가 가장 낮게 나왔다. 연령별로는 10대는 조선어, 30대 이상은 중국어, 20대는 한국어를 향후 주언어로 가장 많이 예측하였다. 이에 대해 20대가 가장 많이 한국 기업에서 일하거나 한국과 관련된 일을 하고 있기 때문으로 해석하였다. 이 연구는 선행 연구와 달리 언어 사용에 대한 충분한 이해를 바탕으로 언어 태도를 조사하고 언어 예측을 하려고 했다는 점에서 의의가 있다.

박경래(2017)은 조선족의 언어 태도의 변화와 언어 사용 실태를 파악하기 위해 2012년부터 2015년까지 총 6차에 걸쳐 길림성, 요녕성, 흑룡강성 지역에 대한 조사를 하였다. 학교급별, 지역별, 세대별 출신학교 비율을 바탕으로 모국어 인식, 조선말과 한어 구사 능력의 필요성, 조선족들이 잘해야 할 언어의 우선순위, 중국에서 조선말의 장래 등을 설문 조사를 통해 물었다. 주요 결과를 보면 조선어(한국말 북한말 포함)를 모어로 인식하는 비율이 노년층 93.3%, 중년층 86.8%, 청년층 71.6%인 반면 한어를 모어로 인식하는 비율은 노년층 6.3%, 중년층 9.5%, 청년층 27.4%로 나타났다. 조선말의 장래에 대해서는 노년층에서는 거의 절반인 45.3%가 '점점 안 쓰게 되어 없어질 것'이라는 매우 부정적인 견해를 보이고 중년층에서는 34%가 역시 부정적인 견해를 보였는데 반해, 청년층은 중년층의 절반 정도에 해당되는 17.6%만이 부정적으로 응답하여 예상과 다른 결과를 보였다. 청년층과 노년층은 앞으로 조선족 사회에서 쓰이게 될 말로 조선말을 1순위로 꼽은 비율(47.4%, 48.9%)이 한어를 1순위로 꼽은 비율(35.3%, 39.6%)보다 높은데 반해, 중년층에서는 반대로 한어를 1순위로 꼽은 비율(42.4%)이 조선말을 1순위로 꼽은 비율이(32.6%)보다 높게 나타났다. 이 연구는 한두 도시가 아니라 동북 3성 전역을 대상으로 삼았다는 점에서 의의가 있으나 연령별 차이 외에 지역별 차이에 대한 설명이 일부만 되어 있고 언어 태도와 언어 사용 간의 관련성을 찾아보기 어렵다. 박경래(2018)은 이러한 문제점을 인식하고 지린성의 조선족들의 언어 태도의 변화가 구체적인 언어 사용에서 어떻게 나타는지를 살펴보고 있다. 조선말을 사용하며 중국어 어휘를 섞어 쓰는 코드 뒤섞기는 일상화되어 있으며 조선말과 중국어를 바꾸어 사용하는 코드 바꾸기도 젊은 층을 중심으로 아주 활발하게 사용되고 있음을 알 수 있다.

조선족의 언어 태도에 대한 연구가 많은 반면 고려인의 언어 태도에 대한 연구는 한·소 수교 이후 발표된 임채완(1999)가 있을 뿐이었다. 이는 고려인들이 조선족과 달리 소련의 언어 정책에 의해 한국어 사용자가 거의 없는 것이 원인인 듯하다.

임채완(1999)는 고려인의 언어 정체성과 민족의식에 대한 연구로 한국어의 사용, 한국어의 필요성, 한국어를 배우는 이유, 한국어 학습 경로, 한국어 전승 의지, 한국어 미래 의식 등 언어 태도에 대한 설문 조사를 하여 카자흐스탄, 우즈베키스탄에 거주하는 고려인 255명의 설문지를 수집, 분석하였다. 먼저 '일상적으로 사용하고 있는 언어'는 러시아어가 74%였고, 6.2%만이 한국어를 사용한다고 대답하였다. 한국어를 배운다면 그 이유는 '민족의 언어이기 때문에'(41.1%), 부모님의 권유로(18.4%), 좋은 직장을 얻기 위하여(6.7%), 한국을 방문하기 위하여(6.4%) 순으로 대답하였다. 고려인들의 한국어 학습 경로는 가족(20.9%), 한글학교(11.6%), 고려문화센터(10.9%), 교육원(10.3%) 순이었다. 전승 의지를 알아보기 위해 질문한 '나는 자녀에게 한국어를 가르치고 싶다'에 대해서는 '확실히 그렇다(64.0%), 그런 것 같다(31.7%)'로 긍정적 반응이 부정적 반응보다 높았다. 이에 대해 연구자는 고려인이 한국어의 미래에 매우 낙관적인 태도를 가진 것으로 해석하였다. 또한 '한국어는 앞으로 고려인 사회에서 잘 보존될 것이다'라는 질문에 대하여 73.5%가 긍정적 반응을 보인 것으로 조사되었다.

국립국어원에서는 2011년 재외 동포들의 언어 실태에 대한 조사 계획을 세우고, 2012년부터 2016년까지 중국, 독립국가연합, 미국, 중남미, 일본에 거주하는 동포들의 언어 사용 및 인식에 대한 대대적인 조사를 하였다. 대부분 설문 조사 방법을 사용하였으며, 지역에 따라 언어 사용 및 인식에 차이가 있음이 밝혀졌다.

2.4.2. 북한 이탈 주민과 결혼 이주 여성의 언어 태도에 대한 연구

북한 이탈 주민이나 결혼 이주 여성의 언어 태도 조사는 한국 내 소수자 집단으로 살아야 하는 그들의 언어 정체성 문제를 완화 내지는 해결할 목적으로 수행되었다. 국어로 소통이 가능하기는 하지만 발음이나 억양 등이 다른 북한 이탈 주민과 국어로 소통하는 것이 어려운, 그러나 한국 가정과 사회에서 살아야 하는 국제결혼 이주 여성은 한국 사회에 동화되어야 할 대상으로 바라보았던 것이 사실이다. 과연 그들도 같은 의식과 태도를 가지고 있는지 연구 결과를 살펴보도록 하겠다.

북한 이탈 주민의 언어 태도는 남북 언어 통합의 관점에서 국립국어원 (2016)에서 일부 조사되었다. 이 조사 결과를 바탕으로 강진웅(2017)에서는 북한 이탈 주민을 대상으로 한 몇 가지 언어 태도 조사 결과를 논의하였다. 북한 이탈 주민 305명에 대한 설문 조사에서 다음과 같은 태도 조사를 하였다. 남한에서 북한 말씨를 쓰는 것이 본인에게 어떤 영향을 준다고 생각하는가, 말씨로 인해 차별이나 무시를 받은 경험이 있는가, 방송에 나타나는 북한어가 남한 사람들에게 어떤 영향을 미친다고 생각하는가, 북한말에 대해 가지고 있는 느낌, 남한말과 비교할 때 북한 말이 다른 점, 남한 사람들이 자신의 말을 잘 이해한다고 생각하는지, 잘 이해하지 못했다면 그 이유는 무엇 때문인지 등이다. 응답 결과를 보면 북한어도 지역 방언 또는 이주 여성의 언어처럼 다문화의 관점에서 바라봐야 한다는 견해가 지지를 받을 수 있을 것으로 보인다. 북한 이탈 주민들은 남한의 화자들과 달리 북한어에 대한 긍정적 평가가 높게 나타났다. 어떤 이유로든 북한을 벗어나 남한에서 살고 있지만 자신의 언어에 대한 긍정적 태도는 여전히 유지하고 있음을 주의해서 봐야 한다.

국어 교육 분야에서는 다문화 배경의 탈북 중고등학생들을 대상으로 언어 의식을 연구한 결과물이 적지 않다.19) 원진숙(2013)도 그중 하나인데 국어 교육과 한국어 교육을 전공하는 대학원생들을 다수자 집단으로, 탈북 청소년과 비보호 학생, 북한 출신 국어 교사를 소수자 집단으로 나누어 문식 활동—면담, 글쓰기, 수업 대화 분석—을 이용하여 언어 의식을 도출하고 있다. 소수자 집단의 언어 의식은 한국어는 꼭 배워야 할 말, 빨리 배워서 잘하고 싶은 말이지만 서로 다른 언어적·문화적 차이로 인해 어렵게 느껴지는 언어이며, 주류 사회 구성원들과 서로 다른 언어를 사용하는 것으로 인해 소통의 부재와 단절은 물론 사회적 거리감과 위축감, 소외 의식과 낮은 자존감 등으로 어려움을 겪고 있다.

결혼 이주 여성의 언어 의식에 대한 연구로는 오미정(2013), 차윤정

(2015), 이정은(2016) 등이 있다. 결혼 이주 여성에 대한 연구는 언어 적응의 관점에서 접근하는 경우가 많은데[20] 오미정(2013)은 부산에 거주하는 일본인 이주 여성을 대상으로 이미지 및 언어 적응 태도를 연구한 것으로 전업주부와 직장인 여성으로 나누어 결과를 비교하고 있다는 점이 흥미롭다. 차윤정(2015)는 4명의 결혼 이주 여성(중국인 3명, 태국인 1명)을 대상으로 구술 조사를 하여 언어에 대한 의식이 자녀의 출산과 함께 변화를 보인 것으로 보고하고 있다. 결혼 초기에는 한국어를 우선 배워야 한다는 의식이 강한데 자녀를 출산한 후 자녀와 친밀하게 관계를 형성하고 싶은 욕구가 생기며 자신의 모어를 자녀에게 가르치려 하는 모어 유지와 모어 계승 의식이 생긴다는 것이다. 이 연구는 특정한 제보자 4명(결혼 이주 여성 단체에 소속, 이중 언어 동화 발간 사업에 참여)만을 대상으로 하였기 때문에 결혼 이주 여성 모두에게 일반화하기 어려우며, 결혼 이주 여성에 대한 동화 정책이나 자녀의 어머니로 역할을 특징짓는 시각에 대해 비판적 태도를 보였지만 연구자 역시 모어 의식 변화의 주원인을 출산으로 한정하고 있다는 점에서 관점의 한계를 보인다. 이정은(2016)은 광주에 거주하는 8명의 이주 여성을 대상으로 면담 내러티브 방식을 사용하여 한국어 의사소통에 대한 네 개의 사회언어학적 가설을 세웠다. 이 중 언어 태도와 관련된 가설은 '한국어 사용에 대해 불안감이 높은 결혼 이주 여성은 토박이 한국어 화자에 대한 부정적 태도를 갖는다'는 것이다.

3. 앞으로의 과제와 전망

언어 의식 및 언어 태도에 대한 연구를 언어 자체에 대한 태도, 언어 변이와 언어 태도, 언어 사용과 관련한 태도, 소수자 집단의 언어 태도 순으로 살펴보았다.

언어 자체에 대한 태도 연구는 방언에 대한 태도를 제외하고 모어, 경어 등에 대한 태도 연구가 주로 국가 주도로 양적 방법인 설문 조사 방법을 사용하여 설문 결과를 심도 있게 해석하지 못한 한계점을 지닌다. 설문 결과의 해석을 위해 질적 조사가 보완되어야만 전국적 단위의 조사 결과에 대한 의미를 추출해 낼 수 있을 것이다. 언어 변이와 언어 태도에 대한 연구는 빠르게 변화하는 한국어의 속도를 감안할 때 연구자가 좀 더 늘어나야 할 것으로 보인다. 이제까지의 연구는 움라우트, 어두 경음화 등 음운 변이와 어간, 어미의 문법 변이를 대상으로 이루어졌는데 억양이나 담화 표지 등 다양한 언어적 단위로 연구 대상이 확대될 필요가 있다. 초기 연구는 통계 기법을 사용하지 않은 점, 태도와 현상 간의 관계를 제대로 설명하고 있지 못한 점 등 한계를 지닌다. 최근 연구에서 언어 태도를 단선적으로 파악하지 않고 다양한 연구 방법을 시도하고 있는 점은 주목할 만하다.

언어 사용과 관련한 태도는 다른 학문과의 접점을 보여 준다는 점에서 사회언어학 연구의 외연을 확장하는 데 기여할 수 있으리라 본다. 특히 인명, 상표명, 광고 등에 대한 연구는 태도 연구뿐 아니라 사회언어학적 관점에서의 연구 결과가 더 많이 나오기를 기대해 본다. 언어 정체성과 관련한 소수자 집단의 언어 태도 연구는 이제까지는 주로 재일 동포, 고려인, 조선족 등 해외로 이주한 우리 민족의 언어 태도가 주를 이루었다. 다문화 사회로 진입한 한국 사회에서 북한 이탈 주민이나 여성 결혼 이민자 외에도 이주 노동자, 유학생 등 일시 체류와 화교, 국적 취득자 등 모어가 다른 소수자에 대한 언어 태도 연구가 앞으로의 과제라 하겠다.

마지막으로 이 장에서는 살펴보지 못하였지만 사회적 약자(성, 인종, 성 소수자, 장애인, 질병 경험자 등)와 관련된 언어 태도 또한 일반인과 사회적 약자의 관점에서 연구될 필요가 있다. 차별 언어와 각종 혐오 표현의 사용은 사용자의 언어 태도와 밀접하게 관련되어 있기 때문이다. 사회언어학자들이 좀 더 적극적인 태도로 언어 태도 연구에 관심을 가지고 참여할 것을 기대한다.

1) 방언연구회의 ≪방언학 사전≫(2001)의 '언어 태도' 풀이 참고.

2) '언어 의식'이라는 용어를 제목에 처음 사용한 조준학 외(1981)에서는 언어 의식 조사에 한자어, 외래어 등에 대한 태도, 방언 및 표준어에 대한 태도를 포함하여 언어 의식 안에 태도를 포함하여 사용하고 있다.

3) 홍민표(2004: 144~145)에 따르면 일본 사회언어학에서 언어 의식은 1) 언어 자체 내지 언어 행동에 대한 평가나 감각, 2) 언어 사용 내지 언어 행동에 대한 현상 인식, 3) 언어 사용 내지 언어 행동에 대한 지향 의식, 4) 언어 그 자체 내지 언어 행동에 대한 신념이나 기대, 5) 언어 자체 내지 언어 행동에 대한 규범 등 크게 다섯 가지의 영역이나 관점의 연구가 있다고 한다. 일본의 사회언어학에서 '언어 의식'의 연구 영역은 '언어 자체, 언어 사용, 언어 행동'을 구분하고 있으며, '평가와 감각, 신념과 기대'를 구분하고 있다는 점에서 서양의 언어 태도 연구의 영향을 받은 것으로 보인다. 일본의 언어 의식과 서양의 언어 태도 연구에 대한 비교는 앞으로의 과제로 남긴다.

4) 일본어학자들에 의해 수행된 연구에는 '태도'가 아닌 '의식'이라는 용어가 사용되고 미국이나 유럽의 언어학을 공부하거나 영향을 받은 학자들은 대부분 '태도'라는 용어를 사용하고 있다.

5) 이익섭(1994: 276)에서는 언어가 주는 자극에 대한 심리적 상태로 정의하였다.

6) 화교들의 이중 언어 사용에 대한 손희연·서세정(2008)이 있다. 재외 동포들의 이중 언어 사용에 대한 태도 연구가 있으나 이는 국내가 아닌 국외에서의 이중 언어 사용이라는 점에서 성격이 다르다. 최근에는 이주민과 북한 이탈 주민의 증가로 이중 언어 사용에 대한 태도 연구도 나오고 있다.

7) 라보브(1963)은 마서스 비녀드(Martha's Vineyard) 섬에 사는 토박이들의 이중 모음 변이형 [əy], [əw]에 대한 연령별 조사를 하였는데 변이형의 사용이 섬에 대한 감정적 태도에 따라 다르다고 해석하였다.

8) 'You don't know nothing'에 대한 영국인들의 부정적 태도(Cheshire 1998), 'Harrods, Selfridges, Boots, Lloyds Banking Group'에 아포스트로피(apostrophe)를 사용하지 않는 것도 언어 태도와 관련하여 설명하고 있다.

9) 여기서 국가 중심의 언어 의식 조사라고 한 것은 교육부나 국립국어원 등 국가 기관이 전 국민을 대상으로 한 조사를 말한다. 국립국어원의 '국민의 언어 의식 조사' 2005년, 2010년, 2015년 조사가 대표적이다.

10) 엄격하게는 방언 사용자들에 대한 태도, 방언 지향 의식과 언어 정책과 관련한 태도 연구는 언어 자체에 대한 태도에 포함되지 않지만 일반적으로 연구가 같이 이루어지는 경우가 많기 때문에 여기서 함께 다루도록 하겠다.

11) 참고로 표준어에 대해서는 '듣기 좋다, 상냥하다, 배움직하다, 점잖다' 등 긍정적 반응이 높았다. 표준말이 높은 사회적 위신을 지님을 보여 주는 것으로 해석하였다.

12) 임영철(1993)에서는 경기 방언에 충청 방언과 강원 방언을 포함하여 조사하였다.

13) 양명희와 문지순(Yang & Moon 2015)에서 지적했듯 이러한 조사 태도는 추세를 살펴볼 수 있다는 장점이 있으나 새로운 언어 정책적 이슈를 추가하거나 불필요한 질문을 삭제하는 등 탄력적이

지 않다는 문제점이 있다.

14) 인지방언학/지각방언학은 언어학자가 아닌 일반인들이 특정 언어의 하위 방언 경계를 어떻게 구획하고 또 하위 방언들에 대해서 어떠한 의식, 이미지, 혹은 태도를 가지고 있는지를 알아보려는 사회언어학적 방법론과 연구들을 지칭한다고 한다(강현석 2008: 253에서 재인용).

15) 일본 국립국어연구소의 ≪국제사회에서의 일본어에 대한 총합적 연구≫(1994~1998, 연구 대표자: 전 국립국어연구소장 水谷修)의 연구를 참고하여 한국인에 의한 모어 및 외국어 의식 조사와 외국인에 의한 한국어 호감도 조사를 고등학생, 대학생, 일반인 799명을 대상으로 조사하였다고 한다. 대상자 중 만 30대 이상은 3명이고 나머지는 모두 10대와 20대이며 지역 분포도 83.5%가 서울 지역이기 때문에 국가 단위 조사로 보기 어렵다.

16) 이미재(1990)은 '언어 태도'가 아니라 '사회적 태도'라는 용어를 사용하고 있는데 언어 변이형이 언어 사용자의 태도에 영향을 받는다는 점에서 언어 태도에 포함할 수 있다.

17) 외래어는 외국에서 차용되었지만 국어화한 말로 정의하는 것이 일반적이었지만 최근에는 외래어와 외국어의 개념이 명확하지 않은 점, 실제로 대상 어휘를 놓고 둘을 구분하기 어려운 점 등 때문에 외래어와 외국어를 같이 사용한다.

18) 산거지는 흩어져 사는 곳, 집거지는 모여서 사는 곳이라는 뜻으로 중국 조선족들은 연길시를 제외하면 대부분 넓은 지역에 흩어져 산다(요녕, 흑룡강 등). 아래 나오는 청도 지역은 한국 기업이 진출하며 조선족들이 모여 살기 시작한 곳으로 2010년 약 15만 명의 조선족들이 청도와 그 주변 지역에 모여 산다고 한다.

19) '언어 의식'이라는 용어를 사용하고 있지만 조사 내용을 보면 국어 교육적 관점에서 '국어'에 대한 태도를 묻고 있기 때문에 '국어 의식'이라는 용어가 더 적합하다.

20) 결혼 이주 여성의 언어 적응 실태에 대한 연구는 왕한석 교수가 연구 책임을 맡은 국립국어원(2005)가 선구적이다. 이 보고서는 왕한석(2007)의 기반이 되었으며 이후 결혼 이주 여성에 대한 연구에 지대한 영향을 끼쳤다. 오미정(2013) 역시 왕한석(2007)의 연구 방법을 적용하였다.

참고문헌

강미화(2009), 〈관내 조선족의 언어사용상황에 대한 약간한 고찰〉, ≪중국조선어문≫ 159, 25~30, 길림성민족사무위원회.

강영봉(2013), 〈제주 사회 통합과 제주어〉, ≪탐라문화≫ 43, 39~65, 제주대학교 탐라문화연구원.

강윤희(1994), 〈제주 사회에서의 두 방언 사용에 대한 민족지적 연구〉, ≪제주도연구≫ 11, 83~146, 제주도연구회.

강정희(2002), 〈언어접촉과 언어변화: 오사카 거주 제주 출신 1세 화자들의 제주방언 보존에 관한 조사〉, ≪국어학≫ 42, 139~170, 국어학회.

강정희(2004), 〈재일 한국인의 한국어에 대한 언어 태도 조사: 오사카 지역사회를 중심으로〉, ≪어문학≫ 86, 1~29. 한국어문학회.

강진웅(2017), 〈북한어 어떻게 바라볼 것인가: 소통과 통합의 과제를 중심으로〉, ≪새국어생활≫ 27(1), 91~105, 국립국어원.

강현석(2010), 〈충남 지역 화자들의 방언 구획, 방언 태도 및 인지에 대한 연구〉, ≪사회언어학≫ 18(2), 249~286, 한국사회언어학회.

강현석·강희숙·박경래·박용한·백경숙·서경희·양명희·이정복·조태린·허재영(2014), ≪사회언어학: 언어와 사회, 그리고 문화≫, 글로벌콘텐츠.

강희숙(2012), 〈태명 짓기의 실태 및 확산 양상에 대한 사회언어학적 분석〉, ≪사회언어학≫ 20(2), 33~61, 한국사회언어학회.

국립국어연구원(1997), ≪국어 교사의 표준어 사용 실태 조사 (Ⅰ)≫, 국립국어연구원.

국립국어원(2005), ≪2005 국민의 언어 의식 조사≫, 국립국어원.

국립국어원(2010), ≪2010 국민의 언어 의식 조사≫, 국립국어원.

국립국어원(2015), ≪2015 국민의 언어 의식 조사≫, 국립국어원.

국립국어원(2016), ≪남북 언어 의식 조사≫, 국립국어원.

김국화(2007), 〈북경조선족언어공동체의 언어사용상황에 대한 약간한 고찰: 사업 단위로 중심으로〉, ≪중국조선어문≫ 148, 20~24, 길림성민족사무위원회.

김규남(1998), ≪전북 정읍시 정해마을 언어사회의 음운변이 연구≫, 전북대학교 박사학위 논문.

김규남(1999), 〈전북 정읍시 청소년층의 언어 태도와 변항 (-a) 의 상관성 연구〉, ≪국어문학≫ 34, 23~47, 국어문학회.

김규남(2000), 〈변항의 개신에 대한 전주시 화자들의 언어 태도와 비제도적 규범〉, ≪한국언어문학≫ 44, 543~566, 한국언어문학회.

김덕호(2014), 〈한국인의 방언 태도에 대한 추이 연구〉, ≪어문학≫ 126, 1~36. 한국어문학회.

김순자(2019), 〈제주도 방언에 대한 방언 태도 추이 연구〉, ≪한국어학≫ 84, 1~34, 한국어학회.

김연옥(2009), 〈조선족중소학교 교원들의 언어 태도에 대한 약간의 고찰: 학교에서의 언어사용을 중심으로〉, ≪중국조선어문≫ 2009년 2호, 55~60, 길림성민족사무위원회.

김은희(2015), 〈제주 방언의 언어활력 평가〉, ≪로컬리티 인문학≫ 14, 293~324, 부산대학교 한국민족문화연구소.

김지은(1997), 〈한일 대학생의 언어 의식〉, ≪일본학보≫ 39(1), 169~184, 한국일본학회.

량빈(2018), 〈연변 지역의 헤드카피 언어 사용에 반영된 언어 태도 연구〉, ≪사회언어학≫ 26(1), 1~24, 한국사회언어학회.

문화관광부(2001), ≪국어 실태지수 개발≫, 문화관광부 정책과제 보고서.

민현식(2002), 〈국어 의식 조사 연구〉, ≪한국어 교육≫ 13(1), 71~105, 국제한국어교육학회.

박경래(1994), 〈충주방언의 움라우트 현상에 대한 사회언어학적 고찰〉, ≪개신어문연구≫ 10, 55~96, 개신어문학회.

박경래(2002), 〈중국 연변 조선족들의 언어 태도〉, ≪사회언어학≫ 10(2), 59~85, 한국사회언어학회.

박경래(2017), 〈중국 조선족의 언어정체성 변화 양상과 언어 전환〉, ≪사회언어학≫ 25(4), 1~29, 한국사회언어학회.

박경래(2018), 〈중국 지린성 조선족의 언어 정체성 변화와 언어 사용 양상〉, ≪사회언어학≫ 26(4), 57~90, 한국사회언어학회.

배혜진(2019), 〈부산지역 대학생들의 어휘 표준어화와 언어 태도〉, ≪어문학≫ 144, 85~114, 한국어문학회.

손영(2013), ≪중국 단동 거주 조선족의 언어에 대한 사회언어학적 연구≫, 인하대학교 박사학위 논문.

손희연·서세정(2008), 〈한국 화교 화자들의 이중언어 사용 연구〉, ≪사회언어학≫

16(1), 185~211, 한국사회언어학회.

송경숙(2011가), 〈국제어, 글로벌 언어로서의 영어: 언어 태도 및 교육적 함축을 중심으로〉, ≪새한영어영문학≫ 53(1), 201~221, 새한영어영문학회.

송경숙(2011나), 〈국제사회 영어에 대한 대학생들의 언어 태도: 세계 영어들 교육을 중심으로〉, ≪영어학≫ 11(3), 497~519, 영어학회.

송경숙(2015), 〈표준 영어 및 표준 한국어에 대한 한국 대학생들의 언어 태도 및 인식: 언어교육 및 사회언어학적 접근〉, ≪언어과학≫ 22(1), 71~93, 한국언어과학회.

양명희(2007), 〈한국인의 언어 의식의 변화〉, ≪사회언어학≫ 15(1), 107~128. 한국사회언어학회.

양명희(2012), 〈인명의 특징과 그에 대한 언어 태도 연구〉, ≪한국어학≫ 55, 239~266, 한국어학회.

양명희·강희숙·박동근(2013), 〈인명에 대한 언어 태도 연구〉, ≪사회언어학≫ 21(3), 181~203, 한국사회언어학회.

양창용(2016), 〈제주어의 연구 현황과 과제〉, ≪동서인문학≫ 51, 131~159, 계명대학교 인문과학연구소.

오성애(2010), 〈청도 거주 조선족의 언어 능력과 언어 태도〉, ≪한국학연구≫ 23, 181~212, 인하대학교 한국학연구소.

오성애(2011), ≪중국 청도 거주 조선족의 언어 태도와 사용에 대한 사회언어학적 연구≫, 인하대학교 박사학위 논문.

왕한석(2007), ≪또 다른 한국어≫, 교문사.

원진숙(2013), 〈다문화 배경 국어 교육 공동체 구성원들의 언어 의식〉, ≪국어교육학연구≫ 46, 111~138, 국어교육학회.

이미재(1989), ≪언어변화에 관한 사회언어학적 연구: 경기도 화성방언을 중심으로≫, 서울대학교 박사학위 논문.

이미재(1990), 〈사회적 태도와 언어 선택〉, ≪언어학≫ 12, 69~77, 한국언어학회.

이미재(2002), 〈어두 경음화에 관한 사회언어학적 고찰: 언어 변화의 측면에서〉, ≪말소리≫ 특별호 1, 167~178, 대한음성학회.

이익섭(1994), ≪사회언어학≫, 민음사.

이정민(1981), 〈한국어의 표준어 및 방언들 사이의 상호 접촉과 태도〉, ≪한글≫ 173·174 특별호, 559~584, 한글학회.

이정은(2010), ≪교포의 내러티브 정체성 연구: 영어권 교포 2세의 면담의 내러티브 분석≫, 연세대학교 박사학위 논문.

이진성(2011), 〈TV 화장품 광고에 반영된 여성과 남성에 대한 언어 태도의 차이〉, 《사회언어학》 19(2), 287~318, 한국사회언어학회.

임영철(1993), 《사회언어학의 전개》, 시사일본어사.

임영철(1995), 〈일본의 사회언어학: 언어 의식을 중심으로 하여〉, 《일어일문학연구》 26(1), 201~228, 한국일어일문학회.

임영철(1999), 〈언어 행동의 한일 비교〉, 《사회언어학》 7(1), 221~238, 한국사회언어학회.

임영철(2006), 〈이민 커뮤니티의 언어 의식〉, 《사회언어학》 14(1), 69~84, 한국사회언어학회.

임채완(1999), 〈중앙아시아 고려인의 언어적 정체성과 민족의식〉, 《국제정치논총》 39(2), 317~338, 한국국제정치학회.

전지연(2019), 〈경음화에 대한 언어 태도의 사회언어학적 조사 및 분석〉, 《어문론집》 77, 41~74, 중앙어문학회.

조준학·박남식·장석진·이정민(1981), 〈한국인의 언어 의식: 언어접촉과 관련된 사회언어학적 연구〉, 《어학연구》 17(2), 167~197, 서울대학교 어학연구소.

지동은·서란영·신춘미·원미화(2009), 〈조선족집산거주민의 조한 이중언어에 대한 태도 비교연구〉, 《중국조선어문》 160, 35~41, 길림성민족사무위원회.

차윤정(2015), 〈한국 생활의 경험과 결혼이주여성의 언어 의식 변화〉, 《코기토》 77, 223~251, 부산대학교 인문학연구소.

최진숙(2002), 〈영어능숙도가 낮은 학습자들의 영어에 대한 태도〉, 《외국어연구》 22, 129~144, 성심외국어대학교 외국어연구소.

최진숙(2009), 〈대학생들의 영어능력과 언어정체성 인식과의 관계〉, 《언어연구》 26(2), 103~119, 경희대학교 언어정보연구소.

최진숙(2010), 〈영어권 국가에서의 조기학습 경험과 현재〉, 《언어연구》 27(2), 333~355, 경희대학교 언어정보연구소.

최진숙(2011), 〈초등학생들의 언어 태도 변화 연구〉, 《언어연구》 28(2), 431~450, 경희대학교 언어정보연구소.

최진숙(2012), 〈영어 강의에 대한 대학생들의 태도 변화 연구〉, 《언어학》 20(3), 137~155, 대한언어학회.

최진숙(2017가), 〈중국유학생들의 영어에 대한 태도 연구〉, 《사회언어학》 25(1), 239~262, 한국사회언어학회.

최진숙(2017나), 〈한국 거주 외국인 유학생들의 한국어능력별 영어에 대한 태도 변화〉, 《사회언어학》 25(3), 327~349, 한국사회언어학회.

한성우(2011), 〈중국 청도 조선족 사회의 언어 정체성〉, ≪방언학≫ 14, 113~136, 한국방언학회.

한성우(2014), 〈중국 조선족 사회의 언어 전환〉, ≪한국학연구≫ 32, 411~438, 인하대학교 한국학연구소.

홍미주(2006), 〈일상 발음과 언어규범에 대한 태도와의 관계〉, ≪사회언어학≫ 14(1), 207~230, 한국사회언어학회.

홍미주(2007), 〈언어 의식의 일면에 대한 고찰: 식단어에 대한 인식을 대상으로〉, ≪사회언어학≫ 15~1, 267~292, 한국사회언어학회.

홍미주(2011), ≪대구 지역어의 음운 변이에 대한 사회언어학적 연구≫, 경북대학교 박사학위 논문.

홍미주(2013), 〈변항 (오)의 변이형 실현 양상과 언어 태도에 대한 연구〉, ≪방언학≫ 18, 325~367, 한국방언학회.

홍미주(2014), 〈어두경음화의 실현 양상과 언어 태도에 대한 연구〉, ≪사회언어학≫ 22(1), 281~307, 한국사회언어학회.

홍민표(2002), 〈한국인과 일본인의 경어의식에 대한 사회언어학적 연구〉, ≪일어일문학연구≫ 41(1), 193~212, 한국일어일문학회.

홍민표(2004), 〈일본의 사회언어학 연구 동향〉, 국립국어원 엮음, ≪주요 국가의 사회언어학 연구 동향≫, 116~154. 국립국어원.

Agheyisi, R. & Fishman, J. (1970). Language attitudes studies: A brief survey of methodological approaches. *Anthropological Linguistics* 12·5, 137~157.

Ahn, H. J. (2017). *Attitudes to World Englishes: Implications for Teaching English in South Korea*. London: Routledge.

Barry, H. & Harper, A. (1995). Increased choice of female phonetic attiributes in first names. *Sex Roles* 32(11/12), 809~819.

Bourhis, R. Y. & Giles, H. (1976). Methodological Issues in dialect perception. *Anthropological Linguistics* 18, 294~304. Gruyter.

Cheshire, J. (1998). Double negatives are illogical. In L. Bauer and P. Trudgill (eds.), *Language Myths*. London: Penguin. 113~122.

Choi, J. S. (2001a). *Language Attitudes: An Empirical Investigation among Primary School Students in South Korea*. Doctoral dissertation, Macquarie University, Sydney, Australia.

Choi, J. S. (2001b). The effect of the amount of positive contact with English on desire to learn English and English proficiency, *Foreign Language Research* 20, 125~141.

Choi, J. S. (2005). Changing attitudes to English and English speakers. *English Language Teaching* 17(2), 1~24.

Cooper, R. L. & Fishman, J. A. (1974). The study of language attitudes. *International Journal of the Sociology of Language* 3, 5~19.

Coronel-Molina, S. M. (2009). *Definitions and Critical Literature Review of Language Attitude, Language Choice and Language Shift: Samples of Language Attitude Surveys.* Indiana Scholar Works, unpublished.

Crystal, D. (1987). *The Cambridge Encyclopedia of Language.* Cambridge: Cambridge University Press.

Crystal, D. (1997). *The Cambridge Encyclopedia of Language* (2nd ed.) Cambridge: Cambridge University Press.

El-Dash, L., & Tucker, G. R. (1975). Subjective reactions to various speech styles in Egypt. *International Journal of the Sociology of Language* 6, 33~54.

Fasold, R. W. (1984). *The Sociolingistics of Society.* New York: Blackwell.

Garrett, P. (2010). *Attitudes to Language.* Cambridge: Cambridge University Press.

Harari, H. & McDavid, J. (1973), Name stereotypes and teacher's expectations. *Journal of Educational Psychology* 65, 222~225.

Jang, E. Y. (2011). Should I learn Korean?: A multiple case study of learning Korean as heritage language. *Bilingual Research* 47, 139~164.

Jee, M. J. (2011). Perspectives on the learning of Korean and identity formation in Korean heritage learners. *Teaching Korean as a Foreign Language* 36, 265~289.

Kim, J. 2011. *Korean Students' Awareness, Exposure and Attitudes towards Varieties of English.* Master's thesis. Korea University, Seoul, Korea.

Kim, S. H. (2019). The current status of Chinese international students who are learning English and required support at a university in Korea. *Studies in Linguistics* 50(1), 365~389.

Kwak, S. B. & You, S. H. (2019). Analysis of Koreans' overt and covert language attitudes towards Jeju dialect. *Language Information* 29, 26~54.

Labov, W. (1984). Field methods of the project on linguistic change and variation. In J. Baugh and J. Sherzer (eds.)(1984). *Language in Use: Readings in Sociolinguistics.* 28~53. Englewood Cliffs, NJ: Prentice Hall.

Lambert, W. E. (1967). A social psychology of bilingualism. *Journal of Social Issues* vol. 23, 91~108.

Lee, J. E. (2013). Language attitudes of English - Korean bilinguals: A qualitative analysis of self - reports via interviews. *The Sociolinguistic Journal of Korea* 21(2), 71~92.

Lee, K. Y. & Green, R. W. (2015). The World Englishes paradigm: A study of Korean university students' perceptions and attitudes. *English Teaching Practice & Critique* 15 (1), 155~168.

Schiffman, H. (1996). *Linguistic culture and language policy.* London: Routledge.

Shin, S. C. (2008). Language use and maintenance in Korean migrant children in Sydney Korean language education. *Teaching Korean as a Foreign Language* 33, 139~167.

Shuy, R. & Fasold, R. (eds.) (1973). *Language Attitudes: Current Trends and Prospects.* Washington, DC: Georgetown University Press.

Smith, G. (1998). The political Impact of name sounds. *Communication Monograph* 65, 154~172.

Trudgill, P. & Tzavaras, G. (1977). Why Albanian-Greeks are not Albanians: Language shift in Attica and Biotia. In H. Giles (ed.), *Language Ethnicity and Intergroup Relations*, 171~184. New York: Academic Press.

Williams, F. (1973). Some research notes on dialect attitudes and stereotypes. In R. Shuy and R. Fasold (eds.), *Language Attitudes: Current Trends and Prospects*, 113~128. Washington, DC: Georgetown University Press.

Yang, M. H. & Moon, G. G. S. (2015), Language Awareness and National Language Policy in Korea. *Journal of Science* 41(3), 317~339.

제10장

언어 접촉

박용한

구약 성서의 창세기 11장에 나오는 바벨탑 이야기에는 이른바 창조론의 관점에서 바라보는 언어의 기원과 분화 과정에 관한 내용이 실려 있다. 그 이야기에 따르면 태초에 인간은 하나의 언어만을 사용하고 있었다. 하지만 인간이 하늘에 오르기 위해 탑을 쌓아 올리자, 신은 이들의 오만함을 벌하고자, 인간이 사용하던 하나의 말을 뒤섞어 놓아 서로의 말을 알아듣지 못하게 하였다. 이때가 바로 인간의 언어가 분화된 순간이며, 동시에 언어 접촉의 역사가 시작된 시점이라고 할 수 있다. 신은 인간들이 서로 협력하지 못하도록 그들의 언어를 흩뜨려 놓았지만, 서로 다른 언어를 사용하게 된 인간들은 이런저런 이유로 상호 왕래를 할 수밖에 없었으며 그 과정에서 이른바 언어 접촉 현상이 발생한 것이다. 이렇게 생각해 보면 언어 접촉은 그 시작점을 정확히 알 수 없는 언어 사용의 역사만큼이나 매우 오래된 역사를 가지고 있다고 할 수 있겠다.

이러한 오랜 역사에도 불구하고, 우리가 언어학의 관점에서 언어 접촉 현상을 심도 있게 다룬 것은 그리 오래전의 일이 아니다. 오늘날 언어학 연구 분야에서 언어 접촉이라고 하면 일반적으로 피진어(pidgin), 크리올어(creole), 이중 언어 사용(bilingualism) 그리고 양층어 상황(diglossia) 등을 언급하게 되는데, 이들을 학문적으로 연구한 역사는 그리 깊지 않다. 피진어나 크리올어는 약 15세기 이후 유럽인들이 식민지 개척을 통해 해외 영토확장을 꾀하기 시작하면서 발생하였는데, 18세기경에 이르러서야 카리브 해안의 크리올어가 언어 연구자들에게 관심을 받게 되었다. 그런데 처음에 언어학계는 이 언어들이 정상적이지 않은 결함투성이의 미개 언어라는 인식하에 큰 관심을 기울이지 않았다. 그 후 20세기 중반에 접어들면서 사회언어학자들이 모국어 습득이나 제2언어 교육, 언어의 기원과 진화 그리고 언어 변이와 변화 등의 관점에서, 피진어와 크리올어를 나름대로 의미 있는 연구 대상으로 생각하게 되면서 그에 따른 연구 결과들이 조금씩 가치를 인정받게 되었다.

이런 가운데 국내 언어학계에서는 거의 20세기 후반에 이르러서야 언어 접촉 현상에 관심을 가지게 된다. 아직 한국사회언어학회가 창립되기 이전이었지만, 조준학 외(1981)은 〈한국인의 언어의식: 언어접촉과 관련된 사회언어학적 연구〉라는 제목하에 전국의 남녀 784명을 대상으로 언어 의식을 설문 조사하였다. 이 연구에서는 사회적 측면에서 언어 의식이 변화되는 모습을 살피고, 한국어와 외국어 사이의 접촉과 차용 그리고 지역 방언 간의 접촉과 표준어와의 관계 등을 살펴보았다. 그런데 이 연구는 '언어 접촉과 관련된 사회언어학적 연구'라는 부제를 붙이고는 있지만, 언어 접촉으로 인해 발생하는 한국어 화자들의 의식 변화를 설문 조사 결과를 통해 단조롭게 기술하고 있어, 국어 순화 정책을 수립하고 순화 운동을 전개하기 위해 실시한 기초 자료 조사의 성격을 띠고 있는 것으로 보인다.

국내 언어학계에서 언어 접촉에 대한 연구가 본격적으로 진행되기 시작한 것은 1990년 한국사회언어학회가 창립된 이후부터라고 할 수 있다. 김해연(2010)은 한국사회언어학회 창립 20주년에 즈음하여 학회지 ≪사회언어학≫에 게재된 논문을 중심으로 지난 20년간의 연구 결과를 개관하고 있는데, 이에 따르면 언어 접촉에 대한 연구는 전체 논문 편수 366편 중

'이중-다중 언어/피진어/크리올어' 연구 12편, '언어 접촉/차용' 연구 12편으로 총 24편 정도에 불과하다. 이는 그 비중이 전체 연구 결과 중 약 6.6퍼센트에 그치는 것으로, 사회언어학 연구에서 언어 접촉에 대한 연구는 아직 활발히 이루어지지 않았다는 것을 알 수 있게 해 준다. 최근에는 조금씩 활발해지고 있는 추세이지만, 대체적으로 한국사회언어학회 창립 초기까지만 하더라도 언어 접촉이라는 연구 주제는 우리나라의 언어 사용 현실과는 직접적인 관련성이 적은 것으로 생각되었던 것 같다.

한국사회언어학회 창립 이후에 이루어진 언어 접촉 연구 성과 중 첫 논문은 ≪사회언어학≫ 창간호에 실린 김경석(K. S. Kim 1993)을 들 수 있다. 이 논문은 아프리카 탄자니아에서 스와힐리어가 영어와 함께 국어로서의 위상을 자리매김해 나가는 과정을 자세히 설명해 주고 있다. 이를 시작으로 하여 초기의 학회지들에서는 주로 수리남, 중국, 독일, 트리니다드, 일본, 나이지리아, 말레이시아 등과 같은 외국에서 발생하고 있는 언어 접촉 현상을 국내에 소개하고 있다. 이후 21세기에 접어들면서는 이전의 연구 성과들을 바탕으로 하여, 한국어와 외국어의 접촉, 한국어에서의 방언 접촉 등을 살펴보는 연구가 진행되기에 이른다. 여기에서는 재외 동포의 이중 언어 사용, 새터민의 언어 사용, 한국 화교들의 언어 사용, 다문화 가정의 이중 언어 사용, 중국 조선족이나 연변 지역에서의 언어 사용 문제 그리고 국내에서의 인구 이동으로 인한 방언 접촉 문제 등 실제로 국내외에서 한국어와 관련하여 발생하고 있는 다양한 형태의 언어 접촉 또는 방언 접촉의 문제들을 다루고 있다. 강현석 외(2014: 357~358)에 따르면, 아직 한국 사회는 양층어 상황은 물론이고 이중 언어 사용 양상도 그렇게 명확하게 나타나고 있지는 않다. 하지만 21세기 초 이후의 한국 사회는 외국인 노동자의 유입과 외국 여성들의 결혼 이주가 급격하게 늘어나면서 다문화 사회로 변모하기 시작했으며, 그로 인해 발생하게 되는 언어 접촉 문제에 대한 연구가 점차 늘어나고 있는 중이다.

10장에서는 먼저 이러한 언어 접촉을 연구하는 데 있어서 중요하게 사용되는 몇 가지의 개념들과 연구 범위 등, 언어 접촉에 관련된 이론적 배경을 간단히 설명하도록 하겠다. 그리고 ≪사회언어학≫에 게재된 연구 결과들을 중심으로 하여, 언어 접촉 현상을 연구한 지난 30년간의 성과를 '국외에서 발생한 외국어 간의 언어 접촉', '국외에서 발생한 한국어와 외국어 간의 언어 접촉', '국내에서 발생한 한국어와 외국어 간의 언어 접촉' 그리고 '국내에서 발생한 한국어의 방언 접촉'의 네 부류로 나누어 개략적으로 살펴보도록 하겠다. 마지막 절에서는 언어 접촉의 연구 분야에서 관심을 가지고 다루어야 할 앞으로의 연구 과제를 제시하고 미래를 전망해 보도록 하겠다.

1. 언어 접촉 연구의 개념과 연구 범위

1.1. 언어 접촉 연구(접촉 언어학)의 개념

서로 다른 언어를 사용하는 개인이나 집단이 직접적 또는 간접적으로 사회적 상호작용을 하는 과정에서 그들의 언어가 다양한 형태로 관계를 맺게 되는 현상을 언어 접촉이라고 한다. 과거의 언어 접촉은 주로 민족의 대이동이나 전쟁을 통한 타국 영토의 점령 및 식민지화 등의 상황에서 주로 발생하였다면, 현대에 이르러서는 정치, 경제, 문화 등의 여러 분야에서 이루어지는 국가 간의 상호 교류 그리고 해외 유학이나 국제결혼, 이민 등을 통해 다양하게 이루어지고 있다. 특히 20세기 말부터 활발하게 이루어진 서구 사회로의 이민으로 인해 유럽이나 미국, 캐나다, 호주 등의 나라에서는 이중 언어 사용 또는 다문화의 특성이 두드러지게 발생하였으며 그로 인해 언어 접촉에 대한 연구가 많은 관심을 불러일으키게 되었다.

이와 같은 언어 접촉 상황에서 발생하는 다양한 현상들을 연구 대상으로 하는 학문이 바로 접촉 언어학(contact linguistics)이다. 여기에서는 언어 갈등 상황에서 발생하는 언어 갈등(language conflict), 언어 유지(language maintenance), 언어 교체(language shift), 언어 사멸(language death) 그리고 언어 소생(language revival) 등의 문제들을 주로 연구한다. 쉽게 예상해 볼 수 있듯이, 과거의 접촉 언어학 연구는 언어의 분화와 변천 과정에 관심을 가졌던 역사언어학의 관점에서 주로 이루어져 왔다. 하지만 현대에 이르러 접촉 언어학은 수많은 사회적 변인에 따라 다양한 모습으로 나타나는 언어 사용에 관심을 기울이는 사회언어학의 패러다임 안에서 주로 이루어지고 있다. 사회언어학에서 언어 접촉을 대상으로 연구하는 주요 분야는 피진어와 크리올어, 이중 언어 사용과 양층어 상황, 언어 또는 방언 접촉 이후의 다양한 상황, 외래어의 차용 등을 들 수 있는데, 다음에서는 이 개념들에 대해 간략하게 설명하도록 하겠다.

1.2. 언어 접촉 연구의 범위

1.2.1. 피진어와 크리올어

두 언어공동체 사이에 공통의 언어가 존재하지 않는 경우 해당 구성원들이 상호 의사소통을 위해 사용하는 언어를 통용어(lingua franca)라 하는데, 피진어와 크리올어는 그러한 통용어의 특별한 형태들이다. 대부분의 경우, 피진어는 과거에 식민지 개척이나 노동 인구의 이동이 활발하게 이루어지던 곳에서 주로 발생하였으며, 카리브해와 남아메리카의 북동 해안, 아프리카의 서해안 주변을 그 대표적인 곳으로 꼽을 수 있다. 일반적으로 피진어는 해당 지역에서 사회적으로 위세를 가지고 있는 상층 언어(superstratum)의 어휘와 해당 지역의 토착어인 기층 언어(substratum)의 문법이 조합되는 형태를 띤다. 과거 태평양과 대서양 등지에서 제국주의의 모습을 보였던 영국과 프랑스 등의 유럽 언어가 어휘 제공 언어(lexifier language)[1]의 역할을 하는 피진어는 그 어휘 수가 아주 적고 문법 규칙도 그리 복잡하지 않은 형태를 띠고 있어 사용자들이 쉽게 실용적으로 사용할 수 있다.

크리올어는 앞서 설명한 피진어와 거의 유사한 형태와 기능을 갖는 통용어다. 단, 크리올어는 피진어에 비해 상대적으로 어휘가 더 풍부하고 문법 체계 또한 상대적으로 더 정교하다. 일반적으로 피진어는 상층 언어와 기층 언어가 조합되면서 어휘와 문법 측면에서 단순화되는 경향이 있다면, 크리올어는 단순화 과정을 거친 그 피진어가 다시 복잡화의 과정을 거쳐 상대적으로 정교한 언어로 거듭나게 된 것이다. 그 결과 피진어의 경우에 이를 모어로 사용하는 화자가 없는 반면에, 크리올어는 이를 제1언어로 사용하는 일정 언어공동체가 존재한다. 크리올어의 대표적인 경우로는 바로 파푸아 뉴기니의 공식 언어 중 하나인 톡피신어(Tok Pisin)를 들 수 있다. 이러한 피진어가 처음 생성된 이후에 크리올어가 되기까지의 변천 과정을 뮐호이슬러(Mühlhäusler 1997)은 "pre-pidgins→stable pidgins→expanded pidgins"의 세 단계로 나누어 설명하고 있다.

1.2.2. 이중 언어 사용과 양층어 상황

언어 접촉 연구에서 중요하게 사용되는 또 다른 개념은 '이중 언어 사용'과 '양층어 상황'이다.[2] 이중 언어 사용은 일반적으로 하나의 언어만을 사용하는 상황을 가리키는 용어인 단일 언어 사용(monolingualism)과 대립되는 의미로 사용되고 있다. 이중 언어 사용은 한 개인이나 사회가 일상생활에서 두 개 혹은 그 이상의 언어를 어느 정도 유창하게 사용하는 것을 말하는데, 베이커(Baker 2001)은 이를 '개인적 이중 언어 사용'과 '사회적 이중 언어 사용'의 둘로 나누어 설명하고 있다. 전자는 개인이 이중 언어 사용 공동체에 속해 있는지의 여부와 상관없이 두 개 이상의 언어를 사용하는 것을 말하며, 후자는 공동체 내에 두 개 이상의 언어가 실제로 사용되고 있지만 그 구성원이 반드시 그 언어들에 모두 능숙할 필요는 없는 상황을 말한다. 이중 언어 사용 사회에서 두 언어는 서로 대등한 지위를 갖지만, 구성원 대다수가 사용하는 언어인 다수자 언어가 힘이나 권위의 문제 또는 정치, 교육, 경제 등의 여러 분야에서 상대적으로 적은 인원이 사용하는 소수자 언어보다 우세한 지위를 얻게 되는 경우가 많다.

이중 언어 사용과 다소 유사한 양층어 상황은 퍼거슨(Ferguson 1959)가 처음으로 사용한 용어다. 양층어 상황은 한 언어에 속하는 두 변이어가 같은 시기에 함께 사용되는 상황을 말한다. 이 변이어들은 사용되는 장소나 상황이 엄격히 구분되면서 사회적 차원에서 서로 독립된 기능을 한다. 이들은 그 사용자 수와는 관계없이 상층어와 하층어로 구분되어 상보적으로 사용되는데, 상층어는 주로 종교, 법률, 교육, 행정 등과 같은 영역에서 사용되며 주로 학교에서 정식 교육을 통해 배우게 된다. 반면에 하층어는 가족이나 친구들과의 비격식적 대화 또는 친교를 위한 일상 대화 등에서 주로 사용되며 가정에서 모어로 습득되는 경우가 많다. 양층어 상황에서는 특정 상황에서 주로 사용되는 언어를 모를 경우에 불이익을 받을 수 있다. 예를 들어 정치 분야에서 사용되는 상층어를 모를 경우 일상생활에는 문제가 없지만 투표를 하는 과정에서는 불편을 겪게 될 가능성이 있다. 피시먼 (Fishman 1967)은 퍼거슨(Ferguson 1959)에서의 개념과 달리, 서로 다른 두 언어가 각자의 기능을 엄격하게 구별하여 수행하는 상황까지를 포함하는 것으로 양층어 상황을 확대하여 설명하였다. 이에 해당되는 대표적인 상황으로는 파라과이의 언어 사용 상황을 들 수 있다. 여기에서는 스페인어가 각종 행정이나 교육 현장에서 상층어로 사용되고, 스페인어와 아무런 관계가 없는 토착 인디언 언어인 과라니어가 인구의 약 90%가 사용하고 있음에도 불구하고 하층어로 사용되고 있다.

일반적으로 한국 사회의 경우 양층어 상황은 존재하지 않으며, 이중 언어 사용의 모습은 21세기 초 이후 외국인 노동자의 유입과 외국 여성들의 결혼 이주가 많아지면서 조금씩 늘어나고 있다. 최근 다문화 가정이 계속적으로 늘어나게 됨에 따라, 앞으로 한국 사회는 이중 언어 사용 현상 또한 더욱 확대되어 나타날 것으로 보인다.

1.2.3. 언어 접촉 이후의 다양한 언어 상황

역사적으로 볼 때 순수하게 하나의 언어만이 사용된 언어공동체는 없다고 해도 과언이 아닐 것이다. 일반적으로 단일 언어 사용 국가라고 생각해 왔던 한국 사회의 경우도, 내부를 세밀히 살펴보면 한국어와 수많은 외국 어들 사이의 언어 접촉이 항상 존재해 왔다. 이처럼 언어 접촉은 세계 어느 곳에서나 보편적으로 나타나는 현상으로 그 이후에는 필연적으로 언어 갈 등을 유발하게 된다. 인도의 경우 힌디어와 타밀어 간의 언어 갈등, 캐나다 의 경우 영어와 프랑스어 사이의 갈등 문제는 그 대표적인 경우다. 접촉 언 어학에서는 이런 언어 접촉에 따른 언어 갈등 상황에서 발생하는 언어 유 지, 언어 교체, 언어 사멸, 언어 소생 등의 문제를 다루고 있다. 우선 언어 갈등 상황에서는 특정 언어에 대한 언어 태도(language attitude)가 중요한 역 할을 하게 되는데, 이 태도는 자신이 사용하고 있는 언어 또는 그 언어의 사용자들에 대해 가지는 주관적인 견해를 말한다. 이것은 결국 언어 갈등 속에서 자신의 언어가 유지되기를 바라는 정도인 언어 충성도(language loyalty)와 그 사람의 언어 행동에 큰 영향을 끼치게 되므로 언어 갈등 상황 에서 매우 중요한 의미를 갖게 된다.

먼저 언어 유지는 언어 갈등 상황에서 자신의 언어가 다른 언어로 교체 되거나 사라지게 될 위험성이 있을 때 자신의 언어를 보존하기 위해 그 언 어를 지속적으로 사용하는 것으로, 대개의 경우 소수 언어공동체의 구성원 들이 사회적으로 더 위세가 있는 언어의 지배력에 저항하여 행하는 노력을 말한다. 이와 달리 하나의 언어를 사용하던 언어공동체가 수적으로나 사회 적인 영향력 측면에서 더욱 강력한 언어를 동시에 사용되게 되는 이중 언 어 사용의 과정을 거쳐 결국 새로운 언어의 단일 언어 사용 상황으로 변화 되는 것을 언어 교체라 한다. 이러한 언어 교체는 다른 집단에게 정복을 당 하게 되는 경우 발생하는 경우가 많지만, 그 이외에도 경제적으로나 정치 적으로 자연스럽게 동화되는 경우에도 발생할 수 있다. 이렇게 언어 교체 가 이루어지게 되면 교체된 언어를 유지하려는 노력이 힘을 발휘하지 못할 경우, 그 언어는 존재 자체가 위협을 받게 되어 결국 사라지게 될 수 있는 데 이것을 언어 사멸이라 한다. 영국 북부의 픽트어나 이탈리아 중부의 에 트루리아어는 완전한 언어 사멸을 겪은 언어의 대표적인 사례들이다(한국 사회언어학회 2012: 139). 이러한 언어 사멸은 현재에도 지속적으로 발생하고 있으며, 영어, 중국어, 스페인어 등의 영향력이 점점 확대됨에 따라 아직 남아 있는 소수 민족의 언어들은 특별한 조치가 이루어지지 않을 경우 곧 언어 사멸의 단계에 이를 것으로 전망되고 있다.

이상에서 살펴본 바와 같이 서로 다른 언어들이 전쟁 혹은 경제, 문화적인 교류 등으로 인해 언어 접촉의 과정을 거쳐 언어 갈등을 겪게 될 때, 해당 국가 정부의 언어 정책이나 국민들의 언어 태도 등에 따라 다양한 언어 상황이 전개될 수 있다. 그것은 앞에서 설명한 언어 유지, 언어 교체, 언어 사멸 등의 모습으로 나타나게 될 것이며, 경우에 따라서는 이미 사멸된 언어가 특정 개인이나 집단의 노력에 힘입어 다시 살아나게 되는 언어 소생의 모습으로 나타날 수도 있다. 이러한 언어 접촉 이후의 다양한 모습들은 지리적 또는 사회적으로 인접해 있으며 서로 이해 가능한 두 방언이 접촉하는 현상을 말하는 방언 접촉(dialect contact)에서도 유사하게 나타날 수 있다.3)

언어 또는 방언 차원에서 발생하는 위의 모습들이 전통의 접촉 언어학에서 주로 다루었던 것들이라면, 최근의 사회언어학에서는 코드 선택(code choice), 코드 전환(code-switching), 코드 혼용(code-mixing)의 문제를 중요하게 다루고 있다.4) 먼저 코드 선택은 둘 이상의 언어나 방언 즉 코드들을 사용하는 이가 현재 처해 있는 사회적 맥락을 고려하여 특정한 코드를 사용하기로 결정하는 것을 말한다. 이러한 코드 선택은 개인적 차원과 국가적 차원의 둘로 나누어 볼 수 있다. 개인적 차원은 화자가 대화 상대, 대화 주제, 대화의 공식성 등을 고려하여 자신이 사용할 코드를 스스로 선택하는 것을 말하며, 국가적 차원의 코드 선택은 해당 국가의 국가어나 공용어를 어떤 언어로 선택할 것인지, 또는 어떤 방언을 표준어로 선택할 것인지를 결정하는 것을 말한다.

다음으로 코드 전환은 이중이나 다중 언어 사용 사회에서 화자들이 상황 맥락에 따라 여러 언어를 바꿔가며 말하는 것, 또는 화자들이 하나의 언어 안에 있는 여러 방언들을 마찬가지로 상황 맥락에 따라 바꿔가며 말하는 것을 뜻한다. 이와 달리 코드 혼용은 발화 중에 상황 맥락의 변화가 없음에도 사용하는 코드들 간의 전환이 빠른 속도로 자주 일어나는 것으로, 화자가 어떤 코드를 사용하고 있는지조차 불분명한 경우를 말한다. 이러한 코드 전환과 코드 혼용은 해당되는 코드들에 대한 불완전한 지식 때문에 발생하는 것이 아니라, 화자가 전략적인 측면에서 자신의 대화 목적을 달성하는 데 유용하다고 생각되는 코드로 전환하거나 둘 이상의 코드를 섞어서 함께 사용하는 것으로 볼 수 있다. 이러한 능력은 사회생활에서 다른 이와 의사소통을 효과적으로 하는 데 있어 아주 유용한 기술이 된다.

1.2.4. 외래어의 차용

언어 접촉 상황에서 또 흔히 발생하는 것이 어휘 차용(borrowing)이다. 고유어로만 이루어진 언어를 사용하고 있는 언어공동체를 찾아 볼 수 없을 만큼, 한 언어에서 차용어는 필연적인 산물이라고 할 수 있다. 어떤 형태로든 해당 사회의 문화가 발전하는 과정에서 새로 탄생한 개념이나 대상을 가리킬 어휘가 없을 경우에는 현재 접촉하고 있는 언어들 중 상대적으로 문화적 영향력이 큰 언어권에서 그에 해당하는 어휘를 들여오게 되는 경우가 많다. 즉 차용은 자신의 언어에 적당한 어휘가 없는 경우 그것을 다른 언어에서 빌려 오는 것을 말한다. 차용은 언어의 모든 영역 즉 음운, 형태, 어휘, 문법 등의 차원에서 발생할 수 있다. 하지만 그중에서 차용 현상이 가장 활발하게 나타나는 것은 어휘 분야인데, 보통 어휘의 차용이 상대적으로 수월하기 때문이다. 결과적으로 '차용' 하면 차용어를 생각하게 되는 경우가 많다.

두 개의 언어를 사용하는 이중 언어 사용 기간이 길어지게 되면 어휘 차용이 대규모로 발생하게 되는 경우도 있다. 11세기 중반 영국의 귀족들과 왕실의 원로들이 프랑스어를 사용하기 시작한 이후 몇 세대가 지나서 이들은 이중 언어 사용자가 되었지만, 나중에 이들은 다시 점차 영어만을 사용하게 되고 프랑스어는 사실상 외국어가 되었다. 그럼에도 불구하고 프랑스어는 이미 영국 영어에 큰 영향을 끼쳤고 상당수의 프랑스어 어휘가 영국 영어로 차용되는 결과를 낳았다(박영배 2003: 157~158).

한국어의 경우 오랜 과거부터 중국어에서 많은 어휘를 차용하였고 현대에 이르러서는 일본어와 영어 및 여러 유럽어들에서 많은 어휘를 차용하여 사용하고 있다. 국내 사회언어학 연구는 이러한 외래어의 차용 모습에 대해 지속적으로 관심을 기울여 오고 있다.

2. 주요 연구 성과

이 절에서는 지난 30년간의 언어 접촉 현상 연구 성과를 《사회언어학》에 게재된 논문을 중심으로 살펴보겠다. 언어 접촉에 대한 연구 결과는 1절에서 살펴본 피진어, 크리올어, 이중 언어 사용, 양층어 상황 그리고 외래어 차용 등과 같은 연구 범주별로 분류하는 것이 일반적이다. 하지만 여기에서는 언어 접촉이란 것이 '특정 장소'에서 '둘 이상의 언어'가 접촉하는 현상이라는 점에 착안하여, 접촉의 장소가 국외와 국내 중 어느 곳인지 그리고 접촉하는 언어들은 어떤 언어들인지를 기준으로 하여 분류해 보고자 한다. 결과적으로 이 절에서는 첫째 국외에서 발생한 외국어 간의 언어 접촉, 둘째 국외에서 발생한 한국어와 외국어 간의 언어 접촉, 셋째 국내에서 발생한 한국어와 외국어 간의 언어 접촉, 마지막으로 국내에서 발생한 한국어의 방언 간 접촉, 이상의 넷으로 분류하여 언어 접촉 연구 성과를 개략적으로 살펴보겠다.

2.1. 국외에서 발생한 외국어 간의 언어 접촉

언어 접촉에 대한 연구 성과 중 그 수가 가장 많은 것은 국외에서 발생한 외국어 간의 언어 접촉에 대한 연구다. 사회언어학회의 초창기에는 유럽과 아프리카, 태평양 및 대서양의 적도 지역 등에서 발생하고 있는 언어 접촉의 문제가 한국 사회의 언어 사용과는 직접적인 관련성이 없는 문제라는 인식이 있어 큰 주목을 받지 못했던 면이 있다. 하지만 이 분야의 다양한 연구 성과는 재외 동포의 한국어 및 외국어 사용과 관련된 문제 그리고 국내에서 발생하고 있는 한국어와 외국어 간의 다양한 언어 접촉 문제들을 연구하는 데 있어 큰 밑거름이 되었다.

앞에서 잠시 언급한 바와 같이, ≪사회언어학≫에서 처음으로 언어 접촉의 주제를 다룬 연구 논문은 김경석(K. S. Kim 1993)이다. 이 논문에서는 아프리카의 신생 독립국인 탄자니아가 스와힐리어를 영어와 함께 공용어로 채택하고 그 위상을 높여간 언어 정책의 성공 사례를 소개하고 있다. 즉 정부의 공공기관과 국립대학교 연구소들의 적극적인 활동을 통해 교육, 행정, 의회, 사법, 군대, 경찰 업무 등의 분야에서 스와힐리어가 일정한 역할을 수행하게 함으로써 그 위상을 높이고, 현대 산업 사회에서 사용되는 주요 개념들을 표현할 수 있도록 어휘를 현대화하고 표준화한 일련의 과정을 설명해 주고 있다. 이러한 탄자니아의 사례는 사회 전반에서 영어가 큰 영향력을 가지게 된 상황에도 불구하고, 자신들의 고유 토착어인 스와힐리어에 힘을 실어 주어 결국 그 언어를 보존하게 된 신생 독립국의 성공적인 언어 유지 사례를 잘 보여 주고 있다.

김진수(1994)는 프랑스어 사용권 아프리카 국가들에서 발생한 토착어와 프랑스어 사이의 언어 접촉 현상을 언어 교육과 언어 정책 측면에서 살펴보고 있다. 먼저 교육적 측면에서, 대부분의 국가들은 프랑스어가 교육의 언어가 되었고 토착어들은 초등학교 과정에서만 사용되고 있지만, 초등 교육 현장에서 토착어가 만족할 만한 효과를 보지 못하고 있음을 설명하고 있다. 예를 들어 기니(Guinee)에서는 모든 초등학교에서 토착어로 교육하는 정책을 세웠으나 교사들은 프랑스어로 교육하도록 양성되어 있어 그러한 정책은 실패하고 말았다. 그리하여 이들 아프리카 국가의 아이들에게 프랑스어는 비록 모국어는 아니지만 교육의 언어로서 신분 상승을 꾀할 수 있는 한 요인이 되기에 이르렀다. 이 논문은 이러한 상황이 될 때까지 어느 정부도 그러한 교육 제도의 실태를 문제 삼지 않았다고 지적하고 있다. 다음으로 정책적 측면에서 보면, 이들 국가에서 프랑스어는 이미 권위의 언어가 되어 있어서 모든 부모들은 자식들이 프랑스어를 배우기를 기대하고 프랑스어 교육의 재도입을 환영하고 있는 상황을 설명하고 있다. 그 결과 일부 지역에서는 프랑스어를 배우기 위한 사립학교가 만들어지기도 하였으며 프랑스어가 국민 통합과 신분 상승의 요인으로 기능하게 되었다고 설명하고 있다. 이 논문은, 비슷한 언어 상황에서 자신의 토착어를 유지하는 데 성공한 탄자니아의 경우를 설명하고 있는 김경석(K. S. Kim 1993)과는 달리, 프랑스어 사용권 아프리카 국가들이 토착어와 프랑스어의 오랜 언어 접촉의 결과 자신들의 토착어를 유지하는 데 실패한 사례를 잘 보여 주고 있다.

조주연(1994)는 피진어와 크리올어에 대한 연구다. 국내의 학계에서 다소 생소한 연구 주제였던 피진어와 크리올어에 대한 이해를 돕기 위해 그것의 기원설을 설명하고 있다. 그 대표적인 설로 유아 언어설, 선원 언어설, 대치설, 공통 중심 독자 발달설, 하층 구조설, 보편적 언어 학습설 등 여섯 가지의 기원설들이 가지고 있는 장단점을 설명하면서, 비록 이 각각의 설들이 나름대로의 문제점을 가지고 있으나 피진어와 크리올어 연구에 많은 기여를 하였다고 평가하였다. 연구자는 인간만이 생득적으로 가지고 있는 보편적 언어 학습 능력을 통해 전 세계에 퍼져 있는 피진어와 크리올어의 유사성을 설명하고 있는 보편적 언어 학습설이 많은 학자들로부터 호응을 받고 있다고 설명하였다. 이 논문에서는 크리올어학이 사회언어학의 미래 연구 분야로 부각되고 있다고 평가하였으며, 국내 학계는 이 논문을 통해 피진어와 크리올어에 대한 이해의 폭을 넓게 되었다.

박준언(1995)는 다민족으로 구성되어 있는 미국 사회에서 이중 언어 사용과 이중 언어 교육에 대한 인식이 변천되어 온 과정을 설명하고 있다. 20세기 전반에는 미국의 앵글로아메리칸 방식의 보수주의적 사회 분위기를 정당화하기 위한 일환으로 이중 언어 사용에 대한 연구가 진행되었으나, 1960년대에 이르러 미국의 소수 이민 민족들의 지위가 예전보다 높아지면서 이중 언어 사용과 교육에 대한 긍정적 인식이 일어나기 시작했다. 이러한 분위기는 1970년대와 1980년대를 거치면서 연방 정부와 주 정부의 재정적 지원을 통해 좀 더 확실하게 자리를 잡아가는 듯했다. 하지만 1980년대 중반 이후부터는 미국의 재정적 어려움과 보수주의적 인식의 재출현으로 말미암아 이중 언어 교육 프로그램들이 줄줄이 축소되거나 폐지되어 오고 있어 미국 사회에서의 이중 언어 교육의 미래가 불투명하다는 전망을 제시하고 있다. 이 논문은 언어 정책에 있어서 언어 태도가 얼마나 중요한지, 그리고 언어 문제와는 상관없는 재정적 문제가 언어 정책에 매우 큰 영향을 끼칠 수 있다는 사실을 잘 설명해 주고 있다.

이진성(J. S. Lee 1995)와 이진성(J. S. Lee 1998)은 남미 북동 해안에 위치한 수리남에서 사용되는 크리올어인 스라난어(Sranan)를 연구한 결과다. 먼저 이진성(J. S. Lee 1995)는 스라난어의 단어들이 영어를 기반으로 해서 어말 모음 첨가, 어말 자음 탈락, 음운 도치의 세 가지 방법을 통해 개방 음절을 선호하는 단어들로 형성된 과정을 음운론적인 측면에서 설명해 주고 있다. 또한 이진성(J. S. Lee 1998)은 크리올어인 스라난어에서 모음 탈락 현상은 그것에 대한 이해가 없이는 회화체의 스라난어를 전혀 구사할 수 없을 만큼 매우 중요하다고 강조하면서, 회화체의 스라난어에서만 특별하게 나타나는 어말 모음 탈락 현상에 대해 설명하고 있다. 이상의 두 연구는 크리올어에서 발견되는 음운론적 규칙을 통해 모음 탈락의 가능성과 그 정도가 설명될 수 있음을 밝혔다는 데 그 의의가 있다.

신남선(N. S. Shin 1999)는 시인 데이빗 다비던(David Dabydeen)이 크리올어 어휘로 쓴 시 'Slave Song'을 연구한 것이다. 이 논문에서는 먼저 언어학적 관점에서 크리올어가 생성되는 일반적 과정을 살펴보고, 가이아나 공화국 출신의 영국 이민자인 시인이 고국을 그리워하면서 예전에 사용했던 크리올어로 시를 지음으로써 잃어버린 자신의 정체성을 깨닫고자 하는 심리적 갈망을 파헤쳐 보고 있다.

연호택(1999)는 이중 언어 사용에 대한 연구다. 이 논문은 중국 운남성에 거주하는 소수 민족인 싸니인 153명을 대상으로, 이들이 자신들의 모어인 싸니어와 한족 중심 사회의 지배 언어인 한어를 함께 사용하고 있는 모습을 살펴보았다. 이들은 일반적으로 싸니어와 한어 중 하나를 상황과 대상에 따라 선택적으로 사용하는 모습을 보여 왔으나, 지배 민족인 한족과의 접촉이 그들의 생존이나 생활과 관련하여 중요한 의미를 지니게 됨에 따라 한어의 습득과 사용이 불가피해지고 있다. 반면 모어인 싸니어는 독백이나 동족과의 비공식적인 대화 상황에서만 사용되고 소수 청소년들은 집에서 부모와의 대화에서조차 모어를 잘 사용하지 않는 경향이 있다고 보고하고 있다. 또한 이들의 싸니어에 대한 부정적 언어 태도로 말미암아 향후에는 한어 사용이 더 확대될 것으로 예상하고 있다. 이 논문에서는 논의를 위해 먼저 싸니어의 언어학적 특성을 자세히 설명해 주고 있는데 반해, 싸니인 들의 실제 이중 언어 사용 모습은 구체적인 사례가 없이 아주 간단하게만 언급되고 있어 다소 아쉬움이 있다.

이덕호(2000)은 초기 독일어와 영어 사이의 언어 접촉을 다루고 있다. 중세 초기 게르만 민족의 이동 이후에 게르만 민족의 기독교화와 앵글로색슨 족의 독일 선교 활동이 이어졌는데, 이 논문에서는 이 과정에서 외래어인 영어가 초기 독일어로 차용되어 들어오게 되는 모습을 그 차용 시기, 동기, 차용과 정착의 과정 등으로 나누어 구체적으로 살펴보고 있다.

강현석(2000가, 2000나)는 지역 표준 영어와 트리니다드 크리올 영어 사이의 크리올어 연속체가 형성되어 있는 트리니다드의 언어 사용 상황에 대해 연구하고 있다. 먼저 강현석(2000가)는 트리니다드의 세 어린이가 언어를 학습하는 과정을 살펴보고 있다. 대체로 트리니다드 화자들은 공공의 상황에서 지역 표준 영어를 사용하고 친족이나 단결의 정서가 필요한 상황에서는 크리올 영어를 주로 사용하지만 이 둘을 섞어 사용하는 경우도 많다. 이 논문에서는 언어 사용 환경이 주로 지역 표준 영어 또는 크리올 영어에만 각각 노출되어 있는 두 명의 어린이와 두 언어 모두에 노출되어 있는 어린이, 총 3명을 대상으로 이들이 트리니타드 크리올어 연속체에서 크리올 영어와 지역 표준 영어 사이에서 각자 다른 특질을 보이는 '단순과거(∅ vs -ed)', '진행(V-in(g) vs be+V-in(g))', '습관적 현재(does vs ∅)', '미래(go vs will)'의 네 가지 시제와 상에서 어떤 특질을 선택하여 사용하고 있는지를 조사하였다. 그 결과 어린이들의 언어 사용 패턴은 성인 화자들의 패턴과 동일하다는 것, 즉 아이들이 사용하는 언어 특질은 그들에게 노출된 언어의 특질이 반영된 것이라는 점을 확인하였는데, 이는 언어 학습 과정에서 입력 언어가 얼마나 중요한가를 보여 주는 것이라고 설명하고 있다. 또한 이 연구에서는 언어 접촉의 환경에 있는 아이들이 사용하는 언어에 대한 연구는 접촉 중인 언어들 간의 상호관계 그리고 향후의 언어 변화 방향을 이해하는 데 큰 도움이 될 수 있음을 언급하고 있다.

다음으로 강현석(2000나)는 크리올어 연속체 상황에 있는 트리니다드 화자들의 언어 사용과 사회 계층 사이의 관계를 연구하였다. 이들이 3인칭 단수 현재 동사 표시(z)와 과거시제 표시(-ed)를 사용하는 모습은 그들의 사회 경제 계층(Ⅰ(상위 계층), Ⅱ-Ⅲ(중간 계층), Ⅳ(하위 계층))과 깊은 관계가 있으며, 특히 계층 Ⅲ의 경우 사회언어학적 현상의 하나인 과잉 수정5)의 모습을 보이고 있음을 밝히고 있다. 즉 계층 Ⅲ의 구성원들은, 자기들끼리 다소 폐쇄적으로 생활하는 계층 Ⅳ의 구성원들과는 달리, 상위 계층 구성원들과 자주 접촉하기 때문에 아주 공식적인 상황에서는 지역 표준 영어를 구사해야 한다는 사회적 압박 속에서 과잉 수정의 모습을 보여 주는 것으로 설명하고 있다. 또한 이러한 과잉 수정의 모습은 크리올어 연속체가 존재하는 언어 접촉의 상황에서 그 연속체의 성격 그리고 언어 접촉의 성격을 규명하는 데 큰 도움을 줄 수 있다고 보고하고 있다.

김건환(2000)은 언어 접촉 상황에서의 어휘 차용을 살펴본 연구다. 여기에서는 독일어에 유입된 라틴어, 프랑스어, 영어 차용어를 역사적으로 고찰하면서 그 유입된 차용어와 당시를 주도했던 시대정신 사이에 어떤 관련성이 있는지를 분석하고 있다. 예를 들면, 6~9세기에는 게르만인들의 기독교화가 진행되면서 로마의 수도원 문화와 함께 대량의 라틴어들이 독일어에 유입되었으며, 기사 궁정 문화 시대였던 11~13세기에는 기사 계층이 문학을 주도하게 되면서 프랑스의 기사 궁정 문학과 함께 프랑스어 차용어들이 독일어에 유입된 것으로 설명하였다. 또한 산업화, 현대화, 민주화가 독일에 영향을 미치던 19세기에는 산업 혁명과 의회 민주주의가 발전한 영국으로부터 많은 문물이 들어오면서 영어 어휘들이 독일어에 차용되었다고 보고하였다. 이 논문에서는 언어의 차용은 받아들이는 공동체의 적극적인 자세와 그 차용어를 받아들여 자연스럽게 자기의 언어에 용해시킬 수 있는 시대정신이 함께 있어야 하며, 이렇게 차용된 언어는 결국 해당 언어공동체의 의식과 생활 양식을 변화시키게 된다고 설명하고 있다.

김형준(2001)은 인도네시아에서의 공용어 지위에 대한 연구다. 인도네시아에서는 인도네시아어와 자바어가 비록 전형적인 양층어 상황은 아니지만 그와 비슷한 모습으로 사용되어 왔다. 그런데 정부가 주도로 하는 근대화에 의해 공용어인 인도네시아어는 그 사용이 점차 확대되었고, 국가 전체적으로 이슬람화가 진행됨에 따라 이러한 분위기는 자바어를 사용하는 자바인들의 언어생활에 많은 영향을 끼치게 된다. 또한 교육이나 행정, 방송 등에서 공식 언어로 기능하게 된 인도네시아어는 다종족 사회를 성공적으로 통합시키는 데 큰 공헌을 하게 된다. 그 결과 인도네시아어는 어휘뿐만 아니라 발음이나 구문의 수준에서도 자바어에 깊이 침투하여 코드 혼용의 양상이 나타나게 된다. 또한 자바 사회의 이슬람화에 따라 이전까지는 자바어식으로 발음하던 종교 용어를 아랍어식에 가깝게 발음하려는 경향도 발생하고 있다. 이 논문에서는 이와 같은 시대적 변화에 따라, 인도네시아어가 자바어를 대신하여 의사소통의 매개 언어로 획득한 지위를 계속 더 공고하게 유지해 나갈 것으로 전망하고 있다.

한건수(2001)은 나이지리아에서의 언어 접촉 상황에 대해 살펴보고 있다. 과거에 아프리카 나이지리아 지역에서 유럽의 선교사들은 요루바 사람들이 형성했던 여러 왕국 중의 하나인 오요 왕국의 언어를 성경 번역과 학교 교육에서의 표준어로 선택하였는데 이것이 바로 표준 요루바어다. 이후 나이지리아가 영국으로부터 독립하자, 영어는 국가 통합에 필수적인 공용어의 지위를 차지하게 되었고, 영어를 사용하는 엘리트들에게 있어 영어는 아주 중요한 정치적 권력의 상징으로 활용되었다. 그런데 공식적 상황에서는 영어를 사용하는 것이 당연시되는 분위기이지만, 몇몇 정치 지도자들은 자신들의 정치적인 의도를 가지고 일부러 영어 대신 요루바어를 선택하여 사용기도 하였다. 또한 어떤 경우에는 요루바족에 속하지 않은 이들도 자신들의 종족 언어를 사용하거나 표준 요루바어와 함께 코드 전환을 함으로써 자신들의 종족적 정체성을 나타내려고 하는 경우도 있었다. 이 논문에서는 이처럼 영국으로부터 독립하여 근대 국가를 건설해 나가는 과정에 있는 나이지리아에서 공용어인 영어와 종족 언어인 요루바어 사이에 발생하고 있는 역동적인 상호관계를 흥미롭게 설명해 주고 있다.

김건환(2003)은 언어 접촉으로 인해 발생한 언어 차용 현상을 독일어의 사례를 중심으로 보고하고 있다. 이 책에서는 역사적으로 유럽의 인접 국가들과 많은 갈등을 겪어온 독일의 언어 접촉에 주목한다. 지리적으로 볼 때 과거 독일은 주변국인 프랑스나 영국, 이탈리아 등에 비해 정치, 경제, 문화적인 측면에서 상대적으로 낙후되어 있었기 때문에, 잦은 언어 접촉 상황에서 주변국의 언어들로부터 많은 어휘를 차용하게 되었다. 따라서 이 책에서는 라틴어, 프랑스어, 영어, 슬라브어, 그리스어, 이탈리아어로부터 유입된 차용어들을 확인하고 그러한 차용어가 도입된 배경을 당시에 독일을 주도했던 시대정신으로 설명하고 있다. 또한 외래어의 차용이 기존의 언어를 혼탁하게 한다는 관점을 가질 수도 있지만, 독일어의 경우 외부로부터 차용된 수많은 어휘들이 독일어의 표현력을 더욱 키워 주었으며 독일인들의 삶과 문화를 더욱 풍부하게 하였다고 보고 있다. 일반적으로 언어 순수주의 입장에서는 언어 차용이 부정적인 성격의 것으로 받아들여질 수 있겠지만, 이것이 기존의 언어에 긍정적 영향을 미칠 수도 있다는 것을 언급하고 있다는 점에서 큰 의미가 있어 보인다.

김남국 옮김(2009)는 소수 민족 언어 문제를 연구한 르네 아펠(René Appel)과 안데스 산맥 지방의 케추아어와 스페인어의 언어 접촉에 관심을 가졌던 피터 뮤스켄(Pieter Muysken)이 공저한 ≪언어접촉과 2개언어상용≫을 번역한 것이다. 이 책에서는 언어 접촉은 필연적으로 이중 언어 사용에 이르게 된다고 보면서, 이 언어 접촉과 이중 언어 사용의 문제를 사회적, 심리적 그리고 언어적 양상으로 나누어 살펴보고 있다. 첫째로 사회적 양상에서는 언어와 정체성의 문제, 언어 선택의 사회적 성격, 언어 계획, 이중 언어 교육의 문제를 다루고 있으며, 둘째로 심리적 양상에서는 이중 언어 사용자들의 두뇌 속에서 두 언어가 저장되고 습득되는 방법을 다루고 있다. 마지막으로 언어적 양상 측면에서는 언어 전환과 언어 혼용, 어휘 차용, 피진어와 크리올어처럼 이중 언어 사용 상황에서 나타나는 다양한 언어 사용 양상과 결과를 구체적인 예를 들어 설명해 주고 있다. 이 책의 제목에 있는 '2개언어상용'은 ≪사회언어학 사전≫에 따르면 '이중 언어 사용'을 말하는 것이다. 이 책은 영어 공용어화 그리고 개인적 차원의 이중 언어 사용 양상이 확대되고 있는 국내의 언어 상황에서 관련되는 여러 개념들을 상세히 설명해 줌으로써 많은 언어 접촉 연구자들에게 큰 도움을 주고 있다.

김해연(H. Y. Kim 2010)은 과거 일본에서의 영어 어휘 차용 모습을 연구하였다. 일본은 19세기 중반 이후 영어 사용 국가와의 접촉을 통해 영어에서 많은 차용어들을 들여왔는데, 이 논문에서는 그 차용어들의 축약 유형과 그 언어학적 동기에 대해 살펴보고 있다. 이 차용어들은 일본어의 음성학적 그리고 형태론적 규칙에 따라 일본어로 통합되었다. 이 논문은 그 축약의 유형에 자음 축약(子音 縮約, consonantal abbreviations), 두자어(頭字語, acronyms), 두문자어(頭文子語, initialism), 절단(切斷, clipping), 혼성(混成, blending)의 다섯 가지가 있는데, 그중 반 이상의 어휘가 절단에 의한 것임을 밝히고, 그러한 축약의 동기로는 경제성과 변별성을 제시하고 있다.[6]

정경택(2017)은 벨라루스가 벨라루스어와 러시아어를 동시에 사용하는 이중 언어 사용 국가가 된 역사적 배경을 살펴보고 있다. 150여 년간의 러시아 제국 지배와 70년 동안의 소련 통치를 받았던 벨라루스는 1990년 독립 이후에 민족 정체성을 확립하기 위한 상징적 조치로 벨라루스어를 유일한 공식어로 선정하고 벨라루스어만으로 교육을 하는 학교를 세우는 등 벨라루스어의 지위를 확고히 하려는 노력을 적극적으로 기울인다. 하지만 벨라루스는 독립 이후 6년만인 1996년에 헌법 개정 국민 투표를 통해 벨라루스어 외에 러시아어에도 국어의 지위를 인정하게 된다. 이는 러시아인이나 러시아어에 대한 단순한 동경에 의해서가 아니라, 당시의 벨라루스인들 100%가 러시아어를 자유로이 구사하는 데 반해, 벨라루스어를 자유로이 구사하는 국민의 비율은 5% 정도밖에 되지 않는 문화, 역사적 배경에 의한 것임을 잘 설명해 주고 있다.

정성훈·김선효(2018)은 중국의 남중국 연안에서 형성된 중국 피진 영어의 자음 교체 양상을 살펴보고 있다. 이 논문에서는 대표적인 중국 피진 영어 자료이면서 표제어가 문장으로 된 특성을 가진 ≪영어집전≫ 제6권을 대상으로 중국 피진 영어의 음운 현상을 살펴보았다. 그 결과 예를 들면 광동어에는 [v]가 없으므로 대개 [f]로 교체가 되는데, 형태소 어두에서는 [w], 어말에서는 단모음일 때 [p], 이중모음일 때 Ø로 교체된다는 사실을 밝히고 있다. 또한 이 논문은 언어학에서 피진어 연구에 대한 논의가 매우 유용함에도 아직 국내에서는 피진어에 대한 연구가 미진한 상태라며 이에 대한 활발한 연구를 기대하고 있다.

이상에서 살펴본 바와 같이, 국외에서 발생한 외국어 간의 언어 접촉에 대해서는 아프리카, 미국, 유럽, 아시아 등 거의 모든 대륙에서 발생하고 있는 언어 접촉을 아주 다양하게 살펴보고 있다. 이러한 외국어들 간의 언어 접촉에 대한 연구들, 특히 언어 접촉에서의 주요 개념을 소개하는 초창기의 논문들은 이후에 한국어가 관련되는 언어 접촉의 문제를 연구하는 데 있어 이론적 그리고 연구 방법론적인 면에서 많은 도움이 되고 있다.

2.2. 국외에서 발생한 한국어와 외국어 간의 언어 접촉

국외에서 발생한 한국어와 외국어 간의 언어 접촉에 대한 연구는 주로 미국, 일본, 중국 등으로 이민을 간 한국인 1세대 또는 2~3세대들이 사용하는 한국어와 해당 국가의 언어 사이에서 발생하는 언어 접촉에 대한 문제를 주로 다루고 있다.

먼저 박준언(J. E. Park 1993)은 미국에 사는 한국인 아동들의 이중 언어 사용 모습을 살펴보고 있다. LA에 거주하는 한국인 이민 아동들은 한국어와 영어를 함께 사용하면서 코드 전환을 하는 모습을 자주 보인다. 이 아이들은 대화 참여자들의 언어 유창성 정도, 대화 참여자들의 특정 언어 선호도와 같은 여러 가지의 상황적 요인에 따라 코드 전환을 하며, 전달 내용을 명확하게 하거나 청자의 관심을 유도하려는 등의 의사소통상의 목적 달성을 위해서도 코드 전환을 하였다. 이 논문에서는 이러한 이민 아동들의 이중 언어 사용 현상은 거주국의 언어를 습득해 나가는 과정으로서 중간 언어적 성격을 지니고 있다고 설명하고 있다.

강정희(2002)는 일본의 오사카에 거주하는 제주 출신 재일 동포 1세대 화자들을 대상으로 'ㆍ' 모음의 사용 비율을 조사하였다. 그 결과 70세 이상의 고령 집단에서는 약 70%의 보존율이 확인되었으나 60세 이하에서는 그 모음의 사용 모습이 발견되지 않았다. 이 논문에서는 그 이유를 60세 이하의 재일 동포들은 한국전쟁과 외지인의 급격한 이주로 인해 제주에서 'ㆍ' 모음이 사라졌던 1950~1960년대에 언어 습득을 완성한 이후에 일본으로 이주했기 때문으로 설명하고 있다. 그런데 이 연구는 제주 출신 재일 동포들이 모국어와 일본어를 함께 사용하는 언어 접촉 상황에서 발생한 문제를 연구한 것이 아니다. 엄밀하게 말하면, 70세 이상의 고령 재일 동포들이 일본으로 이주하기 이전에 사용했던 제주의 방언형이 일본 재일 동포 사회에 그대로 보존되고 있는 모습을 밝힌 것이라 할 수 있겠다.

박경래(2002가, 나)는 중국 내 소수 민족 중의 하나인 연변 조선족의 언어 사용 모습을 연구하였다. 먼저 박경래(2002가)는 조선족들의 모국어 사용 실태를 살펴보고 있다. 이들은 가정에서 조선어를 일상어로 사용하고 한어보다 조선어를 더 긍정적으로 평가하며 그에 따라 조선어를 훨씬 더 잘 구사하였다. 이것은 중국 당국이 그동안 취해 왔던 소수 민족 정책이 큰 역할을 한 것으로 생각된다. 하지만 21세기에 들어서면서 연길시의 경우 이러한 중국의 우대 정책이 점차 약화되면서 아이들에게 한어를 가르치려는 부모들이 늘어나고 있으며 저학년일수록 한족 학교에 다니는 조선족 학생의 비율이 늘어나고 있다고 이 연구는 보고하고 있다. 이 논문은 상대방이 한족인지 조선족인지 모르는 경우에 한어로 대화를 시작하는 이들이 늘어나고 있는 것은 이 소수 민족들이 조선어를 대하는 언어 태도가 변하고 있음을 시사한다고 하며, 이처럼 모국어에 대한 관심이 갈수록 적어지고 있는 시점에서 모국어 교육에 대한 대책 마련이 필요하다는 제언을 하고 있다.

다음으로 박경래(2002나)는 연변 조선족의 언어 태도를 중점적으로 살펴보고 있다. 이들은 조선족이라면 당연히 조선어를 잘 해야 한다는 태도를 보인다. 현실적이고 실용적인 효용성보다는 조선족으로서의 정체성과 같은 것이 크게 작용하여, 이들은 그들의 사회가 이중 언어 사회에서 한어 사회로 전환되는 것을 방어하고 있다. 하지만 부모 세대들에 비해 젊은 학생 세대들은 그러한 당위성이 떨어지고 있으며 점점 현실적이고 합리적인 측면에서 조선어 문제에 접근하고 있음을 밝혀냈다. 또한 이 논문에서는 이들이 조선말 말투에 비해 한국어가 부드럽고 상냥하며 세련되어 보인다고 생각하고 한국어를 배우고 싶어 한다고 보고하고 있다.

강희숙(2003)은 중국 길림성 연길시에 살고 있는 조선족들이 사용하는 국어의 특징을 살펴보고 있다. 연변대학교에서 열린 백일장에서 학생들이 제출한 작품을 대상으로 언어 접촉의 모습을 연구한 결과를 살펴보면, 이들은 중국에서 한국어를 모국어로 유지하면서 중국어를 함께 사용하는 이중 언어 사용자로 살고 있는데, 한족들과 직접 접촉하게 되는 경우가 많아지고 이중 언어 교육을 받거나 이중적 문화생활을 하게 되면서 중국어 어휘 또는 중국어의 관용적 표현을 예전보다 비교적 활발하게 사용하고 있다고 보고하였다.

이장송·신경식(2004)는 중국 흑룡강성 하얼빈시의 신성촌 조선족 공동체에서 나타나는 이중 언어 사용 양상을 코드 전환의 관점에서 연구하였다. 이들은 '조국은 중국, 고국은 한국'이라는 정체성을 보이며 한국 문화와 언어에 대해 긍정적 태도를 보이고 중국어와 한국어를 모두 아주 원활하게 사용할 수 있는 사람들이다. 그런데 이들은 주로 한국어를 제1언어로 사용하지만 경우에 따라서, 예를 들면 상대방에게 경어를 사용해야 하는지의 여부가 애매할 경우에는 중국어로 전환하는 경우가 많고, 또 발화 중에 중국어 어휘를 차용하는 수준의 코드 전환을 자주 하는 것으로 조사되었다. 이러한 현상이 중국 정부의 소수 민족 동화 정책으로 더 두드러지게 나타나는 상황에서, 이들 조선족 사회에서 한국어의 지위를 유지하기가 더욱 힘들어지고 있음을 보고하고 있다.

임영철(2006)은 재미 한국인과 중국 조선족을 대상으로 그들의 의식 구조와 언어 의식 그리고 언어 사용 모습에 대해 설문 조사한 결과를 통계적으로 분석하여 비교 분석한 것이다. 이 논문에서는 재미 한국인이 중국 조선족보다, 한국과 보다 밀접한 인적 교류 관계를 유지하고 있으며, 재미 한국인이 미국 문화에 적응하는 것보다 중국 조선족이 한자 문화권에 속하는 중국 문화에 적응하는 것이 상대적으로 쉽다는 것을 언급하고 있다. 그리고 재미 한국인이나 중국 조선족 모두는 연령대가 높을수록 한국어로 꿈을 꾸거나 한국어로 계산을 하는 비율이 높아지는 경향이 있으며, 연령대가 낮을수록 상대 문화에 대한 적응도가 높다는 것을 보고하였다. 이 논문은 재미 한국인과 중국 조선족의 언어 관련 의식을 통계적 방법으로 비교 분석하고 있다는 점에서 남다른 의미를 가지고 있다.

한성우(2014)는 중국 조선족 사회 젊은 세대들의 언어 사용 모습을 살펴보고 있다. 조선어를 모국어로 간직해온 중국 조선족 사회에서 젊은 세대들은 중국의 개혁 개방과 한중 수교 이후에 언어 의식, 언어 능력, 언어 사용의 모든 분야에서 조선어 대신 중국어 쪽으로 전환되어 가는 모습을 보였다. 따라서 이 논문에서는 조선족에 대한 민족 개념의 교육 또는 가정 내에서의 자연스러운 한국어 전승이 어려워지는 현실 속에서, 이제는 민족어로서가 아닌 외국어로서의 한국어라는 관점에서 언어 교육을 하는 것이 유용할 것임을 제안한다. 또한 당시 위성방송이나 각종 매체 등을 타고 들어온 한류 열풍을 적극 활용하여 한국어 학습의 기회를 확충하는 것이 필요하다고 제안하고 있다.

박경래(2017)은 중국 동북의 조선족들이 보여 주고 있는 세대별 언어 태도를 살펴보았다. 이주 1, 2세대들은 조선족으로서의 정체성이나 조선어의 사용을 중시하지만 3, 4세대로 내려갈수록 중국 사회에 동화되는 정도가 훨씬 크고 언어 사용에 있어서도 코드 전환의 모습이 더 뚜렷하게 나타난다. 중국의 개혁 개방 이후 인구의 도시 집중이나 거주지 재편으로 한족들과의 교류가 큰 폭으로 늘어나면서 이들의 정체성과 언어 사용 모습에 큰 변화가 발생한 것이다. 이들에게 민족의식이나 민족 정체성 등이 희미해지고 있는 상황에서, 향후 조선족 사회에서 발생하는 이중 언어 사용과 코드 전환, 세대 간의 언어 전환에 대한 연구가 좀 더 면밀하게 이루어져야 한다고 이 연구는 제안하고 있다.

량빈(2018)은 연변 지역어를 모어로 사용하면서 중국어와 한국어를 구사할 수 있는 연변의 다중 언어 사용자들이 이 세 언어에 대하여 가지고 있는 언어 태도를 연구하였다. 이들은 대개 구체적인 대화 맥락이나 대화 상황에 따라서 그에 맞는 언어를 선택하여 사용하고 있음이 확인되었는데, 광고 언어의 하나인 헤드카피에서의 언어 선택 양상을 통해 이들의 세 언어에 대한 언어 태도를 연구한 결과, 이들은 연변 지역어를 가장 친근하고 남성적인 언어로, 한국어를 친근하고 지적이면서 여성적인 언어로, 중국어를 공식적이고 정확한 언어로 바라보고 있음을 이 연구는 보고하고 있다.

박경래(2018)은 중국 조선족들의 조선말과 중국어에 대한 언어 태도와 이들의 이중 언어 사용 양상을 연구하였다. 중국의 개혁 개방과 한중 수교 이후 급격한 변화를 겪고 있는 조선족 사회에서 조선말은 그 사용이 감소하고 중국어의 사용은 급격히 확산되는 현상이 발생하게 된다. 조선족들이 중국 사회에 점차 동화되어 가는 이러한 상황에서 이들은 중국에서 조선족으로 살아야 한다는 민족 정체성에 대한 인식보다는, 현실적으로 자신들도 중국에서는 중국인으로 사는 것이 필요하다는 생각을 하게 되는데 이런 생각은 그들의 언어 태도에 큰 영향을 미치게 된다. 그 결과 조선말과 중국어의 이중 언어를 사용하는 중국 조선족들은 단순하게는 중국어 어휘를 간단히 차용하여 사용하기도 하고, 상황에 따라서는 코드 혼용과 코드 전환의 모습을 적극적으로 보여 주기도 한다. 이 논문에서는 이러한 언어 태도와 언어 사용이 계속적으로 심화되어 가는 상황에서, 향후 이주 3~4세대 이후로 가게 되면 청소년층에서는 언어 교체의 징조가 더욱 뚜렷하게 나타날 것으로 내다보고 있다.

2.3. 국내에서 발생한 한국어와 외국어 간의 언어 접촉

국내에서 발생한 언어 접촉에 대한 연구는 주로 영어, 일본어, 중국어와 한국어 사이의 언어 접촉을 대상으로 하고 있다. 최근에는 주로 동남아 지역으로부터 이주해 오는 국제결혼 이주 여성이나 외국인 노동자가 많아짐에 따라 그들 국가에서 사용하는 각각의 언어와 한국어 사이의 언어 접촉에 대한 연구도 주목을 받고 있는 실정이다.

조주연(1996)은 이른바 한국 피진 영어를 연구하였다. 이것은 미군 부대의 주변 지역에서 미군들과 한국인들 사이에서 이루어지는 의사소통을 위해 영어 어휘와 한국어 어순을 기본으로 만들어져 사용되고 있는 것으로 일명 '콩글리시'라고도 불리는 한국어식 영어를 말한다.7) 이 논문에서는 이 한국 피진 영어가 다른 피진어들과 마찬가지로 간소화(simplification) 현상이라는 특징을 공유하고 있는데, 구체적으로는 발음이 개략적으로 이루어지고 있고 단어의 말음에 중성화 현상이 발생하며 특정 발음이 임의적으로 다른 발음으로 교체되고 있다고 보고하였다. 그런데 이 언어가 비록 간소화의 모습을 보이고 있지만, 이를 전형적인 피진어로 보아야 하는가 하는 문제는 좀 더 검토해 볼 필요가 있다. 이후 국내에서 이 문제를 직접적으로 다룬 논문은 없는 것으로 보인다. 하지만 일본에서 한국 피진 영어와 비슷한 사회적 상황에서 사용된 이른바 일본 피진 영어(Japanese Pidgin English)를 연구한 에이브럼(Avram 2017)은 음운, 형태, 통사, 어휘의 언어학적 특성들을 검토한 결과 이 언어를 안정적인 피진어라기보다는 피진어 이전의 단계 또는 일종의 집단 특수어(jargon)에 해당하는 것으로 설명하고 있다.8)

박순함(1997)은 양층어 상황에 대한 연구사를 간략히 언급하고 우리나라의 상황에서 발생한 양층어 상황을 설명하고 있다. 여기에서는 과거 일제 강점기에 나타난 조선어와 일본어의 사용 양상을 양층어 상황으로 보고 있다. 또한 이때의 양층어 상황이 이를 제도화하고 정착화하려 했던 외세의 강압적인 탄압에 의한 것이라면, 최근의 국내 상황에서는 영어와 한국어가 점차적으로 양층적 구조로 형성되어 가고 있다고 보고한다. 이런 주장의 근거로는, 지난 50년간 학교 제도가 학생들에게 영어 학습을 요구해 왔으며, 미국에 의존하고 있는 우리나라의 경우 영어를 가볍게 여길 수 없다는 것, 그리고 세계화의 정부 시책에 따라 영어 조기 교육 열풍이 불고 있으며 영어의 구사 능력에 따라 사회에서의 처우가 달라지고 있다는 점 등을 제시하였다. 그런데 일제 강점기와 1997년 한국의 언어 사용 모습은 한 언어의 변이형들을 함께 사용하는 것이 아니므로 당연히 퍼거슨 (Ferguson 1959)가 제안한 협의의 양층어 상황이 아닐 것이다. 또한 피시먼 (Fishman 1967)이 제안한 것처럼 두 개의 언어가 상층어와 하층어의 관계에 서 상보적으로 사용되고 있는 것도 아니므로 광의의 양층어 상황이라고 보 기에도 다소 부족한 면이 있어 보인다.9)

문현희(2001)은 한국에서 한국어와 영어의 이중 언어 사용이 이루어지 고 있으며 사용되고 있는 두 언어 사이에 코드 전환이 활발하게 이루어지 고 있다는 기존 연구 결과에 대해 반론을 제기하고 있다. 학술지 ≪World Englishes≫에 게재된 심진영(J. Y. Shim 1994), 백종학(J. H. Baik 1994)에서 는 한국어가 어휘, 발음, 문법 등의 모든 영역에서 영어화되고 있고, 1960~1970년대에 이미 영어와 한국어를 함께 사용하는 이중 언어 집단 이 등장했으며, 1988년 올림픽 게임 이후에는 모든 형식의 담화에서 영어 와 한국어 사이의 코드 전환이 광범위하게 발생했다고 주장하였다. 하지만 문현희(2001)은 이들이 극히 소수의 상업 광고나 상품명, 영화 제목 등만을 연구 자료로 하고 있어 그 주장이 성급한 일반화의 오류를 범하고 있다고 보았다. 그러면서 당시 판매 부수가 상대적으로 높았던 ≪조선일보≫의 1959년, 1971년, 1981년, 1990년, 2001년도 1월 11일자 신문을 조사 대상으로 하여 이 신문에서의 영어 어휘 사용에 나타난 특징을 분석하였 다. 그 결과 영어 어휘 사용 비율은 1959년에 1.4%에서 2001년에는 6.9%로 계속 증가 추세를 보이고 있지만 그 비율이 그다지 크지 않다는 사 실을 밝혀냈다. 이를 근거로 하여, 한국의 경우는 인도나 나이지리아처럼 영어가 공용어 또는 제2외국어로서의 지위를 가지고 있는 국가의 상황과는 큰 차이가 있다고 주장하고 있다.

왕한석(2007)은 국제결혼 이주 여성의 언어 적응에 관한 실태를 연구하였다. 즉 국제결혼을 하고 한국의 전라북도 임실 지역에서 살게 된 8개국 출신 19명의 이주 여성들을 대상으로 이들이 한국어를 어떻게 습득하고 사용하는지를 분석하였다. 여기에서는 국제결혼 이주 여성이 언어 적응을 해 나가는 데에서 발견되는 문제점을 분석하고, 이들의 언어 적응 실태를 국가별 그리고 한국어 습득 정도별로 파악하며 이들과 그 자녀들의 한국 적응을 위한 방안을 제시하고 있다. 연구자는 결론에서, 이들이 한국에서 우리말을 배우고 우리 문화에 효율적으로 적응할 수 있도록 하기 위해 가장 기본적으로 필요한 것은 구체적인 정책의 수립이나 시행보다 한국 사회의 구성원 모두가 이들을 우리 사회의 구성원으로 생각하고 행동하는 태도 변화(attitudinal change)라고 강조하고 있다. 이 국제결혼 이주 여성 이외에 외국인 노동자의 수가 급격히 증가하고 있는 상황에서 한국 사회언어학은 이들의 언어 적응 및 문화 적응에 대한 체계적이고 철저한 현지 조사는 물론이고, 이들 자녀들의 한국어 습득과 교육 문제에 대한 연구에도 많은 관심을 기울여야 할 것으로 보인다.

손희연·서세정(2008)은 오랜 기간 동안 우리 사회의 일부였던 화교 집단 화자들의 이중 언어 사용에 대해 연구하였다. 이 논문에서는 서울에 거주하는 화교 21명을 설문 조사하여 그들의 이중 언어 발달, 언어 선택, 문화적 정체성을 살펴보았다. 이들은 어휘나 구문 단위에서의 삽입이나 교체는 물론이고 어떤 경우에는 사용하고 있는 언어를 완전히 바꾸는 방식으로도 대화를 하고 있었다. 이는 모어라는 뿌리 의식과 연결된 중국어, 그리고 생존 또는 편의와 연결된 한국어의 사용 중 어느 하나만을 고집할 수 없는 그들의 '이중 언어 정체성'을 나타내 주는 것이며, 이들에게 있어 한국어와 중국어의 언어 전환 모습은 그 자체가 하나의 소통 코드로 이해될 수 있다고 보고하고 있다.

주현숙(2014)는 국내의 한일 다문화 가정 아이들이 두 언어와 접촉하면서 겪는 언어 사용 실태를 조사하였다. 일본 출신 어머니 26명을 대상으로 그들의 자녀 38명의 이중 언어 능력과 가정에서의 언어 접촉 정도를 살펴보았다. 분석 결과 이중 언어 사용자는 약 54%이고 한국어 단일 사용자는 약 46%로 나타나, 많은 수의 아이들이 일본어 능력을 유지하는 것으로 조사되었다. 가족 간의 언어 사용은 주로 한국어로 이루어지지만, 약 71%의 어머니는 자녀에게 일본어를 사용하여 일본어 접촉 기회를 제공하고 있었다. 그런데 이러한 어머니의 노력에도 불구하고, 대략 유치원 입학 시기에 도달하면 약 73%의 아이들이 일본어에서 한국어를 사용하는 방향으로 언어 교체의 현상이 나타나고 있음을 확인하였다. 이런 연구 결과를 통해 볼 때, 다문화 가정의 자녀들은 비록 아이 시절에는 이중 언어 사용자가 되지만, 대개 학교 교육을 시작하게 되면 해당 사회에서 상대적으로 위세를 가지고 있는 다수 언어의 영향 하에 자신의 소수 언어를 계속 사용하는 것이 쉽지 않음을 짐작해 볼 수 있다.

남신혜(2015)는 대표적인 SNS 매체인 페이스북 텍스트에서의 코드 전환에 대해 연구하였다. 즉 단일 언어를 사용한다고 인식되어 왔던 한국에서 한국어를 모국어로 사용하는 화자들이 SNS 공간에서 이중 언어 사용자들과 유사한 언어 사용 모습을 보이고 있음을 살펴보고 있다. 페이스북 이용자들은 '독자 특정 또는 배제', '어휘적 요인', '내용의 강조 또는 희석', '화행 및 주제의 전환'과 같은 동기에서 코드 전환을 하고 있었는데, 이를 통해 볼 때 이중 언어 사용의 문제는 더 이상 다문화 가정이나 이주 노동자 등의 특정 집단에만 해당하는 문제로 볼 수 없다고 보고하였다. 그런데 한국어를 모국어로 사용하는 국내 화자들의 이러한 언어 사용 양상을 이중 언어 사용으로 보기에는 다소 무리가 있어 보인다. 화교 집단이나 국제결혼 이주 여성들의 경우와 달리, 이들에게 있어 한국어와 해당 외국어는 베이커(Baker 2001)이 말한 것처럼 서로 대등한 지위를 가지고 있는 언어가 아니다. 이들의 언어 사용 모습은 일종의 코드 전환으로 볼 수 있을 것 같다.

이진성(2000)은 외래어의 도입과 그 표기 문제를 다루고 있다. 최근 세계화 추세와 인터넷의 보급 등으로 우리말에 외래어가 폭넓게 도입되고 있는데, 이런 외래어가 종래에는 음성 언어를 통해서만 도입되었지만 이제는 인터넷 보급으로 인해 문자어로 도입되는 등 외래어 인식 경로가 다변화되고 있음을 보고하고 있다. 또한 외래어를 인식하는 주체의 자의성 그리고 외래어 표기법의 문제점 등으로 인해 우리의 문자 생활에서 외래어를 표기하는 데 많은 혼돈이 있음을 지적하고 이의 해결을 위한 방향을 제시하고 있다.

김수현(2005)는 방송에서 사용되는 외래어의 사용 유형, 이들의 발음과 표기에서의 문제점들을 살펴보고, 언어 정책적 차원에서의 외래어 순화 방향을 제시하고 있다. 여기에서는 국제화의 시대를 살고 있는 상황에서 외래어의 유입은 피할 수 없지만 그 정도가 심화되어 세대 간의 의사소통이나 일반인들의 이해를 어렵게 한다면 심각한 문제가 될 것이므로 외래어의 무의식적인 사용은 경계해야 한다고 주장한다.

심영숙(2016)은 신문 경제면에서 사용되는 일부 외래어와 이에 대응하는 순화어 사이의 다양한 의미 관계를 빈도 조사, 공기어 분석, 교체 검증 등의 방법을 통해 살펴보았다. 그 결과 의미와 사용 영역이 거의 동일한 '노쇼-예약부도', 외래어가 차별화된 의미영역을 갖는 '트렌드-경향, 유행', 외래어가 특정 분야(경제)에서만 주로 사용되어 대부분 순화어로 대체 가능한 '리스크-위험', '버블-거품' 등과 같이 외래어-순화어의 의미 관계가 아주 다양함을 밝혔다. 이 논문은 국제화 시대에 외래어의 사용이 급증하고 이를 일반 언중들도 수용하는 분위기 속에서, 외래어의 수용과 우리말 순화어의 올바른 제시를 위한 합리적이고 일관된 기준의 마련이 필요함을 언급하고 있다. 이 연구는 그러한 작업에 앞서 외래어와 순화어 사이의 다양한 의미 관계들을 살펴본 기초 연구라는 점에서 의미를 찾을 수 있다.

2.4. 국내에서 발생한 한국어의 방언 접촉

학회지 ≪사회언어학≫에 국내에서의 방언 접촉에 대한 연구는 그리 많지 않다. 이는 대부분의 연구가 외국어 간의 언어 접촉이나 외국어와 한국어 간의 언어 접촉을 중심으로 이루어져 왔으며, 방언 접촉에 대한 연구는 방언 연구를 전문으로 하는 타 학회에서 더 중점적으로 다루어 왔기 때문인 것으로 보인다. 그럼에도 불구하고 몇몇의 논문들에서는 서울말과 지역방언 사이의 접촉 문제를 다루고 있으며, 최근에는 북한에서 남한으로 이주한 새터민들의 언어 적응 문제를 다루는 연구가 추가로 이루어지고 있는 상황이다.

오새내(2004, 2007)은 서울말과 수도권 지역어에서의 방언 접촉을 연구하였다. 먼저 오새내(2004)는 2004년 현재 행정 구역상 서울 지역에 거주하는 사람들이 사용하는 '서울말'이 형성된 역사를 인구 이동에 의한 언어접촉의 관점에서 살펴보고 있다. 즉 이 논문은 인구 이동에 의한 언어 접촉으로 서울 토박이말이 오염되고 있다고 본 기존의 연구들과 전혀 다른 관점을 보이고 있는 것이다. 연구자는 지난 100여 년간 인구의 서울 집중에의한 언어 접촉, 일제 강점기 일본인들의 서울 집중으로 인한 언어 접촉, 세계화와 개방화에 따른 외국인들의 입국으로 인한 언어 접촉 등이 현재의서울말 형성에 영향을 끼쳤다고 설명하고 있다. 이는 서울말을 다른 관점에서 바라보고 그 관점에서 서울말의 형성 과정을 이해하려 했다는 데 큰의미가 있다. 하지만 현재 사용되고 있는 실제 서울말을 가지고 구체적인예시와 세부적인 설명을 제공해 주지 못하고 있어 다소 아쉽다.

다음으로 오새내(2007)은 서울과 경기의 수도권 지역에서 사용하는 말인 수도권 지역어는 방언학의 연구 대상으로 적절하지 못하다는 견해가 과거에 있었는데, 이 지역어를 제대로 연구하기 위해서는 새로운 연구 방법론이 필요하다고 제안한다. 특정 도시 지역에서 단기간에 걸쳐 여러 방언화자들이 접촉하게 되면 방언 표준화 현상이 발생하는데, 이는 수도권 지역어의 특징이라 할 수 있다. 따라서 이런 수도권 지역어를 연구하기 위해서는 단기간의 방언 접촉, 방언 표준화, 새로운 방언형의 발생 등을 골자로하는 신방언 이론이 필요하다고 주장하였다. 이러한 필요성의 주장은 어느정도 설득력이 있어 보인다. 다만 이 논문에서는 신방언 이론을 이론적으로 소개하고 한국어 방언 연구에서 그것의 적용 가능성을 언급하는 데에만그치고 있어 다소 아쉬운 면이 있다.

차윤정(2007)은 지역어로 기록된 일기 자료인 ≪대천일기≫ 텍스트에서 사용되고 있는 '비' 관련 어휘를 중심으로 하여, 표준어와 지역어가 접촉할 때에 나타나는 지역어 변화 양상을 연구하였다. 연구 결과, 표준어와 지역어 사이에 접촉이 발생하면 세 가지 유형의 변화가 발생하게 되는 것을 확인하였다. 첫째는 표준어가 지역어를 대체함으로써 지역어가 소멸되는 경우로, 지역어 '갈방비'가 표준어 '가랑비'에 의해 소멸된 것을 예로 들 수 있다. 둘째는 표준어를 그대로 받아들이는 것이 아니라, 지역어에서 나타나는 음운 현상을 적용하여 표준어를 변형시키는 경우다. 그 예로는 지역어 '송낙구'를 대체하는 어휘로 등장한 '소내기'가 표준어 '소나기'에 지역어에서 흔히 발생하는 음운 현상이 적용된 것이라는 사실을 들 수 있다. 마지막으로 셋째는 표준어와의 경쟁에서 지역어가 계속 그 쓰임을 유지하는 경우다. 그 예로는 지역어 '부설비'가 표준어 '부슬비'와의 사용 경쟁에서 우위를 차지한 것을 들 수 있다. 이처럼 외부로부터 표준어가 들어오더라도, 로컬적인 지역어는 '차이'를 바탕으로 새로운 것을 만들어 내거나 자신을 유지하는 등 외부의 힘에 대응하는 '역동성'을 지니고 있음을 보고하고 있다.

김선회(2010)은 국어 모음 체계의 변화가 방언 접촉과 같은 외부 요인에 의해 이루어질 수 있다는 것을 보여 주고 있다. 이 논문에서는 1950년대 이후 국어 'ㆍ'의 소실은 다른 방언들과의 급격한 접촉에 의한 것이라는 강정희(2005)의 논의에서 시작하여, 17세기 이후에 국어 전반에서 'ㆍ'의 소실이 발생한 원인을 유추하고 있다. 여기에서는 불안정한 위상을 가지고 있던 'ㆍ'가 여러 다른 방언들과의 접촉 과정에서 상호 비교를 통해 가장 유사한 인접 모음으로 합병되었다고 제안하고 있다. 즉 'ㆍ'의 손실은 언어 내적 요인으로 인한 것이 아니라 타 방언과의 접촉에 의해 촉발된 것으로 설명하고 있다.

강희숙(2015)는 전남 방언과 표준어의 접촉으로 인해 발생하는 어휘의 표준어화에 대해 살펴보고 있다. 이 연구는 광주, 전남 지역 출신 20대 대학생 135명을 연구 대상으로 하고 있는데, 지금까지의 표준어 정책이 지역 방언을 어느 정도까지 표준어화하고 있는지에 대한 연구가 필요하다는 관점에서 이루어졌다. 그 결과 중 중요한 하나로, 부모 세대들이 거의 모두 인지하고 있는 110개의 조사 대상 어휘 중 조사 대상 대학생들이 인지하고 있는 어휘는 20.6개로 전체의 18.7%에 불과하여 이 지역 방언의 표준어 화가 상당 수준까지 이루어지고 있음을 밝힌 것을 들 수 있다. 요즘 지역 방언의 표준어화는 어휘 이외에 발음, 억양, 형태·통사적 분야에서 폭넓게 발생하고 있으며 광주, 전남 방언뿐만 아니라 거의 모든 지역 방언에서 발생하고 있을 것으로 생각된다. 향후 국내의 사회언어학 연구에서 이런 방언들 간의 어휘 표준화 현상들에 대해 전국적 차원에서 체계적으로 조사하는 노력을 기울여야 할 것으로 보인다.

조태린(2015)는 방언은 사라지고 있는 것이 아니라 그 모습이 변화되고 있을 뿐이라며, 방언 연구는 앞으로 더욱 새롭게 거듭나며 더 발전할 수 있는 분야라고 언급하고 있다. 또한 표준어와 방언 그리고 방언과 방언의 접촉 양상을 연구해 봄으로써 방언의 향후 변화 방향을 예측할 수 있을 것으로 보았다. 이를 위해 수도권을 기점으로 하는 주요 고속도로를 통과하는 중소 도시를 조사 지역으로 선정하여, 각 지역의 방언에 표준어가 미치는 영향 등을 연구하는 방안을 제시하고 있다. 이처럼 표준어와 방언들의 접촉에 대한 연구는 현행 표준어 및 방언 정책의 현주소를 진단하고 개선 방향을 설정하는 데 큰 기여를 할 것으로 내다보았다. 앞의 강희숙(2015)에 대한 논의에서 이미 언급한 바와 같이, 조태린(2015)를 통해서도 전국적 차원에서 표준어와 각 지역 방언 사이의 접촉 현황을 체계적으로 조사해 볼 필요가 있음을 확인할 수 있다.

정경일(2002)는 남한에 입국한 지 5년 이내인 남녀 90명을 대상으로 설문 조사 및 면접 조사를 실시하여 그들의 사회 적응도, 언어 적응도 및 어휘 적응도를 조사하였다. 그 결과 남북한의 언어는 심한 차이가 존재하지 않으며, 다만 사회 체제가 다름으로 인해 어휘상의 차이가 있고 영어와 한자 사용으로 인해 약간의 차이가 발생하고 있다는 것을 확인하였다. 또한 그 외에는 두드러진 차이가 없어서 초기 대화에서는 약간의 어려움을 느끼지만 이를 곧 극복하게 된다는 것도 밝혀냈다. 이들은 특히 여성이고 연소자이며 고학력일수록 남한에서의 언어 적응을 보다 수월하게 하는 것으로 보고하고 있다.

이홍식(2007)은 남한에 편입된 북한 이주민을 일컫는 새터민들의 언어 사용 실태를 연구하였다. 이 논문은 20대에서 50대에 이르는 남녀 각각 5명씩, 총 10명의 새터민을 대상으로 심층 면접한 자료를 가지고 이들이 사용하는 어휘의 특징과 이들이 발화하는 문장의 문법적 특징을 살펴보았다. 그 결과 새터민들은 북한에서의 언어적 정체성을 잘 유지하면서 남한의 언어에 비교적 잘 적응하고 있다는 것을 확인하였다. 또한 이들은 자신의 억양을 고치기가 힘들다는 것을 잘 알고 있으며, 주로 어휘와 표현 등에서 의사소통상의 어려움을 경험한다고 보고하였다. 그리고 이들이 북한에서 남한으로 이주한 것은 남한의 각 지역에서 수도권으로 이주한 것과 비슷한 상황이므로, 남한의 방언 연구에서 타 방언권으로 이동한 화자의 언어 사용 실태를 연구하는 방법을 이들에게도 적용해볼 수 있음을 제안하고 있다.

3. 앞으로의 과제와 전망

한국사회언어학회 창립 20주년이었던 2010년을 기준으로 했을 때, 국내 사회언어학계에서 언어 접촉을 연구한 성과가 그리 많지 않았다는 것은 김해연(2010)을 통해 확인한 바 있다. 이러한 연구 분위기는 학회 창립 30주년을 맞는 2020년에도 거의 비슷한 것으로 보인다. 이때까지 ≪사회언어학≫에 게재된 언어 접촉 연구 논문이 38편 정도에 머물고 있으며, 그나마도 국내에서의 언어 접촉에 대한 연구보다는 국외에서 발생한 외국어 간의 언어 접촉 또는 외국어와 한국어 간의 언어 접촉에 대한 연구 성과가 훨씬 많다는 것이 이러한 사실을 뒷받침해 준다.

하지만 21세기 초반부터 국제결혼 이주 여성과 외국인 노동자가 급격하게 늘어나면서 우리 사회에는 다양한 언어 접촉 현상이 발생하고 있다. 또한 최근 세계화와 국제화의 바람으로 인해 수많은 외국어들이 국내에서 더욱 활발히 사용되고 있는 추세다. 게다가 우리의 대중음악이나 영화 같은 각종 문화 콘텐츠가 세계적으로 큰 인기를 끌게 되면서 인터넷을 통해 한국어를 접하게 되는 외국인이 늘어나고 있으며, 이런 문화적 호기심 차원에서 한국을 직접 방문하는 외국인의 수도 지속적으로 늘어나고 있다. 이런 시대적 흐름 속에서 앞으로는 한국 사회도 한국어와 다양한 외국어 사이에 많은 언어 접촉이 발생할 것으로 예상된다. 이에 따라 앞으로 한국 사회언어학 연구에서는 다음의 네 분야에서, 언어 접촉 현상에 대해 지금보다 더 많은 관심을 기울여야 할 것으로 보인다.

첫째, 국제결혼 이주 여성의 증가로 다문화 가정이 늘어나게 될 것이므로, 해당 여성들과 그 가정의 아이들이 이중 언어 사용으로 인해 겪게 될 다양한 문제에 관심을 가져야 한다. 특히 다문화 가정 아이들의 이중 언어 교육을 어떤 방향으로 어떻게 이끌어 나가는 것이 한국 사회의 언어 사용 상황에 부합하는 것인지를 고민해야 할 필요가 있다.

둘째, 한국어 이외에 영어를 비롯한 외국어의 능력이 사회적으로 갈수록 중시되는 가운데, 한국어 화자들이 한국어와 외국어에 대하여 가지고 있는 언어 태도에 어떤 변화가 발생하게 될지 관심을 가져야 한다. 또한 이들이 이미 대중가요나 광고 문구 등에서는 널리 퍼져 있는 코드 전환을 일상적 대화에서도 사용하는지, 만약 그렇다면 어떤 형태의 코드 전환을 하는지를 살펴볼 필요가 있다.

셋째, 어휘적 차원을 포함하여 음운, 문법, 화용적 차원에서 외래어의 차용 모습에 관심을 가져야 한다. 이전까지는 외국어 간의 언어 접촉에 대한 연구가 많이 이루어졌다면, 앞으로는 국내에서 한국어와 외국어 간의 언어 접촉이 지속적으로 이루어질 것으로 예상되는바, 이들 외국어에서 한국어로 차용되는 언어적 요소들이 증가할 것이다. 이들에 대한 정확한 자료 조사를 체계적으로 이행할 필요가 있다.

넷째, 방언 접촉에 대해 좀 더 관심을 가져야 한다. 앞서 언급한 바와 같이 지금까지 한국 사회언어학계는 방언 접촉에 대한 관심이 미흡한 수준이었다. 하지만 앞으로는 표준어와 각 지역 방언 사이의 방언 접촉 그리고 특히 북한으로부터 편입된 새터민에 의한 북한 방언과 남한 방언들 사이의 방언 접촉 등이 활발하게 이루어질 것이다. 이런 현상에 대해 사회언어학적 방법론을 활용한 자료 조사와 연구가 체계적으로 이루어져야 할 것이다.

앞으로는 국내외를 막론하고 한국어와 외국어 간의 언어 접촉 상황이 계속 늘어나게 됨에 따라, 한국 사회는 비록 양층어 상황은 아니더라도 개인적 차원의 이중 언어 사용이 점차 확대될 것으로 예상된다. 또한 코드 전환이나 코드 혼용의 모습도 흔히 발견하게 될 수 있을 것이다. 이런 상황에서 언어 접촉의 문제는 사회언어학 연구 분야에서 더 이상 주변부에만 머물러 있지 않을 것으로 보인다. 창립 30년의 역사를 이루어 온 한국사회언어학회가 언어 접촉 문제를 보다 체계적이고 적극적으로 연구해 나감으로써, 사회언어학의 다양한 분야에서 보다 풍성한 연구 성과를 내게 되길 기대해 본다.

주석

1) 피진어나 크리올어가 생성되는 과정에서 그 어휘의 대부분을 제공하는 언어를 말한다. 상층 언어 또는 기초 언어(base language)라고도 불린다. 예를 들어 중국 피진 영어(Chinese Pidgin English)의 경우 어휘 제공 언어는 영어가 된다.

2) 이 두 용어에 대해서는 먼저 사용상의 정리가 필요하다. 이중 언어 사용은 양언어 현상 또는 '바이링구얼리즘'이라고 지칭되는 경우가 있었고, 양층어 상황은 이중 언어 상용 또는 양층 언어 현상 등으로 지칭되어 용어 사용상의 혼동이 있었다. 특히 이중 언어 사용과 이중 언어 상용 사이에는 사용된 어휘의 유사성으로 인해 적지 않은 불편함이 있었다. 이런 상황에서 한국사회언어학회에서는 2012년에 ≪사회언어학 사전≫을 발행하여 사회언어학에서 사용되는 주요 개념들에 대한 정의를 제공하는 동시에 용어 사용에서도 통일을 도모하고자 하였다. 이 ≪사회언어학 사전≫에서는 'bilingualism'을 '이중 언어 사용', 'diglossia'를 '양층어 상황'으로 지칭하면서 그 개념을 자세히 설명해 주고 있다.

3) 대표적인 현상으로 방언 균일화(dialect leveling)와 방언 수렴(dialect convergence)을 들 수 있다. 방언 균일화는 서로 다른 방언들이 지속적으로 접촉하면서 자신만의 방언 특징을 잃어버리게 되면서 상대 방언과 유사하게 변화하는 과정을 말하고, 방언 수렴은 그와 반대로 접촉 중인 상대 방언의 특징을 받아들여 자기의 특징에 추가하는 것을 말한다.

4) 여기에서 코드(code)는 연구의 대상이 언어인지 방언인지, 아니면 변이라고 해야 하는지를 결정하도록 요구하지 않는 중립적인 용어로 오늘날 다수의 언어학자들에 의해 사용되고 있는 개념이다(강현석 외 2014: 361~362).

5) 강현석(2000나)에서는 '과도 교정'이라는 용어를 사용하고 있는데, 한국사회언어학회에서 출간한 ≪사회언어학 사전≫에서는 이 개념에 해당하는 용어를 '과잉 수정'으로 지칭하고 있다.

6) 경제성은 축약을 가능한 최대한으로 하는 것을 말하고, 변별성은 축약을 하되 차별화가 가능한 만큼, 즉 다른 어휘들과의 혼동을 피할 수 있을 만큼만 하는 것을 말한다.

7) 조주연(1996: 100~101)에서는 이를 'Korean Pidgin English' 혹은 'Korean Bamboo English'라 일컫는데, 여기서 'Bamboo English'라는 것은 한국, 일본, 태국, 베트남 등 아시아의 각 지역에서 사용되는 피진 영어에 붙여진 총칭이라고 설명하고 있다.

8) 에이브럼(Avram 2017)은 뮐호이슬러(Mühlhäusler 1997)이 제시하고 있는 크리올어가 되기 위한 피진어의 세 가지 유형 "pre-pidgins→stable pidgins→expanded pidgins" 중에서 일본 피진 영어는 첫 단계인 'pre-pidgins'에 해당된다고 보았다.

9) 이 논문에서도 일제 강점기와 1997년 한국의 언어 상황을 전형적인 양층어 상황으로 최종 결론짓고 있지는 않다. 여기에서는 '이러한 상황 분석이 그다지 잘못된 것이 아니라면'이라고 전제하면서 한국에서의 양층어 상황을 그림으로 나타내고 있다. 또한 이것이 '지나치게 추상적이고 상징적인 묘사일는지는 모르나'라고 하면서 양층어 구조로 묘사한 그림을 설명하고 있다(박순함 1997: 82~84).

참고문헌

강정희(2002), 〈언어 접촉과 언어 변화: 오사카 거주 제주방언 화자 사회의 방언 보존에 대한 조사〉, ≪국어학≫ 40, 139~170, 국어학회.

강정희(2005), ≪제주방언 형태 변화 연구≫, 역락.

강현석(2000가), 〈어린이 언어에 나타난 사회적, 상황적 변이: 트리니다드 영어의 경우〉, ≪사회언어학≫ 8(1), 205~222, 한국사회언어학회.

강현석(2000나), 〈트리니다드 영어에서 나타나는 과도 교정과 그 사회언어학적 함축〉, ≪사회언어학≫ 8(2), 43~61, 한국사회언어학회.

강현석·강희숙·박경래·박용한·백경숙·서경희·양명희·이정복·조태린·허재영 (2014), ≪사회언어학: 언어와 사회, 그리고 문화≫, 글로벌콘텐츠.

강희숙(2003), 〈중국 조선족 학생들의 모국어 사용에 대한 공시적 연구〉, ≪사회언어학≫ 11(2), 1~24, 한국사회언어학회.

강희숙(2015), 〈한국어 방언 접촉의 양상에 대한 사회언어학적 분석: 전남방언 어휘의 표준어화를 중심으로〉, ≪어문논총≫ 64, 9~36, 한국문학언어학회.

김건환(2000), 〈차용어와 시대정신: 독일어에 유입된 차용어와 시대정신의 상관관계〉, ≪사회언어학≫ 8(2), 247~279, 한국사회언어학회.

김건환(2003), ≪언어접촉, 문화교류 그리고 언어차용과 시대정신: 독일어 속의 외래어 차용어≫, 한국문화사.

김남국 옮김(2009) ≪언어접촉과 2개언어상용≫, 동인.

김선회(2010), 〈모음체계의 변화와 방언접촉: 국어의 소실 현상을 중심으로〉, ≪언어학연구≫ 16, 47~65, 한국중원언어학회.

김수현(2005), 〈방송에서의 외래어 사용 실태 분석〉, ≪사회언어학≫ 13(2), 19~41, 한국사회언어학회.

김진수(1994), 〈다언어 사용 환경에서의 프랑스어: 아프리카를 중심으로〉, ≪사회언어학≫ 2, 153~163, 한국사회언어학회.

김형준(2001), 〈공용어의 확산과 이슬람화에 따른 인도네시아 자바어의 변화〉, ≪사회언어학≫ 9(2), 49~70, 한국사회언어학회.

김해연(2010), 〈한국 사회언어학 연구 개관: 〈사회언어학〉 게재 논문을 중심으로〉, ≪사회언어학≫ 18(2), 287~347, 한국사회언어학회.

남신혜(2015), 〈SNS 텍스트에 나타난 코드스위칭의 담화 기능: 페이스북 사례를 중심으로〉, 《사회언어학》 23(1), 31~53, 한국사회언어학회.

량빈(2018), 〈연변 지역의 헤드카피 언어 사용에 반영된 언어태도 연구〉, 《사회언어학》 26(1), 135~158, 한국사회언어학회.

문현희(2001), 〈영어 어휘 사용의 변화에 대하여: 조선일보 기사를 중심으로〉, 《사회언어학》 9(1), 67~89, 한국사회언어학회.

박경래(2002가), 〈중국 연변 조선족들의 모국어 사용 실태〉, 《사회언어학》 10(1), 113~145, 한국사회언어학회.

박경래(2002나), 〈중국 연변 조선족들의 언어 태도〉, 《사회언어학》 10(2), 59~85, 한국사회언어학회.

박경래(2017), 〈중국 조선족의 언어 정체성 변화 양상과 언어 전환〉, 《사회언어학》 25(4), 1~29, 한국사회언어학회.

박경래(2018), 〈중국 지린성 조선족의 언어 정체성 변화와 언어 사용 양상〉, 《사회언어학》 26(4), 57~90, 한국사회언어학회.

박순함(1997), 〈양층언어구조("Diglossia") 연구의 약사: 그리고 "상민족어(E(thnic)H)" 개념과 한국적 유형에 관한 검토〉, 《사회언어학》 5(1), 57~87, 한국사회언어학회.

박영배(2003), 〈언어접촉현상 연구〉, 《어문학논총》 22, 151~182, 국민대학교 어문학연구소.

박준언(1995), 〈미국에서의 이중언어 사용과 이중언어 교육에 대한 인식의 변천 과정〉, 《사회언어학》 3(1), 55~69, 한국사회언어학회.

손희연·서세정(2008), 〈한국 화교 화자들의 이중언어 사용 연구〉, 《사회언어학》 16(1), 185~211, 한국사회언어학회.

심영숙(2016), 〈영어 외래어와 우리말 대응 순화어의 의미 관계 연구〉, 《사회언어학》 24(3), 281~316, 한국사회언어학회.

연호택(1999), 〈중국 운남성 노남현 북대촌 소한 거주 싸니인의 이중언어 사용에 대하여〉, 《사회언어학》 7(2), 287~311, 한국사회언어학회.

오새내(2004), 〈20세기 서울지역어 형성의 사회언어학적 변인: 인구이동과 언어접촉을 중심으로〉, 《한국학연구》 21, 155~174, 고려대학교 한국학연구소.

오새내(2007), 〈20세기 수도권 지역어 연구에서 신방언 개념 도입의 필요성: 방언 평준화 현상을 중심으로〉, 《한국어학》 36, 165~193, 한국어학회.

왕한석(2007), 《또 다른 한국어》, 교문사.

이덕호(2000), 〈독일어의 영어 외래어 차용 연구 Ⅰ: 독·영 언어 접촉과 제1기 차용 어휘에 대한 고찰〉, ≪사회언어학≫ 8(1), 1~33, 한국사회언어학회.

이장송·신경식(2004), 〈중국 조선족의 언어전환에 관한 연구: 흑룡강성 하얼빈시 상고자진의 조선족 공동체를 중심으로〉, ≪사회언어학≫ 12(1), 207~230, 한국사회언어학회.

이진성(2000), 〈외래어 표기와 발음의 실태〉, ≪사회언어학≫ 8(2), 223~245, 한국사회언어학회.

이홍식(2007), 〈새터민의 언어에 대한 연구〉, ≪사회언어학≫ 15(2), 141~161, 한국사회언어학회.

임영철(2006), 〈이민 커뮤니티의 언어 의식〉, ≪사회언어학≫ 14(1), 69~84, 한국사회언어학회.

정경일(2002), 〈북한이탈주민의 언어적응 실태〉, ≪사회언어학≫ 10(1), 253~274, 한국사회언어학회.

정경택(2017), 〈독립 벨라루스 공화국의 언어상황 연구〉, ≪사회언어학≫ 25(4), 143~161, 한국사회언어학회.

정성훈·김선효(2018), 〈중국피진영어의 자음 교체 양상: ≪英語集全≫(1862)을 중심으로〉, ≪사회언어학≫ 26(4), 119~145, 한국사회언어학회.

조주연(1994), 〈피진과 크리올어의 기원설〉, ≪사회언어학≫ 2, 129~151, 한국사회언어학회.

조주연(1996), 〈한국 피진영어의 기원과 현실〉, ≪사회언어학≫ 4(1), 99~121, 한국사회언어학회.

조준학·박남식·장석진·이정민(1981), 〈한국인의 언어의식: 언어접촉과 관련된 사회언어학적 연구〉, ≪어학연구≫ 17(2), 167~197, 서울대학교 어학연구소.

조태린(2015), 〈한국어 방언과 방언 연구의 변화에 대한 소고: 지역 방언과 사회 방언의 경계를 넘어서〉, ≪사회언어학≫ 23(1), 177~199, 한국사회언어학회.

주현숙(2014), 〈한일다문화가정의 이중언어 사용 실태〉, ≪일본어문학≫ 60, 179~201, 한국일본어문학회.

차윤정(2007), 〈로컬리티 연구의 관점에서 본 언어접촉과 지역어 변화의 한 양상〉, ≪호남문화연구≫ 60, 271~301, 전남대학교 호남학연구원.

한건수(2001), 〈나이지리아에서의 언어사용과 종족 정체성: 요루바어와 정체성의 정치〉, ≪사회언어학≫ 9(2), 187~207, 한국사회언어학회.

한국사회언어학회(2012), ≪사회언어학 사전≫, 소통.

한성우(2014), 〈중국 조선족 사회의 언어 전환〉, ≪한국학연구≫ 32, 411~438, 인하대학교 한국학연구소.

Avram, Andrei A. (2017). Two sides of the same coin: Yokohama Pidgin Japanese and Japanese Pidgin English. *Acta Linguistica Asiacia* 7(1), 57~76.

Baik, Martin J. H. (1994). Syntactic features of Englishization in Korea. *World Englishes* 13(2), 155~166.

Baker, C. (2001). *Foundation of Bilingual Education and Bilingualism*. Clevedon, UK: Multilingual Matters.

Ferguson, C. (1959). Diglossia. *Words* 15, 325~340.

Fishman, J. A. (1967). Bilingualism with and without diglossia, diglossia with and without bilingualism. *Journal of Social Issues* 23, 29~38.

Kim, H. Y. (2010). Types of abbreviated loanwords in Japanese and linguistic motivations. *The Sociolinguistic Journal of Korea* 18(1), 193~215.

Kim, K. S. (1993). What has been done to KiSwahili after the nationalization of the language. *The Sociolinguistic Journal of Korea* 1, 132~155.

Lee, J. S. (1995). The word formation process of English-based creole language Sranan. *The Sociolinguistic Journal of Korea* 3(1), 71~90.

Lee, J. S. (1998). A behavioral tendency of vowel dropping in creole language, Sranan. *The Sociolinguistic Journal of Korea* 6(2), 183~204.

Mühlhäusler, P. (1997). *Pidgin and creole linguistics* (expanded and revised edition). London: Universtity of Westminster Press.

Park, J. E. (1993). A sociolinguistic analysis of Korean/English code-switching. *The Sociolinguistic Journal of Korea* 1, 89~107.

Shim, Rosa J. Y.(1994). Englishized Korean: structure, status, and attitude. *World Englishes* 13(2), 247~258.

Shin, N. S. (1999). Creole, the hybrid language of the Caribbean diaspora, and 'self-identity' in David Dabydeen's *Slave Song. The Sociolinguistic Journal of Korea* 7(1), 257~279.

제11장

언어 정책 및 계획

조태린

이 장에서는 연구사적 관점에서 언어 정책 및 계획의 문제에 대해 그동안 이루어진 연구의 동향과 주요 논의를 정리하고 분석하고자 한다. 이를 위해 국내 학술지에 실린 한국인 연구자의 연구 논문에 대한 전수 조사를 통해 연구 동향에 대한 양적 분석과 주요 논의에 대한 질적 분석을 수행하고자 한다. 그간의 연구 동향과 주요 논의에 대한 이러한 정리와 분석은 언어 정책 및 계획 관련 연구에 대한 연구사적 의의를 가질 뿐만 아니라 향후 연구의 과제와 방향을 모색하는 데에도 기여할 수 있을 것으로 기대된다.

1. 언어 정책 및 계획의 분야와 연구 주제

이 장에서 분석하고자 하는 선행 연구들의 주제이자 대상으로서의 언어 정책 및 계획(language policy and planning)1)은 그 대상과 초점이 어디에 놓이는가에 따라 '언어 지위(status) 정책 및 계획'과 '언어 자료(corpus) 정책 및 계획'으로 나누는 것이 일반적이고(Kloss 1969), 여기에 '언어 습득/교육(acquisition/education) 정책 및 계획'을 추가할 수 있다(Cooper 1989; 조태린 2010나). 언어 지위 정책 및 계획이 '언어의 사용'과 관련된다면, 언어 자료 정책 및 계획은 '언어' 그 자체와 관련되고, 언어 습득/교육 정책 및 계획(이하 언어 교육 정책 및 계획)은 '언어 사용자'와 관련된다(Hornberger 2006: 29).

먼저 언어 지위 정책 및 계획은 하나의 언어공동체 내에서 특정 언어의 위상을 규정하고 기능을 제한하거나 확대하려는 의도와 관계된다. 공용어(official language)나 국민어(national language)로의 공인, 표준어의 지위 부여, 특정 영역에서의 사용 금지 등이 언어의 위상과 관련된 목표라면, 의사소통 도구로서의 기능 부활, 유지, 확산, 국제적 사용 확대, 소수 언어의 권리 보장 등이 언어의 기능과 관련된 목표일 것이다. 다음으로 언어 자료 정책 및 계획은 특정 언어의 형식을 성문화(codification)하고 그 기능을 정교화(elaboration)하는 활동과 관계된다. 표기법의 개정, 표준적인 문법서나 사전의 편찬, 수어, 점자 등의 특수 언어 표준화, 문자 개선 등이 언어 형식의 성문화와 관련된 목표라면, 신어 등 어휘 현대화, 언어 순화, 문체 간소화, 전문 용어 정비 등은 언어 기능의 정교화와 관련된 목표가 된다. 마지막으로 언어 교육 정책 및 계획은 사용자가 특정 언어의 형식과 기능을 적절하게 사용할 수 있는 능력을 향상시킬 수 있도록 지원하는 것과 관련된다. 자국어 교육, 문식성(literacy) 교육, 특수 언어 교육 등이 언어 형식의 사용 능력과 관련된 목표라면, 국내외적 요구에 부응하는 외국어 교육과 이중/다중 언어 교육은 언어 기능의 확대와 관련된 목표일 것이다(Hornberger 2006: 29; 강현석 외 2014: 393~394).

이상과 같은 언어 정책 및 계획의 분야별 대상과 목표는 각 분야에 대한 연구 주제와 밀접하게 연관되어 있다. 가장 우선적으로는 분야별 대상 설정의 필요성과 적절성부터 학술적 논의의 주제가 될 수 있다. 또한 분야별 목표가 제대로 설정되었거나 달성되었는지를 평가하거나 그 목표를 수정하거나 변경할 필요는 없는지를 검토하는 문제도 중요한 연구 주제로서 이미 많은 연구에서 다루어져 왔다. 이외에도 분야별 대상과 목표는 언어 정책 및 계획의 방법이 적절하고 효율적인지를 판단하고 개선하는 문제를 새로운 연구 주제로 제기할 수 있을 것이다. 따라서 이 장에서는 언어 정책 및 계획에 대한 그간의 연구 동향과 주요 논의를 정리하고 분석하기 위해 앞에서 언급한 '언어 지위', '언어 자료', '언어 교육' 등의 세 분야를 가장 일차적인 분류 기준으로 삼기로 한다.

2. 언어 정책 및 계획의 연구 동향

언어 정책 및 계획에 관한 그간의 연구 동향을 분석하기 위해서는 지금까지 출간된 연구 목록을 확보하는 것이 우선적으로 요구된다. 이를 위해 이 연구는 한국교육학술정보원(KERIS)에서 제공하는 '학술연구정보서비스(RISS)'를 검색 수단으로 사용하였다. 검색 대상은 1945년부터 2019년 사이에 한국인 연구자가 발간한 언어 정책 및 계획 관련 연구[2]이며 검색을 위해 사용한 검색어는 다음과 같다.

(1) 언어 정책 및 계획 관련 연구 검색을 위해 사용한 검색어 목록
국어 정책, 언어 정책(어문 정책, language policy, 언어 계획, language planning, 언어 규범 정책, 맞춤법(띄어쓰기, 문장 부호), 외래어 표기법, 로마자 표기법, 표준어, 표준 발음, 표준 화법, 언어 예절, 표준 문법, 표준 사전, 국어 교육 정책, 영어 교육 정책, 외국어 교육 정책, 한국어 교육 정책, 이중/다중 언어 정책, 다문화 언어 정책, 언어 지위(공용어, 국민어, 국제어, 남북 언어), 언어 순화(국어 순화), 공공 언어, 소수 언어, 언어 권리, 전문 용어 정책, 신어 정책, 문자 정책, 한글 전용, 한자/한문 정책, 국어 사전 정책, 국어 정보화 정책, 문맹 퇴치, 문해 교육 정책, 특수 언어 정책

이상의 검색어를 통해 검색된 연구 목록에는 학술지 논문은 물론이고 석

사학위 및 박사학위 논문과 단행본, 연구 보고서 등도 포함되어 있었지만, 이 연구에서는 박사학위 논문과 단행본, 연구 보고서 목록은 참고용으로만 활용하고 KCI 등재 후보지 이상의 학술지 논문만을 검토 대상으로 삼았다.3) 이는 박사학위 논문과 연구 보고서의 경우에 그 내용의 일부 또는 주요 부분이 수정·보완되어 학술지를 통해 발표되는 것이 일반적이며, 단행본은 기존에 발표한 학술지 논문들을 모아서 편저의 형식으로 발간하는 경우가 많았기 때문이다.4) 석사학위 논문도 양은 매우 많지만 질적 수준이나 학문적 영향력의 측면을 고려하여 이 연구의 검토 대상에서 제외하였다.

검색된 학술지 논문 목록은 우선 RISS에서 제공하는 '내보내기' 기능을 통해 APA 양식의 참고문헌 양식으로 변환하여 엑셀 파일 형태로 저장했는데, 여기에 목록화된 학술지 논문들은 각각 저자명, 발간 연도, 논문 제목, 학술지명, 학술지 권/호 수, 시작 및 끝 페이지 번호 등의 정보들을 포함하고 있다. 일차적으로 수합된 학술지 논문 목록은 총 1,700여 편이었는데5), 이 중에는 여러 가지 검색어에 의해 중복적으로 수합된 경우가 적지 않았다. 이에 중복된 목록을 제거하고 언어 정책 및 계획 관련 연구라고 보기 어려운 논문6)을 제외한 결과, 이 연구의 분석 대상이 된 학술지 논문의 최종 목록은 총 1,149편이다.

이어서 최종 목록에 포함된 학술지 논문 한 편마다 연구 분야, 주제, 발간 시기, 관련 국가/지역 등의 분류 정보를 태깅(tagging)하여 연구 동향의 양적 분석을 위한 데이터베이스를 구축하였다. 이렇게 구축된 연구 목록 데이터베이스를 바탕으로 2절에서는 언어 정책 및 계획의 연구 동향을 크게 두 가지, 즉 '거시적' 동향과 '미시적' 동향으로 나누어 살펴보고자 한다. 거시적 동향은 그간의 연구를 분야별, 발간 시기별, 관련 국가/지역별로 나누어 그 연구 동향을 살펴보는 것을 의미하고, 미시적 동향은 연구 주제별 동향을 살펴보는 것을 의미한다.

2.1. 거시적 동향과 특징

2.1.1. 분야별 연구 동향과 특징

연구 분야는 위에서 분류한 세 가지 분야에 둘 이상의 분야를 거의 동등한 비율로 함께 다룬 연구를 '언어 정책 및 계획 일반'으로 추가하여 총 네가지로 분류하였다. 다만 둘 이상의 분야를 다루더라도 특정한 하나의 분야가 중심을 이루고 다른 분야는 매우 부차적으로 언급되는 경우에는 중심을 이루는 분야에 해당하는 것으로 분류하였다. 이렇게 정리한 분야별 연구 편수와 비율은 다음과 같다.

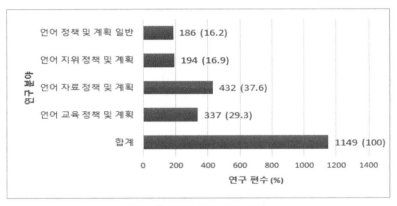

〈그림 1〉 분야별 연구 편수와 비율

위의 〈그림 1〉에서는 언어 자료 정책 및 계획 분야의 연구가 약 38%에이를 정도로 가장 많고, 다음으로 언어 교육 정책 및 계획 분야의 연구가거의 30%에 육박하고 있음을 확인할 수 있다. 이에 비해 언어 지위 정책및 계획 분야의 연구는 앞선 두 분야 연구의 절반 정도로 확연하게 적은 비율을 차지하고 있으며, 특정 분야로 나누기 어려운 언어 정책 및 계획에 대한 일반론적인 연구와 비슷한 비율을 보이고 있다.

2.1.2. 발간 시기별 연구 동향과 특징

이 연구의 검색 대상 기간은 앞서 밝힌 바와 같이 1945년부터 2019년까지였다. 연구 목록 검색에 사용한 RISS에서는 일제 강점기에 발간된 학술지 논문도 일부 제공하고 있으나 그 연구들이 발간된 때는 언어 정책 및 계획에서 중요한 국권을 상실한 시기였다는 점에서 분석 대상에서 제외하였고, 2020년은 이 연구가 진행되고 있는 시기라는 점에서 가장 최근의 연구는 2019년 말까지 발간된 것으로 제한하였다. 그런데 관련 연구가 1945년부터 1957년까지는 검색되지 않고 1958년에야 처음 등장했기에 이 연구에서는 1950년부터 10년 단위로 발간 시기를 분류하였다. 이렇게 정리한 발간 시기별 연구 편수와 비율은 다음과 같다.

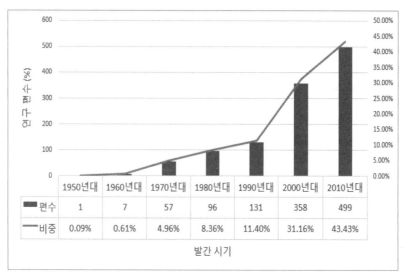

〈그림 2〉 발간 시기별 연구 편수와 비율

위의 〈그림 2〉에서는 언어 정책 및 계획에 관한 연구가 본격적으로 등장하기 시작한 것은 1970년대부터이고, 지금까지의 연구 중 약 75%가

2000년대 이후에 발간되었음을 확인할 수 있다. 2000년대 이후 학술지 논문의 눈에 띄는 증가는 언어학을 비롯한 모든 학문 분야에서 공통적으로 나타나는 현상이겠으나, 언어 정책 및 계획에 관한 연구도 매우 급격한 증가 추세를 보이고 있다. 이러한 발간 시기별 연구 동향은 모든 분야별, 관련 국가/지역별, 주제별 연구 동향에서 큰 차이 없이 비슷한 양상을 보였다.

2.1.3. 관련 국가/지역별 연구 동향과 특징

관련 국가 및 지역은 연구의 양과 중요성 등을 고려하여 먼저 한국, 북한, 아시아, 유럽, 아메리카, 아프리카, 오세아니아, 기타 전 세계 등의 8개 국가 및 지역으로 분류하고, 아시아, 유럽, 아메리카 등의 3개 지역은 다시 더 자세한 국가 또는 지역으로 분류하였다. 여기서 북한 관련 연구는 북한만을 논의한 연구 외에도 남한과 북한을 비교하거나 남북한의 언어 통합 문제를 논의한 연구들도 포함하였고, 이러한 남북한 비교 또는 통합 관련 연구는 한국 관련 연구로는 산정하지 않았다. 아시아 관련 연구는 중국과 일본 관련 연구를 독립시키고 나머지는 지역별 연구로 묶어서 제시했는데, 아시아 관련 연구 중 동북아시아 관련 연구는 중국과 일본이 거의 동일한 비율로 논의되어 어느 한쪽 관련 연구로 처리하기 어렵거나 중국과 일본뿐만 아니라 한국과 대만, 홍콩 등을 함께 논의한 연구들을 가리킨다. 이러한 방식은 프랑스, 독일 등 관련 연구와 구별되는 서유럽 관련 연구를 분류할 때도 마찬가지로 적용되었다. 마지막으로 기타 전 세계 관련 연구는 둘 이상의 지역을 포괄하여 논의한 연구들을 의미하는데, 여기에는 공산권처럼 특정 국가나 지역보다는 국가 체제에 초점을 맞추어 논의한 연구도 포함된다. 이렇게 정리한 관련 국가/지역별 연구 편수와 비율은 다음과 같다.

<표 1> 관련 국가/지역별 연구 편수와 비율

관련 국가/지역 대분류	편수	비율 (%)	관련 국가/지역 소분류	편수	비율 (%)
한국	743	64.7			
북한	79	6.9			
아시아	103	8.9	중국 관련	28	27.2
			일본 관련	25	24.3
			동북아시아 관련	12	11.6
			동남아시아 관련	21	20.4
			중앙아시아 관련	11	10.7
			남아시아 관련	4	3.9
			서남아시아 관련	2	1.9
유럽	150	13.1	프랑스 관련	39	26.0
			독일 관련	30	20.0
			러시아 관련	25	16.7
			스페인 관련	10	6.6
			이탈리아 관련	4	2.7
			영국 관련	3	2.0
			서유럽 관련	17	11.3
			동유럽 관련	19	12.7
			북유럽 관련	3	2.0
아메리카	36	3.1	미국 관련	16	44.4
			캐나다 관련	14	38.9
			남아메리카 관련	5	13.9
			중앙아메리카 관련	1	2.8
아프리카	23	2.0			
오세아니아	5	0.4			
기타 전 세계	10	0.9			
합계	1,149	100			

〈표 1〉을 보면, 한국 관련 연구가 거의 65%로 차지하고 여기에 북한 관련 연구까지 포함하면 70%가 넘는 압도적인 비율(71.6%)을 보이고 있는데, 이는 이 연구의 검색 대상이 한국인 연구자의 국내 학술지 논문으로 한정되었다는 점에서 당연한 것이기도 하다. 관련 지역별 연구 동향에서 또

하나 눈에 띄는 부분은 한국이 속한 아시아 관련 연구가 유럽 관련 연구보다 적다는 점이다. 특히 프랑스, 독일 등을 포함한 서유럽 관련 연구가 전체 연구에서 차지하는 비율(11.2%)이 중국과 일본을 포함한 동북아시아 관련 연구의 비율(5.6%)보다 두 배 가량 높다. 이 외에도 특정 국가나 지역으로의 편중 현상이 상당히 심하게 나타남을 확인할 수 있다.

2.2. 미시적 동향과 특징

앞서 언급한 것처럼 미시적 동향은 언어 정책 및 계획 연구의 주제별 동향을 의미한다. 연구 주제는 대부분 특정한 하나의 연구 분야와 밀접한 관련이 있지만, 몇몇 주제는 둘 이상의 연구 분야와 관련되기도 한다. 예를 들어, 이중/다중 언어 관련 주제와 소수 언어 관련 주제는 두 개 분야, 즉 언어 지위 정책 및 계획 분야와 언어 교육 정책 및 계획 분야에 해당하는 연구로 나눌 수 있다. 심지어 특수 언어 관련 주제는 언어 자료 정책 및 계획 분야까지 포함하는 세 개 분야의 연구로 나눌 수 있다. 이 장에서 분석 대상으로 삼은 연구의 주제별 편수와 비율을 연구 분야 분류와 함께 정리하면 다음과 같다.

〈표 2〉 주제별 연구 편수와 비율

주제	편 수	비율(%)	연구 분야
총론	186	16.2	일반
언어 위상/기능	134	11.7	지위
이중/다중 언어	69	6.0	지위, 교육
소수 언어	35	3.0	지위, 교육
표기 규범	237	20.6	자료
표준 규범	33	2.9	자료
문자 사용	73	6.4	자료
언어 순화	63	5.5	자료
공공 언어	17	1.5	자료
용어/어휘	8	0.7	자료

특수 언어	4	0.3	지위, 자료, 교육
언어 교육	12	1.0	교육
자국어 교육	172	15.0	교육
외국어 교육	82	7.1	교육
문식성 교육	24	2.1	교육
합계	1,149	100	

　위의 〈표 2〉를 보면, 총론 관련 주제를 다룬 연구의 수가 앞서 살펴본 언어 정책 및 계획 일반 분야 연구의 수와 일치함을 확인할 수 있다. 총론 관련 주제는 연구 주제가 어느 하나로 집중되지 않고 다양하고 포괄적인 경우를 가리키는데, 이렇게 다양한 연구 주제를 다루게 되면 연구 분야도 둘 이상을 아우르게 되는 것이 당연하다. 이러한 총론 관련 주제는 주제별 연구 동향에서 두 번째(16.2%)로 높은 비율을 보였다.

　가장 높은 비율을 보인 것은 표기 규범 관련 주제(20.6%)이었으며, 총론 관련 주제 다음으로 많이 다루어진 것은 자국어 관련 주제(15.0%)와 언어 위상7)/기능 관련 주제(11.7%)였다. 그 뒤부터는 주제별 연구 비율이 한 자릿수 이하로 떨어지는데, 외국어 교육, 문자 사용, 이중/다중 언어, 언어 순화 등 관련 주제들이 차례대로 5% 이상의 비율을 보였고, 소수 언어, 표준 규범, 문식성 교육, 공공 언어, 언어 교육 등 관련 주제들이 3% 이하로 떨어지는 비율을 보였다. 용어/어휘 관련 주제와 특수 언어 관련 주제는 1%에도 못 미치는 매우 미미한 비율을 보였다.

　이상과 같은 연구 주제는 이 연구를 위해 일차적인 분석 기준으로 사용한 일종의 대주제이며, 이 중 일부 대주제는 다시 몇 개의 소주제로 분류하고 각 소주제를 좀 더 자세한 분석 기준으로 사용할 수 있다. 아래에서는 총론을 제외한 주제별 연구 동향과 특징을 앞서 설정한 세 가지 연구 분야별로 나누어 좀 더 체계적으로 살펴보고자 하는데, 대주제별 연구 동향을 기본으로 하되 필요에 따라서는 소주제별 연구 동향도 함께 살펴볼 것이다.

2.2.1. 언어 지위 정책 및 계획 분야

언어 지위 정책 및 계획 분야로 분류될 수 있는 대주제는 아래의 〈표 3〉과 같이 네 가지이다. 언어 위상/기능 관련 주제는 모두 언어 지위 정책 및 계획 분야에 포함시키는 것에 문제가 없는 반면, 나머지 세 개의 주제에서는 언어 교육 정책 및 계획 분야나 언어 자료 정책 및 계획 분야로 분류되어야 하는 연구들이 일부 있어서 그것들은 여기서의 분석 대상에서는 제외되었다. 언어 위상/기능 관련 주제는 특정 언어의 국내외적 위상 또는 기능의 문제와 주로 관련되는데, 남북한의 언어 통합 문제도 언어 위상 또는 기능과 관련된다는 점에서 여기에 포함되었다. 이중/다중 언어 관련 주제가 둘 이상의 언어권이 존재하는 국가의 언어 사용 문제만이 아니라 이주 등에 의한 다문화 언어 환경의 문제도 관련된다면, 소수 언어 관련 주제는 이중/다중 언어의 사용과 환경 문제에서 더 나아가 소수 언어 사용자 또는 사용 집단의 언어 권리(language right)와 언어 유지(language maintenance) 측면에 초점을 둔다고 할 수 있다. 이렇게 분류한 언어 지위 정책 및 계획 분야의 주제별 연구 동향은 다음과 같다.

〈표 3〉 언어 지위 정책 및 계획 분야의 주제별 연구 편수와 비율

대주제	편수	비율(%)	소주제	편수	비율(%)
언어 위상/기능	134	69.1	표준어	52	38.8
			공용어	32	23.9
			국민어	27	20.1
			국제어	10	7.5
			남북 통합	13	9.7
이중/다중 언어	28	14.4			
소수 언어	30	15.5			
특수 언어	2	1.0			
합계	194	100			

언어 지위 정책 및 계획 분야에서는 가장 대표적인 연구 주제라고 할 수

있는 언어 위상/기능 관련 주제가 거의 70%에 이를 정도로 압도적인 비율을 차지하고 있다. 반면에 이중/다중 언어 관련 주제와 소수 언어 관련 주제가 각각 15% 내외의 비슷한 비율을 차지하고 있고, 특수 언어 관련 주제를 다룬 연구는 아직 매우 미미함을 확인할 수 있다.

가장 높은 비율을 차지하는 언어 위상/기능 관련 주제는 다시 다섯 개의 소주제로 나누는 것이 가능한데, 이 중 가장 많은 연구가 이루어진 소주제는 40%에 가까운 비율을 보인 표준어이다. 여기에는 표준어와 대비되는 방언 관련 주제를 다룬 연구도 포함되었다. 표준어 관련 주제는 한국의 경우에 그 목록을 규범화하고 있다는 특수성으로 인해 언어 자료 정책 및 계획 분야의 연구로 분류될 수 있는 측면도 있지만, 이 연구에서는 논의의 편이를 위해 모두 언어 위상/기능 관련 주제로서 언어 지위 정책 및 계획 분야의 연구로 분류하였다. 뒤를 이어 공용어(official language) 관련 주제와 국민어(national language) 관련 주제를 다룬 연구가 각각 20% 초반 대의 비율을 보였으며, 언어의 국제적 위상과 기능에 관한 연구(국제어 관련 주제)나 통일 대비 남북한 언어 통합 문제를 다룬 연구(남북 통합 관련 주제)는 각각 10%에 못 미치는 낮은 비율을 보였다.

2.2.2. 언어 자료 정책 및 계획 분야

언어 자료 정책 및 계획 분야로 분류될 수 있는 대주제는 아래의 〈표 4〉와 같이 일곱 가지이다. 이 중 특수 언어 관련 주제에서만 언어 교육 정책 및 계획 분야나 언어 자료 정책 및 계획 분야로 분류되어야 하는 연구들이 일부 있었고, 나머지 여섯 개의 주제들은 모두 언어 자료 정책 및 계획 분야에서 논의하는 것에 문제가 없었다. 표기 규범 관련 주제가 표기법, 정서법, 철자법 등의 이름으로 특정 언어를 특정 문자로 적는 방법과 관련된 것이라면, 표준 규범 관련 주제는 표기법 이외의 언어 형식 규범, 즉 표준적인 발음, 화법, 문법, 사전 등과 관련된다. 문자 사용 관련 주제는 표기 방식의 문제에 앞서 특정 문자를 특정 언어를 적는 수단으로 선정하거나 문자 사용의 범위와 기능을 설정하는 문제와 관련되고, 용어/어휘 관련 주제는 전문 용어나 신어를 정비하는 문제와 관련된다. 이렇게 분류한 언어 자료 정책 및 계획 분야의 주제별 연구 동향은 다음과 같다.

〈표 4〉 언어 자료 정책 및 계획 분야의 주제별 연구 편수와 비율

대주제	편수	비율 (%)	소주제	편수	비율 (%)
표기 규범	237	54.9	정서법(철자법)	140	59.1
			외래어 표기법	40	16.9
			로마자 표기법	52	21.9
			표기 규범 일반	5	2.1
표준 규범	33	7.6	표준 발음	8	24.2
			표준 화법/언어 예절	14	42.4
			표준 문법	2	6.1
			표준 사전	9	27.3
문자 사용	73	16.9	문자 일반	22	30.1
			한글 진흥	20	27.4
			한자/한문	31	42.5
언어 순화	63	14.6			
공공 언어	17	3.9			
용어/어휘	8	1.9			
특수 언어	1	0.2			
합계	432	100			

언어 자료 정책 및 계획 분야에서는 표기 규범 관련 주제가 50% 이상의 가장 높은 비율을 보이면서 다른 주제들과 큰 차이를 나타냈다. 문자 사용 관련 연구와 언어 순화 관련 주제는 각각 15% 내외, 표준 규범 관련 주제는 7% 이상, 공공 언어 관련 주제는 약 4%의 비율을 보였으나, 용어/어휘 관련이나 특수 언어 관련 주제는 매우 미미한 비율을 보였다.

가장 높은 비율을 보인 표기 규범 관련 주제는 다시 네 개의 소주제로 나누는 것이 가능한데, 이 중 가장 많은 연구가 이루어진 소주제는 약 60%의 비율을 보인 정서법(철자법)이다. 여기에는 한국어의 정서법인 〈한글 맞춤

법〉의 제5장에 해당하는 띄어쓰기 규정과 부록으로 제시되는 문장 부호 규정 관련 연구도 포함되었다. 다음으로 로마자 표기법 관련 주제가 20%를 조금 넘는 비율을 보였고 외래어 표기법 관련 주제가 약 17%의 비율을 보였다. 마지막으로 위의 세 가지 표기법 중 둘 이상의 표기법 관련 주제를 함께 다룬 표기 규범 일반 관련 연구도 조금 있었다.

표준 규범 관련 주제는 표기 규범 관련 주제에 비하면 연구 편수가 1/7도 안될 만큼 적지만, 그 안에서는 다시 분류가 필요할 만큼 이질적인 소주제들이 발견된다. 먼저 표준 발음 관련 주제는 표준 발음이 현행 한국어 어문 규범상으로는 〈표준어 규정〉의 제2부에 해당하기 때문에 표준어 관련 주제의 일부로 보기도 하며, 그 경우에는 언어 위상/기능의 문제로서 언어 지위 정책 및 계획 분야에서 논의될 수도 있다. 그러나 표준 발음 관련 주제는 언어의 위상이나 기능의 측면보다는 말소리에 대한 언어 형식 규범과 관련된다는 점에서 표준 규범의 문제로 보고 언어 자료 정책 및 계획 분야에서 논의하였다. 나머지 세 개의 소주제들도 각각 화법, 문법, 어휘 차원의 언어 형식 규범과 관련된다는 점에서 표준 규범 관련 주제로 묶일 수 있었다. 이러한 소주제 중에는 표준 화법 또는 표준 언어 예절 관련 주제가 가장 많이 연구되었고, 이어서 표준 사전 관련, 표준 발음 관련, 표준 문법 관련 주제의 순으로 연구되었다.

언어 자료 정책 및 계획 분야에서 표기 규범 관련 주제 다음으로 많이 연구된 것은 문자 사용 관련 주제인데, 이는 근대 이후 지금까지 지속되고 있는 한글 전용론과 국한자 혼용론의 대립 과정에서 많은 논쟁과 연구가 양산되었다는 한국적 특수성으로 인해 세 개의 소주제로 나누게 되었다. 문자 일반 관련 주제가 한국적 특수성에 한정되지 않고 국내외를 막론하는 문자 사용 문제와 관련된다면, 한글 진흥 관련 주제와 한자/한문 관련 주제는 모두 한국에서의 문자 사용 문제에 한정된다.

2.2.3. 언어 교육 정책 및 계획 분야

언어 교육 정책 및 계획 분야로 분류될 수 있는 대주제는 아래의 〈표 5〉
와 같이 일곱 가지이다. 이 중 언어 교육, 자국어 교육, 외국어 교육, 문식
성 교육 등의 네 가지 주제는 모두 언어 교육 정책 및 계획 분야에서만 논의
하는 것에 문제가 없었지만, 이중/다중 언어, 소수 언어, 특수 언어 등과 관
련된 세 가지 주제에는 언어 지위 정책 및 계획 분야 또는 언어 자료 정책
및 계획 분야에서 논의되어야 하는 연구들이 일부 있어서 그것들은 여기서
의 논의 대상에서 제외되었다.

언어 교육 관련 주제는 교육 대상 언어가 어느 하나로 특정되지 않고 언
어 교육과 관련된 일반적 문제를 논의하는 경우를 가리킨다. 자국어 교육
관련 주제가 자국어를 자국민 또는 외국인을 대상으로 교육하는 문제와 관
련된다면, 외국어 교육 관련 주제는 외국어를 자국민을 대상으로 교육하는
문제와 관련된다. 이중/다중 언어 교육과 소수 언어 교육 관련 주제는 자국
민 또는 이주민에게 특정 언어(들)를 교육하는 문제와 관련되고, 특수 언어
교육 관련 주제는 장애인을 대상으로 점자나 수어를 교육하는 문제와 관련
된다. 마지막으로 문식성 교육 관련 주제는 기본적인 문맹 퇴치의 문제는
물론이고 원활한 사회생활을 위한 문해력8) 향상의 문제를 포함한다. 이렇
게 분류한 언어 교육 정책 및 계획 분야의 주제별 연구 동향은 다음과 같다.

〈표 5〉 언어 교육 정책 및 계획 분야의 주제별 연구 편수와 비율

대주제	편수	비율 (%)	소수제	편수	비율 (%)
언어 교육	12	3.6			
자국어 교육	172	51.0	국어 교육	82	47.7
			한국어 교육	84	48.8
			외국의 자국어 교육	6	3.5
외국어 교육	82	24.3	외국어 교육 일반	23	28.0
			영어 교육	49	59.8

			기타 외국어 교육	10	12.2
이중/다중 언어 교육	41	12.2			
소수 언어 교육	5	1.5			
문식성 교육	24	7.1	문맹 퇴치	9	37.5
			문해력 향상	15	62.5
특수 언어 교육	1	0.3			
합계	337	100			

　언어 교육 정책 및 계획 분야에서는 자국어 교육 관련 주제가 절반 이상의 가장 높은 비율을 차지하고 있으며, 외국어 교육 관련 주제가 약 1/4의 비율을 차지하고 있다. 다음으로 이중/다중 언어 교육 관련 주제가 10%가 넘는 비율로 연구된 것과 문식성 교육 관련 주제가 7% 정도의 비율로 연구된 것이 주목할 만하다. 한편 소수 언어 교육 관련 주제와 특수 언어 교육 관련 주제는 아직 비율이 매우 미미함을 확인할 수 있다.

　가장 높은 비율을 보인 자국어 교육 관련 주제는 교육의 대상 집단을 기준으로 세 개의 소주제로 나누는 것이 가능한데, 이 중에서는 국어 교육 관련 주제와 한국어 교육 관련 주제가 전체 연구를 거의 같은 비율로 양분하고 있다. 이 두 주제는 모두 한국어를 교육하는 문제와 관련되지만, 국어 교육이 한국인을 대상으로 하는 것이라면, 한국어 교육은 외국인과 이주민, 재외 동포 등을 대상으로 한다는 점에서 차이가 있다. 한편 외국의 자국어 교육 관련 주제는 대부분 외국 사례에서 한국어 교육을 위한 시사점을 얻고자 하는 연구에서 나타났는데, 그 비율은 미미한 편이다.

　외국어 교육 관련 주제는 교육의 목표 언어를 기준으로 다시 세 개의 소주제로 나누는 것이 가능한데, 그 중에서는 영어 교육 관련 주제가 거의 60%에 이를 정도의 가장 높은 비율을 차지하고 있다. 다음으로 특정 외국어에 한정되지 않고 외국어 교육 관련 주제를 일반론적으로 다룬 연구가 30%에 조금 못 미치는 비율을 차지하고 있으며, 영어 이외의 특정 외국어 교육 관련 주제를 다룬 연구는 10%를 조금 넘는 낮은 비율로 나타났다. 문식성 교육 관련 주제도 두 개의 소주제, 즉 문맹 퇴치 관련 주제와 문해력 향상 관련 주제로 다시 나눌 수 있는데, 둘 중에서는 문해력 향상 관련 주제가 훨씬 높은 비율을 보였다.[9]

3. 언어 정책 및 계획 연구의 주요 논의

앞서 2절에서는 언어 정책 및 계획에 관한 그간의 연구 동향과 특징을 양적 접근을 통해 살펴보았다면, 3절에서는 분야별, 주제별 대표적 연구와 최근 연구를 중심으로 주요 논의를 질적으로 분석해 보고자 한다. 그런데 앞서 살펴본 것처럼 전체 연구에서 한국 관련 연구[10]와 외국 관련 연구가 차지하는 비율의 차이는 약 7:3에 이를 정도로 매우 크다. 이에 언어 정책 및 계획 연구의 주요 논의도 크게 두 가지, 즉 '한국 관련 연구'와 '외국 관련 연구'로 나누어 살펴보는 것이 효율적이다. 먼저 한국 관련 연구는 그 양이 매우 많다는 점에서 세 개의 연구 분야로 나누어 주제별 주요 논의를 살펴보기로 한다. 반면에 외국 관련 연구는 그 양이 상대적으로 적다는 점을 고려하여 연구 분야 대신 세 개의 권역으로 나누어 주요 논의를 살펴볼 것이다.

3.1. 한국 관련 연구

한국 관련 연구 전체(822편)에서 특정 분야가 아닌 언어 정책 및 계획 일반에 대한 총론적인 주제를 다룬 연구(80편)는 약 10%(9.7%)일 뿐이고, 나머지 90% 이상은 모두 어느 하나의 특정 분야로 분류할 수 있는 연구들이었다.

3.1.1. 언어 지위 정책 및 계획 분야

언어 지위 정책 및 계획 분야에서 이루어진 총 194편의 연구 중에서 한국 관련 연구(86편)가 차지하는 비율은 약 45%였는데, 이는 언어 자료 또는 교육 정책 및 계획 분야에서와 달리 한국 관련 연구가 외국 관련 연구보다 더 적다는 점에서 특징적이다. 한국 관련 연구의 주제는 〈표 3〉의 주제별 연구 동향에서 분류된 대주제 네 가지를 모두 포함하고는 있지만, 언어 위상/기능 관련 주제(74편)가 90%에 가까울 정도로 특정 주제에 대한 편중 현상이 심했다. 언어 위상/기능 관련 주제는 다시 다섯 개의 소주제로 나눌 수 있는데, 이 중 표준어 관련 주제(37편)가 정확하게 절반의 비율을 차지할 정도로 가장 많았다.

표준어 관련 주제는 1990년대까지는 그 수가 매우 적었고 그 내용도 표준어 정책에 대한 특정한 문제 제기는 없이 표준어 사정 방법, 개정된 표준어 규정의 보급, 북한 문화어와의 비교 등을 논의하는 것이 주를 이루었다. 이는 당시까지만 해도 표준어의 위상과 표준어 정책의 기본 방향이 당연한 것으로 받아들여졌다는 해석을 가능하게 한다. 그런데 2000년대부터는 한국에서의 표준어 형성 과정을 역사적으로 고찰한 연구와 함께 현행 표준어 정책을 비판적으로 검토한 연구가 나타나기 시작했다(최경봉 2006; 조태린 2007 등). 이러한 비판적 논의의 주요 쟁점은 표준어 규정과 언어 현실의 괴리, 성문화된 표준어 규정의 경직성, 지역 방언에 대한 차별과 억압 등이었다. 2010년대에 들어서는 비판적 논의가 더욱 활성화되었는데, 그 한 축은 표준어와 비교되면서 차별받고 위축되어 온 지역 방언의 위상과 기능을 복원하기 위한 정책의 필요성과 방안을 제시하는 연구였다(조남호 2013 등). 또 다른 한 축은 현행 표준어 정책에 대한 새로운 대안을 모색하는 연구였는데, 여전히 현행 〈표준어 규정〉 중심의 표준어 정책을 옹호하는 논의도 일부 있었지만(박동근 2013 등), 대다수는 복수 표준어의 확대, 표준어의 위상과 기능을 어휘 교육적 차원으로 축소, 성문화된 〈표준어 규정〉의 폐지와 국어사전으로의 대체, 분야별 자율적 표준어 규범의 활성화 등과 같은 다양한 개선 방향 또는 대안에 대한 논의였다(신승용 2014; 정희창 2015가; 조태린 2016 등).

두 번째로 많이 연구된 소주제는 공용어 관련 주제로 14편의 연구가 있었는데, 모두 1998년 출간된 ≪국제어 시대의 민족어≫(복거일 1998)에 의해 촉발된 이른바 '영어 공용화론'과 관련된 논의들이다. 그런데 당시의 영어 공용화론이 언론을 중심으로 매우 큰 사회적 논쟁을 불러일으킨 것에 비하면, 학계에서의 학문적 논의는 그다지 활성화된 편이 아니었으며 영어 공용화를 전적으로 찬성하는 주장도 찾아보기 어렵다. 영어 교육학과 국어 교육학, 그리고 사회언어학 분야에서 영어 공용화론의 문제점과 한계를 비판하는 논의(채희락 2001; 임경순 2009 등)와 영어 공용화에 대한 찬반양론을 객관적으로 조명하는 논의(백경숙 2000; 장선미 2011 등)가 주를 이루었다. 이처럼 학문적 논의에서는 영어 공용화를 국가 차원에서 전면적으로 추진해야 한다는 주장이 나타나지 않지만, 최근에는 서울이나 제주 등의 특정 지역(김종훈 2008 등) 또는 기업이나 대학 등의 특정 공간(Kim & Choi 2014; 오성호·김보영 2015 등)에서의 영어 공용화(상용화) 문제로 논의의 범위와 영역이 축소, 변형되어 계속 이어지고 있다.

남북 통합 관련 주제는 공용어 관련 주제와 거의 비슷한 수준으로 많이 연구된 소주제인데(13편), 규범어로서의 위상 측면에서 남북한 언어의 이질화와 동질성 회복에 관한 논의가 주를 이루었다(한용운 2007; 홍종선 2012; 이관규 2016 등). 다음으로 국제어 관련 주제의 연구가 9편이었는데, 1990년대에 들어 처음으로 '한국어 세계화'라는 주제가 논의되기 시작했다(김영미 1996 등). 2000년대에는 미국, 중국, 일본 등 세계 주요 국가에서 한국어의 언어 지위를 향상시키는 방안에 대한 논의가 이어졌고(이성연 2003 등), 최근에는 한국어의 국제적 위상을 제고하기 위한 국가 정책적 과제에 대한 논의로 발전하고 있다(강현석 2015 등). 마지막으로 국민어 관련 주제의 연구는 단 1편이 검색될 만큼 그 비율이 미미했다.

앞서 언급한 것처럼 언어 지위 정책 및 계획 분야에서 언어 위상/기능 관련 주제 이외의 대주제를 다룬 한국 관련 연구는 10% 정도(12편)밖에 되지 않는다. 그 중 소수 언어 관련 주제의 연구가 7편인데, 대부분 한국 내 소수 언어 또는 방언의 언어 권리 보장을 위한 법적, 제도적 문제를 다루고 있다(박휴용 2005; 신동일·심우진 2013 등), 언어 교육의 문제를 제외하고 언어 위상과 기능의 측면에서 이중/다중 언어 관련 주제를 다룬 연구는 3편에 불과한데 모두 2010년대에 발간되었다. 소수 언어나 이중/다중 언어 관련 주제는 국가/지역을 한정하지 않으면 그 비율이 낮지 않지만, 한국 관련 연구에서는 아직 논의가 시작되는 단계임을 확인할 수 있다. 마지막으로 특수 언어 관련 주제는 농인의 언어 권리 문제를 다루고 있는 단 2편의 연구가 있을 정도로 그 비율이 미미하다.

3.1.2. 언어 자료 정책 및 계획 분야

언어 지위 정책 및 계획 분야에서 한국 관련 연구가 차지하는 비율은 절반이 안 되었지만, 언어 자료 정책 및 계획 분야에서는 한국 관련 연구(396편)가 차지하는 비율이 90%를 넘을 정도로 압도적이다. 이는 한국에서의 언어 정책 및 계획이 표기 규범, 문자 사용, 언어 순화 등의 언어 자료 문제를 중심으로 추진되어 왔고, 연구도 그와 관련한 문제에 집중되었기 때문인 것으로 해석할 수 있다. 한국 관련 연구의 주제는 〈표 4〉의 주제별 연구 편수와 비율에서 분류된 대주제 일곱 가지를 모두 포함하고 있는데, 그중 표기 규범 관련 주제(225편)가 60%에 가까울 정도로 높은 비율을 차지하고 있다. 표기 규범 관련 주제의 연구 전체(237편)에서 한국 관련이 아닌 연구는 12편(5.1%)에 불과하다는 점에서도 한국 관련 연구로의 편중이 매우 심함을 재확인할 수 있다. 표기 규범 관련 주제는 다시 정서법(철자법), 외래어 표기법, 로마자 표기법, 표기 규범 일반 등 네 개의 소주제로 나눌 수 있는데, 이 중 여러 가지 표기법을 두루 다루는 표기 규범 일반 관련 주제는 단 5편에 불과하고, 정서법 관련 소주제(133편)가 거의 60%에 달하는 높은 비율을 보였다.

정서법 관련 주제의 연구는 1933년 조선어학회에서 제정한 〈한글 마춤법 통일안(이하 통일안)〉을 체계적으로 개정한 〈한글 맞춤법〉이 고시된 1988년 이전까지는 〈통일안〉에서 시간의 흐름에 따라 불필요해진 규정을 삭제하고 미비한 규정을 보완하는 문제에 대한 논의가 주를 이루었다(민현식 1982 등). 1988년 이후에는 개정된 〈한글 맞춤법〉을 계기로 현행 정서법의 문제점과 개선 방향에 대한 논의가 더욱 활성화되었는데, 〈한글 맞춤법〉 전반에 대한 논의에서 더 나아가 합성어 표기나 된소리 표기, 사이시옷 등의 특정 규정으로 범위를 구체화하고 논의를 심화시킨 연구들이 대폭 증가했지만, 언어학적 논의를 넘어서는 언어 정책적 논의는 충분하지 못한 편이었다(정희창 2015나 등). 2015년에는 〈한글 맞춤법〉에서 부록 형식으로 제시되는 문장 부호 규정이 전면 개정되었는데, 이 시기를 전후로 문장 부호의 형식과 적용 방식에 대한 논의도 증가하였다(양명희 2013; 신호철 2015 등). 이와 함께 2000년대에 들어서는 한국어 표기 규범의 기본 원리 또는 방향과 관련된 논의가 시작되어 최근까지도 계속되고 있는데, 특히 〈한글 맞춤법〉 제1장 총칙의 제1항("한글 맞춤법은 표준어를 소리대로 적되, 어법에 맞도록 함을 원칙으로 한다")에서 '소리'와 '어법'의 개념 및 관계를 형태주의(표의주의)로 해석할 것인지, 표음주의로 해석할 것인지가 쟁점이다(김정남 2008; 신지연 2019 등). 마지막으로 북한 관련 정서법 연구는 총 16편으로 1980년대 이후 꾸준히 이어지고 있는데, 모두 북한의 맞춤법에 대해서만 논의하기보다 남한과 북한의 맞춤법 차이를 비교하거나 통합하는 문제를 논의하고 있다(김민수 1989 등).

두 번째로 많이 연구된 소주제는 로마자 표기법 관련 주제인데, 50편의 연구 중 4편을 제외한 대부분이 1984년 이후에 등장했다. 로마자 표기법이 국가 차원의 언어 규범으로 처음 제정된 것은 1948년 문교부에서 제정한 〈들온말 적는 법〉에 부록으로 실린 〈한글을 로오마자로 적는 법〉이 처음이었고, 1959년에 새로 〈한글의 로마자 표기법〉이 공포되어 교과서, 정부 간행물, 지명, 도로명 등에 사용된 바 있다. 그러나 학계나 언론 등의 민간에서는 주로 1930년대 고안된 매큔-라이샤워(McCune-Reischauer) 체계를 따르면서 언어 규범과 현실의 괴리가 컸는데, 바로 이러한 괴리에서 로마자 표기법에 대한 학술적 논의가 적었던 이유 중 하나를 찾을 수 있을 것이다. 그러나 1984년 문교부에서 매큔-라이샤워 체계를 근간으로 하는 〈국어의 로마자 표기법〉을 시행하면서 로마자 표기법에 대한 학계의 관심과 학술적 논의도 증가하기 시작했다. 2000년에는 특수 부호를 없애는 것을 주요 특징으로 하는 〈국어의 로마자 표기법〉이 개정 고시되었는데, 이를 계기로 개정의 필요성과 개정안의 평가에 관한 논의가 대폭 증가했다(정희원 2000; 정경일 2008; 김선철 2012 등). 이 중에는 한국어 원음과의 유사성을 강조하는 소리 중심 표기인 전사법(轉寫法)에 기반한 현행 로마자 표기법의 한계를 지적하고 한글로 표기되는 한국어로의 환원성을 중시하는 형태 중심 표기인 전자법(轉字法)의 도입 또는 절충을 주장하는 논의도 등장했다(김진규 2003 등). 또한 2000년대 이후에는 인명이나 기관명 등과 같이 로마자 표기법의 구체적 적용 영역과 관련된 논의가 증가하는 특징을 보였다(김혜숙 2000; 정경일 2010 등).

로마자 표기법 다음으로 많이 연구된 외래어 표기법 관련 주제는 총 37편의 연구가 있었는데, 이 중 4편을 제외한 대부분이 1990년대 이후에 등장했다. 외래어 표기법은 한국어에 없는 음을 적기 위해 새로운 자모나 부호를 사용했던 〈들온말 적는 법〉(1948)과 새로운 자모나 부호를 쓰지 않는 것을 원칙으로 한 〈로마자의 한글화표기법〉(1958) 시기를 거쳐 1986년 문교부에서 고시한 〈외래어 표기법〉이 제정되면서 현행 규범의 기본 틀을 완성하는데, 이를 계기로 학술적 논의도 활성화되었다. 1990년대부터 2000년대까지는 외래어를 현용 24개 자모만으로 적거나 받침에 7개의 자음자만을 적고 된소리 표기를 금하는 것을 특징으로 하는 〈외래어 표기법〉의 기본 원칙과 구체적 적용 방식을 옹호하거나 비판하는 논의가 주를 이루었다(김세중 1993; 김하수 1999; 김선철 2008 등). 이에 비해 2010년대에는 특정 언어의 외래어 표기 문제에 초점을 두고 구체적으로 다룬 논의(박한상 2019 등)와 외래어 표기법의 주요 적용 영역인 외국 인명 또는 지명의 표기 문제를 외국어의 발음을 최대한 살리는 원음주의와 한국식 발음(특히 한국식 한자음)을 인정하는 관용주의 간 대립의 맥락 속에서 살핀 논의(고석주 2011; 이하얀 2017 등)가 증가했다는 점이 특징적이다.

다음으로 표준 규범 관련 주제는 한국 관련 연구(33편)에서만 나타나고 외국 관련 연구에서는 나타나지 않았다. 표준 규범 관련 주제는 다시 표준 발음, 표준 화법/언어 예절, 표준 문법, 표준 사전 등의 네 개의 소주제로 나눌 수 있는데, 이 중 표준 화법/언어 예절 관련 주제가 40% 이상으로 가장 많이 다루어졌고(14편) 모두 2000년대 후반 이후에 등장했다. 1990년부터 호칭·지칭어, 경어법, 인사말 등 소위 화법 표준화 사업이 추진되어 1992년 〈표준 화법〉이 제정되었지만, 이는 대중적 관심과 언론을 통한 사회적 논의만을 일으켰을 뿐이고 학술적 논의로 이어지지는 않았다. 그런데 2011년 그동안의 변화를 반영한 ≪표준 언어 예절≫이 발간되는 과정에서는 표준화의 내용과 방향에 대한 학술적 논의가 활발하게 나타났다(구현정 2009; 민병곤·박재현 2010 등). 그리고 다시 ≪표준 언어 예절≫에 대한 정비 작업의 결과로 2019년 ≪우리, 뭐라고 부를까요?≫가 발간되는 과정에서는 화법 또는 언어 예절의 문제를 표준 규범의 차원이 아니라 일종의 제안 또는 참조의 수준으로 유연화하는 논의가 등장했다(조태린 2018; 이현희 2019 등).

표준 규범 관련 기타 소주제에 대한 논의가 상대적으로 적은 이유는 해당 주제와 관련된 정책 및 계획 활동이 큰 변화를 보이지 않았거나 최근에서야 발생했다는 사실에서 찾을 수 있을 것이다. 표준 사전 관련 주제는 총 9편의 연구가 이루어졌는데 1999년 ≪표준국어대사전≫ 발간을 전후로 표준 사전의 필요성과 의의, 편찬 및 활용 방안에 대한 논의로 대부분의 연구가 집중되어 있고(김인선 1995; 정희창 2000 등), 최근에 와서야 표준 사전의 공공성 차원에서 차별 표현의 등재와 뜻풀이 문제가 새롭게 제기되었다(이정복 2017 등).11) 발음 관련 주제는 총 8편의 연구가 이루어졌는데 1988년 제정된 〈표준어 규정〉에 포함되고도 별다른 관심을 받지 못하다가 2000년대 이후 표준 발음과 현실 발음의 괴리나 규범 적용 방식의 문제(안병섭 2010 등)와 외래어 표준 발음의 문제(차재은 2007 등)가 제기되면서 학술적 논의가 나타났다. 마지막으로 표준 문법 관련 주제는 단 두 편의 연구에서 다루어졌고 본격적으로 논의된 것은 사실상 한 편인데(유현경 외 2016), 이와 관련한 논의 자체가 2013년 국립국어원의 연구 과제로 처음 시작되었고 그 결과물인 ≪한국어 표준 문법≫이 출판된 것이 2018년이었다는 점에서 관련 논의가 미미한 이유를 찾을 수 있을 것이다.

표준 규범 관련 주제보다 두 배 가량 더 많이 논의된 문자 사용 관련 주제도 전체 연구(73편) 중 한국 관련 연구(61편)가 80% 이상의 비율을 차지할 정도로 심한 편중 현상을 보였다. 이러한 편중 현상은 전체 연구의 약 70%에 달하는 연구(51편)가 한글 진흥 또는 한자/한문 관련 주제라는 사실에서도 재확인된다. 한국 관련 연구에서 문자 사용 문제 전반을 다룬 문자 일반 관련 주제는 11편에 불과했다. 한글 진흥 관련 주제에는 한글 전용론의 주장(박지홍 1972 등)과 함께 한글 창제 및 보급에 대한 역사적 평가 문제(허웅 1993 등)가 포함되었다면, 한자/한문 관련 주제에는 한글 전용에 대한 비판과 국한자 혼용의 주장(유정기 1973 등)이 중심을 이루면서 한자/한문 교육의 문제(남광우 1997 등)도 일부 포함되었다. 한자/한문 관련 주제는 1970년대 이후부터 나타나기 시작했지만 문자 사용 관련 연구에서 40% 이상의 비율을 차지하고 있는데,12) 이는 해방 이후부터 지금까지 문자 정책의 기조가 줄곧 한글 전용이었기에 그 문제점을 지적하고 국한자 혼용과 한자/한문 교육의 필요성을 주장하는 논의가 양산된 것과 관련이 있을 것이다.

문자 사용 관련 주제와 비슷한 비율을 보인 언어 순화 관련 주제도 전체 연구(63편) 중 한국 관련 연구(54편)가 85%가 넘을 정도로 높은 비율을 보였다. 한국에서의 언어 순화는 광복 이후 정부 차원에서 '국어 순화'라는 이름 아래 일본어의 잔재 제거를 목적으로 시작되었고 1970년대부터는 언론과 시민 단체, 교육계 등 사회 각 분야에서 민족주의에 기반한 언어 운동의 차원으로 확산하면서 비로소 학술적 논의도 등장했다(박병채 1977 등). 1970년대가 국어 순화 운동이 절정에 달했던 시기라면, 1980년대와 1990년대는 그간의 성과와 한계가 비판적으로 평가되던 시기로 학술적 논의에서도 그러한 비판적 내용이 주를 이루었다(이은정 1989 등). 2000년대에는 국어 순화의 문제를 사회언어학과 언어 정책론의 관점에서 이론적으로 검토하는 논의(이정복 2003; 김선철 2009 등)가 등장하기 시작했고, 2010년대에는 국어 순화의 목표와 방향을 민족주의 또는 순수주의에서 벗어나 원활한 의사소통과 언어적 인권의 보장 문제로 재설정하려는 논의 (박덕유·박지인 2015; 조태린 2019 등)가 증가하고 있다.

공공 언어 관련 주제도 한국 관련 연구(14편)가 전체 연구(17편)의 80%가 넘을 정도로 높은 비율을 차지하고 있다. 한국에서의 공공 언어 개선 정책은 1970년대 영국에서 시작된 쉬운 영어 운동이 1990년 이후 영미권을 중심으로 정부의 정책에 반영된 사례에서 많은 영향을 받았고, 2000년대 중반부터 국립국어원을 중심으로 관련 논의가 시작되고 사업이 추진되기 시작했다. 공공 언어 관련 주제는 다른 주제에 비해 상대적으로 적게 논의되었지만, 모든 연구가 2010년대에 등장한 이후로 급증하는 모습을 보였다는 점을 고려하면 앞으로도 관련 논의가 계속해서 증가할 가능성이 커 보인다. 공공 언어 관련 주제는 크게 두 가지 논의로 나누어 볼 수 있는데, 그 하나가 공공 언어 개선을 위한 법적, 제도적 정책 방안에 대한 논의였다면(조태린 2010가 등), 또 다른 하나는 공공 언어의 요건과 진단 기준(지표)을 구체화하는 논의였다(강남욱·박재현 2011; T. R. Cho 2015 등).

그밖에 용어/어휘 관련 주제(8편)와 특수 언어 관련 주제(1편)를 다룬 연구는 그 비율이 매우 미미했는데, 용어/어휘 관련 연구에서는 대부분이 전문 용어 표준화(이현주 2017; 김미형 2019 등)나 남북 전문 용어의 통합(이성우·신중진 2017; 조태린 2017 등)의 문제를 다루었고 신어에 대한 논의는 매우 드물었으며, 특수 언어 관련 연구에서는 수어 표준화의 문제 외에는 다른 논의를 찾아보기 어려웠다.

3.1.3. 언어 교육 정책 및 계획 분야

언어 교육 정책 및 계획 분야에서 이루어진 총 337편의 연구 중에서 한국 관련 연구(260편)가 차지하는 비율은 77%가 넘는데, 한국 관련 연구의 이러한 비율은 언어 자료 정책 및 계획 분야에서만큼 압도적이진 않지만, 언어 지위 정책 및 계획 분야에서와 비교하면 상당히 높다고 할 수 있다. 한국 관련 연구의 주제는 〈표 5〉의 주제별 연구 편수와 비율에서 분류된 대주제 일곱 가지를 모두 포함하고 있는데, 이 중 자국어 교육 관련 주제 (160편)가 60%가 넘는 가장 큰 비율을 차지하고 있다. 자국어 교육 관련 주제는 한국 관련 연구가 아닌 외국의 자국어 교육 관련 주제를 제외하면 두 개의 소주제로 나눌 수 있는데, 국어 교육 관련 주제(78편)와 한국어 교육 관련 주제(82편)가 거의 같은 비율로 양분되어 있다. 그런데 이 두 주제를 다룬 연구는 2019년 말의 시점에서는 총 편수가 비슷하지만, 발간 시기별 동향을 비교해 보면 중요한 차이를 발견할 수 있다.

아래의 〈그림 3〉에서 보는 바와 같이, 국어 교육 관련 주제는 대부분의 다른 주제와 마찬가지로 1980년대부터 2010년대까지 꾸준하고 상대적으로 완만하게 증가하는 모습을 보이는 반면, 한국어 교육 관련 주제는 1990년대에 처음 나타나서 2000년대에 들어 급증하고 2010년대에는 전체의 75%에 해당하는 연구가 폭발적으로 생산되었다. 그 결과, 2010년대에는 한국어 교육 관련 주제가 국어 교육 관련 주제보다 거의 2배에 가깝게 더 많이 연구되었음을 확인할 수 있다. 이러한 동향은 국내외 한국어 교육에 대한 수요가 급증한 것이 2000년대 이후라는 점과 밀접한 관련이 있을 것이다.

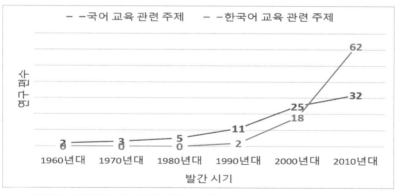

〈그림 3〉 국어 교육 관련 주제와 한국어 교육 관련 주제의 발간 시기별 연구 편수

국어 교육 관련 주제를 다룬 연구는 1980년대까지 10편에 불과했고, 그 내용도 일제 강점기의 조선어 교육 및 일본어 교육의 문제나 국어 교육 진

흥의 문제에 대한 논의로 한정되었다. 1990년대부터는 국어 교육 관련 주제의 구체적 내용이 다양화되기 시작했는데, 초중등 교육 국어과에서의 한자 교육, 대학 교육에서의 교양 국어 교육, 남북 국어 교육의 비교 등에 대한 논의가 등장했다. 2000년대 이후에는 국어 교육 관련 주제가 교육 과정, 교과서, 평가 등의 다양한 영역에서 심화하는 양상을 보였고(이인제 2005; 신명선 2008; 박진용 2011 등), 국어 교육의 대상 집단 측면에서도 다문화 배경, 탈북, 귀국 등 다양한 유형의 학생으로 구체화하였다(민병곤 2009; 권순희 2014; 남가영 2015 등).

한국어 교육 관련 주제를 다룬 연구는 앞서 언급한 것처럼 매우 최근에야 활성화되었는데, 2000년대까지는 20편에 불과했고 그 내용도 국내외 한국어 교육 정책의 기본 방향과 추진 전략에 대한 총론적 논의가 대부분이었다(조항록 2007; 이병규 2008 등). 그러나 2010년대에는 논의의 대상이 결혼 이민자, 귀화 외국인 등 다문화 가정(김재욱 2011; 조항록 2012; 최정순 2014 등)과 그 자녀(조항록 2010; 이해영 2014 등), 이주 노동자(김명광 2011 등), 재외 동포(박소연 2012 등) 등으로 구체화하였으며, 논의의 영역도 자격 제도, 재교육 등의 한국어 교원 문제(김민수 2015; 이해영 외 2017 등), 세종학당, 해외 대학 등의 한국어 교육 기관 문제(강남욱·김순우·지성녀 2012; 이정희 외 2018 등) 등으로 확장되었다.

다음으로 외국어 교육 관련 주제는 전체 연구(83편) 중 한국 관련 연구(60편)가 70%가 넘을 정도로 높은 비율을 차지하고 있으며, 한국 관련 연구에서는 역시 70%가 넘는 연구가 영어 교육 관련 주제(43편)를 다루었고 대부분 2000년대 이후에 등장했다. 영어 교육 관련 주제에서는 특정 시기 영어 교육 정책을 평가하거나 전반적인 문제를 다룬 총론적 논의가 17편으로 가장 많았지만, 그밖에 영어 교육 과정 운영에 대한 논의(이완기 2015 등), 방과후 학교나 지역 맞춤형 지원을 통한 영어 공교육 보완에 대한 논의(우길주 2008 등), 영어 교육 정책의 이데올로기나 그에 대한 인식을 다룬 논의(K. Lee 2018 등), 영어 능력 시험이나 대학 입시 등과 관련된 평가의 문제를 다룬 논의(권오량 2015; 채정관 2015 등) 등이 다양하게 나타났다. 또한 2010년대 초반에는 원어민 영어 보조 교사 활용 정책을 평가하고 개선 방안을 모색하는 논의가 집중적으로 나타나기도 했다(황나영·황여정·김경근 2011 등). 영어 교육 관련 주제에 비해 기타 외국어 교육 관련 주제는 매우 적게 연구되었는데(8편), 그나마 기타 외국어의 범위도 독일어, 프랑스어, 스페인어, 중국어, 아프리카어 등에 한정되어 각각 1~2편씩의 연구가 있을 뿐이다. 이 외에 다양한 외국어 교육의 문제를 전반적으로 다룬 연구 중에서는 한국의 국가 경쟁력과 주요 언어의 국제적 위상을 고려하여 개선 방향을 모색하는 논의가 증가하고 있다(강현석 2014 등).

언어 교육 정책 및 계획 분야의 연구 전체에서는 이중/다중 언어 교육 관련 주제가 세 번째로 많이 다루어졌지만, 한국 관련 연구로 한정하면 문식성 교육 관련 주제가 세 번째이고 이중/다중 언어 교육 관련 주제는 네 번째가 된다. 한국 관련 연구에서도 문식성 교육 관련 주제(18편)는 두 개의 소주제로 다시 나눌 수 있는데, 문해력 향상 관련 주제(13편)가 문맹 퇴치 관련 주제(5편)보다 많이 나타났다. 이는 국민의 문해력 향상이 현재의 시점에서도 중요한 정책 과제 중 하나인 반면, 문맹 퇴치는 근대 국민 국가 형성기에 제기되었던 과거의 과제였다는 사실과 관련이 있을 것이다. 실제로 문맹 퇴치 관련 연구(허재영 2004 등)는 발간 시기가 2000년대 이후라고 할지라도 연구 대상 시기는 1950년대 이전이었지만, 문해력 향상 관련 연구(이희수·박현정·이세정 2003; 이지혜·허준 2014 등)는 모두 발간 시기와 연구 대상 시기가 일치하면서 성인의 문해력 진단과 향상 방안에 대해 논의하였다.

이중/다중 언어 교육 관련 주제는 한국 관련 연구(15편)가 외국 관련 연구(26편)보다 훨씬 더 적은데, 이는 흔치 않은 경우일 뿐만 아니라 모두 2000년대 후반에서야 나타났다는 점에서도 특징적이다. 2000년대에 들어 다문화 가정의 언어 문제를 한국어 교육만이 아니라 이중 언어 교육의 차원에서 접근하려는 시도가 처음 등장했고(권순희 2009 등), 2010년대에는 이중 언어 교육의 실제 사례를 구체적으로 분석하거나 해외 사례와 비교하는 논의들로 심화하였다(정해수 2015; 황진영 2015 등). 그 밖에 소수 언어 교육 관련 주제와 특수 언어 관련 주제를 다룬 연구는 각각 한 편씩만 검색될 만큼 그 비율이 미미했다.

3.2. 외국 관련 연구

이 장의 분석 대상이 된 전체 연구(1,149편)에서 한국 관련 연구(북한 관련
연구 포함)를 제외한 외국 관련 연구는 327편으로 약 28%의 비율을 차지하
고 있다. 여기서는 외국 관련 연구들을 그 비율을 고려하여 아시아, 유럽,
기타의 세 개 지역으로 나누고, 필요한 경우에는 세부 지역 또는 국가를 고
려하면서 주요 논의를 살펴보고자 한다.

3.2.1. 아시아 관련 연구

아시아 관련 연구는 103편으로 외국 관련 연구의 30%가 조금 넘는데,
분야별 연구 비율에서 한국 관련 연구와 뚜렷한 차이를 보인다. 한국 관련
연구에서는 언어 지위 정책 및 계획 분야의 연구가 가장 적었고 언어 자료
정책 및 계획 분야의 연구가 가장 많았던 반면, 아시아 관련 연구에서는 언
어 지위 정책 및 계획 분야의 연구가 가장 많았고(33편) 언어 자료 정책 및
계획 분야의 연구가 가장 적었다(15편). 언어 정책 및 계획 일반에 대한 총
론적 연구와 언어 교육 정책 및 계획 분야의 연구는 각각 28편과 27편으로
거의 비슷한 비율을 보였다. 또한 관련 국가/지역을 살펴보면, 중국과 일
본을 포함하는 동북아시아 관련 연구가 65편으로 60%가 넘는 높은 비율
을 차지하고 있다.

동북아시아 관련 연구에서 가장 많이 다루어진 국가는 중국(28편)으로
1970년대부터 중국 관련 연구가 등장하기 시작했는데, 1980년대까지는
그 수가 적고 총론적 논의나 문자 정책에 대한 논의로 한정되었다. 그러나
1990년대 이후부터는 중국 내 소수 민족의 언어 사용 및 교육 문제(전인영
1995 등), 대외 중국어 교육 확대 문제(허택 1992 등), 중국어와 중국 문자의
표준화 문제(김중섭 2002 등) 등으로 논의의 분야와 주제가 다양화하였다.

중국 다음으로 많이 다루어진 일본 관련 연구(25편)는 1980년대부터 등장하기 시작했는데, 2000년대까지는 그 수가 크게 증가하지 않으면서 총론적 논의나 근대 제국주의 시기 식민지에서의 언어 교육 및 위상에 대한 논의에 집중되어 있었다(이연숙 1989; 홍민표 2008 등). 그러나 2010년대에 들어서는 영어 교육의 문제(고용진·고영희 2013 등), 공공 언어 개선의 문제(양민호 2016 등), 다문화 가정의 언어 문제(형진의 2019 등) 등으로 논의의 분야와 주제가 다양화하고 있다. 이밖에 동북아시아 관련 연구로는 대만의 원주민 언어나 다언어 현상에 대한 논의(정지수·최규발 2012 등), 몽골의 언어 및 문자 문제에 대한 논의(유원수 2016 등), 홍콩의 다언어 현상과 언어 교육에 대한 논의(박홍수 2007 등) 등이 있다.

중국과 일본을 포함하는 동북아시아 관련 연구와는 매우 큰 차이가 나지만, 동남아시아 관련 연구가 약 20%로 두 번째로 큰 비율을 차지하고 있다(21편). 그중 싱가포르의 영어 사용과 이중 언어 교육의 문제를 다룬 논의(송경숙 2005 등)가 가장 많았고, 인도네시아의 언어 문제는 찌아찌아어의 한글 표기 시도를 계기로 논의가 증가하기도 했다(전태현 2010 등). 그밖에 말레이시아, 필리핀, 마카오 등에서의 다중 언어 사용 및 교육에 대한 논의들이 1~2편씩 있었으며, 동남아시아 지역 둘 이상의 국가를 다룬 연구에서는 영어 사용과 국가 경쟁력 간의 관계에 대한 논의(권연진 2006 등)가 주목할 만하다.

중앙아시아 관련 연구는 아시아 관련 연구에서 약 10%를 차지하는 낮은 비율을 나타냈는데(11편), 그 논의는 우크라이나, 우즈베키스탄, 카자흐스탄, 키르기스스탄 등에서 러시아어와의 관계 속에서 발생하는 국민어 또는 공용어의 위상 문제나 언어 사용 전반에 대한 총론적 문제를 다루는 경우가 대부분이었다. 아시아 관련 연구에서 차지하는 비율이 4%에도 미치지 못하는 남아시아 관련 연구(4편)는 주로 인도의 다중 언어 사용과 교육의 문제를 다루고 있으며, 서남아시아 관련 연구는 2%도 되지 않을 정도로 그 비율이 미미한데(2편), 모두 터키의 문자 개혁이나 언어 순화 문제를 다루고 있다.

3.2.2. 유럽 관련 연구

유럽 관련 연구는 150편으로 외국 관련 연구에서 45%가 넘는 비율을 차지하고 있는데, 아시아 관련 연구에서와 마찬가지로 언어 자료 정책 및 계획 분야의 연구가 가장 적었지만(19편), 가장 많은 연구가 이루어진 분야는 1/3이 넘는 비율을 차지한 언어 정책 및 계획 일반이었다(53편). 언어 지위 정책 및 계획 분야는 두 번째로 많이 연구되었으며(48편), 세 번째는 언어 교육 정책 및 계획 분야였다(30편). 또한 유럽 관련 연구에서는 프랑스, 독일, 스페인, 이탈리아, 영국을 포함하는 서유럽 관련 연구가 103편으로 70%에 가까운 높은 비율을 차지하고 있다.

서유럽 관련 연구에서 가장 많이 다루어진 국가는 근대 국민국가의 중앙 집권적 언어 정책의 모델이 되었던 프랑스(39편)로 1980년대부터 관련 연구가 등장하기 시작했는데, 1990년대까지는 그 수가 적고 총론적 논의나 근대 국민국가 형성기를 중심으로 하는 정책사적 논의가 대부분이었다(송기형 1988; 송기형·장천현 1999 등). 그러나 2000년대 이후부터는 프랑스 초·중등학교에서의 외국어 교육 문제(박우성 2005 등), 프랑스의 식민지나 프랑스어 사용권(Francophonie)에서의 언어 위상과 기능 문제(장나나 2006 등), 프랑스어의 방언 및 지역어 문제(최은순 2003; 선효숙 2017 등), 프랑스에서의 다문화, 다중 언어 문제(이은령 2014 등) 등으로 논의의 분야와 주제가 다양화하였다. 프랑스 다음으로 많이 다루어진 독일 관련 연구도 1980년대부터 등장하기 시작했지만, 역시 1990년대까지는 그 수가 적고 논의의 주제도 정서법, 표준어, 순화 등에 한정되어 있었다. 그러나 2000년대 이후부터는 독일에서의 다문화, 다중 언어 문제(서유정·성상환 2009 등)와 유럽연합 구성원으로서의 독일의 언어 문제(황도생 2005 등)로 논의의 분야와 주제가 다양화하고 있다. 또한 독일 관련 연구에서 나타나는 특징 중 하나는 1990년대부터 시작된 독일어 정서법에 대한 관심이 한국어 정서법과의 비교를 통해 지속되면서 관련 논의가 계속 이어지고 있다는 점이다(이진희 2011 등). 이밖에 서유럽 관련 연구로는 이중 언어 사용 상황, 카탈로니아어 사용 지역, 스페인어의 국제적 위상 및 보급 등의 문제를 다룬 스페인 관련 연구, 이언어 사용 지역과 언어 통일의 문제를 다룬 이탈리아 관련 연구, 외국어 교육과 성인 문해력 향상의 문제를 다룬 영국 관련 연구, 그리고 복수의 국가와 관련된 언어 갈등, 외국어 교육, 다중 언어 사용 등의 문제를 다룬 유럽연합 관련 연구(정시호 1998; 이복남 2004; 김복래 2010 등) 등이 있다.

서유럽 관련 연구 다음으로 많았던 것은 러시아를 포함하는 동유럽 관련 연구(44편)로 유럽 관련 연구에서 약 30%의 비율을 차지하고 있는데, 이중 절반 이상이 러시아 관련 연구이다. 러시아 관련 연구는 2000년대까지는 1991년 소비에트연방 해체와 독립국가연합(CIS) 결성 이전의 언어 상황과 문제를 주로 다루었지만(유승만 2008 등), 2010년대 이후부터는 독립국가 연합으로 분리되지 않은 러시아연방 내 자치 공화국들에서의 언어 상황, 러시아어의 규범화 과정, 소수 언어 보존 및 지원 등에 대한 논의로 다양화하고 있다(김민수 2014; 남혜현 2016 등). 이밖에 동유럽 관련 연구로는 크로아티아, 헝가리, 루마니아, 마케도니아 등의 언어 상황과 문제에 대한 총론적 논의나 표준어 또는 국민어 관련 언어 위상에 대한 논의가 많았으며, 동일한 언어문화권이 러시아를 비롯한 여러 동유럽 국가로 분할된 지역의 소수 언어 문제를 다룬 논의도 주목할 만하다(엄태현 2012 등).

마지막으로 북유럽 관련 연구는 그 비율이 매우 미미했는데(3편), 스웨덴과 핀란드의 언어 상황과 교육의 문제를 다룬 논문이 1~2편씩 있을 뿐이다.

3.2.3. 기타 지역 관련 연구

기타 지역 관련 연구는 74편으로 외국 관련 연구에서 20%가 조금 넘는 비율을 차지하고 있는데, 이는 다시 아메리카, 아프리카, 오세아니아, 그리고 둘 이상의 지역 또는 국가를 포괄하는 전 세계 등의 네 가지로 나눌 수 있다. 이 중 아메리카 관련 연구가 거의 절반의 비율을 보이고 아프리카 관련 연구가 30%를 조금 넘는 비율을 보이는데, 이 두 지역 관련 연구의 합계가 약 80%에 이르는 높은 비율을 보이고 있다. 기타 지역 관련 연구에서는 아시아 관련 연구에서와 마찬가지로 언어 지위 정책 및 계획 분야의 연구가 가장 많았고(27편) 언어 자료 정책 및 계획 분야의 연구가 가장 적었는데, 후자는 겨우 두 편에 불과하였다. 언어 정책 및 계획 일반에 대한 총론적 연구와 언어 교육 정책 및 계획 분야의 연구는 각각 25편과 20편으로 나타났다.

아메리카 관련 연구에서 가장 많이 다루어진 국가는 미국(16편)이지만 한국에 대한 미국의 학문적, 사회적 영향력을 고려하면 그다지 많은 수라고 하기는 어려워 보인다. 이는 다언어, 다문화 국가인 미국의 언어 상황과 문제가 한국과는 매우 이질적이라는 사실에 기인하는 것으로 해석할 수 있다. 미국 관련 연구는 1990년대까지 그 수가 매우 적고 내용도 미국 일반이 아닌 미국에 거주하는 재외 동포의 언어 문제를 논의하는 것에 한정되어 있었다. 그러나 2000년대부터는 미국 내 다양한 소수 언어 사용과 이중 언어 교육 문제(박준언 2004 등), 공용어로서의 영어의 위상 문제(손영호 2009 등), 쉬운 언어 사용의 제도화 문제(김명희 2015 등), 성인 문해력 향상 문제(채재은 2005 등) 등으로 논의의 주제가 다양화하였다. 미국 다음으로 많이 다루어진 캐나다 관련 연구(14편)는 거의 모든 연구가 영어가 아닌 프랑스어를 사용하는 퀘벡 지역에서의 이중 언어 사용 및 교육의 문제를 다루고 있다(전성기 1993 등). 이밖에 중남미 지역의 푸에르토리코, 파라과이, 볼리비아, 에콰도르, 과테말라 등과 관련한 연구가 각각 1~2편씩 있었는데, 그 내용은 모두 각국의 이중 언어 상황과 교육의 문제를 다루었다.

아프리카 관련 연구에서 가장 많이 다루어진 국가는 탄자니아(6편)인데, 거의 모든 논의가 국민국가 건설과 국민적 정체성 형성 과정에서의 스와힐리어와 영어의 문제를 논의하고 있다(J. K. Park 2008 등). 탄자니아 다음으로는 알제리 관련 연구가 많았는데(5편), 튀니지, 모로코, 리비아 등을 포함하면, 북아프리카 관련 연구가 8편으로 높은 비율을 차지한다. 북아프리카 관련 연구는 대부분 옛 식민지 지배 언어(특히 프랑스어)와 아랍어 간의 양층어 상황(diglossia)의 문제를 다루고 있다(임기대 2008 등). 이밖에 케냐, 마다가스카르, 나이지리아, 남아프리카공화국 등과 관련한 연구가 각각 1~2편씩 있었는데, 그 내용도 대부분 국민어의 형성이나 다중 언어 사용의 문제였다.

그밖에 오세아니아 관련 연구(5편)는 모두 호주를 대상으로 이주민과 다문화 가정을 위한 영어와 이중 언어 교육의 문제를 다루고 있으며(심상민 2018 등), 둘 이상의 지역 또는 국가를 포괄하는 전 세계 관련 연구(10편)에서는 냉전 시기 공산권의 언어 문제에 대한 논의(김민수 1970 등)와 영어의 국제적 사용에 대한 논의(최은경 1996 등)가 주목할 만하다.

4. 시사점과 앞으로의 과제

이 장에서는 언어 정책 및 계획과 관련하여 국내 학술지에 실린 한국인 연구자의 연구 논문을 중심으로 그동안 이루어진 연구의 동향을 정리하고 주요 논의를 분석해 보았다. 이를 위해 먼저 관련 학술지 논문에 대한 전수 조사를 통해 분야별, 발간 시기별, 관련 국가/지역별 거시적 연구 동향과 주제별 미시적 연구 동향을 정리하여 그 양적 특징을 밝혔다. 다음으로 언어 정책 및 계획의 문제를 다룬 대표적 연구와 최근 연구를 중심으로 관련 국가/지역별 주요 논의를 연구 분야와 주제를 고려하면서 질적으로 분석하였다. 이상과 같은 연구 동향 정리와 주요 논의 분석은 연구사적 의의를 가질 뿐만 아니라 향후 연구의 과제와 방향을 모색하는 데에 다음과 같은 몇 가지 중요한 결과와 시사점을 제공해 준다.

첫째, 연구 분야의 측면에서 그간의 연구는 언어 자료 정책 및 계획 분야에 집중되면서 언어 지위 정책 및 계획 분야의 비율은 그 절반에도 미치지 못했고, 이러한 편중 현상은 한국 관련 연구에서 언어 자료 정책 및 계획 분야의 비율이 90%를 넘을 정도로 더욱 심했다. 이는 한국에서의 언어 정책 및 계획이 지금까지 언어 형식의 성문화와 언어 기능의 정교화라는 목표를 중심으로 추진되어 온 점이 영향을 미친 것이겠지만, 최근에는 언어 형식과 기능에 대한 규범적이고 하향적인 강제를 수용하기보다 다양성과

용이성, 그리고 자율성을 중시하는 언어 사용자가 증가하고 있다. 따라서 이제는 언어 사용자의 인식과 정책 환경의 변화를 고려하고 반영하는 연구가 새롭게 요구되는 시점인데, 이러한 연구는 국가 내 다양한 언어의 위상 및 언어 사용자(집단)의 언어 권리와 관련된다는 점에서 언어 지위 정책 및 계획 분야가 더욱 활성화될 가능성이 있다.

둘째, 연구 주제의 측면에서도 그간의 연구는 언어 자료 정책 및 계획 분야와 관련되는 주제로 집중되어 있었는데, 그 대표적인 예가 전체에서 20% 이상의 비율을 차지한 표기 규범 관련 주제였고 이러한 비율은 한국 관련 연구 중에서는 60%에 가까울 정도로 큰 폭으로 증가한다. 다음으로 많이 연구된 주제는 약 16%의 비율을 보인 총론적 주제를 제외하면 언어 교육 정책 및 계획 분야와 관련되는 자국어 교육 관련 주제였고(15%), 언어 지위 정책 및 계획 분야와 관련되는 언어 위상/기능 관련 주제가 그 뒤를 이었다(약 12%). 그런데 주제별 연구 동향에서 한 가지 비판적으로 검토해야 할 점은 현실에서의 언어 정책 및 계획 환경의 변화가 관련 연구에 충분히 반영되고 있는가이다. 한국 사회가 세계화와 다문화 사회화, 그리고 장애인과 이주민을 비롯한 개인의 인권 신장이라는 흐름 속에서 격변하고 있다는 점을 고려하면, 이중/다중 언어, 소수 언어, 특수 언어 등 관련 주제가 다루어진 연구의 비율은 아직까지 매우 미흡해 보이기 때문이다. 이러한 주제들은 전통적으로 관심을 받아온 다른 주제들에 비해 상대적으로 최근에 와서 제기된 것이라는 점을 고려하더라도 관련 논의가 더욱 활성화될 필요가 있을 것이다.

셋째, 언어 정책 및 계획에 관한 연구는 2000년대 이후 다른 어떤 학문 분야에 못지않게 급격한 증가세를 보임을 확인할 수 있다. 이러한 경향은 향후에도 지속될 것으로 예상되는데, 한국을 비롯한 전 세계의 언어 사용 환경이 다중 언어 사용 또는 양층어 상황 환경으로 전환하는 과정에서 다양한 언어 사용 문제가 발생하고 그 문제를 해결하기 위한 언어 정책 및 계획에 대한 요구도 계속 증가할 것이기 때문이다. 따라서 언어 정책 및 계획에 관한 연구는 학문적 의의와 실천적 기여라는 두 가지 측면 모두에서 매우 중요하고 유망한 분야로 성장할 가능성이 높다.

넷째, 관련 국가/지역의 측면에서 한국 관련 연구의 비율이 압도적으로 높은 것은 이 연구의 분석 대상이 된 선행 연구의 범위를 고려할 때 당연한 것이겠지만, 외국 관련 연구 중에서 한국과의 관련성이나 한국에 대한 영향력의 측면에서 가장 거리가 있는 유럽 관련 연구, 특히 서유럽 관련 연구의 비율이 가장 높다는 점은 일반적인 예상을 벗어나는 측면이 있다. 물론 유럽 관련 연구가 많은 것 자체는 문제가 아니겠지만, 그 이유가 단지 관련 한국인 연구자의 수가 더 많기 때문인 것은 아닌지 의문이 들기도 한다. 이러한 의문을 차치하더라도 한국과 가장 밀접하게 교류하고 많은 영향을 주고받고 있으며 재외 동포의 수도 가장 많은 동북아시아와 미국 관련 연구가 좀 더 활성화되어야 한다는 데에는 특별한 이견이 없을 것이다.

마지막으로, 주요 논의의 측면에서 전통적으로 많은 연구가 이루어진 분야와 주제에서는 2000년대 이후로 논의의 대상이 다양해지거나 구체화하는 모습을 확인할 수 있었다. 반면에 필요성과 중요성에 비해 아직 연구가 미흡한 분야와 주제에서는 논의의 대상이 한정되거나 편중되어 있는 경우가 많았다. 이 연구에서는 각 분야와 주제별 주요 논의를 나열적으로 언급만 했을 뿐이지만, 분야별, 주제별로 활성화된 논의가 무엇이고 더 필요한 논의가 무엇인지를 파악할 수는 있었다.

이상과 같은 의의와 기여에도 불구하고 이 연구는 방대한 양의 선행 연구를 대상으로 연구 동향과 주요 논의를 살펴보아야 했기에 분야별, 주제별 주요 논의의 구체적 쟁점에 대한 평가나 비판까지는 나아가지 못했다. 또한 그러한 주요 논의가 당위적이거나 주관적인 주의, 주장에 그치지 않고 학문적 논의를 가능하게 하는 적절한 연구 방법론을 사용했는지에 대해서도 살피지 못했다. 시기별 연구 동향도 연구 발간 시기를 기준으로 살펴본 것이기에 시대별 언어 정책 및 계획의 특성을 드러내기 어려웠다. 이 장에서는 분석 대상 선행 연구의 범위를 학술지 논문으로만 제한하고 박사학위 논문과 단행본, 연구 보고서 등은 제외했다는 점도 중요한 한계가 될 것이다. 더구나 언어 정책 및 계획 관련 학술지 논문의 전수 조사 결과에도 일부 누락된 연구가 존재할 수 있으며, 주요 논의를 선별하고 관련 연구를 예시하는 과정에서 연구자 개인의 주관적 판단과 평가가 개입되었다는 비판도 가능할 것이다.

이러한 한계와 비판은 그 자체로 언어 정책 및 계획 관련 연구의 향후 과제가 될 것이다. 이에 후속 연구는 분석 대상 선행 연구의 범위를 박사학위 논문과 단행본, 연구 보고서 등으로 확대하면서 각각의 주요 논의와 쟁점을 분야별, 주제별로 나누어 구체적으로 검토하고 해당 논의를 위해 사용된 연구 방법론의 적절성까지 평가하는 연구로 발전해야 할 것이다. 이상의 논의가 그러한 후속 연구를 촉발하는 하나의 계기가 될 수 있을 것으로 기대한다.

주석

1) 이 연구에서는 '언어 정책 및 계획'이라는 용어를 사용하는 것을 원칙으로 하되, 인용 등의 필요에 따라서는 '언어 정책' 또는 '언어 계획'이라는 용어도 부분적으로 사용하기로 한다. 이들 용어의 개념과 쓰임에 대한 좀 더 자세한 논의는 조태린(2010나)를 참조할 수 있다.

2) 이 연구에서는 한국의 언어 정책 및 계획에 관한 연구일지라도 외국인 연구자가 발간한 연구들은 제외하였다. 반면에 한국인 연구자가 발간한 연구는 한국이 아닌 외국의 언어 정책 및 계획에 관한 연구도 포함하였다. 또한 한국인 연구자가 발간한 연구의 대부분은 한국어로 쓰인 것들이지만 영어 등의 외국어로 쓰인 것들도 포함하였다. 물론 이 연구에서 한국인 연구자가 외국어로 쓴 연구들은 RISS를 통해 검색되는 국내 발간 연구들에 한정되며, 국외 학술지 논문 등의 국외 발간 연구들은 포함하지 못하였다. 영어, 프랑스어, 일본어로 쓰인 연구들의 내용은 직접 파악하는 것이 가능하였으나, 중국어, 러시아어 등 다른 외국어로 쓰인 연구들은 영문 제목과 영문 초록을 통해 그 내용을 파악하였다.

3) 다만 KCI가 제도화되기 이전인 1990년대까지는 이후 폐간되었거나 등재지 또는 등재 후보지가 되지 않은 학술지의 논문도 포함하였다.

4) 물론 박사학위 논문이나 단행본, 연구 보고서 등은 학술지 논문과는 다른 학문적 의의와 영향력을 가지고 있지만, 이에 대한 분석과 평가는 향후 과제로 남기기로 한다.

5) 참고로 위의 검색어를 통해 검색된 박사학위 논문은 50여 편이었고, 단행본은 70여 권이었다.

6) 위의 검색어를 통해 검색된 학술지 논문임에도 언어 정책 및 계획 관련 연구가 아니라고 판단한 대표적인 예로는 맞춤법 등의 어문 규범에 관한 논의이지만 어문 규범에 대한 단순 소개 또는 해설이거나 어문 규범을 잘 가르치기 위한 교육 방안만을 다룬 연구 등을 들 수 있다. 또한 KCI 등재 후보지 이상의 학술지에 실렸음에도 학술 논문이라기보다는 필자의 주장을 담은 논설이나 성명서 형식의 짧은 글(보통 다섯 쪽 이내)도 분석 대상에서 제외하였다.

7) 연구 주제 분류에 사용되는 '위상'이라는 표현은 앞서 연구 분야 분류에 사용된 '지위'라는 표현과 그 의미가 다르지 않다. 다만 여기에서는 연구 주제명과 연구 분야명을 좀 더 명확하게 구분하기 위해 다른 표현을 사용하기로 한다.

8) 문식성 교육 관련 소주제 명칭에서 사용되는 '문해력'은 '문식성'과 마찬가지로 영어 단어 'literacy'에 해당하는 용어로 기본적인 의미가 서로 다르지 않다. 다만 이 연구에서는 논의의 편의를 위해 '문식성 교육'은 문맹 퇴치를 포함하는 대주제를 가리키는 용어로 사용하고 '문해력 향상'은 문식성 교육의 소주제 명칭으로 문맹 퇴치와 구별하여 사용하기로 한다.

9) 이상과 같은 주제들은 모두 교육의 목표 언어마다 다시 교육 과정, 교재, 교원, 교육 기관 등의 문제들을 각각 하나의 소주제로 설정하는 것도 가능할 것이다. 그러나 이 연구에서는 지면의 제약 등을 고려하여 교육의 대상 집단과 목표 언어만을 기준으로 하여 소주제를 분류하고 분석했다.

10) 3절의 모든 논의에서 '한국 관련 연구'는 기본적으로 북한 관련 연구를 포함하는 것으로 하되, 특별한 필요가 있는 경우에만 '북한 관련 연구'를 별도로 논의하도록 한다.

11) 2016년 국립국어원이 온라인 개통한 개방형 국어사전인 《우리말샘》은 표준 사전과 관련한 중

요한 연구 주제가 될 수 있으나, 아직까지 적어도 학술지 논문의 형식으로는 언어 정책 및 계획의 측면에서 논의한 연구를 찾아볼 수 없다. 이와 유사하게 21세기 세종계획과 같은 국어 정보화 정책도 사업 계획서나 보고서 등에서는 많이 다루어졌으나 그것을 주제로 한 학술지 논문은 찾을 수 없었다.

12) 사실 연구 목록 확보를 위한 1차 검색 결과에서는 한자/한문 관련 연구가 지금보다 3배 이상 더 많았지만, 그중에는 KCI 등재 후보지 이상이 아닌 기타 학술지에 실리거나 이 연구의 분석 대상에서 제외하기로 한 기준, 즉 학술 논문이라기보다는 필자의 주장을 담은 논설이나 성명서 형식의 짧은 글이라는 기준에 해당하는 연구들이 많아 대거 제외되었다. 또한 한자/한문 교육 관련 연구는 국한자 혼용론의 일환으로 논의되는 것에 한정되며, 초중고 제도 교육에서의 한자/한문 교육의 문제는 언어 교육 정책 및 계획 분야의 국어 교육 관련 주제에서 다룰 것이기에 여기서는 제외되었다. 이와 달리 문자 일반 관련 주제와 한글 진흥 관련 주제를 다룬 연구는 1차 검색 결과가 거의 모두 분석 대상이 되었으며, 각각 약 30%와 30%에 조금 못 미치는 비율을 보였다.

참고문헌

강남욱·박재현(2011), 〈공공언어의 수준 평가를 위한 진단 지수 개발 연구〉, ≪인문연구≫ 62, 123~156, 영남대학교 인문과학연구소.

강남욱·김순우·지성녀(2012), 〈대회 언어 보급 정책 비교를 통한 세종학당 활성화 방안 연구: 중국 공자학원 운영 정책과의 비교를 중심으로〉, ≪새국어교육≫ 90, 409~447, 한국국어교육학회.

강현석·강희숙·박경래·박용한·백경숙·서경희·양명희·이정복·조태린·허재영(2014), ≪사회언어학: 언어와 사회, 그리고 문화≫, 글로벌콘텐츠.

강현석(2014), 〈세계 주요 언어의 국제적 위상 변화 양상과 국내 외국어 교육 정책에 대한 함축〉, ≪언어과학연구≫ 69, 1~22, 언어과학회.

강현석(2015), 〈한국어의 국제적 위상 변화와 국가 정책적 과제〉, ≪사회언어학≫ 23(3), 31~71, 한국사회언어학회.

고석주(2011), 〈중국어 고유명사 외래어 표기법에 대하여〉, ≪한글≫ 293, 169~191, 한글학회.

고용진·고용희(2013), 〈일본의 영어교육 실태: 조기영어교육의 사례를 중심으로〉, ≪언어학연구≫ 18(1), 1~23. 한국언어연구학회.

구현정(2009), 〈경어법의 표준 화법 실태와 개선 방안〉, ≪화법연구≫ 15, 9~36, 한국화법학회.

권순희(2009), 〈이중언어교육의 필요성과 정책 제안〉, ≪국어교육학연구≫ 34, 57~115, 국어교육학회.

권순희(2014), 〈북한이탈주민의 언어 사용 실태와 교육 지원 방향〉, ≪이화어문논집≫ 34, 91~123, 이화어문학회.

권연진(2006), 〈언어정책과 국가경쟁력 비교: 동남아시아 영어권 국가들을 중심으로〉, ≪새한영어영문학≫, 48(1), 139~158, 새한영어영문학회.

권오량(2015), 〈대학수학능력시험 외국어(영어) 영역 정책 변천사〉, ≪English teaching(영어교육≫ 70(5), 3~34, 한국영어교육학회.

김명광(2011), 〈국내외 외국인 근로자 정책과 대안: 특수 목적 한국어 교육을 중심으로〉, ≪현대사회와 다문화≫ 1(2), 200~225, 대구대학교 다문화사회

정책연구소.

김명희(2015), 〈미국의 쉬운 언어정책의 제도화와 한국에의 시사점〉, ≪한국콘텐츠학회논문지≫ 15(2), 242~251.

김미형(2019), 〈전문용어 표준화 연구: 대상어 선정과 순화 기법을 중심으로〉, ≪사회언어학≫ 27(4), 37~64, 한국사회언어학회.

김민수(1970), 〈공산권의 언어정책〉, ≪아세아연구≫ 13(1), 1~45, 고려대 아세아문제연구소.

김민수(1989), 〈남북한의 현행 맞춤법, 표준어 문제〉, ≪새국어교육≫ 45(1), 10~17, 한국국어교육학회.

김민수(2014), 〈러시아연방 하카스공화국의 언어정책과 언어상황〉, ≪동유럽발칸연구≫ 38(2), 3~36, 한국외국어대학교 동유럽발칸연구소.

김민수(2015), 〈국어기본법 상 한국어 교원자격제도 연구: 현황 및 발전 방향〉, ≪한국언어문화학≫ 12(2), 23~44, 국제한국언어문화학회.

김복래(2010), 〈유럽연합의 언어갈등에 대한 연구: 오직 영어 또는 다언어주의인가?〉, ≪유라시아연구≫ 7(3), 313~326, 아시아·유럽미래학회.

김선철(2008), 〈외래어 표기법의 한계와 극복 방안〉, ≪언어학≫ 16(2), 207~232, 대한언어학회.

김선철(2009), 〈국어 순화의 개념과 방향 설정에 대하여〉, ≪사회언어학≫ 17(2), 1~23, 한국사회언어학회.

김선철(2012), 〈국어의 로마자 표기법과 관련된 몇 가지 쟁점〉, ≪한국어학≫ 56, 1~27, 한국어학회.

김세중(1993), 〈외래어 표기 규범의 방향〉, ≪언어학≫ 15, 61~76, 한국언어학회.

김영미(1996), 〈한국어 세계화의 제문제〉, ≪이중언어학≫ 13(1), 35~62, 이중언어학회.

김인선(1995), 〈종합국어대사전 편찬 사업〉, ≪새국어생활≫ 5(1), 3~16, 국립국어연구원.

김재욱(2011), 〈귀화 외국인 학습자를 위한 한국어 교육〉, ≪언어와 문화≫ 7(2), 125~145, 한국언어문화교육학회.

김정남(2008), 〈한글맞춤법의 원리〉, ≪한국어 의미학≫ 27, 21~44, 한국어의미학회.

김종훈(2008), 〈제주특별자치도의 외국어 상용화 정책과 향후 과제〉, ≪영어영문학≫ 13(2), 75~90, 미래영어영문학회.

김중섭(2002), 〈중국어 표준화정책 연구〉, ≪인문학연구≫ 9, 139~155, 제주대학교 인문과학연구소.

김진규(2003), 〈Yale 체계에 따른 국어의 로마자 표기법 논의〉, ≪한어문교육≫ 11, 27~45, 한국언어문학교육학회.

김하수(1999), 〈한국어 외래어 표기법의 문제점〉, ≪배달말≫ 25(1), 247~259, 배달말학회.

김혜숙(2000), 〈주요 로마자 표기법에 입각한 한국인의 성 표기 문제점: 영어에 근거한 발음 및 의미〉, ≪사회언어학≫ 8(1), 415~443, 한국사회언어학회.

남가영(2015), 〈"귀국 학생을 위한 국어교육 정책", 현상과 방향〉, ≪국어교육학연구≫ 50(4), 108~142, 국어교육학회.

남광우(1997), 〈세종대왕의 훈민정음 창제정신의 재조명: 현 어문·어문교육정책 비판과 대안 제시〉, ≪어문연구≫ 25(2), 368~385, 한국어문교육연구회.

남혜현(2016), 〈현대 러시아 언어정책에 나타난 언어이념〉, ≪노어노문학≫ 28(3), 3~26, 한국노어노문학회.

민병곤(2009), 〈다문화 사회를 위한 국어과 교육과정 구성 방안〉, ≪다문화교육 연구와 실천≫ 1, 67~91, 서울대학교 교육종합연구원.

민병곤·박재현(2010), 〈표준 화법의 개정을 위한 직장, 사회에서의 호칭·지칭어 사용 실태 분석〉, ≪화법연구≫ 16, 199~225, 한국화법학회.

민현식(1982), 〈국어 맞춤법의 문제점에 대하여(1)〉, ≪선청어문≫ 13(1), 21~35, 서울대학교 국어교육과.

박덕유·박지인(2015), 〈국어 순화와 21세기 언어문화 개선 운동〉, ≪어문연구≫ 43(2), 57~87, 한국어문교육연구회.

박동근(2013), 〈〈표준어 규정〉 무용론에 대한 비판적 접근〉, ≪한말연구≫ 32, 99~132, 한말연구학회.

박병채(1977), 〈국어순화운동의 실천방안에 대한 고찰〉, ≪민족문화연구≫ 11, 25~123, 고려대학교 민족문화연구소.

박소연(2012), 〈재외동포를 위한 한국어 보급 현황과 발전 방안〉, ≪우리말교육현장연구≫ 6(1), 269~300, 우리말교육현장학회.

박우성(2005), 〈프랑스의 외국어 교육 정책: 초·중등교육을 중심으로〉, ≪외국어교육연구≫ 8, 41~63, 서울대학교 외국어교육연구소.

박준언(2004), 〈동화주의정책으로 회귀하는 미국에서의 다중언어사용〉, ≪이중언어학≫ 24, 109~126, 이중언어학회.

박지홍(1972), 〈한글 전용은 꼭 해야 하나?〉, ≪한글≫ 149, 441~452, 한글학회.

박진용(2011), 〈국어 교과서 정책의 현황과 과제〉, ≪국어교육학연구≫ 42, 5~40, 국어교육학회.

박한상(2019), 〈타이어 외래어 표기법의 문제점과 대안〉, ≪한글≫ 326, 973~1016, 한글학회.

박흥수(2007), 〈홍콩의 언어교육정책: 兩文三語〉, ≪중국연구≫ 40, 169~184, 한국외국어대학교 중국연구소.

박휴용(2005), 〈아시아 이주노동자들의 언어 인권에 대한 언어생태론적 고찰〉, ≪아세아연구≫ 48, 205~232, 고려대학교 아세아문제연구소.

백경숙(2000), 〈영어 공용화론에 대한 사회언어학적 소고〉, ≪사회언어학≫ 8(1), 469~496, 한국사회언어학회.

복거일(1998), ≪국제어 시대의 민족어≫, 문학과지성사.

서유정·성상환(2009), 〈독일의 다문화 언어교육정책에 대한 분석적 고찰〉, ≪독어교육≫ 46, 7~35, 한국독어독문학교육학회.

선효숙(2017), 〈프랑스어와 프랑스의 언어들, 그 특성과 사회적 운동 및 언어정책 동향〉, ≪방언학≫ 26, 55~104, 한국방언학회.

손영호(2009), 〈미국의 영어 공용화 운동에 대한 연구: 시대·사회적 배경과 찬반 논쟁을 중심으로〉, ≪인문과학논집≫ 38, 63~78, 청주대학교 인문과학연구소.

송기형(1988), 〈입법의회 공교위의 언어정책〉, ≪불어불문학연구≫ 23(1), 335~350, 한국불어불문학회.

송기형·장천현(1999), 〈프랑스의 언어정책과 불어사용법〉, ≪한국프랑스학논집≫ 27, 391~411, 한국프랑스학회.

송경숙(2005), 〈싱가포르의 언어 정책 및 영어 특징〉, ≪사회언어학≫ 13(1), 83~105, 한국사회언어학회.

신동일·심우진(2013), 〈국내 외국인 거주자의 언어권리의 침해에 관한 연구〉 ≪이중언어학≫ 51, 151~180, 이중언어학회.

신명선(2008), 〈우리나라 수행평가 정책의 특징과 발전 방향 연구〉, ≪국어교육학연구≫ 33, 473~502, 국어교육학회.

신승용(2014), 〈표준어 정책의 문제점과 대안〉, ≪어문학≫ 123, 67~89, 한국어문학회.

신호철(2015), 〈문장 부호 규정의 수정과 앞으로의 방향〉, ≪한국어학≫ 67, 59~88, 한국어학회.

신지연(2019), 〈〈한글 맞춤법〉 '소리대로 적되'의 의미〉, ≪국어학≫ 92, 3~36, 국어학회.

심상민(2018), 〈이주민 대상 호주 영어교육 정책의 현황 및 시사점〉, ≪국제어문≫ 79, 507~530, 국제어문학회.

안병섭(2010), 〈표준발음법과 언어 현실〉, ≪한국학연구≫ 33, 123~141, 고려대학교 한국학연구소.

양명희(2013), 〈문장 부호 개정과 국어 정책〉, ≪한국어학≫ 61, 25~48, 한국어학회.

양민호(2016), 〈알기 쉬운 공공언어 사용 인증제도에 관한 한일 대조 연구〉, ≪비교일본학≫ 38, 267~282, 한양대학교 일본학국제비교연구소.

엄태현(2012), 〈트란실바니아의 소수언어에 관한 언어정책〉, ≪동유럽발칸연구≫ 31, 한국외국어대학교 동유럽발칸연구소.

오성호·김보영(2015), 〈글로벌 기업의 영어 공용화 정책을 통한 변화 관리 전략〉, ≪Korea Business Review≫ 19(3), 1~33, 한국경영학회.

우길주(2008), 〈방과후 학교 영어교육공동체 운영 모형 고찰〉, ≪언어과학≫ 15(1), 105~121, 한국언어과학회.

유승만(2008), 〈소비에트 언어정책의 이론과 실제〉, ≪러시아연구≫ 18(2), 141~165, 서울대학교 러시아연구소.

유원수(2016), 〈몽골국의 문자 정책 소고: 몽골어에 관한 법을 중심으로〉, ≪몽골학≫ 47, 77~102, 한국몽골학회.

유정기(1973), 〈한글전용의 결과는 어찌 되었나?〉, ≪어문연구≫ 1(2), 129~138, 한국어문교육연구회.

유현경·한재영·강현화·구본관·이진호(2016), 〈표준 국어 문법의 구축〉, ≪언어와 문화≫ 12(4), 1~26, 한국언어문화교육학회.

이관규(2016), 〈남북한 어문 정책의 동질성 회복 방안에 대한 연구〉, ≪국어국문학≫ 176, 63~90, 국어국문학회.

이병규(2008), 〈국외 한국어 교육 정책 현황 및 추진 방향〉, ≪새국어교육≫ 79, 341~366, 한국국어교육학회.

이복남(2004), 〈EU의 언어정책: 지방어·소수어의 위상과 시민의 언어적 권리〉, ≪유럽연구≫ 20, 211~237, 한국유럽학회.

이성연(2003), 〈중국에서 한국어의 언어지위 향상에 관한 연구〉, ≪새국어교육≫ 65, 217~234, 한국국어교육학회.

이성우·신중진(2017), 〈남북 전문용어 통합과 어문 규범 몇 문제〉, ≪한국사전학≫ 29, 41~71, 한국사전학회.

이연숙(1989), 〈근대일본과 언어정책: 保科孝一를 중심으로〉, ≪일본학보≫ 22, 3~26, 한국일본학회.

이완기(2015), 〈영어과 교육과정의 변천과 영어교육의 과제〉, ≪English teaching(영어교육)≫ 70(5), 35~52, 한국영어교육학회.

이은령(2014), 〈유럽연합의 언어통합정책과 다중언어주의: 이주민 언어의 상호문화적 인정을 위한 정책 개선 방안 연구〉, ≪불어불문학연구≫ 97, 485~521, 한국불어불문학회.

이은정(1989), 〈국어 순화 운동의 반성〉, ≪새국어교육≫ 45(1), 184~188, 한국국어교육학회.

이인제(2005), 〈제7차 국어과 교육과정의 평가와 개선 방향〉, ≪국어교육학연구≫ 23, 91~132, 국어교육학회.

이정복(2003), 〈사회언어학에서 본 국어 순화의 문제점〉, ≪사회언어학≫ 11(2), 187~214, 한국사회언어학회.

이정복(2017), 〈국어사전의 차별 표현 기술에 대한 비판적 분석〉, ≪배달말≫ 61, 199~245, 배달말학회.

이정희·임채훈·박나리·박진욱(2018), 〈해외 한국어교육 확산을 위한 교육 현황 분석 연구: 해외 대학 기관을 중심으로〉, ≪어문학≫ 142, 431~472, 한국어문학회.

이지혜·허준(2014), 〈평생학습정책 기반 조성을 위한 성인 문해력 조사 비교 연구〉, ≪비교교육연구≫ 24(3), 101~125, 한국비교교육학회.

이진희(2011), 〈독일어 맞춤법과 그 개정 작업에 대한 연구: 2006년 새로운 맞춤법 규정에 대한 분석을 중심으로〉, ≪독일어문학≫ 52, 199~221, 한국독일어문학회.

이하얀(2017), 〈국어 외래어 표기법의 문제점과 보완 방향〉, ≪언어 정보와 사회≫ 30, 189~205, 서강대학교 언어정보연구소.

이해영(2014), 〈다문화 배경 학생을 위한 교육 지원 현황과 한국어 교육 개선 방안〉, 《국어교육연구》 34, 231~258, 서울대학교 국어교육연구소.

이해영·박석준·방성원·이미향·최은지·이정란(2017), 〈국내 한국어 교원 재교육 현황 조사 및 시사점〉, 《새국어교육》 111, 83~113, 한국국어교육학회.

이현주(2017), 〈전문용어 정책의 국제적 흐름과 한국의 정책 방향에 대한 탐색적 연구〉, 《언어사실과 관점》 42, 65~98, 연세대학교 언어정보연구원.

이현희(2019), 〈표준 언어 예절(2011) 정비의 주요 쟁점과 실제: 가족 간 호칭어와 지칭어를 대상으로〉, 《국어국문학》 187, 55~101, 국어국문학회.

이희수·박현정·이세정(2003), 〈한국 성인의 문해실태와 OECD 국제비교 연구〉, 《비교교육연구》 13(2), 193~219, 한국비교교육학회.

임경순(2009), 〈영어의 국제공용어화에 대한 국어교육의 대응과 반성〉, 《국어교육》 129, 39~56, 한국어교육학회.

임기대(2008), 〈다언어국가로서 알제리의 언어 사용·정책에 관한 연구〉, 《한국프랑스학논집》 62, 23~48, 한국프랑스학회.

장니나(2006), 〈프랑스어사용문화권(la francophonie)의 언어-문화 정책〉, 《외대어문논집》 21, 39~57, 부산외국어대학교 어문학연구소.

장선미(2011), 〈무엇이 진실일까?: 영어공용화에 관한 연구〉, 《영어어문교육》 17(4), 357~373, 한국영어어문교육학회.

전성기(1993), 〈캐나다 퀘벡의 불어 사용 상황과 언어 정책〉, 《불어불문학연구》 28(1), 493~506, 한국불어불문학회.

전인영(1995), 〈중국의 소수민족 정책 분석: 어문풍습 정책을 중심으로〉, 《국제지역연구》 3(4), 73~98, 서울대학교 국제지역원.

전태현(2010), 〈인도네시아의 언어 정책: 찌아찌아어 한글 표기 문제와 관련하여〉, 《한국언어문화학》 7(2), 171~193, 국제한국언어문화학회.

정경일(2008), 〈로마자 표기법의 언어정책적 현실〉, 《동악어문학》 50, 37~68, 동악어문학회.

정경일(2010), 〈로마자표기의 규범과 현실: 회사명 표기를 중심으로〉, 《한국학연구》 33, 63~91, 고려대학교 한국학연구소.

정시호(1998), 〈EU의 복수외국어 교육정책: 다언어주의와 다문화주의론〉, 《외국어로서의 독일어》 3, 170~194, 한국독일어교육학회.

정지수·최규발(2012), 〈타이완의 다언어현상과 언어정책〉, 《중국학논총》 36, 241~269, 고려대학교 중국학연구소.

정해수(2015), 〈한국 다문화교육의 이중언어정책에 관한 비교사례 연구: 프랑스 일본 사례를 중심으로〉, ≪미래교육연구≫ 5(3), 59~82, 한국미래교육학회.

정희원(2000), 〈새 로마자 표기법의 특징〉, ≪새국어생활≫ 10(4), 19~34, 국립국어연구원.

정희창(2000), 〈『표준국어대사전』에 반영된 '어문 규범'의 원리와 실제〉, ≪새국어생활≫ 10(1), 41~54, 국립국어연구원.

정희창(2015가), 〈복수 표준어의 개념과 의미〉, ≪한민족문화연구≫ 50, 185~206, 한민족문화학회.

정희창(2015나), 〈한글 맞춤법의 비판적 검토와 개정 방향〉, ≪우리말글≫ 65, 29~46, 우리말글학회.

조남호(2013), 〈방언의 보존과 활용에 관한 정책적 접근〉, ≪방언학≫ 18, 63~87, 한국방언학회.

조태린(2007), 〈표준어 정책의 문제점과 대안 모색〉, ≪한말연구≫ 20, 215~241, 한말연구학회.

조태린(2010가), 〈공공언어 문제에 대한 정책적 개입 방식〉, ≪한말연구≫ 27, 379~405, 한말연구학회.

조태린(2010나), 〈언어정책이란 무엇인가〉, ≪새국어생활≫ 20(2), 117~131, 국립국어원.

조태린(2016), 〈성문화된 규정 중심의 표준어 정책 비판에 대한 오해와 재론〉, ≪국어학≫ 79, 67~104, 국어학회.

조태린(2017), 〈통일 시기 남북 전문용어 표준화 정책에 대한 소고〉, ≪사회언어학≫ 25(3), 29~326, 한국사회언어학회.

조태린(2018), 〈언어 예절에 대한 언어 정책적 개입에 관한 비판적 고찰〉, ≪국어학≫ 87, 145~184, 국어학회.

조태린(2019), 〈한국의 언어 순수주의와 국어 순화〉, ≪어문학≫ 144, 115~139, 한국어문학회.

조항록(2007), 〈국어기본법과 한국어교육: 제정의 의의와 시행 이후 한국어 교육계의 변화를 중심으로〉, ≪한국어교육≫ 15(2), 199~232, 국제한국어교육학회.

조항록(2010), 〈다문화 가정 자녀를 위한 한국어 교육 프로그램 운영 지원 방안〉, ≪이중언어학≫ 42, 243~271, 이중언어학회.

조항록(2012), 〈사회통합프로그램 한국어 교육의 확대 실시 방안 연구〉, ≪이중언어학≫ 50, 235~267, 이중언어학회.

차재은(2007), 〈외래어 표준 발음 문제에 대한 고찰〉, ≪한국어학≫ 35, 363~390, 한국어학회.

채재은(2005), 〈미국의 성인문해교육 지원체제 분석과 시사점〉, ≪평생교육학연구≫ 11(1), 1~22, 한국평생교육학회.

채정관(2015), 〈국가영어능력평가시험(NEAT) 정책의 실태 원인에 대한 시차적 접근〉, ≪교육정치학연구≫ 22(3), 1~31, 한국교육정치학회.

채희락(2001), 〈영어 공용화론 비판의 허와 실〉, ≪안과 밖≫ 10, 337~348, 영미문학연구회.

최경봉(2006), 〈표준어 정책과 교육의 현재적 의미〉, ≪한국어학≫ 31, 335~363, 한국어학회.

최은경(1996), 〈세계 영어들의 표준어〉, ≪응용언어학≫ 9·10, 267~281, 한국응용언어학회.

최은순(2003), 〈프랑스의 이언어사용 상황과 지역언어 정책에 관한 고찰〉, ≪프랑스학연구≫ 25, 533~553, 프랑스학회.

최정순(2014), 〈다문화 사회 전환에 따른 한국언어문화교육의 정책적 과제〉, ≪새국어교육≫ 101, 401~436, 한국국어교육학회.

한용운(2007), 〈남북 규범어의 통합 방안〉, ≪한국사상과 문화≫ 40, 301~322, 한국사상문화학회.

허웅(1993), 〈세종조의 언어정책과 그 정신을 살리는 길〉, ≪세종학연구≫ 8, 21~31, 세종대왕기념사업회.

허재영(2004), 〈근대 계몽기 이후 문맹퇴치 및 계몽 운동의 흐름〉, ≪국어교육연구≫ 13, 577~605, 서울대학교 국어교육연구소.

허택(1992), 〈중공의 대외중국어교육정책〉, ≪외국어로서의 한국어교육≫ 16(1), 21~31, 연세대학교 한국어학당.

형진의(2019), 〈한국과 일본의 '다문화' 정책의 제 문제: 언어정책을 중심으로〉, ≪동서인문학≫ 57, 7~27, 계명대학교 인문과학연구소.

홍민표(2008), 〈일본의 국어정책〉, ≪사회언어학≫ 16(2), 301~322, 한국사회언어학회.

홍종선(2012), 〈『겨레말 큰사전』의 성격과 과제〉, ≪한글≫ 295, 135~161, 한글학회.

황나영·황여정·김경근(2011), 〈원어민 영어수업 정책의 실효성 분석〉, 《교육사회
학연구》 21(4), 235~262, 한국교육사회학회.

황도생(2005), 〈유럽연합과 독일의 언어정책〉, 《외국어교육연구》 8, 1~13, 서
울대학교 외국어교육연구소.

황진영(2015), 〈광주광역시 다문화 가족구성원의 이중언어 교육에 관한 현황과 의
식 연구〉, 《인문사회과학연구》 48, 27~47, 호남대학교 인문사회과학
연구소.

Cho, T. R. (2015). On the direction of public language policy in Korea.
Korean Journal of Linguistics 40(2), 271~286.

Cooper, R. L. (1989). *Language Planning and Social Change.* Cambridge:
Cambridge University Press.

Hornberger, N. H. (2006). Frameworks and models in language policy
and planning. In Th. Ricento (ed.), *An Introduction to Language
Policy: Theory and Method*, 24~41, London: Blackwell.

Kim, J. Y. & Choi, J. S. (2014). University administrative worker's
perceptions of the workplace context under English as an
official language policy. *The Sociolinguistic Journal of Korea* 22(2),
1~22.

Kloss, H. (1969). *Research Possibilities on Group Bilingualism: A Report.*
Quebec: International Center for Research on Bilingualism.

Lee, K. (2018). Ideological dimensions of English language policy in
South Korea. *Modern English Education* 19(3), 1~10.

Park, J. K. (2008). Language policy and the growth of Swahili literature in
Tanzania. *The Journal of the Korean Association of African Studies*
28, 97~112.

제12장

사회언어학과 언어 교육

손희연·장선미

언어 교육은 개별 언어를 대상으로 한 외국어 및 모어(자국어) 교육을 포괄하며, 공교육 제도에서 전개되는 교과 교육과 교과 영역이 아닌 다양한 교육 환경에서 진행되는 일반적인 언어 교육 양측에서 광범위하게 펼쳐진다. 국내에서 전개되고 있는 이러한 언어 교육에 대한 연구는 우선 한국어 교육1) 연구와 외국어 교육 연구로 크게 나누어 볼 수 있을 것이다. 한국어를 교육 대상으로 하는 경우는 한국어가 모어인 화자들을 대상으로 하는 국어 교육에 대한 연구와 한국어 비모어 화자들을 대상으로 하는 한국어 교육에 대한 연구로 나뉜다. 국내에서 일반적으로 전개되는 외국어 교육 연구의 경우는 교수·학습의 수요가 특히 두드러지는 영어 교육에 대한 연구와 중국어, 일본어, 프랑스어, 독일어 등과 같은 그 외의 외국어(제2외국어) 교육 연구를 살필 수 있다.

이러한 언어 교육에 대한 연구는 언어, 그리고 교육이라는 사회적 영역을 두 중심축으로 하면서, 응용언어학, 외국어 교육학, 교과 교육학 및 모어/외국어 교육 정책론에 이르기까지 여러 학문 분야를 바탕으로 한다. 대단히 다양한 학술 논의로서 광폭으로 전개될 수밖에 없는 것이다. 따라서 '언어 교육에 대한 사회언어학적 접근'의 특성과 성과를 확인하고 검토하려는 시도는 다소 제한적으로, 그리고 한정된 기준과 범위 안에서 수행될 수밖에 없었음을 미리 밝혀 둘 필요가 있겠다. 언어 교육과 사회언어학의 접점이 어떻게 형성되는지, 또한 그 접점에서 지난 30여 년 동안 국내 사회언어학의 발전에 기여하는 학문적 성과는 어떠한 것이었는지에 초점을 두고 검토하고자 하였다. ≪사회언어학≫ 및 국내에서 발행되는 학술지에 발표된 논문들을 주요 논의 대상으로 하며, 국내에서 발표된 박사논문이 일부 포함되었고 단행본의 경우는 포함시키지 않았다.

언어 교육에 대한 사회언어학적 접근들을 확인하는 작업의 기준점은 무엇보다도 학회지 ≪사회언어학≫에 지난 30년 가까운 기간 동안 게재된 관련 연구들의 분포 및 현황이다. ≪사회언어학≫ 1권(1993년 발행)에서 27권 4호(2019년 발행)까지 발표된 언어 교육 관련 논문들을 우선 살피면서 국내 학술 연구 검색 사이트(RISS)에서 논문 검색을 병행하였다. 사회언어학적 주제(변이, 사회 방언, 언어 태도, 성별 언어, 매체), 사회언어학 관련 언어 단위(발화, 화행, 대화, 담화), 사회언어학 관련 기술적 용어(맥락, 상호작용, 소통, 기능, 전략), 응용언어학적 주제(습득) 및 교육의 실질적 구성 요소(교사, 학습자, 교실, 수업, 활동, 학습 동기, 교재)와 교육 제도(평가), 교육 환경 등의 범주에서 한정된 개념 키워드를 조합하여 구성한 검색어를 바탕으로 연구 검색을 진행하였다. 검색어의 예시로서 '국어 변이 교육', '국어 교실', '한국어 화행 교육', '한국어 학습자', '영어 담화 교육', '영어 수업', '독일어 습득', '독일어 교재' 등을 들 수 있다. 최종적으로 검색 논문들의 내용을 따로 살펴, '사회언어학적 지향성'을 좀 더 면밀히 확인하면서 소개할 논문들을 선별하였다. 결국 사회언어학적 키워드를 공유하는 경우에라도, 이 연구들이 사회언어학 분야 내에서의 성과로 기술될 수 있는지를 명확히 하고자 하였던 것이다. 이때 무엇보다도, '사회언어학'이라는 학문의 제도화된 속성과 학회지 ≪사회언어학≫에 게재된 논문들의 분포 양상이 주요하게 참조되었다.

일반적으로 사회언어학은 인간의 언어 구조 및 언어 사용 양상을 사회적 요인(사회적 맥락)과의 관계성을 바탕으로 설명하면서 제도화된 언어학의 한 종류이다. 사회문화적 맥락, 상황에 따라 언어를 사용하는 사람들의 의사소통 능력 즉 사회언어학적 능력을 연구 대상으로 하고, 사회 계층, 성, 연령, 민족성, 권력 등의 사회적 요인에 주로 주목해 왔다. 사용자 및 사용 행위(언어 행위)를 관찰이나 설명의 단위로 하면서 특히 화용론의 제 분야와 연구의 장을 공유하는 경우가 많다. 그러나 사회언어학은 원리와 법칙을 추상화해 나가는 방향성을 지니기보다는 변이와 다양성, 나아가 사회적 실천 문제들의 구체성과 실제성을 향해 나아가는 지향점을 지닌다는 점에서 구별된다. 따라서 구체적인 언어 사용 자료와 사례를 기반으로 논의를 전개하는 방법론적 정체성을 지니고 있으며 일상성과 대중성의 영역에서 사회적 언어 사용을 발견해 내려는 일련의 시도들을 통해 학문적 정체성을 발전시켜 왔다.

따라서 언어 교육 연구가 사회언어학적 접근의 범주로 분류된다는 것은, 이러한 사회언어학과의 연관성, 학문적 지향점을 명확히 하는 경우임을 의미하는 것이다. 다시 말해, 사회언어학이 주요하게 설정해 왔던 연구 대상을 구체적인 사례와 자료를 기반으로 하여 다루고, 마찬가지로 구체적인 실제로서 사용자, 관련된 사회문화적 맥락에서의 언어 사용 행위를 분석하며 이를 사회적, 문화적, 언어적 현상으로서 문제 설정하거나 개념화한다면, 이는 사회언어학적 접근으로 분류할 수 있다는 것이다. 언어 교육의 일환으로 국어/한국어, 영어, 그 외 여러 외국어 교육을 위한 연구 문제를 해결해 나가는 과정이 이러한 사회언어학적 접근을 바탕으로 할 경우, '언어 교육에 대한 사회언어학적 접근' 논문으로서 이 장의 검토 범주에 포함된다.

1. 언어 교육 연구에서의 사회언어학적 접근 개괄

1.1. 국어 교육 및 한국어 교육 분야

1.1.1. 국어 교육 분야의 접근 개괄

국어 교육 연구의 흐름 속에서 보면, 사회언어학적 접근으로 분류할 수 있는 논의들은 국어에 대한 언어관의 변화를 전제로 하고 있음을 확인할 수 있다. 물론 사회언어학계 내에서 김하수(2008가)는 국어를 민족어로서 관념적으로 추상화하는 언어 의식을 비판적으로 바라보면서, 이러한 언어관은 언어와 사회와의 실제적인 관계를 간과하거나 사회적인 실체로부터 언어를 분리하여 다루게 만드는, 다시 말해 소위 언어의 사회적 구실의 내용과 접합점을 잃게 만든다는 점을 지적하였다. 결국 국어 교육이 내용으로 구성해야 하는 것은 바로 언어의 사회적 구실임을 강조하게 되는 것이다. 국어 교육계 내적으로는 특히 문법 교육의 영역 내에서 소통으로서의 언어관이 기능 및 텍스트 중심 문법 교육 논의 바탕에서 작용하고 있음을 볼 수 있다. 이러한 맥락에서 민현식(2008)은 국어 능력(사용 능력), 국어 문화 지식을 융합하는 생활문법에 대한 교육이 필요함을 논의한다. 김규훈(2012)와 같은 경우는 국어 문법 교육의 소통적 관점을 생태학의 '생태 문식성'과 사회언어학의 의사소통 능력을 바탕으로 재개념화하고 있다.

국어 교육학계는 제5차 교육 과정기(1987~1992)를 언어관이나 국어 교육관의 주요한 전환점으로 하고 있다. 제5차 교육 과정 시기에는 인지심리학에 바탕을 둔 기능(언어 기술) 중심의 국어 교육관이 표방되었다(노명완 외 2013: 155). 이러한 교육 과정의 기조는 말하고 듣고 읽고 쓰는 주요 언어 기술의 인지적 과정을 내용화하고 학습자 중심적인 활동과 수행 양상을 강조하는 것으로 드러난다. 특히 문법 영역 내에서는 5차 교육 과정기 이후, 전통 문법이나 구조주의 문법, 생성 문법 외에 기능 문법이나 사회언어학 등이 영향을 미치게 되었다(구본관 2009). 이 시기를 기점으로, 사회언어학

그 자체를 국어과 교육이 적극적으로 수용할 필요가 있다는 점이 김재봉 (1993), 이은희(2002), 김혜숙(2004) 등에서 제기되었다. '화법'이 교과목으로 발전하는 과정에서는 담화 유형이나 화용론적 담화 기능이 교육적 문제로서 제기되어 왔고, 화법 교육의 주제로 출판되는 박사학위 논문이 상당한 정도에 이르고 있다. 그러나 화용론이나 사회언어학, 담화 분석을 바탕으로 하는 화법 교육의 전개는 교육적 추상화와 표준화를 일차적인 목표로 지향하기 때문에, 사회언어학적 실제나 구체성, 개별성을 다루는 데에는 한계가 있다. 따라서 사회언어학적 성과로 확인될 수 있는 논의가 제한될 수밖에 없다. 사회적 교류 양상과 맞물려 있는 대화 교육 분야에서 사회언어학적 지향성이 확인되는데, 자료 기반의 접근들로, 서현석(2005), 서종훈 (2018), 박재현(2019), 사회언어학이나 화용론의 이론이나 관점을 수용하는 논의로서 이재원(2009), 김혜정(2012), 손희연(2017) 등과 같은 논의들을 확인할 수 있다.

학회지 ≪사회언어학≫에서 국어 교육과 관련된 논의들의 분포도 흥미로운데, 토의 담화에 대한 교육 내용 구성(김성희 2007), 국어과 매체 교육을 위한 기초 연구(허재영 2009), 수업 상황에서의 교사 발화 분석(신호철 2014), 국어생활사 중심의 국어사 교육을 위한 시대 구분 설정(김슬옹 2011) 등이 있다. 어휘 교육의 측면에서 논의가 가장 생산적이라 할 수 있으며, 변이어 혹은 사회 방언의 교육 문제가 이와 관련된다. 박인규·조진수(2019), 이현희·박철우(2013), 조진수·박재현(2017) 등의 논의를 확인할 수 있다. 변이어의 교육 문제는 국어 교육의 문제들이 사회언어학적 지향성을 특히 분명히 드러내는 주제로서, 국어 교육 관련 학회지에 발표된 김은성(2008), 이정복(2013), 양영희(2017) 등과 같은 논문들을 추가로 검토할 수 있다.

좀 더 최근의 흐름 속에서 보면, 국어 교육과 사회언어학의 접점이 형성되는 화두로 '북한어' 혹은 '조선어'가 있다. 국어 교육계 내에서는 통일 시대를 대비하는 실질적인 내용 모색, 남북한 언어 비교 등의 논의가 시도되고 있으나, 이들 전체를 국어 교육에 대한 사회언어학적 연구 성과로 묶어 살피기에는 한계가 있을 것이다. 관련하여 살필 수 있는 논의로서 김정선

(2015), 김주성(2018) 등이 있다. 김정선(2015)는 국어과 교육 과정과 교과서에 나타난 북한어 이해 교육의 현황을 검토하며 북한어 이해의 내용이 어문 규범이나 어휘 차이에 대한 단순한 비교에만 그치고 있음을 비판적으로 논의한다. 김주성(2018)은 한국어 교육과 조선어 교육의 통합 정책 개발의 필요성을 제기하며 이를 둘러싸고 있는 언어적 현실과 이념 등의 정책 환경을 분석, 나아가 이러한 정책의 운영 방향과 방식을 검토하고 있다.

1.1.2. 한국어 교육 분야의 접근 개괄

한국어 교육학 분야 내에서는 한국어가 모어가 아닌 화자들이 외국어로서 한국어를 배우는 경우, 즉 '외국어로서 한국어 교육'(Korean as a Foreign Language: KFL) 연구가 주요하게 발전하고 있다. 결혼 및 노동 이주가 증가하면서, 한국 사회에 통합되는 이주 배경의 학습자를 대상으로 하는 한국어 교육은 '제2언어로서 한국어 교육'(Korean as a Second Language: KSL), 또한 해외 거주 재외 동포들을 중심으로 하는 한국어 교육은 '계승어로서 한국어 교육'(Korean as a Heritage Language: KHL)으로 전개되고 있지만, 이는 상대적으로 최근의 연구 흐름에 속한다. 목표어인 한국어의 지위나 학습자의 양상에서 차이가 있기 때문에 각각의 논의들은 서로 다른 교육적 문제들을 제기할 수 있다. 따라서 사회언어학적 지향성에서도 다른 입장을 발견할 수 있을 것이다. 그러나 김하수(2008나)가 명시한 바와 같이, 한국어 교육학은 '보편적 외국어 교육으로서의 한국어 교육'이 제도적으로 확립되면서 그 학문적 정체성을 획득해 온 측면이 있다. 제1언어(모어)가 아닌 다른 언어를 목표어로 하는 명시적 외국어 교육에서는 본래적으로 의사소통 능력, 사회적 상호작용 및 실제적 언어 사용(기능) 등을 핵심어로 지닌다. 따라서 이러한 보편적 외국어 교육으로서 한국어 교육을 크게 아우르는 사회언어학적 접근을 몇 가지로 범주화할 수 있을 것이다.

먼저, 특정한 사회적 유형의 학습자 그룹을 대상으로 이들의 한국어(목표어) 사용 혹은 인식(언어 인식)에 대한 관찰, 기술적 연구들이다. 특히 학습자들의 화행, 의사소통 행위들을 단위로 전개되며, 이러한 연구 경향에서 가장 많은 논의의 성과들이 확인된다. ≪사회언어학≫에서도 다수의 논문을 확인할 수 있었다. 둘째, 한국어 교재의 내용에서 드러나는 사회적, 문화적, 담화적 양상들에 대한 분석적 논문들이다. 즉 한국어 교육의 내용이 언어 외적, 특히 사회문화적 양상에서 어떠한 요소들을 반영하거나 혹은 바탕으로 하고 있는지를 비판적 시각에서 혹은 처방적 시각에서 분석하고 있다. 이 경우는 언어의 주요 기술로서 말하기나 쓰기 등의 표현적 기능에서 논의가 전개되기도 하지만, 특히 대화 교육의 관점에서 진행되는 경우가 많다. 셋째는 한국어 교육 정책이나 제도를 사회언어학적 실태 측면에서 조사하거나 연구 문제화하는 논의들이다. 물론, 이외에도 학습 환경 특히 교실 수업 상황에서 전개되는 의사소통의 유형을 기술하는 논의들을 찾을 수 있다. 수업의 맥락과 결부되는 의사소통을 유형화하는 논의로서 사회언어학적 접근으로 분류될 수 있을 것이다. 진제희(2004)를 대표적으로 들 수 있으며 관련 연구들로서 한상미(2001), 곽부모(2004), 신성철(2009), 백승주(2011), 최정선·이경주·연준흠(2015) 등을 더 들 수 있다.

한국어 학습자들의 한국어 사용 (실태), 언어(목표어, 모어 등) 인식, 한국어 사용/학습 환경 (공동체) 문제에 대한 관찰 및 기술적 접근은 한국어 교육 분야에서 사회언어학적 지향성을 확인할 수 있는 가장 주요한 논의들이다. 손희연(2011), 양명희·김려연(2013), 김은호(E. H. Kim 2014), 윤은미(2015), 구려나(2016), 윤보은(2018), 최진숙(2018) 등의 논의를 살필 수 있다. 대부분의 경우가 KFL 학습자, 특히 유학생을 대상으로 하지만, 박수현·신동일 (2017)과 같이 KSL 학습자인 중도 입국 자녀를 초점화하는 경우가 있고 이정은(2005), 이재호(2016)과 같이 해외 거주 KHL 학습자의 경우를 다루는 경우도 볼 수 있다. 또한 유학생 학습자 그룹의 사회 심리적 속성으로서 '교실 내 의사소통 불안'을 측정하는 연구(양명희·김보현 2017)나 한국어 및 모어 인식과 한국어 능력의 관계를 설문 조사를 바탕으로 검토하기도 하며 (최진숙 2018), 이들 학습자가 한국어 능력 시험(TOPIK)을 준비하면서 경험하게 되는 쓰기, 학술적 글쓰기 나아가 언어 시험 그 자체에 대하여 지니는 인식 양상을 기술하는 논의들을 확인할 수 있다(곽준화 2018; 한선화 2019).

한국어 학습자의 언어 생산 자료를 바탕으로 전개되는 논의들은 한국어 교육 분야에서 대단히 생산적인 전개 양상을 지니고 있다. 대부분의 논의들이 학습자 그룹의 기능별, 형태별 사용 능력을 관찰하고 이를 통해 특정 언어권 학습자들의 한국어 능력을 진단하고자 한다. 학습자 언어에 대한 사례 연구로서 생산적이며 한국어 학습자 언어를 하나의 화체 혹은 변이로 개념화하는 데에 기여하는 측면이 있다. 그러나 이러한 학습자 언어 연구 모두를 언어 교육에 대한 사회언어학적 접근으로 분류하고 사회언어학적 연구 성과로 검토하는 데에는 무리가 있다. 무엇보다도 이들 연구는 사회언어학적 지향성을 지니고 사회언어학의 연구 문제 설정이나 개념, 방법의 측면에서 밀접한 연관성을 지니지 않는 경우가 많기 때문이다. 따라서 학습자 그룹의 사회문화적 속성에 주목하고 나아가 학습자의 상호 행위 능력이나 사회적 언어 행위에 주목하는 연구들로 한정하여 검토할 필요가 있는 것이다. 박성원·신동일(2014), 강현주(2019) 등의 논의가 그러하며, 특히 이주민 학습자의 언어 자료를 관찰하는 임선일(2010), 이광수(2012), 손희연(2014), 백목원·권순희(2015) 등을 관련 논의로 살필 수 있다.

한국어 교육 내용에 대한 연구들이 사회언어학적 접근을 바탕으로 전개되는 것은 앞서 논의한 바와 같이 주로 외국어로서 한국어 교육의 교재 내용에 대한 담화 분석을 양상으로 이루어지는 경우가 많다. 김현강·이윤진(2013), 박은하(2015), 한송화(2015)가 그러하다. 최근에 이르러서는 김유리(2019), 박혜란·남은영(2019)와 같이 KSL 학습자들(이주민)을 대상으로 편찬된 교재의 내용이 분석되기도 한다. 진제희(2003), 한상미(2011), 김지영(2014) 등을 더 살펴본다면, 대화 및 화용 능력을 높일 수 있는 실제적 언어 사용을 내용화하려는 연구 문제 설정을 볼 수 있다.

마지막으로, 국외 한국어 교육 지원 사업이 문화 상호주의의 정책 기조 속에서 운영되고 있는 실태를 소개하는 논의(강미영·이보라미 2013), 국내 이주 노동자 정책의 바탕 개념이 될 수 있는 '지리적 적절성'에 대한 분석(공나형 외 2013)을 볼 수 있다. 또한 캐나다의 재외 동포 한국어 교육 실태가 소개되기도 하였다(강희숙 2005). 이외에도 오대환(2010)은 일본에서의 한국어 교육 현황을 비판적으로 검토하고 있으며 편테레사(2017)은 KSL 학습자인 중도 입국 청소년을 위한 한국어 교육 프로그램 및 정책을 사회언어학적으로 분석하고 있다. 한국어 교육의 발전사 측면에서 오대환(2013)은 해방 후 기독교 선교사를 위한 한국어 교육 기관의 역사적 의미를 되짚는 논의를 발전시키고 있다.

1.2. 영어 교육 및 그 외 외국어 교육 분야

한국의 영어 교육은 응용언어학이라는 큰 우산 아래 한 지류로 존재해 오다가 '영어'라는 언어의 국제적 지위와 힘의 영향으로 각광을 받으며 1960년대 중반 이후부터 하나의 독립적이고 체계적인 학문으로 정립되어 왔다. 매년 막대한 양의 영어 교육 관련 연구들이 응용언어학 또는 영어 교육 관련 학술지들을 통해 발표되고 있는데 지금까지 가장 중점적으로 이루어진 연구 주제는 '습득'으로서 듣기, 말하기, 읽기, 쓰기, 즉 언어의 4가지 기능을 학습자들이 어떻게 습득하는지에 대한 연구가 많이 이루어졌다. 이런 연구들은 크게 3가지 패러다임 안에서 진행되었는데, 행동주의 (Behaviorist), 생득주의(Innatist), 그리고 상호작용주의(Interactionist)에 입각하여 분류될 수 있다(Lightbown & Spada 2013). 눈에 보이는 증거로 학습 결과를 판단하는 행동주의를 거쳐서 인지적 측면을 강조하는 생득주의를 바탕으로 학습 결과를 분석하는 연구들이 주류를 이루어 왔다. 30여 년의 전성기를 누려 오던 생득주의 패러다임은 1990년대에 접어들면서 상호작용주의 위주로 변화되었고 학습자 언어 습득의 사회문화적 측면이 부각되게 되었다.

1990년대 초반 러시아 심리학자 비고츠키(Vygoksky 1978)의 아동 언어 발달 관련 근접 발달 구역(Zone of Proximal Development: ZPD) 이론을 적극 수용하여 학습자가 본인보다 나은 실력을 가진 상대와 상호작용을 하면서 최대 그 상대의 수준까지 이를 수 있다는 결과를 도출한 연구들이 봇물처럼 쏟아지기 시작했다. 학습자나 교수자 모두 하나의 독립된 문화적 배경을 가진 독자적인 담화를 구사하는 개체로서 상이한 그들의 담화가 서로 마주칠 때 제3의 담화가 파생되는 것에 주목한 연구들인 것이다. 그 파생된 담화의 패턴과 학습자의 언어 습득과의 관계를 분석하여 결론을 얻어내는 연구들이 활발히 이루어져 왔다. 물론 사회문화적인 것과 사회언어학적인 것은 다소 차이가 있지만 공통적으로 사회적 요인을 고려하기에 사회문화적 접근과 사회언어학적 접근의 접점이 있음을 알 수 있다.

1.2.1. 영어 교육 내용론

영어 교육 분야 중 사회언어학에서 주요하게 보는 언어 현상의 가장 대표적인 것은 교실 담화 또는 학습 담화라 할 수 있는데 특히 주목해 온 것은 교사와 학생이 교실 상황에서 주고받는 대화의 구성 형식(Sinclair & Coulthard 1975; Mehan 1979; Lemke 1985; Cazden 2000)이다. 주로 교사가 먼저 대화를 시작하고 학생들이 대답하고 그 대답에 평가를 하는(initiation-response-evaluation: IRE), 즉 IRE 담화 형태가 주목받고 연구되다가 교사가 옳고 그름을 평가하기보다는 피드백을 주는 것이라는 학자들의 연구들이 힘을 받아 피드백 또는 후속 행위(Follow-up)가 평가를 대체하여 IRF 담화 형태가 더 주목을 받게 되었다(Wells 2001). 즉, 교사의 질문과, 피드백이 학생들에게서 어떻게 반응을 이끌어 내는지 그 반응의 행태는 어떠한지, 또 학생들의 대답에 따라 교사는 어떻게 다르게 피드백을 주는지 등을 학습효과 및 결과와 연결하여 살펴보는 것이 주요 연구 문제이다. 직접적인 언어 습득의 유무나 효과를 보여 주는 결과 도출이 목적은 아니어도 교사와 학생 간의 또는 학생들 간의 힘의 구축(power construction; Manke 1997), 지식의 구축(knowledge construction; Hall & Walsh 2002), 언어 정체성 성립, 협업의 양상 등, 사회언어학적으로 의미 있는 부분들이 주목받으며 이런 점들이 영어 습득/영어 학습에 어떤 관련이 있는지 살펴보게 되었다.

미디어 매체를 이용한 영어 교육의 부분에서는 특별히 교수자와 학습자의 상호관계를 보기보다는 어떻게 매체를 이용하여 영어를 지도하는지와 관련된 수업 지도 모형 등에 집중되어 있어 사회언어학적 접근을 보기는 어렵다고 할 수 있다.

1.2.2. 영어 교육 학습자 및 교사 연구

학습자와 교사의 상호작용/상호 접촉은 언어 교육의 목표인 언어 습득/언어 학습을 위한 필수적인 과정이며 이 과정은 사회언어학적 시각으로 바라볼 수 있다. 그 이유는 인간은 사회 발생적(sociogenesis)인 존재로, 인간이 환경과 상호작용을 통해서 적응하는 존재인데 그 대표적인 사회문화적 환경 중의 하나가 교사이다. 즉, 교사는 선경험을 통해서 지식과 기능을 학습자에게 전달할 수 있는 가장 효율적인 사회문화적 환경인 것이다(Vygotsky 1978). 언어 학습이라는 것이 근본적으로는 교수 활동과 깊이 관련이 있는 것이고 그래서 대부분의 경우 교사의 주도하에 이루어진다고 일반적으로 생각할 수 있으나 교사와 학습자들이 일방적이 아닌 상호작용을 통해 자신들의 위치와 역할을 인식하고 공동의 학습 목표를 정하여 그것을 같이 성취해 나가는 것이다 (S. M. Chang 2004). 학습자와 교사는 서로 협동을 통해서 언어 학습을 위한 어떤 종류의 활동을 할 것인지 또 그 정도는 어느 수준일 것인지를 자연스럽게 정하게 되는데 학습자의 적성, 학습 동기, 발달 수준 등이 고려되었다(Vygotsky 1978). 학습자는 거대한 사회문화적 환경에서 매우 많은 자극물에 노출되어 있는데 강요에 의해서가 아닌 학습자 스스로 환경을 이해하고 적극적으로 받아들여 학습 성과를 내야 하는데(강이철·정성희 2005) 이것을 돕고 조력자로서의 역할을 하는 것이 교사이다. 학습자와 교사의 언어 소통 행태를 보면 그것은 단순한 정보 전달의 수준이 아닌 학습자와 교사 간의 관계도 유지시키는 역할을 한다(Cazden 2000).

1.2.3. 영어 교육 교실 및 교재 연구

많은 사람들이 자연 학습 상황(natural setting)에서 배우는 것과 교실에서 배우는 것이 다르다는 점에 동의하고 교실에서 배우는 것이 덜 효율적이라 생각할 수 있다. 하지만 외국어를 배우는 것은 학습자가 자연 학습 상황에 처하기가 쉽지 않기 때문에 대부분의 경우 교실과 같은 전통적인 수업 환경(instructional setting)에서 일어난다(Lightbown & Spada 20013). 교실이라는 제한된 환경을 극복하기 위해서 자연 학습 상황과 유사한 환경을 제공하는 데 최대한 일상의 상호 언어 소통을 경험할 수 있도록 의사소통적 교수(communicative teaching)를 진행하는 것이 추세이다. 대부분 몰입 과정(immersion program)을 가장 바람직한 형태로 인지하고 있어서 교실에서는 교사만이 유일한 목표 언어 능숙자이며 학습자들은 구체적인 오류 수정을 받지 못하고 다른 학습자들의 오류가 많은 중간 언어에 노출될 위험도 있다. 그리고 의미 전달이 주요 쟁점이어서 언어 수행에서 높은 정확도에 대한 압력을 받지 않아서 학생들이 단순화된 언어를 구사할 수 있다.

이러한 한계점을 극복하기 위한 다양한 교실 수업 모형이 제시되고 있다. 플립드러닝(flipped learning), 블렌디드러닝(blended-learning) 등 새로운 언어 교육 방법이 도입되고 활용되어 학습자와 교사의 상호작용을 넘어선 그 이상의 것을 지향하는 언어 교실 상황이 되어가고 있다. 주어진 교실 학습 상황을 최대한 활용하면서 언어 학습 효과를 최대한으로 끌어올리기 위한 새로운 수업 모형이 소개되고 그에 따른 새로운 교재 개발이 요청되고 있다. 교재/교과서는 이 밖에 교육 제도나 정책의 변화에 따라 내용이 바뀌어 나가기 때문에 늘 유동적이어서, 제도와 정책 부분에서 좀 더 논의될 수 있을 것이다.

1.2.4. 영어 교육 제도, 정책, 평가 연구

1997년에 발표된 제7차 교육 과정은 국제화 시대에 발맞추어 영어과 교육 과정에 의사소통 중심 교수요목을 도입하고, 언어 기능을 재분류하고, 수준별 교육 과정을 도입하고 학생 중심의 교육 과정으로 전환하는 등, 교육 과정의 내용에 질적인 전환이 초래되었다(장복명 2019). 영어를 초등학교에 정식 교과로 도입하여 기본적인 의사소통 능력 신장을 강조(교육부 1997)하고 이후 2000년부터 영어로 진행하는 영어 수업(Teaching English in English: TEE)에 관한 계획이 수립되어 2001년부터 중학교 1학년과 초등학교 3, 4학년을 대상으로 TEE를 시작하였으며 2013년 이후부터는 학생 참여 중심의 TEE를 확대하고 의사소통 중심 학습을 위한 영어 교육 인력 역량을 강화하기 위해서 정규 교사 TEE 인증제 및 심화 연수 등이 실시되었다. 영어 공교육 강화를 위해 원어민 보조 교사 및 영어 회화 전문 강사 배치, 영어 체험 캠프, 영어 체험 교실, 방과후 교실 등이 국가 또는 시도 교육청 차원에서 실시되었으나 영어로 영어 수업이 가능한 교사 확보의 문제뿐 아니라 교사들도 영어로 수업하는 것에 큰 부담을 느끼고 있는 상황이었다. 계속적으로 문제점 또는 효과성에 대한 조사가 이루어지며 체계적 가이드라인과 교육의 필요성이 대두되었다(손경애·이규진 2003; 김창호 2008; 김영숙 2009; 신길호 2010).

한국의 영어 교육은 '외국어로서의 영어'(English as a Foreign Language: EFL)의 관점을 정규 학교 교육 과정에 반영하여 왔다. 이후 영어가 의사소통을 위해 널리 사용되는 세계어(world language)라는 기조가 전 세계적으로 확산되면서 학교 영어 교육은 '영어 의사소통 능력을 갖추고 세계인과 소통하며, 그들의 문화를 알고 우리 문화를 세계로 확장해 나갈 사람을 기르는 것을 목표로 한다'(교육부 2015, 2017)는 방향성이 새롭게 정립되었다. 사회 변화의 양상을 교육에 반영하기 위해 교육 과정은 개정할 필요가 있으므로, 우리나라의 학교 영어 교육은 1997년 제7차 교육 과정이 확립된 이후, 수시 개정으로 시행되고 있다. 2007 개정 교육 과정, 2009 개정 교육 과정, 2011 개정 교육 과정을 거쳐 2015 교육 과정에 이르렀다. 2007년 이래로 영어과 교육 과정은 총괄 목표를 일상생활에 필요한 영어를 이해하고 사용할 수 있는 기본적인 의사소통 능력을 기르고, 외국 문화를 올바르게 수용하여 우리 문화를 발전시키고, 외국에 소개할 수 있는 바탕을 마련한다고 명시하여 왔다(교육부 2007). 문화는 그간 언어 재료로서의 소재와 별도의 내용으로 존재하였으나 문화 교육을 언어 교육과 통합하여 소재 항목에 포함시켰다. 문화의 범위를 의사소통 방식과 관련된 생활 양식과 언어적, 비언어적 의사소통 방식과 관련된 내용으로 한정했으며 문화가 영어 교육의 부가적인 요소라는 인식으로부터 벗어나도록 하였고 문화 학습 목표에 따라 학습자의 연령에 맞는 문화적 내용과 학습 활동이 제시되고 이에 대한 평가 가능하게 하였다(교육부 2007). 이 개정 내용은 2010년 교과서 개정부터 적용하였다. 그러나 문화적인 내용이 교과서의 각 단원에 편중되지 않아야 하므로 학년 당 1~2개의 소재로만 그칠 수 있어서 공통 과정 10년 동안 다루어야 하는 양은 미미한 수준이다. 또 문화라는 것은 그 규모가 방대하고 소재 자체로는 의미가 있어도 체계적인 지식 체계로 구성되어 있지 않기에 체계적인 문화 교육 과정 확립이 필요함을 보여 주고 있다.

평가 관련 정책을 간단히 살펴보자면, 2015년 개정 교육 과정 도입 이후 교육 과정-수업-평가의 일체를 지향하는 상황에서 창의성, 문제 해결력 등 핵심 역량을 평가할 수 있는 평가문항을 포함할 뿐만 아니라 선다형, 서술형 문항뿐 아니라 토론, 체크리스트, 관찰 보고서, 체험 활동 보고서, 포트폴리오 등 다양한 형태의 수행형 과제를 포함할 것이 요구되고 있고 이를 위해 과학적이고 체계적인 평가 계획을 수립하기 위해 타당도 높은 평가 도구를 제작할 수 있는 교사의 평가 전문성이 요구되고 있다.

위와 같은 정책의 변화와 지향성의 변화는 고스란히 교과서에 반영되어 주기적으로 개정되어왔다.

2. 주요 연구 성과

2.1. 국어 교육

2.1.1. 변이(어) 교육 논의

국어에 대한 소통과 사용 중심의 언어관은 국어 교육의 내용으로서 변이 현상의 교육적 수용 문제를 다루는 경우가 많다. 이는 주로 어휘를 교육적 내용 단위로 접근한다는 점에서 변이어의 교육 내용화를 지향하는 특징을 지닌다. 김은성(2008)은 국어 현상으로서 변이어는 국어 공동체 안에서 소통되는 실제적인 국어의 모습을 가장 잘 보여 주는 것으로서, 국어 화자의 정체성 표지 및 전략적 언어 활동의 자원으로서, 나아가 국어 공동체의 언어 자원 자체로서 주목되어야 함을 강조한다. 그러나 이러한 사회언어학적 관점은 구체적인 변이어 교육 내용을 구성하는 데에까지 나아가지는 못한다는 한계가 있다. 구체적인 변이어의 실제 양상에 대한 사회언어학적 자료와 분석의 결여는 교육 내용을 구체화하는 데에 이르지 못하는 결과들로 나타날 수밖에 없기 때문이다. 변이어 교육을 다루는 사회언어학적 관점은 사회 방언을 다루는 김혜숙(2009), 양영희(2017) 등에서도 볼 수 있다. 사람들이 평소에 사용하는 소위 '진짜말'로서 교수·학습의 가치가 충분히 확인된다는 김혜숙(2009)와 사회 방언이 궁극적으로는 사회 맥락 중심의 문법 교육을 가능하게 할 것이라는 양영희(2017) 모두 사회언어학적 지향성을 확인할 수 있으나, 사회 방언의 사용 문제에는 실제적으로 다가가지 못하는 한계가 확인된다.

변이어의 교육 문제가 실제적 언어 사용 자료를 바탕으로 좀 더 구체적으로 전개되는 것은, 이정복(2013)의 사회 방언, 박인기(2012)의 청소년 욕설의 언어문화 현상, 신희성(2015)의 청소년 인터넷 언어 등과 같은 변이 현상이 주제가 되는 논의들을 통해 살필 수 있다. 박인기(2012)는 청소년들의 욕설 사용 실태 조사 자료를 바탕으로, 이러한 욕설의 사용 현상을 사회문화적 의제로 공유하는 소위 교육적 해결책 제시로 나아간다. 동일 맥락에서 신희성(2015) 또한 청소년 인터넷 언어의 구체적 용례를 바탕으로 하면서, 이를 사회 방언의 일환에서 이해할 필요가 있음을 제시한다. 이를 통해 이들의 비규범성에 대한 '교정'의 교육적 접근 방안을 모색하는 것이다. 이현희·박철우(2013), 조진수·박재현(2017), 박인규·조진수(2019) 등의 논의는 모두 어휘 교육 측면에서 수행된 연구들이다. 이현희·박철우(2013)은 20대와 50대 연령 집단을 대상으로 텍스트 이해 능력과 어휘 이해 능력의 상관관계를 설문 조사하고 있다. 연령 변인을 고려한 어휘 교육의 방안을 모색하려는 연구로서, 성인들의 평생 교육 측면에서 국어 교육적 방안을 찾고자 한다. 조진수·박재현(2017)은 군 장병들을 대상으로 한 설문 조사와 포커스 인터뷰를 통해 군대 은어와 낯선 한자어의 사용 실태와 인식을 조사하고 있다. 특히 군대 은어나 낯선 한자어, 예를 들어 '촉수엄금', '불입', 등에 대한 개선 필요성과 수용 가능성에 대한 인식 조사를 바탕으로 이러한 인식 유형을 반영한 교육 방향이 설정될 필요가 있음을 명시하고 있는 것이다. 박인규·조진수(2019)에서는 국어 교육에서 설정하고 있는 어휘 양상의 내용에 대한 비판적 재구성 과정에서 어휘 사용의 자질들을 의미 성분으로 재구성하는 제안을 하고 있다. 어휘 사용의 개념인 '양상'을 이론화하려는 문법 교육적 시도라고 할 수 있을 것이다.

2.1.2. 사회적 대화(담화 실행) 교육 논의

일반적으로 국어 교육 분야에서는 공통 교육 과정상 듣기·말하기 영역이나 화법 과목의 내용 구성의 일환으로서 대화 교육에 대한 논의를 꾸준히 발전시켜 오고 있다. 많은 논의들이 대화의 개념, 관련된 화용론의 원리 등을 검토하거나 '공감', '배려' 등의 사회문화적, 심리적 태도에 대한 내용을 제시하려는 시도와 닿아 있다. 이러한 논의들의 주요한 목표는 사회적이고 언어적인 대화의 실제를 교육적 내용으로 추상화하는 데에 있다고 볼 수 있는데, 이 과정은 두 방향의 흐름 속에서 학술적 논의가 생산되고 있다. 첫째, 국어에 대한 구체적인 사용 사례나 발화 사건들에 대한 자료, 이를 바탕으로 하는 교육 내용의 모델들을 구성하려는 것이다. 둘째, 대화나 담화의 교육적 문제 제기를 바탕으로, 대화의 원리나 대화 분석, 화용론, 사회언어학 등에서 발전해 온 개념과 이론, 방법들에 초점을 두는 것이다. 국어 교육론 내에서는 후자의 흐름이 좀 더 생산적이다. 그러나 관련 논의들에서 사회언어학적인 지향성이 명확히 드러나지 않는 경우가 많다. 표준화된 교육 내용이나 교육 과정의 적용에 크게 초점을 맞추거나, 학습자나 언어 사용 등의 개별성, 다양성을 간과한 추상화 작업 중심으로 전개되는 논의들은 사회언어학적 접근으로서 다루기 어려운 경우가 많다. 좀 더 한정적으로 살펴, 사회언어학적 지향성이 확인되는 논의들로서, 대화의 격률과 함축(김혜정 2102), 정중 어법(이재원 2009), 사회적 기술 개념의 대화적 수용(손희연 2017) 등을 확인할 수 있다.

　사회적 대화 혹은 담화 실행의 측면에서 자료, 관찰 및 기술 작업을 바탕으로 교육적으로 유의미한 사회언어학적 현상을 발견하는 논의들로서, 서현석(2005)는 초등학생들의 수업 대화에서 발견되는 대화 전략을 실증하고, 이를 통해 국어 수업에서의 언어적 상호작용을 높일 수 있는 방안을 모색하고 있다. 이는 특히 초등학생 아동을 대상으로 학습자의 언어 사용 실태를 구체적으로 기술하며, 이러한 학습자의 실제 발화 능력에 초점을 두는 교수 활동과 교육적 중재의 중요성을 논하고 있다. 서종훈(2018)의 경우는 대학생 집단을 대상으로 한 실제 대화 자료 수집을 바탕으로 대화의 비유창성 빈도와 유형을 고찰하고 있다. 학교 현장의 국어 교육은 대화의 생태학적 환경이 결여된 대화 규범에 초점을 맞추고 있다는 점을 비판적으로 인식한 바탕 위에서, 대화의 화제 상정이나 친교 관계 형성과 관련된 대화의 언어적, 준언어적 측면을 '비유창성'의 범주에서 실제적으로 관찰, 기술하고 있는 것이다. 박재현(2019)에서 청소년들의 공감적 반응 발화 자료는 응답 학생들이 영상을 보고 등장인물의 발화에 반응하는 자유 서술식 온라인 검사 기법을 활용한 것이다. 이를 바탕으로 청소년들의 공감적 반응 발화의 빈도와 유형을 확인하고 나아가 공감적 반응 발화의 성별 차이를 기술하였다.

2.2. 한국어 교육

2.2.1. 학습자 언어의 사회문화적 속성

한국어 교육 분야에서 학습자에 대한 연구는 특히 실제적 자료를 바탕으로 발전해 왔다. 학습자 자료로 통칭할 수 있는 범주 내에서, 학습자의 언어 생산 자료나 설문 조사 자료가 비중 있게 활용된다. 이들 논의에서 확인할 수 있는 사회언어학적 지향성은 무엇보다도 한국어 학습자를 특정 언어 사용자 그룹으로 주목하고[2] 이러한 사용자 그룹의 발화 스타일에 접근하며, 나아가 이를 통해 학습자 그룹의 사회문화적 속성을 밝혀낸다는 점에 있다.

이정은(2005)는 재외 동포 한국어 교육이 관념적인 추상화에서 벗어나 실질적인 언어 교육의 접근이 필요하다는 점을 명시하며 재외 동포 학습자 그룹의 한국어 사용 상황(이중 언어 상용 상황)을 사례 분석하고 있다. 재외 동포들에게 한국어는 가족사의 흔적으로만 존재하는 경우가 많고 이중어 사용에 대한 사회적 필요가 크지 않기 때문에 한국인이라는 민족적 당위성에서 한국어 교육에 접근하기 어려운 것이 사실이어서 정책적 지원과 현지에서의 언어 교육적 전문화가 병행되는 교육적 지향점이 모색되어야 함을 밝히고 있다. 손희연(2011), 양명희·김려연(2013), 구려나(2016), 위국봉(2018), 윤보은(2018)은 모두 유학생을 대상으로 이들의 화용 능력과 한국어 사용 양상을 기술하고 있다. 특히 박성원·신동일(2014)은 외국인 유학생 그룹의 학습자들이 한국 사회에서 새로 경험하는 학문 공동체에 어떻게 통합되고 또 이를 어떻게 받아들이고 있는가를 이들의 내러티브를 통해 확인하고 있다. 김은호(E. H. Kim 2014)의 경우는 미국에서 외국어로서 한국어를 배우는 미국인 학습자의 한국어 능력을 기술하고, 이재호(2016)은 일본의 조선학교 학생들의 경우를 탐색한다. 박수현·신동일(2017)은 중도 입국 학생들에 대한 사회적 담화를 비판 담화 분석의 관점에서 논의하고 있다.

결혼 및 노동 이주를 배경으로 한 한국어 학습자[3]의 언어를 분석하는 논의들 또한 발달하는 양상을 확인할 수 있다. 한국 사회 이주 노동자의 문화 변용(임선일 2010), 가정 내에서의 결혼 이주 여성과 자녀들의 의사소통 양상(백목원·권순희 2012), 결혼 이주 여성의 서사적 정체성(손희연 2014)을 분석하는 논의들을 볼 수 있다. 이광수(2012)는 이주 노동자의 한국 사회 적응 요인을 밝히고 있는데, 이주민이 생산한 생애 구술적 언어를 통해 이들의 문화적 개별성, 고유성이 드러나고, 또 이것이 새로운 이주 사회에 대한 적응에 주요한 기제가 되고 있다는 점을 질적으로 분석하고 있다.

2.2.2. 한국어 교육 내용이자 관점, 환경으로서의 '담화'

'담화'는 한국어 교육에서도 주요한 화두라고 할 수 있으며, 담화 문법, 담화 교육 등과 같은 핵심어는 한국어 교육 분야의 내용 구성에서 흔히 등장한다. 즉 맥락을 포함하는, 맥락 중심적인, 맥락 기반의 언어를 교육 내용화하려는 다수의 시도들에서 담화가 등장하는 것이다. 실제적인 사용의 언어에 다가선다는 측면에서 물론 사회언어학과의 연관성을 지닌다고 할 수 있다. 또한 이들 연구가 언어 교육 내에 사회언어학적 기반을 무의식중에 혹은 암묵적으로 마련해 내는 역할을 수행한다고도 볼 수 있다. 그러나 실제 언어 사용을 추상화하거나 가상화하려는 교육적 접근은 필연적으로 '실제'를 축소하거나 간과하는 데에 이르는 경우가 많다. 따라서 담화 논의 전반을 사회언어학적 성과로 검토하기는 어려운 것이다. 이러한 관점에서 교재 분석을 통해 교육 내용의 담화적 특성을 기술하는 범주와 언어 교실을 담화적 환경으로 특화하거나 관찰 기술하려는 연구 범주, 이들 두 범주를 중심으로 관련 논문이 주목된다.

먼저, 실제적 담화와 언어 사용의 요소를 교육 내용이 어떻게 수용하고 있는가를 기술하는 교재 분석 연구들을 살펴볼 수 있다. 관련된 논문들로서 교재의 내용 분석으로 담화적 요소를 검토하는 김현강·이윤진(2013), 사회적 차별 요소를 확인하는 박은하(2015), 사회통합 프로그램(이주민 대상) 한국어 교재의 성 고정 관념을 분석하는 박혜란·남은영(2019), 외국인 구직자 대상 한국어 표준 교재에서 드러나는 성별, 인종, 국적의 표상을 분석하는 김유리(2019) 등이 있다. 교재사의 관점에서는 1960년대의 언어와 사회문화적 양상을 분석하는 한송화(2015)를 살필 수 있다. ≪사회언어학≫ 이외의 학회지에 실린 논문으로서 박덕재(2009), 조남민(2011)에서는 한국 어 교재에 나타나는 성별 언어적 특성을 관찰, 기술하고 있다. 특히 조남민 (2011)은 제2언어로서 한국어 교육 측면에서 새롭게 편찬되고 있는 이주민 대상 한국어 교재를 분석한다는 점에서 의의가 있다. 박혜숙(2008)은 한국 어 교재의 전화 대화 내용을 검토하며 교재 내용의 실제성을 높일 수 있는 방안을 모색한다. 김지영(2014)는 교재의 말하기 활동이 상호작용 능력을 기를 수 있도록 구성되어 있는지를 분석하며, 조위수(2011)은 듣기 텍스트 가 지닌 사회언어학적 속성을 분석한다.

담화적 실행을 관찰하는 교실 연구로서 신성철(2009)는 교실에서 학습 자 모어와 학습 목표어가 교체적으로 사용되는 양상과 효과를 기술하고 있 고, 한상미(2001), 곽부모(2004), 진제희(2004) 등은 한국어 교실에서 드러 나는 의사소통의 양상을 분석하고 있다. 곽부모(2004)의 경우는 남녀 성 별 언어의 측면에서 교사 언어를 분석하고 있으며, 한상미(2001)은 특히 교 사 피드백의 의사소통적, 교수적 기능을 논의한다. 진제희(2004)의 경우는 교실에서 발생할 수 있는 의사소통의 문제 양상을 기술하고 있는데, 이러 한 의사소통의 문제 상황이 수업 대화에서의 의미 협상을 시작하는 주요한 계기가 된다는 점에서 학습자의 한국어 발달을 실질적으로 견인하는 역할 을 할 수 있다는 점을 밝히고 있다.

2.2.3. 한국어 교육의 실태, 제도, 정책 문제

학회지 ≪사회언어학≫에 실린 한국어 교육 분야 논의들 중에는 한국어 교육의 사회문화적 실태를 확인하려는 연구들, 특히 제도나 정책의 측면에 서 실태, 문제점, 개선점 등을 논의하는 연구들이 생산되는 모습을 볼 수 있다. 강희숙(2005)는 캐나다에 거주하는 재외 동포를 대상으로 이루어지 고 있는 한국어 교육의 실태를 확인하고 있다. 재외 동포 한국어 교육이 현 지의 자생적인 노력과 민족주의적 동기에서 다소 비전문적, 비체계적으로 이루어지고 있는 실태를 확인하는데, 이를 통해 실질적인 효과와 동기를 불러일으킬 수 있는 이중 언어 교육으로서 한국어 교육의 필요성을 제기하고 있다. 해외에서의 한국어 교육 지원 사업이 좀 더 본격화된 시점에서 강미영·이보라미(2013)은 문화 상호주의에 기반을 둔 한국어 교육 지원 사업 정책의 가능성을 논의하고 있다. 초기 단계이기는 하지만, 세종학당, 누리-세종학당 사업은 문화 상호주의가 실천적으로 반영된 유의미한 사례로서 소개될 수 있다는 것이다. 한편, 공나형 외(2013)은 지리적 적절성을 기반으로 하는 국내 이주 노동자 대상 한국어 교육 정책 문제를 논하고 있다. 이는 '언어지지학적 방식'에서 한국어 교육 기관의 위치 선정이 사회 지리적으로 적절할 수 있는 정책적 방향이 모색되어야 함을 논의하는 것이다.

한국어 교육의 실태나 제도, 정책의 문제는 한국어 교육이 여러모로 그틀을 갖추고 외국어 교육 및 제2언어 교육, 계승어 교육 세 측면에서 외연을 넓혀 나가는 현시점에서 주목되는 부분이 있다. 그러나 정책론의 측면에서 좀 더 세밀한 검토가 이루어져야 하는 논의들이 많다는 점에서, 이 장에서 살필 수 있는 사회언어학적 연구의 성과들은 다음과 같이 한정하고자 한다[4]. 일본에서의 한국어 교육 실태(오대환 2010), 역사적으로 특정 시기에 전개되었던 한국어 교육 기관의 의의(오대환 2013), 중도 입국 청소년들을 위한 한국어 교육 프로그램에 대한 사회언어학적 분석(편테레사 2017) 등이 그것이다. 좀 더 최근에는 강현주(2019)와 같이 한국어 능력 평가 시험 제도의 개발이 말하기 기능의 측면에서 사회언어학적 요소를 수용할 필요성이 있음을 명시하는 논의를 확인할 수 있다.

2.3. 영어 교육

2.3.1. 학습자와 교사, 그리고 교실

(1) 교사 언어와 학습자 언어

영어 교육에서도 교육의 주체인 학습자와 교사에 대한 연구가 주류를 이루고 있다. ≪사회언어학≫에 게재된 논문 대부분은 학습자와 교사가 연구 대상이었다고 할 수 있겠으나 언어 습득과 학습, 또 교수법의 측면에서 학습자와 교사가 직접적으로 관련된 것으로 국한하여 검토해 보았다.

먼저 영어 교사들이 사용하는 교사 언어의 기능을 분석한 연구들이 있는데 김은주(2002)는 두 집단, 즉 예비 교사 집단과 현직 교사 집단을 비교하여 그들의 교실 영어를 분석하여 학생들의 활발한 학습 활동을 촉진하는 교사의 언어 사용 필요성을 제시하였고 장선미(S. M. Chang 2017)은 몰입 영어 캠프를 대상으로 한 연구에서 원어민인 교사의 반복적 언어 사용, 즉 자신의 말을 반복하거나 자신의 질문에 대한 학생들의 답을 부분적 또는 전체적으로 반복을 통해 오류 수정을 해 주면서 학생들의 언어 학습에 어떻게 영향을 미쳤는지 보여 주었다. 같은 맥락으로 김언조(E. J. Kim 2013)도 교실에서 교사와 학생들의 소통을 주목하였는데 그의 연구에 따르면 교사와 학생의 담화 유형은 공부하는 과목에 따라 다르게 나타나고 또 다루는 주제에 따라 변하며, 교사와 학생들 간의 담화가 풍부해질수록 학생들의 수업 활동 기회가 늘어나고 따라서 더 효과적이고 충분한 학습이 이루어진다고 강조하였다.

교사의 수업 언어 사용에 관련한 대부분의 연구들은 학생들의 언어 학습에 중점을 두어 논지를 풀어 나간다. 교사의 언어는 궁극적으로는 학생들의 학습과 직결될 수밖에 없지만 방점을 학습이 아닌 다른 측면에 두어 풀어 나간 경우들도 적지 않다. 김은주(E. Kim 2001)[5]의 논문에서는 교사의 언어 사용뿐 아니라 비언어적 행동도 고찰하는 연구를 진행하였다. 이 연구에서 교사들은 학습자, 언어, 학습, 수업 영역에서 자신들이 가지고 있는 언어관, 학습관 및 교수 경험 등에 따라 다양한 언어, 비언어적 행동 및 전략을 보여 주었고 교사들의 관점과 신념의 차이가 전체적인 교실 관리에 영향을 미치는 것을 보여 주었다. 황선혜(1998)도 일찍부터 교실 담화에 주목하였는데 교실에서 대학생 학습자와 원어민 교수 간의 상호작용 양태 연구를 하면서 대학 영어 회화 수업에서 학생들과 교사가 원활한 소통을 위해 의미 협상을 하였으나 사회문화적 제한으로 현저한 한계가 있음을 보였다. 자연스러운 환경에 노출되어 언어 학습을 하는 것을 지향하고는 있으나 자연스런 영어 사용이 용이하지 않은 EFL 환경에서 원어민 수준의 자연스러운 영어 사용을 위한 영어 교육이 적절한지에 대해 화두를 던지고 있다. 사회문화적 측면으로 영어를 외국어가 아닌 제2언어(English as a Second Language: ESL)로 배우는 환경에서도 교사와 학생들 간의 담화는 언어 학습에 중요하게 여겨졌는데, 송미정(M. J. Song 1995)는 ESL 영어 회화 수업의 담화 유형을 분석하여 학생들의 수업 활동 참여 스타일과 또 그 저변의 문화적, 심리적, 사회적 이유를 규명하고자 하였다. 학생들은 비자발적 수업 참여, 수동적인 학습 자세, 또 돌려 말하기 등의 의사소통 방식을 보였는데 이런 것들은 문화적 특성과 관련이 있는 것으로 결론지었다.

(2) 교실에서의 사회언어학적 소통

언어 학습은 언어의 구성 요소의 내적 동기화로만 그치는 것이 아니라 활동이 일어나는 사회적 상황에 참여하는 양상이 바뀌는 과정이기도 하다(Hall & Walsh 2002). 그런 맥락에서 교실에서 교사와 학습자 사이의 상호작용이 학습에 어떻게 작용을 하는지에 대한 연구들이 많은 가운데 사회언어학적 또는 사회문화적 관점에서 바라본 교사 및 학습자의 언어 사용에 관한 연구들도 제법 눈에 띈다. 직접적으로 언어 학습에 방점을 두지 않고 교사와 학습자의 사회언어학적 요소들이 상호작용을 통하여 언어 학습 활동과 어떤 다이내믹을 보이는지를 살펴 본 연구들이다.

임희정(H. J. Ihm 1999)의 연구는 중간 언어(interlanguage)와 문화 적응 이론을 사회언어학적 관점에서의 피진어(pidgin) 생성 개념과 관련하여 고찰하였다. 문화적 적응화가 제대로 이루어지지 않으면 제2언어 학습자의 언어가 피진어처럼 축소되고 간소화되고 목표 문화와 거리가 멀수록 문화 적응 단계가 느리고 언어 습득에도 영향을 끼치므로 언어 교육과 함께 문화 교육도 효율적으로 병행해야 한다고 주장하였다. 하명전(M. J. Ha 2010)은 학생들이 교실에서 보여 주는 침묵에 대한 연구를 진행하였는데, 아시아계 학생이나 미국 학생 모두 침묵이라는 것은 똑같이 공손함, 그리고 체면을 세우는 방식이라고 인식하였고 이는 아시아계 학생들을 침묵하는 자로 일반화하는 것은 무리라는 것을 함축한다. 언어 학습에 영향을 미칠 것이라 예상된 요소에 대한 새로운 시각을 제공한 연구라 하겠다. 김소연(S. Y. Kim 2013)도 언어 학습자들의 침묵에 대한 연구를 진행하였는데 학생들이 왜 침묵하는지, 침묵하게 하는 요인은 무엇인지에 중점을 두고 연구하였다. 침묵에 대한 교사와 학생 간의 의견 차를 드러내면서 결국 침묵이 꼭 부정적인 것은 아니라는 것을 보여 주었다고 할 수 있다.

대학의 EFL 쓰기 교육 상황에서 학습자가 교수자의 조언을 받아들이는 과정에서 일어나는 대화를 분석한 박용예의 연구(Y. Y. Park 2018)는 학습 활동 중에 이루어지는 사회적 상황의 또 한 예를 보여 주고 있다. 교수자의 조언을 받아들이거나 받아들이지 못하면서 다양하게 표출되는 초보 글쓰기 학습자들의 다양한 행태들을 분석하여 교수자와 학습자들의 대화에서 나타나는 전형적인 사회언어학적 활동을 보여 주었다. 백경숙(2014)는 한국 학생들의 성적에 관해 문제 제기한 내용의 영문 전자 편지를 원어민 교수들이 화용적 측면에서 어떻게 평가하였는지에 관하여 연구하면서 학습자와 교수자의 의사소통 과정에서 드러나는 사회적·상황적 맥락을 짚어 보았다. 적합하지 않은 언어 행위들이 반복되면 부정적 정형(stereotype)이 형성될 수 있기 때문에(Thomas 1983; Wolfson 1989), 외국어 교육에서 우리가 목표로 하는 규범을 제시해 주는 것 못지않게 하지 말아야 할 언어 행위나 표현들을 알려 주는 일도 아울러 필요함을 역설했다.

(3) 학습 및 소통 전략

언어 학습에 있어서 전략 사용은 필수불가결한 것으로 생각된다. 보다 나은 소통을 추구하기 위해 여러 전략들이 모색될 수 있고 보다 나은 학습을 위해서, 또 보다 나은 산출물을 만들기 위해서 학습자들은 전략을 사용한다. 사회언어학 측면에서 분석될 수 있는 학습자들의 소통 및 학습 전략에 대한 연구들을 살펴보겠다.

먼저, 서경희(K. H. Suh 1999)의 연구는 영어 원어민과 한국인 학습자의 텍스트를 응집성(cohesion)과 응결성(coherence)의 관점에서 비교 분석하여 어휘적 결속 장치(lexical cohesive ties)가 문장이나 절의 경계를 넘어서 문장의 연결 고리를 어떻게 만들어 가는지를 살펴보았는데, 학습자들이 텍스트를 이해하고 표출하기 위해서는 학습자와 교사 모두가 글쓰기에서 어휘 선택과 어휘 전략이 굉장히 중요하다는 것을 인식하고 어휘적 결속 장치에 특별히 관심을 기울여야 한다는 것을 시사했다. EFL 학습자의 학문적 글쓰기에 나타난 특정 어휘의 사용 양상을 분석하여 학습자의 언어 습득과의 연관성을 조사한 연구도 찾아볼 수 있다. 표시연(2017)은 한국 EFL 학습자의 학문적 글쓰기에서 영어 등위 접속사나 접속 부사가 어떻게 쓰이는지 중급 수준의 한국인 학습자 집단과 원어민 집단의 코퍼스를 비교 분석하였다. 영어 쓰기 지도에서 등위 접속어와 접속 부사에 대한 형태-통사적, 담화-화용적 기능을 습득할 수 있는 학습자들을 위한 전략 수립에 참고가 되는 연구 결과를 이 연구는 보여 주었다.

언어 학습 및 소통 전략은 말하기와 관련하여 빼놓을 수 없는 주제이다. 김은주(2000)은 초등학생들과 대학생들의 의사소통 전략을 비교하였는데, 두 집단의 구성은 다양하지만 매우 대조적인 의사소통 전략을 쓰고 있음이 드러났으며, 의사소통 중심의 영어 수업이 주목받는 추세에 맞추어 일상 회화 수준을 넘어 창의적이고 실제적인 대화 수행에 필요한 다양한 대화 전략의 교육이 절실하다는 것을 보여 주었다. 류혜경(H. K. Ryoo 2017)은 영어 구술시험에서 학습자들이 보인 머뭇거림(hesitation)을 다루었는데, 학습자의 영어 실력 부족을 나타내는 신호로 여겨졌던 머뭇거림의 긍정적인 측면이 분석되었다. 학습자가 구술시험에서 교수자가 원하는 답을 정확하게 말하려고 시도하는 중에 머뭇거림을 실행하는 것으로서, 이 연구 역시 넓은 의미에서 대화 전략에 대한 연구로 볼 수 있겠다.

(4) 학습 동기

언어 습득/언어 학습과 관련하여 동기(motivation)를 주제로 한 연구들은 상당히 많다. 일반적으로 학습 동기의 생성 이유 및 변화 등에 주목하는 연구가 대부분이지만 사회언어학 측면에서 학습 동기를 분석한 연구 또한 확인할 수 있었다.

김태영(2008)은 토론토 한국 이민자들의 영어 학습 동기 및 신념의 변화 양상을 고찰하였는데, 과연 영어 능숙도는 한 개인의 취업과 심적/물질적 풍요에 얼마나 기여하는지, 그리고 국가 차원에서는 영어 능숙도는 국가의 지속적 성장과 관련성이 있다는 애국적 거대 담론은 옳은 것인지에 의문을 던졌다. 안소영(2018)은 포트폴리오 평가 방법을 활용하여 독해 수업을 하는 대학생들의 영어 학습 동기의 변화를 분석하였다. 포트폴리오 평가 방법과 같은 과정 중심 평가 방법이 학습자들에게 자신의 학습을 스스로 반성하고 성찰하여 자기 주도적 학습으로 이끌어 주는 기회를 준다는 점에서(Yancey & Weiser 1997) 이런 시도 자체가 매우 유의미한 것이라 보는 것이다.

2000년대 후반에 접어들면서 영어 학습 동기 연구에 있어서 또 하나의 흐름이 나타나기 시작하였는데, 그것은 바로 학생들의 영어 학습 동기가 떨어지는 원인을 밝히고자 한 '탈동기' 연구였다(S. H. Jung 2011; T. Y. Kim 2011). 영어 학습 동기가 줄어드는 것을 방지하는 데 도움이 되고자 많은 연구자들이 노력을 했고 또 그 노력의 결과로 학생들의 영어 학습 동기를 어느 정도 유지할 수 있었다(김태영·김은주·김혜영 2011). 그래서 영어 학습 탈동기를 방지하기 위한 노력의 일환으로 연구들이 시행되어 왔고 영어 학습에 이미 탈동기화된 학생들이 그 탈동기를 어떻게 극복하고 영어 학습 동기를 형성하였는가에 대한 연구도 진행되었다. 김태영·이유진(2013)의 연구는 한 그룹의 성인 연구 참여자들이 영어를 처음 배웠을 때부터 현재까지의 영어 학습 동기를 회고하면서 작성한 에세이를 바탕으로 그들의 영어 학습 동기를 저하시킨 요인이 무엇이며, 그것을 어떻게 극복하였는지를 중점으로 고찰하였다. 이 연구는 탈동기화 방지를 위해서 수업의 질적 향상뿐만 아니라 학생들과의 관계 형성에 있어서도 도움이 될 수 있는 교사 교육이 필요하다는 점을 시사하고 있다.

(5) 언어 정체성

언어 습득이 어떻게 이루어지는지, 어떤 교수법이 적절하고 효과가 있는지 등 언어 습득 및 학습에 관련한 직접적인 연구들은 언어 습득이 학문적 분야로 자리잡은 이래로 꾸준히 진행되어 왔다. 그런 가운데 90년대 후반부터 점차 언어 학습과 언어 사용의 사회문화적 맥락이 고려되면서 특히 해외에서 정체성에 관한 연구가 주목을 받기 시작했다. 이런 상황을 주목하면서 정체성과 관련된 국내 연구물의 경향성을 대비적으로 살펴본 연구가 나왔다.

신동일·박성원(2013)은 과거 10여 년 동안 급증한 정체성 관련 연구들을 분석하여 몇 가지 중요한 것들을 발견했다. 학습자들이 더 이상 교사의 언어 지식을 수동적으로 받아들이는 존재가 아닌 자신이 속한 사회문화적 맥락에서 성장하는 주체적 존재로 스스로를 간주하며 학습자 자신이 속한 언어공동체에서 자신의 위치를 찾고 인식하면서 다면적인 정체성 협상을 통해 학습 목표나 전략을 세운다는 것이다. 더불어 국내의 다양한 다문화 배경을 가진 언어 학습자들의 언어 정체성에도 주목해야만 한다는 점을 지적하고 있다. 이정은(J. E. Lee 2013)의 연구는 ESL 상황의 언어 학습자들이 겪는 또 다른 측면의 정체성 이슈를 다루었다. 제2세대 이민자들이 영어 원어민들 사이에서 어떻게 자아를 구축하고 또 어떻게 자신의 언어 자아를 드러내는지에 대해서 그들의 언어 사용, 문화, 정체성에 대한 인터뷰를 통해 알아보았다. 이들 이민 세대가 한국어로 의사소통할 때 겪는 부정적 경험과 그로 인한 자존감 하락 등의 사회 심리학적인 상황이 계승어로서의 한국어에 대한 인식, 그리고 교포로서의 정체성 정립에 부정적 영향을 주고 있는 단면을 보여 주었다.

언어 교사의 정체성에 관한 연구도 찾아볼 수 있는데, 캐시 리(K. Lee 2018)은 집중 영어 연수에 참여한 영어 교사들의 상위 언어 담화(metalinguistic discourse) 자료 및 개별적인 인터뷰 데이터를 바탕으로 그들 사이에서 존재하는 언어 의식을 분석하여 영어 교사로서의 언어 정체성에 대하여 알아보았다. 한국인 영어 교사들이 자신들의 능력을 스스로 부인하고 방어적인 자세를 갖게 되어 자격 없는 영어 교사라는 정체성으로 위축되고, 그로 인해 또 다시 비난의 중심이 되는 악순환이 벌어지는 안타까운 상황을 보여 주는 연구라 할 수 있다.

2.3.2. 교과서, 교육 제도와 정책

교육 정책과 교과서 개정은 함께 진행되는 것이 일반적이기 때문에 두 분야의 논의를 묶어 하나의 범주로 정리하고자 한다. 7차 교육 과정에 영어의 언어적인 내용뿐만 아니라 문화적인 부문도 지도가 이루어져야 한다는 내용이 포함됨에 따라 관련된 연구들이 진행되었다. 김혜련(2000)은 그의 연구에서 영미 문화 생활 양식, 영미 문화의 의사소통과 예절, 영미 문화의 관행, 영미 문화의 제스처, 영미 문화의 명절 등을 언급하며 관련 내용을 초등학생들에게는 영어 학습의 기본 단계에서 필수적으로 지도할 것을 권했다. 그리고 효과적인 문화 지도 방법도 소개하였다. 직접적인 교과서를 언급한 것은 아니지만 색다른 측면에서 문화 교육의 중요성을 역설한 연구도 관찰된다. 노승빈(S. B. Roh 2001)은 한국의 영어 교육 상황이 EFL 상황인데도 불구하고 ESL 상황으로 오도되는 것을 비판하면서 문화 교육의 중요성을 지적하였다. 비원어민 교사가 주류임에도 원어민을 이상적인 모델로 삼는다든지 하는 비합리적인 상대 문화주의를 극복하기 위해서는 효과적인 원어민 비원어민 교사 간의 협동 관계 정립, 상대 문화 이해에 더하여 모국 문화 이해가 병행되어야 함을 강조하고 비교와 대조를 통해 동등함을 추구해야 한다고 해결책을 제시하였다. 문화 교육에 대한 제언은 백경숙(2012)의 연구에서도 발견되는데, 이 연구는 국내 대학의 영어 교육과 교육 과정 중 문화 교육 관련 교과목의 경향이나 내용적 특성을 분석한 결과, 우리 문화 교육이 영미 문화에 편중되어 있고 문화 간 의사소통 내용과 문화 교육을 위한 교수법적 접근이 교육 내용에서 거의 배제되어 있다는 사실을 보여 주었다. 교과목을 지도하는 교사/교수진 대상 설문에서는 이들의 문화 교육에 대한 인식 부족이 지적되었고 문화 교육을 위해서는 선택과 집중을 통하여 교육 현장의 요구를 반영해야 한다는 제언을 하였다.

문화 교육을 중시해야 하는 이유를 영어가 전 세계인들이 사용하는 공통어(English as a Lingua Franca: ELF)로서의 기능을 갖는다는 면에서 찾은 연구도 있다. 심영숙(2015)는 중학교 영어 교과서의 듣기 및 읽기 텍스트 분석을 통하여 텍스트에 제시된 화자, 내용, 상황 등이 매우 제한적이고 실제성이 떨어진다는 것을 보여 주었다. ELF 교육을 위해서 영어의 다양한 내용과 사용 상황을 제시해야 하고 간문화성을 기르기 위해서는 자문화와 타문화에 대한 객관적 성찰과 지각을 위한 통찰이 필요하다고 주장했으며 미국 영어를 '표준'으로 여기는 인식을 바꾸도록 다양한 자료를 제공해야 함을 역설했다.

거시적인 측면에서의 교육의 지향을 다루며 방향을 제시한 것은 아니지만 교과서 분석을 통해 우리나라 로마자 표기 교육에 대해 논한 연구도 찾아볼 수 있었다. 김혜숙(2005)는 일련의 영어 교과서와 지도서를 중심으로 초등학교의 로마자 표기 교육에 대해 분석하였는데 여러 혼선과 일관성 없는 혼용 표기가 많이 있음을 보여 주었다. 로마자 표기법 또한 내적 일관성을 지니면서도 빠르게 변화하는 인터넷 시대에 발맞추어 변화를 주어야 한다는 것을 강조했다.

우리나라 언어 교육 전반의 제도적인 부분에 대해 비판적 고찰을 보여준 연구들도 있었는데 먼저, 영어 몰입 교육을 공교육에 도입하고자 하는 움직임에 비판적인 의견을 제시한 박휴용(2008)은 이러한 식민주의적 언어학의 극복을 위한 대책으로 올바른 이중 언어 교육을 위해 부가적 이중 언어 사용을 지향하는 모국어 교육의 강화를 제시했다.

영어 교육 정책을 여론을 통해 우회적으로 비판한 연구도 찾아 볼 수 있었다. 심영숙(2019)는 2017년 12월 27일, 교육부가 유치원 및 어린이집 영어 수업 금지 정책을 발표한 후 이에 대한 온라인 기사의 독자들의 댓글을 통해 해당 정책 및 유아 영어 교육에 대한 일반 대중의 인식을 알아보았다. 연구 결과를 바탕으로 유아 영어 교육 정책 수립 시 정책의 실효성과 수용성을 제고하기 위해서는 개인적·제도적·사회적 요인들에 대한 다각적 검토가 반드시 수반되어야 한다고 주장하였다.

2.3.3. 평가

많은 양의 연구는 아니었으나 평가 분야에서도 사회언어학적 접근 방법을 사용하고자 하는 움직임을 확인할 수 있었다. 황선혜(1999)는 영어 말하기 평가에 나타난 학습자의 어휘 사용에 관한 연구를 했는데, 말하기 평가를 단순히 유창성이나 정확성에 중점을 두는 대신 학습자의 다양한 형태의 오류는 학습자들이 다양한 텍스트에 노출되었다는 증거이기에 긍정적인 것이고 의사소통이 얼마나 효과적으로 이루어졌나를 분석하는 것이 사회언어학적 언어 능력 평가의 바람직한 모습이라고 결론지었다. 신동일(2005)도 비슷한 맥락의 주장을 하였는데, 영어평가 분야의 연구 논리와 기법에 정성적(qualitative) 접근이 필요하다는 의견을 피력하면서, 기존의 평가와 처방이 아니라 대신 즉흥적으로 의사소통, 문화적 소통을 하며 수행 과업을 교환하는 현장에서의 평가를 논하였다. 즉, 학습자의 담화 자료를 분석하는 방식으로 평가를 하는 것을 제안하며 영어 평가자가 담화 자료를 분석적으로 이해하는 전문성이 필요하다는 점을 덧붙였다. 정량적 평가가 영어 평가를 지배하는 패러다임에서 결과가 아닌 과정을 중시하는 정성적인 담화 연구 방법이 평가 분야로 지경을 넓힐 수 있다는 기대를 보여 주고 있는 것이다.

2.4. 그 외 외국어 교육

≪사회언어학≫에는 국어와 영어 이외에도 다른 외국어에 관한 논문들이 다수 게재되었으나 개별 언어의 종류로는 대부분은 중국어와 일본어에 편중되어 있었고 그나마 교육에 관한 연구를 확인하기는 어려웠다. 사실

이것은 ≪사회언어학≫뿐만이 아닌 다른 학술지에서도 나타나는 공통된 현상으로서 우리나라 외국어 교육이 영어에 과도하게 집중되어 있음을 보여 준다. ≪사회언어학≫이 아닌 다른 학술지로서 비교적 영어 이외의 언어들을 다룬 논문들이 많이 게재되는 ≪외국어교육≫을 중심으로 살펴본 결과, 특히 최근 10년 동안의 논의들이 언어 교육과 관련하여 생산적으로 전개되는 모습을 확인할 수 있었다. 논문 게재 빈도로 보면 2010년 이전에는 사회언어학적 접근의 기타 외국어 교육 연구는 물론 일반적인 언어학이나 교육 관련한 연구도 그리 활발하지 않았던 것이다.

사회언어학적 접근을 확인할 수 있는 연구들 중의 다수가 프랑스어를 대상으로 하였고 중국어, 일본어가 그 뒤를 이었으며 그 외 독일어, 러시아어, 아랍어, 스페인어를 다룬 소수의 연구를 확인할 수 있었다. 하지만 어느 언어를 다룬 연구가 많은지와 언어별로 어떤 연구들이 이루어졌는지는 따로 분류하지 않았다. 참고한 학술지가 기타 외국어 연구를 총망라하는 것이 아니고 특정 언어가 편중되었을 가능성이 많기 때문이다. 따라서 앞서 기술한 한국어, 영어의 경우처럼 공통적으로 드러나는 세부 주제 분야별로 정리하였다.

가장 두드러진 주제는 언어 교육과 함께 이뤄지는 문화 교육에 관한 것이었다. 신형욱(2013)은 우리나라 독일어 교육에서 문화의 이해와 수용이 어떻게 이루어지는지를 살폈고, 김유리(2018)도 고등학교 독일어 교과목 사례를 중심으로 문화 간 의사소통 능력 향상을 위한 수업 설계를 제안하였다. 프랑스어 교육에서도 언어와 문화를 통합하여 진행하고 평가를 해야 한다는 연구(김양희 2019)와 프랑스어 교육에 목표 문화인 프랑스 문화가 아닌 한국 문화를 역으로 도입할 필요가 있다는 연구(홍용철 2014)가 이루어졌다. 연구 수가 많지 않은 아랍어 교육 분야에서도 중등 교육 대상의 아랍어 학습자를 위한 언어문화 통합 교수 및 학습 방법에 대한 연구(김금년 2019)를 검토할 수 있었다. 문화 주제의 연구이면서 동시에 소통, 상호작용에 대한 연구의 특성도 지니는데, 스페인어 관련 연구로서, 조혜진(2013)은 스페인어 몸짓과 몸짓 관련 관용 표현에 대한 학습 방안을 제안하고 있다.

언어의 본질이 소통을 위한 것이기에 기타 외국어 교육에서도 교수자와 학습자 간의 상호작용에 방점을 둔 교수법 연구들이 진행된 것은 당연한 것으로 보인다. 김현철·조은경(2012)는 의사소통 중심 교수법을 이용한 비즈니스 중국어 수업 모형에 대한 연구를 수행하였고 김명순(2018)은 상호작용식 교수법에 관한 사례 연구를 통하여 보다 나은 초급 중국어 회화 학습을 도모하였다. 이채롭기도 하고 또 약간 다른 맥락으로 보이는 연구도 이뤄졌는데, 이송(2015)는 프랑스어 학습을 통해 창의 및 인성 교육을 할 수 있는 교수 및 학습 방법을 모색하였다. 이 밖에 소위 멀티미디어 시대의 도래를 반영하는 연구의 경향이 기타 외국어 교육 관련해서도 나타났다. 학습자와 멀티미디어를 매개로, 즉 멀티미디어와 소통하며 언어 학습을 하는 새로운 양상이 연구에 반영된 것이다. 유정화(2013)은 비교적 매우 이른 시기에 스마트러닝에 관심을 갖고 러시아어 교육을 위한 스마트 앱 탐색을 연구하였다. 그리고 유미선(2020)은 멀티미디어 문식성(literacy)을 활용한 일본어 교육에 관한 연구를 하였다.

기타 외국어 교육에서도 학습 동기는 빠지지 않는 연구의 주제였다. 김현주(2014)는 프랑스어 학습자와 영어 학습자의 내재적 학습 동기 변수와 인식을 비교하는 연구를 진행하였고, 김신혜(2019)는 중국어 학습자의 일기를 통해서 학습 동기가 어떻게 변화하는지를 행위 이론의 관점에서 연구하였다.

이상 간략하게나마 한국어와 영어 외의 언어를 대상으로서 사회언어학적 접근을 보인 외국어 교육 연구들을 살펴보았다. 비록 예전 같지는 않지만 전통적으로 제2외국어로 여겨졌던 독일어와 프랑스어 학습 관련 연구들은 여전히 진행되고 있고, 꼭 사회언어학적 접근을 취했건, 그렇지 않았건 그 밖의 언어 교육에 관련한 연구들이 늘어나는 것으로 보인다. 그중에서도 러시아어, 아랍어, 그리고 여기에서는 언급되진 않았지만 베트남어 교육에 관한 논문들이 눈에 많이 띄고 앞으로도 증가할 것으로 예상된다.

3. 요약 및 앞으로의 과제

언어 교육 연구 분야의 사회언어학적 접근은 대상 언어의 교육 내용을 구성하거나 교육의 실질적인 구성 요소나 문제 요소들을 다루는 데에 있어 사회언어학의 개념과 이론, 나아가 가치나 실천적 양상을 수용하는 방식에서 다양하게 전개되고 있음을 확인할 수 있었다. 이 과정에서 ≪사회언어학≫은 주요한 흐름들을 반영해 온 것이 또한 사실이다. 상대적으로 최근에 두드러지게 증가하고 있는 '한국어 교육' 연구는 양적인 측면의 증가 양상이 ≪사회언어학≫에도 반영되어 있다. 이는 한국어 교육 연구가 국어 교육 연구보다 상대적으로 사회언어학적인 방법론, 즉 실제적 자료를 기반으로 하고 사회언어적 실제들에 대한 개별성과 구체성을 관찰, 기술하는 논의들이 생산되는 경향을 지니고 있기 때문이기도 하다. 국어 교육은 교과 영역인 문법 교육 내적으로 언어관의 변화를 통해 개념적으로, 이론적으로 사회언어학을 수용하거나, 화법 교과목의 발전과 함께 사회언어학을 수용해 왔다. 대부분의 논의가 교과 교육, 공통 교육 과정의 틀에 맞춰 있기 때문에 사회언어학적 지향성을 명확히 확인하기 어려운 경우도 많았다. 그러나 국어 교육 연구들이 어휘 변이나 대화 교육에서 사회언어학과의 접점이 명확하고 통일 시대를 지향하는 사회적 변화와 외국계 한국인 구성원들이 증가하는 사회적 역동성을 감지하는 연구들의 흐름들은 필연적으로 사회언어학과의 접점을 형성하고 있음을 확인할 수 있었다. 한국어 교육 연구 분야에서는 특히 제2언어로서의 한국어 교육 연구가 새롭게 발전하고 있고 학습자와 교육 제도와 환경, 담화적 내용 구성에 대한 연구 또한 사회언어학적인 지향성을 지니고 지속될 것으로 예상된다.

영어 교육은 비교적 큰 비중 때문에 응용언어학의 하위 개념이 아닌 독립된 분야로 인정된 지 오래이다. 영어는 어떻게 습득·학습되고, 어떻게 하면 효과적으로 가르치고 배울 수 있는지가 가장 중요한 논점이었기에 그 이슈를 중심으로 연구들이 진행되었다. 사람의 뇌의 작용과 심리언어학적 접근으로 진행된 연구들이 한동안 주류를 이루다가 발달 심리학자들이 사회 환경에 주목하는 것에 영향을 받아 사회언어학적·사회문화적 측면에서의 언어 습득/언어 학습에 무게가 옮겨지기 시작했다. 교사와 학습자 간의 상호작용에서 발생하는 언어 소통 행태, 문화, 언어 정체성, 학습 전략, 학습 동기와 같은 언어 이외의 소통 중에 포함되는 요소들에 중점을 두어 연구들이 진행되었다. 그리고 직접적인 소통을 위한 요소들은 아니지만 이런 소통을 위한 요소들에 주목을 해야 하는 필요성이 반영된 교육 제도 및 정책, 교과서, 평가 등에 관한 연구들도 진행되었다. ≪사회언어학≫에 게재된 사회언어학적 접근을 취한 영어 교육 연구들이 어느 한순간 유행을 타고 나타났다가 사라지는 것이 아니고 지난 30년 동안 꾸준하게 진행되었다는 것을 볼 수 있다. 앞으로도 비슷한 맥락의 연구들이 많이 진행될 것으로 보이지만 작금의 새로운 패러다임으로 부상하고 있는 4차 산업혁명이라는 화두와 함께 특히 언어 분야에서 주목하고 있는 인공 지능과 연관된 사회언어학적 접근이 선보일 것으로 예측된다. 앞서 언급했듯이 ≪사회언어학≫과 다른 외국어 관련 학술지에는 국어와 영어 이외에도 다른 외국어에 관한 논문들이 다수 게재되었으나 그 언어의 대부분은 중국어와 일본어에 편중되어 있었고 특히 교육에 관한 연구는 거의 관찰되지 않았는데, 이는 우리나라 외국어 교육이 영어에 과도하게 집중되어 있음을 함축한다고 하겠다.

사회언어학의 학문적 성장과 함께 다양한 사회언어학의 논점과 대상들이 언어 교육 연구의 장에서 다루어지고 또 이 과정에서 언어 교육에 기여할 수 있는 실질적인 내용들이 창출되어 왔음은 분명하다. 언어 교육 연구에 대한 사회언어학의 수용, 활용 등의 역할이 충분히 성장해 왔던 것인데, 학습자나 교사, 교실, 교재, 언어공동체 간 습득, 학습 문제나 정책 등은 지속적으로 논의가 될 것으로 예상할 수 있다. 여기서 사회언어학이 주요한 개념화와 관점 설정의 역할을 할 수 있겠지만, 좀 더 나아간 사회언어학의 역할이 또한 모색될 필요가 있을 것이다. 무엇보다도 새로운 기술이 도입되는 매체 환경이 또 다른 형태의 의사소통 코드를 창출하고 있으며, 사회적 영역과 구성원의 다변화는 기존의 경계를 허물고 언어적 의례나 관습에 대한 변화로 이어지고 있다. 이제 언어 교육의 장에서 사회언어학은 다양한 의사소통 능력들을 발견하고 기술하며 전망하는 역할을 수행해야 할 것이다. 또한 사회적 실제임에도 불구하고 간과되거나 혹은 터부시되고 있었던 현상들을 새로 발견하고 주목하는 것으로 사회언어학과 언어 교육의 발전 모두를 견인할 수 있을 것으로 기대한다.

주석

1) 이 구절에서 '한국어 교육'은 고유 언어인 '한국어'에 대한 교육 전체를 아울러 지칭하기 위해 사용한 것이다. 그러나 한국어 교육이라는 용어는 일반적으로 외국어로서의 한국어 교육이나 제2언어로서의 한국어 교육을 의미하며 '국어 교육'과 대별되어 사용되고 있다.

2) 학습자 언어는 '중간 언어'(interlanguage)로서 고유성을 가지는 것으로 인식된다. 외국어 습득론이나 한국어 교육론에서 중간 언어에 대한 개념 및 관찰 연구가 이루어져 왔는데, 사회언어학의 관점에서는 중간 언어를 특히 학습자 언어 변이, 학습자 언어 스타일로 접근하게 된다.

3) 이들은 제2언어로서의 한국어(KSL) 학습자 그룹으로서, 제도화된 한국어 학습을 경험하기도 하지만 일상 및 일터에서 한국어 사용을 통한 습득을 주로 경험하게 된다. 이점에서 학습자 속성보다는 '한국어 비모어 화자' 속성이 두드러진다고 볼 수도 있다. 그러나 본고에서는 이들이 한국어 학습 경험을 지닌다는 점에서 한국어 학습자로서 통칭하여 접근하고자 한다.

4) 한국어 교육 정책에 대한 논의들은 이 책의 제11장 언어 정책의 내용을 통해 전체적인 연구 경향을 확인할 수 있다. 본 장에서는 해외 및 국내 한국어 교육 기관, 한국어 교육 프로그램, 한국어 능력 평가 시험 등의 실태에 대한 논의 일부를 소개하였다.

5) 김언주(E. J. Kim)와 구별하기 위해 영문 이름 약자를 'E'로만 표시하였다.

참고문헌

강미영·이보라미(2013), 〈문화 상호주의 기반 언어 정책 접근 방식에 관한 고찰: 국외 한국어 교육 지원 사업을 중심으로〉, ≪사회언어학≫ 21(3), 1~24, 한국사회언어학회.

강이철·정성희(2005), 〈Vygotsky의 교육관: 교사론, 학생론, 방법론〉, ≪중등교육연구≫ 53(3), 115~139, 경북대 중등교육연구소.

강현주(2019), 〈한국어 말하기 평가 맥락에서의 사회언어적 능력 측정 방안 연구〉, ≪한국어교육≫ 30(2), 1~23, 국제한국어교육학회.

강희숙(2005), 〈캐나다 거주 한국인의 모국어 교육 실태〉, ≪사회언어학≫ 13(2), 1~18, 한국사회언어학회.

공나형·주향아·김주성·손동욱·손현정(2013), 〈지리적 적절성을 기반으로 한 이주노동자 대상 한국어 교육 정책 연구〉, ≪사회언어학≫ 21(3), 55~81, 한국사회언어학회.

곽부모(2004), 〈남녀 한국어 교사의 교실 언어 차이 연구〉, ≪한국어교육≫ 12(2), 23~50, 국제한국어교육학회.

곽준화(2018), 〈한국어 학습자들의 학술적 글쓰기에 대한 인식 및 태도 연구〉, ≪사회언어학≫ 26(3), 1~30, 한국사회언어학회.

교육부(1997), ≪제 7차 외국어과 교육과정 I≫, 교육부.

교육부(2007), ≪중학교 교육과정 해설 (V)≫, 대한교과서.

교육부(2015), ≪영어과 교육과정(제2015-74호) [별책 14]≫, 교육부. http://www.ncic.go.kr.

교육부(2017), ≪영어과 교육과정(교육부 고시 제2018-150호, 수정 2017. 12. 05.)≫, 교육부.

구려나(2016), 〈중국인 학습자의 한국어 외래어 사용 실태〉, ≪사회언어학≫ 24(3), 37~63, 한국사회언어학회.

구본관(2009), 〈패러다임의 변화와 문법 교육의 방향〉, ≪어문학≫ 103, 1~40, 한국어문학회.

김규훈(2012), 〈문법교육의 소통적 관점에 관한 고찰〉, ≪새국어교육≫ 92, 35~66, 한국국어교육학회.

김금년(2019), 〈중등교육 아랍어 학습자를 위한 교수·학습 방법 연구: 아랍어 I 언어·문화 통합 수업 중심으로〉, 《외국어교육》 26(4), 135~149, 한국외국어교육학회.

김명순(2018), 〈초급중국어회화 학습을 위한 상호작용식 교수법에 관한 사례연구〉, 《외국어교육》 25(4), 159~179, 한국외국어교육학회.

김성희(2007), 〈토의 능력 신장을 위한 토의 교육의 내용 연구〉, 《사회언어학》 15(2), 85~106, 한국사회언어학회.

김슬옹(2011), 〈국어교육을 위한 근대국어 시대구분론〉, 《사회언어학》 19(2), 85~106, 한국사회언어학회.

김신혜(2019), 〈중국어 학습 동기 변화에 관한 일기연구: 행위이론 관점에서〉, 《외국어교육》 26(2), 143~168, 한국외국어교육학회.

김양희(2019), 〈과제 수행 중심의 프랑스 언어·문화 통합 교육 평가 방안 연구〉, 《외국어교육》 26(2), 125~142, 한국외국어교육학회.

김영숙(2009), 〈영어로 진행하는 영어 수업에서의 교사 발화 분석〉, 《초등교육연구논총》 25(2), 261~279, 대구교육대학교.

김유리(2018), 〈문화간 의사소통 능력 향상을 위한 외국어 수업설계: 고등학교 독일어 교과목 사례를 중심으로〉, 《외국어교육》 25(3), 183~201, 한국외국어교육학회.

김유리(2019), 〈고용허가제 한국어능력시험을 위한 한국어 표준 교재의 성별 국적, 피부색 표상 분석〉, 《사회언어학》 27(4), 65~88, 한국사회언어학회.

김은성(2008), 〈국어 변이어의 교육 내용 연구〉, 《국어교육》 126, 221~255, 한국어교육학회.

김은주(2000), 〈초등학생과 대학생 외국어 학습자의 영어 의사소통 전략 비교분석〉, 《사회언어학》 8(1), 361~376, 한국사회언어학회.

김은주(2002), 〈예비 교사 및 현직 영어 교사들의 수업지도안에 나타난 교사언어(Teacher Talk)의 기능에 관한 비교 연구〉, 《사회언어학》 10(1), 57~72, 한국사회언어학회

김재봉(1993), 〈사회언어학의 이론에서 본 국어교육〉, 《우리어문연구》 7, 67~82, 우리어문학회.

김정선(2015), 〈국어교육의 북한어 이해 교육에 대한 비판적 검토〉, 《국어교육연구》 58, 143~170, 국어교육학회.

김주성(2018), 〈한국어 교육과 조선어 교육의 통합에 대한 시론〉, 《언어사실과 관점》 44, 267~291, 연세대 언어정보연구원.

김지영(2014), 〈상호작용능력 신장을 위한 한국어 통합 교재의 말하기 활동 연구〉, 《한국어교육》 25(4), 23~49, 국제한국어교육학회.

김재봉(1993), 〈사회언어학의 이론에서 본 국어교육〉, 《우리어문연구》 7, 67~82, 우리어문학회.

김태영(2008), 〈토론토 한국 이민자들의 영어 학습 동기 및 신념: NVivo를 활용한 정성적 사례 연구〉, 《사회언어학》 16(2), 141~168, 한국사회언어학회.

김태영·김은주·김혜영(2011), 〈온-오프라인 결합 교양영어 수강 대학생들의 학습 동기 유형과 변화〉, 《현대영어교육》 12(1), 126~156, 현대영어교육학회.

김태영·이유진(2013), 〈회고적 에세이를 통해 분석한 우리나라 대학원생들의 영어 학습 동기, 탈동기화, 재동기화 요인〉, 《사회언어학》 21(1), 27~47, 한국사회언어학회.

김창호(2008), 〈영어로 진행하는 중학교 영어 수업의 실태 분석〉, 《영어영문학연구》 34(2), 203~228, 대한영어영문학회.

김하수(2008가), 〈국어와 국어교육에 관한 기본 문제〉, 《문제로서의 언어 1》, 177~200, 커뮤니케이션북스.

김하수(2008나), 〈외국어교육학으로서의 한국어교육학〉, 《문제로서의 언어 1》, 201~218, 커뮤니케이션북스.

김현강·이윤진(2013), 〈한국어 교재 본문의 담화적 요소 분석〉, 《사회언어학》 21(1), 49~73, 한국사회언어학회.

김현주(2014), 〈프랑스어와 영어 학습자의 내재적 학습 동기 변수와 인식 비교 연구〉, 《외국어교육》 21(4), 277~306, 한국외국어교육학회.

김현철·조은경(2012), 〈의사소통 중심 교수법을 이용한 비즈니스 중국어 수업 모형 연구〉, 《외국어교육》 19(3), 371~394, 한국외국어교육학회.

김혜련(2000), 〈제7차 교육과정에 근거한 초등영어 문화지도의 내용〉, 《사회언어학》 8(1), 377~393, 한국사회언어학회.

김혜숙(2004), 〈사회언어학 연구의 방법론〉, 《새국어교육》 67, 143~172, 한국국어교육학회.

김혜숙(2005), 〈초등학교의 로마자 표기 교육: 영어교과서와 지도서를 중심으로〉, 《사회언어학》 13(2), 127~148, 한국사회언어학회.

김혜숙(2009), 〈사회문화적 의사소통과 국어교육: 사회 방언과 국어 교육〉, 《국어교육학연구》 35, 33~63 국어교육학회.

김혜정(2012), 〈대화에서의 격률과 함축, 그리고 그 교육적 의미〉, 《텍스트언어학》 33, 293~322, 한국텍스트언어학회.

노명완·신헌재·박인기·김창원·최영환·원진숙·유동엽·김은성(2013), ≪국어교육학개론≫, 삼지사.

민현식(2008), 〈국어학의 성과와 미래 국어교육에의 적용〉, ≪국어교육≫ 126, 185~220, 한국어교육학회.

박덕재(2009), 〈외국어로서 한국어 교육 콘텐츠에서의 성별 언어에 대한 인식〉, ≪한국콘텐츠학회논문지≫ 9, 423~432, 한국콘텐츠학회,

박수현·신동일(2017), 〈중도입국자녀의 언어능력에 대한 비판적 담론 분석〉, ≪사회언어학≫ 25(3), 93~138, 한국사회언어학회.

박성원·신동일(2014), 〈외국인 유학생의 학문공동체 참여에 관한 내러티브 연구〉, ≪교육인류학연구≫ 17(1), 103~158, 한국교육인류학회.

박은하(2015), 〈한국어 교재에 표현된 사회적 차별 요소〉, ≪사회언어학≫ 23(1), 55~83, 한국사회언어학회.

박인기(2012), 〈욕설 언어 현상에 대한 교육적 문화적 진단과 대안 모색〉, ≪화법연구≫ 20, 101~139, 한국화법학회.

박인규·조진수(2019), 〈문법 교육에서의 어휘의 양상 재구조화 연구〉, ≪사회언어학≫ 27(1), 67~87, 한국사회언어학회.

박재현(2019), 〈청소년의 공감적 반응 발화의 유형과 양상〉, ≪새국어교육≫ 118, 135~164, 한국국어교육학회.

박혜란·남은영(2019), 〈사회통합프로그램 한국어 교재에 나타난 성 고정관념 양상에 관한 연구〉, ≪사회언어학≫ 27(4), 117~139, 한국사회언어학회.

박혜숙(2008), 〈한국어 교재 대화 구성에 관한 사회언어학적 연구〉, ≪이중언어학≫ 36, 167~207, 이중언어학회.

박휴용(2008), 〈영어몰입프로그램의 공교육 도입에 대한 비판적 고찰〉, ≪사회언어학≫ 16(1), 131~158, 한국사회언어학회.

백경숙(2012), 〈한국의 대학 영어교육과의 문화 관련 교과목 분석을 통한 제언〉, ≪사회언어학≫ 20(2), 239~269, 한국사회언어학회.

백경숙(2014), 〈"They make me feel guilty": 한국대학생들의 성적 관련 영문 전자편지의 화용적 효과 분석〉, ≪사회언어학≫ 22(3), 25~57, 한국사회언어학회.

백목원·권순희(2015), 〈다문화가정 어머니와 자녀 간 의사소통 양상 연구〉, ≪한국초등국어교육≫ 57, 45~92, 한국초등국어교육학회.

백승주(2011), ≪한국어 교사 발화에 나타난 관여 유발 전략≫, 연세대학교 박사학위 논문.

서종훈(2018), 〈대화의 비유창성 현상 고찰〉, ≪국어교육학연구≫ 53(3), 227~267, 국어교육학회.

서현석(2005), 〈초등학교 학습자의 대화 전략 연구〉, ≪학습자중심교과교육연구≫ 9, 215~238, 학습자중심교과교육학회.

손경애·이규진(2003), 〈영어로 진행하는 영어수업의 문제점 및 개선방안 연구: 중등교사의 인식을 중심으로〉, ≪한국교육≫ 30(1), 201~234, 한국교육개발원.

손희연(2011), 〈외국인 유학생의 한국어 화용 능력 분석: 대화 과제를 중심으로〉, ≪사회언어학≫ 19(2), 209~235, 한국사회언어학회.

손희연(2014), 〈상호적 내러티브 구성에서 드러나는 결혼이주여성의 서사적 정체성 연구〉, ≪이중언어학≫ 54, 185~215, 이중언어학회.

손희연(2017), 〈국어과 대화 교육 내용 구성의 사회적 기술 개념 적용 방안 연구〉, ≪한말연구≫ 43, 119~145, 한말연구학회.

신길호(2010), 〈'영어로 진행하는 영어교육'의 실태분석과 개선방안 모색〉, ≪한국중원언어학≫ 18, 79~99, 한국중원언어학회.

신동일(2005), 〈영어 말하기 평가와 담화연구: 연계연구 가능성 탐색〉, ≪사회언어학≫ 13(1), 107~128, 한국사회언어학회.

신동일·박성원(2013), 〈언어 교육 분야의 정체성 연구에 관한 경향성 탐색: 후기구조주의 관점을 중심으로〉, ≪사회언어학≫ 21(1), 99~127, 한국사회언어학회.

신성철(2009), 〈언어 교실에서 교사가 학습자의 제1언어와 제2언어를 사용하는 상황 연구〉, ≪언어사실과 관점≫ 24, 157~186, 연세대 언어정보연구원.

신형욱(2013), 〈한국 독일어교육에서의 '문화'의 이해와 수용〉, ≪외국어교육≫ 20(1), 203~227, 한국외국어교육학회.

신호철(2014), 〈국어과 예비 교사 수업 시연의 언어 행동 평가 기준안 마련을 위한 기초 연구〉, ≪사회언어학≫ 22(1), 141~160, 한국사회언어학회.

신희성(2015), 〈청소년 인터넷 언어의 문법교육적 수용에 대한 연구〉, ≪한국어문교육≫ 17, 139~175, 고려대학교 한국어문교육연구소.

심영숙(2015), 〈중학교 영어교과서의 ELF 관련 요소 분석〉, ≪사회언어학≫ 23(3), 143~172, 한국사회언어학회.

심영숙(2019), 〈온라인 기사 댓글을 통해 살펴 본 유아영어교육 인식〉, ≪사회언어학≫ 27(1), 89~121, 한국사회언어학회.

안소영(2018), 〈포트폴리오 평가방법을 활용한 대학교 학습자들의 영어학습 동기 변화 분석〉, ≪사회언어학≫ 26(1), 251~275, 한국사회언어학회.

양명희·김려연(2013), 〈한국 학생과 중국 유학생의 경어법 사용 비교 연구〉, ≪사회언어학≫ 21(1), 129~152, 한국사회언어학회.

양명희·김보현(2017), 〈고급 학문 목적 한국어 학습자의 교실 내 한국어 불안 수준 및 요인 연구〉, ≪사회언어학≫ 25(1), 119~140, 한국사회언어학회.

양영희(2017), 〈사회방언(학)과 비판적 언어 인식에 근거한 문법교육의 방향 설정〉, ≪학습자중심교과교육연구≫ 17(1), 257~272, 학습자중심교과교육학회.

오대환(2010), 〈일본에서의 한국어교육의 문제점에 관한 이해〉, ≪국어학≫ 57, 203~226, 국어학회.

오대환(2013), 〈해방 후의 기독교 선교사를 위한 한국어 교육기관의 역사적 의미〉, ≪언어와 문화≫ 9(2), 173~191, 한국언어문화교육학회.

위국봉(2018), 〈중국인 한국어 고급 학습자의 체언 어간말 설단자음 마찰음화 습득 현상에 대하여〉, ≪사회언어학≫ 26(3), 145~170, 한국사회언어학회.

유미선(2020), 〈멀티미디어 리터러시를 활용한 일본어 교육〉, ≪외국어교육≫ 27(1), 173~189, 한국외국어교육학회.

유정화(2013), 〈스마트러닝을 위한 러시아어교육 앱 탐색 연구〉, ≪외국어교육≫ 20(4), 365~389, 한국외국어교육학회.

윤보은(2018), 〈사우디아라비아인 유학생의 한국어 의사소통전략 사용 연구〉, ≪사회언어학≫ 26(3), 171~200, 한국사회언어학회.

윤은미(2015), ≪한국어 학습자의 토론 담화 연구: 논증 구성과 논증적 상호작용 양상을 중심으로≫, 연세대학교 박사학위 논문.

이광수(2012), 〈구술사를 통해 본 방글라데시인 이주 노동자 샤골씨의 한국 사회 적응에 미친 요인〉, ≪코기토≫ 72, 231~260, 부산대학교 인문학연구소.

이송(2015), 〈창의·인성 교육을 위한 프랑스어 교수·학습 방법〉, ≪외국어교육≫ 22(4), 277~298, 한국외국어교육학회.

이은희(2002), 〈사회언어학과 국어교육〉, ≪사회언어학≫ 10(2), 137~158, 한국사회언어학회.

이정복(2013), 〈사회 방언과 국어교육〉, ≪국어교육≫ 102, 47~78, 한국어교육학회.

이정은(2005), 〈재외동포의 이중언어사용 상황과 한국어 학습 양상의 특이성〉, ≪사회언어학≫ 13(2), 193~217, 한국사회언어학회.

이재원(2009), 〈정중 어법 교육 연구〉, ≪세계한국어문학≫ 1, 155~196, 세계한국어문학회.

이재호(2016), 〈일본의 조선학교 학생들에 의한 한국어 종결어미 사용〉, 《사회언어학》 24(3), 317~343, 한국사회언어학회.

이현희·박철우(2013), 〈성인의 어휘 능력과 텍스트 이해의 상관관계에 대한 기초 연구〉, 《사회언어학》 21(3), 249~282, 한국사회언어학회.

임선일(2010), 《에스니시티 변형을 통한 한국 사회 이주 노동자의 문화변용 연구》, 성공회대학교 박사학위 논문

장복명(2019), 〈한국의 영어교육 정책과 세계화〉, 《예술인문사회융합멀티미디어 논문지》 9(1), 699~707, 예술인문사회융합멀티미디어학회.

조남민(2011), 〈한국어 교육과정에 반영된 사회문화적 현상에 대한 연구: 한국어 교재에 나타난 성별 언어와 관련하여〉, 《언어와 문화》 7(1), 211~239, 한국언어문화교육학회.

조위수(2011), 〈한국어 듣기 텍스트의 사회언어학적 특성 연구〉, 《한국어문화교육》 5(1), 131~149, 한국어문화교육학회.

조진수·박재현(2017), 〈군대 은어 및 낯선 한자어의 사용자 인식 유형별 교육 방향〉, 《사회언어학》 25(1), 213~238, 한국사회언어학회.

조혜진(2013), 〈스페인어 몸짓과 몸짓 관용표현 학습 제안〉, 《외국어교육》 20(2), 329~355, 한국외국어교육학회.

진제희(2003), 〈사회언어학적 및 전략적 말하기 능력 배양을 위한 담화분석 방법의 적용〉, 《한국어교육》14(1), 299~321, 국제한국어교육학회.

진제희(2004), 〈한국어 교실의 교사 학습자간 대화에 나타난 교사 중심적 의사소통 양상〉, 《사회언어학》 12(2), 233~259, 한국사회언어학회.

최정선·이경주·연준흠(2015), 〈한국어 교실에서 소수 언어권 학습자의 적응 및 부적응 요인 분석〉, 《외국어로서의 한국어교육》 42, 411~443, 연세대 한국어학당.

최진숙(2018), 〈모국어 및 한국어에 관한 인식도와 한국어 능력과의 관계 분석〉, 《사회언어학》 26(4), 211~233, 한국사회언어학회.

펜테레사(2017), 〈중도입국 청소년들을 위한 한국어 교육 프로그램과 정책에 대한 사회언어학적 분석〉, 《학습자중심교과교육연구》 17(19), 891~913, 학습자중심교과교육학회.

표시연(2017), 〈한국 EFL 학습자의 학문적 글쓰기에서 나타난 영어 등위접속사의 사용 양상〉, 《사회언어학》 25(4), 185~210, 한국사회언어학회.

한상미(2001), 〈한국어교실에서 나타난 교사의 피드백 유형 연구〉, 《외국어로서의 한국어교육》 26, 453~505, 연세대 한국어학당.

한상미(2011), 〈담화 및 화용과 한국어교육 연구〉, ≪이중언어학≫ 47, 507~551, 이중언어학회.

한선화(2019), 〈한국어 능력 시험(TOPIK)에 대한 수험자의 인식 연구〉, ≪사회언어학≫ 27(1), 227~248, 한국사회언어학회.

한송화(2015), 〈1960년대 한국어 교재에서의 언어와 사회문화양상〉, ≪사회언어학≫ 23(1), 201~238, 한국사회언어학회.

황선혜(1998), 〈영어수업내 의사소통행위와 사회문화적 제한성에 관한 연구〉 ≪사회언어학≫ 6(2), 95~126, 한국사회언어학회.

황선혜(1999), 〈영어말하기평가에 나타난 학습자의 어휘사용에 관한 연구〉, ≪사회언어학≫ 7(2), 225~260, 한국사회언어학회.

허재영(2009), 〈신문 매체 언어 연구와 국어과 교육〉, ≪사회언어학≫ 17(2), 177~197, 한국사회언어학회.

홍용철(2014), 〈고등학교 프랑스어 교육에서의 한국 문화 도입의 필요성〉, ≪외국어교육≫ 21(3), 293~311, 한국외국어교육학회.

Cazden, C. (2000). *Classroom Discourse: The Language of Teaching and Learning*. Porthmouth, NH: Heinemann.

Chang. S. M. (2004). Look who's talking? *English Teaching 59*(2), 3~21.

Chang, S. M. (2017). The study of repetition in an English immersion camp classroom. *The Sociolinguistic Journal of Korea 25*(1), 193~212.

Ha, M. J. (2010). Rethinking silence: Contextual understanding of oral participation in an L2 academic classroom. *The Sociolinguistic Journal of Korea 18*(1), 165~191.

Hall, J. K. & Walsh, M. (2002). Teacher-student interaction and language learning. *Annual Review of Applied Linguistics 22*, 186~203.

Ihm, H. J. (1999). Analysis of second language learners' writing papers in terms of sociolinguistic perspectives. *The Sociolinguistic Journal of Korea 5*(2), 401~417.

Jung, S. H. (2011). Demotivating and remotivating factors in learning English: A case of low level college students. *English Teaching 66*(2), 47~72.

Kim, E. (2001). An analysis of teacher's verbal and non-verbal behavior in EFL classrooms. *The Sociolinguistic Journal of Korea* 9(2), 29~47.

Kim E. H. (2014). L2 Speakers' use of Korean sentence-ending suffix – *ketun*, *The Sociolinguistic Journal of Korea* 22(1), 23~60.

Kim E. J. (2013). Discourse patterns in EFL classroom interaction. *The Sociolinguistic Journal of Korea* 21(2), 47~70.

Kim, S. Y. (2013). I am speaking in silence: What Korean college students' silence tells us about their English writing class. *The Sociolinguistic Journal of Korea* 21(1), 1~25.

Kim, T. Y. (2011). Korean elementary school students' English learning demotivation: A comparative survey study. *Asia Pacific Education Review* 12, 1~11.

Lee, J. E. (2013). Language Attitudes of English-Korean Bilinguals: A qualitative analysis of self‐reports via interviews. *The Sociolinguistic Journal of Korea* 21(2), 71~92.

Lee, K. (2018). An analysis of English teachers' metalinguistic discourse. *The Sociolinguistic Journal of Korea* 26(2), 195~223.

Lemke, J. (1985). *Using Language in the Classroom. Geelong*, Victoria, Australia: Deakin University Press.

Lightbown, P., & Spada, N. (2013). *How Languages are Learned.* Oxford, UK: Oxford University Press.

Manke, M. (1997). *Classroom Power Relations.* Hillsdale, NJ: Lawrence Erlbaum

Mehan, H. (1979). *Learning Lessons: Social Organization in the Classroom.* Cambridge, MA: Harvard University Press.

Park, Y. Y. (2018). Advice receiving in college EFL writing tutorials. *The Sociolinguistic Journal of Korea* 26(1), 159~200.

Roh, S. B. (2001). A critical probing of English education in Korea. *The Sociolinguistic Journal of Korea* 9(1), 219~235.

Ryoo, H. K. (2017). Discourse analysis of microteaching: Dynamic identities and situational frames. *The Sociolinguistic Journal of Korea* 25(2), 165~196.

Sinclair, J. M., & Coulthard, M. (1975). *Towards an Analysis of Discourse:*

The English Used by Teachers and Pupils. London, UK: Oxford University Press.

Song, M. J. (1995). Ethnicity and patterns of classroom participation: An investigation of Korean ESL learners. *The Sociolinguistic Journal of Korea* 3(2), 59~76.

Suh, K. H. (1999). A cohesion analysis of native and non-native speaker's texts: Implications for ESL writing. *The Sociolinguistic Journal of Korea.* 8(1), 289~305.

Thomas, J. (1983). Cross-cultural pragmatic failure. *Applied Linguistics* 4(2), 91~12.

Vygotsky, L. (1978). *Mind in Society: The Development of Higher Psychological Processes.* M. Cole, V. John-Steiner, S. Scribner, & E. Souberman (eds.). Cambridge, MA: Harvard University Press.

Wells, G. (2001). *Action, Talk, and Text: Learning and Teaching through Inquiry.* New York: Teachers College Press.

Wolfson, N. (1989). *Perspectives: Sociolinguistics and TESOL.* Cambridge: Newbury House Publishers.

Yancey, K., & Weiser, I. with Curtis, A. (eds.). (1997). *Situating Portfolios: Four Perspectives.* Logan: Utah State University Press.

찾아보기

- **강현석** 단국대학교 영어과 교수
- **강윤희** 서울대학교 인류학과 교수
- **김규현** 경희대학교 응용영어통번역학과 교수
- **김해연** 중앙대학교 영어영문학과 명예교수
- **박동근** 대진대학교 창의미래인재대학 교수
- **박용한** 해군사관학교 인문학과 교수
- **박은하** 대구대학교 성산교양대학 강사
- **백경숙** 한양여자대학교 실무영어과 교수
- **서경희** 한국외국어대학교 ELLT학과 교수
- **손희연** 서울교육대학교 국어교육과 교수
- **양명희** 중앙대학교 국어국문학과 교수
- **이정복** 대구대학교 한국어문학과 교수
- **장선미** 호서대학교 영어영문학과 교수
- **조태린** 연세대학교 국어국문학과 교수

사회언어학 총서 2

한국 사회언어학 연구 30년의 성과와 과제

© 강현석 외 13명, 2021

1판 1쇄 인쇄_2021년 2월 01일
1판 1쇄 발행_2021년 2월 05일

지은이_강현석, 강윤희, 김규현, 김해연, 박동근, 박용한, 박은하, 백경숙,
　　　　서경희, 손희연, 양명희, 이정복, 장선미, 조태린
기　획_한국사회언어학회
펴낸이_홍정표
펴낸곳_글로벌콘텐츠
　　　　등록_제25100-2008-000024호

공급처_(주)글로벌콘텐츠출판그룹
　　　　대표_홍정표 이사_김미미 편집_하선연 문유진 권군오 이상민 홍명지 기획·마케팅_이종훈, 홍민지
　　　　주소_서울특별시 강동구 풍성로 87-6, 201호
　　　　전화_02) 488-3280 팩스_02) 488-3281
　　　　홈페이지_http://www.gcbook.co.kr
　　　　이메일_edit@gcbook.co.kr

값 35,000원
ISBN 979-11-5852-302-2 93700